Alter und Recht

Europäische Hochschulschriften

Publications Universitaires Européennes
European University Studies

Reihe II
Rechtswissenschaft

Série II   Series II
Droit
Law

Bd./Vol. 5184

PETER LANG

Frankfurt am Main · Berlin · Bern · Bruxelles · New York · Oxford · Wien

Thomas Müller

Alter und Recht

Das menschliche Alter und
seine Bedeutung für das Recht
unter besonderer Berücksichtigung
des europäischen und nationalen
Antidiskriminierungsrechts

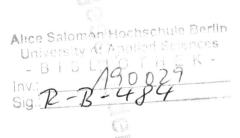

PETER LANG
Internationaler Verlag der Wissenschaften

Bibliografische Information der Deutschen Nationalbibliothek
Die Deutsche Nationalbibliothek verzeichnet diese Publikation in
der Deutschen Nationalbibliografie; detaillierte bibliografische Daten
sind im Internet über http://dnb.d-nb.de abrufbar.

Zugl.: Göttingen, Univ., Diss., 2010

Gedruckt auf alterungsbeständigem,
säurefreiem Papier.

D 7
ISSN 0531-7312
ISBN 978-3-631-61027-5

© Peter Lang GmbH
Internationaler Verlag der Wissenschaften
Frankfurt am Main 2011
Alle Rechte vorbehalten.

www.peterlang.de

Vorwort

Besonderen Dank möchte ich an dieser Stelle meiner Doktormutter, Frau Prof. Dr. Christine Langenfeld, aussprechen, die nicht nur den Anstoß zur Wahl des Themas gegeben, sondern meine Promotion durch vielfältige Anregungen und Hinweise unterstützt und in allen Stadien ihres Entstehens fachlich begleitet und gefördert hat.

Danken möchte weiter Herrn Prof. Dr. Rüdiger Krause für die Erstellung des Zweitgutachtens sowie die ebenfalls sehr hilfreichen Ratschläge und weiterführenden Hinweise, insbesondere aus dem Bereich des Arbeitsrechts.

Mein Dank gilt schließlich Prof. Dr. Hans Michael Heinig, der den Vorsitz im Rahmen der mündlichen Prüfung leitete.

In besonderem Maße möchte ich auch meinen Eltern und meiner Familie danken, die meine Arbeit mit großem Interesse begleitet, mich stets geduldig unterstützt und die Veröffentlichung der Arbeit finanziell gefördert haben. Daneben möchte ich schließlich meinen Freunden danken, die mir immer hilfreich und ermutigend zur Seite gestanden haben.

Zu guter Letzt gebührt mein Dank Herrn Michael Rücker für die engagierte und persönliche Betreuung im Rahmen der Veröffentlichung meiner Promotion.

Die Arbeit wurde am 11. Januar 2010 eingereicht. Rechtsprechung und Literatur konnten bis November 2010 überwiegend berücksichtigt werden. Gleiches gilt für die – auch terminologischen – Änderungen durch den am 1. Dezember 2009 in Kraft getretenen Vertrag von Lissabon.

Hinweise auf die vorher geltenden Gemeinschaftsverträge erfolgen in Klammern. Soweit nicht ausdrücklich auf ältere Fassungen verwiesen wird, folgt die Zitierweise hierbei einheitlich der des Europäischen Gerichtshofs: EU für den Vertrag über die Europäische Union und EG für den Vertrag über die europäischen Gemeinschaften (vgl. Pressemitteilung des Gerichtshofs Nr. 57/99 vom 30. Juli 1999, NJW 2000, S. 52).

Hamburg, im Dezember 2010

Thomas Müller

Inhaltsverzeichnis

8

9

11

13

Abkürzungsverzeichnis

AaO	Am angegebenen Ort
ABl. EG	Amtsblatt der Europäischen Gemeinschaft
Abs.	Absatz
AcP	Archiv für die civilistische Praxis (Zeitschrift)
AEUV	Vertrag über die Arbeitsweise der europäischen Union
a. F.	Alte Fassung
AG	Amtsgericht
AGG	Allgemeines Gleichbehandlungsgesetz
AiB	Arbeitsrecht im Betrieb (Zeitschrift)
AltTZG	Altersteilzeitgesetz
AnwBl.	Anwaltsblatt (Zeitschrift)
AP	Arbeitsrechtliche Praxis (Nachschlagewerk des Bundesarbeitsgerichts)
ArbGG	Arbeitsgerichtsgesetz
ArbRB	Der Arbeitsrechtsberater (Zeitschrift)
Art.	Artikel
AuR	Arbeit und Recht (Zeitschrift)
Az.	Aktenzeichen
BAföG	Bundesausbildungsförderungsgesetz
BAG	Bundesarbeitsgericht
BAnz.	Bundesanzeiger
BauGB	Baugesetzbuch
BB	Der Betriebs-Berater (Zeitschrift)
BBG	Bundesbeamtengesetz
BEG	Bundesentschädigungsgesetz
BetrVG	Betriebsverfassungsgesetz
BGB	Bürgerliches Gesetzbuch
BGG	Behindertengleichstellungsgesetz
BKGG	Bundeskindergeldgesetz
BNotO	Bundesnotarordnung
BPolBG	Bundespolizeibeamtengesetz
BR-Dr.	Drucksachen des deutschen Bundesrates
BRRG	Beamtenrechtsrahmengesetz
BT-Drs	Drucksachen des deutschen Bundestages
Bundesgesundheitsbl.	Bundesgesundheitsblatt
BVerfG	Bundesverfassungsgericht
BVerfGE	Entscheidungssammlung des Bundesverfassungsgerichts
BVerfGG	Bundesverfassungsgerichtsgesetz

CCPR	International Convenant on Civil an Political Rights (Internationaler Pakt über bürgerliche und politische Rechte, IPBPR)
CERD	International Convention on the Elemination of all forms of Racial Discrimination (Internationales Übereinkommen zur Beseitigung jeder Form von Rassendiskriminierung)
CMLRev.	Common Market Law Review (Zeitschrift)
DB	Der Betrieb (Zeitschrift)
Diss.	Dissertation
DJT	Deutscher Juristentag
DÖV	Die öffentliche Verwaltung (Zeitschrift)
Dr.	Doktor
DRiG	Deutsches Richtergesetz
DS	Der Sachverständige (Zeitschrift)
DVBl.	Deutsches Verwaltungsblatt (Zeitschrift)
ECRI	European Commission against Racism and Intolerance
EEA	Einheitliche Europäische Akte, Employment Equality Act 1998
EG	Europäische Gemeinschaft
EG, EG-Vertrag	Vertrag über die Europäische Gemeinschaft
EGMR	Europäischer Gerichtshof für Menschenrechte
EhfG	Entwicklungshelfer-Gesetz
EMRK	Europäische Menschenrechtskonvention
EnWG	Energiewirtschaftsgesetz
ErfK	Erfurter Kommentar zum Arbeitsrecht
EStG	Einkommenssteuergesetz
EU	Europäische Union
EU, EU-Vertrag	Vertrag über die Europäische Union
EuGH	Gerichtshof der Europäischen Gemeinschaft(en)
EUGrCH	Charta der Grundrechte der Europäischen Union
EuR	Europarecht (Zeitschrift)
EuZW	Europäische Zeitschrift für Wirtschaftsrecht (Zeitschrift)
EWG	Europäische Wirtschaftsgemeinschaft
EWGV	Vertrag zur Gründung der Europäischen Wirtschaftsgemeinschaft
EWiR	Entscheidungen zum Wirtschaftsrecht, Kurzkommentare

FamRZ	Zeitschrift für das gesamte Familienrecht (Zeitschrift)
FAZ	Frankfurter Allgemeine Zeitung
FeV	Fahrerlaubnisverordnung
FGO	Finanzgerichtsordnung
FPR	Familie, Partnerschaft, Recht (Zeitschrift)
FÜR	Familie, Partnerschaft, Recht (Zeitschrift)
FTD	Financial Times Deutschland (Zeitung)
GG	Grundgesetz für die Bundesrepublik Deutschland
GedS	Gedenkschrift
GVG	Gerichtsverfassungsgesetz
GWB	Gesetz gegen Wettbewerbsbeschränkungen
h.A.	herrschende Ansicht
h.M.	herrschende Meinung
Hrsg.	Herausgeber
IPBPR	Internationaler Pakt über bürgerliche und politische Rechte
JA	Juristische Arbeitsblätter (Zeitschrift)
JFDG	Gesetz zur Förderung von Jugendfreiwilligendiensten (Jugendfreiwilligendienstgesetz)
JGG	Jugendgerichtsgesetz
jur.	juristisch(e)
JuS	Juristische Schulung (Zeitschrift)
JZ	Juristenzeitung (Zeitschrift)
KommJur	Kommunaljurist (Zeitschrift)
KritV	Kritische Vierteljahresschrift für Gesetzgebung und Rechtswissenschaft (Zeitschrift)
LAG	Landesarbeitsarbeitsgericht
Lat.	lateinisch
LBG	Landesbeamtengesetz
LuftVZO	Luftverkehrszulassungsordnung
LuftVG	Luftverkehrsgesetz
MaW	Mit anderen Worten
MJ	Maastricht journal of European and comparative law (Zeitschrift)

MTV	Manteltarifvertrag
NGO	Niedersächsische Gemeindeordnung
NJAVO	Niedersächsische Juristenausbildungsverordnung
NJW	Neue Juristische Wochenschrift (Zeitschrift)
NJW-RR	Neue Juristische Wochenschrift Rechtsprechungs-report (Zeitschrift)
Nr.	Nummer
NRiG	Niedersächsisches Richtergesetz
NStZ	Neue Zeitschrift für Strafrecht (Zeitschrift)
NZA	Neue Zeitschrift für Arbeitsrecht (Zeitschrift)
PBefG	Personenbeförderungsgesetz
PflVersG	Pflichtversicherungsgesetz
PostG	Postgesetz
PrGS	Gesetzessammlung für die königlich preußischen Staaten
Prof.	Professor
PStG	Personenstandsgesetz
RdA	Recht der Arbeit (Zeitschrift)
RdJB	Recht der Jugend und des Bildungswesens (Zeitschrift)
Red.	Redaktionelle
RelKErzG	Gesetz über die religiöse Kindererziehung
Rn.	Randnummer
RRG	Rentenreformgesetz
Rs.	Rechtssache
Rspr.	Rechtsprechung
S.	Seite
SchfG	Schornsteinfegergesetz
SGB	Sozialgesetzbuch
SGG	Sozialgerichtsgesetz
s.o.	Siehe oben
Sog.	Sogenannte
Sp.	Spalte
StAG	Staatsangehörigkeitsgesetz
StGB	Strafgesetzbuch
StPO	Strafprozessordnung
StrafVert.	Strafverteidiger (Zeitschrift)
StVO	Straßenverkehrsordnung

s.u.	Siehe unten
SZ	Süddeutsche Zeitung (Zeitung)
TPG	Transplantationsgesetz
TSG	Gesetz über die Änderung der Vornamen und die Feststellung der Geschlechtszugehörigkeit in besonderen Fällen (Transsexuellengesetz)
TzBfG	Gesetz über Teilzeitarbeit und befristete Arbeitsverträge (Teilzeit- und Befristungsgesetz)
u.a.	unter anderem
UrhG	Gesetz über Urheberrecht und verwandte Schutzrechte (Urheberrechtsgesetz)
v.	vom, von
verb.	verbundene
vgl.	vergleiche
vs.	versus
VVDStRL	Veröffentlichungen der Vereinigung der Deutschen Staatsrechtslehrer
ZAR	Zeitschrift für Ausländerrecht und Ausländerpolitik (Zeitschrift)
ZBB	Zeitschrift für Bankrecht und Bankwirtschaft (Zeitschrift)
ZDF	Zweites Deutsches Fernsehen
ZESAR	Zeitschrift für europäischen Sozial- und Arbeitsrecht (Zeitschrift)
ZEuS	Zeitschrift für europarechtliche Studien (Zeitschrift)
ZfA	Zeitschrift für Arbeitsrecht (Zeitschrift)
ZfB	Zeitschrift für Bergrecht (Zeitschrift)
ZfE	Zeitschrift für Erziehungswissenschaft (Zeitschrift)
ZIP	Zeitschrift für Wirtschaftsrecht (Zeitschrift)
ZPO	Zivilprozessordnung
ZRP	Zeitschrift für Rechtspolitik (Zeitschrift)
ZSR	Zeitschrift für Sozialreform (Zeitschrift)
ZTR	Zeitschrift für Tarif-, Arbeits-, und Sozialrecht des öffentlichen Dienstes (Zeitschrift)

Im Übrigen sei verwiesen auf:

Kirchner, Hildebert/ *Butz*, Cornelie;
Abkürzungsverzeichnis der Rechtssprache, 6. Auflage, Berlin 2007

1. Kapitel Einführung, Problemstellung und Gang der Untersuchung

§ 1 Einführung

Im Jahre 2003 schrieb Prof. Dr. Klaus Adomeit in einem Beitrag der Neuen juristischen Wochenschrift:

„Der Schutz vor Diskriminierung erweist sich mehr und mehr als verzweifelter legislatorischer Versuch zur Reparatur legislatorischer Fehler. Es ist gar nicht so sehr seine Behinderung, die den Behinderten behindert, sondern sein gesetzlicher Behindertenschutz"[1]

Diese Aussage bezog sich auf die von der Bundesrepublik Deutschland umzusetzende Richtlinie der Europäischen Gemeinschaft Nr. 78 aus dem Jahre 2000[2] zur „Festlegung eines allgemeinen Rahmens für die Verwirklichung der Gleichbehandlung in Beschäftigung und Beruf" und die mit der Umsetzung verbundene Ausweitung des Diskriminierungsschutzes Behinderter.

Nicht zuletzt aufgrund dieser europäischen Vorgaben geriet das Thema Diskriminierung verstärkt in den Fokus des öffentlichen Interesses und der (juristischen) Wissenschaft. Dies gilt im Besonderen für die Diskriminierung aus Gründen des Alters, die, obschon sie eine vom Einzelnen am häufigsten selbst erlebte und beobachtete Art der Ungleichbehandlung darstellt[3], erst in ver-

---

1   *Adomeit*, Schutz gegen Diskriminierung – eine neue Runde, NJW 2003, S. 1162.

2   RL 2000/78/EG des Rates v. 27. November 2000 zur Festlegung eines allgemeinen Rahmens für die Verwirklichung der Gleichbehandlung in Beschäftigung und Beruf, ABl. L 303/16.

3   Dies ist das Ergebnis einer Eurobarometer-Umfrage aus dem Jahr 2004, EU-Nachrichten 2004, Grünbuch Gleichstellung – Vorurteile abbauen, Nr. 23 v. 17. Juni 2004, S. 5; vgl. auch *Pohlmann*, „Gesellschaftliche Konsequenzen internationaler Abkommen zur Alterspolitik", in: KritV 2004, S. 260 (264). Die Ergebnisse der Umfrage sind abrufbar unter: http://ec.europa.eu/employment_social/fundamental_rights/pdf/pubsg/eurobarometer57_de.pdf. Danach gehen 46% der befragten Europäer davon aus, dass die Diskriminierung wegen des Alters verbreitet ist. 49 % gehen davon aus, dass sich das Alter im Bereich der Arbeitswelt bei gleicher Qualifikation nachteilig auswirkt. Freilich ist darauf hinzuweisen, dass der Aussagewert solcher Untersuchungen in rechtlicher Hinsicht begrenzt ist. Versteht man den Begriff der Diskriminierung als nicht gerechtfertigte Ungleichbehandlung, so dürfte ein statistischer Nachweis der Häufigkeit von Altersdiskriminierungen schwer fallen. Dies gilt im Besonderen für den Bereich des Arbeitsrechts, da sich das Alter auf die Produktivität eines Arbeitnehmers auswirken kann, eine empirisch messbare Diskriminierung bei ökonomischer Betrachtung jedoch nur dann vorliegt, wenn sie sich außerhalb des Kriteriums der Produktivität vollzieht. Es muss daher davon ausgegangen werden, dass die Ergebnisse der Umfrage zu einem nicht unbeträchtlichen Teil auch schlichte Ungleichbehandlungen wegen des Alters beschreiben, die keine Diskriminierungen im engeren rechtlichen Sinne darstellen.

gleichsweise jüngerer Zeit, namentlich den letzen zwei Jahrzehnten, Gegenstand von wissenschaftlichen Untersuchungen geworden ist und in der Vergangenheit lediglich vereinzelt zum Thema gemacht wurde.[4]

Dabei sind Fragen des Alters, des Umgangs mit dem Alter und der Rolle des Alters im Recht, sowie damit verbunden Ungleichbehandlungen auch in der Rechtswissenschaft keineswegs neu. So hatte sich schon das Reichsgericht im Jahr 1921 mit der Klage einiger Senatspräsidenten und Richter des Preußischen Oberverwaltungsgerichts gegen eine berufliche Höchstaltersgrenze von 68 Jahren nach dem damaligen Preußischen Altersgrenzengesetzes vom 15. Dezember 1920 zu befassen.[5]

Außerhalb von Höchstaltersgrenzen fand eine Diskussion über die Bedeutung des Alters im Recht in der juristischen Wissenschaft jedoch kaum statt.

Angesichts der Bedeutung des menschlichen (kalendarischen) Alters im Recht – man denke nur an den Eintritt der vollen Geschäftsfähigkeit im bürgerlichen Recht – wirkt dies überraschend. Dies umso mehr, als menschliches Altern ein Phänomen ist, das ohne weiteres einer unmittelbaren Beobachtung zugänglich ist und in jeder Gesellschaft mehr oder weniger klare Vorstellungen darüber herrschen, welche Eigenschaften, einschließlich bestimmter Rechte und Pflichten, einen jugendlichen Menschen oder einen alten Menschen ausmachen.

Ungleichbehandlungen und Diskriminierungen wegen des Alters wurden daher in der Rechtswissenschaft nicht zu Unrecht als „die verdrängte Benachteiligung" bezeichnet.[6] Lange Zeit galt eine ungleiche Behandlung von Personen

---

4 Vgl. *Mann*, Altersdiskriminierung durch gesetzliche Höchstaltergrenzen, Rechtsgutachten erstattet der Senioren Union der CDU, S. 7; *Häberle*, Altern und Alter Menschen als Verfassungsproblem, in: Wege und Verfahren des Verfassungslebens, FS Lerche, S. 189; *Tettinger*, Rechtsprechungslinien des Bundesverfassungsgerichts zu Höchstaltersgrenzen, DVBl. 2005, S. 1397 (1402); dazu auch *Neck*, Altern und Alterssicherung aus wissenschaftlicher Sicht, S. 13 ff.; Zur historischen Entwicklung der Altersforschung allgemein *Lehr*, Psychologie des Alterns, S. 7 ff. Trotz dieser erweiterten Auseinandersetzung mit Fragen rund um das Alter sieht *Zenz* den jetzigen Forschungsstand der Alterswissenschaften als „(...) nicht annähernd hinreichend (...)" an und bemängelt vor allem die fehlenden strukturellen Voraussetzungen, *Zenz*, Editorial: Alter, Recht und Wissenschaft, KritV 2004, S. 209 (215).

5 RGZ 104, S. 58 (60 ff.); vgl. zum Sachverhalt auch *Wiedemann/ Thüsing*, Der Schutz älterer Arbeitnehmer und die Umsetzung der Richtlinie 2000/78/EG, NZA 2002, S. 1234. Einen Überblick über das preußische Gesetz zur Einführung einer Altersgrenze liefert *Triepel*, Das preußische Gesetz zur Einführung einer Altersgrenze, AöR 1921, S. 349 ff. Zweck des Gesetzes war u.a. der Überalterung der Beamtenschaft entgegenzuwirken und neue Stellen für jüngere Beamte zu schaffen. Vgl. zur geschichtlichen Entwicklung der Altersgrenze bei Richtern auch *Fromme*, Die Altersgrenze bei den Richtern, FS Zeidler, S. 219 (226 ff.).

6 So *Simitis*, Altersdiskriminierung – die verdrängte Benachteiligung, NJW 1994, S. 1453 ff.; vgl. auch *ders.*, Die Altergrenzen – ein spät entdecktes Problem, RdA 1994, S. 257 ff.; *v. Münch* konstatierte noch im Jahr 2000, dass der Schutz des alten

unterschiedlichen Lebensalters – nicht nur in Deutschland[7] – als normal und sozialadäquat. Diese Akzeptanz und Sozialadäquanz von Ungleichbehandlungen wegen des Alters zeigt sich auch und insbesondere in zahlreichen gesetzlichen Regelungen. Insbesondere das Arbeits- und das Sozialrecht enthalten eine Vielzahl von Regelungen, die am Alter ansetzen oder auf das Alter eines Menschen Bezug nehmen.[8] Hinzu kommen Regelungen in Tarifverträgen[9], Betriebsvereinbarungen und Individualarbeitsverträgen, sowie im Recht des öffentlichen Dienstes. Aber auch das bürgerliche Recht und das Strafrecht, sowie letztlich das Grundgesetz enthalten Regelungen, in denen das Alter eine Rolle spielt.

Die besondere Bedeutung des Alters für das Arbeitsrecht liegt dabei u.a. darin begründet, dass der staatliche Gesetzgeber von einer generellen Regelung, wann Arbeitnehmer aus Gründen des Alters aus dem Berufsleben ausscheiden müssen, abgesehen hat. Insbesondere treffen die Altersgrenzen des gesetzlichen Rentenrechts (§§ 35 ff. SGB VI) entgegen verbreiteter Auffassung keine imperative Aussage über die Beendigung von Arbeitsverhältnissen oder des Erwerbslebens als solchem.[10] Gesetzliche Höchstaltersgrenzen für die Erwerbsarbeit fanden und finden sich in der Bundesrepublik Deutschland nur für konkret bezeichnete Berufsbilder der freien Berufe, wie z.B. bei Hebammen, Notaren, Vertragsärzten und Bezirksschornsteinfegern.

Vor allem die schwierigen Entwicklungen am Arbeitsmarkt und die demografische Entwicklung haben zu einem veränderten Blick auf das Thema Altersregelungen geführt: Es wurde erkannt, dass die demografische Alterung die Gefahr in sich birgt, die Funktionsfähigkeit der sozialen Sicherungssysteme[11] und

---

Menschen im Recht nicht hinreichend beachtet sei, vgl. *v. Münch*, Die Zeit im Recht, NJW 2000, S. 1 (6).

7   Zur Situation in Österreich *Kuras*, Verbot der Diskriminierung wegen des Alters, RdA 2003, S. 11 (19 f.); Zahlen zur demografischen Situation in Österreich finden sich bei *Rosenmayr*, Schöpferisches Altern, S. 21.

8   Vgl. exemplarisch ohne Anspruch auf Vollständigkeit z.B. §§ 35, 235 ff. SGB VI; § 41 SGB IV; § 2 Abs. 1 SGB IX; § 117 Abs. 1 SGB III; § 127 Abs. 1 SGB III iVm § 434r SGB III; § 127 Abs. 3 SGB III; § 263 Abs. 2 Nr. 3 SGB III; § 428 SGB III; §§ 223, 421f SGB III; § 421j SGB III; § 421k Abs. 1 SGB III; §§ 1, 2 AltTZG; § 14 Abs. 3 S. 1 TzBfG; § 7 BetrVG; §§ 80 Abs. 1 Nr. 6, 96 Abs. 2 BetrVG; § 112 Abs. 1 S. 2 iVm Abs. 5 BetrVG; § 68 Abs. 1 Nr. 4 BPersVG; § 27 Abs. 1 S. 2 SprAuG; § 622 Abs. 2 S. 2 BGB; §§ 6 Abs. 1 S. 2, 48a BNotO; § 1 Abs. 3 S. 1 KSchG; § 10 Abs. 2 KSchG; § 1571 BGB; § 3 Abs. 2a StVO; § 622 Abs. 2 BGB; § 3 Abs. 1 Nr. 3 AÜG.

9   Im Jahre 2004 waren in der Bundesrepublik 61.772 Tarifverträge in Kraft, vgl. *Rieble/ Zedler*, Altersdiskriminierung in Tarifverträgen, ZfA 2006, S. 273.

10   Vgl. *Reiserer*, Das Aus für Altersgrenzen von 65 Jahren, BB 1994, S. 69.

11   Dies gilt im Besonderen für die umlagefinanzierte gesetzliche Rentenversicherung. Der Beitragssatz von knapp 20 % wird sofort wieder für Rentenzahlungen verwendet. Anders als bei privaten Versicherungen können die Beiträge damit keine Zinsen und Zinseszinsen erwirtschaften, so dass Empfänger von Rentenleistungen ausschließlich von einer Steigerung des Lohnniveaus profitieren (mit dem eine Erhöhung der Summe

die gesamtwirtschaftliche Entwicklung in der Bundesrepublik und Europa zu gefährden, sofern nicht entsprechende Umgestaltungsmaßnahmen getroffen werden.[12] Die Erhöhung des gesetzlichen Renteneintrittsalters in Deutschland auf das 67. Lebensjahr stellt dabei nur eine Maßnahme in diesem Bereich aus jüngerer Zeit dar.[13] Einen bedeutenden Teilbereich als Reaktion dieser Erkennt-

---

der Beitragsleistungen verbunden ist). Das Problem der demografischen Alterung liegt damit auf der Hand: Eine höhere Anzahl von Rentenempfängern führt entweder zu einer Senkung der Rentenleistung oder aber zu einer Erhöhung der Beitragssätze. Zwei weitere Wege stehen offen: Ein (Teil)Wechsel von der Beitragsfinanzierung zur Steuerfinanzierung, sowie die Verlängerung der Lebensarbeitszeit durch die Erhöhung des gesetzlichen Rentenalters. Im Jahr 2005 fielen auf 100 Personen im Alter von 20-65 Jahren eine Zahl von 31,7 Personen ab 65 Jahren. Vorausberechnungen ergeben für das Jahr 2020 eine Zahl von 39,5 Personen und für das Jahr 2050 eine Zahl von 69,6, vgl. 11. Koordinierte Bevölkerungsvorausberechnung 2006, S. 45. Die Erhöhung des gesetzlichen Renteneintrittsalters von 65 auf 67 Jahre führt hierbei lediglich zu einer Abmilderung des Ergebnisses. 2005 fielen damit auf 100 Personen vom 20-67 Lebensjahr 25,8 Personen im Alter von 67 Jahren, 2020 werden es 33,6 Personen sein und für das Jahr 2050 ergibt sich eine Zahl von 61,1 Personen. Das Zahlenverhältnis von aktiven Arbeitskräften (Beitragszahlern in die Sozialversicherung) und Älteren (Beitragsempfängern) hat sich damit seit den siebziger Jahren von 2,75:1 auf 1,4:1 im Jahre 2006 verschoben, vgl. *Waltermann*, Alternde Arbeitswelt, NJW 2008, S. 2529.

12   Vgl. *Rust/ Lange/ Pfannkuche*, Altersdiskriminierung und Beschäftigung, in: Loccumer Protokolle 04/06, S. 5; *Becker*, Die alternde Gesellschaft – Recht im Wandel, JZ 2004, S. 929; *Bender*, Age-Diversity, in: Pasero/ Backes/ Schroeter, Altern in Gesellschaft, S. 185; Grünbuch der Generaldirektion Beschäftigung, Arbeitsbeziehungen und soziale Angelegenheiten der Kommission über die Europäische Sozialpolitik, Weichenstellung für die Europäische Union, KOM (93); vgl. dazu auch ausführlich *Schmähl/ Ulrich*, Soziale Sicherungssysteme und demografische Herausforderungen, S. 73 ff. mit Studien zu den Auswirkungen des demografischen Wandels auf die Krankenversicherung, Pflege- und Rentenversicherung. Infolgedessen hat sich auch der 67. Deutsche Juristentag in Erfurt in der arbeits- und sozialrechtlichen Abteilung mit dem Thema „Alternde Arbeitswelt – Welche arbeits- und sozialrechtlichen Regelungen empfehlen sich zur Anpassung der Rechtsstellung und zur Verbesserung der Beschäftigungschancen älterer Arbeitnehmer?" beschäftigt. Vgl. dazu *Giesen*, Die „alternde Arbeitswelt", NZA 2008, S. 905 ff., *Waltermann*, Alternde Arbeitswelt, NJW 2008, S. 2529 ff.; sowie den Überblick über das Gutachten zu der Fragestellung des 67. Deutschen Juristentages von *Preis*, Ein modernisiertes Arbeits- und Sozialrecht für eine alternde Gesellschaft, NZA 2008, S. 922 ff. Auch einzelne Tarifvertragsparteien haben das Problem der demografischen Alterung mittlerweile erkannt: So haben die Chemie-Branche Arbeitgeber und die IG BCE jüngst einen „Tarifvertrag Lebensarbeitszeit und Demographie" geschlossen, der u.a. Maßnahmen zur Bewältigung der Herausforderungen einer alternden Gesellschaft und damit Arbeitnehmerschaft enthält.

13   Vgl. zum Motiv der Erhöhung des Renteneintrittsalters die Rede von *Franz Müntefering*, Bulletin der Bundesregierung Nr. 15-1 v. 9. Februar 2006; sowie das Informationsblatt der Bundesregierung 2008, abrufbar unter: http://www.bundesregierung.de/nn_774/Content/DE/Publikation/Bestellservice/7-2008_09-01-flyeralterssicherung.html._Zum Vorschlag der Deutschen Bundesbank das Renteneintrittsalte auf 69

24

nis bilden auch die Schaffung und der Ausbau des (europäischen) Antidiskriminierungsrechts.

Formuliert man die Aussage von Adomeit um, indem man den Begriff der Behinderung durch den des Alters ersetzt, so lässt sich die Frage, ob Schutzmaßnahmen vor Diskriminierungen nicht zu derartigen Erschwerungen führen können, dass den eigentlich Begünstigten damit Chancen zur Integration, insbesondere auf dem Arbeitsmarkt[14], eher genommen denn gefördert werden, auch auf die Diskriminierung aus Gründen des Alters übertragen.

In einem weiteren Kontext ist damit die grundlegende Frage aufgeworfen, ob ein Verbot der Altersdiskriminierung überhaupt notwendig ist. Diese Frage lässt sich aus zwei Blickwinkeln betrachten: Zum einen kann die Frage der Notwendigkeit eines Verbots der Altersdiskriminierung vor dem Hintergrund der These aufgeworfen werden, dass dieses für die Betroffenen mit mehr Nachteilen als Vorteilen verbunden ist. Gefragt wird also nach den Wirkungen und der Zwecktauglichkeit des Antidiskriminierungsrechts. Zum anderen, gewissermaßen vorgelagert kann die Frage gestellt werden, ob die Diskriminierung wegen des Alters überhaupt ein gesellschaftliches und damit rechtlich relevantes Problem darstellt.[15] Gefragt wird also nach der Notwendigkeit des Antidiskriminierungsrechts.

In Folge des demografischen Wandels[16] hin zu einer immer älter werdenden Bevölkerung besitzt die Frage des Umgangs mit älteren Menschen, insbesondere in Deutschland, das verbreitet als angebliches „Kernland der demografi-

---

das Renteneintrittsalte auf 69 Jahre zu erhöhen, FAZ Nr. 167 v. 22. Juli 2009, S. 9. Als weiter Maßnahme kann die „Initiative 50plus" genannt werden, mit der die Integration Ältere in den Arbeitsmarkt gefördert werden soll, vgl. dazu das Informationsblatt der Bundesregierung „Besser Chancen für Ältere", 2009, abrufbar unter: http://www.bundesregierung.de/nn_774/Content/DE/Publikation/Bestellservice/4-2008-07-03-flyer-ar

beitsmarkt.html. Nach früheren Vorausberechnungen ergäbe sich ein Plus von 5 Millionen Beitragszahlern, wenn im Jahre 2030 alle Personen die das 65. Lebensjahr vollendet haben erwerbstätig wären, vgl. *Gantzckow*, Die Beendigung der Erwerbstätigkeit durch gesetzliche und kollektivvertragliche Altersgrenzen, S. 24.

14   Vgl. *Adomeit*, Schutz gegen Diskriminierung – eine neue Runde, NJW 2003, S. 1162; *Simitis*, Altersdiskriminierung – die verdrängte Benachteiligung, NJW 1994, S. 1453 (1454). Die Übertragung dieses Gedankens ist freilich nicht nur auf die Altersdiskriminierung möglich, sondern auf alle in der Rahmenrichtlinie genannten Diskriminierungstatbestände.

15   Vgl. *König*, Das Verbot der Altersdiskriminierung, in: Europa und seine Verfassung, FS Zuleeg, S. 341.

16   Demografische Befunde zeigen, dass in den letzten 100 Jahren die maximale durchschnittliche Lebenserwartung eines Menschen linear angestiegen ist, vgl. Brockhaus, Bd. 1 S. 626.

schen Apokalypse"[17] gilt, stetige Aktualität, was in jüngerer Zeit vor allem auch durch die Diskussion um die Erhöhung des gesetzlichen Renteneintrittsalters deutlich wurde. Neben solchen politischen Fragen stellen sich im Bereich der Altersdiskriminierung vor allem im Arbeitsrecht[18] zahlreiche Fragen im Zusammenhang mit Altersgrenzen: Ist es zulässig, dass ein Arbeitgeber ausschließlich junge Arbeitnehmer sucht? Wie steht es mit der Erhöhung von Tarifgehältern, die an das Lebensalter geknüpft werden? Ist die sachgrundlose Befristung in beliebiger Anzahl und Dauer von Arbeitsverträgen neu eingestellter 52-jähriger Arbeitnehmer rechtens? Wie sind tarifliche Kündigungsverbote (sog. Unkündbarkeitsklauseln) für ältere Arbeitnehmer zu beurteilen? Sind unterschiedlich hohe Sozialplanabfindungen für jüngere und ältere Arbeitnehmer zulässig? Ist bei der Sozialauswahl die Anknüpfung an das Lebensalter zulässig? Wie sind Höchstaltersgrenzen für bestimmte Berufsgruppen in Tarifverträgen zu beurteilen. Wie steht es mit gesetzlichen Mindest- bzw. Höchstaltersgrenzen für bestimmte Berufe? Einige dieser Fragen sind mittlerweile, jedenfalls in der Rechtspraxis mehr oder weniger befriedigend beantwortet worden, andere nicht. Neben diesen spezifischen Fragen des Arbeitsrechts existiert in Deutschland eine Fülle von Gesetzen, die bestimmte Rechtsfolgen an das Erreichen eines bestimmten Alters knüpfen. Auch in diesem Bereich könnte das Verbot der Altersdiskriminierung künftig eine Rolle spielen.

Letztlich führen Fragen der Altersdiskriminierung zu der grundsätzlichen Frage nach dem Verhältnis von Alter und Recht.[19] In diesem Bereich findet eine grundlegende Debatte in der Rechtswissenschaft weitgehend nicht statt.[20] Dies dürfte nicht zuletzt damit zusammen hängen, dass die rechtliche Ausgestaltung durch Rechtssätze auf Abstrahierung und Typisierung angewiesen ist und immer dann vor besonderen Problemen steht, wenn es um Sachverhalte geht, die sich nicht oder nur schwer verallgemeinern lassen. Gerade das ist jedoch beim Alter wegen seiner besonderen Individualität der Fall. Hinzu kommt, dass bei (Rechts)Fragen im Altersbereich schwer miteinander in Einklang zu bringende Rechtspositionen, öffentliche und private Interessen aufeinander treffen.

Es dürfte schon jetzt deutlich geworden sein, dass der Themenbereich des Alters und der Altersdiskriminierung sich nicht ausschließlich als juristisches Problem darstellt, sondern in grundlegender Weise die gesellschaftspolitische

---

17 *Herwig*, Senioren verzweifelt gesucht, Spiegel Special Nr. 8/06 (Jung im Kopf – Die Chancen der alternden Gesellschaft), S. 36 (38).

18 Nach Angaben des Landesarbeitsgerichts Baden-Württemberg hatten im ersten Jahr nach Inkrafttreten des AGG von 109 anhängigen Verfahren mit AGG Bezug 36% das Verbot der Altersdiskriminierung zum Gegenstand, vgl. Pressemitteilung der LAG Baden Württemberg v. 27. Juni 2007, BB 2007, S. V.

19 Vgl. *Battis/ Deutelmoser*, Qualifizierung der Altersgrenze, RdA 1994, S. 264.

20 So *Igl*, Alter und Recht, FS Thieme, S. 747 (760); *Zacher*, Sozialrecht, in: Baltes/ Mittestraß (Hrsg.), Zukunft des Alterns und gesellschaftliche Entwicklung, S. 305 (306).

Frage des Verhältnisses der Sozialgemeinschaft zu ihren, bezogen auf Höchstaltersgrenzen, älteren Mitmenschen betrifft.[21] Dies besonders, wenn man generell nach dem Sinn, der Funktion und Rolle von Altersgrenzen fragt. Die Bedeutung von Altersgrenzen im Recht und damit des Alters selbst liegt darüber hinaus darin begründet, dass ausnahmslos jeder Mensch (irgendwann) von ihnen betroffen ist.

Das Alter stellt keine fixe Eigenschaft eines Menschen dar, sondern ändert sich konstant im Lebensverlauf. Die untrennbare Verbindung des Alters mit dem Menschsein an sich verbietet eine losgelöste juristische Betrachtung und Untersuchung von Fragen, die mit dem Alter zusammenhängen. Demzufolge müssen biologische, soziologische und psychologische Aspekte, die als Faktoren die Thematik des Alterns beeinflussen, berücksichtigt werden. Deutlich wird dies neben der breiten Anerkennung der Ergebnisse der Alternswissenschaft und anderer Verbundwissenschaften im Bereich der Antidiskriminierungsrechts im juristischen Schrifttum[22], vor allem auch anhand des Beispiels der Rechtsprechung des Bundesarbeitsgerichts zu tarifvertraglichen und betrieblichen Altersgrenzen, das den Erkenntnissen der Alterswissenschaft Eingang in die Urteile gewährt hat.[23] Hiervon abgesehen fehlt es weitgehend an einer disziplinübergreifenden Perspektive des Themenbereichs Alter und Recht.

Vorherrschend ist zumeist eine singulär problemorientierte Sichtweise, deren grundsätzliche Bedeutung niemand ernsthaft in Frage stellen wird. Gleichzeitig darf man jedoch nicht die Chancen einer interdisziplinären Betrachtung verkennen, die möglicherweise neue Handlungsoptionen als erforderlich aufzeigt und bestehende Probleme verdeutlicht. In diesem Sinne unternimmt die vorliegende Arbeit den Versuch, dem in der Psychologie bereits anerkannten Modell komplexer Problemlösestrategien[24] folgend, die vielschichtigen Faktoren

---

21 Vgl. *Simitis*, Alter und gesellschaftliche Teilhabe – für ein anderes Alterskonzept, KritV 2004, S. 233 (234).

22 Vgl. nur *Hanau*, Zwangspensionierung mit 65?, RdA 1976, S. 24 (27); *Schröder*, Altersbedingte Kündigungen und Altersgrenzen im Individualarbeitsrecht, S. 43 ff.; *Schlüter/ Belling*, Die Zulässigkeit von Altersgrenzen im Arbeitsverhältnis, NZA 1988, S. 297 (302 ff.); *Linnenkohl/ Rauschenberg/ Schmidt*, Flexibilisierung (Verkürzung) der Lebensarbeitszeit, BB 1984, S. 603 (608); *Laux*, Altersgrenzen im Arbeitsrecht, NZA 1991, S. 967 (969); vgl. *Coester-Waltjen*, Zielsetzung und Effektivität eines Antidiskriminierungsgesetzes, ZRP 1982, S. 217 (218); *Gitter/ Boerner*, Altersgrenzen in Tarifverträgen, RdA 1990, S. 129 (130).

23 Vgl. nur BAG, Urteil v. 20. Dezember 1984 – 2 AZR 3/84, DB 1986, S. 281 ff.; BAG, Urteil v. 20. November 1987 – 2 AZR 284/86, NZA 1988, S. 617 ff.; BAG, Urteil v. 06. März 1986 – 2 AZR 262/85, AP Nr. 1 zu § 620 BGB – Altersgrenze. Für das Erfordernis einer interdisziplinären Betrachtung auch *Mann*, Altersdiskriminierung durch gesetzliche Höchstaltersgrenzen, Rechtsgutachten erstattet der Senioren Union der CDU, S. 5.

24 Vgl. dazu *Pohlmann*, Gesellschaftliche Konsequenzen internationaler Abkommen zur Alterspolitik, KritV 2004, S. 260 (262).

rund um das Alter, ihre Entwicklung, den aktuellen Stand und ihre Bedeutung im Recht aufzuzeigen. Freilich ist die erwähnte Aufzählung der das Alter und das Altern prägenden Umstände nicht abschließend. Die Auswahl ist orientiert an ihrer Bedeutung für eine Untersuchung im Rahmen einer juristischen Arbeit, die ihren Blick im Schwerpunkt auf rechtliche Aspekte des Alters und Alterns legt[25].

Trifft man auf den Begriff der Altersdiskriminierung, so bezieht sich die erste gedankliche Assoziation typischerweise auf die Diskriminierung älterer Menschen[26]. Auch in der Rechtsprechung, insbesondere der des Bundesverfassungsgerichts, aber auch des Bundesgerichtshofs, des Bundesverwaltungsgerichts und nicht zuletzt des Bundesarbeitsgerichts findet man bisher fast ausschließlich Fallgestaltungen und Erörterungen zur Problematik der Zulässigkeit und Wirksamkeit von sog. Höchstaltersgrenzen, etwa für Bezirksschonsteinfeger, Hebammen, Notare oder Vertragsärzte, um nur einige Beispiele zu nennen.[27] Gleiches gilt für die juristische Wissenschaft.

Demgegenüber wurde auf europäischer Ebene der Begriff der Altersdiskriminierung von Beginn an in einem umfassenden Sinne verstanden, so dass auch die Benachteiligung jüngerer Personen, etwa in Form von Mindestaltersregelungen grds. in deren Anwendungsbereich fällt und damit grds. einem Rechtfertigungszwang ausgesetzt wird. Dieser europäischen Sicht, die ihren Ausdruck in der Rahmenrichtlinie 2000/ 78/ EG gefunden hat, entspricht die sich mehrende Zahl derjenigen Stimmen, die eine Ungleichbehandlung allein wegen des Alters als nicht vereinbar mit dem Gleichbehandlungsgebot sehen, sofern sie nicht an objektiven Kriterien der Eignung ansetzt. Die herkömmliche Betrachtung des Zusammenhangs von Alter und anderen Eigenschaften von Personen gelte heute nicht mehr[28].

---

25 So stellt *Lehr*, Psychologie des Alterns, S. 71 f. allein fünfzehn Faktorengruppen zusammen, die das Alter und Altern als Prozess beeinflussen (Genetische, physiologische und biologische Faktoren, Persönlichkeitsentwicklung, Sozialisierungsprozess, epochale und ökologische Faktoren, Aktivität, sozialer Status einschließlich Schul- und Berufsausbildung, Ernährungsgewohnheiten, Krankheit, Modernisierung der Gesellschaft, Industrialisierung, Urbanisierung, Religion, Wertewandel, medizinische Technologie, soziale Organisation) und ihrerseits in einer (komplizierten) Wechselwirkungsbeziehung stehen, und kommt schließlich zu dem Ergebnis, dass es nach derzeitiger Forschungslage verfrüht sei, vollständige Theorien und Gesetzmäßigkeiten in diesem Bereich aufzustellen.

26 Vgl. auch *Tesch-Römer/ Wurm*, Lebenssituationen älter werdender und alter Menschen in Deutschland, Bundesgesundheitsblatt 2006, S. 499: „Wenn der Begriff Alter verwendet wird, stehen die älteren Menschen und das Resultat des Alterwerdens im Vordergrund, das Alter als Lebensperiode und die Alten als Bestandteil der Gesellschaft."

27 BVerfGE 1, S. 264 ff. – *Bezirksschornsteinfeger*; BVerfGE 9, S. 338 ff. – *Hebammen*; BVerfG NJW 1993, S. 1575 ff. – *Notare*; BVerfGE 103, S. 172 ff.– *Vertragsärzte*.

28 *Rust/ Lange/ Pfannkuche*, Altersdiskriminierung und Beschäftigung, in: Loccumer Protokolle 04/06, S. 5.

Altersdiskriminierung in diesem weiten Verständnis lässt sich damit allgemein als soziale und ökonomische Benachteiligung von Einzelpersonen oder Personengruppen in Bezug auf ihr gesellschaftliches Umfeld oder ihre soziale Stellung aufgrund eines bestimmten Lebensalters beschreiben. Ergebnis einer Altersdiskriminierung ist die Behinderung der angemessenen Teilnahme am Arbeits- und/ oder Gesellschaftsleben.

Diese durch das Europarecht erfolgte Erweiterung des Verständnisses der Diskriminierung aus Gründen des Alters, die ihre gesetzliche Umsetzung in der Bundesrepublik im Allgemeinen Gleichbehandlungsgesetz (AGG) gefunden hat, rückt die mit dem Bereich der Altersdiskriminierung verbunden Fragen in ein neues Licht. Das Bewusstsein hinsichtlich Benachteiligungen aus Gründen des Alters ist gestiegen. Dies gilt nicht nur für die große Gruppe der Arbeitgeber, sondern gleichsam für die von Benachteiligungen Betroffenen. So haben Produzenten von Sendungen volkstümlicher Musik die Minderung ihrer Medienpräsenz im öffentlich-rechtlichen Fernsehen als Diskriminierung der älteren Generation beanstandet und das Bundesverfassungsgericht hatte in einem Verfassungsbeschwerdeverfahren darüber zu entscheiden, ob die Abschaffung des Sterbegeldes in der gesetzlichen Krankenversicherung einen Verstoß gegen das AGG darstellt.[29] Diesem europäischen Verständnis der Altersdiskriminierung folgend ist auch die vorliegende Arbeit nicht auf die Darstellung und Untersuchung von Diskriminierungen älterer Menschen, typischerweise durch Höchstaltersregelungen[30], beschränkt, sondern betrachtet Altersregelungen jedes Lebensabschnitts.

§ 2 Problemstellung und Gang der Untersuchung

Ziel dieser Arbeit ist es, zu untersuchen, welche Rolle dem Alter im Recht zukommt. Anstoß dieser Untersuchung ist die zunehmende Ausweitung des Antidiskriminierungsrechts, in deren Folge das Alter und gesetzliche Altersregelungen zunehmend auf dem Prüfstand stehen. Darüber hinaus erfährt das Alter als Anknüpfungsmerkmal im Recht einen Bedeutungswandel. Dabei gilt es vor allem die vielfältigen Spannungsverhältnisse zwischen gesetzlichen Altersregelungen und Gleichbehandlungsgrundsätzen sowohl auf europäischer als auch nationaler Ebene aufzuzeigen und zu untersuchen, in wie fern Maßnahmen gegen Diskriminierungen aus Gründen des Alters, insbesondere die Regelungen des Allgemeinen Gleichbehandlungsgesetzes, darüber hinaus jedoch auch Regelungen auf europäischer Ebene, geeignet sind, ihr intendiertes Ziel zu erreichen.

---

29   Die Arbeitsgemeinschaft Deutscher Schlager und Volksmusik erwog eine Klage gegen das ZDF wegen Verstoßes gegen das AGG, weil der Sender durch die Absetzung von Musiksendungen ältere Zuschauer vernachlässige, vgl. SZ Nr. 196 v. 27. August 2007, S. 15; BVerfG, Beschluss v. 5. Dezember 2005 - 1 BvR 13/05.

30   Vgl. dazu ausführlich *Mann*, Altersdiskriminierung durch gesetzliche Höchstaltersgrenzen, Rechtsgutachten erstattet der Senioren Union der CDU.

Besonderes Augenmerk ist dabei auch auf die möglichen Auswirkungen im Alltag zu richten.

Will man die Rolle des Alters im Recht untersuchen, so muss zunächst Klarheit darüber gewonnen werden, was unter dem Begriff Alter zu verstehen ist. Ausgehend von der sprachlichen Bedeutung des Begriffs „Alter" werden in einem ersten Teil (Kapitel 2) zunächst, einem interdisziplinären Ansatz folgend, biologische, soziologische und vor allem psychologische Gesichtspunkte des Alters und des Alterns als dynamischer Prozess untersucht. Ein Individuum kann, soviel sei schon an dieser Stelle angemerkt, mehrere Alter haben: Vom kalendarischen Alter, dass üblicherweise in Jahren ausgedrückt wird, kann auch ein persönliches Alter, mithin der Moment im Lebenslauf, den eine Person im Leben als erreicht ansieht, ein soziales Alter, unterteilt nach Lebensabschnitten, welches vor allem durch Familie, Bekannte oder Arbeitgeber zugewiesen wird[31] oder ein subjektives Alter[32] unterschieden werden.[33] Die einzelnen Alter müssen dabei nicht übereinstimmen.[34] Neben dieser individuellen Perspektive des Alterns bildet die Sichtweise der Gesellschaft einschließlich ihrer sozialen Komponenten einen weiteren darzustellenden Komplex.

Grund dieses interdisziplinären Ausgangspunkts ist, dass das Thema „Alter und Recht" nicht lediglich ein solches der Rechtswissenschaft darstellt, sondern ein Verbundthema. Alter und dazugehörige Altersbilder sind ein Abbild der Realität[35] und die Realität geht über rechtliche Aspekte hinaus. So stellt sich das Alter sowohl als körperliches, psychisches, soziales und geistiges Phänomen dar.[36] Eine rein juristische Untersuchung würde den Blick auf die vielfältigen Einflussfaktoren verstellen und trüge die Gefahr in sich zu Ergebnissen zu gelangen, die mit der gesellschaftlichen und sozialen Realität nicht in Einklang stünden und würde damit ihrer Aufgabe nicht gerecht. Eine sinnvolle Alterswissenschaft, die, darin besteht weitgehend Einigkeit, eine Verbundwissenschaft darstellt, ist jedoch auf Interdisziplinarität angewiesen.[37] Gleiches gilt für die Rechtswissenschaft und die ihr zugrunde liegenden Gegenstände wissenschaftli-

---

31 Das soziale Alter wird aufgrund dieser Beeinflussung von äußeren Faktoren auch „öffentliches Alter" genannt. In der Regel sind das soziale Alter und das kalendarische Alter identisch.

32 Zu den Kriterien der Ermittlung des subjektiven Alters (Altersidentität, Alterseinschätzung im Vergleich, Altersempfindung, kognitives Alter und stereotypes Alter), *Tews*, Altersbilder, S. 49 f.

33 Vgl. *Laslett*, Das Dritte Alter – Historische Soziologie des Alterns, S. 62 f.; *Hirche*, Die Alten kommen, S. 13.

34 Vgl. *Beauvoir*, Das Alter, S. 28.

35 *Tews*, Altersbilder, S. 67.

36 *Baltes*, Alter(n) als Balanceakt: Im Schnittpunkt von Fortschritt und Würde, in: Gruss, Die Zukunft des Alterns, S. 15.

37 Vgl. *Zenz*, Editorial: Alter, Recht und Wissenschaft, KritV 2004, S. 209 (216); *Böhme*, Zur Theorie einer Universität des 3. Lebensalters, KritV 2004, S. 219 (220).

cher Forschung, dem Recht als solchem, dessen Aufgabe es ist, gesellschaftliche Probleme und Entwicklungen mithilfe des Rechts zu ordnen. In dieser seiner Regelungsfunktion darf das Recht die Grundbedingungen seines jeweiligen Regelungsgegenstandes nicht außer Acht lassen. Insofern gilt es die Erkenntnisse anderer Disziplinen aufzugreifen und ihren vorhandenen[38] juristischen Argumentationswert für die Rechtswissenschaft nutzbar zu machen. Erst in einem letzten Teil (Kapitel 4) werden daher das Alter, seine Erscheinungsformen im Recht, einschließlich eines Überblicks über die historische Entwicklung von Altersgrenzen anhand ausgewählter Beispiele, dargestellt.

Im fünften Kapitel wird die Rolle des Alters auf europäischer Ebene einschließlich der Entwicklung der Antidiskriminierungspolitik untersucht und nachgezeichnet. Auch in diesem Rahmen stellt die Diskriminierung aus Gründen des Alters im Vergleich etwa zur Antidiskriminierungspolitik aus Gründen des Geschlechts oder aufgrund von Behinderungen ein relativ junges, wenngleich intensives Betätigungsfeld des europäischen Gesetzgebers dar. Neben der primärrechtlichen Ebene des Europarechts bildet vor allem die sekundärrechtliche Ebene und innerhalb dieser vordringlich die Richtlinie 2000/78/EG zur Festlegung eines allgemeinen Rahmens für die Verwirklichung der Gleichbehandlung in Beschäftigung und Beruf den Untersuchungsgegenstand. Die europarechtliche Untersuchung erfolgt vor der nationalen (vor allem verfassungsrechtlichen) Ebene, da sich das nationale Diskriminierungsrecht schon infolge der Rangordnung des Rechts in einem europarechtlichen Rahmen bewegt.[39]

Die besondere Bedeutung des europäischen Antidiskriminierungsrechts ergibt sich darüber hinaus auch aus der Verfassung selbst durch Art. 23 GG, dessen Abs. 1 S. 1 iVm der Präambel des Grundgesetzes eine Staatszielbestimmung zur Einigung Europas und einen bindenden Auftrag zur Mitwirkung der Bundesrepublik an der Entwicklung der Europäischen Union enthält.[40]

---

38 A.A. offenbar *Laux*, Altersgrenzen im Arbeitsrecht, NZA 1991, S. 967, wonach gerontologische „(...) Erkenntnisse (...) für sich gesehen keinen juristischen Argumentationswert [haben]".

39 Vgl. *Jestaedt*, Diskriminierungsschutz und Privatautonomie, VVDStRL 64 (2005), S. 298 (304 f.); *Mahlmann*, Gleichheitsschutz und Privatautonomie, ZEuS 2002, S. 407 (417). Nach der Rechtsprechung des EuGH bildet das europäische Gemeinschaftsrecht (jetzt Unionsrecht) eine eigenständige Rechtsordnung, die unmittelbare Geltung entfaltet und den Rechtsordnungen der Mitgliedstaaten im Kollisionsfall, auch dem jeweiligen nationalen Verfassungsrecht vorgeht, EuGH, Rs. 6/ 64, *Costa/ ENEL*, Slg. 1964, S. 1251 (1269 ff.); Rs. 11/70, *Internationale Handelsgesellschaft*, Slg. 1970, S. 1125 (1135 Rn. 3 f.); Rs. 106/ 77, *Simmenthal*, Slg. 1978, S. 629 (644 f.); vgl. auch BVerfGE 31, S. 145 (174). Allgemein zum Einfluss des europäischen Unionsrechts auf das deutsche Arbeitsrecht, *Steiner*, Das Deutsche Arbeitsrecht im Kraftfeld von Grundgesetz und Europäischem Gemeinschaftsrecht, NZA 2008, S. 73 ff.

40 Art. 23 Abs. 1 GG erlaubt mit der Übertragung von Hoheitsrechten auf die Europäische Union – soweit vertraglich vorgesehen und gefordert – zugleich deren unmittelba-

Gleichzeitig bildet das Europarecht mit dem allgemeinen Gleichbehandlungsgrundsatz, dem Verbot der Diskriminierung wegen des Alters als allgemeinem Rechtsgrundsatz und der RL 2000/78/EG mit ihrem Anwendungsbereich den inhaltlichen Ausgangspunkt der nachfolgenden Untersuchung. Obschon insbesondere die RL 2000/78/EG ihren Anwendungsbereich klar definiert und begrenzt, ist infolge der Fülle von Regelungen, die rechtliche Bezüge zum Alter herstellen, eine weitere Begrenzung des Untersuchungsgegenstandes erforderlich. Dieses Erfordernis ergibt sich auch daraus, dass der nationale Gesetzgeber mit der Schaffung des Allgemeinen Gleichbehandlungsgesetzes zur Umsetzung der RL 2000/78/EG über deren Vorgaben hinaus gegangen ist und sich die Bedeutung des Alters unter diskriminierungsrechtlichen Gesichtspunkten damit noch ausgeweitet hat. Auf die Bereiche des Sozialrechts sowie des Rechts des öffentlichen Dienstes wird daher nur insoweit eingegangen, als die in diesen Bereichen ergangene Rechtsprechung Beiträge zum Thema „Alter und Recht" leistet.

Kapitel 6 beschäftigt sich in zwei Teilen zunächst mit verfassungsrechtlichen Aspekten und Vorgaben von Altersgrenzen und der Altersdiskriminierung, bevor die einfachgesetzliche Umsetzung der Vorgaben europäischer Antidiskriminierungspolitik im Allgemeinen Gleichbehandlungsgesetz untersucht wird. In diesem Rahmen verdienen vor allem die Grundrechte des Grundgesetzes, insbesondere das der Berufsfreiheit und der allgemeine Gleichheitssatz mit verstärkter Betrachtung der jeweiligen Schutzzwecke und deren Interpretation durch das Bundesverfassungsgericht verstärkte Beachtung. Kapitel 7 befasst sich mit den Chancen und den Grenzen der aktuellen rechtlichen Ausgestaltungen des Verbots der Altersdiskriminierung sowie den Auswirkungen des Verbots der Altersdiskriminierung auf die jüngere Rechtsprechung. In einem abschließenden Kapitel 8 folgt eine Zusammenfassung der faktischen und rechtlichen Änderungen bezüglich des Themenbereichs Alter und Recht.

---

re Ausübung innerhalb der mitgliedstaatlichen Rechtsordnungen. Er enthält somit ein „Wirksamkeits- und Durchsetzungsversprechen", dem auch der unionsrechtliche Anwendungsvorrang entspricht, BVerfG, Beschluss v. 6. Juli 2010 - 2 BvR 2661/06 Rn. 53.

2. Kapitel Der Begriff des Alters

Will man die Bedeutung des Alters für das Recht untersuchen, so ist es zunächst erforderlich zu klären, was den Begriff des Alters inhaltlich ausmacht. Bereits an dieser Stelle sei angemerkt, dass es eine allgemeingültige Definition des Alters (bisher) nicht gibt[41] und auch in Zukunft nicht zu erwarten ist. Vielmehr wird der Begriff des Alters seit jeher in den verschiedenen Fachdisziplinen, die sich mit Fragen des Alters und des Alterns beschäftigen, mit unterschiedlicher Akzentuierung definiert. Das Defizit einer allgemeinen Definition von dem was das Alter bzw. was Altern ist, resultiert aus den komplexen und vielfältigen Zusammenhängen, in denen das Alter in Erscheinung tritt. Herkömmlicherweise wird in den verschiedenen Wissenschaftsdisziplinen zwischen einem kalendarischen, einem biologischen, einem soziologischen und einem psychologischen Altersbegriff unterschieden. Ein eigenständiger Rechtsbegriff des Alters existiert nicht. Das Recht verwendet das Alter eines Menschen vielmehr unter (stillschweigendem) Rückgriff auf andere Wissenschaftsdisziplinen. Schon deshalb ist es erforderlich, diese verschiedenen Altersbegriffe vorzustellen und im Hinblick auf ihre Bedeutung für das Recht zu untersuchen.

Ausgangspunkt bildet dabei zunächst der Begriff des Alters selbst. Der Wortsinn des Begriffs „altern" leitet sich aus dem altgermanischen Wort „alan" ab, mit dem „wachsen" umschrieben wurde. Im Lateinischen findet sich das Wort „alere", was mit aufziehen, ernähren, vergrößern oder wachsen lassen übersetzt werden kann bzw. das Wort „alt" mit dem Partizip „altus" (hoch, uralt).[42] Die historische Wortbedeutung des Alters hängt damit also eng mit der Bedeutung Wachstum zusammen. Schon dem Begriff des Alters wohnt damit eine dynamische, auf Entwicklung ausgerichtete Bedeutung inne. Das Alter ist kein starrer Zustand, sondern ein von stetiger und unaufhaltsamer Veränderung gekennzeichneter Umstand.

§ 1 Das kalendarische Alter

Spricht man vom Alter einer Person, so wird damit typischerweise zunächst das kalendarische oder auch das chronologische Alter eines Menschen assoziiert. Es handelt sich dabei um eine biometrische Messgröße, die die Zeitspanne der Existenz eines Menschen ab der Geburt angibt. Ausgedrückt wird das Alter in einem Zahlenwert, der bei Erwachsenen üblicherweise in Jahren, bei Säuglingen und Kleinkinder auch in Tagen, Wochen oder Monaten angegeben wird. In die-

---

41   *Pohlmann*, Das Alter im Spiel der Gesellschaft, S. 11.
42   *Schachtschabel/ Maksiuk*, Biologische Alternstheorien, in: Oswald/ Lehr/ Sieber/ Kornhuber, Gerontologie, S. 20.

ser Definition ist der Begriff des Alters im Bedeutungssinn von Lebensalter zunächst neutral. Das Alter einer Person wird nach deutschem Recht nach § 187 Abs. 2 S. 2 BGB bestimmt. Der Tag der Geburt wird bei der Bestimmung des Lebensalters mitgerechnet, so dass eine Person um 0.00 Uhr ihres Geburtstages chronologisch ein Jahr älter wird. Das kalendarische Alter bildet das im Recht das am häufigsten verwendete Bezugssystem.[43]

In einem engeren Sinne wird der Begriff des Alters demgegenüber auch häufig nur auf den letzten Lebensabschnitt eines Menschen vor dem Greisenalter bezogen.[44]

§ 2 Das biologische Alter – Alter und Biologie

In der Biologie wird Altern herkömmlich als ein Prozess definiert, der sich durch einen voranschreitenden und generellen körperlichen Abbau auszeichnet. In seiner Gesamtheit umfasst das „Altern" im biologischen Sinne alle morphologischen, biochemischen und funktionalen Veränderungen die als irreversible Veränderungen bei einem Organismus in seiner Lebenszeit, beginnend mit der Geburt und endend mit dem Tod, eintreten.[45] So treten beim natürlich alternden Menschen eine Vielzahl von langsam fortschreitenden Veränderungen auf. Diese biologischen Veränderungen basieren auf anatomischen (Gewebe, Organe, Systeme) und zellulären (DNA, Proteine, Lipide, Kohlenhydrate etc.) Alterungsprozessen, die in Veränderungen des äußeren Erscheinungsbildes und physiologischer Funktionen resultieren (u.a. im Verlust von Organfunktionen, der Gehirnleistung und Einschränkungen des Bewegungsapparates).[46]

Der Verlauf des menschlichen Alters lässt sich hierbei grob in drei Phasen unterteilen. Die erste sog. Jugendphase ist hierbei durch die Entwicklung und den Aufbaue neuer Zellen gekennzeichnet, in der sich anschließenden zweiten Phase des Erwachsenenalters besteht ein annähernder Gleichlauf zwischen Auf-

---

43 Es sind dies die Normen, die das Alter eines Menschen ausdrücklich in Zahlen nennen, vgl. Anhang I, Übersicht: Lebensalter im Recht.

44 *Clemens*, Stichwort: Alter, ZfE 2001, S. 489; *Oswald*, Sind Alter und Altern messbar?, Zeitschrift für Gerontologie und Geriatrie Bd. 33 (2000), S. I/8.

45 Vgl. *Danner/ Schröder*, „Biologie des Alterns", in: Baltes/ Mittelstrass/ Staudinger (Hrsg.), Alter und Altern, S. 96; *Seidler*, in: Staatslexikon, Bd.1, Sp. 111.

46 Ausführlich dazu *Voelcker-Rehage/ Godde/ Staudinger*, Bewegung, körperliche und geistige Mobilität im Alter, Bundesgesundheitsbl. 2005, S. 558 f., abrufbar unter: http://www.springerlink.com/content/1717395l85tp3730/; *Behl/ Hartl*, Molekulare Mechanismen des Alterns, in: *Gruss*, Die Zukunft des Alterns, S. 101 (102) sowie *ders./Moosmann*, Molekulare Mechanismen des Alterns, in: Staudinger/ Häfner, Was ist Alter(n), S. 9 (10 ff.). Eine Übersicht über die verschiedenen biologischen Alternstheorien findet sich bei *Schachtschabel/ Maksiuk*, Biologische Alternstheorien, in: Oswald/ Lehr/ Sieber/ Kornhuber, Gerontologie, S. 21.

bau und Rückbildung von Zellen. Die letzte Phase zeichnet sich dadurch aus, dass die zelluläre Rückbildung qualitativ überwiegt.[47]

Dieser biologische Prozess des Alterns, der als Analogie zum menschlichen Leben als ablaufender vergehender Prozess angesehen werden kann[48], verläuft, obschon es sich beim Altern um einen universellen Vorgang handelt, individuell. Das Eintreten von bestimmten (altersbedingten) physiologischen Veränderungen ist nicht von einem bestimmten kalendarischen Jahr abhängig. Insbesondere existiert nach bisherigen Erkenntnissen kein bestimmtes genetisches Programm, welches zu einer einheitlichen Alterung des menschlichen Organismus führt.[49] Personen im gleichen Lebensalter können somit unterschiedlich viele und unterschiedlich stark ausgeprägte Verluste auf den verschiedenen Ebenen zeigen. Dies gilt für alle genannten Lebensphasen.[50]

Auch die Intensität der Auswirkungen stellt sich als individueller Prozess dar, der von vielfältigen Faktoren wie z.B. dem sozialen Status, der Bildung, beruflicher und privater Lebensentwicklung und anderer Umwelteinflüsse geprägt wird.[51] Der Alterungsprozess ist also kein ausschließliches Phänomen natürlicher Anlagen. Dies bedeutet, dass zwei Menschen gleichen kalendarischen Alters nicht notwendig auch biologisch bzw. physiologisch, gemessen an dem Grad der Entwicklung ihrer körperlichen Funktionen, gleich alt sein müssen. Die Abweichungen vom kalendarischen und biologischen Alter können dabei zwischen 5-10 Jahren nach oben wie nach unten betragen.[52]

---

47   *Lammers*, Der ältere Arbeiter im Industriebetrieb, S. 10; *Hirche*, Die Alten kommen, S. 15; *Kaufmann*, Die Überalterung, S. 200.

48   *Dittman-Kohli*, Das persönliche Sinnsystem, S. 185.

49   *Pohlmann*, Das Alter im Spiegel der Gesellschaft, S. 16.

50   *Hurrelmann*, Lebensphase Jugend, S. 13.

51   Vgl. *Staudinger*, Produktivität und Selbstentfaltung im Alter, in: *Baltes/ Montada*, Produktives Leben im Alter, S. 344 (348); *Eitner*, Der alternde Mensch am Arbeitsplatz, S. 16 f.; *Becker*, Die alternde Gesellschaft – Recht im Wandel, JZ 2004, S. 929 (930); *Seidler*, in: Staatslexikon, Bd. 1, Sp. 111; *Schröder*, Altersbedingte Kündigungen und Altersgrenzen im Individualarbeitsrecht, S. 22; *Simitis*, Altersdiskriminierung – die verdrängte Benachteiligung, NJW 1994, S. 1453; *Tennstedt*, Berufsanforderungen und flexible Altersgrenze, in: Volkholz/ Elsner/ u.a., Analyse des Gesundheitssystems, S. 115 (119). Diese Erkenntnis findet sich auch auf staatlicher Seite: So führt die Regierungsbegründung zum Rentenreformgesetz 1972 (Gesetz zur weiteren Reform der gesetzlichen Rentenversicherung und über die Fünfzehnte Anpassung der Renten aus den gesetzlichen Rentenversicherungen sowie über die Anpassung der Geldleistungen aus der gesetzlichen Unfallversicherung v. 16. Oktober 1972, BGBl. I S. 1965; RRG) aus, dass die Leistungskurve eines Menschen nicht nur von seinem Alter abhängig ist, sondern je nach seiner körperlichen und geistigen Verfassung und den an ihn gestellten beruflichen Anforderungen sehr unterschiedlich verläuft, vgl. BT-Drs. 6/2196, S. 38.

52   Vgl. *Kaufmann*, Die Überalterung, S. 203 mwN. Es ist davon auszugehen, dass dieser Wert heute sogar noch höher liegt. Die Abweichung zwischen chronologischem und

In der Biologie, genauer der Biogerontologie[53] als Teilgebiet der Gerontologie, jener Wissenschaft, die sich mit der Erkundung der Altersvorgänge in allen ihren Aspekten befasst, gibt es zahlreiche Versuche das Altern als Prozess zu erklären, wobei gegenwärtig eine verbindliche Definition von dem, was Alter ist, nicht ersichtlich ist.[54] Im Wesentlichen lassen sich zwei theoretische Ansätze unterscheiden, sog. finale Theorien und sog. proximale Theorien, die sich einerseits auf das „Warum" des Alterns, andererseits auf das „Wie" des Alterns, konzentrieren.

Finale Theorien stellen den Versuch dar, den evolutionären Sinn des Alterns zu erklären. Ein ursprünglicher Gedanke, warum der Alterungsprozess existiert, bestand in der Minimierung des Risikos von Überbevölkerung und einer daraus resultierenden Ressourcenknappheit.[55] Empirische Untersuchungen haben jedoch gezeigt, dass eine genetische Programmierung des Alterungsprozesses in der Regel nicht vorhanden ist. Die Selektion von Genen im Rahmen des Evolutionsprozesses richtet sich nach deren positiver Wirkung für den Reproduktionsprozess: Entsprechende Gene mit positiver Wirkung werden, auch wenn sie im Laufe des Alterns negative Auswirkungen zeigen können, während der Reproduktion bevorzugt. Andere gehen davon aus, dass Veränderungen von Genen erst im Verlauf des weiteren Lebens negative Auswirkungen entwickeln.[56]

Proximale Theorien untersuchen die zellulären und systematischen Mechanismen des Alterns. Altern stellt sich nach diesen Theorien, vereinfacht und mit Unterschieden im Einzelnen, als Folge der Schädigung der DNA dar, die diese im Laufe eines Lebens erfährt.

Dennoch kann, jedenfalls unter medizinisch-biologischer Betrachtung, Alter nicht mit dem Begriff der Krankheit gleichgesetzt werden. Zwar erhöht sich in der Regel die Vulnerabilität und Anfälligkeit eines Organismus mit zunehmendem Alter, was nicht selten zu Multimorbidität führt.[57] Die mit diesem Prozess

---

biologischem Alter korrespondiert häufig mit dem subjektiven Altersempfinden des Einzelnen, vgl. *Kohli*, Altersgrenzen, Zeitschrift für Gerontologie und Geriatrie Bd. 33 (2000), S. I/15 (I/21).

53 Gr.: *bios* -Leben, *gerōn* -Greis, *logos* -Lehre. Demgegenüber untersucht die geriatrische Wissenschaft im Schwerpunkt die Pathologie des Alters.

54 Vgl. *Seidler*, in: Staatslexikon, Bd.1, Sp. 111. Die häufige Differenzierung in kalendarisches, biologisches, psychisch-intellektuelles, soziales und administratives Alter stellt sich als nur vordergründige Betrachtung des Alters unter verschiedenen Gesichtspunkten dar.

55 *Baudisch*, Altern im Lichte der Evolution, in: *Gruss*, Die Zukunft des Alterns, S. 79 (83).

56 Ausführlich zu den verschiedenen Ansätzen *Baudisch*, Altern im Lichte der Evolution, in: *Gruss*, Die Zukunft des Alterns, S. 79 (83 ff.).

57 Unter dem Begriff Multimorbidität (lat. Mehrfacherkrankung) versteht man das Leiden einer Person an mehreren voneinander unabhängigen oder auch in Beziehung zueinander stehenden Krankheiten. Die teilweise verwendeten Begriffe Polymorbidität und

verbundenen physiologischen Veränderungen[58] werden aber erst dann zur Krankheit, wenn sie mit Beeinträchtigungen verbunden sind, die den Lebensalltag negativ beeinflussen[59]. Typische Alterserkrankungen idS sind Herz- und Gefäßkrankheiten (Herzinfarkt, Schlaganfall, Bluthochdruck), Gelenkerkrankungen (Arthrose, Osteoporose) und Rückenleiden, hinzu kommt als häufige psychische Erkrankung die Demenz.[60]

Hinsichtlich des allgemeinen Gesundheitszustandes als auch der psychophysischen Befindlichkeit lässt sich, obschon Menschen selbstverständlich weder im biologischen noch im kalendarischen Sinne jünger werden, konstatieren, dass die heutigen Älteren im Vergleich zu Vorgängergenerationen „relativ jünger" sind: „80jährige leben heute (...) in einem Zustand, der dem der 60jährigen im letzten Jahrhundert entsprach."[61] Eine generelle Abnahme der körperlichen Leistungsfähigkeit ist mit dem Altern jedoch nicht notwendig verbunden. So kann die körperliche Leistungsfähigkeit beispielsweise durch Training erhalten oder sogar gesteigert werden. Vergleicht man biologisch ältere Personen mit biologisch Jüngeren, so ist eine leistungsmäßige Überlegenheit jüngerer Personen nicht zwangsläufig.[62] Auch Ältere besitzen Möglichkeiten der Weiterentwicklung und Reservekapazitäten zur Bewältigung von Lebensaufgaben und der Erreichung von Zielen.[63] Infolge dieser Erkenntnisse kommt die gerontologische

---

Polypathie haben eine synonyme Bedeutung; vgl. *Pohlmann*, Alter im Spiegel der Gesellschaft, S. 19.

58   Z.B. degenerative Wirbelsäulenveränderungen, an denen fast jeder über 60 Jährige leidet, Abnahme der Adaptionsfähigkeit, Abnahme der Lungenfunktionstätigkeit, reduzierte Reaktionen auf Hormone, z.B. Insulin. Vgl. zu den häufigsten Krankheiten während verschiedener Altersstufen die Übersicht bei *Kruse*, Alterspolitik und Gesundheit, Bundesgesundheitsblatt 2006, S. 513.

59   Vgl. Brockhaus, Bd. 1, S. 626.

60   Vgl. *Voelcker-Rehage/ Godde/ Staudinger*, Bewegung, körperliche und geistige Mobilität im Alter, Bundesgesundheitsbl. 2005, S. 558 (559, 562); so z.B. die Alzheimer-Krankheit oder die vaskuläre Demenz. Fachleute gehen davon aus, das die Zahl der Demenzkranken von derzeit rund 1,2 Mio. bis zum Jahre 2040 auf 2 bis 3 Millionen steigen wird, in der Altersgruppe der über 85 Jährigen wäre damit rund jeder Zweite betroffen, vgl. *Harriehausen*, FAZ Nr. 21 D v. 27. Mai 2007, S. 73; vgl. auch *Pick*, Funktionseinschränkungen im Alter und bei Pflegebedürftigkeit, FPR 2004, S. 653 (654).

61   So *Prahl/ Schroeter*, Soziologie des Alterns, S. 104 f. bezogen auf die Mitte der neunziger Jahre. Das Verständnis des Begriffs der Gesundheit folgt hier der Deklaration von Alma-Ata der WHO aus dem Jahre 1978, wonach Gesundheit nicht als bloße Abwesenheit von Krankheit zu verstehen ist, sondern darüber hinaus persönliche Merkmale wie sinnerfüllte Aktivität, Selbstständigkeit, Selbstverantwortung und Wohlbefinden mit einbezieht; die Erklärung ist abrufbar unter: http://www.who.int/hpr/NPH/docs/declaration_almaata.pdf.

62   Vgl. *Lammers*, Der ältere Arbeiter im Industriebetrieb, S. 19.

63   Vgl. *Pohlmann*, Das Alter im Spiegel der Gesellschaft, S. 37. In der Geschichte finden sich diesbezüglich viel prominente Beispiele: Michelangelo war 72, als er mit dem

Forschung zu dem Ergebnis, dass es wenig sinnvoll ist, das Alter einer Person zu einem umfassenden Merkmal für die gesellschaftliche Steuerung und Strukturierung des individuellen Lebenslaufs zu machen.[64] Denn biologisch betrachtet gibt es keine eigentliche Schwelle, von der an eine Person als „alt" bezeichnet werden könnte.[65]

§ 3 Das Alter in der Psychologie – Alter und Persönlichkeit

Das Alter spielt unter psychologischen Gesichtspunkten vor allem im Hinblick auf die Persönlichkeitsentwicklung eine Rolle. Die unterschiedlichen Lebensabschnitte Kindheitsalter, Jugendalter, Erwachsenenalter werden vornehmlich unter persönlichkeitsorientierten Gesichtspunkten untersucht. Während im Kindheitsalter die Persönlichkeit durch Identifikation und Imitation der Eltern geprägt ist, findet im Jugendalter eine Ablösung von den Eltern statt und es beginnt eine autonome Organisation der Persönlichkeit.[66] Die grundlegenden psychologischen Entwicklungsaufgaben in der Kindheit bestehen im Aufbau seelischen Vertrauens, sozialen Bindungsverhaltens, der Entwicklung grundlegender motorischer Fähigkeiten, sprachlicher und symbolischer Ausdrucksfähigkeit sowie - im späteren Kindesalter - die Entwicklung von Moral, Wissen und Werteorientierung.[67] In der Jugendphase setzt sich diese Entwicklung fort. Hinzu kommt die Ausbildung einer ausgeprägten Ich-Empfindung, die Entwicklung eines Bildes vom eigenen Selbst. Das Erwachsenenalter beginnt nach psychologischer Betrachtungsweise, wenn die Selbstbestimmungsfähigkeit des Individuums erreicht ist, mithin die wesentliche Entwicklung der intellektuellen und sozialen Kompetenzen abgeschlossen ist. Kennzeichen hierfür sind beispielsweise der Aufbau einer Partnerbeziehung, ein hoher Grad an Selbstständigkeit im Konsum- und Freizeitsektor sowie die Etablierung eines Werte- und Normensystems, das verantwortungsvolles und gemeinnütziges Handeln möglich macht.[68] Diese Entwicklung findet im Lebensverlauf keinen starren Abschluss, sondern setzt sich auch im Erwachsenenalter fort. Die Psychologie kommt daher

---

Bau der Kuppel des St. Petersdoms in Rom begann, mit 76 beendete das „Jüngste Gericht" in der Sixtinischen Kapelle. Goethe war 80 Jahre alt, als er Faust II beendete. Das Guggenheim Museum in New York wurde von Wright zwischen seinem 89. und 92. Lebensjahr konstruiert. Weiter Beispiele bei *Hug*, Die Alten kommen, S. 43 f. und *Senne*, Auswirkungen des europäischen Verbots der Altersdiskriminierung auf das deutsche Arbeitsrecht, S. 37 f.

64   *Baltes*, in Baltes/ Mittelstraß, Zukunft des Alterns und gesellschaftliche Entwicklung, S. 1 (16).
65   *Kaufmann*, Die Überalterung, S. 200.
66   *Hurrelmann*, Lebensphase Jugend, S. 26.
67   *Hurrelmann*, Lebensphase Jugend, S. 27.
68   Vgl. *Hurrelmann*, Lebensphase Jugend, S. 27.

zu dem Ergebnis, dass Altern Entwicklung ist und Entwicklung Altern.[69] Für die einzelnen Übergänge feste allgemeingültige Altersstufen festzulegen, ist dabei nicht möglich. Der Übergang zwischen der Kindheits- und Jugendphase wird überwiegend beim Eintritt der Geschlechtsreife verortet[70], also zwischen dem 12 und 14 Lebensjahr. Der Übergang zwischen der Jugend und dem Erwachsenenalter wird im westlichen Kulturkreis zwischen dem 18. und 21. Lebensjahr angesiedelt.[71] Hierbei kann es sich allerdings nur um einen groben Richtwert handeln, dessen Aussagekraft zudem gering ist. Insbesondere in Folge soziokultureller Veränderungen - genannt seien an dieser Stelle nur exemplarisch die tendenziell verlängerten Ausbildungszeiten - benötigen viele einen nicht unerheblich längeren Zeitraum, um die psychologischen Entwicklungsaufgaben zu bewältigen.

In der Psychologie findet man den in der Biologie unter physischen Gesichtspunkten betrachteten Gedanken des kontinuierlichen Abbaus körperlicher Funktionen im sog. Defizitmodell wieder. Dieses, etwa seit Beginn des ersten Weltkrieges entwickelte Modell geht auf Grundlage von Intelligenzuntersuchen und Untersuchungen zur Reaktionsfähigkeit von Personen davon aus, dass das psychische Altern in der Regel ab dem vierzigsten Lebensjahr mit ständig zunehmenden Defiziterscheinungen irreversibler Art verbunden ist, insbesondere verminderter Auffassungsgabe und Merkfähigkeit, nachlassender Lernfähigkeit, zunehmender Abstumpfung und Erstarrung der Gefühlswelt und mangelnder Einsichtigkeit, wobei sich dieser Prozess nach dem Defizitmodell für jeden Einzelnen als zwangsläufig und sich linear entwickelnd darstellt.[72]

In der modernen Psychologie hat sich neben dem Defizitmodell das sog. Kompetenzmodell[73] entwickelt, das den altersbedingten Funktionsverlusten auf

---

69 *Staudinger*, Was ist das Alter(n) der Persönlichkeit?, in: Staudinger/ Häfner, Was ist Alter(n)?, S. 83.

70 *Hurrelmann*, Lebensphase Jugend, S. 29.

71 *Hurrelmann*, Lebensphase Jugend, S. 29, der eine weiter Unterteilung vornimmt in: Frühe Jugendphase (12. – 17. Lebensjahr, mittlere Jugendphase (18. – 21 Lebensjahr) und späte Jugendphase (22. -27. Lebensjahr), S. 41.

72 Vgl. *Schröder*, Altersbedingte Kündigungen und Altersgrenzen im Individualarbeitsrecht, S. 45; *Eitner*, Der alternde Mensch am Arbeitsplatz, S.22; *Naegele*, Zwischen Arbeit und Rente, S. 368 f.; *Gantzckow*, Die Beendigung der Erwerbstätigkeit durch gesetzliche und kollektivvertragliche Altersgrenzen, S. 11. Ausführlich zum sog. Defizitmodell aus psychologischer Sicht, *Lehr*, Psychologie des Alterns, S. 46 ff.; *Prahl/ Schroeter*, Soziologie des Alterns, S. 278; zur Entstehungsgeschichte *Thomae/ Lehr*, Berufliche Leistungsfähigkeit im mittleren und höheren Erwachsenenalter, S. 1 ff.; *Wiebe*, Ältere Arbeitnehmer im Betrieb, S. 26 ff. Dieses Defizitmodell des Alters gilt seit den 60er Jahren als aufgegeben.

73 Zu weiteren psychologischen Ansätzen, insb. den sog. Wachstumstheorien und kognitiven Theorien, vgl. *Lehr*, Psychologie des Alterns, S. 65 ff. Erstere stellen die mit dem Alterungsprozess verbundene wachsende Zunahme an Reife und Weisheit in den Vordergrund, während letztere vereinfacht davon ausgehen, dass nicht die objektive Quali-

der einen Seite altersbedingte Entwicklungsgewinne auf der anderen Seite gegenüberstellt. Das Kompetenzmodell wendet sich damit vor allem gegen die These, dass Altern mit ausschließlichen und kontinuierlichen Abnutzungs- und Verfallserscheinungen physischer und vor allem psychischer Art verbunden sei.[74] Gerontologische Erkenntnisse und die Individualität des Alterungsprozesses eines jeden Menschen verböten hiernach eine ausschließliche Orientierung am chronologischen Alter hinsichtlich spezifischer Rückschlüsse über die Leistungsfähigkeit, da allenfalls ein geringer Zusammenhang zwischen kalendarischem Alter und Leistungsfähigkeit bzw. Produktivität bestünde.[75] Kritik erfährt das Defizitmodell vor allem auch deswegen, weil es auf sog. Querschnittsstudien beruht. Dabei werden Gruppen von Menschen verschiedenen Alters miteinander verglichen. Die hierbei festgestellten Unterschiede werden häufig als Altersveränderungen interpretiert; die Möglichkeit, das Unterschiede auch auf anderen Umständen, etwa einem unterschiedlichen Bildungsniveau zwischen den Altersgruppen beruhen können, wird vielfach nicht in Betracht gezogen.[76] Längsschnittstudien, bei denen ein und derselbe Kreis von Personen über längere Zeit (Jahre oder Jahrzehnte[77]) untersucht wurde, zeigen hingegen, dass das chronologische Lebensalter bezüglich der Leistungsfähigkeit eines Menschen nur einer von mehreren Faktoren ist. Entscheidend sind neben individueller Begabung in bestimmten Lebensbereichen (sog. Ausgangsbegabung) auch der Bildungsgrad, Training geistiger Fähigkeiten in Beruf und Freizeit, sowie das sozial-gesellschaftliche Umfeld und die Gesundheit.[78] Untersuchungen ergaben dabei, dass die intellektuellen Leistungen von 20- und 70jährigen, die eine vergleichbare Schulbildung hatten, weitgehend gleich waren.[79] Eine Berufstätigkeit, die in hohem Maß intellektuelle Funktionen verlangt, kann im Laufe des Lebens

---

tät einer Situation, sondern die subjektive Wahrnehmung und Interpretation Art und ausmaß eine Situation bestimmen („Man ist so alt wie man sich fühlt").

74 vgl. *Boerner*, Altersgrenzen für die Beendigung von Arbeitsverhältnissen in Tarifverträgen und Betriebsvereinbarungen, § 2 S. 6.

75 Vgl. *Naegele*, Arbeitnehmer im Alter, in: Oswald/ Lehr/ Sieber/ Kornhuber (Hrsg.), Gerontologie, S. 109 (110); *Lehr*, Demographischer Wandel, in: Oswald/ Lehr/ Sieber/ Kornhuber (Hrsg.), Gerontologie, S *159 (161); Frerichs*, Diskriminierung älterer Arbeitnehmer/innen in der Erwerbsarbeit, in: Loccumer Protokolle 04/06, S. 31 (32); *Kaufmann*, Die Überalterung, S. 208.

76 Vgl. *Boerner*, Altersgrenzen für die Beendigung von Arbeitsverhältnissen in Tarifverträgen und Betriebsvereinbarungen, § 2 S. 6.

77 Auf diese Weise kann der Prozessverlauf des Entwicklungsgeschehens festgestellt werden.

78 Vgl. *Boerner*, Altersgrenzen für die Beendigung von Arbeitsverhältnissen in Tarifverträgen und Betriebsvereinbarungen, § 2 S. 7; *Kaufmann*, Die Überalterung, S. 207; ausführlich *Thomae/ Lehr*, Berufliche Leistungsfähigkeit im mittleren und höheren Erwachsenenalter, S. 10 ff.

79 *Thomae/ Lehr*, Berufliche Leistungsfähigkeit im mittleren und höheren Erwachsenenalter, S. 13.

sogar zu einer Steigerung der geistigen Leistungsfähigkeit führen.[80] Ergebnis dieses bereits in den siebziger Jahren vertretenen Ansatzes ist die Forderung einer Flexibilisierung von Altersgrenzen in der Erwerbsarbeit, sowohl bezüglich einer möglichen Herabsetzung als auch Heraufsetzung.

Besonders deutlich wird das Erfordernis einer differenzierten Betrachtung bei der Entwicklung der Altersintelligenz, bei der zwischen einer biologischen und einer kulturellen Komponente unterschieden werden kann. So nimmt die biologische Komponente, die sog. Mechanik der Intelligenz[81] beginnend mit dem jungen Erwachsenenalter stetig ab. Sie orientiert sich damit in erster Linie an den biologisch-genetischen Entwicklungstendenzen. Dies betrifft z.B. die Wahrnehmungsgeschwindigkeit und Aufnahmekapazität von bestimmten Vorgängen und Informationen, das Seh- und Hörvermögen, das Kurzzeitgedächtnis aber auch die Anpassungsfähigkeit an neue und ungewohnte Umstände (geistige Beweglichkeit). Die kulturelle Komponente, die sog. Pragmatik der Intelligenz[82] entwickelt sich hingegen unabhängig von der mechanischen Intelligenz und kann sich im Alter noch weiterentwickeln.[83] Sie umfasst u.a. die Fähigkeit Gesamtzusammenhänge zu sichten, die Qualifikation der differenzierten Bewertung von Umständen, Allgemeinwissen, Geübtheit, Genauigkeit, Sprachverständnis, sowie die Verknüpfung mit übergreifenden Bezugssystemen. So bleibt das im Laufe des Lebens gesammelte Wissen als solches bis ins höhere Erwachsenenalter stabil[84] und erfährt erst im hohen Alter – häufig krankheitsbedingt – Einbußen. Gleiches gilt für die Fähigkeit im Alter zu lernen, wenngleich sich der

---

80 *Schröder*, Altersbedingte Kündigungen und Altersgrenzen im Individualarbeitsrecht, S. 47.

81 Ausführlich zum Begriffspaar „mechanische" und „pragmatische Intelligenz" bzw. „Fluid Mechanics" und „Crystallized Pragmatics", *Baltes*, The Aging Mind: Potentials and Limits, The Gerontologist Bd. 33 (1993), S. 580 (581 ff.); *Wahl/ Kruse*, Psychologische Gerontologie im deutschsprachigen Raum 1988 – 1998 (Teil I), Zeitschrift für Gerontologie und Geriatrie Bd. 32 (1999), S. 179 (180 ff.); *Voelcker-Rehage/Godde/ Staudinger*, Bewegung, körperliche und geistige Mobilität im Alter, Bundesgesundheitsbl. 2005, S. 558 (562 f.). Die in der Literatur zu findenden Begriffspaare „fluid intelligence" und „cristallized intelligence" haben eine synonyme Bedeutung.

82 Brockhaus, Bd. 1, S. 627.

83 *Hug*, Die Alten kommen, S. 38 f., *Schröder*, Altersbedingte Kündigungen und Altersgrenzen im Individualarbeitsrecht, S. 51; *Kruse/ Lehr*, Psychologische Aspekte des Alterns, in: Altern als Chance und Herausforderung, S. 80 (86 ff.).Vgl. auch *Staudinger/ Baumert*, Bildung und Lernen jenseits der 50, in: *Gruss*, Zukunft des Alterns, S. 240 (243) zu den Gründen der unterschiedlichen Entwicklung.

84 Vgl. die Längsschnittstudie von *Steen/ Djurfeldt*, The gerontological and geriatric population studies in Gothenburg, Sweden, Zeitschrift für Gerontologie 26 (1993), S. 163 ff.; vgl. auch die Bonner Längsschnittstudie (BOLSA): Verschlechterung der Intelligenzleistung erst nach Eintritt in das neunte Lebensjahrzehnt, *Rudinger/ Kleinemas*, BOLSA, in: Oswald/ Lehr/ Sieber/ Kornhuber (Hrsg.), Gerontologie, S. 125 (127).

Prozess des Lernens ändert[85]. Fällt es im Kinder- und Jugendalter im Allgemeinen leicht zu lernen - dies gilt besonders für das mechanische Lernen, also Informationen ohne genaue Kenntnis des Bedeutungsgehalts aufzunehmen und zu reproduzieren - nimmt diese Leichtigkeit mit zunehmenden Alter ab. Kompensiert wird diese Abnahme jedoch durch zunehmende Lernintensität und Genauigkeit: Ältere greifen bei Aufnahme und Verarbeitung neuer Informationen bevorzugt auf bereits vorhandene, meist durch spezielle Lebens- und/ oder Berufserfahrungen vermittelte Sinneinheiten zurück.[86] Daneben bestimmen auch die Motivation zu lernen, konkrete Zielvorstellungen und die Erkenntnis der Notwendigkeit und Zweckmäßigkeit des Lernens über den Lernerfolg.[87]

Die Erkenntnisse über die altersbedingte Entwicklung der Intelligenz haben ein Bewusstsein dafür geschaffen, dass Informationen und Lehrstoff altersangemessen zu vermitteln ist, etwa durch übersichtliche Gliederung und Gestaltung von Informationen und durch Schaffung entsprechenden Lehr- und Lernsituationen. Auch die Vermittlung bestimmter Lerntechniken ist hierzu zu rechnen, die gerade Älteren häufig fehlen.[88] Festhalten lässt sich, dass nicht das Alter als solches über die Abnahme der Lernfähigkeit bestimmt, sondern vielmehr die mangelnde Gewöhnung und der Umgang mit entsprechenden Lerntechniken.

---

85 Vgl. *Eitner*, Der alternde Mensch am Arbeitsplatz, S. 26; *Hug*, Die Alten kommen, S. 38 f.

86 *Eitner*, Der alternde Mensch am Arbeitsplatz, S. 26.

87 *Eitner*, Der alternde Mensch am Arbeitsplatz, S. 26.

88 *Schröder*, Altersbedingte Kündigungen und Altersgrenzen im Individualarbeitsrecht, S. 53.; Brockhaus, Bd.1, S.627; *Lehr*, Psychologie des Alterns, S. 93 f.; *Eitner*, Der alternde Mensch am Arbeitsplatz, S.26. Als weiteres Beispiel kann die Vermeidung von Zeit- und Termindruck genannt werden. Werden bei einer Lerngruppe, die hinsichtlich des Alters unterschiedlich zusammengesetzt ist, gleiche Zeitspannen zum Erlernen der Informationen angesetzt, so schneiden Ältere in der Regel schlechterer ab als Jüngere. Das Europäische Zentrum für universitäre Studien der Senioren (EZUS, http://www.zig-owl.de/ccms/content.php?content=74&nav=6) bildet in diesem Bereich ein jüngeres Beispiel. EZUS stellt die erste Hochschule Deutschlands nur für ältere Menschen dar. Im Unterschied zur normalen Gasthörerschaft an staatlichen Universitäten hat EZUS es sich zum Ziel gesetzt die wissenschaftliche Weiterbildung speziell auf die Bedürfnisse Älterer auszurichten. In einem studium generale, das Fächer wie Religionswissenschaft, Medizin, Geschichte, Naturwissenschaften u.a. umfasst, haben Ältere die Möglichkeit einen Abschluss als „Senior Consultant" zu erwerben.; vgl. *Koch*, Für ältere Semester, Spiegel Special 08/06 (Jung im Kopf – Die Chancen der alternden Gesellschaft), S. 94 f. Eine ausführliche Untersuchung zur Thematik des Seniorenstudiums liefert *Köhler*, Wissenschaftliche Bildung im Alter, Rn. 78 ff., die zum Zeitpunkt ihrer Promotion 66 Jahre alt war; abrufbar unter http://edoc.hu-berlin.de/dissertationen/koehler-helga-2004-05-24/HTML/front.html. Ausführlich zu arbeitsrechtlichen Fragen der Fort- und Weiterbildung älterer Arbeitnehmer, *Sandmann*, Alter und Leistung, NZA 2008 (Beilage Heft 1), S. 17 ff. Zur Bedeutung und Schwierigkeiten der Zunahme älterer Studenten *Graf*, Die Generationenkonflikte im Hörsaal, FAZ Nr. 54 v. 5. März 2009, S. 8.

Die Möglichkeit der Kompensation von abnehmender Leistungsfähigkeit in der pragmatischen Intelligenz lässt sich auch in der Berufstätigkeit nachweisen.[89] Das sog. Expertenparadigma beschreibt die Fähigkeit einer Person, die sich im Laufe ihres Lebens systematisch und kontinuierlich mit Inhalten und Handlungsstrategien eines bestimmten Lebensbereiches beschäftigt hat, durch das damit erlangte bereichsspezifische Expertenwissen schnelle und zuverlässige Einschätzungen von Arbeitssituationen und -abläufen treffen zu können.[90] Die Bildung eines solchen „speziellen Berufsgedächtnisses" stellt ein spezifisches Leistungspotential älterer Arbeitnehmer dar. So wurde in Studien belegt, dass ältere Arbeitnehmer im Vergleich zu Jüngeren im Durchschnitt keine schlechteren beruflichen Leistungen erbringen.[91] Nicht allein die Fähigkeit und Geschwindigkeit des abstrakten Denkens und logischen Schließens sind für bestimmte Leistungserfolge und die Effizienz von Arbeitsabläufen maßgebend, sondern auch weitere Faktoren, wie die Entwicklung der Persönlichkeit, betriebsspezifische Erfahrungen, die Routine bei bestimmten Arbeitstechniken, sowie die Leistungsbereitschaft.[92]

Rückt man im Rahmen einer psychologischen Betrachtung des Alters die Entwicklung der individuellen Persönlichkeit, also all derjenigen Eigenschaften, Erlebnis- und Verhaltensprozesse, die die individuelle Eigenart eines Menschen ausmachen, in den Vordergrund, so stellt man fest, dass diese Entwicklung neben dem notwendigen bereits beschriebenen Wandelungsprozess auch durch Faktoren der Stabilität, vor allem hinsichtlich der Alltagsaktivität, gekennzeichnet ist. Eigenschaften wie die persönlichen Verhaltensweisen an der Außenwelt zu orientieren (Extraversion) oder das Maß an Erregbarkeit bzw. emotionaler

---

89   Vgl. die Untersuchung von *Salthouse*, Effects of age and skill in typing, in: Lawton/ Salthouse, Essential papers, S. 382 ff.; *Frerichs*, Diskriminierung älterer Arbeitnehmer/innen in der Erwaerbsarbeit, in: Loccumer Protokolle 04/06, S. 31 (32).

90   Vgl. *Voelcker-Rehage/ Godde/ Staudinger*, Bewegung, körperliche und geistige Mobilität im Alter, Bundesgesundheitsbl. 2005, S. 558 (563); *Staudinger/ Baumert*, Bildung und Lernen jenseits der 50, in: Gruss, Zukunft des Alterns, S. 240 (244 f.); *Kruse*, Alter im Lebenslauf, in: Baltes/ Mittelstraß/ Staudinger, Alter und altern, S. 331 (342).

91   So auch *Frerichs*, Diskriminierung älterer Arbeitnehmer/innen in der Erwerbsarbeit, in: Loccumer Protokolle 04/06, S. 31 (34 f.): Zwar wird von Unternehmen die qualifikatorische und gesundheitliche Leistungsfähigkeit nicht so hoch wie bei jüngeren Arbeitnehmern eingeschätzt, dieser Tatsache stehen jedoch ausgleichendes Erfahrungswissen und Sekundärtugenden gegenüber, so dass die quantitative Bilanz der Leistungsparameter gleich bleibt.

92   Vgl. *Voelcker-Rehage/ Godde/ Staudinger*, Bewegung, körperliche und geistige Mobilität im Alter, Bundesgesundheitsblatt 2005, S. 558 (564); *Sproß*, Altersdiskriminierung und Beschäftigung in Europa, in: Loccumer Protokolle 04/06, S. 115 (120); *Lammers*, Der ältere Arbeiter im Industriebetrieb, S. 9; *Schirrmacher*, Das Methusalem-Komplott, S. 95.

Stabilität[93] bleiben während des Alterns stabil. Hingegen führt die in der Regel zunehmende Zahl an zu bewältigenden Entwicklungsaufgaben und kritischen Lebenssituationen während der Lebenszeit eines Menschen und das daraus resultierende Erfordernis der Anpassung, auch zu charakterlichen Veränderungen, häufig in Form einer Versachlichung und Verinnerlichung, die sich zumeist in veränderten Lebenszielen und Wertvorstellungen ausdrücken. Misst man im jungen Erwachsenenalter beruflichem Werdegang, Freunden und der eigenen Unabhängigkeit hohe Bedeutung zu, so rücken im mittleren Alter in der Regel Familie und Beruf in den Mittelpunkt des Lebens, während im hohen Erwachsenenalter Gedanken über die eigene Gesundheit und die eigene Lebensführung dominieren.[94]

Bemerkenswert und zugleich überraschend ist das in der Psychologie beschriebene Phänomen des Zufriedenheitsparadoxons, welches bei der Persönlichkeitsentwicklung den stabilen Faktoren zuzuordnen ist. Gemeint ist der Umstand, dass sich die Zufriedenheit mit dem eigenen Leben in den unterschiedlichen Lebensabschnitten kaum verändert und bis ins fortgeschrittene Lebensalter hoch bleibt.[95] Daran ändern auch negative Erfahrungen wie Krankheit, der Verlust sozialer Kontakte oder der Verlust nahe stehender Personen, etwa durch Tod des Ehepartners, nichts. Auch der gegenüber der vorindustriellen Gesellschaft veränderte Umstand, dass in dieser Zeit ältere Menschen stärker in Familie und Verwandtschaft integriert waren als in der jetzigen industriellen Gesellschaft führt grds. zu keiner anderen Beurteilung, wenngleich sich diese zunehmende Gruppe Älterer als potentielle Problemgruppe darstellen kann.[96] Erklären lässt sich die nahezu gleich bleibende Zufriedenheit wohl in erster Linie durch die Veränderung von Wertvorstellungen mit zunehmendem Alter sowohl hinsichtlich des Selbstwertgefühls und der Selbstwertschätzung[97] als auch der Umwelt.

---

93   Sog. Neurotizismus, vgl. dazu *Costa/ McCrae*, Concurrent validation after 20 years: The implication of personality stability for its assesment, in: Shock (Hrsg.), Normal human aging: the Baltimore longitudinal study of aging, S.105 ff.

94   Vgl. Übersicht bei *Staudinger*, Produktivität und Selbstentfaltung im Alter, in: *Baltes/ Montada*, Produktives Leben im Alter, S. 344 (367).

95   Brockhaus, Bd. 1, S. 627; *Staudinger*, Produktivität und Selbstentfaltung im Alter, in: *Baltes/ Montada*, Produktives Leben im Alter, S. 344 (351 f.); *Pohlmann*, Das Alter im Spiegel der Gesellschaft, S. 31.

96   *Seidler*, Staatslexikon, Bd. 1, Sp. 116: Danach leben etwa ein Drittel der über 65 Jährigen in Städten allein, nach *Tews*, Altersbilder, S. 22 ist eine Zunahme dieses Anteils zu erwarten. Mittlerweile wird die Zahl bei über 60 Prozent angesetzt, vgl. *Bruhns*, Verein auf Gegenseitigkeit, in: Spiegel Special 08/06 (Jung im Kopf– Die Chancen der alternden Gesellschaft), S. 46.

97   So ergab eine Studie, dass Jüngere im Hinblick auf die Charakterisierung ihrer Persönlichkeit und ihrer Psyche regelmäßig selbstkritischer sind als Ältere, die mehr Selbst- und Lebensakzeptanz aufzeigten, vgl. *Dittmann-Kohli*, Das persönliche Sinnsystem, S. 355.

§ 4 Das soziale Alter – Soziale und juristisch-sozialrechtliche Aspekte des Alters

Betrachtet man den Begriff des Alters unter soziologischen Gesichtspunkten, so stehen die gesellschaftlichen, kulturellen und institutionellen Bedingungen des Lebens- und damit des Altersverlaufs im Vordergrund. Es zeigt sich, dass Jugend und Alter letztlich eine soziale Konstruktion[98] darstellen und keine natürlich vorgegebenen Faktoren sind.

Das Alter im soziologischen Sinn wird von der vorherrschenden Meinung in der Gesellschaft und der Wirtschaft, sowie dem historischen Kontext bestimmt. Es umfasst sämtliche Einstellungen und Zuweisungen, die mit einer bestimmten Altersgruppe aufgrund gesellschaftlicher Wertvorstellung und Normen in Verbindung gebracht werden.[99] Unter „Alter" im engeren Sinne versteht die Soziologie hingegen die Lebensphase, die sich „(...) sozialgeschichtlich in der Moderne durch die Institutionalisierung des Lebenslaufs als Phase nach dem Erwerbsleben herausgebildet hat".[100] Diese einzelnen Lebensphasen ergeben sich vor allem durch Vergleiche unterschiedlicher Gesellschaften und unterschiedlicher wissenschaftlicher Ansätze.

So teilte beispielsweise Guardini das Lebensalter eines Menschen in die Abschnitte „Das Leben im Mutterschoß", „Geburt und Kindheit", „der junge Mensch", „der mündige Mensch", der ernüchterte Mensch", der weise Mensch" und „der senile Mensch" ein, um nur ein Beispiel zu nennen.[101] In Sparta trat das Alter mit dem 60. Lebensjahr ein, mit dem die Befreiung von militärischen Verpflichtungen einherging.[102] Pythagoras teilte das Leben, den vier Jahreszeiten folgend, in 4 Abschnitte zu je 20 Lebensjahren ein während Solon das Leben in zehn Teile zu je 7 Jahren aufteilte.[103] In einer Enzyklopädie aus dem Jahre 1556

---

98 *Bieback*, Altersdiskriminierung: Grundsätzliche Strukturen, ZSR 2006, S. 75 (80); *Kaufmann*, Was meint Alter?, in: Staudinger/ Häfner (Hrsg.), Was ist Alter(n)?, S. 119 (123); *Ehmer*, Das Alter in der Geschichte und Geschichtswissenschaft, in: Staudinger/ Häfner (Hrsg.), Was ist Alter(n)?, S. 149; *Pohlmann*, Das Alter im Spiegel der Gesellschaft, S. 40; ähnl. *Klie*, Rechtsfragen, in: Oswald/ Lehr/ Sieber/ Kornhuber (Hrsg.), Gerontologie, S. 306 (308); *Schimany*, Die Alterung der Gesellschaft, S.477; *Göckenjan*, Altersbilder und die Regulierung der Generationenbeziehung, in: Ehmer/ Gutschner, Das Alter im Spiel der Generationen, S. 93 (96) bezeichnet das Alter in diesem Zusammenhang als Figuration.

99 Vgl. *Pohlmann*, Das Alter im Spiegel der Gesellschaft, S. 22 f.

100 *Schimany*, Die Alterung der Gesellschaft, S. 310.

101 Vgl. *Guardini*, Die Lebensalter. Ihre ethische und pädagogische Bedeutung, S. 9 ff.

102 Ein Statusverlust war damit allerdings nicht verbunden. Die Alten waren u.a. für die Aufrechterhaltung der Ordnung zuständig und die Erziehung der Jugend zuständig, vgl. *Beauvoir*, Das Alter, S. 86 f.

103 Zit. nach *Höffe*, Bilder des Alters und des Alterns, in: Staudinger/ Häfner, Was ist Alter(n)?, S. 189 (191).

45

werden folgende Altersstufen unterschieden: Die Jugend vom 35. bis 45. oder 50. Lebensjahr und das Alter bis zum 70. Lebensjahr bzw. bis zum Tod.[104] Gemeinsam ist trotz unterschiedlicher Ausgangspunkte und Festlegungen im Einzelnen der Grundgedanke: Altersregelungen und Festlegungen von Lebensabschnitten durch Altersgrenzen dienen der Standardisierung und damit der Rationalisierung von Gesellschaften.[105] Das Alter stellt ein soziales Strukturierungsmerkmal dar, nach dem sich eine Gesellschaft in soziale Gruppen und Verbände strukturiert bzw. nach dem gesellschaftliche Funktionen und Rollen verteilt werden.[106]

Dabei ist die Bedeutung des Alters in vorindustriellen Gesellschaften, die den sozialen Bedeutungsgehalt des Alters oft nicht am kalendarischen Alter, sondern an biologischen Altersmerkmalen wie Pubertät oder Abnahme der physischen Leistungsfähigkeit maßen, im allgemeinen größer als in der heutigen komplexen Wirtschaftsgesellschaft.[107] Mit steigender Komplexität sozialer Gesellschaften gewinnen andere Strukturierungsmerkmale an Bedeutung, wie etwa Beruf, hierarchische Strukturierung von Wirtschaft und Gesellschaft etc.[108] Dennoch hat das Alter als Strukturierungsmerkmal seine Funktion nie verloren. Dies gilt insbesondere im Bereich rechtlicher Regelungen und im Bereich der Erwerbstätigkeit.

In der Soziologie findet man häufig eine Einteilung des Lebens in drei Abschnitte: Den ersten Abschnitt bildet die sog. Bildungsphase (auch: sog. Erstes Alter), gefolgt von der sog. Erwerbstätigkeits- und Familienphase (sog. Zweites Alter). Den dritten und letzten Abschnitt bildet der Ruhestand (sog. Drittes Alter)[109], wobei der Übergang von einem in den anderen Abschnitt dabei übli-

---

104 Zitiert nach *Beauvoir*, Das Alter, S. 107.

105 Vgl. *Bieback*, Altersdiskriminierung: Grundsätzliche Strukturen und sozialrechtliche Probleme, in: Loccumer Protokolle 04/06, S. 87.

106 Vgl. *Kaufmann*, Die Überalterung, S. 219. Weiter soziale Strukturierungsmerkmale stellen das Geschlecht, Verwandtschaft und Beruf dar.

107 *Schimany*, Die Alterung des Gesellschaft, S. 306.

108 Vgl. *Kaufmann*, Die Überalterung, S. 220.

109 Vgl. *Böhme*, „Zur Theorie einer Universität des 3. Lebensalters", in: KritV 2004, S. 219 (222); *Laslett*, Das Dritte Alter – Historische Soziologie des Alterns, S. 266 ff., zur Herkunft des Begriffs S. 34. Vereinzelt, vor allem in der jüngeren Gerontologie wird vorgeschlagen, den Abschnitt des Ruhestandes in ein „drittes" und „viertes" bzw. aktives (zw. 60 und 80 Jahren) und gebrechliches Lebensalter (über 80 Jahre) zu unterteilen, so dass man auf eine Gesamteinteilung des Lebens in vier Abschnitte käme (so auch *Laslett*, Das Dritte Alter – Historische Soziologie des Alterns, aaO; *Pohlmann*, Gesellschaftliche Konsequenzen internationaler Abkommen zur Alterspolitik, in: KritV 2004, S. 260 (273); *Wulff*, Altersentwicklung, in: FS Kruse, S. 119 (126). Dieser Ansatz liegt in dem Umstand begründet, das sich den letzten 50 Jahren in den modernen Industriegesellschaften eine Tendenz zum frühen Ruhestand bei gleichzeitiger Erhöhung der durchschnittlichen Lebensdauer gezeigt hat (Beispiel: Sog. 58er Regelung gem. § 428 SGB III: Sie gestattete bis Ende 2007 den Bezug von Arbeitslosengeld I

cherweise durch sog. Statuspassagen[110] gekennzeichnet wird. Dabei ist die Entwicklung in der Bildungs- und Erwerbstätigkeitsphase grds. durch die Erweiterung von Handlungsspielräumen und einer Vergrößerung der sozialen Rollenvielfalt, beispielsweise durch die Integration in zunehmend komplexer werdende soziale Netzwerke gekennzeichnet. Eigenständiges Gewicht bekam die Kindheits- und Jugendphase vor allem durch die Einführung der allgemeinen Schulpflicht, der Zurückdrängung bzw. Abschaffung der Kinderarbeit sowie der zunehmenden Bedeutung der Ausbildungssysteme.[111] Der Übergang in das Erwachsenenalter zeichnet sich durch die Selbstständigkeit in ökonomischer Hinsicht etwa durch Berufstätigkeit, durch die Familiengründung, die Selbstständigkeit als Konsument sowie die Rolle als politischer Bürger mit eigener Wertorientierung aus.[112] Klarer durch eine Altersgrenze markiert ist demgegenüber die Ruhestandsphase. Nach statistischen Ermittlungen[113] gehören der Gruppe der „alten Menschen" alle Personen an, die jedenfalls 65 Jahre oder älter sind.[114] Die

---

oder II ohne für den Arbeitsmarkt verfügbar sein zu müssen, sofern zum frühest möglichen Zeitpunkt eine ungeminderte Altersrente beantragt wurde). Zur weiteren Praxis der Frühverrentung von Arbeitnehmern vgl. *Zwanziger*, Struktur, Probleme und Entwicklung des Altersteilzeitrechts, RdA 2005, S. 226 (227 ff.); *Waltermann*, Übergang vom Erwerbsleben in den Ruhestand, in: GedS Blomeyer, S. 495 (497) Noch in den sechziger Jahren wurden Anstrengungen zur Verbesserung der Situation älterer Arbeitnehmer unternommen, vgl. nur die Empfehlung des Europarates aus dem Jahre 1967, wonach es Menschen, die das Rentenalter erreicht haben erleichtert werden sollte die Berufsarbeit auszuüben, Empfehlung 502, 1967, 19. ord. Sitzung; zur Diskussion in den achtziger Jahren, *Linnenkohl/ Rauschenberg/ Schmidt*, Flexibilisierung (Verkürzung) der Lebensarbeitszeit, BB 1984, S. 603 ff. Dies führt zu einer Verlängerung des Lebensabschnitts „Alter", dessen eigenständige Bedeutung damit zunimmt; vgl. *Becker*, Die alternde Gesellschaft – Recht im Wandel, JZ 2004, S. 929 (930); *Simitis*, Die Altersgrenzen – ein spät entdecktes Problem, RdA 1994, S. 257 (258); *Amrhein*, Der entstrukturierte Lebenslauf, ZSR 2004, S. 147 (166). Dieser Ansatz sieht sich jedoch vor das Problem gestellt, dass es im Gegensatz zu den anderen Lebensabschnitten, keine sozial definierten Übergänge zwischen den Stufen gibt und ist deswegen nicht unumstritten, abl. *Böhme*, aaO; auch *Tesch-Römer/ Wurm*, Lebenssituationen älter werdender und alter Menschen in Deutschland, Bundesgesundheitsbl. 2006, S. 499.

110   Als Statuspassage bezeichnet man den Übergang von einer sozialen Position in eine andere, wobei Maßstab der Beurteilung die Veränderung sozialer Verhaltensanforderungen sind, vgl. *Hurrelmann*, Lebensphase Jugend, S. 31.

111   Vgl. *Schimany*, Die Alterung der Gesellschaft, S. 358.

112   Vgl. *Hurrelmann*, Lebensphase Jugend, S. 34 f.

113   Eine eindeutige Definition der Statuspassage durch Altersgrenzen ist nicht möglich. Der Übergang vollzieht sich fließend. Vgl. zu sonstigen öffentlichen Markierungen des Übergangs, *Hurrelmann*, Lebensphase Jugend, S. 32.

114   *Hurrelmann*, aaO. Das Ende der Erwerbsarbeit wird immer wieder als Beginn des eigentlichen Alters (Altseins) bezeichnet, vgl. *Waltermann*, Berufsfreiheit im Alter, S. 17; *Körner*, Diskriminierung von älteren Arbeitnehmern, NZA 2008, S. 497; *Pohlmann*, Das Alter im Spiel der Gesellschaft, S. 12; *Tartler*, Das Alter in der modernen

Grenze des 65. Lebensjahres folgt dabei der Altersgrenze für den Rentenanspruch wegen des Alters. Infolge der Erhöhung des gesetzlichen Renteneintrittsalters auf das 67. Lebensjahr kann erwartet werden, dass auch die Zuordnung eines Menschen zu den „alten Menschen" künftig ab diesem Lebensjahr erfolgen wird. Diese, im Hinblick auf das Alter klare Einteilung darf jedoch nicht dazu verleiten in „den Alten" eine homogene Gruppe zu erblicken: Der Umstand der Asynchronität des Alterns, der bereits unter biologischen Gesichtspunkten dargestellt wurde, findet seine Entsprechung unter sozialer und wirtschaftlicher Betrachtung. Die Situation älterer Menschen ist hinsichtlich des gesellschaftlichen und sozialen Status, der wirtschaftlichen Lage, der Wohnsituation, Interessen, Bedürfnissen und Kapazitäten etc. derart unterschiedlich, dass von einer homogenen Gruppe nicht gesprochen werden kann.[115] Zudem wird lediglich das sog. Dritte Alter durch rechtliche Altersgrenzen, also formale Gesichtspunkte bestimmt. Hingegen finden sich rechtlich keine formalen Kriterien, ab welchem Zeitpunkt das sog. vierte Alter beginnt. Entscheidend ist hier die tatsächliche Situation des Einzelnen.[116]

Das vierte Alter beginnt, wenn sich altersbedingte Lasten auch tatsächlich einstellen. Ab welchem Alter dies der Fall ist, kann nur durch statistische Erhebungen beantwortet werden.[117] Dies gilt im Besondern für die Erfassung des Begriffs des „Älteren" im Arbeitsrecht, der zusätzlich von der Alterszusammensetzung der Belegschaft und der jeweiligen Branche abhängig ist.[118]Die Betrachtung der dritten Lebensphase gewinnt in diesem Bereich besondere Bedeutung, denn die Phase der Erwerbsarbeit stellt in der heutigen Gesellschaft eine der zentralen Formen der sozialen Einbindung des Einzelnen in die Gesellschaft dar.

Gesellschaft, S. 127; *Hirche*, Die Alten kommen, S. 12 f.; nach einer aktuelleren Umfrage in der Bundesrepublik gilt man ab dem 74 Lebensjahr als alt, FAZ Nr. 117 v. 23. Mai 2005, S. 5; weitergehend wird vorgeschlagen innerhalb der Gruppe der Alten weiter zu differenzieren nach jungen Alten bzw. älteren Erwachsenen (50-65 Jahre); alte Menschen bzw. alte Erwachsene (66-80 Jahre) und alte Alte bzw. Hochbetagte (über 81 Jahre), vgl. *Opitz*, Biographie-Arbeit im Alter, S. 12; auch *Clemens*, Stichwort: Alter, ZfE 2001, S. 489 (490); nach Hippokrates begann das Alter mit dem 56. Lebensjahr, *Beauvoir*, Das Alter, S. 17.

115 So auch *Seidler*, Staatslexikon, Bd. 1, Sp. 115; *Becker*, Die Älteren, S. 8; *Mann*, Altersdiskriminierung durch gesetzliche Höchstaltersgrenzen, Rechtsgutachten erstattet der Senioren Union der CDU, S. 8; *Pohlmann*, Gesellschaftliche Konsequenzen internationaler Abkommen zur Alterspolitik, in: KritV 2004, S. 260 (273).

116 Das der Einzelne die Phase des vierten Alters durchläuft ist nicht zwingend, denkbar ist auch, dass das dritte Alter bis zum Tod dauert. Umgekehrt kann das vierte Alter auch schon vor dem rechtlich festgelegten dritten Alter eintreten.

117 *Zacher*, Sozialrecht, in: Baltes/ Mittestraß (Hrsg.), Zukunft des Alterns und gesellschaftliche Entwicklung, S. 305 (309).

118 *Körner*, Diskriminierung von älteren Arbeitnehmern, NZA 2008, S. 497, die deshalb eine klare Abgrenzung von Älteren und Jüngeren im Arbeitsrecht für nicht möglich hält.

Diese zunächst soziologisch-psychologische Erkenntnis findet auf verfassungsrechtlicher Ebene Ausdruck im Grundrecht der Berufsfreiheit in Art. 12 GG und wurde in der Rechtsprechung, insbesondere der des Bundesverfassungsgerichts immer wieder betont. Infolge dieser besonderen Bedeutung der Erwerbstätigkeitsphase für den Einzelnen bedeutet auch das Ausscheiden aus dieser Phase einen bedeutenden Wendepunkt. Hinsichtlich der Frage, wie die soziale Einbindung nach dem Ausscheiden aus der mittleren Lebensphase der Erwerbstätigkeit aufrechterhalten werden kann, bestehen unter soziologisch-psychologischen Gesichtspunkten Meinungsverschiedenheiten: Die sog. Aktivitätstheorie hält für die Aufrechterhaltung der gesellschaftlichen Integration im Alter das Engagement in alternativen Rollen, etwa im ehrenamtlichen Bereich oder bürgerschaftlichen Engagement[119], für unerlässlich. Glücklich und zufrieden könne nur der aktive Mensch sein, der etwas leiste und gebraucht werde, mithin eine Funktion in der Gesellschaft habe.[120] Daneben habe eine solche Form des „produktiven Alterns" den Effekt, dass die eigene Selbstständigkeit aufrechterhalten bleibe und so der Gesellschaft, neben dem sozialen Nutzen, den sie aus der Aktivität zieht, auch sonst ggf. in Anspruch zu nehmende Leistungen, z.B. pflegerischer Art, erspart bleiben.[121] Demgegenüber sieht die sog. Disengagementtheorie[122] im Ausscheiden aus sozialen Rollen und der Entberuflichung im Alter (sog. Desozialisation) sowohl eine Voraussetzung für individuelle Zufriedenheit als auch für Aufrechterhaltung des Funktionierens der Gesellschaft insgesamt, sofern dieses Ausscheiden geplant erfolge. Im Unterschied zum psychologischen Defizitmodell behandelt die Disengagementtheorie den Prozess des Alterns nicht aus der Verlustperspektive, sondern betrachtet den so-

---

119 Vgl. dazu ausführlich *Kohli/ Künemund*, Nachberufliche Tätigkeitsfelder – Konzepte, Forschungslage, Empirie, S. 4 ff.

120 Vgl. *Tartler*, Das Alter in der modernen Gesellschaft, S. 146 ff.; Ein Beispiel bilden etwa sog. Vereine auf Gegenseitigkeit wie die Riedlinger Seniorengenossenschaft in Baden Württemberg (http://www.martin-riedlingen.de/senioren/leistungen.htm), in der Bürger Menschen im Alter unterstützen, etwa durch Fahrdienste oder Pflegetätigkeiten. Geleistete Arbeitsstunden werden gutgeschrieben und berechtigen später selbst zur Inanspruchnahme von Hilfsdiensten, vgl. *Bruhns*, Verein auf Gegenseitigkeit, in: Spiegel Special 08/06 (Jung im Kopf), S. 46 ff.

121 Vgl. zum produktiven Altern *Lehr*, Psychologie des Alterns, S. 243 f.; in der Altersgruppe der über 65 Jährigen liegt Deutschland hinsichtlich der Verbreitung ehrenamtlicher Tätigkeit mit 5,4 % neben Japan (4,3 %) am Schluss; an der Spitze stehen die USA mit 16,3 %, vgl. *Kohli*, Erwerbsarbeit und ihre Alternativen, in: Baltes/ Montada (Hrsg.), Produktives Leben im Alter, S. 154 (169). Ein so verstandenes produktives altern könnte auch zu einem Prestigegewinn des Alters beitragen, vgl. *Weber*, Wirtschaft und Gesellschaft, S. 547 f., der anschaulich die Wechselwirkung von Nützlichkeit im Alter für die Gemeinschaft und Anerkennung aufzeigt.

122 Vgl. dazu eingehend *Cumming/ Henry*, Growing old - The process of disengagement, S. 13 ff.; *Henry*, The theory of intrinsic disengagement, in: Age with a future, S. 415 ff.; Überblick bei *Tews*, Soziologie des Alterns, S. 107 ff.

zialen Rückzug als notwendige (entlastende und befreiende) Entwicklung.[123] Der Aktivitätstheorie wird insoweit entgegengehalten, dass ihr Leitbild der Aktivität im Alter nur schwer mit dem Gedanken des Lebensendes vereinbar sei, der Tod werde dadurch nicht als selbstverständlicher Bestandteil in die eigene Zukunftsplanung mit einbezogen. Ein gewisses Maß an sozialer Isolierung sei notwendig, um im Alter glücklich und zufrieden zu werden[124].

Der Prozess des Alterns ist aus soziologischer Sicht vor allem mit sozialer Ungleichheit verbunden. Dies gilt gleichermaßen für den gesellschaftlichen Status wie für Macht, Besitz und Einkommen. Dennoch fehlt eine eindeutige Zuordnung der Position älterer Menschen hinsichtlich der sozialen Ungleichheit: Kann man z.b. hinsichtlich des politischen Einflusses von einer Unterrepräsentation Älterer, etwa im Bundestag[125], sprechen, stellt sich die durchschnittliche Einkommenssituation im Vergleich zu andern Altersgruppen als eher gut dar.[126] Anders ist die Situation wiederum im Hinblick auf den sozialen Status: Gemessen an der Altersstruktur der Bevölkerung ist dieser, im Gegensatz zu den vorrationalen Völkern, eher als gering zu beurteilen.[127] Dies dürfte vor allem auf die in der heutigen Zeit schnelle Veränderung der gesellschaftlichen Außenbedingungen und den hohen Verschleiß an Leistung zurückzuführen sein. Die Kenntnisse, Fertigkeiten und Urteile Älterer werden für die jüngeren Generationen zunehmend bedeutungsloser.[128]

Diese Gesellschaftsbilder beeinflussen in positiver wie in negativer Hinsicht wiederum das Selbsterleben der älteren Bevölkerung und die Verhaltensweisen der Betroffenen, wobei eine zunehmende Aktivität der älteren Bevölkerungsgruppen, nicht nur in Deutschland, festzustellen ist, negative Gesellschaftsbilder zu bekämpfen[129]. Dies wird nicht zuletzt durch die zahlreichen Gruppen und

---

123   Vgl. *Cumming/ Henry*, Growing old - The process of disengagement, S. 14.
124   Zusammenfassend, auch zu Modifikationen der Disengagement-Theorie, *Prahl/ Schroeter*, Soziologie des Alterns, S. 278 ff.; *Lehr*, Psychologie des Alterns, S. 68 ff. Als vollständige und zutreffende Sicht des Alterungsprozesses wird die Disengagementtheorie heute jedoch nicht mehr angesehen, bgl. *Laslett*, Das Dritte Alter – Historische Soziologie des Alterns, S. 52.
125   In der Zusammensetzung der 16. Wahlperiode haben von 613 Abgeordneten 83 das 63. Lebensjahr vollendet. Vgl. *Holzapfel*, Kürschners Volkshandbuch, S. 295; allgemein *Kaufmann*, Was meint Alter?, in: Staudinger/ Häfner (Hrsg.), Was ist Alter(n)?, S. 119 (130).
126   *Seidler*, Staatslexikon, Bd. 1, Sp. 118.
127   Brockhaus, Bd. 1, S. 628; dies gilt im Besonderen für diejenigen, die aus dem Erwerbsleben ausscheiden oder bereits ausgeschieden sind.
128   *Seidler*, in: Staatslexikon, Bd. 1, Sp. 112.
129   Auf dieses nach wie vor negative Gesellschaftsbild, dass durch die „(...) Unterstellung von Defiziten, feststehenden individuellen Verlusten und deren Zunahme mit steigendem Alter (...)" geprägt sei, hinweisend auch *Becker*, Die alternde Gesellschaft – Recht im Wandel, JZ 2004, S. 929; sowie *Pohlmann*, Das Alter im Spiegel der Gesellschaft, S. 110 f. u. S. 174 ff., der im Zeitraum September 2002 bis Februar 2003 an-

Vereine deutlich, die sich gebildet haben um gegen Diskriminierungen aus Gründen des Alters vorzugehen, so in Deutschland vor allem die „Grauen Panther" und das „Büro gegen Altersdiskriminierung e.v.", in Großbritannien der „Age Concern" und „Helped the age", sowie in der Schweiz die „Vereinigung aktiver Senioren- und Selbsthilfe-Organisationen der Schweiz" und in den USA die „Gray Panthers", die „Americans for a society Free from Age Restrictions" und die „National Youth Rights Association". Auch dieser Umstand dürfte mittelbar auf die demografische Entwicklung zurückzuführen sein; führt diese doch u.a. dazu, dass u.a. Industrie und Werbung ältere Menschen zunehmend als finanzkräftige Zielgruppe entdeckt haben und weiter entdecken und dementsprechend in den Blick des öffentlichen Lebens rücken.[130]

Die bisherigen Ausführungen dürfen nicht zu dem Schluss führen, die soziologischen Aspekte von Alter stünden in ihrer Untersuchen isoliert neben denen der juristischen Wissenschaft. Zwar beschäftigt sich die Soziologie gegenwärtig, wenn es um Fragen des Alters geht, schwerpunktmäßig mit den Bereichen des sowohl individuellen als auch gesellschaftlichen Umgangs mit dem Alter, mit der Entwicklung der verschiedenen Lebenslagen, der allgemeinen Verlängerung der Lebensarbeitszeit und den Beziehungen zwischen den unterschiedlichen Generationen. Da in einem demokratischen Rechtsstaat gesellschaftliche Fragen und Probleme immer auch die rechtliche Gestaltung der gesellschaftlichen Ordnung betreffen, finden sich zahlreiche Überlappungen zwischen Soziologie und

---

hand einer Auswertung der überregionalen Printmedien zu dem Ergebnis kommt, dass von 78 Artikeln, die sich mit dem Älteren und dem Alter in Überschriften beschäftigen 61,5 % negativ und 27 % positiv ausfallen.

130 Vgl. z.B. die Werbeanzeigen der Postbank zum Altersvorsorgecheck, die Anzeige der Sparkasse zur privaten Altervorsorge, von E-Plus und von Nivea Vital Creme, in: Spiegel Special 08/2006 (Jung im Kopf), S. 27 f.; vgl. auch Werbeslogans wie „Ihr Alter = Ihr Rabatt" oder „je älter, desto besser", zitiert nach *Simitis*, „Alter und gesellschaftliche Teilhabe – für ein anderes Alterskonzept", in: KritV 2004, S. 233; für den Bereich der Filmindustrie vgl. *Herwig*, Senioren verzweifelt gesucht, in: Spiegel Special 08/2006 (Jung im Kopf), S. 36 ff. Auch das Möbelhaus IKEA plant angesichts der Alterung der Gesellschaft sich verstärkt um Senioren zu bemühen um Wachstumspotentiale zu schaffen, FAZ Nr. 231 v. 2. Oktober 2008, S. 21. Diesbezüglich ist auffallend, dass das Altersbild in der Zielgruppenwerbung zunehmend als positiv dargestellt wird. Insofern hat sich Darstellung in den letzten 30 Jahren geändert. So dominierten Ende der 70er Jahre Werbung für pharmazeutische Erzeugnisse den Markt, die das Altersbild vor allem durch körperliche Beschwerden kennzeichnete, vgl. *Bosch*, Altersbilder in den bundesdeutschen Medien, in: Straka/ Fabian/ Will (Hrsg.), Aktive Mediennutzung im Alter, S.77 (79 f.); *Opitz*, Biographie-Arbeit im Alter, S. 16. Hiermit dürfte jedoch keine grundlegende Veränderung der Vorstellung des Altersbildes einhergegangen sein, sondern lediglich ein verändertes Marktkonzept hinsichtlich der Werbung, da die Wirtschaft die ältere Generation als Wachstumsmarkt erkannt hat. Ebenso *Pohlmann*, Das Alter im Spiegel der Gesellschaft, S. 94, ähnl. *Becker*, Die Älteren, S. 7 f.

Rechtswissenschaft, die ihren Ausdruck u.a. in zahlreichen gesetzlich festgelegten Altersgrenzen finden.[131]

Ohne Anspruch auf Vollständigkeit sollen an dieser Stelle lediglich einige
Beispiele vorgestellt werden, um die soziologisch-juristischen Aspekte von Alter zu verdeutlichen. Zu erwähnen sind zunächst Regelungen für den Übergang
in den Ruhestand, wobei das altersbedingte Pflichtausscheiden aus dem Erwerbsleben von den Voraussetzungen für den Empfang von Rentenleistungen zu
unterscheiden ist. Eine bestimmte Altersgrenze für private Arbeitnehmer existiert in Deutschland hinsichtlich des Ausscheidens aus dem Erwerbsleben, anders als bei Beamten, Richtern und Berufssoldaten, nicht. Die gesetzliche Rentenversicherung sieht die Regelaltersrente (noch) ab dem 65. Lebensjahr vor.
Auffallend ist, dass in den meisten Gesetzen Altersregelungen fehlen, obschon
gerade Ältere von ihnen betroffen sind. So finden sich im Bereich der Pflege-
und Krankenversicherung als Teil des Sozialrechts ebenso wenig Altersregelungen wie im Heimgesetz oder im Betreuungsrecht. Dennoch kommt dem Sozialrecht für das Alter eine bedeutsame Aufgabe zu. Es bildet den Rechtsbereich,
der auf der einen Seite den zunehmend längeren Lebensabschnitt des Ruhestandes regelt. Hinzu kommt die Aufgabe, Defizite die mit dem Altwerden verbunden sind, zu kompensieren.[132] Ersterem Bereich sind vor allem monetäre Leistungen, wie etwa die Gewährung der Altersrente zuzurechnen, während der
zweite Bereich der Kompensation auch etwa Regelungen zur Bedarfsdeckung
im weiteren Sinne, wie etwa Pflegedienste, umfasst.

---

131 Vgl. dazu auch die ausführliche Übersicht: Lebensalter im Recht – Anhang I, S. 394.
     Eine umfassende und übergreifende gesetzliche Regelung für einzelne Lebensbereiche
     der Lebensphase Alter findet sich im Gegensatz zum Jugendalter nicht. So existiert
     z.B. kein besonderes Altersstrafrecht im Gegensatz zum Jugendstrafrecht des JGG und
     den vereinzelten Bestimmungen des StGB.
132 *Zacher*, Sozialrecht, in: Baltes/ Mittestraß (Hrsg.), Zukunft des Alterns und gesell-
     schaftliche Entwicklung, S. 305.

3. Kapitel Alter und demografischer Wandel in Deutschland und Europa

§ 1 Demografischer Wandel in Deutschland und Europa

A. Zunehmende Alterung der Gesellschaft

Der Begriff des demografischen Wandels, der im heutigen allgemeinen Sprachgebrauch häufig mit dem der Überalterung gleichgesetzt wird, beschreibt allgemein die Veränderung der Altersverteilung innerhalb einer Gesellschaft. Diese Veränderung der Altersverteilung erfolgt seit geraumer Zeit in der Tendenz zu Gunsten der älteren und auf Kosten der jüngeren Altersklassen.

„Wir leben in einer ergrauenden Welt"[133].Die Erkenntnis dieses Umstandes an sich ist nicht neu[134]; dass die durchschnittliche Lebenserwartung der Menschen zunimmt, ist ein Trend, der sich bereits seit der Antike vollzieht.[135] Aber die Alterung der Gesellschaft hat sich beschleunigt und wird weiter zunehmen.[136] Pohlmann misst dem demografischen Wandel angesichts dieser Entwicklung revolutionäre Auswirkungen auf die Bereiche Wirtschaft, Soziales,

---

133 So *Lehr*, Psychologie des Alterns, S. 30; *dies.*, Der verdrängte Lebenszyklus, in: Kayser/ Uepping (Hrsg.), Kompetenz der Erfahrung, S. 67 (68).

134 Vgl. *Kaufmann*, Die Überalterung, S. 1, der 1960 formulierte: „In den Hauptgebieten Europas ist heute ungefähr jeder zehnte Einwohner über 65 Jahre alt. Bald wird es jeder achte sein. Vor fünfzig Jahren betrug der Anteil der 65- und Mehrjährigen jedoch nur ein Zwanzigstel der Bevölkerung; er hat sich also seither annährend verdoppelt."; *Wilkoszewski*, Die verdrängte Generation, S.16 ff.

135 Vgl. *Beauvoir*, Das Alter, S. 188. Die durchschnittliche Lebenserwartung bei den Römern lag bei 18 Jahren. Bevölkerungswissenschaftler beachteten hingegen erst seit dem Zeitraum kurz vor dem zweiten Weltkrieg, vgl. *Kaufmann*, die Überalterung, S. 1.

136 Vgl. Statistisches Bundesamt, Bevölkerungsvorausberechnung, S. 14, abrufbar unter: www.destatis.de; freilich sind demografische Vorhersagen für die Zukunft mit Unsicherheiten verbunden. Diese betreffen im Wesentlichen jedoch nur die genauen Zahlen, nicht jedoch den allgemeinen Trend, vgl. *Birg*, Dynamik der demographischen Alterung, Aus Politik und Zeitgeschichte 2003 S. 6. Kritisch zu den demografischen Vorhersagen *Bartels*, Standortsicherung, NZA 2008 (Beil. Heft 1), S. 38 (39 f.), der deutlich auf die Relativität der Zahlen bezogen auf den (langen) Prognosezeitraum bis zum Jahr 2050 und die Möglichkeiten der Politik die demografische Entwicklung zu beeinflussen, hinweist. Zur demografischen Methodik und Zuverlässigkeit auch *Wilkoszewski*, Die verdrängte Generation, S. 31 ff.

Arbeit und Gesellschaft zu[137], die nicht auf bestimmte Staaten beschränkt ist, sondern sich weltweit vollzieht. Nach Prognosen werden allein in China im Jahre 2050 knapp ein Viertel der weltweit 65-Jährigen leben.[138] Im Zeitraum von 1965 bis 1995 ist die Gesamtbevölkerung der damals 15 EU-Mitgliedstaaten um 18 % gestiegen, der Anteil der über 65 Jährigen ist im gleichen Zeitraum um 71 % gestiegen.[139] Erstmalig in der Geschichte der Menschheit geht die Entwicklung dahin, dass es mehr Ältere geben wird als Kinder.[140] Während der Altersaufbau der Bevölkerung Anfang des 20. Jahrhunderts einer Pyramide mit höheren Zahlen an jungen Menschen an der Basis und einem geringeren Anteil Älterer an der Spitze ähnelte, wird sich diese Form bis 2050 zu einem Bevölkerungspilz entwickeln.[141]

Es sind vor allem drei Faktoren, die die Zusammensetzung einer Bevölkerung und damit die demografische Entwicklung bestimmen[142]: Die Anzahl der

---

137 *Pohlmann*, Gesellschaftliche Konsequenzen internationaler Abkommen zur Alterspolitik, in KritV 2004, S. 260 (261); ähnlich auch *Wulff*, Altersentwicklung, in: FS Kruse, S. 119.

138 *Schirrmacher*, Das Methusalem-Komplott, S. 11; *Schimany*, Die Alterung der Gesellschaft, S. 286; vgl. auch *Yi/ George*, Family Dynamics, abrufbar unter: http://www.demographic-research.org/volumes/vol2/5/html/default.htm; dies gilt im Besonderen auch für die Entwicklungsländer, vgl. die Übersicht der erwarteten Altersentwicklung bis 2025 bei *Rosenmayr*, Schöpferisches Altern, S. 339. Zu den Zahlen in den Vereinigten Staaten, *Flessner*, Ältere Menschen, demographische Alterung und Recht, S. 20 f. Zur demografischen Entwicklung in Russland *Lindner*, Raum ohne Volk?, FAZ Nr. 43 v. 20. Februar 2009, S. 8.

139 Vgl. *Schimany*, die Alterung der Gesellschaft, S. 275.

140 Vgl. *Schirrmacher*, Das Methusalem-Komplott, S. 11; *Schimany*, Die Alterung der Gesellschaft, S. 291. Vor diesem Hintergrund ist auch der Wiener Internationale Aktionsplan zur Frage des Alterns zu erwähnen, der 1982 von der Weltversammlung zur Frage des Alters verabschiedet wurde. In den Grundsätzen und Empfehlungen wird die Notwendigkeit der Förderung der Aktivitäten, der Sicherheit und des Wohls der Älteren und einer Gesellschaft ohne Diskriminierungen oder unfreiwilliger Isolation aufgrund des Alters betont. Auch die Beteiligung Älterer am Arbeitsmarkt wird angesprochen. Im Jahr 2002 fand in Madrid die Zweite Weltversammlung zur Frage des Alterns statt, die einen überarbeiteten Weltaltenplan verabschiedete. Der Text des zweiten Weltaltenplans ist in englische Sprache abrufbar unter: http://www.bagso.de/mica/documents_e.htm.

141 Vgl. *Schmähl/ Ulrich*, Soziale Sicherungssysteme und demographische Herausforderungen, S. 11; *Lehr*, Demographischer Wandel, in: Oswald/ Lehr/ Sieber/ Kornhuber (Hrsg.), Gerontologie, S. 159 f.

142 Umfassend zur demografischen Entwicklung in Deutschland *Pfister*, Bevölkerungsgeschichte und Historische Demographie 1500-1800; *Ehmer*, Bevölkerungsgeschichte und Historische Demographie 1800-2000; *Dinkel*, Was ist demographische Alterung?, in: Staudinger/ Häfner, Was ist Alter(n)?, S. 97 (99). Sieht man die vorgegebene Altersstruktur einer Gesellschaft als eigenständigen, die demografische Entwicklung be-

Geburten (Fertilität), die Lebenserwartung bzw. die Sterblichkeitsquote (Mortalität) und die Migration, genauer, der Saldo zwischen Zu- und Abwanderung.[143] Im Jahre 1680 starben in Deutschland von neunzehn Geborenen elf bis zum Alter von dreißig Jahren. Nur vier dieser Geborenen wurden sechzig Jahre und älter. Demgegenüber erreichten 1980 nur zwei von neunzehn Geborenen nicht das sechzigste Lebensjahr.[144] Diese Daten liefern lediglich ein grobes Bild davon wie äußere – vor allem biologische – Einflüsse die Altersstruktur von Menschen und damit einer Gesellschaft prägen. So waren es in der frühen Neuzeit vor allem immer wiederkehrende Epidemien und Krankheiten wie Pocken, Cholera, Tuberkulose und Pest, die die Haupttodesursache von Neugeborenen, aber auch deren Müttern waren, daneben schlechte Ernährung und mangelnde Hygiene[145]. Fortschritte in der medizinischen Forschung und Versorgung[146], die Verbesserung der hygienischen Bedingungen, der Wohnverhältnisse und nicht zu Letzt der Nahrungsmittelversorgung führten, zunächst schicht- und standesspezifisch, später gleichmäßig zu einer Änderung dieser Umstände, insbesondere zu einer Erhöhung der durchschnittlichen Lebenserwartung.[147]

---

stimmenden Faktor an, so erhöht sich die Anzahl auf vier Faktoren, vgl. Prahl/ Schroeter, Soziologie des Alterns, S. 97.

143 *Becker*, Die alternde Gesellschaft – Recht im Wandel, JZ 2004, S. 929 (930); *Birg*, Die demographische Zeitenwende, S. 97 f.; Brockhaus, Bd. 1, S. 628; *Schimany*, Die Alterung der Gesellschaft, S. 101 ff.; *Pötzl*, „Handeln statt jammern", in: Spiegel Special 08/ 2006 (Jung im Kopf), S. 6 (12); vgl. auch *Birg*, Das demographisch-ökonomische Paradoxon, S. 26, der darauf hinweist, dass die Erhöhung des Altersquotienten (Anteil Älterer an der Gesamtbevölkerung) durch Einwanderung Jüngerer nicht gestoppt, sondern nur abgeschwächt werden kann; zu den Auswirkungen der Migration auch *ders.* Dynamik der demographischen Alterung, Aus Politik und Zeitgeschichte 2003, S. 6 (8 f.).

144 *Lehr*, Psychologie des Alterns, S. 27.

145 *Pfister*, Bevölkerungsgeschichte und Historische Demographie 1500-1800, S. 35 f.; *Lehr*, Psychologie des Alterns, S. 27; *Vaupel/ Kistowski*, Die Plastizität menschlicher Lebenserwartung, in: *Gruss*, Die Zukunft des Alterns, S. 51 (59). Die Bedeutung dieses Kriteriums für die demografische Entwicklung einschränkend *Seidler*, in: Staatslexikon, Bd. 1, Sp. 111.

146 Der Einfluss der medizinischen Forschung mag folgendes Beispiel verdeutlichen: Würde man in den nächsten Jahrzehnten ein Heilmittel für Krebs finden, so könnte sich die durchschnittliche Lebenserwartung allein durch diesen Umstand um weiter drei bis vier Jahre verlängern; *Pötzl*, „Handeln statt jammern", in: Spiegel Special 08/2006 (Jung im Kopf), S. 6 (13).

147 Vgl. zusammenfassend den Überblick bei *Ehmer*, Bevölkerungsgeschichte und Historische Demographie 1800-2000, S. 38 f.; *Rosenmayr*, Schöpferisches Altern, S. 83; als weiter Faktoren kann die tendenzielle Verkürzung der Arbeitszeit bei gleichzeitiger Erhöhung von Sicherheitsstandards und die Verbesserung von Kompensationsmöglichkeiten und Umgang mit Naturkatastrophen genannt werden, vgl. *Prahl/ Schroeter*, Soziologie des Alterns, S. 94 f.; Statistisches Bundesamt, 11. Koordinierte Bevölkerungsvorausberechnung, S. 12.

Die durchschnittliche Lebenserwartung eines Neugeborenen männlichen Geschlechts lag 1901 bis 1919 in Deutschland bei 44,82 Jahren, die eines Neugeborenen weiblichen Geschlechts bei 48,33 Jahren.[148] 2002 bis 2004 lag die durchschnittliche Lebenserwartung im Vergleich für Männer bei 75,89 und für Frauen bei 81,55 Jahren.[149] Im Zeitraum von etwas mehr als einem Jahrhundert ist die durchschnittliche Lebenserwartung damit um 31,07 Jahre für Männer und um 33,22 Jahre für Frauen gestiegen. Bezogen auf die letzten 160 Jahre kommt man zu einer Erhöhung der Lebenserwartung bei Frauen von jährlich 3 Monaten, jedes zweite Mädchen hat heute eine Lebenserwartung von 100 Jahren, jeder zweite Junge von 95 Jahren, wobei mit einer weiteren, wenngleich langsamer zunehmenden Lebenserwartung zu rechnen ist.[150] So wird die durchschnittliche Lebenserwartung 2050 bei 85,4 Jahren für Männer und bei 89,8 Jahren bei Frauen angesetzt.[151]

Die stetige Erhöhung der Lebenserwartung ist nur einer der Gründe, warum der Anteil der älteren Menschen an der Gesamtbevölkerung zunimmt. Diese Zunahme vollzieht sich nicht nur in Deutschland, sondern in ganz Europa, wenngleich mit spezifischen Verläufen in jedem Land und sowohl regionalen als auch sozialen Unterschieden[152]. Betrachtet man die demografische Situation der größeren Mitgliedstaaten des Europarats mit Blick auf den Anteil der über 65 Jährigen an der Gesamtbevölkerung, so sind es nicht mehr als drei Prozentpunkte[153], die die Nationen an erste Stelle von der an letzter Stelle trennen.[154]

---

148 Statistisches Jahrbuch 2006, S. 54; zur durchschnittlichen Lebenserwartung anderer Länder in Europa und der Welt vgl. die Tabelle bei *Lehr*, Psychologie des Alterns, S. 29.

149 Statistisches Jahrbuch 2006, S. 54.

150 Statistisches Bundesamt, 11. Koordinierte Bevölkerungsvorausrechnung, S. 16; *Schirrmacher*, Das Methusalem-Komplott, S. 21, grafische Darstellung der Lebenserwartung von Frauen seit 1840, *ders*. S. 24. f.; *Gantzckow*, Die Beendigung der Erwerbstätigkeit durch gesetzliche und kollektivvertragliche Altersgrenzen, S. 13.

151 Statistisches Bundesamt, 11. Koordinierte Bevölkerungsvorausrechnung, S. 17. Nach der aktuellen Sterbetafel 2007/2009 liegt die durchschnittliche Lebenserwartung für neugeborene Jungen bei 77 Jahren und vier Monaten, für neugeborene Mädchen bei 82 Jahren und sechs Monaten, vgl. dazu FAZ Nr. 258 v. 5. November 2010, S. 7.

152 *Birg*, Das demographisch-ökonomische Paradoxon, S. 29; *Ehmer*, Bevölkerungsgeschichte und Historische Demographie 1800-2000, S.34 f. zu den regionalen und sozialen Unterschieden S. 37 f.; *Gantzckow*, Die Beendigung der Erwerbstätigkeit durch gesetzliche und kollektivvertragliche Altersgrenzen, S. 14; *Becker*, Die alternde Gesellschaft – Recht im Wandel, JZ 2004, S. 929. Ausführlich zur demografischen Entwicklung in Großbritannien, *Laslett*, Das Dritte Alter – Historische Soziologie des Alterns. S. 93 f. und 217 ff.

153 Durchschnittswert der Entwicklung von 1960 bis 1995.

154 Tabellarische Übersicht bei *Laslett*, Das Dritte Alter – Historische Soziologie des Alterns, S. 88.

Ein weiterer Grund liegt im Rückgang der Geburtenrate[155]. Während im Jahr 1870 geborene Frauen im Durchschnitt fast fünf Kinder hatten, erfolgte bis zum Ersten Weltkrieg fast eine Halbierung auf 250 Kinder je 100 Frauen, die sich bei den Geburtenjahrgängen ab 1956 weiter auf 150 bzw. 130 Kinder je 100 Frauen reduzierte.[156]

Vorausberechnungen ergeben, dass im Jahre 2040 ca. 37 % der deutschen Bevölkerung über 60 Jahre alt sein wird, während sich der Anteil der unter 20 Jährigen stetig verringern wird.[157] Logische Konsequenz dieser Entwicklung ist eine Veränderung des Bevölkerungsaufbaus insgesamt und zwar nicht lediglich in quantitativer, sonder auch in qualitativer Hinsicht.[158] Dabei führt das Zusammentreffen von erhöhter Lebenserwartung bei gleichzeitigem Rückgang der Geburtenrate zu einer doppelten Alterung[159] - von oben wie von unten[160] - und verschärft damit die demografischen Effekte. Die Ursachen des Geburtenrückgangs sind vielgestaltig und können an dieser Stelle nur angerissen werden: Vor allem Vergleiche mit anderen Ländern zeigen, dass die Höhe des gesellschaftlichen und wirtschaftlichen Entwicklungsgrades mit ausschlaggebend für die Geburtenziffer ist. Je entwickelter ein Land ist, umso stärker sinken die Geburtenziffern.[161] Es scheint, dass in einer Gesellschaft die Zunahme individueller Freiheitsspielräume im Hinblick auf berufliche und private Entwicklung und das Erfordernis erhöhter Flexibilität und Mobilität zu einer Scheu der Festlegungen im familiären Bereich führen.

Eine Vorausberechnung der Vereinten Nationen ergibt, dass der Durchschnittswert des Anteils der über 65-Jährigen in der Bundesrepublik immer höher sein wird als der Durchschnittswert in Europa. Weltweiten Berechnungen zufolge wird die Zahl Älterer auf 1,97 Milliarden im Jahre 2050 anwachsen (von 606 Millionen im Jahre 2000). Die Zahl der über 85 jährigen wird sich auf 175 Millionen versechsfachen und die Anzahl der über 100 jährigen wird von

---

155 *Birg*, Das demographisch-ökonomische Paradoxon, S.25; *Prahl/ Schroeter*, Soziologie des Alterns, S. 100; vgl. auch die Übersicht in Statistisches Jahrbuch 2006, S. 50. Vgl. allgemein zur Entwicklung auch die 11. Koordinierte Bevölkerungsvorausberechnung des Statistischen Bundesamtes, S. 3, abrufbar unter: https://www.ec.destatis.de/csp/-shop/sfg/ vollanzeige.csp?ID=1019439.

156 *Schimany*, Die Alterung der Gesellschaft, S. 257; *Wilkoszewski*, Die verdrängte Generation, S. 28; *Dinkel*, Was ist demographische Alterung?, in: Staudinger/ Häfner, Was ist Alter(n)?, S. 98 (106): zwischen 128 und 135 Lebendgeburten (eigene Berechnung).

157 *Lehr*, Psychologie des Alterns, S. 34; *Korthaus*, Das neue Antidiskriminierungsrecht, S. 33: Prognostiziert wird eine Abnahme von 21% im Jahre 2004 auf 16 % im Jahre 2050.

158 Vgl. *Lehr*, Psychologie des Alterns, S. 30.

159 Vgl. zum sog. "double aging" ausführlich *Börsch-Supan*, Aging Population, in: Economic Policy, Vol. 6 (1), 1991, S. 103 ff.

160 So *Höfling*, Alter und Altersgrenzen im (Hochschul-)Recht, FS Leuze, 263.

161 *Lehr*, Psychologie des Alterns, S. 39.

135000 auf 2,2 Millionen Menschen anwachsen.[162] Am Jahresende 2006 lebten in Deutschland ca. 16,3 Mio. Menschen über 65 Jahren.[163] Auch der Altersscheitelpunkt[164] wird sich deutlich nach oben verschieben. Während im Jahr 2000 die Hälfte der deutschen Bevölkerung über 40 Jahre alt war und die andere unter 40 Jahren, geht man davon aus, dass im Jahre 2040 eine Verschiebung auf das 50 Lebensjahr stattgefunden haben wird.[165]

Die demografische Entwicklung hin zu einer immer älter werdenden Gesellschaft berührt dabei fast ausnahmslos alle Bereiche des öffentlichen Alltags. Zunächst ist der wichtige Bereich der sozialen Sicherungssysteme zu nennen[166], daneben natürlich der Bereich des Arbeitsmarkts, dessen Betrachtung unter zu förderst juristischen Gesichtspunkten einen Schwerpunkt dieser Arbeit bilden wird. Die zunehmende Lebenserwartung lässt auch die Erwerbstätigen in Deutschland immer älter werden.[167] Die demografische Entwicklung wirkt sich weiter auch auf die Wirtschaft aus, wie sich an der zunehmenden Zahl der Angebote neuer Produkte, z.B. spezielle Unfallversicherungen für Ältere[168], und Dienstleistungen[169] erkennen lässt. Zunehmend wird die „Generation 50plus",

---

162 *Schirrmacher*, Das Methusalem-Komplott, S. 39 f; *Peterson*, Gray Dawn: The Global Aging Crisis, Foreign Affairs 1999, S. 42 (44); *Wittmann*, Altern – Ein Verlustgeschehen, FAZ v. 7. Mai 2007, Nr. 105 S. 37; In Deutschland wird die Zahl der über 80 Jährigen von 3,6 Millionen im Jahre 2005 auf 10 Millionen im Jahre 2050 anwachsen, Statistisches Bundesamt, 11. Koordinierte Bevölkerungsvorausberechnung, S. 43.

163 1950 waren es demgegenüber ca. 6,8 Mio., vgl. Statistisches Jahrbuch 2008, S. 42.

164 Als Altersscheitelpunkt bezeichnet man das Medianalter, welches eine bestimmte Bevölkerung in eine jüngere und eine ältere Hälfte teilt. Für Europa wird im Jahr 2050 ein Medianalter von 47,4 Jahren prognostiziert, *Schimany*, Die Alterung der Gesellschaft, S. 289.

165 Vgl. *Pohlmann*, Das Alter im Spiegel der Gesellschaft, S. 46.

166 Zu den Auswirkungen und den Problemen in Folge der demografischen Entwicklung im Rahmen der Pflegeversicherung, *Pick* "Funktionseinschränkungen im Alter und bei Pflegebedürftigkeit", FPR 2004, S. 653 (659); zum Rentensystem *Buchner*, Die Wiederentdeckung der Älteren in den Unternehmen, NZA 2008 (Beil. Heft 1), S. 47 (48): Die Rentenbezugsdauer hat sich in den letzten 40 Jahren um knapp sieben Jahre erhöht und liegt heute im Durchschnitt bei 17 Jahren, vgl. Informationsblatt der Bundesregierung 2008, abrufbar unter: http://www.bundesregierung.de/Content/DE/Publikation/Bestellservice/__Anlagen/7-alterssicherung,property=publicationFile.pdf

167 *Bartels*, Standortsicherung, NZA 2008 (Beil. Heft 1), S. 38; Prognosen ergeben, dass im Jahr 2040 52 % der sich im Erwerbsalter befindlichen Personen 65 Jahre und älter sein wird, vgl. *Schimany*, Die Alterung der Gesellschaft, S. 266.

168 So bietet z.B. die Allianzversicherung eine speziellen Tarif „Unfall 60 Aktiv" an. Ein weiteres Beispiel ist die cholesterinsenkendes Margarine von Unilever „becel pro aktiv".

169 Als ein in diesem Bereich übergreifendes Beispiel sei hier die Immobilienbranche genannt, die sich zunehmend mit den speziellen Wohn- und Pflegebedürfnissen Älterer beschäftigt, etwa durch Angleichung architektonischer Strukturen auf bestimmte

die „Best Agers", „Master Consumer", die „Generation Gold", „Silver Surfer" und „Happy Agers"[170] von Marketingexperten, Handel und Dienstleistern als finanzstarke Zielgruppe und neuer Wachstumsbringer erkannt. Gleichermaßen sind der Wohnungsmarkt, das Verkehrswesen, der Kultur- und Freizeitsektor und letztlich der Bereich der medizinischen und sozialen Pflege betroffen. Auch die Kriminalstatistik ist von der demografischen Veränderung betroffen: In den letzten zehn Jahren ist die Zahl straffällig gewordener Männer über 60 Jahren um mehr als ein Viertel gestiegen.[171] Nach Schätzungen wird der Anteil über 60 Jähriger Strafgefangener in den nächsten Jahren auf mehr als 20 % anwachsen.[172] Auf welche Weise sich der Alterungsprozess vollzieht, hängt neben individuellen Faktoren maßgeblich auch von den gesellschaftlichen Rahmenbedingungen ab, z.B. bei der arbeitsmarktpolitischen Frage, inwieweit das vorhandene Potential älterer Arbeitnehmer genutzt werden kann und soll, und inwieweit in diesem Bereich politische und gesetzliche Regelungen getroffen werden (müssen), um dieses Ziel zu erreichen.

Die Entwicklung der Altersstruktur der Bevölkerung zeigt schon jetzt, dass ältere Arbeitnehmer künftig länger Aufgaben in Beruf und Gesellschaft wahrnehmen werden.[173] Gleichzeitig gilt es die nachfolgenden Generationen effektiv in das gesellschaftliche Leben und den Arbeitsmarkt zu integrieren. Durch die demografische Entwicklung tritt hier der Generationenkonflikt offen zu Tage, dessen Bewältigung für die Gesellschaft eine erhebliche Herausforderung darstellt. Außerhalb des Bereich des Arbeitsmarktes und des Generationenvertrages[174] der gesetzlichen Rentenversicherung, der vor dem Hintergrund der Be-

---

Krankheitsbilder (z.B. Demenz), vgl. *Harriehausen*, FAZ Nr. 21 v. 27. Mai 2007, S.73; *Seidel*, Staatslexikon, Bd. 1, Sp. 117. Der Reiseveranstalter TUI hat den „Club Elan" gegründet, in dem spezielle Angebote für Ältere, wie Internet-Schnupperkurse oder Tanzkurse offeriert werden, vgl. *Bonstein/ Theile*, „Methusalems Märkte", in: Spiegel Special 08/2006 (Jung im Kopf), S. 28 (29).

170 Vgl. *Hollstein/ Peters*, Zu jung, um alt zu werden, Welt am Sonntag Nr. 43 v. 28. Oktober 2007, S. 8

171 Zitiert nach *Nobis*, Strafobergrenze durch hohes Alter, NStZ 2006, S. 489.

172 Zitiert nach *Nobis*, Strafobergrenze durch hohes Alter, NStZ 2006, S. 489. Diese Entwicklung ist freilich nicht notwendig mit einer steigenden Kriminalitätsrate verbunden, sondern beruht vornehmlich auf der Entwicklung der Altersstruktur der Bevölkerung.

173 Unter Hinweis darauf, dass das System der Alterssicherung auf eine längere Erwerbstätigkeit angewiesen sein wird schon *Schlüter/ Belling*, Die Zulässigkeit von Altersgrenzen im Arbeitsverhältnis, NZA 1988, S. 297 (298).

174 Der Begriff des Generationenvertrages bezeichnet einen fiktiven Konsens, der Grundlage des gesetzlichen Rentensystems der Bundesrepublik Deutschland ist. Die Einnahmen des Rentenversicherungsträgers, einschließlich staatlicher Subventionen werden zur Finanzierung der Rentenzahlungen verwendet. Solange Beiträge gezahlt werden ohne das ein Anspruch auf Rentenleistungen besteht, erhalten die „Versicherten" einen verfassungsrechtlich geschützten Anspruch auf Bezug einer Altersrenten (Anwartschaft), der von der nachfolgenden Generation an Beitragszahlern finanziert wird.

völkerungsentwicklung neu ausbalanciert werden muss[175] gilt dies in besonderem Maße für die medizinische Versorgung und Pflege Älterer: Während von den 60-65 Jährigen nur 0,3 % einen Pflegeheimplatz benötigten, waren es bei den über 80 Jährigen 12,4 %.[176]

Trotz, oder gerade wegen dieser vielfältigen Auswirkungen der sich verändernden Altersstruktur der Menschen und den damit verbundenen neuen Herausforderungen bezeichnete der amerikanische Wirtschaftshistoriker und Nobelpreisträger Robert Fogel die demografische Entwicklung als „(...) one of the greatest events of human history".[177]

B. Auswirkungen auf das individuelle Lebenslaufkonzept

Einige Auswirkungen der zunehmenden Alterung der Gesellschaft wurden bereits beschrieben. Nachfolgend sollen die Auswirkungen auf das Individuum im Vordergrund stehen. Wie zu zeigen sein wird, besitzen das Alter und gesetzlich festgelegte Altersregelungen eine erhebliche Bedeutung für den Einzelnen. Herkömmlicherweise wurden und werden die Lebensläufe in drei große Teile (Lebensphasen) gegliedert. Nach der Lernphase im frühen Alter folgt die Arbeitsphase im mittleren Alter. Den Abschluss bildet die Freizeitphase, vor allem nach Beendigung der Berufstätigkeit.[178]

Diese zunehmende Institutionalisierung des menschlichen Lebenslaufs begann in den 20er Jahren. Regelungen und Standardisierung durch Rollen- und Statuszuweisungen galten als Korrelat zur Freisetzung des Einzelnen von früherer äußerer Kontrolle und sollten den Menschen ein Gerüst für die Lebensplanung liefern.[179] Die Übergänge der einzelnen Phasen werden dabei durch Altersregelungen wesentlich mitgeprägt. Nach Kruse kann man den menschlichen Lebenslauf als Folge von altersbezogenen Übergängen verstehen, die sozial erzeugt, erkannt und anerkannt oder normiert sind.[180] Beginn und Ende der einzelnen Abschnitte werden durch das chronologische Alter einer Person bestimmt,

---

175 Dazu ausführlich *Maurer*, Welche Sicherheit und Rendite bietet die kapitalgedeckte Alterssicherung?, in: KritV 2004, S. 318 ff.

176 Brockhaus, Bd.1, S.629, die Zahlen beziehen sich auf das Jahr 2001.

177 Zitiert nach *Ehmer*, Bevölkerungsgeschichte und Historische Demographie 1800-2000, S. 34.

178 Vgl. *Vaupel/ Kistowski*, Die Plastizität menschlicher Lebenserwartung, in: *Gruss*, Die Zukunft des Alterns, S. 51 (71); *Kruse*, Alter im Lebenslauf, in: Baltes/ Mittelstraß/ Staudinger, Alter und altern, S. 331 (345). Zu der Etablierung des Alters und der Ruhestandsphase als eigenständigen Lebensabschnitt trug maßgeblich die Schaffung eines gesetzlichen Rentensystems bei.

179 *Borscheid*, Der alte Mensch in der Vergangenheit, in: Baltes/ Mittelstraß/ Staudinger, Alter und Altern, S. 59; *Kruse*, Alter im Lebenslauf, in: Baltes/ Mittelstraß/ Staudinger, Alter und altern, S. 331 (334).

180 *Kruse*, Alter im Lebenslauf, in: Baltes/ Mittelstraß/ Staudinger, Alter und altern, S. 331 (342).

lediglich innerhalb der einzelnen Lebensabschnitte ist der Einzelne hinsichtlich der Rollenwahl weitgehend frei. Das Alter ist damit untrennbarer Teil der menschlichen Biografie. Angesichts des demografischen Wandels stößt diese klassische Dreiteilung immer mehr an ihre Grenzen. So haben sich Ausbildungszeiten und damit die Lernphase tendenziell verlängert, gleiches gilt für die Freizeitphase. Letzteres ist vor allem ein Ergebnis der zunehmenden Lebenserwartung auf der einen und der Tendenz des frühen Ausscheidens aus dem Berufsleben auf der anderen Seite.[181] Die Phase der Berufstätigkeit verkürzt sich damit, und dies, obwohl sie eine der bedeutendsten Phasen in der Lebensbiografie des Einzelnen darstellt. Nicht nur, weil während dieser Zeit die Grundlagen des eigenen Familienlebens geschaffen werden und die Altersvorsorge verstärkt Bedeutung erlangt, sondern auch, weil die Berufstätigkeit in hohem Maße der individuellen Persönlichkeitsentfaltung dient. Diese Verkürzung des Zeitraums der Lebensbiografie steht in Widerspruch zu seiner Bedeutung und organisatorischen Belastung für den Einzelnen. Die zunehmende Lebenserwartung erfordert eine Flexibilisierung dieses Konzepts. Dies gilt umso mehr, als Ältere nach ihren gerontologischen und medizinischen Merkmalen eine deutliche Tendenz zur Verjüngung aufweisen. So werden heute 60-70 Jährige nach diesen Kriterien 50-60 Jährigen früherer Jahre gleichgestellt.[182] Eine gleichmäßigere Verteilung der Arbeitsleistung über den Lebenslauf böte nicht nur die Möglichkeit von mehr Freiheit für den Einzelnen, sondern könnte auch dazu beitragen die Sozialversicherungssysteme durch zeitliche Verkürzung der Inanspruchnahme zu entlasten.[183] Den erforderlichen Anknüpfungspunkt liefert der demografische Wandel dabei selbst: Eine flexible Verlängerung der Lebensarbeitszeit unabhängig von festen Altersgrenzen zur Beendigung der Berufstätigkeit.

Das Erfordernis der Flexibilisierung von Lebensläufen zeigt sich auch schon in der Jugend und Erwachsenenphase. Kulturelle sowie ökonomische Veränderungen führen zu einer immer weiteren Unterteilung des Lebenslaufs in kleinere Abschnitte und Phasen. So war in der vorindustriellen Gesellschaft eine Abgrenzung der Lebensphase Kind von der des Erwachsenen unbekannt[184], während man aktuell je nach Einteilung auf bis zu fünf[185] oder sogar mehr Lebensphasen kommen kann. Diese tatsächlichen Veränderungen werden durch das chronologische Alter zunehmend nicht mehr der Realität entsprechend abgebildet. So hat sich beispielsweise die Kindheitsphase zugunsten der Jugendphase

---

181 Vgl. *Kohli*, Erwerbsarbeit und ihre Alternativen, in: Baltes/ Montada (Hrsg.), Produktives Leben im Alter, S. 154 (169).

182 Vgl. *Wulff*, Altersentwicklung, FS Kruse, S. 119 (126).

183 Vgl. *Vaupel/ Kistowski*, Die Plastizität menschlicher Lebenserwartung, in: *Gruss*, Die Zukunft des Alterns, S. 51 (72).

184 *Hurrelmann*, Lebensphase Jugend, S. 20.

185 Vgl. *Pohlmann*, Das Alter im Spiegel der Gesellschaft, S. 137 f.; *Clemens*, Stichwort: Alter, ZfE 2001, S. 489 (490).

chronologisch verkürzt.[186] Für den menschlichen Lebenslauf spielt das biologische Alter aus Sicht des Einzelnen daher eine zunehmend geringere Rolle.[187]

C. Insbesondere: Berufsarbeit Älterer – Individuelle und gesellschaftliche Perspektive

Es wurde bereits angedeutet, dass das Ausscheiden aus dem Erwerbsleben eine bedeutende Statuspassage hinsichtlich der Lebensentwicklung darstellt. Für den Einzelnen kann dieses Ausscheiden aus dem Berufsleben sowohl als Vorteil wie auch als Nachteil empfunden werden. Vor allem für die Arbeitnehmer, die ihre Arbeit als Last empfunden haben, wird sich der Ruhestand als positiv darstellen.[188] Diejenigen, denen ihr Beruf jedoch zu einem nicht geringen Teil auch der Persönlichkeitsentfaltung und Selbstverwirklichung diente, werden das Ausscheiden infolge Erreichens einer Altersgrenze häufig als Zwang empfinden, unabhängig davon, ob ein konkreter Wunsch zur Weiterarbeit im Alter besteht oder nicht.[189] Die Bedeutung der Berufstätigkeit wird vielen erst dann bewusst, wenn sie sie aufgeben (müssen). Die erzwungene Berufsaufgabe kann hierbei bei vielen zu einer Minderung der Lebensqualität führen, indem die Betroffenen das Gefühl verlieren gebraucht zu werden und etwas zu leisten.[190] Aus gesellschaftlicher Perspektive scheint es, als sei Berufstätigkeit im Alter keine anstrebenswerter Zustand. Dies ergibt sich vor allem aus den zahlreichen Stereotypen, die mit dem Alter verbunden sind[191], und wird durch die vielen Regelungen zu

---

186 Vgl. *Hurrelmann*, Lebensphase Jugend, S. 16 mit Übersicht.
187 Vgl. auch zu den weiteren Destandarisierungstendenzen des menschlichen Lebenslaufs infolge sich verändernder Familien- und Erwerbsbiographien, *Kohli*, Der institutionalisierte Lebenslauf: ein Blick zurück und nach vorn, in: Allmendinger, Entstaatlichung und Soziale Sicherheit, S. 525 (532 f.). I.E. auch *Amrhein*, Der entstrukturierte Lebenslauf, ZSR 2004, S. 147 (164 f.), der die Entwicklung jedoch nicht als Entstrukturierung des Lebenslaufs, sonder als Weiterentwicklung betrachtet, da die Lebenslaufsequenzen als Ablaufprogramme bestehen bleiben und sich lediglich ihre zeitlichen Anfangs- und Endpunkte flexibilisieren und individualisieren.
188 *Waltermann*, Berufsfreiheit im Alter, S. 24 f.; *Peter*, Unfreiwilliger Ruhestand, ArbuR 1993, S. 384.
189 So wird immer wieder festgestellt, dass der Wunsch nach Weiterarbeit im Alter nur bei einem kleinen Anteil der Menschen bestehe, vgl. nur *Schröder*, Altersbedingte Kündigungen und Altersgrenzen im Individualarbeitsrecht, S. 26 ff. mwN; *Waltermann*, Berufsfreiheit im Alter, S. 25.
190 *Lehr*, Psychologie des Alterns, S. 233 f.
191 Als Altersstereotyp bezeichnet man ein vereinfachtes und undifferenziertes Abbild einer bestimmten Altersgruppe, das im Vergleich zur Wirklichkeit oft irrig und nicht repräsentativ und gleichzeitig hoch änderungsresistent, sowie gering beeinflussbar ist, vgl. *Temming*, Altersdiskriminierung im Arbeitsleben, S. 19. Zur Herkunft und Ursachen altersbezogener Stereotype, *Tews*, Soziologie des Alterns, S. 25 ff. Zur begrifflichen Abgrenzung zwischen Stereotyp und Vorurteil, *Pohlmann*, Das Alter im Spiegel der Gesellschaft, S. 24 mwN.

Höchstaltersgrenzen, sowie die Förderung des frühen Ausscheidens aus der Erwerbstätigkeit untermauert.

Infolge der europäischen Antidiskriminierungspolitik und des demografischen Wandels, wird immer häufiger die Frage aufgeworfen, ob Höchstaltersgrenzen als insofern originäres rechtliches Gestaltungsmittel zur Verwirklichung des Ausscheidens aus dem Berufsleben nicht gleichbehandlungsrechtlichen Grundsätzen, sowohl auf europäischer, als auch auf nationaler Ebene widersprechen. Aus rechtswissenschaftlicher Sicht ist dies eine der entscheidenden Fragen. Daneben stellt sich die Frage, welchen Beitrag das Recht und die Rechtswissenschaft leisten können, um negative Altersbilder abzubauen. Will man die Kompetenzen älterer Menschen gesellschaftlich nutzen, so muss das überwiegend negative Altersbild korrigiert werden. Zwar kann infolge der demografischen Entwicklung davon ausgegangen werden, dass die Bedeutung Älterer als Erwerbstätiger und damit auch ihrer Kompetenzen zwangsläufig zunehmen wird. Auch die Erwerbsbevölkerung ist von einer quantitativen Abnahme und zunehmender Alterung betroffen. So wird erwartet, dass die Zahl der Erwerbstätigen im Alter von 20-50 Jahren rasch abnehmen wird, während für die die Gruppe der 50 bis unter 65 jährigen eine deutliche Zunahme prognostiziert wird.[192] Damit wird sich die Altersstruktur innerhalb der Erwerbstätigen verschieben. Gehören derzeit noch ungefähr 50% der Erwerbstätigen zu der Altersgruppe der 30-49 Jährigen, 20% zu der Gruppe der 20-29 Jährigen und ca. 30 % zu der Altersgruppe der 50-64 Jährigen, so gilt es zu erwarten, dass im Jahre 2050 zwar die Gruppe der unter 30 Jährigen eine nur geringfügige Änderung erfährt, die Gruppe der 50-64 Jährigen jedoch auf 40 % anwächst und nur noch 43 % der Erwerbstätigen der mittleren Altersgruppe angehören werden.[193]

Gerade angesichts dieser Entwicklung sollten schon jetzt die Weichen für eine Integration gestellt werden, um auf die zukünftigen Probleme und auftauchenden Fragen vorbereitet zu sein. Die gesetzliche Erhöhung des Renteneintrittsalters auf 67 Jahre ist aus statistischer Sicht nur ein (erster) Schritt in die richtige Richtung, den Anteil der Bevölkerung im Erwerbsalter zu erhöhen.[194]

§ 2 Gesellschaftlicher und individueller Umgang mit dem Alter

Die demografische Veränderung in Deutschland und Europa ist maßgeblich auf den technischen und medizinischen Fortschritt zurückzuführen und stellt sich damit als Produkt gesellschaftlicher Entwicklung dar. Hinzu kommen ökonomi-

---

192 Vgl. Statistisches Bundesamt, 11. Koordinierte Bevölkerungsvorausberechnung 2006, S. 40; vgl. auch *Schimany*, Die Alterung der Gesellschaft, S. 449.

193 Vgl. Statistisches Bundesamt, 11. Koordinierte Bevölkerungsvorausberechnung 2006, S. 41 f.

194 Statistisches Bundesamt, 11. Koordinierte Bevölkerungsvorausberechnung 2006, S. 42 f.

sche und industrielle Entwicklungen als gesellschaftlicher Prozess. Man altert nicht allein, sondern als Teil einer (alternden) Gesellschaft.[195] Dieser „Strukturwandel des Alters"[196] steht in einer Wechselbeziehung zur gesellschaftlichen Entwicklung insgesamt: Alter bestimmt die gesellschaftliche Entwicklung, die gesellschaftliche Entwicklung bestimmt das Alter(n).[197] Gleichwohl dieser Bedeutung ist die gesellschaftspolitische Dimension und die damit verbundenen Probleme einer alternden Bevölkerung erst seit relativ kurzer Zeit ein Thema der breiten Öffentlichkeit.[198]

Betrachtet man die gesellschaftlichen Quellen von Altersbildern, so lässt sich eine umfangreiche Liste aufstellen: Neben religiösen Mythen (etwa die Wiedergeburt nach dem Tode) und Abläufen in der äußeren Natur spielt vor allem der sozioökonomische Zustand einer Gesellschaft eine bedeutende Rolle; ebenso die gesellschaftlichen Vorstellungen über die Endlichkeit des Lebens (etwa hinsichtlich Fragen der aktiven oder passiven Sterbehilfe oder der Lebensqualität älterer Menschen) und gesellschaftliche Normen und Werte im Allgemeinen, wie sie etwa in bestimmten ästhetischen Vorstellungen und Körperidealen (z.B. wird alt sein häufig noch mit verbrauchten Körpern und dunkler Kleidung[199] in Verbindung gebracht), aber auch in Sexualnormen (wie beispielsweise der Tabuisierung von Sexualität im Alter) zum Ausdruck kommen. Nicht zuletzt genannt seien noch die wissenschaftliche Forschung, ihrer Erkenntnisse und Diskurse und die Umgangsweise bzw. Darstellung der Politik und natürlich der Medien.[200] Die im Rahmen dieser mannigfaltigen Einflussfaktoren bestehenden Vorurteile gegen das Alter, wie etwa die Tendenz in modernen Industriegesellschaften zur Rationalisierung, von der häufig ältere Arbeit-

---

195 Vgl. *Becker*, Die alternde Gesellschaft – Recht im Wandel, JZ 2004, S. 929. Vgl. zu Einzelfragen einer spezifischen Altenpolitik, *Tews/ Klie/ Schütz*, Altern und Politik.

196 *Tews*, Neue und alte Aspekte des Strukturwandels des Alters, in: Naegele/ Tews (Hrsg.), Lebenslagen im Strukturwandel des Alters, S.15 ff. fasst mit diesem Begriff alle demografischen und sozialen Veränderungen zusammen, die die Situation Älterer bestimmen.

197 Kritisch zu dieser These *Lehr*, Psychologie des Alterns, S. 197, die von einer schwerpunktmäßigen Beeinflussung der gesellschaftlichen Entwicklung auf das Alter ausgeht.

198 Vgl. *Wulff*, „Altersentwicklung und ihre gesellschafts- sowie rechtspolitische Bewertung", in: FS Kruse, S. 119 f.; *ders.*, Innovationsfähigkeit – Herausforderung einer alternden Gesellschaft, in: FS Kirchhoff, S. 145 (146). Insbesondere im gesellschaftlichen Alltag wird der Begriff Alter überwiegend im Sinne einer Abgrenzung oder als Gegenteil zu Begriff der Jugend verwendet, vgl. *Clemens*, Stichwort: Alter, ZfE 2001, S. 489.

199 Zur Veränderung der Mode für Ältere, vgl. *Tews*, Altersbilder, S. 35 f.

200 Vgl. *Prahl/ Schroeter*, Soziologie des Alterns, S. 75 ff.; *Laux*, Altersgrenzen im Arbeitsrecht, NZA 1991, S. 967; *Kramer*, Ageismus – Zur sprachlichen Diskriminierung des Alters, in Fiehler/ Thimm, Sprache und Kommunikation im Alter, S. 257 ff. mit zahlreichen Beispielen zur sprachlichen Ausprägung des Ageism.

nehmer aufgrund unterstellter abnehmender Leistungsfähigkeit betroffen sind oder die Vereinsamung Älterer als Veränderung der familiären Situation, um nur zwei Beispiele zu nennen, fast man unter dem Begriff des sog. „age-ism"[201] zusammen. Es handelt sich bei dieser Altersfeindlichkeit um eine Form sozialer Diskriminierung, die durch die negative Wahrnehmung des Alters und damit verbundener Stigmatisierung sowohl des Alterungsprozesses als solchem, als auch des Zustandes des Altseins und der davon betroffenen Gruppe von Menschen geprägt ist.[202] Unmittelbare Beobachtungen jedes Einzelnen schaffen ein Bild des Alters, das die Wirklichkeit schematisiert und ihrer Vielfältigkeit nicht gerecht wird.

Diese Art der Schematisierung und Stigmatisierung ist historisch betrachtet kein neues Phänomen.[203] So wurden alte Menschen im 16. und 17. Jahrhundert nicht als vollwertige Mitglieder der Gesellschaft angesehen. Der alte Mensch galt als Bürde und Jammergestalt.[204] Alter war untrennbar mit dem Merkmal des Verfalls und der Vorstufe des Todes verbunden.[205] Im 18. Jahrhundert veränderte sich dieses Bild und ältere Menschen erhielten einen höheren gesellschaftlichen Stellenwert, was sich bis zum Ende des 19. Jahrhunderts fortsetzte. Mit fortschreitender Industrialisierung und dem daraus resultierenden wirtschaftlichen Wandel, weg von der Agrargesellschaft hin zur Industriegesellschaft, än-

---

201 Der Begriff age-ism wird vor allem in den angelsächsischen Ländern seit den 60er Jahren für Vorurteile gegen eine und Diskriminierungen einer Person aufgrund eines bestimmten Alters verwendet. Geprägt wurde der Ausdruck durch den Gerontologen Robert N. Butler, vgl. *ders.*, Age-ism: Another Form of Biogotry, in: The Gerontologist 9 (1969), S. 243: „Age-ism describes the subjective experience implied in the popular notion of the generation gap. Prejudice of the middle-aged against the old in this instance, and against the young in others, is a serious national problem. Age-ism reflects a deep seated uneasiness on the part of the young and middle-aged – a personal revulsion to and distaste for growing old, disease, disability; and fear of powerless, "uselessness" and death".Zur Entwicklung des Begriffs in den USA, *Tews*, Altersbilder, S. 25 f._Führen diese Vorurteile zur Diskriminierung einer Person, so spricht man auch von age discrimination. Kritisch zur Verwendung des Begriffs des age-ism, *Laslett*, Das Dritte Alter – Historische Soziologie des Alterns, S. 49 sowie *Schmitt*, Altersbilder, in: Oswald/ Lehr/ Sieber/ Kornhuber (Hrsg.), Gerontologie, S. 43.

202 Vgl. *Kramer*, Ageismus – Zur sprachlichen Diskriminierung des Alters, in *Fiehler/ Thimm*, Sprache und Kommunikation im Alter, S. 257 (258).

203 Eine ausführliche und eindrucksvolle Untersuchung über die historisch Entwicklung der Rolle und Bedeutung des Alters in unterschiedlichen Gesellschaften sowohl unter gerontologischen, soziologischen als auch ethnologischen Blickwinkel liefert Beauvoir, Das Alter, S. 17 ff. Vgl. dazu auch *Ehmer*, Das Alter in der Geschichte und Geschichtswissenschaft, in: Staudinger/ Häfner (Hrsg.), Was ist Alter(n)?, S. 149 (152 ff.).

204 *Borscheid*, Der alte Mensch in der Vergangenheit, in: Baltes/ Mittelstraß/ Staudinger, Alter und Altern, S. 35

205 *Borscheid*, Der alte Mensch in der Vergangenheit, in: Baltes/ Mittelstraß/ Staudinger, Alter und Altern, S. 35 (39).

derte sich das Altersbild erneut. Die (wirtschaftliche) Produktivität eines Menschen wurde immer bedeutsamer, so dass der Blick auf die dynamischen, jüngeren Menschen fiel. Das Alter selbst wurde nicht als voll verwertbare Lebensphase angesehen.[206] Diese Entwicklung setzte sich im 20. Jahrhundert fort und dauert in weiten Bereichen bis heute an.

Soweit man nach positiven Faktoren alter Menschen in Gesellschaften sucht, so zeigt sich sowohl bei den Naturvölkern als auch in den Industrienationen, dass vor allem die Erfahrung und Weisheit Älterer geschätzt wird. Erfahrungen und das Gedächtnis steigern die Leistungs- und Urteilsfähigkeit und werden deshalb als positiver Beitrag für die Gesellschaft angesehen.[207]

Insgesamt unterlag das Bild über ältere Menschen einem starken Wandel, der zudem innerhalb verschiedener Epochen und Ländern differenzierte. Das Altersbild hing zudem stark von der sozialen Schichtzugehörigkeit, dem Geschlecht sowie auch dem Besitz materieller Güter ab.[208]

Auch in jüngerer Zeit ist das Bild der Gesellschaft über ältere Menschen häufig immer noch von Stereotypen und in ihrer Pauschalität unzutreffenden Verallgemeinerungen negativ geprägt. Der Prozess des Älterwerdens wird mit einem Verlust seelisch-geistiger Fähigkeiten und dem Abbau psychischer Funktionen untrennbar verbunden[209], Begriffe wie Isolation und Vereinsamung, Abhängigkeit, Hilfsbedürftigkeit und Gebrechlichkeit, mithin Autonomieverluste[210] prägen die Vorstellung vom Alter.[211] Nur vereinzelte Umfragen haben ein überwiegend günstiges Bild von älteren Menschen ergeben.[212] Negative Einstellungen gegenüber dem Alter finden sich vor allem bei sog. berufsspezifischen Al-

---

206   *Ehmer*, Sozialgeschichte des Alters, S. 66.

207   Vgl. *Beauvoir*, Das Alter, S. 76 f.; *Pohlmann*, Das Alter im Spiegel der Gesellschaft, S. 97. Im Bereich der Erwerbestätigkeit kommen als positive Zuschreibungen Routine, größeres Fachwissen, Gewissenhaftigkeit, Selbstständigkeit, Autorität, Menschenkenntnis sowie Reife hinzu, Auflistung bei *Tartler*, Das Alter in der modernen Gesellschaft, S. 133.

208   *Borscheid*, Der alte Mensch in der Vergangenheit, in: Baltes/ Mittelstraß/ Staudinger, Alter und Altern, S. 35 (38).

209   Vgl. *Schmidt*, in: Schiek (Hrsg.), AGG, § 1 Rn. 44; *Lehr*, Psychologie des Alterns, S. 199; Fünfter Bericht zur Lage der älteren Generation in der Bundesrepublik Deutschland, BT-Dr. 16/2190, S. 49; *O`Cinneide*, Diskriminierung aus Gründen des Alters und Europäische Rechtsvorschriften, S. 11; *Staudinger*, Produktivität und Selbstentfaltung im Alter, in: Baltes/ Montada, Produktives Leben im Alter, S. 344 (353).

210   Zum Autonomieverlust unter dem Gesichtspunkt rechtlicher Betreuung, *Korte*, „Altern – ein Risiko für die Autonomie?, in: FPR 2004, S. 643 ff. Eine Liste mit weiteren Stereotypen findet sch bei *Pohlmann*, Das Alter im Spiegel der Gesellschaft, S. 92.

211   *Bennent-Vahle*, Philosophie des Alters, in: Pasero/ Backes/ Schroeter, Altern in Gesellschaft, S. 11 (13).

212   So beispielsweise verschiedene Allensbach-Umfragen, vgl. *Lehr*, Psychologie des Alterns, S. 199.

tersbildern, etwa in Pflegeberufen oder bei Ärzten, was wohl mit den täglichen Erfahrungen dieser Berufsgruppen mit Krankheit und altersbedingtem Abbau Älterer zu erklären ist. Weitere Stereotype, die mit dem Alter verbunden werden, sind die Distanz zur Realität, eine starke Orientierung auf die Vergangenheit einschließlich der Verhaftung in Traditionen. Umgekehrt stellt sich das Bild der Jüngeren aus der Sicht der Älteren als ebenso von Vorurteilen und Verallgemeinerungen, etwa hinsichtlich fehlender Erfahrung und unzureichender beruflicher Kenntnisse geprägt dar und steht damit hinsichtlich undifferenzierter Aussagen diesem in nichts nach.[213] Hinsichtlich positiver Stereotype wird das jugendliche Alter demgegenüber allgemein mit Tatkraft, Leistungsvermögen, Belastbarkeit und damit Produktivität gleichgesetzt.[214]

Auch das Altersbild der Medien (z.B. Zeitungen, Zeitschriften, Fernsehen, Video etc.), ein häufiges Thema gerontologischer und soziologischer Forschung, weist die Tendenz auf, Ältere eher in ein negatives Licht zu rücken, in dem die bereits beschriebenen Stereotypen von den Medien aufgegriffen und wiedergegeben werden.[215] Häufig werden ältere äußerlich als weniger attraktiv, gesundheitlich angegriffen und geschwächt dargestellt. Sie sind ruhiger, leiser, bescheidener und altruistischer als Jüngere.[216] Die vorangegangen Feststellungen

---

213 Vgl. dazu ausführlich *Merker*, Generations-Gegensätze, S. 239 ff.; *Lehr*, Psychologie des Alterns, S. 203; Schmidt, in: Schiek (Hrsg.), AGG, § 1 Rn. 44. Typische Stereotype bezogen auf die Jugendgeneration sind weiter das Image der Spaß-Generation, die Null-Bock-Vertreter, Egomanen, Beziehungsunfähige, vgl. *Pohlmann*, Das Alter im Spiegel der Gesellschaft, S. 93; *Sprenger*, Das arbeitsrechtliche Verbot der Altersdiskriminierung, S. 4.

214 Vgl. *König*, Das Verbot der Altersdiskriminierung, in: Europa und seine Verfassung, FS Zuleeg, S.341 (342).

215 Vgl. zur der Darstellung von Alten im Fernsehen den Bericht über die im Auftrag der Schleswig-Holsteinischen Unabhängigen Landesanstalt für Rundfunkwesen erstellten Studie, FAZ Nr. 28 v. 3.2.1994, S. 8: Die Studie kommt zu dem Ergebnis, dass ältere Menschen im Fernsehen erheblich unterrepräsentiert sind und nur selten als verantwortliche Mitglieder der Gesellschaft dargestellt werden; zustimmend, wenngleich mit anderem Ergebnis, *Prahl/ Schroeter*, Soziologie des Alterns, S. 81; differenzierend auch der Befund von *Bosch*, Altersbilder in den bundesdeutschen Medien, in: Straka/ Fabian/ Will (Hrsg.), Aktive Mediennutzung im Alter, S. 77 (82 ff.)., wonach die Darstellung von Älteren in Serien und Spielfilmen (sog. fiktiven Programmen) weitgehend positiv ist; sowie Tews, Altersbilder, S. 78, der im Bereich der Presse die Vermittlung eines positiven Bild der Alten konstatiert. A.A. *Staudinger*, Das Alter(n), Aus Politik und Zeitgeschichte 2003, S. 35 (36). Zusammenfassend *Lehr*, Psychologie des Alterns, S. 326 f. Einen Überblick über das Altersbild in den verschiedenen Epochen der Literatur mit zahlreichen Beispielen liefert *Kiesel*, Das Alter in der Literatur, in: Staudinger/ Häfner (Hrsg.), Was ist Alter(n)?, S. 173 ff. Danach ist auch die Literatur des 20. Jahrhunderts überwiegend durch ein negatives Altersbild geprägt.

216 *Bosch*, Altersbilder in den bundesdeutschen Medien, in: Straka/ Fabian/ Will (Hrsg.), Aktive Mediennutzung im Alter, S.77 (79). Ein Beispiel aus jüngerer Zeit bildet dabei das dreiteilige Fernsehspiel des ZDF „2030 - Aufstand der Alten" in dem die Zukunft

beanspruchen freilich keine umfassende Geltung, festgehalten werden muss an dieser Stelle, dass sich ein einheitliches Altersbild der Gesellschaft nicht feststellen lässt, sondern in den verschiedenen Bevölkerungsgruppen vielmehr unterschiedlich geprägt ist.[217] Wie das Alter selbst sind auch Aussage über das Altersbild nur relativ und bilden lediglich eine Tendenz ab.

Die Wechselbeziehung zwischen Alter und gesellschaftlicher Entwicklung lässt sich auch auf der Ebene des individuellen Selbsterlebens nachweisen. Die körperliche und intellektuelle Leistungsfähigkeit wird durch negative Einstellungen der Gesellschaft und daraus resultierende Stereotype beeinflusst. Soziologische und psychologische Untersuchungen haben gezeigt, dass das Bild der Allgemeinheit von bestimmten Personengruppen das Selbstbild der Betroffenen über sich selbst entscheidend prägt und eine negative Einschätzung etwa des Leistungsvermögens vielfach zu einer Verringerung der Leistungsfähigkeit, wenigstens jedoch der Leistungsbereitschaft führt.[218] Dieses Selbsterfahrung ist dabei nicht selten von einer Diskrepanz von Selbst- und Fremdbild geprägt: Das, was man als älterer Mensch tun möchte und häufig auch noch tun kann, ist etwas anderes, als das, was andere Menschen von einem erwarten. Diese Feststellung dürfte im Übrigen nicht auf ältere Menschen beschränkt sein. Auch Jüngere werden weniger durch eigene Motivationen bzw. Wünsche oder das Vorhandensein bestimmter Eigenschaften als durch die Einstellung anderer oft zu „altersgemäßen Verhaltensweisen" gezwungen. Somit ist es maßgeblich das Bild der gesellschaftlichen Umwelt, das einen sich des eigenen Lebensalters bewusst werden lässt.[219] Altern ist damit nicht lediglich als biologisch bedingter Prozess anzusehen, sondern daneben auch als sozial-gesellschaftlicher, der sich vor allem in der Anpassung des einzelnen an Verhaltenserwartungen der Umwelt ma-

---

der Alten als von Armut und Isolation geprägt dargestellt wird. Zwar wird der Grund dieser Entwicklung als Folge eines nicht mehr angemessenen und überforderten Rentensystems dargestellt, gleichwohl dürften solche Szenarien der „Social-Fiction" einer Altenrepublik, mögen sie auch durch demografische Befunde gestützt sein, das Bild von Alten eher negativ prägen – mehr noch: Sie tragen dazu bei, die ohnehin bestehenden Ängste vor dem Alter und den Alten, sowohl bei den Alten selbst, als auch bei den nachfolgenden Generationen zu verstärken; vgl. zum Inhalt des Fernsehspiels „2030 – Aufstand der Alten", *Pötzl*, Handeln statt jammern, in: Spiegel Special 08/2006 (Jung im Kopf), S. 6 (9).

217 *Tews*, Altersbilder, S. 5; vgl. für die Befunde der Untersuchungen des Altenbildes in den Medien, Prahl/ Schroeter, Soziologie des Alterns, S. 81.

218 *Schönholzer*, Der Übergang vom Erwerbsleben in den Ruhestand, S. 45; *Thomae/ Lehr*, Berufliche Leistungsfähigkeit, im mittleren und höheren Erwachsenenalter, S. 68; *Wiebe*, Ältere Arbeitnehmer im Betrieb, S. 46; *Schröder*, Altersbedingte Kündigungen und Altersgrenzen im Individualarbeitsrecht, S. 48; ähnl. *Opitz*, Biographie-Arbeit im Alter, S. 17.

219 *Lehr* Psychologie des Alterns, S. 201 f.

nifestiert: „Altern ist heute primär soziales Schicksal und erst sekundär funktionelle oder organische Veränderung".[220]

In der heutigen Industriegesellschaft steht dieses „soziale Schicksal" in engem Zusammenhang mit der Berufstätigkeit des Einzelnen, bildet doch der Beruf neben dem Privatbereich, insbesondere dem des Familienlebens, den zweiten Lebensbereich, in dem jedem einzelnen die Möglichkeit individueller Selbst- und Persönlichkeitsentfaltung und -entwicklung eröffnet ist.[221] Zudem stehen die beiden Lebensbereiche in einer engen Beziehung zueinander: Der materielle Ertrag, der durch Arbeit erwirtschaftet wird, bestimmt die wirtschaftlichen Daseinsbedingungen des Individuums und der Familien, die wiederum maßgeblich die Chancen der Persönlichkeitsentfaltung, insbesondere unter dem Aspekt der Möglichkeit der Teilhabe am gesellschaftlichen Leben beeinflussen.[222] Zudem bilden der Beruf und die Berufstätigkeit an sich wichtige Faktoren für das Ansehen und die Stellung des Einzelnen in der Gesellschaft.[223] Im Bereich der Erwerbstätigkeit findet sich, neben der demografischen Tendenz der Verlängerung der allgemeinen Lebenserwartung die zweite bedeutsame soziale Veränderung der jüngeren Vergangenheit, namentlich der Umstand des Rückgangs der Erwerbstätigkeitsquote bei Älteren. Innerhalb Europas bildet Deutschland dabei ein Beispiel, das seinesgleichen sucht: Die Erwerbstätigkeitsquote der 55- bis 64-Jährigen lag im Jahre 2005 bei 45,4 %. Damit liegt Deutschland zwar noch knapp über dem EU-Durchschnitt (Beschäftigungsquote 2005: 42,5 %), gleichwohl haben 40- oder 50-Jährige in kaum einem anderen Land Europas schlechtere Chancen auf dem Arbeitsmarkt als in der Bundesrepublik. Knapp 40 % der deutschen Betriebe beschäftigen keinen Arbeitnehmer, der älter als 50 Jahre

---

220   *Thomae*, Altern als psychologisches Problem, in: Irle (Hrsg.), Bericht 26. Kongress Dt. Gesellschaft für Psychologie, S.22-36; *ders.* Veränderungen der Zeitperspektive im mittleren und höheren Erwachsenenalter, in: Zeitschrift für Gerontologie 22, S. 58 ff.

221   Vgl. BAG, Beschluss v. 27. Februar 1985 - GS 1/84, AP Nr. 14 zu § 611 BGB Beschäftigungspflicht; *Waltermann*, Berufsfreiheit im Alter, S. 15; zur Bedeutung einer beruflichen Tätigkeit im Hinblick auf gesellschaftliche Anerkennung und Integration speziell im Alter, *Laslett*, Das Dritte Alter – Historische Soziologie des Alterns, S. 261 ff. Die Bedeutung der Berufsarbeit für die persönliche Selbstbestimmung und Selbstverwirklichung wird auch deutlich durch ihre Verankerung in den internationalen Menschenrechtspakten. Sowohl in der Europäischen Sozialcharta v. 18. Oktober 1961, BGBl. 1964 II S. 1261 ff. wie auch im internationalen Pakt der Vereinten Nationen über die wirtschaftlichen, sozialen und kulturellen Rechte v. 19. Dezember 1966, BGBl. 1973 II, S. 1569 ff. gehört das Recht auf Arbeit zu den zentralen Postulaten. Ausführlich auch zum historischen Hintergrund, *Ramm*, Recht auf Arbeit, in: Ropohl, Arbeit im Wandel, S. 27 f.

222   vgl. *Waltermann*, Berufsfreiheit im Alter, S. 15.

223   Dazu näher, *Fürstenberg*, Normative Aspekte moderner Berufswirklichkeit, in: Ryffel/ Schwartländer (Hrsg.), Das Recht des Menschen auf Arbeit, S. 53 (54 ff.).

ist.[224] So hat sich der Anteil der Arbeitslosen 40- bis 55-Jährigen in den Jahren 2000 bis 2005 um knapp 47 % auf 1,9 Mio. Menschen erhöht. Die Erwerbstätigkeitsquote der 60-65 jährigen hat sich seit 1970 nahezu halbiert.[225] In Ländern wie der Schweiz, Norwegen oder Schweden liegt die durchschnittliche Erwerbstätigkeitsquote demgegenüber zwischen 65 % und 70 %, in Island sogar bei über 80 %; in den USA arbeitet jeder vierte über 65-Jährige noch.[226] Nach den Zielsetzungen des Beschäftigungsgipfels von Stockholm 2001 soll die Erwerbstätigkeitsquote der Bevölkerungsgruppe zwischen dem 55. und 64. Lebensjahr auf mindestens 50 % erhöht werden.

Die niedrige Erwerbstätigkeitsqoute älterer Menschen geht einher mit einem zunehmend späteren Eintritt junger Menschen in das Berufsleben, so dass schon Mitte der achtziger Jahre die Prognose einer „graying industrial world" aufgestellt wurde.[227] Dabei wurden gesellschaftliche Vorstellungen und Stereotype hinsichtlich des Alters bei dieser Prognose zwangsläufig übernommen und – durch die Bezugnahmen auf die demografische Entwicklung als solche – in ihrer Bedeutung vervielfacht.

Gerade im Bereich der Arbeitswelt stößt man daher auf eine Vielzahl von gesellschaftlichen Vorurteilen, die vor allem eine Leistungsminderung sowohl körperlicher als auch geistiger Art, insbesondere hinsichtlich der Aufnahme und Verarbeitung von Informationen, und eine Minderung der Arbeitsproduktivität insgesamt betreffen und die Integration Älterer auf dem Arbeitsmarkt behindern.[228]

---

224 *Hollstein/ Peters*, Zu jung, um alt zu werden, Welt am Sonntag Nr. 43 v. 28. Oktober 2007, S. 8; teilweise wird auch eine Zahl von knapp 60 % genannt, vgl. *Kuras*, Verbot der Diskriminierung wegen des Alters, RdA 2003 (Sonderbeilage Heft 5), S. 11 (12); sowie *Linsenmaier*, Das Verbot der Diskriminierung wegen des Alters, RdA 2003 (Sonderbeilage), S. 22 (33) und *Weber*, Das Verbot altersbedingter Diskriminierung nach der Richtlinie 2000/78/EG, AuR 2002, S. 401 (402). Eine Zahl von 50 % findet sich bei *Allgöwer*, Alter vor Recht, FTD v. 15. August 2007, abrufbar unter: http://www.ftd.de/politik/deutschland/:Recht%20Steuern%20Alter%20Recht/238931.h tml.

225 Vgl. *König*, Das Verbot der Altersdiskriminierung, in: Europa und seine Verfassung, FS Zuleeg, S. 341 (342).

226 Zitiert nach *Tietz*, Unternehmen Jugendwahn, in: Spiegel Special 08/2006 (Jung im Kopf), S. 84 f.; vgl. auch die Übersichten bei *Eichhorst*, Institutionelle Rahmenbedingungen für die Beschäftigung Älterer in Deutschland, in: Loccumer Protokolle 04/06, S. 55 ff.; *Hollstein/ Peters*, Zu jung, um alt zu werden, Welt am Sonntag Nr. 43 v. 28. Oktober 2007, S. 8.

227 Vgl. *Stagner*, Aging in industry, in: Birren/ Schaie (Hrsg.), Handbook of the Psychology of Aging, S.789 ff.; *Lehr*, Der veränderte Lebenszyklus, in: Kayser/ Uepping (Hrsg.), Kompetenz der Erfahrung, S. 67 (70).

228 Dies zeigt insbesondere auch die Dauer der Arbeitslosigkeit, die bei der Gruppe der 50-65 Jährigen erheblich länger ist, als bei jüngeren Arbeitslosen, vgl. *Koberski*, „Befristete Arbeitsverträge älterer Arbeitnehmer im Einklang mit Gemeinschaftsrecht", in:

Unter beruflicher Leistungsfähigkeit ist hierbei die Gesamtheit der körperlichen und geistigen Eigenschaften und Fähigkeiten einer Person zu verstehen, die die zur Ausübung einer beruflichen Tätigkeit notwendig sind.[229] Arbeitgeber verbinden mit älteren Arbeitnehmern häufig all das, worauf sie keinen Wert legen: höheres Krankheitsrisiko, zu hohe Tariflöhne und Gehälter, zu strenge Kündigungsschutzregelungen etc. Der effiziente Einsatz und die Förderung älterer Arbeitnehmer stellen sich aus unternehmerischer Sicht häufig schwieriger dar, als auf neue junge Nachwuchskräfte zurückzugreifen, die am Markt zur Verfügung stehen.[230] Bisher nur vereinzelt sind Tendenzen zu erkennen, dass die Wertschätzung älterer, erfahrener Arbeitskräfte steigt, da erkannt wurde, dass diese für Betriebe einen nur schwer ersetzbaren Gewinn bedeuten können.[231] Dies gilt im Besonderen für die weiter zunehmende Zahl der Arbeitsbereiche, in denen es weniger auf körperliche Leistungsfähigkeit als auf Konzentrationsfähigkeit, dispositives Denken, technisches Verständnis und Geschick ankommt. Für diese Bereiche wurde schon früh festgestellt, dass ältere Arbeitnehmer hinsichtlich der Leistungen nicht weniger genau, ausdauernd oder verlässlich sind als jüngere.[232] Vor allem im sozialen Bereich überwiegen sogar häufig die Fähigkeiten älterer Arbeitnehmer, so etwa hinsichtlich der Gesprächsfähigkeit, ei-

---

NZA 2005, S. 79 (81) mit genauen Zahlen, sowie die Übersicht bei *Eichhorst*, Institutionelle Rahmenbedingungen für die Beschäftigung Älterer in Deutschland, in: Loccumer Protokolle, S. 55 (58). Umgekehrt schreibt man jüngeren Personen häufig ohne nähere Prüfung ein hohes Maß an Innovationskraft und Flexibilität zu, vgl. *Bieritz-Harder*, Teilhabe am Arbeitsleben, ZSR 2005, S. 37 (40 f.).

229   *Schröder*, Altersbedingte Kündigungen und Altersgrenzen im Individualarbeitsrecht, S. 44. Es ist darauf hinzuweisen, dass in diesem Bereich generelle Aussagen nur in begrenztem Umfang möglich sind, da sich die berufliche Leistungsfähigkeit nur im Zusammenhang der jeweiligen spezifischen beruflichen Tätigkeit beurteilen lässt, vgl. *Buttler*, Bevölkerungsrückgang in der Bundesrepublik, S. 97 f.; vgl. auch *Schönholzer*, Der Übergang vom Erwerbsleben in den Ruhestand, S. 33.

230   Vgl. *Peter*, Unfreiwilliger Ruhestand, ArbuR 1993, S. 384.

231   Vgl. *Allgöwer*, Alter vor Recht, FTD v. 15. August 2007, abrufbar unter: http://www.ftd.de/politik/deutschland/:Recht%20Steuern%20Alter%20Recht/238931.h tml; vgl. auch *Bös*, Gestaltung des demografischen Wandels durch zukunftsorientierte Personalpolitik, NZA 2008 (Beil. Heft 1), S. 29 ff., der am Beispiel des Automobilherstellers Audi AG Unternehmensmaßnahmen zur Bewältigung des demografischen Wandels in der Belegschaftsstruktur darstellt. Konzepte der ZF Sachs Gruppe stellt *Bartels*, Standortsicherung, NZA 2008 (Beil. Heft 1), S. 38 (43 ff.) vor.

232   *Stagner*, Aging in industry, in: Birren/ Schaie (Hrsg.), Handbook of the Psychology of Aging, S. 789 (791 ff.); allerdings haben Untersuchen auch gezeigt, dass Ältere die Jüngeren in ihren Leistungen nicht übertreffen können, vgl. *Voelcker-Rehage/Godde/Staudinger*, „Bewegung, körperliche und geistige Mobilität im Alter", Bundesgesundheitsbl. 2005, S. 558 (564) mwN. Auch nach Ansicht des BAG kann die Vollendung eines bestimmten Lebensjahres nicht generell als „Fiktion, ja nicht einmal als Vermutung des Eintritts einer in (...) hohem Maß beschränkten Arbeitsfähigkeit" angesehen werden, vgl. BAGE 11, S. 278 (285).

ner höheren Toleranz bezüglich alternativer Handlungsstile oder einem herabgesetzten Erleben von Eigenbetroffenheit in belastenden Situationen[233]; gleiches gilt für die Erfassung und den Umgang mit komplexen Sachverhalten, die höhere Loyalität gegenüber dem Unternehmen und die Einschätzung eigener Fähigkeiten und deren Grenzen.[234] Diese unterschiedliche Ausbildung von Fähigkeiten kann, insbesondere bei komplexen Arbeitsabläufen für Unternehmen mit altersgemischter Belegschaft von Vorteil sein. Nicht selten sind es deswegen gerade diese Eigenschaften, die von Arbeitgebern bei älteren Arbeitnehmern hervorgehoben werden. Auch wird häufig erwähnt, dass ältere Arbeitnehmer zwar langsamer, dafür jedoch sorgfältiger und qualitativ hochwertiger arbeiteten als Jüngere.[235]

Zusammenfassend lässt sich für den Bereich des Berufs- und Arbeitslebens konstatieren, dass das Alter eines Menschen, jedenfalls in pauschalierten Festsetzungen, lediglich eine geringe Aussagekraft hinsichtlich der (individuellen) Leistungsfähigkeit besitzt. Die vielfach angenommen Unterschiede zwischen jüngeren und älteren Arbeitnehmern hinsichtlich der Leistungsfähigkeit sind weniger groß als die Unterschiede von Arbeitnehmern gleicher Altersklassen.[236] Ältere sind nicht notwendig weniger, sondern infolge eines Kompetenzwechsels allenfalls anders leistungsfähig als jüngere Arbeitnehmer.[237] Dies gilt sowohl für die Individualleistung, als auch die Leistung in Gruppenarbeit. Die nach wie vor frühzeitig erfolgende Kategorisierung als „alt" und damit implizierten negativen Stereotypen stellt angesichts der zunehmenden Lebenserwartung und damit in der Regel verlängerten Periode der aktiven Leistungsfähigkeit eine paradoxe

---

233 *Prahl/ Schroeter*, Soziologie des Alterns, S. 108; Boerner, Altersgrenzen für die Beendigung von Arbeitsverhältnissen in Tarifverträgen und Betriebsvereinbarungen, § 2 S. 8; *Lehr*, Der veränderte Lebenszyklus, in: Kayser/ Uepping (Hrsg.), Kompetenz der Erfahrung, S. 67 (73).

234 *Lehr*, Psychologie des Alterns, S. 215; *Voelcker-Rehage/Godde/Staudinger*, „Bewegung, körperliche und geistige Mobilität im Alter", Bundesgesundheitsbl. 2005, S. 558 (564); vgl. *Eichhorst*, Institutionelle Rahmenbedingungen für die Beschäftigung Älterer in Deutschland, in: Loccumer Protokolle 04/06, S. 55 (77)

235 So *Voelcker-Rehage/Godde/Staudinger*, „Bewegung, körperliche und geistige Mobilität im Alter", Bundesgesundheitsbl. 2005, S. 558 (564); *Eichhorst*, Beschäftigung Älterer in Deutschland, ZSR 2006, S. 101 (118).

236 *Voelcker-Rehage/Godde/Staudinger*, „Bewegung, körperliche und geistige Mobilität im Alter", Bundesgesundheitsbl. 2005, S. 558 (564); *Dittmann-Kohli/ van der Heijden*, Leistungsfähigkeit älterer Arbeitnehmer – interne und externe Einflussfaktoren, Zeitschrift für Gerontologie und Geriatrie Bd. 29 (1996), S. 323 (324); ähnl. *Eichhorst*, Beschäftigung Älterer in Deutschland, ZSR 2006, S. 101 (117); drastischer formuliert *Staudinger* für den Bereich der Entwicklungspsychologie, dass das „chronologische Alter per se keinen Erklärungswert hat."; *Staudinger*, Produktivität und Selbsterfahrung im Alter, in: Baltes/ Montada, Produktives Leben im Alter, S. 344 (363).

237 Vgl. *Naegele*, Zwischen Arbeit und Rente, S. 23; ähnl. *Uepping*, Die Leistung der Erfahrung, in: Kayser/ Uepping (Hrsg.), Kompetenz der Erfahrung, S. 166 (177).

Entwicklung dar. Gesamtgesellschaftlich führen Stereotype zu einer Ressour-
cenverschwendung des Potentials älterer Menschen. Der Zeitraum des Ruhestandes ist ohne Veränderung der Lebensarbeitszeit mittlerweile fast so lang wie
der Zeitraum der Erwerbstätigkeit. Diesen Zeitraum nicht sinnvoll für die Gesellschaft durch Wissens- und Erfahrungsweitergabe und -vermittlung zu nutzen
muss auf Unverständnis stoßen.[238]

---

238 Vgl. *Wulff*, Altersentwicklung, in: FS Kruse, S. 119 (124). Ebenso *Preis*, Ein moderni-
     siertes Arbeits- und Sozialrecht für eine alternde Gesellschaft, NZA 2008, S. 922
     (923).

4. Kapitel Alter und Recht

§ 1 Allgemeines

„Leben heißt Älterwerden (…)".[239] Das Altern ist ein den Menschen begleitender Prozess, dem er sich nicht zu entziehen vermag. Während des Lebens gewinnen Menschen an Erfahrungen, eignen sich neue Fähigkeiten an und verlieren andere. Das Recht[240], welches das gesellschaftliche Zusammenleben steuern soll, hat den Menschen, einschließlich seiner Eigenschaften zum Bezugsobjekt.[241] Das Recht knüpft durch Altersregelungen in vertypter Weise an bestimmte Eigenschaften von Menschen an. Das kalendarische Alter dient damit gewissermaßen als Mittler zwischen Eigenschaft und rechtlicher Regelungen. Hierbei handelt es sich zu förderst um eine Wertentscheidung, die sich in vielen Altersregelungen mittelbar widerspiegelt. Mit dem Älterwerden sieht sich jeder einzelne, gleichgültig in welchem Lebensalter er sich gerade befindet, mit stets neuen Situationen, Erfahrungen und Veränderungen konfrontiert, die es zu bewältigen gilt. Auch das Recht stellt den Einzelnen mit Regelungen über das Alter, genauer mit Regelungen, die bei Erreichen eines bestimmten Alters eine bestimmte Rechtsfolge vorsehen bzw. negativ formuliert, bei Nichterreichen eines bestimmten Alters eine bestimmte Rechtsfolge nicht eintreten lassen, vor solche Veränderungen und neue Situationen, indem es neue Handlungsmöglichkeiten gewährt, bestehende Handlungsmöglichkeiten verwehrt oder die Stellung als Rechtssubjekt allgemein verändert. Der Begriff der Handlungsmöglichkeiten bezieht sich dabei auf rechtliche Handlungsmöglichkeiten. Demgegenüber stehen natürliche Handlungsmöglichkeiten bzw. die natürliche Handlungsfähigkeit, die Menschen unabhängig vom Staat und der Rechtsordnung infolge ihrer physisch-psychischen Fähigkeiten eröffnet sind.[242]

Das Alter konstituiert durch Altersregelungen allein die rechtlichen Handlungsmöglichkeiten, die sich freilich häufig nicht von natürlichen Handlungsmöglichkeiten trennen lassen. Sie legen fest für wen und ab wann eine bestimmte Handlungsmöglichkeit besteht bzw. rechtlich erlaubt oder im Verhältnis zu Dritten wirksam ist. Im Gegensatz zu anderen wissenschaftlichen Disziplinen kann sich die grds. auf präzise Tatbestände und Grenzen angewiesene Rechts-

---

239 *Lehr*, Psychologie des Alterns, S. 142.
240 Der Begriff des Rechts wird hier verstanden als die Summe der Verhaltensnormen in einer Gemeinschaft, die das gemeinschaftliche soziale Leben regeln. Gesetze sind damit nicht mit Recht gleichzusetzen, sondern nur eine Gestalt des Rechts, vgl. *Sonnenberger*, Recht und Gerechtigkeit, Jura 2000, S. 561. Auch das Grundgesetz differenziert in Art. 20 Abs. 3 GG zwischen Recht und Gesetz.
241 Vgl. *Mayer-Maly*, Die Grundlagen zur Aufstellung von Altersgrenzen durch das Recht, FamRZ 1970, S. 617.
242 *Roth*, Die Grundrechte Minderjähriger, S. 36.

ordnung nicht mit unbestimmten Einteilungen des Lebens in Phasen begnügen, sondern ist darauf angewiesen, mit klaren abgrenzbaren Altersstufen zu arbeiten.[243] Bestimmt die Rechtsordnung etwa, das Rechtsgeschäfte rechtsverbindlich sind oder für ein bestimmtes Verhalten Sanktionen vorgesehen sind, so muss sie gleichzeitig festlegen, wen diese Regelungen treffen bzw. wem unter welchen Voraussetzungen eine bestimmte Handlungsmöglichkeit zukommen soll. Das Lebensalter eines Menschen bestimmt sich rechtlich grds. nach dem in der Geburtsurkunde eingetragenen maßgeblichen Zeitpunkt der Geburt und dem sich daraus ergebenden rechnerischen Alter.[244] Alter und Altersregelungen, gleich welche Einteilung man verwendet, stellen, gleich ob beim Schulkind, beim Jugendlichen, beim Berufsanfänger, beim Erwachsenen oder beim Rentner, um einen Begriff der Psychologie zu verwenden, sog. life change units[245] dar, Lebensereignisse also, die sowohl mit positivem als auch negativem Vorzeichen vom einzelnen eine Auseinandersetzung und in der Regel auch eine Anpassung verlangen.

Dementsprechend werden Altersgrenzen nachfolgend als eine Festlegung eines Lebensalters verstanden, bei dessen Eintritt eine bestimmte Rechtsfolge bzw. Rechtslage ausgelöst wird.

Es wurde bereits aufgezeigt, das die Festlegung von bestimmten Altersstufen und die ihre Übergänge bildenden Statuspassagen[246] eine wissenschaftliche Definition, zu förderst der Soziologie, ist. Gleiches gilt für das Alter selbst. Die herkömmliche Einteilung der Lebensabschnitte eines Menschen in Kindheit-, Jugend-, Erwerbs- und Familienphase und zuletzt schließlich die Phase des Alters im klassischen Sinne bzw. die des Ruhestandes, in der Soziologie[247] und Familienforschung[248] kurz als Lebenslaufkonzept beschrieben und seit rund einem Vierteljahrhundert verwendet, soll im Folgenden im Hinblick auf seine

243 *V. Münch*, Die Zeit im Recht, NJW 2000, S. 1 (5).

244 Vgl. *Zwanziger*, Struktur, Probleme und Entwicklungen des Altersteilzeitrechts, RdA 2005, S. 226 (227); vgl. auch die Regelung des § 33a SGB I. Zur Pflicht der Anzeige einer Geburt beim zuständigen Standesbeamte und die Eintragung im Geburtenbuch vgl. §§ 16-21 PStG.

245 *Lehr*, Psychologie des Alterns, S. 143.

246 Statuspassagen bezeichnen den Wechsel einer Person von einer, mit einem bestimmten Namen bezeichneten sozialen Position in eine andere, die mit gewissen Rechten und Pflichten ausgestattet ist, vgl. *Kaufmann*, Was meint Alter?, in: Staudinger/ Häfner (Hrsg.), Was ist Alter(n)?, S. 119 (120).

247 Vgl. nur *Kohli*, Der institutionalisierte Lebenslauf: Ein Blick zurück und nach vorn, in: Allmendinger (Hrsg.), Entstaatlichung und soziale Sicherheit, S.525 (535 ff.) zur Rolle von Altersgrenzen für die institutionalisierte Erwerbsbiographie; speziell zum Aspekt der Erwerbstätigkeit, *ders*., Arbeit im Lebenslauf: Alte und neue Paradoxien, in: Kocka/ Offe (Hrsg.), Geschichte und Zukunft der Arbeit, S.362 ff.

248 Vgl. dazu und zur Entwicklung der Familienforschung nur *Hareven*, Familie, Lebenslauf und Sozialgeschichte, in: Ehmer/ Hareven/ Wall (Hrsg.), Historische Familienforschung, S. 17 (28 ff.).

Auswirkungen auf das Recht untersucht werden. Dabei spielen neben den bereits aufgezeigten biologischen und psychologischen Aspekten auch individuelle Erfahrungen, sowie religiöse und kulturelle Bräuche im Allgemeinen eine Rolle, die ihrerseits wieder in sozialen Definitionen gründen.[249]

Innerhalb dieses Definitionsrahmens kommt dem Recht, ausgeformt durch Gesetze, Rechtsprechung und juristischer Wissenschaft die Funktion zu, die Lebensabschnitte des einzelnen in der Gesellschaft normativ zu ordnen und zu regeln und so ein Fundament für das Zusammenleben zu schaffen[250]. Dabei fällt auf, dass (die zumeist trennscharfen) Altersgrenzen für die individuellen Lebensabschnitte und damit für die Lebensplanung insgesamt häufig Einschnitte derart bilden, die dem Einzelnen eine Disposition erheblich erschweren, teilweise sogar unmöglich machen. Insofern kann man das Recht in diesem Bereich, als Ausdruck politischer Entscheidungen, als eine „(...) wirklichkeitsverändernde Benennung sozialer Tatbestände" bezeichnen.[251] Das Lebensalter gewinnt dadurch seine Bedeutung, dass es als soziales Strukturierungsinstrument altersabhängig die Möglichkeiten sozialen Verhaltens bestimmt.[252] Die Frage, ob Recht seine so verstandene gesellschaftliche Steuerungsfunktion erfüllen kann, wurde bereits in der Vergangenheit aufgeworfen.[253] Obschon diese Frage von grundlegender Bedeutung ist, soll sie im Folgenden nicht vertieft werden. Denn obschon im Einzelnen eine differenzierende Sicht angebracht ist, kann die ganz grundsätzliche Eignung des Rechts zur Ordnung gesellschaftlicher Belange[254] nicht in Frage gestellt werden. Dies gilt im Besonderen für den Bereich des Gleichbehandlungsrechts. Veränderung im gesellschaftlichen Bereich im Hinblick auf die Behandlung bestimmter Personen oder Personengruppen zwingen das Recht zur Reaktion, sei es in Form von Auslegung oder, wo eine solche nicht möglich ist, zur Änderung rechtlicher Rahmenbedingungen, etwa durch

---

249 Vgl. *Ruppert*, Die Segmentierung des menschlichen Lebenslaufs am Beispiel der Rechtsprechung des Bundesverfassungsgerichts zu Altersgrenzen, in: Altersdiskriminierung und Beschäftigung, in: Loccumer Protokolle 04/ 06, S. 17 (18).

250 Vgl. für das Verfassungsrecht *Korioth*, Europäische und nationale Identität: Integration durch Verfassungsrecht?, VVDStRL 62 (2003), S.117 (118 ff.); *Becker*, Die alternde Gesellschaft – Recht im Wandel, JZ 2004, S. 929 (930).

251 So *Ruppert*, Die Segmentierung des menschlichen Lebenslaufs am Beispiel der Rechtsprechung des Bundesverfassungsgerichts zu Altersgrenzen, in: Altersdiskriminierung und Beschäftigung, in: Loccumer Protokolle 04/ 06, S. 17 (18).

252 Vgl. *Kaufmann*, Die Überalterung, S. 219.

253 Vgl. *Schulze-Fielitz*, Theorie und Praxis parlamentarischer Gesetzgebung, S. 184 ff.

254 Hierin liegen vielmehr die originären gesellschaftlichen Grundaufgaben von Recht, indem es Konflikte bereinigt (Reaktionsfunktion des Rechts), das Verhalten der Gesellschaft und des Einzelnen steuert (Ordnungsfunktion des Rechts), staatliche Herrschaft legitimiert und organisiert (Verfassungsfunktion), Lebensbedingungen gestaltet (Planungsfunktion des Rechts) und die Rechtspflege aufrechterhält (Überwachungsfunktion des Rechts). Vgl. hierzu ausführlich *Rehbinder*, Rechtssoziologie, § 6 Rn.96 ff.

die Schaffung neuer Rechtsnormen. Insoweit kann das Gleichbehandlungsrecht hinsichtlich des Alters der Gestaltungsgesetzgebung zugeordnet werden. Diese ist dadurch gekennzeichnet, dass sie selbst aktiv versucht, die sozialen, wirtschaftlichen, kulturellen oder technischen Verhältnisse zu ordnen. Dahinter steht die These, dass Gesetze gesellschaftliche Einstellungen und Verhaltensweisen beeinflussen können, indem ihre Existenz und die zwingende Befolgung ein entsprechendes Rechtsbewusstsein der Normadressaten erzeugt. Diese Wirkung von Recht ist dabei kein Automatismus. Nicht selten bleibt die Entwicklung einer inneren Rechtsüberzeugung aus und es bleibt bei einem bloßen Rechtsgehorsam.[255] Demgegenüber steht die Anpassungsgesetzgebung, die den Wandel im sozialen, wirtschaftlichen, kulturellen oder technischem Bereich nachvollzieht und bestehende Regelungssysteme, soweit erforderlich, den Veränderungen anpasst.[256]

Vor dem Hintergrund der demografischen Entwicklung hin zu einer alternden Gesellschaft steht die Rechtsordnung heute vor allem vor drei Herausforderungen, die es zu regeln gilt.

Zum einen die Einstellung auf altersspezifische Bedarfe wie z.B. Regelungen hinsichtlich der Durchsetzung des Patientenwillens als Bereich des Betreuungsrechts[257] oder für den Bereich des Sozialrechts die Frage nach der Finanzierung der Gewährung von Dienst- und Sachleistungen. Diesem Problem gewissermaßen vorgelagert ist die generelle Frage nach der Reichweite staatlicher Einbindung hinsichtlich der Befriedigung altersspezifischer Bedürfnisse. Ein Beispiel jüngerer Zeit bildet diesbezüglich der Erlass des Altenpflegegesetzes[258], dass durch die Festlegung beruflicher Qualifikationen in der Altenpflege entscheidende Rahmenbedingungen für die Versorgung und Betreuung alter Menschen schafft[259]. Weiterhin gilt es die Anpassung der wirtschaftlichen Auswirkungen einer alternden Bevölkerung zu bewältigen, insbesondere die Sicherstellung der Funktionsfähigkeit der sozialen Sicherungssysteme und drittens die gesellschaftliche Integration Älterer durch Eröffnung von Teilhabemöglichkeiten.[260]

---

255 Vgl. *Senne*, Auswirkungen des europäischen Verbots der Altersdiskriminierung auf das deutsche Arbeitsrecht, S. 90, die auf die strafrechtliche Verankerung des Verbots der Altersdiskriminierung in Finnland hinweist, die sich als unzureichend erwiesen hat.

256 Vgl. *Schulze-Fielitz*, Theorie und Praxis parlamentarischer Gesetzgebung, S. 184.

257 Vgl. dazu *Taupitz*, Empfehlen sich zivilrechtliche Regelungen zur Absicherung der Patientenautonomie am Ende des Lebens?, Gutachten A zum 63. DJT, S. A 96 ff.; auch der BGH sieht diesbezüglich Regelungsbedarf, vgl. BGH NJW 2003, S. 1588 ff. mit Anm. *Lipp*, FamRZ 2003, S.756

258 Gesetz über die Berufe in der Altenpflege v. 17. November 2000, BGBl. I, S. 1513.

259 Zur umstrittenen Frage der Kompetenz des Bundes zum Erlass des Altenpflegegesetzes vgl. die Entscheidung des Bundesverfassungsgerichts, BVerfGE 106, S. 62 ff.

260 So *Becker*, Die alternde Gesellschaft – Recht im Wandel, JZ 2004, S. 929 (932). Zur Lage des Rentenversicherungssystems in den 90er Jahren, *Boerner*, Altersgrenzen für

Dennoch hat sich vor diesem Hintergrund im deutschen Recht kein spezifisches „Recht der Alten" herausgebildet.[261] Besondere Vorschriften, die Ältere betreffen, finden sich lediglich im Rentenrecht, im Bereich des Sozialrechts[262] und des Steuerrechts[263]. Daneben werden lediglich einzelne rechtliche Fragen von alten Menschen etwa im schon erwähnten Betreuungsrecht oder Heimrecht geregelt.[264] Demgegenüber sind die Lebensphasen Kindheit und Jugend infolge besonderer Schutzbedürftigkeit im deutschen Recht wesentlich detaillierter geregelt.[265]

§ 2 Überblick über die historische Entwicklung von Altersgrenzen

Der Grundgedanke, dem Einzelnen mit dem Erreichen eines bestimmten Lebensalters bzw. allgemeiner formuliert, mit dem Erreichen einer bestimmten Lebensphase, gewisse Rechte anzuerkennen oder abzuerkennen, ist keine spezifische Besonderheit moderner Gesellschaften. Schon in der Antike existierten Altersstufen etwa zur Festlegung der Rechts- oder Geschäftsfähigkeit, für die Strafmündigkeit oder das aktive bzw. passive Wahlrecht.[266] Ein Beispiel bildet u.a. das römische Recht hinsichtlich eindeutiger Regelungen zur Geschäftsfähigkeit. Es knüpfte die Teilnahme am Rechtsverkehr an die Fähigkeit, die Folgen des rechtsgeschäftlichen Handelns zu verstehen. Hinsichtlich des Alters wurde dabei davon ausgegangen, dass dieses grds. Ausdruck intellektueller Reife ist und wurde damit zum maßgebenden Kriterium der Beurteilung der Geschäftsfähigkeit des Heranwachsenden.[267] Danach waren kleine Kinder, die sog. infantes weitgehend vom Rechtsverkehr ausgeschlossen. Spätestens seit der

die Beendigung von Arbeitsverhältnissen in Tarifverträgen und Betriebsvereinbarungen, § 3 S. 10.

261   *Igl*, Recht und Alter, FS Thieme, S. 747; ebenso *Klie*, Rechtsfragen, in: Oswald/ Lehr/ Sieber/ Kornhuber (Hrsg.), Gerontologie, S. 306.

262   Vgl. u.a. § 19a SGB IV, zu den Auswirkungen des Antidiskriminierungsrechts auf das Sozialrecht *Husmann*, Anti-Diskriminierungsrecht, NZA 2008 (Beil. Heft 2), S. 94 ff.

263   Bsp.: Altersfreibetrag im Einkommensteuerrecht bei Veräußerung des Betriebs (§ 16 Abs. 4 EStG); Altersentlastungsbetrag (§ 24a EStG); Berechnung der Einkommensteuer auf Leibrenten (§ 22 EStG); Abfindungen seitens des Arbeitgebers (3 Nr. 9 EStG, aufgehoben ab Veranlagungszeitraum 2006). Vgl. zu den Vorschriften im Einzelnen die entsprechende Kommentierung bei *Schmidt*, EStG-Kommentar.

264   Zur Ausbildung eines spezifischen Rechts älterer Menschen im Recht der Vereinigten Staaten vgl. *Flessner*, Ältere Menschen, demographische Alterung und Recht, S. 29 ff.

265   *Igl* kommt daher in seiner Untersuchung zu einer quantitativ hohen Konzentration von Altersregelungen bezogen auf diese beiden Lebensphasen, vgl. *Igl*, Zur Problematik der Altersgrenzen, Zeitschrift für Gerontologie und Geriatrie 33, (2000), I/57.

266   Mit Aufzählung weiterer Bereiche *Stolleis*, Geschichtlichkeit und soziale Relativität des Alters, in: *Gruss*, Die Zukunft des Alterns, S. 258 (267).

267   Vgl. HKK/ *Thier*, §§ 104-115 Rn. 5.

nachklassischen Zeit galt dann grds. die Altersgrenze von sieben Jahren, nach der eine beschränkte Geschäftsfähigkeit einsetzte.[268] Als Altersgrenze zur grundsätzlich vollen Geschäftsfähigkeit bildete sich im Laufe der Zeit das 14. Lebensjahr bei Männern und das zwölfte Lebensjahr bei Frauen heraus.[269] In der Spätantike verschob sich diese Altersgrenze auf die Vollendung des 25. Lebensjahres, während nach den von Kaiser Konstantin erlassenen Regelungen über die venia aetatis aus dem Jahre 321 Männer ab dem 20. Lebensjahr, Frauen ab dem 18. Lebensjahr auf Antrag die Möglichkeit erhielten, selbstständig ohne Zustimmung eines Dritten zu handeln.[270]

Hinsichtlich der Regelungen über Altersgrenzen zur Geschäftsfähigkeit entwickelte sich das römische Recht zum Fundament, nicht nur der deutschen, sondern auch der gesamteuropäischen Regelungstradition bis zum 19. Jahrhundert.[271] So setzte sich im 13. Jahrhundert u.a. die Altersgrenze von 25 Jahren in Deutschland wieder durch.[272] Auch in Frankreich galt ursprünglich die Altersgrenze von 25 Jahren, die 1792 auf 21 Jahre[273] und später auf 18 Jahre gesenkt wurde. Altersstufen dienten damals wie heute als Grundregeln für ein organisiertes Zusammenleben. Auch wenn dieser Zweck, ein einfach nachprüfbares Merkmal festzusetzen um gesellschaftliche Belange zu lösen, soweit ersichtlich in fast jeder Gesellschaft vorkommen, so bestehen in der tatsächlichen Ausgestaltung und der Wahrnehmung von Alter teilweise erheblich Unterschiede.[274]

Das Beispiel der Veränderung der Altersgrenzen zu Volljährigkeit, ja auch der Kriterien insgesamt (etwa Geschlecht oder soziale Position), nach denen die Mündigkeit bzw. Volljährigkeit bestimmt wurde, zeigt einen bemerkenswerten Wandel in der Geschichte auf und verdeutlicht gleichzeitig die Relativität von Altersgrenzen. Grenzziehungen, mit welchem Alter ein bestimmter Rechts- oder Sozialstatus verbunden ist und die Kriterien der Unterteilung haben sich im Laufe der Geschichte stark verändert. Altern und Alter ist damit (größtenteils) histo-

268 Vgl. HKK/ *Thier*, §§ 104-115 Rn. 5, dort auch ausführlich zu kontroversen Diskussion, wann die Altersgrenze von sieben Jahren genau zur festgelegten Grenze wurde.

269 HKK/ *Thier*, §§ 104-115 Rn. 8; *Knothe* Die Geschäftsfähigkeit der Minderjährigen in geschichtlicher Entwicklung, S. 124

270 HKK/ *Thier*, §§ 104-115 Rn. 13; *Knothe*, Die Geschäftsfähigkeit der Minderjährigen in geschichtlicher Entwicklung, S. 104.

271 HKK/ *Thier*, §§ 104-115 Rn. 15.

272 Zur divergierenden Entwicklung in der kirchlichen Rechtswissenschaft, die das 14. bzw. bei Frauen das 12. Lebensjahr als maßgebliche Reifeschwelle ansah, vgl. HKK/ Thier, §§ 104-115 Rn. 17.

273 *Knothe*, Die Geschäftsfähigkeit der Minderjährigen in geschichtlicher Entwicklung, S. 184.

274 Vgl. ausführlich dazu *Stolleis*, Geschichtlichkeit und soziale Relativität des Alters, in: *Gruss*, Die Zukunft des Alterns, S. 258 (268 f.).

risch bedingt und bestimmt.[275] Weder biologische oder psychologische, noch rechtlich-politische oder wirtschaftlich-soziale Kriterien bilden damit eine (allgemeingültige) Basis, um Altersgrenzen festzulegen. Der Begriff des Alters ist, mit dem ihm zugrunde liegenden Aspekten ebenso einem stetigen Wandel unterworfen, wie diese Aspekte selbst.[276] Die Tendenz zur jünger werdenden Volljährigkeit ist dabei eine Entwicklung, die vor allem in den letzten 2 Jahrhunderten zu beobachten ist.[277] So wurde im zunächst im sächsischen BGB eine Altersgrenze von 21 Jahren zur Erreichung der Volljährigkeit festgesetzt[278], die später von der preußischen Gesetzgebung übernommen und fortgesetzt wurde. 1870 wurde das Volljährigkeitsalter auf die Vollendung des 21. Lebensjahres festgesetzt[279], fünf Jahre später im Rahmen der Neuordnung der Volljährigkeitserklärung als frühestmöglicher Zeitpunkt die Vollendung des 18. Lebensjahres festgelegt.[280] Das BGB übernahm zunächst die Altersgrenze von 21 Jahren[281] zum Erreichen der Volljährigkeit, ebenso die Möglichkeit der Volljährigkeitserklärung mit Vollendung des 18. Lebensjahres.[282] Im Jahre 1974 wurde das Volljährigkeitsalter schließlich auf 18 Jahre gesenkt[283] und bis heute beibehalten. Die

---

275 *Rosenmayr*, Schöpferisches Altern, S. 53. Überblick über die geschichtliche Entwicklung des Alters bei *Clemens*, Stichwort: Alter, ZfE 2001, S. 489 (491 f.).

276 Vgl. *Speitkamp*, Jugend in der Neuzeit, S. 8 f., der den Begriff der Jugend und die damit verbundene Lebensphase als gesellschaftliches Konstrukt ansieht. Führt man Speitkamps Gedanken in die andere Lebensrichtung weiter, so stellt sich letztlich auch der Begriff des „Alters" und die Festsetzung von dem, was „alt" ist als gesellschaftliches Konstrukt dar, das der Dynamik gesellschaftlichen, politischen, sozialen und wirtschaftlichen Wandels unterworfen ist. Ähnl. *Simitis*, „Die Altersgrenzen – ein spät entdecktes Problem", in: RdA 1994, S.257 (259), der Versuche, „Alter" mithilfe chronologischer Daten festzusetzen als willkürlich bezeichnet. Die Probleme der Festsetzung von gesetzlichen Altersstufen wurden schon früh erkannt. So wurde bei der Schaffung des BGB dem Vorschlag die zivilrechtliche Handlungsfähigkeit bei Vollendung des 12. Lebensjahres festzusetzen entgegengehalten, das jede Festsetzung einer gesetzlichen Altersgrenze willkürlich sei, vgl. Protokolle I 46. ff, zitiert nach *Mayer-Maly*, Die Grundlagen der Aufstellung von Altersgrenzen durch das Recht, FamRZ 1970, S. 617 (619).

277 *Ruppert*, Die Segmentierung des menschlichen Lebenslaufs am Beispiel der Rechtsprechung des Bundesverfassungsgerichts zu Altersgrenzen, in: Loccumer Protokolle 04/ 06, S. 17 (18).

278 § 47 sächs. BGB v. 1. März 1865.

279 Gesetz über das Alter der Großjährigkeit v. 9. Dezember 1869.

280 Vgl. (Preußische) Vormundschaftserklärung v. 5. Juli 1875, PrGS 1875, S. 431; zur Entstehung *Knothe*, Die Geschäftsfähigkeit der Minderjährigen in geschichtlicher Entwicklung, S. 190 ff.

281 § 2 BGB idF bis 1974.

282 §§ 3-5 BGB idF bis 1974.

283 Gesetz zur Neuregelung des Volljährigkeitsalters v. 31. Juli 1974, BGBl. I 1974, S. 1713; ausführlich zu dieser Gesetzesänderung *Löwisch*, Die Neuregelung des Volljährigkeitsalters, NJW 1975, S. 15 ff.; *Weick*, in: Staudinger, Bürgerliches Gesetzbuch,

Absenkung stellte eine Reaktion des Gesetzgebers auf den Umstand dar, dass Jugendliche früher zur persönlichen Reife und Selbstständigkeit gelangten.[284] Ein weiterer politischer Hintergrund lag in dem Streben der Angleichung der Altersgrenzen im Wahlrecht und des Wehrdienstes sowie der Strafmündigkeit und der Deliktsfähigkeit.[285]

Auch die Altersgrenze für die Zulässigkeit von Adoptionen erfuhr im Laufe der Geschichte Änderungen. Diese lag ursprünglich bei 50 Jahren, bevor sie in den sechziger Jahren auf 35 Jahre gesenkt wurde. Die ursprünglich hohe Festsetzung diente der Vermeidung, dass der Adoptierende noch eigene Kinder bekam, die Adoption sollte lediglich ein subsidiäres Mittel zur Kindererzielung sein.[286] Gegenwärtig liegt sie bei 25 Jahren (§ 1743 BGB). Im Gegensatz zu Senkung des Volljährigkeitsalters stand bei der Senkung der Altersgrenze für Adoptionen weniger der Wandel hinsichtlich der Reife im Vordergrund, als vielmehr sozialpolitische Motive, insbesondere die Versorgung von Heimkindern.[287] Bemerkenswert ist, dass eine gesetzliche Höchstaltersgrenze für die Zulässigkeit von Adoptionen nicht existiert.

Vor allem im beginnenden 19. Jahrhundert, im Zuge der industriellen Revolution und im 20. Jahrhundert schuf der staatliche Gesetzgeber zahlreiche Vorschriften mit (zunehmend differenzierten) Altersgrenzen und altersspezifischen Regelungen. Das kalendarische Alter (formelles Alter) rückte gegenüber dem sozialen Alter (informelles Alter) immer mehr in den Vordergrund[288] und diente der Durchregulierung und fortschreitenden Verrechtlichung des menschlichen

---

§ 2 Rn. 1. Die bis dato bestehende Möglichkeit der Volljährigkeitserklärung durch das Vormundschaftsgericht von Personen die das 18. Lebensjahr vollendet hatten wurde ersatzlos gestrichen. Die Aufrechterhaltung dieser Möglichkeit für Personen unter 18 Jahren hielt der Gesetzgeber für nicht vertretbar. Zur vorgelagerten Diskussion vgl. *Schwab*, Mündigkeit und Minderjährigenschutz, AcP 172 (1972),S. 266 ff. Die Volljährigkeitsgrenze von 18 Jahren gilt in den meisten europäischen Ländern, so z.B. in Belgien, Dänemark, Schweden, Norwegen, Finnland, England, Frankreich, Italien, Polen, Türkei, Schweiz, Island, Österreich, vgl. Hausmann, in Staudinger, Anhang zu Art. 7 EGBGB. Anfang der 70er Jahre wurden in vielen europäischen Staaten die Altersgrenzen für die Volljährigkeit gesenkt, so in den skandinavischen Staaten und Lichtenstein auf 20 Jahre und Großbritannien auf 18 Jahre. In der ehemalige DDR galt die Altersgrenze von 18 Jahren schon seit 1950.

284 *Fahse*, in: Soergel, BGB, § 2 Rn. 1.
285 Vgl. *Beitzke*, Mündigkeit und Minderjährigenschutz, AcP 172 (1972), S. 240 (241).
286 Staudinger-*Frank*, BGB, § 1743 Rn. 1.
287 Vgl. Staudinger-*Frank*, BGB, § 1743 Rn. 1; *Nussberger*, Altersgrenzen als Problem des Verfassungsrechts, JZ 2002, S. 524 (526).
288 Stefan Ruppert bezeichnete diese Entwicklung in einem Vortrag anlässlich des 36. Deutschen Rechtshistorikertages 2006 mit dem Titel „Die Segmentierung des menschlichen Lebenslaufs durch Recht im 18. und 19. Jahrhundert" als Sieg des kalendarischen über das soziale Alter; zitiert nach *Stolleis*, Geschichtlichkeit und soziale Relativität des Alters, in: *Gruss*, Die Zukunft des Alterns, S. 258 (269 Anm. 23).

Lebensverlaufs.[289] So vollzog sich mit der Schaffung der Altersgrenze zur allgemeinen Schulpflicht und der Altersgrenze bei Rente und Pension eine erste klare Grenzziehung im Lebenslauf, die zur Herausbildung altersbedingter sozialer Gruppen (Kinder, Jugendliche, Alte) beitrug.[290] Zur weiteren Institutionalisierung des Lebenslaufs trugen die Einführung der allgemeinen Wehrpflicht, sowie die bereits erwähnte Schaffung der Sozialversicherung in den Jahren 1883 bis 1889 durch Bismarck bei.[291] Das Gesetz zur Alters- und Invalidensicherung galt zunächst nur für Arbeiter, ab 1913 auch für Angestellte. Es enthielt zunächst eine Altersgrenze von 70 Jahren, die jedoch schon 1916 auf das 65. Lebensjahr gesenkt wurde.[292] Ursprünglich diente die Festsetzung des Ruhestandsalters lediglich der Verwaltungsvereinfachung und wurde als eine Spezialform der Invalidität angesehen.[293] Zusammen mit weiteren Kriterien wie Arbeitsdauer und Verdiensthöhe diente das Alter der Kalkulation des Versorgungssystems und damit seiner Finanzierbarkeit. Im Gegensatz zur heutigen Zeit legte das Ruhestandsalter aber nicht zwingend auch den tatsächlichen Beginn des Ruhestandes fest. Grundgedanke des Systems war, das der Leistungsempfänger auch nach Erreichen des Ruhestandsalters dem Arbeitsmarkt weiter zur Verfügung steht. Dies erklärt auch die vergleichsweise geringe Höhe der Rente. Sie galt nicht wie heute als Einkommensersatz, sondern lediglich als Ersatz für nachlassende Arbeitskraft.[294]

---

289   Vgl. *Stolleis*, Geschichtlichkeit und soziale Relativität des Alters, in: *Gruss*, Die Zukunft des Alterns, S. 258 (269).

290   Vgl. ausführlich zur historischen Entwicklung der Pensionssysteme, *Ehmer*, Sozialgeschichte des Alters. S. 40 ff. *Bieback*, Altersdiskriminierung: Grundsätzliche Strukturen, ZSR 2006, S. 75 (80) geht soweit, dass es ohne den staatlichen Jugendarbeitsschutz und das Bildungswesen einerseits und die Festlegung eines Rentenalter andererseits die besonderen Phasen der Jugend bzw. des Ruhestandes nicht gäbe. Nach *Opitz* führt diese Verrechtlichung durch die sozialstaatlichen Sicherungssysteme zu einer Abhängigkeit zwischen Individuum und Gesellschaft, da traditionelle Unterstützungssysteme wie die Familie immer mehr wegfallen, vgl. *Opitz*, Biographie-Arbeit im Alter, S. 15.

291   Vgl. *Lehr*, Psychologie des Alterns, S. 232; *Naegele*, Zwischen Arbeit und Rente, S. 225. Vor allem hinsichtlich der Sozialversicherung ist die Zunahme von Altersstufen mit organisatorischen Gründen zu erklären, die genaue Angaben bezüglich Einzahlungs- und Auszahlungszeitpunkten erforderte, vgl. *Stolleis*, Geschichtlichkeit und soziale Relativität des Alters, in: *Gruss*, Die Zukunft des Alterns, S. 258 (271).

292   Die Altersgruppe der 65. jährigen macht in dieser Zeit gerade einmal 4,4 % der Gesamtbevölkerung aus, vgl. *Lehr*, Psychologie des Alterns, S. 232.

293   *Borscheid*, Der alte Mensch in der Vergangenheit, in: Baltes/ Mittelstraß/ Staudinger, Alter und Altern, S. 58.

294   *Borscheid*, Der alte Mensch in der Vergangenheit, in: Baltes/ Mittelstraß/ Staudinger, Alter und Altern, S. 58. Infolgedessen sind viele Verwaltungen und die Industrie dazu übergegangen älteren Arbeitnehmern leichtere Arbeiten zuzuweisen.

Auffallend ist, dass die überwiegende Anzahl von Altersregelungen in der geschichtlichen Entwicklung zunächst auf die jugendliche Lebensphase[295] bezogen waren, strikte Altersgrenzen, bezogen auf die Lebensphase des Erwachsenenalters oder Älterer bildeten hingegen eher die Ausnahme. Neben den starren Höchstaltersgrenzen von 65 oder 70 Jahren[296], als Instrument der Arbeitsmarktpolitik, um für die nachfolgende jüngere Generation Arbeitsplätze zu schaffen, können an dieser Stelle lediglich etwa Vorschriften hinsichtlich eines Mindestalters beim Ämterzugang oder Regelungen über den Beweiswert einer Zeugenaussage Älterer genannt werden.[297] Diese Feststellung ist insofern überraschend, als dass die Erkenntnis, dass ältere Menschen an bestehende Rechtssysteme besondere Anforderungen stellen, schon länger hinlänglich bekannt ist. Insbesondere die ausführlichen Forschungen in der Psychologie und Soziologie und die daraus in jüngerer Zeit resultierenden Konzepte eines dritten oder vierten Lebensabschnitts (Ruhestand bzw. Hochbetagtenalter) finden im Recht bisher keine Entsprechung, obschon Gesetze, die eine effektive Verwirklichung der Integration und der Teilhaberechte älterer Menschen ermöglichen, insbesondere unter Gesichtspunkten der demografischen Entwicklung, erforderlich sind.[298]

§ 3 Altersgrenzen und Alter im Rechtssystem der Bundesrepublik Deutschland

A. Altersgrenzen

Wie bereits gezeigt, spielen Altersgrenzen im Rechtssystem der Bundesrepublik Deutschland eine erhebliche Rolle. Diese Bedeutung resultiert daraus, dass Altersgrenzen (für den einzelnen unbeeinflussbare) Punkte markieren, an denen ihm bestimmte Rechte, Ansprüche aber auch Pflichten auferlegt werden. Dane-

---

295 Ausführlich zur geschichtlichen Entwicklung und historischen Rolle der Jugend allgemein, *Speitkamp*, Jugend in der Neuzeit, S. 14 ff. Als Beispiel kann die ausführliche Regelung über die Begrenzung von Kinderarbeit as dem Jahre 1839 genannt werden, , vgl. *Stolleis*, Geschichtlichkeit und soziale Relativität des Alters, in: *Gruss*, Die Zukunft des Alterns, S. 258 (269).

296 So wurde in Großbritannien die Höchstaltersgrenze für die Beschäftigung in der öffentlichen Verwaltung 1890 und 1898 eingeführt, vgl. *Laslett*, Das Dritte Alter – Historische Soziologie des Alterns, S. 47. Zur historischen Entwicklung des Altersbildes und dem Zusammenhang von Altersgrenzen und der Schaffung von Pensionierungssystemen *Gantzckow*, Die Beendigung der Erwerbstätigkeit durch gesetzliche und kollektivvertragliche Altersgrenzen, S. 31 ff.

297 Vgl. *Ruppert*, Die Segmentierung des menschlichen Lebenslaufs am Beispiel der Rechtsprechung des Bundesverfassungsgerichts zu Altersgrenzen, in: Altersdiskriminierung und Beschäftigung, in: Loccumer Protokolle 04/06, S.17 (18).

298 Vgl. *Ruppert*, Die Segmentierung des menschlichen Lebenslaufs am Beispiel der Rechtsprechung des Bundesverfassungsgerichts zu Altergrenzen, in: Altersdiskriminierung und Beschäftigung, in: Loccumer Protokolle, S. 17 (19).

Daneben existieren Regelungen, die nicht an ein starres Alter anknüpfen, bei denen aber das Alter dennoch eine besondere Rolle spielt.[299] Der folgende Abschnitt soll, ohne Anspruch auf Vollständigkeit zu erheben, als Bestandsaufnahme die bestehenden Altersgrenzen und einige Altersregelungen einschließlich ihrer Rechtsfolgen chronologisch aufzeigen.[300]

Mit der Vollendung der Geburt beginnt nach § 1 BGB die Rechtsfähigkeit eines Menschen.[301] Die erste bedeutsamere Altersgrenze markiert die Vollendung des siebten Lebensjahres, mit der die beschränkte Geschäftsfähigkeit und die beschränkte Deliktsfähigkeit nach bürgerlichem Recht eintritt (§§ 106 ff, 828 BGB). Dazwischen liegt die Altersgrenze der Vollendung des 14. Lebensmonats von Kindern mit der grds. die Bezugsberechtigung von Elterngeld endet, die Altersgrenze von drei Jahren, die einen Rechtsanspruch auf einen Kindergartenplatz gewährt (§ 24 SGB-VIII)[302] und die Altersgrenze von sechs Jahren mit dem Beginn der allgemeinen Schulpflicht, der Altersgrenze von Filmen und dem Besuch von Filmveranstaltungen nach § 11 JGG.

Zehnjährige sind nach § 828 Abs. 2 BGB deliktsfähig bei fahrlässigen Verkehrsunfällen und haben des Weiteren die Pflicht, mit dem Fahrrad die Straße zu benutzen (§ 2 Abs. 5 StVO). Mit Vollendung des 12. Lebensjahres beginnt die sog. bedingte Religionsmündigkeit gem. § 5 RelKErzG. Ein Wechsel der Religionszugehörigkeit gegen den Willen des Kindes ist ab diesem Zeitpunkt nicht mehr möglich. Daneben wird die zweite Stufe bei Altersgrenzen von Filmen erreicht.

Ab dem 13. Lebensjahr ist eine geringe Beschäftigung von Kindern möglich, § 2 Kinderarbeitsschutzverordnung.

Eine bedeutsame Grenze stellt auch das Erreichen des 14. Lebensjahres dar. Kinder sind ab diesem Alter strafmündig (§ 19 StGB, bei Anwendung des Jugendgerichtsgesetzes, § 3 JGG). Im Sinne des Strafgesetzes gelten 14 Jährige darüber hinaus nicht mehr als Kinder, vgl. §§ 176, 176a, 184b StGB. Es besteht ein eigenes Entscheidungsrecht über Namensänderungen (§§ 1617a-c, 1618, 1757 BGB, Art. 10, 47 EGBGB), sowie die volle Religionsmündigkeit (§ 5

---

299 Vgl. dazu unten B., Seite 88.
300 Für einen Überblick über die bestehenden Altersgrenzen vgl. auch die Übersicht im Anhang I: Lebensalter im Recht, S. 394.
301 Freilich sieht die deutsche Rechtsordnung in Ausnahmefällen die Möglichkeit eines Rechtserwerbs schon vor Vollendung der Geburt vor, vgl. die Regelung des § 1923 Abs. 2 BGB, der die Erbberechtigung des noch nicht geborenen aber schon gezeugten Kindes festlegt oder die Regelung des § 2101 Abs. 1 BGB, wonach sogar noch nicht gezeugte Personen die Stellung eines Nacherben erlangen können.
302 Die Vollendung des dritten Lebensjahres hat nach der Reform des Unterhaltsrechts nunmehr auch Bedeutung für geschiedene Ehegatten, die nach der Scheidung mit der Pflege und Erziehung des Kindes betraut sind, da nach Erreichen dieser Altersgrenze eine Verlängerung des Unterhaltsanspruchs nur erfolgt, sofern dies Billigkeitserwägungen entspricht (§ 1570 Abs. 1 BGB).

RelKErzG). Die Einwilligung des Kindes in die eigene Adoption wird erforderlich, gleichzeitig besteht ein eigenes Aufhebungsrecht gem. §§ 1746, 1762 Abs. 1 S. 2 BGB. Ein Widerspruchsrecht besteht gleichsam gegen Organentnahmen nach dem Tod, § 3 TPG. Die dritte Stufe der Altersgrenze bei Filmveranstaltungen wird erreicht, § 11 JuSchG.

Mit dem Erreichen des 15. Lebensjahres endet das allgemeine Beschäftigungsverbot (§ 5 JArbSchG) und altersmäßig die allgemeine Schulpflicht. Es besteht die Fahrberechtigung für Mofas und die Handlungsfähigkeit im Sozialrecht, § 36 SGB I.

Beschränkt ehemündig gem. § 1303 BGB sind Jugendliche, die das 16. Lebensjahr vollendet haben. Es besteht Testierfähigkeit (§ 2229 BGB) und ein Einsichtsrecht in das Geburtenbuch, § 61 Abs. 2 PStG, weiter die Pflicht zum Besitz eines Personalausweises oder eines anderen Passes (§ 1 PassG). Die Einwilligung in die Organnahme nach dem Tod wird erforderlich (§ 2 TPG). Mit dem 16. Lebensjahr beginnt weiterhin die Handlungsfähigkeit nach dem Asylverfahrensgesetz (§ 12) und im Ausländerrecht (§ 80 Aufenthaltsgesetz), es besteht das aktive Wahlrecht in der Sozialversicherung (§ 50 SGB IV) und in einigen Bundesländern das aktive Wahlrecht bei Kommunalwahlen.[303] Der Aufenthalt in Gaststätten und bei Tanz- und Filmveranstaltungen bis 24 Uhr wird erlaubt (§§ 4, 5 JuSchG). Die vierte Stufe der Altersgrenze bei Filmen wird erreicht und der Führerscheinerwerb der Klassen A1, M, S ist möglich.

Relativ neu ist die Altersgrenze von 17 Jahren, die mittlerweile in allen Bundesländern das begleitete Fahren von PKW ermöglicht (vgl. §§ 6e StVG, 48a FeV).

Besondere Bedeutung, nicht nur im Empfinden des Einzelnen, sondern auch in rechtlicher Hinsicht kommt dem Erreichen des 18. Lebensjahres zu. Der Eintritt der Volljährigkeit bringt die volle Geschäfts- und Deliktsfähigkeit nach dem Zivilrecht mit sich (§§ 2, 828 Abs. 2 BGB), daneben das aktive und passive Wahlrecht sowohl zum Bundestag und den Landtagen, den Kommunalvertretungen, als auch zum Europäischen Parlament und dem Betriebsrat (Art. 38 GG, § 35 NGO, § 7 BetrVG; §§ 13, 14 BPersVG). Mit Eintritt der Volljährigkeit tritt auch die Prozessfähigkeit nach den einschlägigen Prozessordnungen ein. Die Altersgrenze von 18 Jahren wird nicht direkt erwähnt, ergibt sich aber aus den Formulierungen, dass die Prozessfähigkeit mit der Geschäftsfähigkeit eintritt (vgl. §§ 51, 52 ZPO, 62 VwGO, 71 Abs. 1 SGG, 58 FGO). Soweit das Verwaltungsrecht auf die zivilrechtlichen Vorschriften verweist, gilt damit auch im öffentlichen Rech die Volljährigkeitsgrenze von 18 Jahren.

Im Strafrecht erlangt der 18-Jährige die Stellung als Heranwachsender mit der Möglichkeit nach Erwachsenenstrafrecht verurteilt zu werden, §§ 1, 105,

---

303 So in Niedersachsen (§ 34 Abs. 1 NGO), Nordrhein-Westfalen, Schleswig-Holstein, Berlin und Sachsen-Anhalt. Ausführlich zur historischen Entwicklung von Altersgrenzen im Wahlrecht *Groß-Bölting*, Altersgrenzen im Wahlrecht, 1993.

106 JGG. Es enden die Jugendschutzbestimmungen und die arbeitsrechtlichen Schutzbestimmungen für Jugendliche (§§ 2, 7 ff. JArbSchG). Die Pflicht zum Wehrdienst oder Wehrersatzdienst beginnt. Dem Jugendlichen wird der Waffenerwerb und Führerscheinerwerb der Klassen A, B, BE, C1, C1E, C und CE ermöglicht.

Gemäß § 10 StGB beginnt mit der Vollendung des 21. Lebensjahres die volle strafrechtliche Verantwortlichkeit als Erwachsener. Ebenso markiert diese Altersgrenze das Mindestalter als Adoptionsbewerber bei Ehegatten, sofern der andere Ehegatte das 25. Lebensjahr vollendet hat, § 1743 BGB. Es endet die gesteigerte Unterhaltberechtigung nach § 1603 Abs. 2 BGB und das Höchstalter für die Kindergeldberechtigung bei Arbeitslosigkeit wird erreicht, § 2 BKGG. Der Führerscheinerwerb der Klassen D1, D1E, D, und DE wird möglich.

Mit Vollendung des 23. Lebensjahres besteht in Niedersachsen das passive Wahlrecht zum Bürgermeister, § 61 Abs. 3 NGO. Daneben wird das Höchstalter sowohl für die Familienversicherung bei Arbeitslosigkeit gem. § 10 Abs. 2 SGB V als auch für den Beibehaltungsantrag für die deutsche Staatsangehörigkeit und den Erwerb derselben durch Vaterschaftsanerkennung erreicht, §§ 5, 29, 4 StAG.

Das 25. Lebensjahr bildet das Mindestalter als allein stehender Adoptionsbewerber bzw. als Ehepaar, wenn der andere Ehegatte das 21. Lebensjahr vollendet hat (§ 1743 BGB). Die Wählbarkeit als Schöffe wird gem. § 33 GVG möglich, ebenso wie die Wählbarkeit als ehrenamtlicher Arbeits-, Sozial- und Verwaltungsrichter, vgl. §§ 21 AGG, 16 SGG, 20 VwGO. Zweck dieser deutlich über dem allgemeinen Wahlalter sowie dem Geschäftsfähigkeitsalter ist die Gewährleistung eines Mindestmaßes an Lebenserfahrung.[304] Das Höchstalter für die Familienversicherung bei der Ausbildung (§ 10 Abs. 2 SGB V) und bei der Wählbarkeit zu betrieblichen Jugend- und Auszubildendenvertretung, sowie seit 2007 zum Bezug von Kindergeld wird erreicht.

Die Ernennung zum Beamten auf Lebenszeit ist mit Vollendung des 27. Lebensjahres möglich. Bis 2006 galt das Erreichen dieses Alters gleichzeitig als Höchstalter für den Bezug von Kindergeld. Das 27. Lebensjahr bildet weiter die Höchstaltersgrenze beim Bezug der Waisenrenten sowie beim Bezug von Leistungen nach dem achten Sozialgesetzbuch für junge Volljährige.

Während die Vollendung des 30. Lebensjahres das Höchstalter für die studentische Krankenversicherung (§ 5 Abs. 1 Nr. 9 SGB V) und die Beantragung von Ausbildungsförderung (§ 10 BAföG) darstellt, findet sich mit dem Erfordernis der Vollendung des 35. Lebensjahres eine weitere Mindestaltersgrenze für die Wählbarkeit zum Richter an einem der Obersten Gerichtshöfe des Bun-

---

304   Vgl. *Stelkens/Clausing*, in: Schoch/Schmidt-Aßmann/Pietzner, Verwaltungsgerichtsordnung, § 20 VwGO Rn. 5; *Garloff*, in: Posser/ Wolff, BeckOK VwGO, § 20 Rn. 2. Bei der Altersgrenze handelt es sich lediglich um eine Soll-Vorschrift, so dass Ausnahmen von der Altersgrenze möglich sind.

des (vgl. §§ 125 Abs. 2 GVG, 42 Abs. 2 ArbGG, 15 Abs. 2 VwGO, 38 Abs. 2 S. 2 SGG, 14 Abs. 2 FGO). Sowohl die Wählbarkeit zum Richter am Bundesverfassungsgericht, als auch die Wählbarkeit zum Bundespräsidenten ist hingegen erst mit Vollendung des 40. Lebensjahres möglich, § 3 BVerfGG, Art. 54 GG.

Das 55. Lebensjahr markiert die Grenze zum Altersteilzeitbeginn (§ 2 Altersteilzeitgesetz).

Mit Erreichen des 58. Lebensjahres besteht die Möglichkeit des erleichterten Bezugs des Arbeitslosengelds I (§ 428 SGB III).

Ab dem Erreichen des 60. Lebensjahres beginnen in Deutschland die „klassischen" Höchstaltersgrenzen in bestimmten Beschäftigungs- und Berufszweigen. So stellt das Alter von 60 Jahren das Höchstalter für die Zulassung als Notar dar. Daneben besteht die Möglichkeit einer vorzeitigen Altersrente für Schwerbehinderte (§ 37 SGB VI), sowie ein Ablehnungsrecht der Übernahme einer Vormundschaft (§ 1786 BGB).

Mit Erreichen des 62. Lebensjahres besteht die Altersrente für langjährig Versicherte für die Geburtsjahrgänge ab 1950 (ab 2012), § 36 SGB VI. Die Jahrgänge bis 1948 sind ab dem 63. Lebensjahr erfasst (ab 2010), § 236a SGB VI. Mit Vollendung des 62. Lebensjahres treten nach § 5 Abs. 1 BPolBG Polizeivollzugsbeamte in den Ruhestand.

Das Erreichen des 67. Lebensjahres[305] stellt mittlerweile die Regelaltersgrenze in der gesetzlichen Rentenversicherung dar (vgl. § 35 SGB VI). Ab dem Jahre 2024 wird das 66. Lebensjahr die Altersgrenze für die Rentenversicherung für Personen ab dem Geburtsjahrgang 1958 bilden, für Personen ab dem Geburtsjahrgang 1964 ist eine Altersgrenze von 67 Jahren vorgesehen (ab dem Jahre 2029).[306]

Als Höchstaltersgrenze stellt sich dieses Alter für die Wählbarkeit als Bürgermeister nach den Vorschriften der jeweiligen Gemeindeordnungen dar.[307] Darüber hinaus tritt nach § 28 SGB III die Versicherungsfreiheit in der Arbeitslosenversicherung ein und es wird ein Mehrbedarf in der Sozialhilfe von 17 % gewährt, § 30 SGB XII.

---

305 Die Grenze von 65 Jahren existierte unverändert seit 1916 durch das Gesetz betreffend die Alters- und Waisenrente v. 12. Juni 1916 (RGBl 1916, S. 525). Für Angestellte galt sie bereits seit 1911, Gesetz v. 22. Dezember 1911, RGBl. 1911 I, S. 989, vgl. Naegele, Zwischen Arbeit und Rente, S. 229; *Vaupel/ Kistowski*, Die Plastizität menschlicher Lebenserwartung, in: *Gruss*, Die Zukunft des Alterns, S. 51 (77).

306 Die Anhebung der Regelaltersgrenze erfolgt ab dem Jahr 2012 schrittweise bis zum Jahr 2029 durch das Gesetz zur Anpassung der Regelaltersrente an die demografische Entwicklung und zur Stärkung der Finanzierungsgrundlagen der gesetzlichen Rentenversicherung (RV-Altersgrenzenanpassungsgesetz) v. 20. April 2007, BGBl. I, S. 554 ff. Dazu näher *Schrader/ Straube*, Die Anhebung der Regelaltersrente, NJW 2008, S. 1025 ff.

307 Vgl. für Niedersachsen § 61 Abs. 3 NGO.

In den Gemeindeordnungen der Länder bildet das Erreichen des 68. Lebensjahres die Höchstaltersgrenze für Bürgermeister[308], sowie nach § 4 Abs. 3 BVerfGG für Richter am Bundesverfassungsgericht Gleichzeitig bildet sie die Höchstaltersgrenze für Kassenärzte. Das 70. Lebensjahr bildet nach § 33 Nr. 2 GVG die Höchstaltersgrenze für die Berufung in das Amt eines Schöffen, daneben die Höchstaltersgrenze für die Tätigkeit als Notar.

B. Unbestimmte Altersbezüge des Rechts

Auch außerhalb expliziter Altersgrenzen spielt das Lebensalter eines Menschen eine Rolle in der Rechtsordnung. Eine Beschränkung auf bestimmte Rechtsgebiete besteht dabei nicht. Wird auf eine pauschale Festlegung von Altersgrenzen verzichtet, so entscheidet eine Beurteilung des Einzelfalls darüber, ob ein bestimmtes Recht besteht oder nicht. Beispiele bilden hier unter anderem §§ 112, 113 BGB sowie § 8 SGB VIII. Solche Normierungen sind besonders gut dazu geeignet, die Einzelfallgerechtigkeit zu gewährleisten. Maßstab für die Beurteilung, ob ein bestimmtes Recht ab einem bestimmten Lebensalter besteht oder nicht sind dabei die allgemein anerkannten Auslegungsmethoden. Ein Beispiel bildet hierbei weiter das Petitionsrecht (Art. 17 GG). Für die selbständige Ausübung des Petitionsrechts genügt es, dass der Petent rein tatsächlich in der Lage ist, seine Petition gedanklich zu erfassen und zu äußern sowie Bedeutung und Inhalt dieses Vorgangs zu begreifen. Maßstab ist hierbei der Entwicklungsstand des Betroffenen und die damit verbundene wachsende Fähigkeit zu selbstständigem, verantwortungsvollem Handeln (vgl. auch § 8 SGB VIII). Nicht selten hat diesbezüglich die Rechtsprechung das Alter in die Beurteilung bestimmter Sachverhalte einbezogen. So bestimmt § 1571 BGB, dass der geschiedene Ehegatte Anspruch auf Unterhalt hat, wenn infolge seines Alters nicht erwartet werden kann, erwerbstätig zu sein. Der Gedanke der ehelichen Solidarität wird damit auch auf eine altersbedingte Bedürfnislage ausgedehnt.[309] In der Regel sind damit Personen erfasst, die die Altersgrenze für die öffentliche Altersversorgung erfüllen, mithin also das 65[310] bzw. 67 Lebensjahr vollendet haben, im Einzelfall kann der Anspruch aber auch schon vor Erreichen dieser Altersgrenze bestehen.[311] Im Mietrecht berücksichtigt die Rechtsprechung das höhere Alter einer Person im Rahmen des § 556a Abs. 1 BGB. Danach kann einem Mieter dann nicht gekündigt werden, wenn die Beendigung des Mietverhältnisses für den Mieter eine nicht zu rechtfertigende Härte bedeuten würde. Die Lebensbedin-

---

308 Vgl. für Niedersachsen § 61b NGO
309 Palandt-*Brudermüller*, § 1571 Rn. 1.
310 Vgl. Palandt-*Brudermüller*, § 1571 Rn. 3; MünchKommBGB/ *Maurer*, § 1571 BGB Rn. 3.
311 Vgl. *Flessner*, Ältere Menschen, demographische Alterung und Recht, S. 24; BGH, Urteil v. 19. Dezember 1990 – XII ZR 27/90, NJW 1991, S. 1049 ff.; BGH, Urteil v. 30. Januar 1985 – IV b ZR 67/83, NJW 1985, S. 1340 (1342 f.).

gungen im höheren Alter infolge von Pflegebedürftigkeit, Krankheit, Armut und soziale Verwurzelung infolge langer Wohndauer können nach der Rechtsprechung zwar als solche keine solche Härte begründen, jedoch müssen diese Faktoren in die Interessenabwägung mit einbezogen werden.[312]

Ältere Menschen und Kinder finden auch in § 3 Abs. 2 a StVO besondere Erwähnung, wonach Kraftfahrer gegenüber älteren Verkehrsteilnehmern gesteigerte Sorgfaltspflichten zu beachten haben. Zweck der Vorschrift ist, einem erhöhten Unfallrisiko entgegenzuwirken. Der ältere Mensch muss hierbei nicht erkennbar hilfsbedürftig sein, ausreichend für die Begründung der Sorgfaltspflicht ist, dass sich die betroffene Person in einer Verkehrssituation befindet, in der erfahrungsgemäß damit zu rechnen ist, dass sie aufgrund ihres Alters das Geschehen nicht voll beherrscht.[313] Als Kinder gelten demgegenüber Personen die das 14. Lebensjahr noch nicht überschritten haben.[314] In diesen Bereich einzuordnen ist auch die Frage, ob älteren Menschen wegen ihres Alters die Fahrerlaubnis entzogen werden kann oder regelmäßig die Fahrtauglichkeit überprüft werden darf oder sollte. Nach der Rechtsprechung muss die Leistungsfähigkeit infolge des Alters im Einzelfall zur Ungeeignetheit der Führung eines Fahrzeugs führen.[315] Ein höheres Alter und ein damit evtl. einhergehender Leistungsabfall allein reichen zum Entzug der Fahrerlaubnis nicht aus, da diese Mängel durch besondere Vorsicht und größeres Verantwortungsbewusstsein ausgeglichen werden können.

Besondere Berücksichtigung findet das Alter eines Menschen auch im Strafrecht. Anders als bei den festgelegten Altersgrenzen im Jugendstrafrecht, ist bei dem höheren Alter der jeweilige Einzelfall maßgebend. Altersbedingte Erscheinungen, wie abnehmende geistige oder körperliche Leistungsfähigkeit können zur Schuldunfähigkeit, zu verminderter Schuldfähigkeit führen sowie auch Auswirkungen auf das Strafmaß haben.[316] Das Alter als auch der Gesundheitszustand eines Menschen sind bei der Strafvollzugsentscheidung eingehend zu berücksichtigen.[317] Dies ergibt sich aus dem Gebot eines menschenwürdigen

312 Vgl. OLG Karlsruhe, Urteil v. 3. Juli 1970, NJW 1970, S. 1746 (1747 f.); LG Bonn, Urteil v. 1. Februar 1990 – 6 S 203/89, NJW-RR 1990, S. 973; AG Landau, Urteil v. 10. März 1993 – 1 C 307/92, NJW 1993, S. 2249 f. Vgl. hierzu auch *Schmidt-Futterer*, Kündigungsschutz für Mieter im hohen Alter, NJW 1971, S. 731 ff.

313 BGH, NZV 1994, S. 273 (274); *Jagow/ Burmann/ Heß*, Straßenverkehrsrecht, § 3 StVO Rn. 54.

314 *Jagow/ Burmann/ Heß*, Straßenverkehrsrecht, § 3 StVO Rn. 51.

315 *Himmelreich/ Hentschel*, Fahrverbot Führerscheinentzug, Bd. 2: Verwaltungsrecht, S. 17 mwN.

316 Vgl. BGH, Urteil v. 18. Dezember 1990 – 5 StR 493/90, StrafVert. 1991, S. 206 f.; BGH, Beschluss v. 19. September 1989 – 4 StR 472/89, StrafVert. 1990, S. 303.

317 BVerfGE 64, S. 261 (281 ff.). Aufsehen erregte in diesem Zusammenhang das Verfahren gegen Erich Honecker, in dem das Alter und der Gesundheitszustand des Angeklagten im Zusammenhang mit der Verfahrenseinstellung und Aufhebung eines Haft-

Vollzugs (Art. 2 Abs. 1 iVm Art. 1 Abs. 1 GG). In der genannten Entscheidung finden sich auch überraschend deutliche Äußerungen des Bundesverfassungsgerichts hinsichtlich des allgemeinen Altersbildes. So wird hinsichtlich der Bewältigung des Lebens in Freiheit folgendes ausgeführt: das „(...) der betagte Mensch dieser Aufgabe ohnehin nur sehr begrenzt gewachsen sein wird: Er lässt sich nur schwer in eine neu Umgebung versetzen, weil er auf seine gewohnte Umwelt infolge der natürlichen altersbedingten Einschränkungen und Schwächen stärker angewiesen ist als der jüngere Mensch. Seine Ansprechbarkeit ist geschwächt, seine geistige Anpassungsfähigkeit wird zunehmend geringer, zwischenmenschliche Beziehungen nehmen regelmäßig ab."[318] Auch die Staatsanwaltschaften berücksichtigen teilweise das Alter von Straftätern: So wird teilweise von der Strafverfolgung bei kleineren Ladendiebstählen ab einem bestimmten Alter des Täters abgesehen.[319]

Im Verfassungsrecht spielt das Alter insbesondere bei der Frage der Wahrnehmung von Grundrechten eine Rolle. Dass eine Person unabhängig von ihrem Alter grds. Träger von Grundrechten ist einhellige Meinung.[320] Dass bestimmte Grundrechte tatbestandlich an Voraussetzungen anknüpfen, die naturgemäß altersbezogen sind, ändert daran nichts. Vielmehr handelt es sich dabei lediglich um besondere persönliche Eigenschaften, die an die Trägerschaft des Grundrechts anknüpfen.[321] Erfüllt ein Minderjähriger diese Voraussetzungen, so stehen ihm die Grundrechte zur Verfügung. Dies belegt, dass es sich nicht um eine altersbedingte Anknüpfung handelt. Streit besteht damit nicht über die Frage der (Grund)Rechtsfähigkeit, sondern über die Frage der Ausübung zuerkannter Rechte. Eine feste Altersgrenze hinsichtlich der Grundrechtsmündigkeit, also

---

befehls ging, vgl. dazu BerlVerfGH, Beschluss vom 12. Januar 1993, NJW 1993, S. 515; KG, Beschluss vom 28. Dezember 1992 - 4 Ws 217, 218 u. 248/92, NJW 1993, 947, sowie die kritische Auseinandersetzung von *Schoreit*, Absolutes Strafverfahrenshindernis und absolutes U-Haftverbot bei begrenzter Lebenserwartung des Angeklagten?, NJW 1993, 881 ff.

318 BVerfGE 64, S. 261 (283). In dieser Entscheidung aus dem Jahre 1983, die einen 75jährigen Strafgefangenen betraf, wird deutlich, das die Stereotype hinsichtlich älterer Menschen auch Eingang in die Rechtsprechung gefunden haben. Mögen die Aussagen des Bundesverfassungsgerichts noch für den konkreten Fall zutreffend gewesen sein, die allgemeinen Formulierungen über betagte Menschen in dieser Allgemeinheit wohl kaum.

319 Vgl. *Flessner*, Ältere Menschen, demographische Alterung und Recht, S. 25.

320 Vgl. nur *Roth*, Die Grundrechte Minderjähriger, S. 14 f., der als direkten verfassungsrechtlichen Beleg der Grundrechtsfähigkeit Minderjähriger Art. 6 Abs. 5, Abs. 3 und Art. 12 Abs. 1 GG ansieht. Zur Frage der Grundrechtsfähigkeit Ungeborener, *ders.* aaO, S. 17 f.; *Fink*, Der Schutz des menschlichen Lebens im Grundgesetz, Jura 2000, S. 210 (213 f.).

321 Vgl. *Roth*, Die Grundrechte Minderjähriger, S. 21. So kann Träger von Art. 4 Abs. 3 GG nur ein Wehrpflichtiger sein, Art. 6 Abs. 2-4 GG gelten nur für Eltern, Art. 7 Abs. 3 S. 2 GG nur für Lehrer.

der Fähigkeit natürlicher Personen Grundrechte selbstständig ausüben zu können[322], besteht nach dem Grundgesetz nicht. Altersgrenzen enthält das Grundgesetz lediglich in Art. 12a Abs. 1 GG und in Art. 38 Abs. 2 GG. Überwiegend wird bei der Beurteilung, ob eine Person sich im Rahmen ihres Alters auf ein Grundrecht berufen kann, davon ausgegangen, dass die Grundrechtsmündigkeit grds. mit Vollendung des 18. Lebensjahres erreicht ist.[323] Teilweise wird daneben auf das Kriterium der generellen oder individuellen Einsichtsfähigkeit (sog. Grundrechtsreife[324]) abgestellt.[325] Die Frage erlangt Bedeutung, wenn es darum geht, ob Minderjährige in der Ausübung ihrer Grundrechte wegen ihres Alters beschränkt sind.

Andere gehen von der Übertragung starrer Altersgrenzen aus, die der Gesetzgeber einfachrechtlich an anderen Stellen (§ 106 BGB, § 5 S. 2 RelKErzG) festgelegt hat. Die Übertragung von starren Altersgrenzen führt zu einer weitergehenden Differenzierung: So soll bei Grundrechten, die an die menschliche Existenz bzw. naturgegebene Fähigkeiten anknüpfen[326] stets von der Grundrechtsmündigkeit auszugehen sein[327], während Grundrechte die mit der Ausübung privatrechtlicher Rechtsgeschäfte verbunden sind[328] der Altersgrenze des Bürgerlichen Rechts über die Geschäftsfähigkeit unterliegen sollen. Hinsichtlich Art. 4 Abs. 1 und 2 sowie Art. 5 Abs. 1 S. 1 GG wird an die Altersgrenze des RelKErzG angeknüpft. Bei den Grundrechten, die erst ab einem bestimmten Al-

---

322 Die Grundrechtsmündigkeit entspricht insoweit inhaltlich der allgemeinen Geschäftsfähigkeit des Zivilrechts, vgl. *Dürig*, in: Maunz/ Dürig, Grundgesetz, Art. 19 Abs. 3 Rn. 16.

323 Vgl. *Nolting-Hauff*, Gebote zum Schutz Minderjähriger, S. 26 mwN.; OVG Rheinland-Pfalz, NJW 1954, S. 1461 (1462); *Bleckmann*, Staatsrecht II, § 17 Rn. 12; *Robbers*, Partielle Handlungsfähigkeit Minderjähriger, DVBl. 1987, S. 709 (713).

324 *Pieroth/ Schlink*, Grundrechte, § 5 I 3 Rn. 124. Der Unterschied zwischen der Grundrechtsmündigkeit und der Grundrechtsreife bestehet darin, dass erstere eine persönliche Gewährleistungsschranke aufstellt, die die Ausübung eines Grundrechts unmöglich macht, selbst wenn alle sonstigen Tatbestandsvoraussetzungen eines Grundrechts in der Person des Betroffenen vorliegen. Die Grundrechtsreife stellt demgegenüber eine Einschränkung des sachlichen Schutzbereichs der Grundrechte dar, die an persönliche geistige Fähigkeiten anknüpfen, vgl. *Roth*, Die Grundrechte Minderjähriger, S. 64.

325 Vgl. *Pieroth/ Schlink*, Grundrechte, § 5 I 3 Rn. 124; *Dürig*, in: Maunz/ Dürig, Grundgesetz, Art. 19 Abs. 3 Rn. 16; vgl. BVerfGE 19, S. 93 (100 f.); *Dreier*, GG, Vorb. Rn. 113. Weitergehend differenziert *Roth*, Die Grundrechte Minderjähriger, S. 48 ff., der das Erfordernis einer Grundrechtsreife vom jeweiligen Grundrecht abhängig macht. So soll eine Grundrechtsreife bei Art. 2 Abs. 1 GG, Art. 2 Abs. 2 S. 2 GG, Art. 104 GG, Art. 5 Abs. 1 S. 1 GG, Art. 5 Abs. 1 S. 2 GG nicht erforderlich sein, jedoch bei Art 4 GG, Art. 8 GG und Art. 17 GG.

326 Art. 1; 2 Abs. 2 S. 1 und 2 GG; Art. 104 GG.

327 *Hillgruber*, Der Schutz des Menschen vor sich selbst, S. 123.

328 Art. 12 Abs. 1; 14 Abs. 1 GG.

ter relevant werden können[329], soll für die Grundrechtsmündigkeit die entsprechende Altersgrenze gelten. Andere lehnen das Erfordernis einer Grundrechtsmündigkeit generell ab.[330] Das Erfordernis einer Grundrechtsmündigkeit führe zu einer Einschränkung der Wahrnehmung von Grundrechten, die in der Verfassung keine Grundlage fände und grds. Verstärkung der Geltung von Grundrechten widerspreche.[331]

Für die Festlegung einer starren Altersgrenze spricht vor allem der Gedanke der Rechtsklarheit sowie der Rechtssicherheit. Eine Übertragung der zivilrechtlichen Regelungen zur Volljährigkeit ist jedoch u.a. normhierarchisch problematisch, da einfaches Gesetzesrecht mit dem Rang unter der Verfassung nicht ohne weiteres übertragen werden kann. Gegen das Abstellen auf die individuelle Einsichtsfähigkeit spricht demgegenüber umgekehrt, dass dies zu nicht unerheblicher Rechtsunsicherheit führt.

Dennoch überzeugt die Festlegung einer besonderen Grundrechtsmündigkeit, die an ein starres Alter anknüpft, nicht. Jegliche Grenzziehung, die an das chronologische Alter anknüpft, muss sich dem Vorwurf der Willkürlichkeit ausgesetzt sehen. Auf verfassungsrechtlicher Ebene ist das Alter hinsichtlich der Grundrechtsausübung grds. kein taugliches Abgrenzungskriterium, sondern stellt sich unter Berücksichtigung der Bedeutung der Grundrechte für die individuelle Selbstverwirklichung und -bestimmung grds. als sachfremd dar. Dies ist vor allem die Konsequenz aus dem Umstand, dass Grundrechte nicht lediglich rechtliches Handeln schützen, sondern auch natürliches Handeln. Letzteres ist jedoch vom Alter unabhängig.

Die Berücksichtigung einer generellen Altersgrenze kommt nur in Ausnahmefällen in Betracht. Es sind dies die Fälle, in denen es um die Sicherheit des allgemeinen Rechtsverkehrs geht. Hier gebieten die Allgemeininteressen sowie die Rechtssicherheit ein Abstellen auf das 18. Lebensjahr.[332]

Begrenzungen der selbstständigen Grundrechtsausübungen von minderjährigen Personen kommen darüber hinaus vor allem zu Gunsten des elterlichen oder öffentlichen Erziehungsrechts in Betracht und finden ihre Rechtfertigung in der verfassungsimmanenten Begrenzungen der Minderjährigenrechte durch das in Art. 6 GG geschützte elterliche Erziehungsrecht.[333.]

---

329   Art. 4 Abs. 3; 6 Abs. 1; 12a GG. Hier werden die Altersgrenzen aus § 1 Abs. 1 WPflG, § 1303 Abs. 1, 2 BGB übertragen.
330   *Roell*, Grundrechtsmündigkeit, RdJB 1988, S. 381 (382 f.).
331   *Hohm*, Grundrechtsträgerschaft und „Grundrechtsmündigkeit" Minderjähriger, NJW 1986, S. 3107 (3110).
332   Vgl. *Bleckmann*, Staatsrecht II, § 17 Rn. 15.
333   Vgl. *Durer*, in: Maunz/Dürig, Grundgesetz, Art. 11 Rn. 59. Die Ausgestaltung solcher immanenter Schranken bedarf indes wegen des Vorbehalts des Gesetzes einer gesetzgeberischen Entscheidung. Für die meisten der einschlägigen Beschränkungen finden sich gesetzliche Grundlagen, so z.B. die elterliche Sorge des § 1626 BGB.

Hier müssen sowohl die Interessen des Kindes als auch die der Eltern gegeneinander abgewogen werden, so dass sich die Anwendung einer generellen Altersgrenze verbietet. Entscheidend ist vielmehr der individuelle Reifegrad des Kindes[334], so dass es einer Abwägung im jeweiligen Fall bedarf.

Dass Personen unabhängig von ihrem Alter Träger von Grundrechten sind, beinhaltet im Übrigen nicht die Feststellung, dass das Alter innerhalb der jeweiligen Grundrechte vollkommen bedeutungslos wäre. So gewinnt das Alter vor allem bei der Bestimmung des materiellen Gehalts der Grundrechte eine Rolle. Roth führt diesbezüglich das Beispiel des allgemeinen Persönlichkeitsrechts an: So seien staatliche Erziehungsmaßnahmen gegenüber Kindern und Jugendlichen legitim und geboten, während die gleichen Maßnahmen bei einem Erwachsenen das Persönlichkeitsrecht verletzen könnten.[335]

§ 4 Die Funktion und Bedeutung von Alter im Recht

Altersgrenzen erfüllen unterschiedliche Funktionen im Recht. Versucht man einen allgemeinen Oberbegriff für die Funktion des Alters im Recht zu bilden, so kann man die Funktion am ehesten mit der eines sozialen Strukturierungselements beschreiben.[336] Das Alter bildet in nahezu allen Gesellschaften eine Grundlage für die Zuordnung von Rollen und damit von Rechten, Pflichten und Privilegien, freilich in unterschiedlicher Intensität und Ausprägung.[337] So bestimmt das Alter die Möglichkeit bestimmten sozialen Gruppen anzugehören oder bestimmte Funktionen zu erfüllen. Beispiele bilden die Möglichkeit des Eintritts in den Wehrdienst, in eine politische Partei oder die Möglichkeit eine Ehe einzugehen.[338] Bedeutung erlangt das Alter einer Person auch beim Aufstieg in hierarchisch strukturierten Organisationen, sei es im Beruf aufgrund von Regelungen über das Dienstalter und den Aufstieg, sei es durch nur tatsächliche Gesichtspunkte, aufgrund derer dritte Personen eines bestimmten Alters höhere Kompetenz und Erfahrung zuschreiben.[339] Das Alter und Altersregelungen im

---

334 *Bleckmann*, Staatsrecht II, § 17 Rn. 16.
335 *Roth*, Die Grundrechte Minderjähriger, S. 27.
336 Vgl. *Kaufmann*, Die Überalterung, S. 219; *ders.*, Was meint Alter?, in: Staudinger/ Häfner (Hrsg.), Was ist Alter(n), S. 119 (120); ähnl. *Kruse*, Alter im Lebenslauf, in: Baltes/ Mittelstraß/ Staudinger, Alter und altern, S. 331 (343).
337 Vgl. *Zacher*, Sozialrecht, in: Baltes/ Mittestraß (Hrsg.), Zukunft des Alterns und gesellschaftliche Entwicklung, S. 305 (307). In Entwicklungsländern spielt das informelle Alter demgegenüber eine größere Rolle. Dies dürfte an der höheren Indifferenz der Lebensverhältnisse liegen, da Leistungen sozialer Sicherungssysteme, soweit überhaupt vorhanden, nur bestimmten Teilen der Bevölkerung zu Verfügung stehen.
338 *Kaufmann*, Die Überalterung, S. 220.
339 Eine interessante Umsetzung findet dieser Gedanke in § 197 GVG, wonach bei Abstimmungen in Gerichtsverfahren die Richter nach dem Dienstalter abstimmen, bei gleichem Dienstalter nach dem Lebensalter, ehrenamtliche Richter und Schöffen nach dem Lebensalter und jeweils der jüngere vor dem älteren stimmen. Diese Reihenfolge

Recht tragen damit auch maßgeblich zur Segmentierung menschlicher Lebensläufe bei. Dies gilt nicht nur für Höchstaltersgrenzen, sondern auch für Altersgrenzen im Jugendalter. So gilt man bei Vollendung des 14. Lebensjahres bis zur Vollendung des 18. Lebensjahres als Jugendlicher, danach bis zur Vollendung des 21. Lebensjahres als Heranwachsender.[340] Deutlicher wird die Segmentierung im Kinder- und Jugendhilferecht: Als Kind gilt danach eine Person, die noch nicht das 14. Lebensjahr vollendet hat.[341] Danach, bis zur Vollendung des 18. Lebensjahres gelten Personen als Jugendliche und bis zur Vollendung des 27. Lebensjahres als junge Volljährige.[342] Zivilrechtlich ist man bis zur Vollendung des 18. Lebensjahres Minderjähriger, danach Volljähriger. Auch eine erste Kategorisierung als junger bzw. älterer Mensch wird durch das Recht gezogen: Nach § 7 Abs. 1 Nr. 4 SGB VIII gilt man als junger Mensch, solange man das 27. Lebensjahr nicht vollendet hat.

All diesen begrifflichen Kategorisierungen ist eines gemeinsam: Sie beschreiben lediglich Lebensphasen eines Menschen, die durch festgelegte Altersgrenzen erzeugt werden. Der inhaltliche Aussagewert dieser Einteilungen ist demzufolge gering. Je mehr gesetzliche Regelungen bestehen, die an das chronologische Alter einer Person anknüpfen, desto verzeitlichter stellt sich das Leben dar. Der Lebenslauf wird zum sozial und rechtlich definierten Ablaufprogramm, dem das chronologische Alter als wesentlicher Orientierungspunkt dient.[343] Gesellschaftlicher Hintergrund der Festsetzung von Altersstufen im Recht ist u.a. eine normative Vorstellung über das Alter, einschließlich bestimmter konkreter Eigenschaften. So werden den Lebensabschnitten eines jeden Einzelnen bei Erreichen des jeweils festgesetzten Alters unterschiedlich detailliert geregelte Rechte, Pflichten und Verantwortungen auferlegt.[344] Vor allem in der Kindheits- und Jugendphase dienen Altersregelungen dem Zweck, der Entwicklung und dem Zuwachs an persönlicher Reife rechtliche, staatsbürgerli-

soll gewährleisten, dass Jüngere sich bei ihrer Entscheidung nicht an der Autorität Älterer und insbesondere am Vorsitzenden orientieren, vgl. MüKo-ZPO/ *Zimmermann*, § 197 GVG Rn. 1. In der Vorschrift kommt die mit höherem Lebensalter typischerweise verknüpfte größere Autorität zum Ausdruck. Dem Erfahrungs- und Autoritätsgedanken dürfte auch die Vorschrift des § 315 Abs. 1 ZPO zugrunde liegen, wonach im Falle der Verhinderung des Vorsitzenden Richters ein Urteil von dem ältesten beisitzenden Richter zu unterschreiben ist.

340 § 1 Abs. 2 JGG.
341 § 7 Abs. 1 Nr. 1 SGB VIII; ebenso § 2 Abs. 1 JÖSchG. Dies gilt jedoch nicht, soweit es um die Pflege und Erziehung durch die Eltern gilt. In diesem Bereich gilt die Person bis zur Vollendung des 18. Lebensjahres als Kind, §§ 7 Abs. 2 SGB VIII iVm. § 1 Abs. 2 SGB VIII.
342 § 7 Abs. 1 Nr. 2 und Nr. 3 SGB VIII.
343 Vgl. *Kruse*, Alter im Lebenslauf, in: Baltes/ Mittelstraß/ Staudinger, Alter und altern, S. 331 (344), ähnl. *Amrhein*, Der entstrukturierte Lebenslauf, ZSR 2004, S. 147 (149).
344 Vgl. *Hurrelmann*, Lebensphase Jugend, S. 35.

che sowie gesellschaftliche Teilhabemöglichkeiten gegenüber zu stellen. Es geht damit darum, die Entwicklung Jugendlicher, mithin die Persönlichkeitsentwicklung sowie die Ausübung der Persönlichkeitsrechte zu schützen und zu gewährleisten. Beide Gesichtspunkte gelten dabei in einer doppelten Richtung: Einmal gegenüber dem Minderjährigen selbst und zum anderen gegenüber der Allgemeinheit. Dieses Schutzgebot lässt sich aus dem Grundgesetz selbst herleiten, wobei unterschiedliche Ansätze vertreten werden. Neben Art. 5 Abs. 2 GG, Art. 6 Abs. 2 GG[345], Art. 3 Abs. 1 GG[346]Art. 11 Abs. 2 GG, Art. 13 Abs. 2 GG spielt hier auch das Sozialstaatsprinzip eine Rolle, da Staat und Gesellschaft ein besonderes Interesse an der Erziehung einer verantwortungsvollen und wirtschaftlich starken Nachfolgegeneration haben.[347] Im Vordergrund dürfte die Persönlichkeitsentwicklung des Jugendlichen stehen, deren Gewährleistung in Art. 2 Abs. 1 GG iVm Art. 1 Abs. 1 GG zu sehen ist. Jedenfalls aus einer Gesamtschau der Regelungen des Grundgesetzes ergibt sich, dass der Minderjährigenschutz Verfassungsauftrag ist, mit dem legitimen Ziel, die Erziehung zur Eigenverantwortlichkeit nachfolgender Generationen zu gewährleisten.[348]

Dennoch stimmt die normative Einordnung einer Person wegen ihres Alters dabei häufig nicht mit der sozialen Realität überein: So erreicht man mit Vollendung des 18. Lebensjahres die rechtliche Volljährigkeit und damit verbunden die volle Geschäftsfähigkeit, Deliktsfähigkeit, Strafmündigkeit, Ehefähigkeit etc. Damit geht jedoch häufig nicht die wirtschaftliche Selbstständigkeit oder familiäre Selbstständigkeit einher.[349] Somit kann es zu einem unterschiedlichen Verständnis kommen, ab wann etwa eine Person als rechtlich erwachsen und wann als sozial-gesellschaftlich, sowie tatsächlich erwachsen anzusehen ist. Hurrelmann beschreibt diese Divergenz im Bereich der Jugendlichkeit als Statusinkonsistenz, die durch eine Divergenz der normativ abgesicherten und den tatsächlichen Handlungsmöglichkeiten gekennzeichnet ist: Früher Umgang mit Geld, bei vergleichsweise später voller Geschäftsfähigkeit, früher erwerbsmäßiger (Neben)Tätigkeit bei später Berufstätigkeit, frühe sexuelle Beziehung bei erst später Heirat.[350] Ein signifikantes Beispiel bildet auch hier das Arbeitsrecht. Auch unter Geltung des europäischen Antidiskriminierungsrechts sowie des AGG wird auf Grundlage (arbeits)rechtlicher Altersgrenzen an der klassischen Dreiteilung von Lebensläufen festgehalten. So kommt Hanau auf Grundlage einer Gesamtschau arbeitsrechtlicher Normen zu der Einteilung in jüngere (jugendliche), mit-

345   *Hillgruber*, Der Schutz des Menschen vor sich selbst, S. 123.
346   *Nolting-Hauff*, Gebote zum Schutz Minderjähriger, S. 52 f.
347   Dazu *Nolting-Hauff*, Gebote zum Schutz Minderjähriger, S. 45.
348   I. E. ebenso *Nolting-Hauff*, Gebote zum Schutz Minderjähriger, S. 45.
349   *Hurrelmann*, Lebensphase Jugend, S. 35.
350   Vgl. *Hurrelmann*, Lebensphase Jugend, S. 39.

telalte und ältere Arbeitnehmer.[351] Die Beeinflussung der Einteilung des Lebenslaufs kommt auch deutlich im Sozialrecht zum Ausdruck: So sprechen die §§ 421f SGB III und 421j SGB III von älteren Arbeitnehmern und legen diese Grenze beim 50. Lebensjahr fest. Dieselbe Altersgrenze findet sich auch in § 10 Abs. 2 KSchG.

Aus dieser sozialen Strukturierungs- und Ordnungsfunktion des Alters erklärt sich die Bedeutung des Alters für das Recht, die auch in der Rechtsprechung des Bundesverfassungsgerichts zum Ausdruck kommt. So formuliert das Bundesverfassungsgericht in seiner bekannten Hebammenentscheidung:

> „Unsere allgemeinen [*Anm. Verfasser: gesellschaftlichen*] Auffassungen, die sich nicht nur in den Altersgrenzen des öffentlichen Dienstes, sondern z.B. auch in den Bestimmungen über den Beginn von Altersrenten aus der Sozialversicherung niedergeschlagen haben, gehen davon aus, dass der Durchschnitt der Berufstätigen im siebenten Jahrzehnt seines Lebens eine Abnahme der Leistungsfähigkeit erfährt, (...).“[352]

Die Verrechtlichung des menschlichen Alters durch Altersgrenzen scheint hierbei eine sozial- wie rechtstaatliche Notwendigkeit zu sein, birgt aber, wie jede Typisierung anhand bestimmter Merkmale Probleme in sich. So beispielsweise, wenn die durch Normen erfolgte Typisierung nicht (mehr) den gesellschaftlichen Gegebenheiten entspricht. Weitere Probleme ergeben sich, wenn zwei konzeptionell unterschiedliche Rechtssysteme aufeinander treffen, von denen eines auf Typisierung zum Zwecke gesellschaftlicher Strukturierung ausgelegt ist, während die andere gerade diese Typisierung grds. als unzulässige Diskriminierung einordnet und bekämpfen will. Letzteres ist beim Antidiskriminierungsrecht der Fall.

Im Hinblick auf die gesellschaftliche Strukturierung und Ordnung durch Altersgrenzen kann man mit Igl bei Altersgrenzen zwischen solchen, die an den Status einer Person anknüpfen und Altersgrenzen, die an bestimmten Lebensphasen orientiert sind, unterscheiden. Zur ersten Gruppe werden alle Altersregelungen zugeordnet, die den rechtlichen Status ein Person berühren, mithin vor allem die Teilnahme am Rechtsverkehr sowie die strafrechtliche Verantwortlichkeit.[353] Auch die staatsbürgerlichen Rechte, die politischen Teilhaberechte sowie die gesellschaftlichen Rechte und Pflichten fallen unter die statusbezoge-

---

351 *Hanau*, Neues vom Alter im Arbeitsverhältnis, ZIP 2007, S. 2382. Die Gruppe der jüngeren Arbeitnehmer beginnt dabei in Anlehnung an § 2 JArbSchG beim 15. Lebensjahr und endet beim 25. Lebensjahr. Die Gruppe der Arbeitnehmer mittleren Alters beginnt mit Beendigung des 25. Lebensjahres und reicht bis zu der des 49. Lebensjahres (sog. Normalarbeitsverhältnis, welches von speziellen altersbedingten Regelungen weitgehend unabhängig ist). Ab Vollendung des 50. Lebensjahres beginnt die Gruppe der älteren Arbeitnehmer.

352 BVerfGE 9, S. 338 (346).

353 *Igl*, Zur Problematik der Altersgrenzen aus juristischer Perspektive, Zeitschrift für Gerontologie und Geriatrie Bd. 33 (2000), S. I/57 (I/58).

nen Altersgrenzen.[354] Altersgrenzen der zweiten Gruppe werden solche zugeordnet, die sich speziell mit Belangen der Erziehungs- und Ausbildungsphase,
der Erwerbsphase und der nachberuflichen Phase beschäftigen.[355]

Innerhalb dieser beiden Gruppierungen kann jeweils zwischen unterschiedlichen Konzepten hinsichtlich der Rolle des Alters weiter unterscheiden werden.
Auf der einen Seite steht das, in der Praxis überwiegende Konzept der generell-
abstrakten Typisierung: Gemeint sind hier Regelungen, die formal bei Erreichen
eines bestimmten Alters bestimmte Rechte oder Pflichten begründen.[356] Das individuelle Alter bildet in diesem Bereich eine zureichende Bedingung eines bestimmten Rechts oder einer Pflicht. Beispiele für solche altersgruppenorientier-
ten Gesetze bilden etwa das SGB VIII, das Regelungen über Leistungen zugunsten junger Menschen und Familien enthält (vgl. § 2 SGB VIII) und in § 7 SGB
VIII die Begünstigten klar anhand des Alters definiert, sowie das SGB VI mit
seinen Regelungen zur gesetzlichen Rentenversicherung (§§ 35, 235 SGB VI).
Demgegenüber steht ein konkret-individuelles Anknüpfungskonzept, bei dem
bestimmte Rechte oder Pflichten je nach Lage des einzelnen Falles begründet
werden. Bei Letzteren ergibt sich die Bedeutung des Alters vor allem aus quantitativen Gesichtspunkten, in dem die Gewährung von Rechten, etwa in Form von
Leistungen, ab einem bestimmten Alter quantitativ zunimmt.[357] Im Übrigen sind
die Tatbestände, die Rechte oder Leistungen gewähren, altersunabhängig. Im
Sozialrecht hat sich für diese altersunabhängige Leistungsgewährung der Begriff
der Bedarfsorientierung etabliert. Hier bildet das Alter eine notwendige, aber
keine zureichende Bedingung für ein bestimmtes Recht oder eine Pflicht.[358]

Vereinzelt finden sich auch rechtliche Regelungen, die diese beiden Grund-
konzepte miteinander vereinen. Ein Beispiel bildet hier das am 1. Januar 2003 in
Kraft getretene „Gesetz über eine bedarfsorientierte Grundsicherung im Alter
und bei Erwerbsminderung" (GSiG)[359], welchem eine Kombination aus Alters-
gruppen- und Bedarfsorientierung zugrunde lag. Nach § 1 GSiG setzte die An-

---

354 *lgl*, aaO. Beispiele bilden der Eintritt der Geschäftsfähigkeit, die zivilrechtliche Scha-
densverantwortlichkeit, der Eintritt der aktiven und passiven Wahlberechtigung.

355 Bespiele bilden hier Regelungen des Kinder- und Jugendhilferechts, des Arbeitsschut-
zes, die Schulpflicht, Altersgrenzen für den Zugang zu bestimmten Berufen sowie die
Regelungen über die Beendigung der Erwerbstätigkeit.

356 Vgl. *Zacher*, Sozialrecht, in: Baltes/ Mittestraß (Hrsg.), Zukunft des Alterns und gesellschaftliche Entwicklung, S. 305 (306).

357 Vgl. *Zacher*, Sozialrecht, in: Baltes/ Mittestraß (Hrsg.), Zukunft des Alterns und gesellschaftliche Entwicklung, S. 305 (306). Ein Beispiel bilden etwa Pflegeleistungen
für ältere Menschen, das SGB XI mit den Regelungen über die Pflegeversicherung
sowie das SGB V mit den Regelungen über die gesetzliche Krankenversicherung.

358 *Zacher*, Sozialrecht, in: Baltes/ Mittestraß (Hrsg.), Zukunft des Alterns und gesellschaftliche Entwicklung, S. 305 (307).

359 BGBl. I, S. 1310; Aufgehoben mWv 1. Januar 2005 durch Gesetz v. 27. Dezember
2003 (BGBl. I S. 3022).

tragsberechtigung die Vollendung des 65. Lebensjahres bzw. die Vollendung des 18. Lebensjahres voraus, sofern eine volle Erwerbsminderung vorlag und nicht erwartet werden konnte das diese behoben werden konnte. §§ 2, 3 GSiG legten für diesen antragsberechtigten Personenkreis nähere Voraussetzungen fest, wann und in welchem Umfang ein Anspruch auf Grundsicherung bestand. Die entsprechenden Vorschriften und damit auch die Konzeption generell-abstrakter bzw. konkret-individueller Typisierung sind als §§ 19 Abs. 2, 41 ff. SGB XII in das geltende Sozialrecht übernommen worden.

Eine ähnliche Konzeption findet sich auch im Strafrecht. Nur am Lebensalter orientiert sich das deutsche Strafrecht für Kinder (noch nicht 14 Jahre) und für den Erwachsenen (über 21 Jahre). Damit werden für die völlige Strafunmündigkeit und für die in keiner Weise abgeschwächte Verantwortlichkeit zunächst strikte Altersgrenzen gezogen. Innerhalb dieser Grenzen bleiben jedoch Individualisierungsmöglichkeiten: Bei Jugendlichen (14-18 Jahre) kommt es bei jeder Tat zur Prüfung der Einsichts- und Handlungsfähigkeit zur Tatzeit (§ 3 JGG)[360]. Bei Heranwachsenden erfolgt die Prüfung, ob er zur Tatzeit noch einem Jugendlichen hinsichtlich seiner sittlichen und geistigen Entwicklung gleichzustellen ist oder nicht.

Innerhalb beruflicher Altersgrenzen lassen sich – neben der betriebswirtschaftlichen Zielsetzung eine durchmischte Altersstruktur der Belegschaft zu schaffen – wiederum grundsätzlich zwei Ziele unterscheiden. Zum einen geht es um die Wahrung der ordnungsgemäßen Berufsausübung bezüglich der Funktionsfähigkeit bestimmter Einrichtungen oder dem Schutz von Rechtsgütern Dritter vor (potentiellen) Gefahren. Im Vordergrund steht hier also ein Ansatz, der das Interesse der Gemeinschaft berücksichtigt. Dies gilt für Altersgrenzen des Privatrechts und des öffentlichen Rechts gleichermaßen. Das Alter einer Person bildet hier einen für die jeweilige berufliche Tätigkeit eignungsimmanenten Aspekt.[361] Diese Zielsetzung verfolgen vor allem die Höchstaltersgrenzen der freien Berufe. Ein weiteres, arbeitsmarktpolitisches Ziel besteht darin, der Nachfolgegeneration Teilhabechancen, etwa hinsichtlich des Zugangs zum Arbeits-

---

360   Zur historischen Entwicklung der Vorschrift MüKo-StGB/ *Altenhain*, § 3 JGG Rn. 3.

361   Vgl. die Differenzierung von *Höfling*, Altersgrenzen im (Hochschul-)Recht, FS Leuze, S. 263 (267) im Rahmen des öffentlichen Dienstrechts für Art. 33 Abs. 2 GG, der dem Alter funktional entweder einen eignungsimmanenten Aspekt, die Rolle eines eignungsergänzenden Hilfskriteriums oder einen eignungsfremden Aspekt zuweist. Diese Einteilung kann auf die Bedeutung des Alters im Recht allgemein übertragen werden. Eignungsimmanente Aspekte lassen sich bei allen Höchstaltersgrenzen gefahrgeneigter Berufe ausmachen, also vor allem bei gesetzlichen und tarifvertraglichen Regelungen. Die Beziehung des Alters als eignungsergänzendes Hilfskriterium bzw. eignungsfremder Zweckverfolgung ergibt sich unter dem Gesichtspunkt der Diskriminierung: bei einer eignungsfremden Zweckverfolgung wird regelmäßig eine unmittelbare Diskriminierung vorliegen während bei der Zuordnung des Alters als Hilfskriterium die Frage nach einer mittelbaren Diskriminierung gestellt werden muss.

markt, zu eröffnen. Hier findet man also den Gesichtspunkt der Verteilungsgerechtigkeit wieder, der vor allem in den in Tarifverträgen, Betriebsvereinbarungen oder Individualverträgen vereinbarten Altersgrenzen, mithin dem arbeitsrechtlichen, sowie dem sozialrechtlichen Bereich zum Ausdruck kommt.[362] Hierbei folgt die Schutzzweckkonzeption des Arbeitsrechts grds. der des Sozialrechts. Der Gedanke von der Schaffung von Teilhabechancen und das Konzept der Verteilungsgerechtigkeit kommen besonders deutlich auch in der 1982 geschaffenen „58er Regelung" (§ 428 SGB III) zum Ausdruck. Das damalige Gesetz, dass den durch den zweiten Weltkrieg besonders betroffenen Geburtenjahrgängen (1925-1938) die Möglichkeit eröffnete, ihre Rente ohne Einkommensminderung schon ab Vollendung des 58. Lebensjahres zu beziehen, bezweckte vor allem, jüngeren Arbeitslosen Chancen auf dem Arbeitsmarkt zu eröffnen und stelle sich so als primär als Instrument der Arbeitsmarktpolitik dar. Juristisch haben Höchstaltersgrenzen damit vornehmlich eine Arbeitsmarktfunktion und eine sozialpolitische Funktion.[363]

Insbesondere die Altersgrenzen des Rentenrechts gewinnen noch unter einem weiteren Gesichtspunkt Bedeutung. Durch sie erfolgt eine klare Trennung der Gesellschaft in Erwerbende und Nichterwerbende. Diese Trennung ist in der gegenwärtigen Leistungsgesellschaft von erheblicher Bedeutung, ist die soziale Stellung des Einzelnen doch in fast allen Bereichen mit dem Beruf, also der wirtschaftlichen Aktivität untrennbar verbunden. Das Lebenslaufkonzept des Einzelnen wird entscheidend durch die materielle Sicherung des Lebensunterhalts geprägt. Letzter soll u.a. durch den Anspruch auf eine gesetzliche Altersrente gewährleistet werden, so dass die sozialrechtliche Altersgrenze, die zum Bezug einer Altersrente berechtigt, in materieller Hinsicht dem Schutz des Einzelnen vor dem altersbedingten Verlust der Arbeitsfähigkeit dient. Damit verkörpert die gesetzliche Rentenversicherung das Konzept einer „typisierten Invalidität".[364] Durch vereinbarte Altersgrenzen in Individual- oder Kollektivverträgen im Bereich des Arbeitsrechts als auch durch die Altersgrenzen der freien Berufe wird dieses Schutzkonzept aufgegriffen und um den Zweck des Rechtsgüterschutzes Dritter erweitert.

Mindestaltersgrenzen bezwecken demgegenüber vorrangig, den Einzelnen (jungen) Menschen vor Entscheidungen zu schützen, dessen Bedeutung und

---

362 Vgl. *Becker*, Die alternde Gesellschaft – Recht im Wandel, JZ 2004, S. 929 (935); *Nussberger*, Altersgrenzen als Problem des Verfassungsrechts, JZ 2002, S. 524 (525).

363 *Kohli* misst Höchstaltersgrenzen darüber hinaus eine kognitive sowie eine moralische Funktion zu. Erstere bestehe darin, dass sie einen Orientierungspunkt für die subjektive Gliederung und Planung des Lebens schaffe, letztere darin, dass sie ein Kriterium für den legitimen Abschluss und damit für den persönlichen erfolg des Arbeitslebens bilde; *Kohli*, Altersgrenzen, Zeitschrift für Gerontologie und Geriatrie Bd. 33 (2000), S. I/15 (I/16).

364 So *Igl*, Recht und Alter, FS Thieme, S. 747 (749).

Tragweite die Betroffenen nach allgemeiner Lebenserfahrung nicht abschätzen können.[365] Das Alter stellt hier einen Anknüpfungspunkt für die typisierende Zuschreibung eines bestimmten Reifegrades dar. Beispiele bilden die Vollendung des siebten Lebensjahres (§ 106 BGB) als Voraussetzung der beschränkten Geschäftsfähigkeit, die Vollendung des 14. Lebensjahres als Voraussetzung für die bedingte strafrechtliche Verantwortlichkeit (§§ 1, 3 JGG, 19 StGB) sowie als Voraussetzung für das Selbstentscheidungsrecht beim Bekenntniswechsel (§ 5 RelKErzG) und letztlich die Altersgrenze von 18 Jahren, mit deren Erreichen nach § 2 BGB die volle Geschäftsfähigkeit eintritt. Sie bildet ein generelles Normalalter[366], das neben sozialer Reife auch die Beendigung elterlicher Fürsorgepflichten markiert. Auch über der Altersgrenze von 18 Jahren existieren weitere Altersgrenzen, die auf die vermutete Reife des Einzelnen und dessen Schutz abzielen. Beispiele bilden etwa die Grenze von 25 Jahren zur Änderung des Namens nach dem Transsexuellengesetz sowie die Altersgrenze für Adoptionen.

Insbesondere Altersgrenzen jenseits des 18. Lebensjahres sind hinsichtlich ihrer Rechtfertigung besonders sorgfältig zu prüfen. Geht der Gesetzgeber davon aus, dass mit der Vollendung des 18. Lebensjahres die erforderliche Reife vorhanden ist, so muss er sich an der damit verbunden Vermutung der fehlenden Schutzbedürftigkeit grds. festhalten lassen.[367] Weitere Abstufungen stellen sich als potentieller Eingriff in grundrechtlich geschützte Lebensbereiche sowie das Recht auf individuelle und freie Selbstbestimmung dar. Die Altersgrenze von Adoptionen bedeutet hierbei sogar einen doppelten Eingriff: Zum einen in die Sphäre des Adoptierenden, der die erforderliche Altersgrenze nicht erreicht hat, zugleich aber auch einen Eingriff in die Grundrechtssphäre des Adoptierten, indem sie verhindern kann, dass dieser ein vollwertiges Familienmitglied zu einer Familie wird.[368] Ob sich tatsächlich nachweisen ließe, dass die Altersgrenze hinsichtlich der Erfüllung der Elternaufgaben signifikante Unterschiede zu niedrigeren Altersgruppen jenseits des 18. Lebensjahres aufweist oder nicht, mag man bezweifeln. Entscheidend ist sie jedoch für die Feststellung der Widersprüchlichkeit der Altersgrenze nicht. Denn es erscheint nicht ganz widerspruchsfrei, wenn bei der Annahme eines Kindes als Ehepaar es ausreicht, dass einer der beiden Ehegatten das 25. Lebensjahr und der andere lediglich das 21. Lebens-

---

365 Vgl. *Nussberger*, Altersgrenzen als Problem des Verfassungsrechts, JZ 2002, S. 524 (525); ähnl. *Igl*, Zur Problematik der Altersgrenzen aus juristischer Perspektive, Zeitschrift für Gerontologie und Geriatrie Bd. 33 (2000), S. I/57 (I/67), der die als Abgrenzung von Fähigkeit und Nichtfähigkeit beschreibt.

366 So *Beitzke*, Mündigkeit und Minderjährigenschutz, AcP 172 (1972), S. 240.

367 *Hillgruber*, Der Schutz des Menschen vor sich selbst, S. 125, der zutreffend darauf hinweist, dass diese Selbstbindung des Gesetzgebers aus im Rechtsstaatsprinzip iVm dem allgemeinen Gleichheitssatz verankerten Gebot der durchgängigen und willkürfreien Berücksichtigung einmal vorgenommener Bewertungen folgt.

368 *Nussberger*, Altersgrenzen als Problem des Verfassungsrechts, JZ 2002, S. 524 (526).

jahr vollendet hat. Hier werden durch die pauschale Festsetzung die mangelnde Lebenserfahrung und die möglicherweise ungesicherten Lebensverhältnisse des einen Ehegatten durch das Alter des anderen Ehegatten kompensiert.[369] Deutlicher wird dies noch in den Fällen des § 1743 S. 1 2. HS iVm § 1741 Abs. 2 S. 3 BGB. In den Fällen in denen die Adoption das Kind des Ehegatten betrifft, reicht beim Annehmenden die Vollendung des 21. Lebensjahres aus. Das Alter des Ehegatten spielt keine Rolle, so dass dieser auch noch minderjährig sein kann.[370] Darüber hinaus scheint erscheint die starre Festsetzung der Altersgrenze im Hinblick auf die Regierungsbegründung und die heutigen Verhältnisse zumindest fragwürdig. Die Regierungsbegründung legt die Altersgrenze beim 25. Lebensjahr fest, da diese „(...) geboten [sei], weil die Familienverhältnisse in der annehmenden Familie konsolidiert sein sollen und an die innere Reife eines Annehmenden besondere Anforderungen gestellt werden müssen."[371] Eine Begründung für die Ausnahmeregelung des 21. Lebensjahrs eines Ehegatten bleibt der Gesetzgeber hingegen schuldig. Angesichts verlängerter Ausbildungszeiten erscheint es fraglich, ob die vom Gesetzgeber angenommene Konsolidierung der Familienverhältnisse mit dem 25. Lebensjahr vorhanden ist. Entscheidender sollten die besonderen Voraussetzungen sein, die an den Annehmenden gestellt werden. Gerade diese lassen sich jedoch effektiver im Rahmen einer individuellen Prüfung des Einzelfalls feststellen. So erscheint eine Einzelfallprüfung der Umstände und Voraussetzungen des Betroffenen als milderes Mittel, das die grundrechtliche Sphäre des Einzelnen weniger stark belastet.[372] Demzufolge prüft das Vormundschaftsgericht die Erziehungsgeeignetheit der Annehmenden trotz der Altersgrenze von Amts wegen im Rahmen der Frage, ob die Annahme dem Wohl des Kindes entspricht.[373] Angesichts dieser in jedem Fall stattfindenden Prüfung[374] sowie der Ausnahmen hinsichtlich des gesetzlichen Regelalters von 25 Jahren und letztlich des Umstandes, dass zuverlässige empirische Daten zum Eintritt der Reife zur Kindeserziehung fehlen[375] kann man an der Notwendigkeit der Altersgrenze zweifeln.

---

369 Kritisch auch *Staudinger-Frank*, BGB, § 1743 Rn. 7, *Engeler*, Der Entwurf eines Gesetzes über die Annahme als Kind, FamRZ 1975, S. 125 (128).

370 Kritisch dazu auch MüKo-BGB/ *Maurer*, § 1743 BGB Rn. 3.

371 RegE S. 31.; zitiert nach *Engeler*, Der Entwurf eines Gesetzes über die Annahme als Kind FamRZ, S. 125 (128).

372 Vgl. auch Staudinger-*Frank*, BGB, § 1743 Rn. 3, der feststellt, dass der Altersgrenze etwas Willkürliches anhafte.

373 Vgl. MüKo-BGB/ *Maurer*, § 1743 BGB Rn. 2.

374 Die Mindestaltersgrenze hat lediglich die Wirkung einer widerlegbaren Vermutung, dass mit Vollendung des Mindestalters die Erziehungsgeeignetheit vorliegt bzw. im umgekehrten Fall nicht vorliegt. Der Nachweis durch Gegenbeweis steht damit offen, so dass faktisch die Einzelfallprüfung entscheidend ist.

375 So MüKo-BGB/ *Maurer*, § 1743 BGB Rn. 2.

Im Übrigen bildet die Vorschrift ein weiteres Beispiel für die Verrechtlichung des Lebenslaufs. Die Festlegung des 25. Lebensjahres soll auch eine echte Eltern-Kind-Beziehung ermöglichen und daher in einem gewöhnlichen Alter natürlicher Eltern ermöglicht werden.[376] Trotz genannter Widersprüche finden sich auch in vielen anderen Staaten Altersgrenzen für Adoptionen oberhalb des Volljährigkeitsalters, die zwischen dem 21. und 30. Lebensjahr liegen.[377] Teilweise wird jedoch auch auf die Festsetzung eines Mindestalters ganz verzichtet[378] oder das Mindestalter bei 18 Jahren angesetzt.[379]

Neben diesen bezweckten Funktionen von Altersgrenzen haben diese darüber hinaus tatsächliche Auswirkungen, deren Bedeutung vor allem im Bereich des Antidiskriminierungsrechts zum Tragen kommt und vornehmlich das höhere Lebensalter betrifft. So zeichnen rechtliche Höchstaltersgrenzen das gesellschaftliche Bild des alten Menschen nicht nur nach, sondern formen es maßgeblich mit. Wenn ältere Menschen infolge von Höchstaltersgrenzen aus dem Erwerbsleben ausscheiden müssen, so liegt es nahe, dass die Gesellschaft Menschen dieses Alters ebenfalls nicht mehr als leistungsfähig ansieht. Das Problem liegt in der Abstrahierung eines Lebenssachverhalts durch gesetzliche Regelungen. Diese Abstrahierung geht mit einer Vereinfachung einher, der die zugrunde liegenden Sachverhalte jedoch häufig nicht entsprechen. Altersgrenzenregelungen setzen sich über die Komplexität des menschlichen Alterungsprozesses hinweg.[380] Gleichwohl bleiben die zugrunde liegenden Sachverhalte durch diese gewissermaßen künstlichen Festlegungen nicht unberührt: Die gesellschaftlichen Verhältnisse sowie Überzeugungen passen sich ihnen an. Durch Höchstaltersgrenzen setzt der Staat das Alter fest, dieser Festsetzung folgen sowohl öffentliche als auch private Arbeitgeber, um Arbeitnehmer in den Ruhestand zu versetzen. Diese Altersgrenzen markieren häufig den Wendepunkt, in dem Menschen von der Aktivität in die Passivität wechseln.[381] Der Bezug zum Antidiskriminierungsrecht ergibt sich hierbei weniger aus strikten Regelungen, die bestimmte Formen von Diskriminierungen verbieten, als aus der nachhaltigen Zielsetzung des Antidiskriminierungsrechts. Diskriminierungen wegen des Alters sollen wirksam bekämpft werden. Dies setzt jedoch einen Wandel der gesellschaftlichen Vorstellungen voraus. Dieser kann durch gesetzgeberische Maßnahmen gefördert werden, indem etwa durch die Abschaffung oder Flexibilisierung von Altersgrenzen staatlicherseits signalisiert wird, dass sich die Rolle und das Bild

---

376   Palandt-*Diederichsen*, BGB, § 1743 Rn. 1.
377   Nachweise bei Staudinger-*Frank*, BGB, § 1743 Rn. 3.
378   Nachweise bei MüKo-BGB/ *Maurer*, § 1743 BGB Rn. 2.
379   So in Italien, Art. 6 Abs. 2 ital. Gesetz v. 4. Mai 1983.
380   Vgl. *Zacher*, Sozialrecht, in: Baltes/ Mittestraß (Hrsg.), Zukunft des Alterns und gesellschaftliche Entwicklung, S. 305 (325).
381   Vgl. *Beauvoir*, Das Alter, S. 191.

des Alters dergestalt gewandelt hat, dass ein gesetzgeberisches Umdenken erforderlich ist.

§ 5 Kriterien für die Festsetzung von Altersgrenzen

Betrachtet man die zahlreichen Altersregelungen und Altersstufen in rechtlichen Regelungen, so stellt sich die Frage, nach welchen Kriterien sie festgelegt werden. Ausgehend von der jeweiligen Funktion einer Altersgrenze stellen sich dem Gesetzgeber verschiedene Gestaltungsmöglichkeiten. Bei der Wahl besteht infolge des Einschätzungsspielraums des Gesetzgebers hierbei weitgehende Freiheit. Die zunächst grundlegende Frage bei der Festsetzung von Altersgrenzen ist die Bestimmung der Aufgabe, die der Beachtung des Alters in einem bestimmten Regelungsbereich zukommen soll. Es geht in diesem Kontext um die Frage, zugunsten welcher Rechtsgüter die Einführung bzw. Festsetzung einer Altersregelung gerechtfertigt ist. Wie gezeigt, kommen hier die unterschiedlichsten Funktionen in Betracht, vom Schutz des Einzelnen über den Schutz vor Gefahren für Rechtsgüter Dritter bis hin zur Gewährleistung der Funktionsfähigkeit und Steuerung sozialer Sicherungssysteme. Geht es um Altersgrenzen, die dem Einzelnen rechtliche wie tatsächliche Handlungsmöglichkeiten eröffnen bzw. verschließen oder bestimmte Sanktionen an ein Verhalten knüpfen, so muss sich die Rechtsordnung zwischen einem individualisierenden und objektivierenden Verfahren bei der Prüfung von Reife und Verantwortlichkeit entscheiden.[382] Weiter muss eine Entscheidung getroffen werden, ob für alle Rechtsgebiete im jeweiligen Bereich eine einheitliche Altersgrenze festgesetzt wird oder eine Differenzierung nach Rechtsgebieten vorgenommen wird und letztlich stellt sich die Frage der Entscheidung über die Zahl der Altersstufen innerhalb des jeweiligen Regelungsbereichs[383], mithin ob ein bestimmtes Recht oder eine Rechtsposition durch mehrere Altersgrenzen abgestuft gewährleistet wird, oder eine einheitliche Grenze festgelegt wird.

Bei allen Fragestellungen hat der Gesetzgeber grundrechtliche Vorgaben zu berücksichtigen, wobei nicht nur die Grundrechte des von Altersgrenzen Betroffenen zu berücksichtigen sind, sondern auch Grundrechte Dritter. Vor diesem Hintergrund erklären sich die weitgehend ausdifferenzierten Altersgrenzen für Kinder und Jugendliche bei der strafrechtlichen Verantwortlichkeit, der deliktischen Haftung, der Geschäftsfähigkeit oder des Rechts, über ihr religiöses Bekenntnis selbst zu entscheiden. Bei derartigen Festsetzungen sind die Grundrechte des Kindes bzw. Jugendlichen zu berücksichtigen sowie das verfassungsrechtlich verbürgte Recht der Eltern auf Erziehung sowie letztlich Interessen der Allgemeinheit an der Sicherheit des Rechtsverkehrs. Die differenzierenden Festsetzungen stellen sich als Abwägungsergebnis dieser Interessen dar, das infolge

---

382   Vgl. *Mayer-Maly*, Grundlagen der Aufstellung von Altersgrenzen durch das Recht, FamRZ 1970, S. 617 (619).

383   Vgl. *Mayer-Maly*, aaO, S. 617 (619).

einer typisierenden Festsetzung des Reifegrades von Kindern bzw. Jugendlichen gewonnen wurde. Eine einheitliche Festsetzung einer bestimmten Altersgrenze für die unterschiedlichen Rechtsbereiche trüge die Gefahr in sich, infolge ihrer Pauschalität entweder einen nicht gerechtfertigten Eingriff in das elterliche Erziehungsrecht darzustellen, wenn sie zu niedrig angesetzt wäre. Im umgekehrten Fall einer zu hohen Festsetzung bestünde die Gefahr einer Verletzung des Selbstbestimmungsrechts des Kindes bzw. Jugendlichen. Dem vollkommenen Verzicht auf Altersgrenzen stehen Allgemeininteressen, vor allem an der Sicherheit des Rechtsverkehrs, entgegen. Vor diesem Hintergrund der Orientierung an der Schutzbedürftigkeit und Erziehungsbedürftigkeit von Kindern bzw. Jugendlichen bei der Festsetzung der unterschiedlichen Altersgrenzen unterhalb des 18. Lebensjahres können diese nicht beanstandet werden.

§ 6 Zusammenfassung

Eine allgemeingültige Definition des Begriffs Alter und des Alterns existiert nicht. Am ehesten kann man das Altern als Vorgang der Veränderung beschreiben. Die jeweiligen Fachdisziplinen betrachten dieser Definition folgend jeweils Ausschnitte von Veränderungen. Altern ist hierbei nicht ausschließlich am kalendarischen Alter eines Menschen orientiert und verläuft nicht einheitlich. Die einzelnen Lebensphasen eines Menschen sind damit nicht allein biologisch bestimmt. Es handelt sich vielmehr um einen individuellen Prozess, der sowohl biologisch bedingt ist, teilweise jedoch auch auf altersunabhängigen, insbesondere sozialen Faktoren beruht. Dies gilt sowohl für das Altern von Menschen im (privaten) Alltag, als auch für den Bereich des Erwerbslebens. Der Abbau körperlicher und geistiger Leistungsfähigkeit kann unterschiedlich verlaufen, ein allgemeiner Leistungsabbau ab einem bestimmten Alter ist nicht vorhanden. Vielmehr verändern sich lediglich bestimmte Fähigkeiten und damit die Struktur der allgemeinen Leistungsfähigkeit. Infolgedessen ist es nicht möglich, rechtlich einen festgelegten Begriff der „Alten" oder des „alten Menschen" zu verwenden. Sofern im Folgenden diese Begriffe verwendet werden, sind sie flexibel und im jeweiligen Kontext zu betrachten, wobei eine grundsätzliche Orientierung am gesetzlichen Rentenalter von 65 (67) Jahren erfolgt. In der historischen Entwicklung haben Altersgrenzen sowohl im jugendlichen wie auch höheren Alter quantitativ zugenommen und waren einem stetigen Wandel unterworfen. Dieser Wandel zeigt den Zusammenhang zwischen gesellschaftlichen Aspekten und Altersgrenzen als Instrument des Rechts. Das von bestimmten Vorstellungen, sowohl in positiver als auch in negativer Richtung geprägte Bild der Gesellschaft hinsichtlich Reife, Leistungsfähigkeit etc. findet seine Abbildung in Altersgrenzen des Rechts. Mindestaltersgrenzen stehen dabei häufig als Stellvertreter für die Annahme einer Kumulation an Erfahrungen und daraus resultierender Reife, die man erst ab einem bestimmten Lebensalter hat. Die zahlreichen Sonderbestimmungen, die Altersgrenzen für Minderjährige festlegen, lassen sich dabei übereinstimmend auf den Gedanke der Schutzbedürftigkeit zurückführen. Überwiegend geht es um den Schutz des Minderjährigen selbst, daneben aber auch um den Schutz der Allgemeinheit (Verkehrsschutz), den Rechten Dritter sowie den Rechten der Eltern.

Im Gegensatz dazu stehen Höchstaltersgrenzen für die Annahme von geringeren Fähigkeiten vor allem im beruflichen Bereich. Grundlage von Altersgrenzen bilden Erfahrungswerte, seltener Tests und diagnostische Verfahren, und nicht zuletzt gesellschaftliche Traditionen.[384] Bezüglich der von Stereotypen besonders betroffenen Gruppe Älterer lässt sich historisch keine generelle Linie aufzeigen. Die Entwicklung des modernen Altersbildes verlief nicht linear in dem Sinne, dass es zu einer stetigen Verschlechterung des gesellschaftlichen Status gekommen wäre, sondern verlief vielmehr wechselhaft. Auch das 21. Jahrhundert markiert einen solchen Wechsel, insbesondere durch fortschreitende Technisierung und Ökonomisierung der Gesellschaft. Erste Ansätze einer Veränderung des Altersbildes sind bereits auszumachen und im Übrigen auch erforderlich, um den Herausforderungen der demografischen Entwicklung Rechnung tragen zu können. Hier hat die Alterswissenschaft wertvolle Anstöße und Beiträge geliefert, indem sie das Altersbild des verlust- und defizitgeprägten Alterns immer wieder als zu einseitig und unvollständig zurückgewiesen hat. Alternde Menschen und die heutigen „Alten" werden als wachsender Wirtschaftsfaktor weiter an Bedeutung gewinnen. Dies gilt nicht nur für den Bereich des Erwerbslebens als Arbeitskräfte, sondern auch für den Status als Verbraucher. Nicht nur vor diesem wirtschaftlichen Hintergrund, sondern auch gesellschaftlich ist ein Umdenken hinsichtlich des Alters erforderlich.

Ungleichbehandlungen wegen Altersstereotypen sind keine soziale Randerscheinungen, die vernachlässigt werden könnten, sondern kommen in fast allen Bereichen des Alltags vor. Aufgrund dieser gesellschaftlichen Relevanz kann und muss das Recht hier einen Beitrag leisten, bestehende starre Strukturen und Lebenslaufkonzepte zu dynamisieren und so auf die gesamtgesellschaftlichen Veränderungen reagieren zu können und entsprechende Rahmenbedingungen zu setzen. Dies gilt umso mehr im Hinblick auf die demografische Entwicklung: In Zukunft wird eine wachsende Zahl älterer Menschen einer sinkenden Zahl jüngere Menschen gegenüberstehen, der demografische Wandel wird in den nächsten Jahrzehnten weltweit zunehmen, wobei die Gruppe der Älteren das am stärksten wachsende Segment der Bevölkerung sein wird.

Gesetzlich normierte Altersgrenzen dienen dazu, die individuellen Lebensformen und Lebensverhältnisse zu typisieren und so administrativ handhabbar zu machen. Altersgrenzen führen durch diese Typisierung zu einer Institutionalisierung und Segmentierung des menschlichen Lebens, in dem sie den sozialen Status eines Menschen verändern. Besonders anschaulich sind dabei der Eintritt

---

384 Vgl. *Pohlmann*, Das Alter im Spiegel der Gesellschaft, S.14.

in das Volljährigkeitsalter sowie Höchstaltersgrenzen für die Berufsausübung. Sie tragen maßgeblich zur Bildung sozialer Gruppen wie „Kinder und Jugendliche", „Erwachsene" und „Rentner" bei. Diese kollektive Bildung von Gesellschaftsgruppen findet sich im individuellen Lebenslauf wieder, in dem die Lebensphasen eines Menschen entsprechende Einteilungen erfahren.

5. Kapitel Das Alter im Europarecht

§ 1 Strukturen und Entwicklung europäischer Antidiskriminierungspolitik

A. Grundstrukturen des europäischen Gleichbehandlungsrechts

Das moderne Gleichbehandlungsrechts der Europäischen Union zeichnet sich durch vier prägende Strukturmerkmale aus. Zunächst durch einen allgemeinen Gleichheitssatz, der die unterschiedliche Behandlung vergleichbarer Sachverhalte und die Gleichbehandlung unterschiedlicher Sachverhalte verbietet, sofern diese nicht objektiv gerechtfertigt sind (vgl. Art. 3 Abs. 1 GG), zweitens durch besondere Diskriminierungsmerkmale, die besondere Gleichheitssätze darstellen(vgl. Art. 3 Abs. 2, Abs. 3 GG; Art. 1, 2 Abs. 1 RL 2000/78/EG[385] und die in unterschiedlicher Reichweite Diskriminierungen aus bestimmten, vom Gesetzgeber festgelegten Merkmalen verbieten. Drittens, durch das Vorhandsein von Rechtfertigungsmöglichkeiten von Ungleichbehandlungen (vgl. Art. 6 RL 2000/78/EG) und viertens durch Erlaubnisse, bestimmten benachteiligten Personengruppen kompensierende Förderung durch entsprechende Maßnahmen zugutekommen zu lassen (sog. positive Maßnahmen bzw. affirmative actions, vgl. Art. 5 RL 2000/78/EG).

Bei der Ausgestaltung von Differenzierungsverboten wird zwischen absoluten und relativen Differenzierungsverboten unterschieden. Bei absoluten Differenzierungsverboten kann das jeweilige Merkmal niemals einen sachlichen Grund für eine Unterscheidung darstellen[386], während relative Differenzierungsmerkmale eine Anknüpfung nur solange verbieten, als diese nicht sachlich gerechtfertigt ist. Diese Elemente finden sich auch im nachfolgend zu erörternden Unionsrecht. Folgt man dabei der Grundannahme, dass spezielle Diskriminierungsverbote, sowohl auf primär- wie auch auf sekundärrechtlicher Ebene Ausprägungen eines allgemeinen Gleichheitssatzes sind, so erscheint es sinnvoll die Gesamtstruktur des Gleichbehandlungsrechts von diesem allgemeinen Gleichheitssatz her zu rekonstruieren.[387] Gemeinsam ist allen Gleichheitssätzen dabei zunächst das Verbot der Diskriminierung.

---

385 *Schiek*, Differenzierende Gerechtigkeit, S. 49; *Korthaus*, Das neue Antidiskriminierungsrecht, S. 11.
386 *Schiek*, Differenzierende Gerechtigkeit, S. 49.
387 Vgl. zu dieser Vorgehensweise *Mahlmann*, in: Rudolf/ Mahlmann, Gleichbehandlungsrecht, § 3 Rn. 17. „Nach ständiger Rechtsprechung des Gerichtshofs zählt der allgemeine Gleichbehandlungsgrundsatz zu den Grundprinzipien des Unionsrechts; das Verbot der Diskriminierung aus Gründen der Staatsangehörigkeit stellt lediglich eine

I. Begriff und Arten von Diskriminierung

Was den Begriff der Diskriminierung angeht, so meint dieser im ursprünglichen Sprachgebrauch lediglich eine Ungleichbehandlung bzw. Unterscheidung.[388] Im System des Gleichbehandlungsrechts wird der Begriff jedoch überwiegend in einem weiteren – nicht wertneutralem – Bedeutungssinn verwendet: Diskriminierung idS bezeichnet nicht nur eine Ungleichbehandlung, sondern eine nicht gerechtfertigte Ungleichbehandlung, die mit Ausgrenzung, Herabsetzung und einer willkürlichen Unterscheidung infolge der Zugehörigkeit zu einer bestimmten sozialen Personengruppe oder sonstigen sozialen Kategorien in Verbindung gebracht wird und für den Betroffenen nachteilig wirkt.[389] Diesem Verständnis folgt auch der EuGH, indem er die Diskriminierung als unterschiedliche Behandlung vergleichbarer Sachverhalte oder die gleiche Behandlung unterschiedlicher Sachverhalte, die objektiv nicht gerechtfertigt ist, definiert.[390]

Eine Ungleichbehandlung ist demnach also nur dann eine Diskriminierung, wenn sie willkürlich, mithin ungerechtfertigt ist. Dieses Verständnis des Begriffs der Diskriminierung liegt sowohl dem allgemeinen europäischen Gleichheitssatz, Art. 19 AEUV, als auch den verschiedenen Antidiskriminierungsrichtlinien zugrunde. Der Begriff erfasst also nur Ungleichbehandlungen mit benachteiligender Wirkung für den Betroffenen.[391]

---

besondere Ausformung dieses Grundsatzes dar.", EuGH, Rs. C-147/79, *Hochstrass*, Slg. 1980, I-3005 Rn. 7; Rs. C-144/04, *Mangold*, NJW 2005, S. 3695 Rn. 75; Rs. C-13/94, *P. vs. S*, Slg. 1996, I-2143 Rn. 18.

388   Das lateinische Wort „discriminare" bedeutet lediglich abtrennen, unterscheiden ohne das mit dieser eine Wertung hinsichtlich der Qualifikation der Unterscheidung getroffen würde, vgl. *Stowasser*, Schulwörterbuch, S. 160 f. Dieses Begriffsverständnis legt *Polloczek* auch im Rahmen von Art. 13 EG zugrunde, vgl. *Polloczek*, Altersdiskriminierung im Licht des Europarechts, S. 61. Ausführlich zur Herkunft und Entwicklung des Begriffs Diskriminierung *Plötscher*, Der Begriff der Diskriminierung im Europäischen Gemeinschaftsrecht, S. 26 ff. Eine ausführliche Untersuchung zur Verwendung des Diskriminierungsbegriffs in der Sozialwissenschaft, der Soziopsychologie und Ökonomie liefert *Schlotböller*, Diskriminierung – eine kritische Analyse.

389   Vgl. *Nickel*, Gleichheit und Differenz in der vielfältigen Republik, S. 69; *Coester-Waltjen*, Zielsetzung und Effektivität eines Antidiskriminierungsgesetzes, ZRP 1982, S. 217 (218); *Rehbinder*, Einführung in die Rechtssoziologie, S. 155; *Plötscher*, Der Begriff der Diskriminierung im Europäischen Gemeinschaftsrecht, S. 28 f.; *Korthaus*, Das neue Antidiskriminierungsrecht, S. 1; *Schiek*, Differenzierte Gerechtigkeit, S. 24; *Zuleeg*, in: von der Groeben/ Schwarze, EUV/ EGV, Art. 13 EG Rn. 1.

390   EuGH, Rs. 17 u. 20/61, Slg. 1962, *Klöckner-Werke AG*, S. 657 (692 f.); verb. Rs. 117/76 u. 16/77, *Ruckdeschel*, Slg. 1977, S. 1753 Rn. 7; Rs. C-309/89, *Codorniu*, Slg. 1994, I-1853 Rn. 26; Rs. C-44/94, *Fishermen's Organisation u.a.*, Slg. 1995, I-3115 Rn. 46.

391   *Althoff*, Die Bekämpfung von Diskriminierungen aus Gründen der Rasse und der ethnischen Herkunft in der Europäischen Gemeinschaft, S. 90.

Der Begriff der Diskriminierung wird damit im gesellschaftlichen und sozialen Bereich einerseits und im juristischen Sinne andererseits unterschiedlich verwendet: Im gesellschaftlichen Bereich meint sie jede unterschiedliche Behandlung von Menschen aufgrund bestimmter Merkmale, die Menschen zugesprochen werden, während im juristischen Sinne nur dann eine Diskriminierung vorliegt, wenn diese nicht gerechtfertigt ist, mithin von der Rechtsordnung nicht gebilligt wird.[392]

Auf europäischer Ebene hat sich innerhalb des Diskriminierungsbegriffs eine weitere Unterscheidung nach unmittelbaren und mittelbaren Diskriminierungen herausgebildet, deren gemeinsames Merkmal wiederum das Vorliegen einer Ungleichbehandlung ist.

1. Ungleichbehandlung

Eine Ungleichbehandlung liegt nach der Rechtsprechung des Europäischen Gerichtshofs zunächst dann vor, wenn Gleiches ungleich behandelt wird. Erfasst ist weiter auch die umgekehrte Situation, in der Ungleiches gleich behandelt wird.[393] Ungleichbehandlungen stellen auch die positive Diskriminierung durch gezielte Bevorzugung oder Privilegierung dar[394], da in einer solchen zugleich auch immer die Benachteiligung eines anderen vergleichbaren Sachverhalts liegt. Dabei hat etwa Art. 19 AEUV nicht zum Ziel schematische Gleichbehandlung zu sichern, sondern relative Gleichbehandlung.[395]

2. Vergleichbare Sachverhalte

Eine Ungleichbehandlung erfordert mindestens zwei Sachverhalte, die miteinander zu vergleichen sind. Das grundsätzliche Problem, welches sich angesichts der Vielgestaltigkeit von Lebenssachverhalten und Merkmalen von Personen hinsichtlich der Frage stellt, wann eine Vergleichbarkeit vorliegt und wann Identität gegeben ist[396], stellt sich im Rahmen von Art. 19 AEUV vor allem aus zwei Gründen nicht: Erstens wird das unerwünschte Diskriminierungsmerkmal durch die Norm selbst vorgegeben und zweitens, dies zeigt die den Inhalt von Art. 19 AEUV konkretisierende RL 2000/78/EG (Art. 2 Abs. 2 a)), ist ein hypotheti-

---

392 *Liu*, Arbeitsrechtliche Diskriminierung durch Arbeitnehmer, S. 5; *Nickel*, Gleichheit und Differenz in der vielfältigen Republik, S. 69.

393 Vgl. EuGH, Rs. 13/63, *Italien/Kommission*, Slg. 1963, S. 359 (384); Rs. 8/82, *Wagner*, Slg. 1983, S. 371 (387 Rn. 18); Rs. 279/93, *Schumacker*, Slg. 1995, S. 225 (259 Rn. 30); Rs. C-411/96, *Boyle u.a.*, Slg. 1998, S. 6401 (6455 Rn. 39).

394 Vgl. *Kingreen*, in: Ehlers, Europäische Grundrecht und Grundfreiheiten, S. 479 (482).

395 *Althoff*, Die Bekämpfung von Diskriminierungen aus Gründen der Rasse und der ethnischen Herkunft in der Europäischen Gemeinschaft, S. 92; a.A. *Meyer*, Das Diskriminierungsverbot des Gemeinschaftsrechts als Grundsatznorm und Gleichheitsrecht, S. 35.

396 Vgl. *Plötscher*, Der Begriff der Diskriminierung im Europäischen Gemeinschaftsrecht, S. 65.

scher Vergleich ausreichend. Eine vergleichbare Situation muss mithin nicht tatsächlich bestehen, wenngleich man hinsichtlich des Merkmals Alter eine solche doch in den meisten Fällen vorfinden wird. Gleichwohl ist deswegen der Vergleich als solcher nicht generell entbehrlich. Wäre dies der Fall, so würde jegliche Behandlung einer Person aus einem der in Art. 19 AEUV genannten Merkmale rechtfertigungsbedürftig.

Dies wirft nicht nur schwer überwindbare praktische Schwierigkeiten auf, sondern ist auch mit Blick auf den Zweck des Gleichbehandlungsrechts nicht erforderlich. Der hypothetische Vergleich iSd Art.2 Abs. 2 a) RL 2000/78/EG ist damit dahingehend zu verstehen, das zwar ein Vergleichspaar abstrakt festgelegt werden muss, nicht jedoch im konkreten Einzelfall tatsächlich auch ein solches vorhanden sein muss.

3. Unmittelbare Diskriminierung

Eine unmittelbare Diskriminierung liegt dann vor, wenn einer Person eine schlechtere Behandlung widerfährt als einer anderen, wobei die Schlechterstellung direkt an ein verpöntes Merkmal, im vorliegenden Kontext das Alter, anknüpft. Teilweise wird auch von direkter oder formeller Diskriminierung gesprochen (bzw. indirekter und materieller Diskriminierung). Teilweise werden auch die Begriffe offene und verdeckte Diskriminierung synonym für unmittelbare und mittelbare Diskriminierungen verwendet.[397]

4. Mittelbare Diskriminierung

Die Unterscheidung zwischen unmittelbarer und mittelbarer Diskriminierung wurde vom EuGH im Kern für das Merkmal der Staatsangehörigkeit entwickelt, der Sache nach wurde sie jedoch bereits auch in anderem Zusammenhang verwendet.[398] Sie ist ein Standardelement des internationalen Diskriminierungsschutzes.[399] Im Unterschied zur unmittelbaren Diskriminierung wird bei der mittelbaren Diskriminierung nicht direkt an das verpönte Merkmal angeknüpft. Im Vordergrund steht ein an sich neutrales Kriterium, das naturgemäß jedoch nur bei bestimmten Personen oder Personengruppen vorkommt.[400]

II. Gründe für Diskriminierung

Will man Zielsetzungen und Notwendigkeit des Gleichbehandlungsrechts untersuchen, erscheint es zweckmäßig, sich zunächst das Problem – mithin die Gründe für Diskriminierungen – zu vergegenwärtigen.

---

397 *Streinz*, in: Streinz, EUV/ EGV, Art. 12 EG Rn. 49; *Joloubek*, in: Schwarze, EUV/EGV, Art. 12 EG Rn. 41; *Grabenwarter*, in: Grabitz/ Hilf, Das Recht der Europäischen Union, Art 13 EGV Rn. 25.

398 Vgl. EuGH Rs. C-15/69, *Ugliola*, Slg. 1969, 363 Rn. 6.

399 *Mahlmann*, in: Rudolf/ Mahlmann (Hrsg.), Gleichbehandlungsrecht, § 3 Rn. 27.

400 Vgl. zum Begriff der mittelbaren Diskriminierung ausführlich unten S. 197 f.

Die Gründe, warum Diskriminierungen wegen des Alters vorkommen, sind vielfältig. Wagt man eine Kategorisierung, so erscheint es zweckmäßig, hinsichtlich des Merkmals Alter zwischen dem Bereich des Erwerbslebens und dem sonstigen Gesellschaftsleben zu unterscheiden, wobei es zwischen beiden Bereichen zu Überschneidungen kommen kann. Die Hauptursache für benachteiligende, nicht gerechtfertigte Ungleichbehandlungen bestimmter Personen oder Personengruppen sind soziale Vorurteile der Gesellschaft.[401] Als solche bezeichnet man ungerechte und damit falsche Wertungen, die erlernt und weitergegeben werden.[402] Vereinfacht kann man sagen, dass die Diskriminierung das äußere Verhalten darstellt, dass seine Ursache in einem inneren Vorurteil hat.[403] Diesem Bereich zuzuordnen sind die bereits genannten zahlreichen Stereotypen, die mit höherem Alter verbunden werden und vor allem die Situation Älterer am Arbeitsmarkt bestimmen. Daneben kommen als weitere Ursachen für Diskriminierungen die Rücksichtnahme einer möglicherweise selbst nicht vorurteilsbehafteten Person auf die Vorurteile anderer, sowie ein auf unterschiedlichsten Gründen beruhenden Eigeninteresse des Diskriminierenden, in Betracht.[404] Grob kann man für das Erwerbsleben drei (Unter)Kategorien von Gründen für eine Diskriminierung wegen des Alters bilden. Es sind dies erstens arbeitsplatzbezogene Vorurteile, zweitens Paternalismus und drittens Wirtschaftlichkeit.[405]

Wie bereits gezeigt, sind Stereotype hinsichtlich des Alters weit verbreitet. Älteren Menschen wird aus den unterschiedlichsten Gründen nichts zugetraut und erfahren infolgedessen eine nachteilige Behandlung, vor allem im Bereich des Arbeitslebens. Hierbei handelt es sich gewissermaßen um einen klassischen Sektor der Diskriminierung, wobei dieser – wahrscheinlich nicht nachweisbar, weil Vorurteile nur selten offen ausgesprochen werden – einer der häufigsten sein wird. Paternalismus als zweiter Grund für Altersdiskriminierungen unterscheidet sich vom Motiv der Vorurteile dadurch, dass Diskriminierungen in diesen Fällen auch auf grds. anerkennenswerten Motiven beruhen können. Weist der Arbeitgeber Menschen eines bestimmten Alters bestimmte Tätigkeiten nicht zu, etwa weil er sie für zu gefährlich hält, so kann es sich zwar rechtlich um Fälle von Diskriminierungen handeln, ein Fall des age-ism, also der bewussten Altersfeindlichkeit liegt hierin jedoch nicht zwingend. Die letzte große Gruppe der Gründe für Diskriminierungen bilden rein wirtschaftlich orientierte Überlegungen. Im Bereich des Arbeitslebens dürften diese die maßgeblichen sein. So mag

---

401 Vgl. *Thüsing*, Arbeitsrechtlicher Diskriminierungsschutz, S. 27.
402 *Coester-Waltjen*, Zielsetzung und Effektivität eines Antidiskriminierungsgesetzes, ZRP 1982, S. 217 (220); *Rehbinder*, Einführung in die Rechtssoziologie, S. 162.
403 Vgl. *Rehbinder*, Einführung in die Rechtssoziologie, S. 162.
404 *Coester-Waltjen*, Zielsetzung und Effektivität eines Antidiskriminierungsgesetzes, ZRP 1982, S. 217 (220)
405 So *Thüsing*, Gedanken zur Effizienz arbeitsrechtlicher Diskriminierungsverbote, RdA 2003, S. 257 (258); *ders.*, Arbeitsrechtlicher Diskriminierungsschutz, S. 27.

ein Arbeitgeber älteren Menschen möglicherweise gefährliche Tätigkeiten nicht zuweisen, weil er Entgeltfortzahlungsansprüche im Verletzungsfall vermeiden will, oder bestimmte Weiterbildungsangebote nur jüngeren Mitarbeitern offen halten, da bei älteren Arbeitnehmern, etwa wegen des nahen Rentenalters, die Investition nicht lohnt. Auch mit zunehmendem Alter tendenziell steigende Löhne sowie besondere Kündigungsschutzvorschriften können hierzu gezählt werden. Gemeinsamer Gedanke und leitendes Kriterium ist hierbei also die Nutzenmaximierung.[406] Diese kann objektiv sein, sofern die unternehmerische Entscheidung auch objektiv zutreffend ist oder subjektiv.

Letzteres ist etwa dann der Fall, wenn ein Arbeitgeber infolge unvollständiger Erkenntnis die Gleichwertigkeit der Leistungsfähigkeit eines älteren gegenüber einem jüngeren Arbeitnehmer unterschiedlich beurteilt. Das Alter stellt hierbei, wie u.a. seine weite Verbreitung im deutschen (Arbeits)Recht zeigt, ein leicht nachweisbares Kriterium zur Unterscheidung dar. Nicht zuletzt hierin besteht die Effizienz für Unternehmer, Ungleichbehandlungen wegen des Alters vorzunehmen. Wenn es allgemein effizient ist, Arbeitnehmer nicht zu überfordern, so gilt dies auch für die Nichtzuweisung von Tätigkeiten, die infolge tatsächlicher oder unterstellter verminderter Leistungsfähigkeit oder Gebrechlichkeit oder eines erhöhten Gefahrenpotentials, mit einer gewissen Wahrscheinlichkeit Risiken in sich bergen. Zur Beurteilung, ob derartige Risiken bestehen, stellt das Alter ein – jedenfalls aus wirtschaftlicher Sicht – gegenüber eingehenden Untersuchungen, die im Übrigen nur Momentaufnahmen darstellen, kostengünstiges Beurteilungsmerkmal dar.[407]

---

406 Vgl. *Thüsing*, Gedanken zur Effizienz arbeitsrechtlicher Diskriminierungsverbote, RdA 2003, S. 257 (259). Der Gedanke der Nutzungsmaximierung findet sich auch als Rechtfertigungsansatz für die Ungleichbehandlung Älterer hinsichtlich des Zugangs zur universitären Bildung hinsichtlich der Gebührenpflicht bei einem Studium ab dem 60. Lebensjahr, vgl. VerfGH Rheinland-Pfalz, DVBl. 2005, S. 501 (503): „(…) die nach Beendigung des Seniorenstudiums zu erwartende Berufsphase im Vergleich zur voraussichtlichen Dauer des Berufslebens junger Absolventen deutlich knapper ausfällt. Damit ist aber auch der mit der Finanzierung des Erststudiums erwartete gesellschaftliche Nutzen geringer." Bemerkenswert ist, dass der Verfassungsgerichtshof an gleicher Stelle anmerkt, dass mit dieser Aussage nicht in Abrede gestellt werden soll, das auch Studierende nach erfolgreichem Abschluss noch qualifiziert beruflich tätig werden können.

407 Vgl. *Thüsing*, Gedanken zur Effizienz arbeitsrechtlicher Diskriminierungsverbote, RdA 2003, S. 257 (259), der anschaulich formuliert: „Statt zu warten, ob ein Flugzeug aufgrund altersbedingter Ausfälle des Piloten vom Himmel fällt, mag es sinnvoller sein, die allgemein praktizierten Altersgrenzen für das Cockpit anzuerkennen."

III. Zielsetzung, Zweck und Notwendigkeit des Gleichbehandlungsrechts

Die modernen Rechtsordnungen als Ausdruck gesellschaftlicher Wertvorstellungen gehen heute im Allgemeinen von dem Grundgedanken aus, dass der Wertstatus eines Menschen aufgrund bestimmter, seien es angeborene oder angenommene Merkmale, nicht angehoben oder verringert werden kann. Die hierin zum Ausdruck kommende ethische Grundaussage lässt sich mit Locke auf den Satz zurückführen: Menschen sind frei und gleich.[408] Die Idee der Wertgleichheit aller Menschen wird in der Gegenwart mit dem (Rechts)Begriff der Menschenwürde in Verbindung gebracht[409] und damit präzisiert und fortentwickelt.[410] Es muss an dieser Stelle nicht betont werden, dass die ethische Grundidee von Freiheit und Gleichheit keine umfassende faktische Gleichheit mit sich bringt. Verwirklichung und Gewährleistung, einschließlich der Reichweite, ist die Aufgabe des Rechts, insbesondere die des Gleichbehandlungsrechts. Dies gilt sowohl für die Erhaltung und den Schutz bestehender Gleichheit, aber auch, freilich in Grenzen, für positive Maßnahmen um Gleichheit und damit Gerechtigkeit[411] in den Bereichen herzustellen, in denen sie nicht vorhanden ist.[412] Gleichbehandlungsrecht ist damit auf sozioökonomische Gestaltung ausgerichtet.[413]

Das europäische Antidiskriminierungsrecht rückt aktuell die ethischen Gründe der Verhinderung von Ungleichbehandlungen in den Vordergrund, wirtschaftliche Gründe spielen – anders als früher[414] – lediglich eine untergeordnete

---

408   *Locke*, Two Treaties on Government, The Second Treaties,§ 6: "The State of Nature has a Law of Nature to govern it, which obliges everyone: And Reason, which is that Law, teaches all Mankind, who will but consult it, that being all equal and independent, no one ought to harm another in his Life, Health, Liberty, or Possessions."

409   Art. 1 Abs. 1 GG; den Zusammenhang zwischen Gleichheitsrecht und Menschenwürde bringt die RL 2000/78/EG in ihren Erwägungsgründen 1 bis 9 zum Ausdruck.

410   Vgl. *Mahlmann*, in: Rudolf/Mahlmann, Gleichbehandlungsrecht, § 1 Rn. 8.

411   Seit der antiken Gerechtigkeitsdiskussion werden Gleichheit und Gerechtigkeit zusammengedacht, vgl. *Aristoteles*, Nikomachische Ethik, Buch V, Übersetzung von Gigon, S. 209; Überblick bei *Gosepath*, Gleiche Gerechtigkeit, S. 246 ff.

412   Vgl. *Mahlmann*, in: Rudolf/Mahlmann, Gleichbehandlungsrecht, § 1 Rn. 17.

413   Vgl. *Schiek*, Allgemeines Gleichbehandlungsgesetz (AGG), Einl. Rn. 42.

414   So war die Einführung des ursprünglichen Art. 119 EWG (Entgeltgleichheit von Männern und Frauen) als älteste Antidiskriminierungsvorschrift primär wirtschaftspolitisch motiviert, insbesondere durch die Befürchtung Frankreichs, Mitgliedstaaten der Gemeinschaft (jetzt Union) könnten Wettbewerbsvorteile erlangen, wenn die – damals in Frankreich bereits bestehende – Regel des gleichen Entgelts für Männer und Frauen bei gleicher Arbeit nicht in allen Mitgliedstaaten einheitlich angewandt würde, vgl. dazu ausführlich *Langenfeld*, in: Grabitz/ Hilf, Das Recht der Europäischen Union, Art. 141 EG Rn. 7; ebenso *Krause*, Case C-54/07, CMLR 2010, S. 917 (926).

Rolle.[415] Langfristig soll der Fixierung kategorisierender, durch negative Distinktion ausgezeichneter, Merkmale bestimmter Personen oder Personengruppen entgegen gewirkt , und die, durch gleichzeitige positive Distinktion anderer Personen oder Personengruppen entstehende Trennung und Wertungleichheit, die zu einer sozialen Herabsetzung und Wertminderung, und damit einer Verletzung des Achtungsanspruchs des Einzelnen der kategorisierten Gruppe führt, abgebaut werden[416]

Gerechtigkeit im System des Gleichbehandlungsrechts wird dabei zunächst als verhältnismäßige Gleichheit verstanden.[417] Noch keine Aussage beinhaltet diese Position hinsichtlich der denkbaren Formen von Gleichheit. Damit ist die Unterscheidung von formaler und materieller Gleichheit angesprochen. Erstere fordert, Gleiches gleich und Ungleiches ungleich zu behandeln.[418] Materielle Gleichheit geht über die Gewährleistung von prozeduraler Gerechtigkeit hinaus, indem sie das Ergebnis bzw. die faktische Wirksamkeit einer Maßnahme in die Betrachtung einbezieht. Dies wird erreicht durch Eingriffs- bzw. Fördermaßnahmen, die die ursprünglichen unterschiedlichen Ausgangssituationen zweier oder mehr Personen einer bestimmten Zielvorgabe entsprechend angleichen.[419] Diese Gleichstellung ist von der schlichten Gleichbehandlung zu unterscheiden.[420] Das Konzept der europäischen Antidiskriminierungspolitik vereinigt beide Formen der Gleichheitsgewährleistung. Abstrakt generelle Grundsätze existieren hierbei nicht. So steht bei der Entgeltgleichheit nach der Rechtsprechung des Europäischen Gerichtshofs die formelle Gleichbehandlung im Vordergrund, während in der Entscheidung in der Rechtssache Mangold demgegenüber materielle Gesichtspunkte in den Vordergrund gerückt werden. So läge eine formelle Gleichbehandlung in letzterem Fall auch vor, wenn alle Arbeitnehmer, ohne

---

415 Vgl. *Thüsing*, Gedanken zur Effizienz arbeitsrechtlicher Diskriminierungsverbote, RdA 2003, S. 257.

416 Vgl. *Kramer*, Ageismus – Zur sprachlichen Diskriminierung des Alters, in: Fiehler/ Thimm, Sprache und Kommunikation im Alter, S. 257 (260); *Schiek*, Allgemeines Gleichbehandlungsgesetz (AGG), Einl. Rn. 43. Das europäische Antidiskriminierungsrecht geht dabei über den Gedanken eines bloßen Minderheitenschutzes hinaus, was infolge der demografischen Entwicklung am Merkmal des Alters besonders deutlich wird. So besitzt jeder Mensch ein Alter, ein Geschlecht, eine bestimmten sexuellen Identität oder eine bestimmte Ethnie.

417 So auch *Mahlmann*, in: Rudolf/Mahlmann, Gleichbehandlungsrecht, § 1 Rn. 18.

418 Vgl. Dreier-*Heun*, GG, Art. 3 Rn. 2, die dieses Prinzip schon auf die aristotelische Ethik zurückführen: „So hält man z.B. dies Recht für Gleichheit, und das ist es auch, aber als Gleichheit nur für Gleiche, nicht für alle. Und so hält man auch die Ungleichheit für Recht, und sie ist es ja auch, aber nicht für alle, sondern nur für Ungleiche.", *Aristoteles*, Politik, S. 1280a; zitiert nach *Schiek*, allgemeines Gleichbehandlungsgesetz (AGG), Einl. Rn. 51 (Fn. 174).

419 Vgl. *Sprenger*, Das arbeitsrechtliche Verbot der Altersdiskriminierung, S. 11.

420 *Fastrich*, Gleichbehandlung und Gleichstellung, RdA 2000, S. 65 (66); *Reichhold*, Sozialgerechtigkeit versus Vertragsgerechtigkeit, JZ 2004, S. 384 (388).

Rücksicht auf ihr Alter in dem Sinne schlechter behandelt worden wären, dass mit allen befristete Arbeitsverträge abgeschlossen werden könnten ohne das ein sachlicher Grund vorliegt.[421] Deutlich werden die Aspekte der Gewährleistung materieller Gleichheit auch bei Diskriminierungen wegen einer Schwangerschaft. So hat der Europäische Gerichtshof in der Rechtssache Thibault entschieden, dass die RL 76/ 207/EWG auch die tatsächliche Gleichheit von Männern und Frauen bezwecke, indem sie den Mitgliedstaaten erlaube Frauen Sonderrechte in Schwangerschaft und Mutterschaft einzuräumen und damit gegenüber Männern zu bevorzugen.[422] Demgegenüber besteht bei der Entgeltgleichheit zwar ein Anspruch der Benachteiligten auf das höhere Entgelt bis eine Neuregelung geschaffen wird. Im Rahmen der Neuregelung ist eine Verschlechterung jedoch nicht ausgeschlossen, sofern sie alle Betroffenen gleichermaßen betrifft.[423] Aspekte der materiellen Gleichheit kommen vor allem durch die Möglichkeit der Ergreifung positiver Maßnahmen zur Beseitigung von Diskriminierungen sowie in der Zuordnung von mittelbaren Diskriminierungen als Diskriminierung zum Ausdruck.[424] Weiter ist die Verwirklichung von Gleichbehandlung ausdrückliches Ziel der Gleichbehandlungsrichtlinie 2000/78/EG wie sich aus Art. 1 der RL ergibt. Damit wird die tatsächliche Wirkung von Gleichheitsgewährung in die Betrachtung einbezogen.

Neben dieser ethischen Sichtweise lässt sich die Notwendigkeit und Zielsetzung des Gleichbehandlungsrechts auch aus der Struktur der Europäischen Union selbst herleiten. So nennt Art. 3 Abs. 3 EUV als Ziel der Union u.a. die Bekämpfung sozialer Ausgrenzung und Diskriminierungen und die Förderung sozialer Gerechtigkeit und sozialen Schutzes sowie die Förderung einer nachhaltigen Entwicklung Europas auf der Grundlage eines ausgewogenen Wirtschaftswachstums. Zu diesem gehören auch die Frage der nachhaltigen Finanzierbarkeit gesetzlicher Sozialversicherungssysteme sowie die Frage des Arbeitskräftepotentials für die Wirtschaft.[425] Diskriminierungen gefährden die Erreichung dieses Ziels, da sie dazu führen, dass das vorhandene Arbeitspotenzial nicht voll ausgeschöpft wird und nicht alle Mitglieder der Gesellschaft am Arbeitsmarkt

---

421 *Mahlmann*, in: Rudolf/ Mahlmann, Gleichbehandlungsrecht, § 3 Rn. 52.

422 EuGH, Rs. C-136/95, *Caisse/ Thibault*, Slg. 1998, S. I-2011 Rn. 26.

423 Vgl. EuGH, Rs. C-43/75, *Defrenne II*, Slg. 1976, S. 455 Rn. 14 f.; Rs. C-200/91, *Colorell Pension Trustees* Ltd., Slg. 1994, I-4387 Rn. 33.

424 Vgl. *Schiek*, Allgemeines Gleichbehandlungsgesetz (AGG), Einl. Rn. 54, die zu dem Ergebnis kommt, dass die Richtlinie stärker zur materiellen Gleichheit tendiert, *dies.*, aaO Rn. 64.

425 Vgl. den Bericht der Kommission zur Erhöhung der Erwerbsbeteiligung und Förderung des aktiven Alterns KOM (2002) 9 endg. S. 3; abrufbar unter: http://eur-lex.europa.eu/LexUriServ/LexUriServ.do?uri=COM:2002:0009:FIN:DE: PDF; *Kuras*, Verbot der Diskriminierung wegen des Alters, RdA 2003 (Sonderbeilage Heft 5), S. 11.

beteiligt werden.[426] Die Fähigkeiten von Personen, die aufgrund ihres Alters diskriminiert werden stehen dem Arbeitsmarkt nicht zur Verfügung. In ökonomischer Hinsicht setzt die Verwirklichung eines Gemeinsamen Marktes jedoch auch die Auswahl des jeweils bestqualifizierten Bewerbers voraus, die durch Antidiskriminierungsmaßnahmen gefördert werden soll.[427] Hinsichtlich der Altersdiskriminierung gilt dies in besonderem Maße vor dem Hintergrund der demografischen Entwicklung in Europa. Das zunehmende Durchschnittsalter der Bevölkerung rückt den Bereich der Altersdiskriminierung, insbesondere von Älteren in den Vordergrund. Diskriminierungen in diesem Bereich bergen die Gefahr, sich nachhaltig negativ auf den Arbeitsmarkt und damit Wirtschaft und Gesellschaft auszuwirken, so dass es erforderlich ist, das (persönliche und produktive) Potential von Arbeitskräften als wirtschaftlichen Wert unabhängig von Diskriminierungsmerkmalen auszuschöpfen. Die wirtschaftliche Leistungsfähigkeit der Europäischen Union steht damit in unmittelbarem Zusammenhang zu einer effektiven Bekämpfung von Diskriminierungen.[428]

Freilich ist Antidiskriminierungspolitik zunächst ein Bereich der Sozialpolitik. Auch unter diesem Gesichtspunkt dient das Gleichbehandlungsrecht der Verwirklichung der Ziele der Europäischen Union. Der stetige Ausbau des Antidiskriminierungsrechts, insbesondere auch im Bereich der Altersdiskriminierung, spiegelt das Selbstbild der Union wieder, die sich inzwischen nicht nur als Wirtschaftsgemeinschaft sondern auch als Sozial- und Wertegemeinschaft begreift.[429] Die Europäische Union verwirklicht durch Antidiskriminierungsmaßnahmen damit ihre Verantwortung gegenüber den Bürgern, indem sie diskriminierte Personengruppen schützt, ihre Lebensbedingungen verbessert, Teilhabechancen eröffnet und so zum sozialen Zusammenhalt in der Union beiträgt. Insofern stellt das Gleichbehandlungsrecht einen Ausdruck sozial"staatlichen" Handelns dar.

Die Schaffung rechtlicher Regelungen im Bereich der Altersdiskriminierung für Beschäftigung und Beruf bildet hierbei ein Mittel, die Teilhabe von Personen am Erwerbsleben zu gewährleisten und damit die Voraussetzung der Teilhabe

---

426 *Meyer*, Das Diskriminierungsverbot des Gemeinschaftsrechts als Grundsatznorm und Gleichheitsrecht, S. 21. Dieser Zusammenhang kommt auch in Art 3 Abs. 3 EUV zum Ausdruck, in dem im Zusammenhang mit dem Ziel der Europäischen Union einen Binnenmarkt zu errichten heißt, dass hierzu soziale Ausgrenzungen und Diskriminierungen bekämpft werden.

427 Vgl. *Althoff*, Die Bekämpfung von Diskriminierungen aus Gründen der Rasse und ethnischen Herkunft in der Europäischen Gemeinschaft, S. 76.

428 Vgl. *Althoff*, Die Bekämpfung von Diskriminierungen aus Gründen der Rasse und ethnischen Herkunft in der Europäischen Gemeinschaft, S. 76.

429 Vgl. Art. 3 EUV. Zu diesem Selbstverständnis *Zuleeg*, Der Schutz sozialer Rechte in der Rechtsordnung der EG, EuGRZ 1992, S. 329; *Schiek*, Allgemeines Gleichbehandlungsgesetz (AGG), Einl. Rn. 28.

und Integration am gesellschaftlichen Leben insgesamt zu fördern.[430] Antidiskriminierungsrecht stellt damit, auf europäischer wie auch auf nationaler Ebene, das Instrument der Politikrealisierung dar.[431]

Dieser Umstand ist umso mehr vor dem Hintergrund von Bedeutung ein Europa der Bürger zu schaffen. So ist Antidiskriminierungspolitik und Gleichbehandlungsrecht u.a. auch Ausdruck, dass die Europäische Union über eine bloße Zweckgemeinschaft hinausgeht und ihr ein bestimmtes Vorstellungsbild des menschlichen Zusammenlebens zugrunde liegt. Sie kann damit einen entscheidenden Beitrag zur Identitätsstiftung der Europäischen Union leisten, indem sie sich für die Belange bestimmter Personengruppen einsetzt und so Europa den Bürgern näher bringt, indem sie historische und gesellschaftliche Erfahrungen der Diskriminierung von Personengruppen aufgreift und entsprechende (Gegen-)Maßnahmen ergreift.[432] Gleichbehandlungsrecht verfolgt damit sowohl ein demokratiebezogenes Anliegen, als auch ein individualbezogenes Anliegen, durch die schlichte Gleichstellung in alltäglichen Lebenssituationen.[433]

In der ursprünglichen Fassung enthielt das primäre Gemeinschaftsrecht (jetzt Unionsrecht) nur vereinzelt Ansätze eines spezifischen Diskriminierungsschutzes. Zu nennen sind an dieser Stelle vor allem Art. 157 AEUV (ex. Art. 141 EG/ ex Art. 119 EWG), der die Gleichbehandlung der Geschlechter festlegte. Allerdings normierte dieser lediglich einen Diskriminierungsschutz bezüglich des Merkmals des Geschlechts. Auch galt er nur für das Recht der Arbeitsbedingungen und in diesem Rahmen nur für die Entgeltgleichheit.[434] Daneben existierte ursprünglich das Verbot der Diskriminierung aus Gründen der Staatsangehörigkeit, jetzt Art. 18 EAUV (ex. Art. 12 EG/ ex Art. 6 EWG) und ein Diskriminierungsverbot im Bereich der gemeinsamen Organisation der Agrarmärkte,

---

430 Dies kommt auch in Erwägungsgrund Nr. 9 der RL 2000/78/EG zum Ausdruck: „Beschäftigung und Beruf sind Bereiche, die für die Gewährleistung gleicher Chancen für alle und für eine volle Teilhabe der Bürger am wirtschaftlichen, kulturellen und sozialen Leben sowie für die individuelle Entfaltung von entscheidender Bedeutung sind".

431 Vgl. *Igl*, Alter und Recht, FS Thieme, S. 747 (758).

432 Vgl. *Althoff*, Die Bekämpfung von Diskriminierungen aus Gründen der Rasse und ethnischen Herkunft in der Europäischen Gemeinschaft, S. 82 f.; *Flynn*, The implications of Article 13 EC, CMLR 1999, S. 1127 (1151); ähnl. *Meyer*, Das Diskriminierungsverbot des Gemeinschaftsrechts als Grundsatznorm und Gleichheitsrecht, S. 50. Das besondere Diskriminierungsverbote sich häufig als Reaktionen auf historische Erfahrungen zurückführen lassen zeigt auch der besondere Gleichheitssatz des Art. 3 Abs. 3 GG. Ausführlich zum diesem historischen Hintergrund *Sachs*, Die Merkmale verfassungsrechtlicher Unterscheidungsverbote in Deutschland, Der Staat 23 (1984), S. 549 ff.

433 Vgl. *Mahlmann* in: Rudolf/ Mahlmann, Gleichbehandlungsrecht, § 1 Rn. 30.

434 Zu den Hintergründen der Vorschrift *Langenfeld*, in: Grabitz/ Hilf, Das Recht der Europäischen Union, Art. 141 EGV Rn. 7 f.

nunmehr Art. 40 Abs. 2 AEUV (ex. Art. 34 Abs. 2 EG/ ex Art. 40 Abs. 3 EWG).[435]

Erst nach und nach entwickelte sich ein umfassender Schutz vor geschlechtsbedingten Diskriminierungen durch eine Reihe von Richtlinien[436], die nicht zuletzt in Reaktion auf die gleichbehandlungsfreundliche Rechtsprechung des EuGH ergingen. Herausragende Bedeutung erlangte das Diskriminierungsrecht im primären Unionsrecht jedoch maßgeblich durch die Einführung des Art. 19 Abs. 1 AEUV.[437]

Zum heutigen Zeitpunkt kann man von einem umfassenden Diskriminierungsschutzkonzept auf europäischer Ebene sprechen, dass sich vor allem durch vier Merkmale auszeichnet. Zum einen bezieht sich der Diskriminierungsschutz auf eine Vielzahl von verpönten Merkmalen, zweitens erfassen die Diskriminierungsverbote nicht nur das Staat-Bürgerverhältnis sondern auch die Beziehungen zwischen Privatpersonen, indem der nationale Gesetzgeber in Umsetzung der entsprechenden Antidiskriminierungsrichtlinien zur Erstreckung von Diskriminierungsverboten auf bestimmte Privatrechtsverhältnisse verpflichtet wird.[438] Insofern besteht ein deutlicher Unterschied zu den Grundrechten des Grundgesetzes, die abgesehen von der Figur der mittelbaren Drittwirkung grds. nur im Verhältnis des Bürgers zum Staat gelten. Drittens sind die Diskriminierungsverbote in ihrem jeweiligen Anwendungsbereich inhaltlich auf die Schaffung eines einheitlichen Schutzkonzepts gerichtet, einschließlich zugelassener Ausnahmen und der Durchsetzungsmechanismen[439] und viertens, weisen sie einen dynamischen Charakter auf, indem sie auf die immer weitergehende Vervollkommnung des Diskriminierungsschutzes gerichtet sind.[440]

B. Das Alter und europäische Gleichbehandlung

Der Gedanke der Gleichheit und aus ihm resultierende Gleichheitsrechte stellen Kerngewährleistungen des Unionsrechts dar.[441] Auf dem Gebiet der Wirtschaft

---

435 Weiter zu nennen sind im Übrigen die Grundfreiheiten des AEUV.

436 Aufzählung der einzelnen Richtlinien bei *Jestaedt*, Diskriminierungsschutz und Privatautonomie, VVDStRL 64 (2005) S. 298 (305).

437 Dazu ausführlich unten S. 133 ff. Die Kommission bezeichnet die Einführung des Art. 13 EG a.F. als einen „Quantensprung nach vorn bei der Bekämpfung von Diskriminierungen auf EU-Ebene", vgl. KOM (2004) 379 endg., S. 6.

438 Inwieweit sich aus Art. 19 AEUV oder der Mangold Rechtsprechung etwas anderes ergibt siehe unten, S. 121 ff. ...

439 Vgl. dazu Kommission, Grünbuch Gleichstellung sowie Bekämpfung von Diskriminierungen in einer erweiterten Europäischen Union, KOM (2004) 379endg., S. 6 ff., abrufbar unter: http://eur-lex.europa.eu/LexUriServ/site/de/com/2004/com2004_0379de 01.pdf.

440 Vgl. *Jestaedt*, Diskriminierung und Privatautonomie, VVDStRL 64 (2005), S. 298 (315 f.)

441 Vgl. *Cirkel*, Gleichheitsrecht im Gemeinschaftsrecht, NJW 1998, S. 3332.

garantieren Gleichheitsrechte in Gestalt der Grundfreiheiten die rechtliche Gleichstellung von Kapital, Waren, Dienstleistungen, Unternehmen und Arbeitskräften unabhängig vom Herkunftsstaat.[442] Daneben finden sich nichtwirtschaftliche Gleichheitsgewährleistungen, die eine Diskriminierung aus Gründen der Staatsangehörigkeit oder aus Gründen des Geschlechts (Art. 157 AEUV) verbieten. Neben diesen geschriebenen Gleichheitsrechten gelten auf europäischer Ebene auch ungeschriebene Grundrechte, die sich aufgrund von Gewährleistungen in völkerrechtlichen Verträgen, sowie der gemeinsamen Verfassungstraditionen der jeweiligen Mitgliedstaaten bilden.[443] Hinzu kommen die grundrechtlichen Gewährleistungen der mittlerweile verbindlich gewordenen Grundrechtcharta. Auf Grundlage dieser Rechtsquellen entwickelt der Gerichtshof, dessen Befugnis zur Rechtsfortbildung überwiegend aus Art. 19 Abs. 1 EUV (ex. Art. 220 EG) hergeleitet wurde[444], Grundrechte in wertender Rechtsvergleichung. Nach der Rechtsprechung des EuGH beruhen alle Diskriminierungsverbote des Unionsrechts auf einem gemeinsamen Prinzip der Nichtdiskriminierung als allgemeinem Rechtsgrundsatz des Unionsrechts.[445] Zu diesen zählt auch ein allgemeiner ungeschriebener Gleichheitssatz, der seinem Inhalt nach dem Gleichheitssatz des Art. 3 Abs. 1 GG vergleichbar ist und vom EuGH schon früh als ein Grundprinzip des Gemeinschaftsrecht (jetzt Unionsrecht) auf der Grundlage spezifischer Gleichheitssätze entwickelt wurde.[446] Anders als Art. 19

---

442   Die Grundfreiheiten des AEUV bilden in erster Linie Diskriminierungsverbote, vgl. *Jestaedt*, Diskriminierungsschutz und Privatautonomie, VVDStRL 64 (2005), S. 298 (314); *Streinz*, Europarecht, § 12 Rn. 793; *Mahlmann*, in: Rudolf/ Mahlmann, Gleichbehandlungsrecht, § 3 Rn. 6; zur Entwicklung *Walter*, in: Ehlers, Europäische Grundrechte und Grundfreiheiten, § 1 Rn. 35 ff.

443   EuGH, Rs. C-144/04, *Mangold*, NJW 2005, S. 3695 Rn. 74; *Jarass*, EU-Grundrechte, § 2 Rn. 11. Die Existenz von Grundrechten auf Unionsebene hat der EuGH schon früh anerkannt, vgl. EuGH, Rs. 29/69, *Stauder*, Slg. 1969, S. 419 (425 Rn. 7).

444   Vgl. jetzt Art. 10 Abs. 1 S. 2 EUV.

445   EuGH, verb. Rs. 201 u. 202/85, *Klensch*, Slg. 1986, S. 3477 Rn. 9; Rs. C-2/92, *Bostock*, Slg. 1994, I-955 Rn. 23; Rs. C-309/96, *Annibaldi*, Slg. 1997, I-7494 Rn. 18; Rs. C-13/94, *P. vs. S.*, Slg. 1996, I-2143 Rn. 18; Rs. C- 98/91, *Herbrink*, Slg. 1994, I-223 Rn. 27.

446   Danach dürfen vergleichbare Lagen nicht unterschiedlich behandelt werden, soweit eine Differenzierung nicht objektiv gerechtfertigt ist, vgl. *Cirkel*, Gleichheitsrecht im Gemeinschaftsrecht, NJW 1998, S. 3332; EuGH, verb. Rs. 17 u. 20/61, *Schrottumlage*, Slg. 1962, S. 653 (692 f.); verb. Rs. 201 u. 202/85, *Klensch*, Slg. 1986, S. 3477 Rn. 9; Rs. C- 98/91, *Herbrink*, Slg. 1994, I-223 Rn. 27; Rs. C-147/79, *Hochstrass*, Slg. 1980, I-3005 Rn. 7; Rs. C-1/72, *Frilli*, Slg. 1972, 457 Rn. 19; verb. Rs. C-117/76 u. 16/77, *Ruckdeschel*, Slg. 1977, S. 1753 Rn. 7; Rs. 810/79 *Überschär*, Slg. 1980, S. 2747 Rn. 16; auf völkerrechtlicher Ebene findet sich ein allgemeiner Gleichheitssatz in Art. 26 S. 1 IPBPR, BGBl. 1973 II, S. 1533, vgl. auch *Goose*, Der internationale Pakt über bürgerliche und politische Rechte, NJW 1974, S. 1305 (1307). Der allgemeine Gleichheitssatz findet sich in Art. 20 EUGrCH. Weitere ungeschriebene Gemeinschafts-

AEUV stellt dieser Gleichheitssatz jedoch keine Kompetenzgrundlage zum Erlass von Antidiskriminierungsmaßnahmen dar, sondern gibt inhaltlich Vorgaben, an denen sich Maßnahmen rechtfertigen lassen müssen. Welche einzelnen Merkmale des wirtschaftlichen, öffentlichen und privaten Lebens durch den allgemeinen Gleichheitssatz geschützt werden, lässt sich nicht abschließend beurteilen. Parallel zum allgemeinen Gleichheitssatz des deutschen Grundgesetzes, stellt dieser weder einen enumerativen Katalog verbotener Ungleichbehandlungen auf, noch trifft er in irgendeiner anderen Hinsicht eine abschließende Regelung. Auch ist die inhaltliche Ausgestaltung, also die Frage, welche Ungleichbehandlungen bzw. welche Merkmale eine verbotene Ungleichbehandlung begründen können, nicht unveränderlich. Sowohl auf nationaler, als auch auf europäischer Ebene ergibt sich dies aus einem Rückschluss der Existenz spezieller Gleichheitssätze bzw. Diskriminierungsverbote. Der allgemeine Gleichheitssatz auf europäische Ebene entwickelt sich mit den Anschauungen der Gesellschaft. Als Bestandteil der Rechtsordnung bildet er den Wandel gesellschaftlicher Anschauungen ab. Er ermöglicht bestimmte Formen von Ungleichbehandlungen und diskriminierenden Merkmalen, die bisher nicht wahrgenommen oder toleriert wurden, künftig nicht mehr zu tolerieren und zu bekämpfen. Das Verbot der Diskriminierung wegen des Alters bildet insofern ein anschauliches Beispiel. Die noch zu erörternde Richtlinie 2000/78/EG stellt eine Konkretisierung des allgemeinen Gleichheitssatzes dar, indem sie bezüglich des Merkmals des Alters im Kern ein umfassendes Diskriminierungsverbot für die Mitgliedstaaten statuiert. Der Schutz vor Diskriminierung stellt wie die Gleichheit der Menschen vor dem Gesetz ein allgemeines Menschenrecht dar, so dass die Richtlinie auf die Verwirklichung dieser Rechte gerichtet ist.[447]

---

grundrechte (jetzt Unionsgrundrechte), die vom EuGH durch Rechtsfortbildung gewonnen wurden waren die Berufsfreiheit, die Eigentumsgarantie, die Vereinigungs- und Religionsfreiheit, das Recht auf Unverletzlichkeit der Wohnung und die Meinungsfreiheit. Hinzu kommen rechtstaatliche Grundprinzipien, vgl. EuGH, Rs. 44/79, *Hauer*, Slg. 1979, 3727 Rn. 32 und Rn. 17 ff.; Rs. C-415/93, *Bosmann*, Slg. 1995, I-4921 Rn. 79; Rs. C-274/99 P, *Conolly/ Kommission*, Slg. 2001, I-1611 Rn. 39 ff.; verb. Rs. 46/87 u. 227/88, *Hoechst/ Kommission*, Slg. 1989, 2859 Rn. 17; zu rechtsstaatlichen Verfahrensgrundsätzen EuGH verb. Rs. 7/56 u. 3/57 bis 7/57, *Algera u.a./ Gemeinsame Versammlung der EGKS*, Slg. 1957, S. 83 (118 ff.); verb. Rs. 46/87 u. 227/88, *Hoechst/ Kommission*, Slg. 1989, S. 2859 Rn. 19; Rs. 63/ 83, *Regina/ Kirk*, Slg. 1984, S. 2689 Rn. 22; Rs. 169/ 80, *Gondrand Frères*, Slg. 1981, 1931 Rn. 17; Rs. 265/87, *Schräder/ Hauptzollamt Gronau*, Slg. 1989, S. 2237 Rn. 21.

447   Vgl. Erwägungsgrund Nr. 4 der RL 2000/78/EG.

I. Die Entscheidung des EuGH in der Rechtssache Mangold/ Helm[448]

1. Sachverhalt und Entscheidung

Im Jahr 2003 schloss der damals 56 jährige Herr Mangold mit dem Münchener Rechtsanwalt Herrn Helm einen bis zum Jahr 2004 auf acht Monate befristeten Arbeitsvertrag. Gestützt wurde die Befristung von beiden Parteien auf § 14 Abs. 3 S. 4 iVm S. 1 TzBfG[449], wonach eine Befristung von Arbeitsverhältnissen mit Arbeitnehmern, die das 52. Lebensjahr überschritten hatten, ohne sachlichen Grund und ohne Begrenzung, sowohl der Dauer als auch der Anzahl der Verlängerungen möglich, war.[450] Die Vorschrift bildete damit eine Ausnahme von dem Grundsatz des § 14 Abs. 1 TzBfG, wonach die Befristung eines Arbeitsverhältnisses grds. eines sachlichen Grundes bedurfte. Arbeits- und gesellschaftspolitischer Hintergrund dieser, durch das Erste Gesetz für moderne Dienstleistungen am Arbeitsmarkt[451] geänderten Norm, war das Anliegen, die Situation von älteren Arbeitnehmern am Markt zu verbessern.

---

448 EuGH, Rs. C-144/04 *Mangold/ Helm*, NJW 2005, S. 3695 ff.

449 BGBl I S. 1966. Das Gesetz diente der Umsetzung der RL 97/81/EG des Rates vom 15. Dezember 1997 zu der von UNICE, CEEP und EGB geschlossenen Rahmenvereinbarung über Teilzeitarbeit, ABl. EG 1998 Nr. L 14 S. 9 und der RL 1999/70/EG des Rates vom 28. Juni 1999 zu der EGB-UNICE-CEEP-Rahmenvereinbarung über befristete Arbeitsverträge, ABl. EG 1999 Nr. L 175 S. 43; zu den von Anfang an bestehenden europarechtlichen Bedenken der Vorschrift vgl. *Schlachter*, Gemeinschaftsrechtliche Grenzen der Altersbefristung, RdA 2004, S. 352 ff.; *Rolfs*, TzBfG, § 14 Rn 100; Ausführlich zur Geschichte und Entwicklung und Regelungsgehalt der Norm *Polloczek*, Altersdiskriminierung im Licht des Europarechts, S. 121 ff. Die Befristungsklausel des Vertrages lautete wie folgt: „*(...) 2. Die Befristung wird auf die gesetzliche Bestimmung über die erleichterte Befristung mit älteren Arbeitnehmern in § 14 Abs. 3 Satz 4 i.V.m. Satz 1 TzBfG (...) gestützt, weil der Arbeitnehmer älter als 52 Jahre ist. 3. Die Parteien sind sich einig, dass der unter der vorgenannten Ziffer bezeichnete Befristungsgrund der einzige Befristungsgrund ist, auf den die Befristungsabrede gestützt wird. Vom Gesetzgeber und der Rechtsprechung grundsätzlich für zulässig angesehene andere Befristungsgründe werden ausdrücklich ausgeschlossen und sind nicht Gegenstand hiesiger Befristungsabrede.*" Auch die Regelung des § 14 Abs. 3 S. 1 TzBfG a.F. ist nach einen jüngeren Vorlagebeschluss des BAG Gegenstand eines Vorlageverfahrens beim EuGH, vgl. BAG, Beschluss v. 16. Oktober 2008 – 7 AZR 253/07 (A).

450 Nach § 14 Abs. 3 S. 1 TzBfG a.F. bedurfte es keinen sachlichen Grundes zur Befristung eines Arbeitsverhältnisses mit Arbeitnehmern, die das 58. Lebensjahr überschritten hatten; S. 4 der Vorschrift senkte dieses Alter für die Zeit bis zum 31.12.2006 auf das 52. Lebensjahr ab. Damit waren sog. Kettenbefristungen ohne sachlichen Grund ab dem 52. Lebensjahr möglich. Zu einem vorhergehenden unbefristeten Arbeitsvertrag mit demselben Arbeitgeber durfte jedoch kein enger sachlicher Zusammenhang bestehen (§ 14 Abs. 3 S. 2, 3 TzBfG a.F.). Zu § 14 TzBfG allgemein, *Lembke*, Die sachgrundlose Befristung von Arbeitsverträgen in der Praxis, NJW 2006, S. 325 ff.

451 BGBl I 2002, S. 4607 (sog. „Hartz I-Gesetz"). Zur Entstehungsgeschichte und Entwicklung der gesetzlichen Grundlagen für die Befristung von Arbeitsverhältnissen *Ko-*

Der Gesetzgeber vertritt die Ansicht, dass befristete Arbeitsverträge ein wirksames Instrument zur Förderung von Neueinstellungen darstellen; Arbeitgeber sollen hierdurch veranlasst werden, bei guter Wirtschaftslage diese auch arbeitslosen älteren Arbeitnehmern zugutekommen zu lassen, indem sie zumindest befristete Arbeitsverträge schließen, bei denen weder der Bestandsschutz des Kündigungsschutzgesetzes eingreift, noch ggf. (hohe) Abfindungen bezahlt werden müssen, und nicht etwa zunächst eine Stabilisierung der Auftragslage abwarten und auf Überstunden bereits beschäftigter Arbeitnehmer ausweichen.[452]

Herr Mangold klagte gegen die Befristung mit der Begründung, dass die im Arbeitsvertrag getroffene Befristungsabrede u.a. unvereinbar mit der Richtlinie 2000/78/EG sei. Das mit dem Fall befasste Arbeitsgericht München teilte diese Zweifel an der Vereinbarkeit des § 14 Abs. 3 TzBfG mit den gemeinschaftsrechtlichen (jetzt unionsrechtlichen) Vorgaben der Richtlinie und leitete ein Vorabentscheidungsverfahren gemäß Art. 267 AEUV beim EuGH ein.[453] Es sah vor allem einen Verstoß der Vorschrift gegen Art. 6 RL 2000/78/EG, da der Schutz älterer Arbeitnehmer durch die Herabsetzung des Alters für sachgrundlose Befristungen von Arbeitsverhältnissen nicht sichergestellt wäre.[454]

---

berski, Befristete Arbeitsverträge älterer Arbeitnehmer im Einklang mit Gemeinschaftsrecht, NZA 2005, S. 79 f.

452   Vgl. schon die Gesetzesbegründung zum Beschäftigungsförderungsgesetz (BeschFG) in BT-Drs. 10/2102 u. BT-Drs. 13/4612; *Koberski*, Befristete Arbeitsverträge älterer Arbeitnehmer im Einklang mit Gemeinschaftsrecht, NZA 2005, S. 79; *Bauer*, Sachgrundlose Altersbefristung nach den „Hartz-Gesetzen", NZA 2003, S. 30; *Schlachter*, Gemeinschaftsrechtliche Grenzen der Altersbefristung, RdA 2004, S. 352; *Preis*, Verbot der Altersdiskriminierung als Gemeinschaftsgrundrecht, NZA 2006, S. 401 mit Hinweis darauf, dass der Anteil befristeter Arbeitsverträge von älteren Arbeitnehmern unter Geltung der Norm nicht gestiegen ist. Dies dürfte indessen nicht auf den Grundgedanken der Norm zurückzuführen sein: Grds. kann von einer beschäftigungsfördernden Tendenz durch das Absehen von Kündigungsschutzvorschriften ausgegangen werden. Das Risiko bei § 14 TzBfG lag vielmehr in den geäußerten und letztlich bestätigten europarechtlichen Bedenken. Die Unwirksamkeit der Norm führt bei auf sie gestützten Arbeitsverträgen zu einem unbefristeten Arbeitsvertrag.

453   ArbG München, Vorlagebeschluss v. 29. Oktober 2003 – 26 Ca 14314/03, NZA-RR 2005, S. 43 ff.

454   Daneben ging es um die Vereinbarkeit von § 14 Abs. 3 TzBfG mit der RL 1999/70/EG und der darin inkorporierten Rahmenvereinbarung der europäischen Sozialpartner über befristete Arbeitsverträge (RV-B) vom 18. März 1999. Die Regelungen spielten im weiteren Verfahren im Hinblick auf das Verbot der Altersdiskriminierung jedoch lediglich eine untergeordnete Rolle, da der EuGH entschied, dass der Anwendungsbereich der Richtlinie bei einer einmaligen Befristung – die Parteien im Fall Mangold hatten nur einen Arbeitsvertrag geschlossen - nicht berührt sei, so dass sie in der nachfolgenden Betrachtung ausgeklammert wurden. Vgl. dazu *Koberski*, Befristete Arbeitsverträge älterer Arbeitnehmer im Einklang mit Gemeinschaftsrecht, NZA 2005, S. 79 (80 f.); sowie *Preis*, Verbot der Altersdiskriminierung als Gemeinschaftsgrund-

Zunächst stellt der EuGH, insbesondere unter Berücksichtigung des in Art. 1 RL 2000/78/EG festgelegten Ziels, der Bekämpfung der Diskriminierung aus Altersgründen in Beschäftigung und Beruf, fest, dass die Regelung des § 14 Abs. 3 S. 4 TzBfG eine unmittelbar am Alter anknüpfende Ungleichbehandlung darstellt.[455] Anschließend unterzieht der Gerichtshof die Regelung einer Rechtfertigungsprüfung am Maßstab des Art. 6 Abs. 1 RL 2000/78/EG. Die Zwecksetzung der Vorschrift, die berufliche Eingliederung älterer Arbeitnehmer zu fördern, sah der Gerichtshof als legitimes Ziel an und erblickte in ihr eine objektive und angemessene Rechtfertigung iSd Art. 6 der RL 2000/78/EG.[456] Nach Ansicht des Gerichtshofs können beschäftigungspolitische Motive eine Ungleichbehandlung wegen des Alters rechtfertigen. Den Mitgliedstaaten komme bei der Wahl der Maßnahmen zur Erreichung ihrer Ziele im Bereich der Arbeits- und Sozialpolitik ein weiter Ermessensspielraum zugute.[457] Gleichwohl war das Vorabentscheidungsverfahren im konkreten Fall begründet, da nach Ansicht des EuGH das Mittel des § 14 Abs. 3 S. 4 TzBfG nicht angemessen und erforderlich, mithin unverhältnismäßig sei: Im Ergebnis führe die Regelung dazu, dass Arbeitnehmer, die das 52. Lebensjahr überschritten haben, für den Rest des Erwerbslebens von festen Beschäftigungsverhältnissen allein wegen ihres Alters, ohne Berücksichtigung konkret individueller Belange, ausgeschlossen seien. Eine Rechtfertigung scheide, auch unter Berücksichtigung des den Mitgliedstaaten zukommenden Ermessensspielraums bei der Wahl der Mittel, aus.

In der Begründung führt der EuGH u.a. aus, das Verbot der Diskriminierung wegen des Alters habe seinen Ursprung in verschiedenen völkerrechtlichen Verträgen und Verfassungen der Mitgliedstaaten. Daraus ergebe sich, dass das Verbot der Altersdiskriminierung einen allgemeinen Rechtsgrundsatz des europäischen Gemeinschaftsrechts (jetzt Unionsrechts) darstelle.[458] Er leitet das Verbot der Diskriminierung aus Gründen des Alters damit nicht aus der RL 2000/78/EG ab, sondern sieht es selbst auf primärrechtlicher Ebene gewährleistet.

§ 14 Abs. 3 TzBfG stelle damit eine nach (primärem) Gemeinschaftsrecht unzulässige Diskriminierung wegen des Alters dar und dürfte von den nationalen Gerichten nicht angewendet werden.

---

recht, NZA 2006, S. 401 (402). Die Rahmenvereinbarung sieht u.a. bestimmte Beschränkungen vor, um einen Missbrauch von aufeinander folgenden Befristungen zu vermeiden.

455 EuGH, Rs. C-144/04 *Mangold/ Helm*, NJW 2005, S. 3695 Rn. 57.
456 EuGH, Rs. C-144/04 *Mangold/ Helm*, NJW 2005, S. 3695 Rn. 58. Vgl. auch EuGH, Rs. 267/06, *Maruko*, Slg. 2008, I-00000 Rn. 68 ff. Danach fällt auch die Festlegung des Familienstands und der Zulässigkeit vom Familienstand abhängiger Leistungen in die Zuständigkeit der Mitgliedstaaten.
457 EuGH, Rs. C-144/04 *Mangold/ Helm*, NJW 2005, S. 3695 Rn. 63.
458 EuGH, Rs. C-144/04 *Mangold/ Helm*, NJW 2005, S. 3695 Rn. 75; zustimmend *Bieback*, Altersdiskriminierung: Grundsätzliche Strukturen und sozialrechtliche Probleme, in: Loccumer Protokolle 04/06, S. 87 (88).

2. Kritische Analysen in der Literatur

Der deutsche Gesetzgeber hat § 14 Abs. 3 TzBfG infolge der Mangold-Entscheidung geändert. Seit dem 1. Mai 2007 existiert die Vorschrift in neuer Fassung.[459] Die grundsätzliche Bedeutung des Mangold-Urteils folgt jedoch nicht nur aus dieser Gesetzesänderung, sondern vielmehr aus den Überlegungen des EuGH zum Diskriminierungsschutz bei Ungleichbehandlungen wegen des Alters im Arbeitsrecht.[460] Dabei war eine mögliche Europarechtswidrigkeit des § 14 Abs. 3 TzBfG a.f. kein neuer Gedanke.[461] Schon seit Inkrafttreten der

---

459 § 14 Abs. 3 TzBfG, geändert durch Art 1 des Gesetzes zur Verbesserung der Beschäftigungschancen älterer Menschen v. 19.4.2007, BGBl I, S. 538 hat nun folgenden Wortlaut: *„Die kalendermäßige Befristung eines Arbeitsvertrages ohne Vorliegen eines sachlichen Grundes ist bis zu einer Dauer von fünf Jahren zulässig, wenn der Arbeitnehmer bei Beginn des befristeten Arbeitsverhältnisses das 52. Lebensjahr vollendet hat und unmittelbar vor Beginn des befristeten Arbeitsverhältnisses mindestens vier Monate beschäftigungslos im Sinne des § 119 Abs. 1 Nr. 1 des Dritten Buches Sozialgesetzbuch gewesen ist, Transferkurzarbeitergeld bezogen oder an einer öffentlich geförderten Beschäftigungsmaßnahme nach dem Zweiten oder Dritten Buch Sozialgesetzbuch teilgenommen hat. Bis zu einer Gesamtdauer von fünf Jahren ist auch die mehrfache Verlängerung des Arbeitsvertrages zulässig."* Die Regelung wird von der überwiegenden Literatur als europarechtskonform angesehen, vgl. KR-*Lipke*, § 14 TzBfG Rn. 349 u. 364 ff.; *Sievers*, TzBfG, § 14 Rn. 384.; *Bauer*, Befristete Arbeitsverträge mit älteren Arbeitnehmern ab 1.5.2007, NZA 2007, S. 544 (545); *Schiefer/ Köster/ Korte*, Befristung von Arbeitsverträgen, DB 2007, S. 1081 (1086); *Giesen*, Die „alternde Arbeitswelt", NZA 2008, S. 905 (908); zurückhaltender *Bader*, Sachgrundlose Befristung mit älteren Arbeitnehmerinnen und Arbeitnehmern neu geregelt, NZA 2007, S. 713 (715). Zu möglichen verfassungsrechtlichen Bedenken der Neuregelung, vgl. KR-*Lipke*, § 14 TzBfG Rn. 364 ff. Kritisch auch *Kast/ Herrmann*, Altersdiskriminierung und erleichterte Befristung, BB 2007, S. 1841 (1842 f.)., *Bayreuther*, in: Rolfs/ Giesen/ Kreikebohm/ Udsching, TzBfG, § 14 Rn. 124 f.; *ders.*, Die Neufassung des § 14 Abs. 3 TzBfG, BB 2007, S. 1113 ff. Zu den Anwendungsvoraussetzungen der Neuregelung *Bader*, Sachgrundlose Befristung mit älteren Arbeitnehmerinnen und Arbeitnehmern neu geregelt, NZA 2007, S. 713 (714 ff.).

460 *Schiek/ v. Ossietzky* sprechen davon, dass der EuGH mit der Entscheidung europäische Verfassungsgeschichte geschrieben habe, *Schiek/ v. Ossietzky*, Grundsätzliche Bedeutung der gemeinschaftsrechtlichen Diskriminierungsverbote, AuR 2006, S. 145 (146).

461 Vgl. *Lembke*, Die sachgrundlose Befristung von Arbeitsverträgen in der Praxis, NJW 2006, S. 325 (330); *Bauer*, Sachgrundlose Altersbefristung nach den „Hartz-Gesetzen", NZA 2003, S. 30 f.; *Gräfl*, in: Arnold/Gräfl u.a., TzBfG, § 14 Rn. 302; *Kerwer*, Finger weg von der befristeten Einstellung älterer Arbeitnehmer?, NZA 2002, S. 1316 ff.; *Maschmann*, in: Annuß/Thüsing, TzBfG, § 14 Rn. 100; *Schlachter*, in Laux/ Schlachter, TzBfG, § 14 Rn. 118 u. 122 mwN.; *Brock/ Windeln*, Befristung, Gleichbehandlung, Alterdiskriminierung/"Mangoldt/Helm", EWiR 2005, S. 869; ErfK/*Müller-Glöge*, § 14 TzBfG Rn. 108; a.A. *Koberski*, Befristete Arbeitsverträge älterer Arbeitnehmer im Einklang mit Gemeinschaftsrecht, NZA 2005, S. 79 (84); *Thüsing/ Lambrich*, Umsetzungsdefizite in § 14 TzBfG?, BB 2002, S. 829 (831 f.); *Bauer*, Befristete Arbeitsverträge unter neuen Vorzeichen, BB 2001, S. 2473 (2477); zusam-

Norm wurden Bedenken sowohl wegen eines Verstoßes gegen die RL 1999/70/EG als auch gegen die RL 2000/78/EG vorgebracht.[462] Was das Urteil des EuGH selbst angeht, so wurde seitens der Literatur der u.a. der Vorwurf erhoben, es handele sich bei dem, dem Vorabentscheidungsverfahren zugrunde liegenden Fall um einen Konstruierten[463], da der beklagte Rechtsanwalt bereits vorher in der Öffentlichkeit als Kritiker der in Frage stehenden Vorschrift aufgetreten sei und die Parteien sich über die rechtliche Bewertung der Vorschrift im Übrigen einig gewesen wären. Infolgedessen hätte der EuGH von der Möglichkeit Gebrauch machen müssen die Klage als unzulässig abzuweisen.[464] Richtig dürfte sein, diesbezüglich auf die Sicht des jeweiligen nationalen Gerichts abzustellen: Hält dieses eine Entscheidung für erforderlich und ist sie dies auch objektiv, so kann dem EuGH kein Vorwurf gemacht werden, dass eine Entscheidung in der Sache getroffen wird.[465] Daneben wurde das Urteil des vor allem unter drei Gesichtspunkten angegriffen: Erstens, hinsichtlich der „Erfindung" eines bis dato unbekannten primärrechtlichen Diskriminierungsverbots wegen des Alters, zweitens hinsichtlich der Anwendbarkeit von Richtlinien vor Ablauf der Umsetzungsfrist und schließlich drittens hinsichtlich der horizontalen Anwendung des Verbots der Altersdiskriminierung im Verhältnis von Privatpersonen.

a) Verstoß gegen Unionsrecht vor Ablauf der Umsetzungsfrist

Die Entscheidung des EuGH, nationale Gerichte dürften die Vorschrift des § 14 Abs. 3 TzBfG wegen ihrer Europarechtswidrigkeit nicht anwenden, wurde in Teilen der Literatur als Kompetenzüberschreitung des Gerichtshofs angesehen.[466] Neben dem Umstand, dass die Umsetzungsfrist für die Richtlinienvor-

---

menfassender Überblick des Meinungsstandes bei *Polloczek*, Altersdiskriminierung im Licht des Europarechts, S. 136 ff.

462 Eine Europarechtswidrigkeit ablehnend *Bauer*, Sachgrundlose Altersbefristung nach den „Hartz-Gesetzen, NZA 2003, S. 30 (31).

463 Zu den Hintergründen des Verfahrens und des Vorlagebeschlusses *Bauer*, Ein Stück aus dem Tollhaus: Altersbefristung und der EuGH, NZA 2005, S. 800 (801 f.); *Thüsing*, Nicht alles muss nach Luxemburg, BB 2005 (Heft 35), Die Erste Seite S. I.

464 Vgl. dazu Generalanwalt *Tizzano*, Schlussanträge zu EuGH, Rs. C-144/04, *Mangold/Helm*, Rn. 22 ff.; vgl. auch EuGH, Rs. 104/79, *Foglia*, Slg. 1980, S. 745 Rn. 10 ff.

465 Vgl. *Körner*, Europäisches Verbot der Altersdiskriminierung in Beschäftigung und Beruf, NZA 2005, S. 1395; kritisch *Streinz*, Der Fall Mangold – eine „kopernikanische" Wende im Europarecht"?, RdA 2007, S. 165 (166 f.); ebenso *Waas*, Europarechtliche Schranken für die Befristung von Arbeitsverträgen mit älteren Arbeitnehmern?, EuZW 2005, S. 583.

466 *Bauer/ Arnold*, Auf „Junk" folgt „Mangoldt" – Europarecht verdrängt deutsches Arbeitsrecht, NJW 2006, S. 6 (8 ff.); *Wieland*, Der EuGH im Spannungsverhältnis zwischen Rechtsangleichung und Rechtsanwendung, NJW 2009, S. 1841 (1843). Vgl. dazu auch die eine Kompetenzüberschreitung ablehnende Entscheidung des Bundesver-

schriften noch nicht abgelaufen war, was gegen eine unmittelbare Anwendbarkeit der Vorschriften zu diesem Zeitpunkt spreche, stütze sich die Kritik auf die Tatsache, dass es sich bei dem Verfahren um eines zwischen zwei Privatpersonen handelte. In diesen Konstellationen hatte der Gerichtshof in ständiger Rechtsprechung eine sog. horizontale Direktwirkung von Richtlinien grds. abgelehnt.[467] Demzufolge hätte der EuGH das Vorlagegesuch bereits wegen mangelnder Entscheidungserheblichkeit[468] als unzulässig abweisen müssen. Denn selbst bei einem Verstoß von § 14 Abs. 3 TzBfG gegen Europarecht hätte die Norm mangels der Möglichkeit europarechtskonformer Auslegung nationalen Recht angewendet werden müssen.[469]

Der Entscheidung wurde weiter vorgeworfen, dass sie sowohl dem Wortlaut von Art. 19 AEUV, als auch der Bedeutung von Richtlinien im Allgemeinen zuwiderliefe. Führe man die Ansicht des EuGH konsequent fort, so bedeute dies, dass man die Richtlinie und ihre Umsetzung nicht benötige, um ein bestimmtes Diskriminierungsverbot in den Mitgliedstaaten durchzusetzen. Dies bedeute eine Umgehung des von Art 288 Abs. 3 AEUV (ex. 249 Abs. 3 EG) den Mitgliedstaaten eingeräumten Gestaltungsspielraums, als auch eine Verletzung von Art. 19 Abs. 1 Satz 2 EUV (ex. Art. 220 EG), der dem EuGH lediglich die Rolle einer kontrollierenden Dritten Gewalt, nicht jedoch Legislativaufgaben zuweise.[470]

b) Verbot der Altersdiskriminierung als primärrechtlicher Grundsatz

Massive Kritik erfuhr das Urteil im Hinblick auf die vom EuGH getroffene Aussage, nicht die RL 2000/78/EG begründe das Diskriminierungsverbot wegen des Alters, sondern setze es voraus; das Verbot finde seine Grundlage vielmehr in einem allgemeinen ungeschriebenen Rechtsgrundsatz des Gemeinschaftsrechts (jetzt Unionsrechts), der Diskriminierungen wegen des Alters verbiete. Die überwiegenden Stimmen in der Literatur gehen demgegenüber, wie auch der Ge-

---

fassungsgerichts im Verfahren Honeywell, BVerfG, Urteil v. 6. Juli 2010 - 2 BvR 2661/06, dazu unten S. 137 ff.

467 Vgl. nur EuGH, Rs. C-397-403/01, *Pfeiffer*, Slg. I-8879 Rn. 109. Kritisch setzte sich bereits auch *Waas*, Europarechtliche Schranken für die Befristung von Arbeitsverträgen mit älteren Arbeitnehmern?, EuZW 2005, S. 583 ff. schon mit den Schlussanträgen des Generalanwalts auseinander. Zu einer möglichen Ausnahme der horizontalen Wirkung, wenn diese nur formelle Aspekte des Umsetzungsrechts betrifft und nicht regelt wie sich das Rechtsverhältnis zwischen den Privatpersonen regelt, *Jarass/ Beljin*, Unmittelbare Anwendung des EG-Rechts, JZ 2003, S. 768 (772).

468 Zur Voraussetzung der Entscheidungserheblichkeit im Rahmen des Vorabentscheidungsverfahrens ausführlich *Thiele*, Europäisches Prozessrecht, § 9 Rn. 39 ff.

469 Dementsprechend hatten das LAG Schleswig-Holstein, Urteil v. 22. Juni 2004 – 5 Sa 128/04, NZA-RR 2005, S. 40 (42 f.) sowie das LAG Baden-Württemberg, Urteil v. 30. September 2003 – 14 Sa 41/03 eine Vorlage an den EuGH im Hinblick auf § 14 Abs. 3 TzBfG abgelehnt.

470 Vgl. *Preis*, Verbot der Altersdiskriminierung als Gemeinschaftsgrundrecht, NZA 2006, S. 401 (404).

neralanwalt in seinen Schlussanträgen[471], davon aus, dass das Verbot der Altersdiskriminierung seine Grundlage in der Richtlinie hat.[472] Durch die Auffassung des EuGH wird das Diskriminierungsverbot in den Rang primären Gemeinschaftsrechts (jetzt Unionsrechts) erhoben. Vor allem die unzureichende Herleitung des Grundsatzes durch das Gericht wurde dabei angemahnt. Der Gerichtshof ziehe vorwiegend die Begründungserwägungen der RL 2000/78/EG heran, die sowohl auf die Gründungsverträge, als auch auf völkerrechtliche Abkommen Bezug nehmen. Keine Erwähnung finde jedoch der Umstand, dass Begründungserwägungen rechtlich keine Bindungswirkung entfalten, insbesondere nicht dazu geeignet seien gewährleistete Rechte einzuschränken[473], so dass es erforderlich gewesen wäre, darzulegen, welche Normen der nationalen Verfassungstraditionen ein solches Verbot statuieren.[474] Zweck von Begründungserwägungen sei lediglich die Rechtskontrolle, indem sie verdeutlichen, in welcher Art und Weise der Vertrag von den Unionsorganen angewandt wurde. Sie bezweckten jedoch nicht die Definition des Geltungsbereichs der Richtlinie. Dies habe auch der EuGH für Begründungserwägungen einer Verordnung anerkannt. Danach können Begründungserwägungen einer Verordnung Aufschluss über die

---

471 GA *Tizzano*, Schlussanträge zu EuGH, Rs. C-144/04, *Mangold/Helm*, Rn. 121. Auch GA *Geelhoed* hat sich in seinen Schlussanträgen in dem Verfahren *Navaz*, in dem es ebenfalls um die RL 2000/78/EG ging gegen eine Ausweitung der Wirkung allgemeiner Rechtsgrundsätze des Gemeinschaftsrechts ausgesprochen, vgl. Schlussanträge zu EuGH, Rs. C-13/05, *Chacón Navaz*, Rn. 56.

472 Vgl. *Waltermann*, Verbot der Altersdiskriminierung – Richtlinie und Umsetzung, NZA 2005, S. 1265; *Schlachter*, Gemeinschaftsrechtliche Grenzen der Altersbefristung, RdA 2004, S. 352 (355); *Schmidt/ Senne*, Das gemeinschaftsrechtliche Verbot der Altersdiskriminierung, RdA 2002, S. 80 (82 f.); *Wiedemann/ Thüsing*, Der Schutz älterer Arbeitnehmer und die Umsetzung der RL 200/78/EG, NZA 2002, S. 1234 (1236).

473 *Körner*, Diskriminierung von älteren Arbeitnehmern, NZA 2008, S. 497 (498); *Schmidt/Senne*, Das gemeinschaftsrechtliche Verbot der Altersdiskriminierung, RdA 2002, S. 80 (85); *Wendeling-Schröder*, Der Prüfungsmaßstab bei Altersdiskriminierungen, NZA 2007, S. 1399 (1400); *Schlachter*, Altersgrenzen angesichts des gemeinschaftlichen Verbots der Altersdiskriminierung, in: Altersgrenzen und Alterssicherung im Arbeitsrecht, GedS Blomeyer, S. 355 (363); *Schiek*, Allgemeines Gleichbehandlungsgesetz (AGG), Einl. Rn. 72; a.A. *Leuchten*, Der Einfluss der EG-Richtlinien zur Gleichbehandlung auf das deutsche Arbeitsrecht, NZA 2002, S. 1254 (1258). Die Begründungspflicht einer Richtlinie resultiert aus Art. 253 EG. Zur Bedeutung von Begründungserwägungen im Allgemeinen auch *Redeker/ Karpenstein*, Über Nutzen und Notwendigkeit, Gesetze zu begründen, NJW 2001, S. 2825 (2829 ff.).

474 Nach Ansicht von *Waltermann* kommt es demgegenüber nicht darauf an, dass in völkerrechtlichen Verträgen oder den Verfassungen der Mitgliedstaaten spezielle Verbote der Altersdiskriminierung existieren. Ausreichend sei, dass die internationalen und nationalen Gleichheitssätze eine grundlose Ungleichbehandlung verböten, zu der auch eine grundlose Ungleichbehandlung wegen des Alters gehöre, vgl. *Waltermann*, Bemerkungen zu den Rechtssachen Mangold und Palacios de la Villa, FS Birk, S. 915 (917).

Auslegung einer Rechtsvorschrift geben, stellen jedoch selbst nicht eine solche Vorschrift dar.[475] Sie seien insofern vergleichbar den Gesetzesbegründungen auf nationaler Ebene.

Weiter wird vom Gerichtshof nicht problematisiert, ob der allgemeine Gleichbehandlungsgrundsatz über eine vertikale Wirkung hinaus auch horizontal, also unmittelbar zwischen Privatrechtssubjekten wirkt. Das Ergebnis der Entscheidung scheint dafür zu sprechen, dass der EuGH von einer derartigen Wirkung ausgeht, handelte es sich in dem Fall doch gerade um einen Rechtsstreit zwischen einem Arbeitnehmer und einem privaten Arbeitgeber. Angesichts des Umstandes, dass es sich beim allgemeinen Gleichbehandlungsgrundsatz um eine Gemeinschaftsgrundrecht (jetzt Unionsgrundrecht) handelt, diese jedoch grds. nicht im Privatrechtsverkehr gelten[476], sei eine Stellungnahme wünschenswert gewesen.

3. Stellungnahme

Mit der Entscheidung des EuGH in der Rechtssache Mangold/ Helm wurde zum ersten Mal festgestellt, dass das Alter als Diskriminierungsverbot den Rang eines allgemeinen Rechtsgrundsatzes hat.[477] Die Entscheidung ist deswegen von großer Bedeutung, weil sie, im Vergleich zur RL 2000/78/EG, durch ihre allgemeinen Formulierungen nicht auf den Bereich von Beschäftigung und Beruf beschränkt ist. Zwar spricht der Gerichtshof zunächst vom Grundsatz der Gleichberechtigung in Beschäftigung und Beruf, in den späteren Ausführungen stellt er jedoch die Geltung des allgemeinen Rechtsgrundsatzes ohne weitere Einschränkungen fest.[478] Die grundsätzliche Kritik am Vorgehen und der Entscheidung des EuGH ist weitestgehend berechtigt. Zwar gilt dies wohl nicht für das Ergebnis der Entscheidung in der Rechtssache Mangold selbst, sondern vielmehr für die sich daraus ergebenden Konsequenzen und die mangelnde Begründungstiefe, sowohl unter dogmatischen Gesichtspunkten[479], als auch in materieller Hinsicht. Der EuGH baut seine Argumentation vom Ergebnis her auf und führt hierdurch und durch die Besonderheiten des konkreten Falles weitreichende

---

475   EuGH, Rs. 215/88, *CASA*, Slg. 1989, S. 2789 Rn. 31.

476   *Lingscheid*, Antidiskriminierung im Arbeitsrecht, S. 18; *Korthaus*, Das neue Antidiskriminierungsrecht, S. 65; *Ehlers*, in: Ehlers, Europäische Grundrechte und Grundfreiheiten, § 14 Rn. 37. Eine Ausnahme bildet freilich Art. 157 Abs. 1 AEUV (ex. Art. 141 Abs. 1 EG).

477   Zur Übertragbarkeit auf andere spezielle Diskriminierungsverbote *Richter/ Bouchouaf*, NVwZ 2006, S. 538 (540 f.).

478   Vgl. EuGH Rs. C-144/04, *Mangold/ Helm*, NJW 2005, S. 3695 Rn. 75.

479   Vgl. *Mann*, Altersdiskriminierung durch gesetzliche Höchstaltersgrenzen, Rechtsgutachten erstattet der Senioren Union der CDU, S. 54; *Nicolai*, „Anmerkung zu EuGH-Urteil vom 22.11.2005 – C-144/04; Mangold/ Helm", DB 2005, S. 2641 (2642); *Kreber*, in: Calliess/ Ruffert, EUV/ EGV, Art. 141 Rn. 4; a.A. wohl *Holwe/ Kerschbaumer*, Alter – Kein Freibrief für Diskriminierung, AiB 2006, S. 198 ff.

Konsequenzen herbei. Dass § 14 Abs. 3 TzBfG eine unmittelbare Ungleichbehandlung wegen des Alters enthielt war offensichtlich. Entscheidend war damit die Frage, ob und wenn ja, unter welchen Voraussetzungen eine Rechtfertigung für die Regelung in Betracht kommt.

Die RL 2000/78/EG war zur Zeit der Rechtssache Mangold in Deutschland noch nicht umgesetzt[480], so dass der EuGH offenbar davon ausging, man könne die Richtlinie nicht als Rechtsgrundlage für eine Rechtfertigung heranziehen. Eine unmittelbare Anwendbarkeit der Richtlinie schied schon mangels Ablauf der Umsetzungsfrist aus. Richtlinien verpflichten die Mitgliedstaaten grds. lediglich dazu, nationales Recht nach Ablauf der Umsetzungsfrist in Übereinstimmung mit den Richtlinienvorgaben zu bringen.[481] Einiges spricht dafür, dass der EuGH aus diesen Gründen auf eine primärrechtliche Verankerung als allgemeinen Rechtsgrundsatz zurückgegriffen hat.[482] In diesem Fall, in dem eine in Rede stehende sekundärrechtliche Regelung gleichzeitig aus einem primärrechtlichen Rechtsgrundsatz folgt, ist der Fristablauf auf die Wirkung der Regelung nicht entscheidend. Denkbar wäre jedoch auch gewesen, dass der EuGH mit dem aus ex. Art. 10 EG iVm ex. Art. 249 EG (jetzt Art. 288 AEUV) abgeleiteten unionsrechtlichen Grundsatz des Frustrationsverbots[483] argumentiert, wonach Mitgliedstaaten nach Inkrafttreten einer Richtlinie während des Laufs der Umsetzungsfrist keine Vorschriften erlassen dürfen, die das Ziel einer Richtlinie ernsthaft in Frage stellen[484] (sog. Vorwirkung von Richtlinien). Die Bundesre-

---

480   Fristende für die Umsetzung war der 2. Dezember 2003. Für die Altersdiskriminierung bestand jedoch die Möglichkeit eine Zusatzfrist von drei Jahren für die Umsetzung zu beantragen (Art. 18 RL 2000/78 EG), von der Deutschland Gebrauch gemacht hat.

481   Eine Anpassung nationaler Rechtsvorschriften ist allerdings dann entbehrlich, wenn das nationale Recht nach seinem status quo bereits den Richtlinienvorschriften entspricht, vgl. *Bach*, Direkte Wirkungen von EG-Richtlinien, JZ 1990, S. 1108 (1111).

482   Vgl. *Körner*, Europäisches Verbot der Altersdiskriminierung in Beschäftigung und Beruf, NZA 2005, S. 1395 (1396); *Koenigs*, Unbegrenzte Prüfungsbefugnis des EuGH?, DB 2006, S. 49 (50).

483   Vgl. EuGH, Rs. C-129/96, *Inter-Environnement Wallonie*, Slg. 1997, I-7411 Rn. 35 ff. In der Entscheidung ging es um eine abfallrechtliche Vorschrift und die Frage, ob ihr Erlass die Ziele der fraglichen Umweltrichtlinie gefährdete. Vgl. dazu auch *Weiß*, Zur Wirkung von Richtlinien vor Ablauf der Umsetzungsfrist, DVBl. 1998, S. 568 (570 ff.). Die Grundsätze zur Vorwirkung von Richtlinien wurden in der Entscheidung ATRAL SA bestätigt, in der es um einen sicherheitstechnischen Fall ging, EuGH, Rs. C-14/02, *ATRAL SA*, Slg. 2003, I-4431 Rn. 57 ff. Auf die Vergleichbarkeit der Fragestellung in den vorgenannten Entscheidungen und der Rechtssache Mangold weisen auch *Schiek/ v. Ossietzky*, Grundsätzliche Bedeutung der gemeinschaftsrechtlichen Diskriminierungsverbote, AuR 2006, S. 145 (148) hin. Vgl. zur Vorwirkung auch *Wank*, Methodische Bemerkungen zu neueren EuGH-Urteilen, FS Birk, S. 929 (938).

484   Erstmalig EuGH, Rs. C-129/96, *Inter-Environnement Wallonie*, Slg. 1997, I-7411 Rn. 45; zur völkerrechtlichen Herkunft des Frustrationsverbots, *Weiß*, Zur Wirkung von Richtlinien vor Ablauf der Umsetzungsfrist, DVBl. 1998, S. 568 (572 f.). In seiner ur-

publik hatte zwar von der Möglichkeit der Verlängerung der Umsetzungsfrist Gebrauch gemacht. Diese Verlängerungsoption war jedoch mit der Verpflichtung des Mitgliedsstaats verbunden, der Kommission jährlich Bericht über die Fortschritte bei der Umsetzung zu erstatten. Die Änderung des TzBfG erstreckte sich auch auf den Zeitraum dieser verlängerten Zusatzfrist, während der Arbeitsvertrag von Herrn Mangold während der regulären Umsetzungsfrist geschlossen wurde. Aus dem Wortlaut des Art. 18 RL 2000/78/EG leitet der EuGH im Falle der Inanspruchnahme der Zusatzfrist die Verpflichtung ab, dass der Mitgliedstaat schrittweise Maßnahmen zur Umsetzung der Richtlinie zu treffen habe. Diese Verpflichtung wäre wirkungslos, wenn der Mitgliedstaat Maßnahmen erlassen dürfte, die dem Richtlinienziel entgegenstehen. Der EuGH sieht die Formulierung der Berichtspflicht in der Rahmenrichtlinie damit offenbar nicht nur als Frustrationsverbot im Sinne eines Unterlassens des Erlasses von Vorschriften, sondern als ein Gebot der schrittweisen Verbesserung.[485] Allerdings sind die aus diesem Grundsatz folgenden Pflichten der Mitgliedstaaten wesentlich undeutlicher, als die aus einem primärrechtlichen Diskriminierungsverbot, dessen unmittelbare Wirkung in Folge der Rangordnung nationales Recht verdrängt.

Diese Umstände rechtfertigen das Vorgehen des EuGH, jedenfalls in dogmatischer Hinsicht, jedoch nicht. Eine pauschale Behauptung, ein Verbot der Diskriminierung aus Gründen des Alters ergebe sich sowohl aus den Verfassungstraditionen, als auch aus dem Völkerrecht, ist nicht ausreichend. Zwar sind die gemeinsamen Verfassungsüberlieferungen der Mitgliedstaaten als Grundlage allgemeiner Rechtsgrundsätze anerkannt[486], jedoch verzichtete der EuGH auf eine hinreichende Herleitung.[487] So wurde z.B. in Deutschland bisher kein um-

---

sprünglichen Bedeutung besagt das Frustrationsverbot, dass sich eine Seite nicht auf eine Weise verhalten darf, die das Bemühen der anderen Seite vereiteln würde, vgl. *Kühling*, Vorwirkungen von EG-Richtlinien bei der Anwendung nationalen Rechts, DVBl. 2006, S. 857 (858).

485 So zutreffend *Kühling*, Vorwirkung von EG-Richtlinien bei der Anwendung nationalen Rechts, DVBl. 2006, S. 857 (859), der weiterhin davon ausgeht, dass in Fällen in denen die Gewährung einer Zusatzfrist anders formuliert wird, ein derartiges Verbesserungsverbot nicht besteht. Die Ausführungen des EuGH stellten keine allgemeine Ausweitung des Frustrationsverbots dar.

486 Vgl. *Oppermann*, Europarecht, S. 148 Rn. 33.

487 Vgl. *Richter/ Bouchouaf*, Das Verbot der Altersdiskriminierung als allgemeiner Grundsatz des Gemeinschaftsrechts, S. 538 (539); einen Überblick über die Verbote der Altersdiskriminierung in den Mitgliedstaaten der Union und auf der Ebene des Völkerrechts liefert *Mann*, Altersdiskriminierung durch gesetzliche Höchstaltersgrenzen, Rechtsgutachten erstattet der Senioren Union der CDU S. 60 ff., der zu dem Ergebnis kommt, dass sich Schutzvorschriften zugunsten des Alters sowohl in völkerrechtlichen Verträgen als auch in den Verfassungen der Mitgliedstaaten finden und folglich die Entscheidung des EuGH bestätigt. A.A. *Streinz*, Der Fall Mangold – eine „kopernikanische" Wende im Europarecht?, RdA 2007, S. 165 (168). Mit Ausnahme

fassendes Verbot der Diskriminierung aus Gründen des Alters aus dem Grundgesetz hergeleitet.[488] Auch ist in der Rechtsprechung des Bundesverfassungsgerichts anerkannt, dass der Europäische Gerichtshof nicht gehalten ist, allgemeine Rechtsgrundsätze des europäischen Unionsrechts aus einem bescheidensten allgemeinen Nenner eines Vergleichs der mitgliedstaatlichen Verfassungen herzuleiten. Der EuGH muss sich also bei der Herleitung des unionsrechtlichen Grundrechtsschutzes grds. nicht an einer Mindestzahl bzw. dem bescheidensten allgemeinen Nenner von Rechtsüberlieferungen der Mitgliedstaaten orientieren.[489] Von einer inhaltlichen Herleitung entbindet dieser Umstand, jedenfalls in methodischer Sicht, jedoch nicht.[490] Auch die Begründungserwägungen der Richtlinie sprechen gegen die Ansicht des EuGH, wenn es in heißt, dass die Diskriminierung wegen des Alters untersagt werden sollte.[491]

Hinsichtlich der Verankerung des Verbots der Altersdiskriminierung im Völkerrecht ist die Argumentation des Gerichtshofs deswegen besonders zweifelhaft, weil das Verbot der Altersdiskriminierung, soweit ersichtlich, dort nicht ausdrücklich erwähnt wird.[492] Vertritt man die Auffassung, das Verbot der Al-

---

der finnischen Verfassung findet sich in den Mitgliedstaaten der EU kein umfassendes Verbot der Altersdiskriminierung (§ 6 Abs. 2 der finnischen Verfassung lautet: Niemand darf ohne rechtfertigenden Grund wegen (…) seines Alters (…) bevorzugt oder benachteiligt werden. Deutsche Übersetzung bei *Kimmel*, Verfassungen der EU-Mitgliedstaaten, Nr. 5, S. 139 (140).

488 Vgl. *Körner*, Europäisches Verbot der Altersdiskriminierung in Beschäftigung uns Beruf, NZA 2005, S. 1395 (1396 f.); *Annuß*, Das Verbot der Altersdiskriminierung als unmittelbar geltendes Recht, BB 2006, S. 325; *Thüsing*, Europarechtlicher Gleichbehandlungsgrundsatz, ZIP 2005, S. 2149 f. Diese Auffassung teilt auch Generalanwalt *Mazák* in den Schlussanträgen zur Entscheidung Palacios. Er kommt zu dem Ergebnis, dass sich den gemeinsamen Verfassungstraditionen der Mitgliedstaaten zwar ein allgemeiner Grundsatz zur Gleichbehandlung entnehmen lasse, nicht hingegen ein besonderes Verbot der Diskriminierung wegen des Alters, vgl. GA *Mazák*, Schlussanträge zu EuGH, Rs. C-411/05, *Palacios de la Villa*, Rn. 88.

489 Vgl. BVerfGE 73, S. 339 (385). A.A wohl *Preis*, Verbot der Altersdiskriminierung als Gemeinschaftsgrundrecht, NZA 2006, S. 401 (406), der davon ausgeht, dass nur dann von einer gemeinsamen Verfassungsüberlieferung ausgegangen werden könne, wenn eine Mehrzahl der Mitgliedstaaten ein bestimmtes Diskriminierungsverbot als Verfassungsprinzip anerkannt habe. Ebenso *Wank*, Methodische Bemerkungen zu neueren EuGH-Urteilen, FS Birk, S. 929 (942): „(…) mindestens den meisten Mitgliedstaaten (…)".

490 Infolge dieser mangelnden Herleitung kommt *Wank* zu dem Ergebnis, dass der EuGH seine Rechtsfortbildungskompetenz überschritten habe und das Urteil auf Grundlage der Solange-Rechtsprechung des Bundesverfassungsgerichts in Deutschland nicht anwendbar sei, vgl. *Wank*, Methodische Bemerkungen zu neueren EuGH-Urteilen, FS Birk, S. 929 (942).

491 Vgl. Erwägungsgrund Nr. 12 RL 2000/78/EG.

492 *Rudolf*, in: Rudolf/ Mahlmann, Gleichbehandlungsrecht, § 2 Rn. 66. Nach anderer Ansicht ist die spezielle Erwähnung nicht erforderlich um einen allgemeinen Rechts-

tersdiskriminierung unter die offen formulierten völkerrechtlichen Diskriminierungsverbote subsumieren zu können[493], so stellt sich dennoch die Frage, wer durch völkerrechtliche Abkommen gebunden wird und inwieweit sich Individuen auf entsprechende Rechte berufen können.[494] Infolge der Trennung von Geltung und Anwendbarkeit völkerrechtlicher Abkommen stellt sich immer auch die Frage der Justiziabilität entsprechender Normen. Sowohl der sich auf Völkergewohnheitsrecht beziehende und als genereller Transformator dienende Art. 25 GG als auch Art. 59 Abs. 2 GG gehen im Grundsatz nämlich davon aus, dass Völkerrecht nur dann innerstaatlich anwendbar ist, wenn ein innerstaatlicher Akt die entsprechende Anwendbarkeit anordnet.[495] Die innerstaatliche Geltung und Anwendbarkeit völkerrechtlicher Verträge folgt damit nicht aus dem Völkerrecht selbst. Trotz Geltung einer völkerrechtlichen Norm im innerstaatlichen Recht kann es sein, dass diese von Gerichten und Behörden mangels Justiziabilität nicht unmittelbar angewendet werden kann.[496] Eine solche Anwendung kommt nur dann in Betracht, wenn die in Rede stehende Norm unmittelbar anwendbar ist, die Bestimmung also keines weiteren Vollzugsaktes bedarf, klar

---

grundsatz herzuleiten. So beurteilt Waltermann den Weg des EuGH als plausibel. Der gemeinschaftsrechtliche (jetzt unionsrechtliche) Grundsatz der Gleichheit, sowie das Verbot von Diskriminierungen sei nicht nur ein Fundament des Rechts generell, sondern auch im Verfassungsrecht aller Mitgliedstaaten und der EMRK verankert. Über Art. 6 Abs. 2 EU könnten sich daher auch allgemeine Rechtsgrundsatz des Gemeinschaftsrechts (jetzt Unionsrechts) ergeben, die ein Verbot der Diskriminierung wegen des Alters enthalten. Es sei nicht erforderlich, dass mitgliedstaatliche Verfassungen oder völkerrechtliche Verträge spezielle Verbote der Altersdiskriminierung enthalten, vgl. *Waltermann*, Alternde Arbeitswelt, NJW 2008, S. 2529 (2533).

493   Vgl. nur *Rudolf*, in Rudolf/ Mahlmann, Gleichbehandlungsrecht, § 2 Rn. 17.

494   Vgl. *Körner*, Europäisches Verbot der Altersdiskriminierung in Beschäftigung und Beruf, NZA 2005, S. 1395 (1397). Darstellung anhand der Abkommen CCPR und CERD bei *Korthaus*, Das neue Antidiskriminierungsrecht, S. 19 ff. Zur Frage der unmittelbaren Anwendbarkeit des IPBPR, *Goose*, Der internationale Pakt über bürgerliche und politische Rechte, NJW 1974, S. 1305 (1306). Soweit ersichtlich stellte sich die Frage der unmittelbaren Anwendbarkeit von völkerrechtlichen Verträgen erstmals 1928 dem StIGH. Er kam zu dem Ergebnis, dass völkerrechtliche Verträge durchaus Rechte und Pflichten Einzelner begründen können. In dem konkreten Verfahren ging es um die Frage, ob sich Danziger Eisenbahnbeamte, die in den Dienst der polnischen Verwaltung übergetreten waren, sich vor Danziger Gerichten auf das Danzig-polnische Beamtenabkommen vom 22. Oktober 1919 stützen konnten.

495   BVerfGE 73, S. 339 (375). Zur Frage, ob es sich bei der Umsetzung völkerrechtlicher Verträge um eine Vollziehbarkeitserklärung oder Transformation in innerstaatliches Recht handelt *Kreuzer*, Die unmittelbare Anwendbarkeit völkerrechtlicher Verträge, JA 1998, S. 731 (732 f.).

496   Vgl. *Bleckmann*, Völkerrecht, § 7 Rn. 431; *Kempen*, in: v. Mangoldt/ Klein/ Starck, GG, Art. 59 Abs. 2 Rn. 95.

und ausreichend bestimmt, mithin self-executing ist.[497] Subjektive Rechte für den Einzelnen entstehen damit nur dann, wenn der jeweilige völkerrechtliche Vertrag derartige Rechte vermitteln will.[498] Die meisten Normen völkerrechtlicher Verträge haben jedoch ausschließlich die jeweiligen Mitgliedstaaten als Vertragsparteien zum Adressaten der Rechtssätze, ohne sich dem Individuum zuzuwenden.[499] Aus solchen Vorschriften einen allgemeinen Rechtsgrundsatz herzuleiten, der dem Einzelnen subjektive Rechte gewährt erscheint zweifelhaft. Diese Fragen werden vom EuGH offen gelassen.

Für den Gerichtshof war es letztlich aus einem weiteren Grund günstiger, die Unvereinbarkeit der Regelung mit primärem Gemeinschaftsrecht (jetzt Unionsrecht) festzustellen: Die Rechtsfolge eines Verstoßes einer innerstaatlichen Rechtsnorm gegen europäisches Unionsrecht hängt von der Rangordnung der verletzten Unionsnorm ab.[500] Ein Verstoß gegen primäres Unionsrecht führt automatisch zur Unanwendbarkeit der betreffenden nationalen Norm auch zwischen Privatpersonen, während Richtlinien grds. nicht unmittelbar (horizontal) wirken. Bei einem Verstoß gegen die RL 2000/78/EG wäre mangels horizontaler Wirkung das deutsche Recht weiterhin anzuwenden gewesen.[501] Entgegen vereinzelt geäußerter Stimmen[502] hat der Gerichtshof in der Entscheidung Mangold nämlich keine konstituierende Aussage hinsichtlich einer horizontalen Wirkung von Richtlinien getroffen.[503] Der Entscheidung kann lediglich entnommen werden, dass es nicht darauf ankommt, ob eine Norm des staatlichen Gesetzgebers (nur) vertikal oder auch horizontal wirkt, wenn es um die Sanktionierung eines Verstoßes gegen ex. Art. 10 EG iVm ex Art. 249 EG (jetzt Art. 288 AEUV) durch das Gesetz geht, das entgegen den Richtlinienvorgaben Rechte des Einzelnen verweigert oder verschlechtert.[504] Unmittelbare Wirkung auch

---

497   *Kreuzer*, Die unmittelbare Anwendbarkeit völkerrechtlicher Verträge, JA 1998, S. 731 (733); *Polloczek*, Altersdiskriminierung im Licht des Europarechts, S 39 f.

498   *Jarass*, in: Jarass/Pieroth, GG, Art. 59 Rn. 18.

499   Eine Ausnahme bilden freilich die zahlreichen menschenrechtlichen Verträge. Hier stellt sich allerdings die Frage, ob die vermittelnden Rechte unmittelbar in Privatrechtsverhältnissen wirken.

500   *Jarass/ Beljin*, Unmittelbare Anwendung des EG-Rechts, JZ 2003, S. 768 (770).

501   Vgl. *Bauer*, „Ein Stück aus dem Tollhaus: Altersbefristung und der EuGH", in: NZA 2005, S. 800 (802).

502   Vgl. *Reich*, Anm. zu EuGH, Rs. C-144/04, *Mangold*, EuZW 2006, 21 (22 f.).

503   Vgl. *Thüsing*, Europarechtlicher Gleichbehandlungsgrundsatz, ZIP 2005, S. 2149 (2150 f.); ebenso *Waltermann*, Bemerkungen zu den Rechtssachen Mangold und Palacios de la Villa, FS Birk, S. 915 (918).

504   So zutreffend *Schiek/ v. Ossietzky*, Grundsätzliche Bedeutung der gemeinschaftsrechtlichen Diskriminierungsverbote, AuR 2006, S. 145 (148); *Colneric*, Antidiskriminierung, NZA 2008 (Beil. Heft 2), S. 66 (71); weitergehend *Waltermann*, Altersdiskriminierung, ZfA 2006, S. 305 (320), der zudem davon ausgeht auch die Anknüpfung an den allgemeinen Gleichbehandlungsgrundsatz begründe keine Drittwirkung gegenüber Privaten.

zwischen Privaten hat damit nur der primärrechtliche allgemeine Gleichbehandlungsgrundsatz des Gemeinschaftsrechts (jetzt Unionsrechts).[505] Eine richtlinienkonforme Auslegung von § 14 Abs. 3 TzBfG a.f. war nach überwiegender Auffassung nicht möglich. Die richtlinienkonforme Auslegung findet dort aus rechtsstaatlichen Gründen ihre Grenze, wo eine eindeutige nationale Norm in ihr Gegenteil verkehrt werden würde oder ihr ein Inhalt gegeben würde, der vom Gesetzgeber ersichtlich nicht gewollt war.[506] Im Übrigen wäre zu klären gewesen, inwieweit eine Verpflichtung zur richtlinienkonformen Auslegung vor Ablauf der Umsetzungsfrist überhaupt besteht. Der EuGH hat mehrfach Vorlagefragen zur Auslegung von Richtlinien mit der Begründung abgewiesen, zu dem im Ausgangsverfahren maßgeblichen Zeitpunkt sei die Frist zur Umsetzung noch nicht abgelaufen gewesen.[507] In der Entscheidung in der Rechtssache Adeneler hat der EuGH mittlerweile klargestellt, dass eine Pflicht mitgliedstaatlicher Gerichte zur richtlinienkonformen Auslegung unionsrechtlich erst nach Ablauf der Umsetzungsfrist besteht.[508] Der Weg der Argumentation mit Hilfe der Vorwirkung der RL 2000/78/EG hätte damit innerstaatlich letztlich keine Konsequenzen gehabt. Insgesamt hat die Entscheidung nicht zu Rechtsklarheit und -sicherheit beigetragen. Dies gilt im Übrigen nicht nur für das Verbot der Diskriminierung aus Gründen des Alters. Die Aussagen des EuGH lassen sich nämlich grds. auch auf weitere Diskriminierungsmerkmale übertragen.[509]

---

505 Vgl. GA *Mazák*, Schlussanträge zu EuGH, Rs. C-411/05, *Palacios de la Villa*, Rn. 132. *Henssler/ Tillmanns*, Altersdiskriminierung in Tarifverträgen, FS Birk, S. 179 (181). Allgemein für das Primärrecht *Wank*, Methodische Bemerkungen zu neueren EuGH-Urteilen, FS Birk, S. 929 (939). A.A. *Waltermann*, Bemerkungen zu den Rechtssachen Mangold und Palacios de la Villa, FS Birk, S. 915 (919), der von einer mittelbaren Wirkung des allgemeinen Grundsatzes des Unionsrechts ausgeht, der der mittelbaren Drittwirkung von Grundrechten vergleichbar sei. Bei den vom EuGH entschiedenen Fällen wurde nicht die privatrechtliche Gestaltung am allgemeinen Grundsatz des Unionsrechts gemessen, sondern eine Rechtsnorm.

506 *Linsenmaier*, Das Verbot der Diskriminierung wegen des Alters, RdA 2003 (Sonderbeilage Heft 5), S. 22 (23); *Kerwer*, Finger weg von der befristeten Einstellung älterer Arbeitnehmer?, NZA 2002, S. 1316 (1321); *Waas*, Europarechtliche Schranken für die Befristung von Arbeitsverträgen mit älteren Arbeitnehmern?, EuZW 2005, S.583 (586). Allgemein zur richtlinienkonformen Auslegung *Bach*, Direkte Wirkung von EG-Richtlinien, JZ 1990, S. 1108 (1112 f.).

507 Vgl. EuGH, Rs. C-165/98, *Mazzeloni*, Slg. 2001, I-2189 Rn. 17; verb. Rs. C-49/98, u.a., *Finalarte*, Slg. 2001, I-7831 Rn. 25. Gegen eine richtlinienkonforme Auslegung vor Ablauf der Umsetzungsfrist *Ehricke*, Die richtlinienkonforme Auslegung nationalen Rechts, EuZW 1999, S. 553 (559).

508 EuGH, Rs. C-212/04, *Adeneler*, EuZW 2006, 730 f.; dazu *Junker/ Aldea*, Augenmaß im Europäischen Arbeitsrecht, EuZW 2007, S. 13 (14 f.).

509 *Richter/ Bouchouaf*, Das Verbot der Altersdiskriminierung als allgemeiner Grundsatz des Gemeinschaftsrechts, NVwZ 2006, S. 538 (539); *Koenigs*, Unbegrenzte Prüfungs-

Der grundsätzlichen Kritik an der Mangold-Entscheidung hat sich auch das Bundesarbeitsgericht angeschlossen, wenn es formuliert, der Europäische Gerichtshof habe „(…) sein Ergebnis zu knapp und nicht mit der aus der Sicht der Rechtsanwender wünschenswerten Klarheit begründet."[510] Im Ergebnis folgt das BAG in der Entscheidung, in der es ebenfalls um eine auf § 14 Abs. 3 TzBfG gestützte Befristung ging, der Auffassung des EuGH. Eine Kompetenzüberschreitung des Gerichtshofs erkennt es nicht.[511] Nach seiner Auffassung ist die Mangold-Entscheidung dahingehen zu verstehen, dass ein nationales Gesetz, welches zu einem Richtlinienziel in Widerspruch steht und welches wie § 14 Abs. 3 TzBfG keiner richtlinienkonformen Auslegung zugänglich ist, unanwendbar sei.[512] Dies gelte auch schon vor Ablauf der Umsetzungsfrist. An eine solche Entscheidung des EuGH seien die staatlichen Gerichte gebunden. Das Bundesverfassungsgericht hat die Auffassung des BAG in seiner Honeywell-Entscheidung bestätigt und gebilligt.[513]

Was die Neuregelung des § 14 Abs. 3 TzBfG angeht, so wäre der Gesetzgeber besser beraten gewesen, wenn er von der Beibehaltung der Altersgrenze des 52. Lebensjahres abgesehen hätte.[514] Dies nicht nur vor dem Hintergrund des Verbots der Altersdiskriminierung, sondern auch aus allgemeinen beschäftigungspolitischen Erwägungen.

Hinsichtlich des Verbots der Altersdiskriminierung genügt die Vorschrift zwar den Vorgaben des Mangold-Urteils. Gleichwohl, dies zeigen bereits die Stellungnahmen im Schrifttum, erweckt die Vorschrift durch die erneute Altersgrenze und die damit verbundene Ungleichbehandlung wegen des Alters den Eindruck, europarechtliche Probleme in sich zu bergen. Dies hätte durch einen Verzicht auf eine Altersgrenze vermieden werden können. Insbesondere hätte

---

befugnis des EuGH?, DB 2006, S. 49 (50); *Steiner*, Das Deutsche Arbeitsrecht im Kraftfeld von Grundgesetz und Europäischen Gemeinschaftsrecht, NZA 2008, S. 73 (74).

510 BAG, Urteil v. 26. April 2006 – 7 AZR 500/04, NZA 2006, S. 1162 (1167).

511 BAG, Urteil v. 26. April 2006 – 7 AZR 500/04, NZA 2006, S. 1162 (1164 f.).

512 BAG, Urteil v. 26. April 2006 – 7 AZR 500/04, NZA 2006, S. 1162 (1166.). Das BAG behandelt Arbeitsverträge, die auf die Vorschrift gestützt wurden als unbefristete Arbeitsverträge (§ 16 S. 1 TzBfG). Vertrauensschutz für die Arbeitgeber auf eine Regelung des nationalen Rechts gewährt es nicht, da die Entscheidung des EuGH keine zeitliche Beschränkung enthalte.

513 Vgl. zur Honeywell-Entscheidung ausführlich unten S. 137 ff. sowie im Vorfeld *Budras*, Rätselraten nach europäischem Urteil zu Altersgrenzen, FAZ Nr. 259 v. 7. November 2007. Ausführlich zum Prüfungsmaßstab des BVerfG in diesen Fällen, *Steiner*, Das Deutsche Arbeitsrecht im Kraftfeld von Grundgesetz und Europäischem Gemeinschaftsrecht, NZA 2008, S. 73 (75 f.).

514 Ebenso *Kast/ Herrmann*, Altersdiskriminierung und erleichterte Befristung, BB 2007, S. 1841 (1846); vgl. auch *Preis*, Verbot der Altersdiskriminierung als Gemeinschaftsgrundrecht, NZA 2006, S. 401 (410).

man sich in diesem Fall nicht dem Erfordernis der erneuten Rechtfertigung der Vorschrift unterziehen müssen. Gemessen an den Vorgaben des EuGH im Mangold-Urteil verfolgt die Neuregelung mit der Verbesserung der Zugangsmöglichkeiten zum Arbeitsmarkt ein legitimes beschäftigungspolitisches Ziel. Probleme könnten sich lediglich im Rahmen der Angemessenheit der Regelung ergeben. Im Mangold-Urteil hatte der EuGH gefordert, dass beschäftigungspolitische Maßnahmen trotz des postulierten weiten Ermessensspielraums der Mitgliedstaaten bei Maßnahmen die Struktur des jeweiligen Arbeitsmarktes und die persönliche Situation des Betroffenen in die Abwägung einbezogen werden müssen. Nunmehr existiert zwar das Erfordernis einer 4-monatigen Arbeitslosigkeit für die erleichterte Befristung; ob dies jedoch die persönliche Situation und die Struktur des Arbeitsmarktes ausreichend abbildet ist fraglich.[515] Auch die Erforderlichkeit der Regelung könnte bei einer gerichtlichen Kontrolle Probleme aufwerfen, wenn man bedenkt, dass die kurze Zeitspanne einer 4-monatigen Arbeitslosigkeit durchaus nicht nur Arbeitnehmer über dem 52. Lebensjahr betrifft, sondern auch jünger Arbeitnehmer.

Gewichtiger ist jedoch das beschäftigungspolitische Argument, welches im Zweifel auch bei eine Rechtfertigung der Neuregelung zum Tragen käme: Wenn man davon ausgeht, dass die sachgrundlose Befristung von Arbeitsverträgen schwer vermittelbaren Arbeitnehmern die Möglichkeit der Wiedereingliederung in den Arbeitsmarkt ermöglicht, so ist unter dem Gesichtspunkt nachhaltiger Entwicklungen nicht verständlich, wieso diese Möglichkeit auf Arbeitnehmer beschränkt sein sollte, die das 52. Lebensjahr vollendet haben. Zwar mag es zutreffen, dass Personen dieses Alters vor besonderen Schwierigkeiten stehen. Unter Berücksichtigung des Umstandes, dass das Verbot der Altersdiskriminierung jedoch jedes Alter schützt, es mithin nicht ausgeschlossen ist, dass auch jüngere Arbeitnehmer von der Regelung benachteiligt werden[516], wäre eine Verzicht auf die Altersgrenze vorzugswürdig gewesen. Freilich hätte es in diesem Falle einer veränderten Fassung der Vorschrift bedurft, die tatsächlich gewährleistet, dass nur schwer vermittelbare Arbeitnehmer von der Regelung profitieren.[517]

---

515   Europa- sowie verfassungsrechtliche Bedenken hegen auch *Kast/ Herrmann*, Altersdiskriminierung und erleichterte Befristung, BB 2007, S. 1841 (1842 f.); *Bader*, Sachgrundlose Befristung mit älteren Arbeitnehmerinnen und Arbeitnehmern neu geregelt, NZA 2007, S. 713 (715), der unter Struktur des Arbeitsmarktes iSd Mangold-Urteils den für den Arbeitnehmer nach sein Ausbildung und Berufserfahrung relevanten Teilarbeitsmarkt versteht und auf die persönliche Situation des Betroffenen höheres Gewicht legen will.

516   In diesem Fall stellt sich die Frage, ob die Neuregelung des § 14 Abs. 3 TzBfG als positive Maßnahme nach § 5 AGG gerechtfertigt werden kann.

517   *Bayreuther*, Die Neufassung des § 14 Abs. 3 TzBfG, BB 2007, S. 1113 (1114) schlägt diesbezüglich zumindest eine Verlängerung des Zeitraums der Nichtbeschäftigungszeit vor. Auch hätte der durch den Gesetzgeber zu gewährleistende Mindestbestandsschutz von Arbeitsverhältnissen durchdacht werden müssen, da sich andernfalls verfassungs-

4. Die Entscheidung des Bundesverfassungsgerichts Honeywell

Gegenstand des Verfahrens war eine Verfassungsbeschwerde des amerikanischen Bremsbelägeherstellers Honeywell, der einem Rechtstreit mit einem Arbeitnehmer, der sich u.a. auf die Unvereinbarkeit der Befristung seines Arbeitsvertrags auf der Grundlage von § 14 Abs. 3 Satz 4 TzBfG mit der Richtlinie 2000/78/EG des Rates vom 27. November 2000 zur Festlegung eines allgemeinen Rahmens für die Verwirklichung der Gleichbehandlung in Beschäftigung und Beruf berief, vor dem Bundesarbeitsgericht verloren hatte. In dem Urteil berief sich das BAG u.a. auf die Entscheidung des EuGH in der Rechtssache Mangold. Demzufolge seien einzelne Vorschriften des Teilzeit- und Befristungsgesetzes wegen Verstoßes gegen Gemeinschaftsrecht (jetzt Unionsrecht) nicht anwendbar, da das Bundesarbeitsgericht an den Ausspruch der Unanwendbarkeit von § 14 Abs. 3 Satz 4 TzBfG durch den Europäischen Gerichtshof gebunden sei, den dieser mit einem Verstoß gegen das Ziel der Richtlinie 2000/78/EG und mit einem Verstoß gegen das auf allgemeinen Grundsätzen des Unionsrechts beruhende Verbot der Altersdiskriminierung doppelt begründet habe. Die Entscheidung des Gerichtshofs beruhe auf der Auslegung des Unionsrechts im Rahmen eines Vorlageverfahrens nach Art. 267 Abs. 1 a) AEUV und halte sich im Rahmen der dem Gerichtshof nach Art. 23 Abs. 1 Satz 2 GG übertragenen Zuständigkeiten.

Honeywell argumentierte, dass die Entscheidung in dem Verfahren Mangold eine Kompetenzüberschreitung des EuGH darstelle und das BAG in seiner Entscheidung aufgrund dieses ausbrechenden Rechtsaktes entschieden hätte. Dies führe zu einer Verletzung der grundrechtlich geschützten allgemeinen Handlungsfreiheit (Art. 2 abs. 1 GG) sowie Art. 12 Abs. 1 GG in Verbindung mit Art. 20 Abs. 3 und Art. 101 Abs. 1 Satz 2 GG.[518] So habe der Gerichtshof durch die Postulierung eines unmittelbar anwendbaren allgemeinen unionsrechtlichen Grundsatzes des Verbots der Altersdiskriminierung eine unzulässige Rechtsfortbildung betrieben. Außerdem führe die Rechtsprechung des Gerichtshofs zur Richtlinie 2000/78/EG zu einer von den Verträgen nicht gedeckten Vor- und Drittwirkung von Richtlinien.[519]

Nach Ansicht des Bundesverfassungsgerichts beruht das Urteil des Bundesarbeitsgerichts nicht auf einer unzulässigen Rechtsfortbildung des Europäischen Gerichtshofs. Zwar sei das Bundesverfassungsgericht wegen des Grundsatzes der begrenzten Einzelermächtigung in Art. 5 Abs. 1, Abs. 2 EUV berechtigt und verpflichtet, Handlungen der europäischen Organe und Einrichtungen darauf zu überprüfen, ob sie aufgrund ersichtlicher Kompetenzüberschreitungen oder auf-

---

rechtliche Probleme im Hinblick auf Art. 12 GG hätten ergeben können, vgl. dazu KR-*Lipke*, § 14 TzBfG Rn. 364 ff.

518 Vgl. BVerfG, Beschluss v. 6. Juli 2010 - 2 BvR 2661/06 Rn. 39 f.
519 BVerfG, Beschluss v. 6. Juli 2010 - 2 BvR 2661/06 Rn. 40

grund von Kompetenzausübungen im nicht übertragbaren Bereich der Verfassungsidentität (Art. 79 Abs. 3 iVm. Art. 1 und Art. 20 GG) erfolgen[520]; diese Ultra-vires Kontrolle dürfe jedoch zum einen nur europarechtsfreundlich ausgeübt werden und komme zum anderen nur bei einem hinreichend qualifizierten Verstoß[521] in Betracht, denn anderenfalls „(...) könnte der Anwendungsvorrang [des Unionsrecht] praktisch unterlaufen werden, und die einheitliche Anwendung des Unionsrechts wäre gefährdet."[522] Daraus folge, „(...) dass das Bundesverfassungsgericht die Entscheidungen des Gerichtshofs grundsätzlich als verbindliche Auslegung des Unionsrechts zu beachten hat. Vor der Annahme eines Ultra-vires-Akts der europäischen Organe und Einrichtungen ist deshalb dem Gerichtshof im Rahmen eines Vorabentscheidungsverfahrens nach Art. 267 AEUV die Gelegenheit zur Vertragsauslegung sowie zur Entscheidung über die Gültigkeit und die Auslegung der fraglichen Rechtsakte zu geben. Solange der Gerichtshof keine Gelegenheit hatte, über die aufgeworfenen unionsrechtlichen Fragen zu entscheiden, darf das Bundesverfassungsgericht für Deutschland keine Unanwendbarkeit des Unionsrechts feststellen (...)."[523]

Vor diesem Hintergrund stellt das Urteil des Bundesarbeitsgerichts nach Ansicht des Bundesverfassungsgerichts keinen Verstoß gegen Art. 12 GG dar. Zwar kritisiert das Bundesverfassungsgericht, dass die beiden Begründungsansätze des Gerichtshofs in der Mangold-Entscheidung und ihr Verhältnis zueinander unklar bleiben, im Ergebnis kommt es nach Auffassung des Bundesverfassungsgerichts jedoch nicht darauf an, ob sich das Ergebnis der Mangold-Entscheidung durch anerkannte juristische Auslegungsmethoden gewinnen lässt, da jedenfalls ein Verstoß gegen den Grundsatz der begrenzten Einzelermächtigung nicht vorliege.[524]

Hinsichtlich der im Kontext der vorliegenden Arbeit allein interessierenden Herleitung des Verbots der Altersdiskriminierung als einen allgemeinen Grundsatz des Unionsrecht sowie der Vorwirkung der RL 2000/78/EG erachtet das Bundesverfassungsgericht beide Umstände für nicht erheblich, da eine strukturell bedeutsame Kompetenzverschiebung zu Lasten der Mitgliedstaaten damit nicht verbunden sei. Die vom Gerichtshof angenommene Vorwirkung der RL 2000/78/EG in der Mangold-Entscheidung stelle „(...) eine weitere Fallgruppe für die sogenannte „negative" Wirkung von Richtlinien [dar]. Diese dient wie

---

520 BVerfG, Beschluss v. 6. Juli 2010 - 2 BvR 2661/06 Rn. 55
521 Das kompetenzwidrige Handeln der Unionsgewalt muss offensichtlich sein und der angegriffene Akt im Kompetenzgefüge zwischen Mitgliedstaaten und Union im Hinblick auf das Prinzip der begrenzten Einzelermächtigung und die rechtsstaatliche Gesetzesbindung erheblich ins Gewicht fallen, BVerfG, Beschluss v. 6. Juli 2010 - 2 BvR 2661/06 Rn. 61.
522 BVerfG, Beschluss v. 6. Juli 2010 - 2 BvR 2661/06 Rn. 57.
523 BVerfG, Beschluss v. 6. Juli 2010 - 2 BvR 2661/06 Rn. 60.
524 BVerfG, Beschluss v. 6. Juli 2010 - 2 BvR 2661/06 Rn. 68.

die Rechtsprechung zur „negativen" Wirkung von Richtlinien insgesamt lediglich der Effektuierung bestehender Rechtspflichten der Mitgliedstaaten, schafft aber keine neuen, das Prinzip der begrenzten Einzelermächtigung verletzenden Pflichten der Mitgliedstaaten."[525]

Auch die Ausführungen zur Herleitung des Verbots der Altersdiskriminierung fallen denkbar knapp aus. Infolge des zuvor festgelegten Prüfungsrahmens bei Ultra-vires-Handlungen vertritt das Bundesverfassungsgericht die Auffassung, dass es dahinstehen kann, „(...) ob sich ein allgemeiner Grundsatz des Verbots der Altersdiskriminierung aus den gemeinsamen Verfassungstraditionen und den völkerrechtlichen Verträgen der Mitgliedstaaten ableiten ließe, obwohl nur zwei der zum Zeitpunkt der Mangold-Entscheidung 15 Verfassungen der Mitgliedstaaten ein besonderes Verbot der Diskriminierung aufgrund des Alters zu entnehmen war (...) und auch die völkerrechtlichen Verträge, auf die sich der Gerichtshof mit seinem Hinweis auf die Erwägungsgründe der Richtlinie 2000/78/EG bezogen hatte, kein spezielles Diskriminierungsverbot enthielten. Denn zu einem ersichtlichen Verstoß im Hinblick auf das Prinzip der begrenzten Einzelermächtigung würde auch eine unterstellte, rechtsmethodisch nicht mehr vertretbare Rechtsfortbildung des Gerichtshofs erst dann, wenn sie auch praktisch kompetenzbegründend wirkte. Mit dem in der Ableitung aus den gemeinsamen mitgliedstaatlichen Verfassungstraditionen umstrittenen allgemeinen Grundsatz des Verbots der Altersdiskriminierung wurde aber weder ein neuer Kompetenzbereich für die Union zulasten der Mitgliedstaaten begründet noch eine bestehende Kompetenz mit dem Gewicht einer Neubegründung ausgedehnt. Dies wäre nur dann der Fall, wenn ohne den Erlass eines - hier als vorwirkend angesehenen - Sekundärrechtsaktes nicht nur Rechte, sondern auch Pflichten von Bürgern durch Rechtsfortbildung begründet würden, die sich sowohl als Grundrechtseingriffe als auch als Kompetenzverschiebung zulasten der Mitgliedstaaten erweisen würden. Allgemeine Grundsätze dürfen, auch wenn sie den Grundrechtsschutz auf Unionsebene gewährleisten, nicht den Gestaltungsbereich des Unionsrechts über die eingeräumten Zuständigkeiten der Union hinaus ausdehnen oder gar neue Aufgaben und Zuständigkeiten begründen (...)."[526]

---

525 BVerfG, Beschluss v. 6. Juli 2010 - 2 BvR 2661/06 Rn. 77.
526 BVerfG, Beschluss v. 6. Juli 2010 - 2 BvR 2661/06 Rn. 78. Zu dem vom Bundesverfassungsgericht ebenfalls abgelehnten Verstoß gegen Art. 12 Abs. 1 GG iVm Art. 20 Abs. 3 GG sowie Art. 101 Abs. 1 Satz 2 GG vgl. BVerfG, Beschluss v. 6. Juli 2010 - 2 BvR 2661/06 Rn. 80 ff. und Rn. 87 ff. Zum abweichenden Votum des Richters Landau, der ein Ultra-vires-Handeln des Gerichtshofs im Hinblick auf die Erwägungen zur Vorwirkung der RL 2000/78/EG bejaht Rn. 94 ff. Deutlich formuliert Landau in Rn. 109: „Soweit der Gerichtshof das Verbot der Diskriminierung wegen des Alters als allgemeinen Grundsatz des Gemeinschaftsrechts (jetzt Unionsrechts) bezeichnet und sich hierauf bezogen hat, lässt sich dies weder anhand der Urteilsgründe noch auch unabhängig davon nachvollziehen. Die Herleitung eines spezifischen Diskriminierungs-

II. Die Entscheidung des EuGH in der Rechtssache Bartsch

1. Sachverhalt und Vorlagefragen

Die bestehende Unsicherheit über die europarechtliche Reichweite des Verbots der Altersdiskriminierung wurde auch in den nachfolgenden Urteilen des EuGH nicht beseitigt. In der Rechtssache Bartsch legte das Bundesarbeitsgericht dem EuGH anlässlich eines Verfahrens, in dem es um sog. Altersabstandsklauseln ging, verschiedene Fragen hinsichtlich des Verbots der Altersdiskriminierung vor. Das Vorlageverfahren betraf eine Klausel in einer Regelung einer Unterstützungskasse zur betrieblichen Altersversorgung, wonach hinterbliebene Ehegatten eines verstorbenen Arbeitnehmers von einem Anspruch auf Hinterbliebenenversorgung ausgeschlossen sind, sofern der Hinterbliebene Partner mehr als 15 Jahre jünger ist, als der verstorbene Beschäftigte.

Die Klägerin des Ausgangsverfahrens, deren verstorbener Ehemann 21 Jahre älter war, verfolgte mit ihrer Klage die Zahlung eines Ruhegeldes vom ehemaligen Arbeitgeber des Ehemannes. Nach Ansicht des BAG war der Anspruch der Klägerin nach deutschem Recht unbegründet. Der Ausschluss durch die Altersabstandsklausel verstoße nicht gegen den arbeitsrechtlichen Gleichbehandlungsgrundsatz. Dieser gebiete dem Arbeitgeber, Arbeitnehmer, die sich in gleicher oder vergleichbarer Lage befinden, gleich zu behandeln. Bei individuell ausgehandelten Vergütungsbestandteilen finde der Gleichbehandlungsgrundsatz dann Anwendung, wenn der Arbeitgeber Leistungen, wie im Fall durch eine Versorgungsordnung, mithin nach einem generalisierenden und erkennbarem Prinzip, gewähre.[527] Eine Ungleichbehandlung im Anwendungsbereich des arbeitsrechtlichen Gleichbehandlungsgrundsatzes ist jedoch dann zulässig, wenn ein billigenswerter sachlicher Grund vorliegt. Diesen sah das BAG in der durch die Altersabstandsklausel verfolgten Zweck der Risikominimierung. Je jünger

---

verbots wegen des Alters aus den gemeinsamen Verfassungstraditionen der Mitgliedstaaten oder aus internationalen Verträgen ist nicht vertretbar. Das ist im juristischen Schrifttum und nicht zuletzt von Generalanwalt Mazák bereits hinreichend dargelegt und bislang nicht ernstlich bezweifelt worden; (...)Vor diesem Hintergrund geht es auch nicht an, das Verbot der Diskriminierung wegen des Alters kurzerhand zum Anwendungsfall des allgemeinen unionsrechtlichen Gleichheitssatzes (...) zu erklären, wie es der Gerichtshof mit seiner Bezugnahme auf die erste Begründungserwägung der Richtlinie 2000/78/EG in der Rechtssache Mangold (Rn. 74) andeutungsweise und in einer Folgeentscheidung ausdrücklich (EuGH, Urteil vom 19. Januar 2010 - Rs. C-555/07 -, juris, Rn. 50) unternimmt; (...)." Ferner geht Landau offenbar davon aus, dass wegen der Verankerung des Verbots der Altersdiskriminierung in Art. 21 Abs. 1 EUGrCH das primärrechtliche Verbot der Altersdiskriminierung aus der Mangold-Entscheidung für künftige Fälle keine Bedeutung mehr haben wird, vgl. BVerfG, Beschluss vom 6. Juli 2010 - 2 BvR 2661/06 Rn. 113.

527   BAG, Vorlagebeschluss v. 27. Juni 2006 – 3 AZR 352/05 (A), NZA 2006, S. 1276 (1278).

die Hinterbliebenen seien, desto länger habe der Arbeitgeber Leistungen im Versorgungsfalle zu gewähren. Im Rahmen freiwillig gewährter Leistungen diene die Altersabstandsklausel der Kalkulierbarkeit und damit der Risikominimierung bei der Leistungsgewährung.[528] Nach nationalem Recht liege hierin ein sachlicher Grund, der die Ungleichbehandlung rechtfertige.

Das BAG hatte jedoch Zweifel, ob diese Auffassung im Einklang mit europäischem Unionsrecht steht. Zwar ergebe sich nach Ansicht des Gerichts keine andere Beurteilung wegen der RL 2000/78/EG, da diese zum maßgeblichen Zeitpunkt von der Bundesrepublik noch nicht umzusetzen war.[529] Infolge der Grundsätze des EuGH in der Mangold-Entscheidung, könnte jedoch eine andere Beurteilung in Frage kommen. Das BAG setze deswegen das Verfahren aus und legte dem EuGH u.a. die Fragen vor, ob das Primärrecht der Europäischen Union ein Verbot der Diskriminierung wegen des Alters enthalte, dass von den Mitgliedstaaten auch dann zu beachten sei, wenn die möglicherweise diskriminierende Behandlung keinen gemeinschaftsrechtlichen (jetzt unionsrechtlichen) Bezug aufweist. Gefragt wurde ferner, ob sich ein unionsrechtlicher Bezug ggf. aus Art. 19 AEUV (ex. Art. 13 EG) bzw. der RL 2000/78/EG herleiten ließe. Da es sich bei dem Verfahren wie in der Rechtssache Mangold um eines zwischen zwei Privatpersonen handelt, fragte das Bundesarbeitsgericht schließlich nach der horizontalen Anwendbarkeit eines unionsrechtlichen Verbots der Altersdiskriminierung, bevor die Frage aufgeworfen wurde, ob die in Rede stehende Regelung sachlich vom Verbot der Altersdiskriminierung erfasst werde und möglicherweise gerechtfertigt werden könnte.[530]

2. Die Schlussanträge der Generalanwältin

Angesichts der heftigen Kritik und zahlreichen Stellungnahmen nach dem Urteil in der Rechtssache Mangold fielen die Ausführungen der Generalanwältin Sharpston in ihrem Schlussantrag im Umfang eher knapp aus. Nichts desto trotz enthalten sie aufschlussreiche Ausführungen, insbesondere deswegen, weil die Generalanwältin die Vorlagefragen des BAG in den weiteren Kontext des Verbots der Altersdiskriminierung und der dazu ergangenen Rechtsprechung des EuGH rückt. Anders als der EuGH in der Rechtssache Mangold sieht die Generalanwältin den Grundsatz des Verbots der Diskriminierung wegen des Alters nicht als speziellen primärrechtlichen Grundsatz an. Nach ihrer Auffassung stellt das Verbot der Altersdiskriminierung eine Ausprägung des allgemeinen Gleich-

---

528 BAG, Vorlagebeschluss v. 27. Juni 2006 – 3 AZR 352/05 (A), NZA 2006, S. 1276 (1277).

529 BAG, Vorlagebeschluss v. 27. Juni 2006 – 3 AZR 352/05 (A), NZA 2006, S. 1276 (1278).

530 Vgl. zu den Vorlagefragen BAG, Vorlagebeschluss v. 27. Juni 2006 – 3 AZR 352/05 (A), NZA 2006, S. 1276 (1277).

heitssatzes auf Gemeinschaftsebene (jetzt Unionsebene) dar.[531] Im Gegensatz zu einem spezifischen Verbot der Altersdiskriminierung, welches sowohl im nationalen wie auch internationalen Kontext zu neu und zu unterschiedlich ausgestaltet sei, als dass es sich in das System der allgemeinen Grundsätze einordnen ließe, lasse sich der allgemeine Gleichheitssatz aus den Verfassungstraditionen der Mitgliedstaaten sowie aus zahlreichen völkerrechtlichen Übereinkommen herleiten.[532] Art. 19 AEUV (ex. Art. 13 EG) bildet nach Auffassung der Generalanwältin eine Ermächtigungsgrundlage zum Erlass von Rechtsakten zur Antidiskriminierung und dient damit der Gewährleistung der Durchführung des allgemeinen Gleichheitssatzes. Die Gleichbehandlungsrichtlinie 2000/78/EG wiederum konkretisiere das Verbot der Diskriminierung wegen der aufgezählten Gründe.[533] Sie kommt zu dem Ergebnis, „(...) das der allgemeine Gleichheitssatz unter bestimmten Umständen als Verbot einer Diskriminierung wegen des Alters wirkt, dass es aber nicht von Anfang an einen gesonderten detaillierten Grundsatz des Unionsrechts gegeben hat, wonach eine Diskriminierung wegen des Alters immer verboten war."[534] Die anschließende Prüfung ergibt nach Ansicht der Generalanwältin jedoch, dass der vorgelegte Sachverhalt nicht in den Anwendungsbereich des Unionsrechts fällt. Dies gelte unabhängig davon, ob man der Struktur des Verbots der Altersdiskriminierung des EuGH in der Rechtssache Mangold oder der Herleitung aus dem allgemeinen Gleichheitssatz folge. Art. 19 AEUV (ex. Art. 13 EG) entfalte keine unmittelbare Wirkung und die RL 2000/78/EG sei vor Ablauf der Umsetzungsfrist nicht in der Lage, einen Bezug zum Unionsrecht herzustellen.[535] Demzufolge handele es sich bei der in Frage stehenden Regelung um eine ausschließliche des nationalen Rechts. Der Anwendungsbereich des Unionsrechts sei damit nicht eröffnet.

Folgerichtig werden die weiteren Vorlagefragen des BAG nur hilfsweise erörtert. Es folgen Ausführungen zu einer möglichen horizontalen Wirkung von

---

531 Vgl. Schlussanträge GA`in *Sharpston* v. 22. Mai 2008 zu EuGH, Rs. C-427/06, *Bartsch*, Rn. 42 f., abrufbar unter: http://curia.europa.eu/jurisp/cgi-bin/form.pl?lang= de. Diese Auffassung hatte die Generalanwältin schon in den Schlussanträgen zur Rechtssache Lindorfer unter Berücksichtigung des Mangold-Urteils vertreten, vgl. Schlussanträge zu EuGH, Rs. C-227/04 P, *Lindorfer*, Rn. 52 ff: „Beim gegenwärtigen Standpunkt der Dinge schlage ich vor, das Urteil Mangold am besten so zu lesen, dass es im Unionsrecht kein besonderes, bereits bestehendes Verbot der Diskriminierung aufgrund des Alters gab, sondern dass Diskriminierung aufgrund des Alters schon immer durch den allgemeinen Gleichheitsgrundsatz ausgeschlossen war und die Richtlinie 2000/78 einen besonderen, detaillierten Rahmen für den Umgang mit dieser (und bestimmten anderen Arten von) Diskriminierung eingeführt hat."

532 Schlussanträge GA`in *Sharpston* v. 22. Mai 2008 zu EuGH, Rs. C-427/06, *Bartsch*, Rn. 42 f.

533 Schlussanträge GA`in *Sharpston*, aaO Rn. 59 f.

534 Schlussanträge GA`in *Sharpston*, aaO Rn. 65.

535 Schlussanträge GA`in *Sharpston*, aaO Rn. 67.

allgemeinen Grundsätzen des Unionsrechts, die die Generalanwältin unter gewissen Umständen für möglich hält.[536] Eine strikte Beschränkung auf eine vertikale Wirkung, also die im Staat-Bürger Verhältnis würde in einigen Fällen zu einer künstlichen Unterscheidung zwischen privatem und öffentlichem Bereich führen. Zudem habe der EuGH eine horizontale Anwendung des allgemeinen Gleichbehandlungsgrundsatzes in den Urteilen Walrave[537], Angonese[538] sowie Mangold anerkannt. Im vorliegenden Fall scheitere eine horizontale Wirkung jedoch daran, dass der Anwendungsbereich des Unionsrechts nicht eröffnet sei.[539] Eine horizontale Wirkung des allgemeinen Gleichheitssatzes käme allerdings in Betracht, sobald ein Mitgliedstaat die Richtlinie 2000/78/EG umgesetzt habe, bzw. die maßgebliche Umsetzungsfrist abgelaufen sei. Die Generalanwältin spricht davon, dass dieser Grundsatz auf dem Weg über die Richtlinie horizontal geltend gemacht werden könne.[540]

Anschließend geht die Generalanwältin auf die Frage ein, ob einer Altersabstandsklausel wie die des Vorlageverfahrens vom Geltungsbereich des Verbots der Altersdiskriminierung erfasst wird. Die Prüfung erfolgt dabei unter zwei Gesichtspunkten: Zum einen auf Grundlage des allgemeinen Gleichheitssatzes und zum anderen auf der Grundlage der RL 2000/78/EG.

Die Generalanwältin unterscheidet bei der Diskriminierung wegen des Alters zwischen einer solchen wegen des absoluten Alters und einer solchen wegen des relativen Alters. Erstere liege dann vor, wenn eine Benachteiligung einer Person wegen des Alters erfolgt und sich dieses Alter in absoluten Zahlen ausdrücken lasse. Eine Ungleichbehandlung wegen des relativen Alters liege demgegenüber dann vor, wenn eine Person eine ungünstiger Behandlung erfahre, weil sie eine bestimmte Anzahl von Jahren älter oder jünger ist, als eine andere Person oder Personengruppe.[541] Weitergehend erfasse das Diskriminierungsverbot auch die Ungleichbehandlung, die zwei Personen bei gemeinsamer Betrachtung gegenüber anderen Paaren erfahren, die deswegen eine ungünstigere Behandlung erfahren, weil ihr Altersunterschied untereinander größer oder kleiner ist als bei anderen vergleichbaren Paaren.

Für das Verbot der Diskriminierung mache es keinen Unterschied, ob das Alter, an das eine bestimmte Entscheidung geknüpft wird, sich in absoluten oder nur in relativen Zahlen ausdrücken lasse.[542] Diese gemeinsame Betrachtung von

---

536 Schlussanträge GA´in *Sharpston* v. 22. Mai 2008 zu EuGH, Rs. C-427/06, *Bartsch*, Rn. 82.

537 EuGH, Rs. 36/74, *Walrave*, Slg. 1974, S. 1405 Rn. 17 u. 28.

538 EuGH, Rs. C-281/98, *Angonese*, Slg. 2000, I-4139 Rn. 36.

539 Schlussanträge GA´in *Sharpston*, aaO Rn. 87.

540 Schlussanträge GA´in *Sharpston*, aaO Rn. 92

541 Schlussanträge GA´in *Sharpston*, aaO Rn. 96.

542 Schlussanträge GA´in *Sharpston* v. 22. Mai 2008 zu EuGH, Rs. C-427/06, *Bartsch*, Rn. 97; die Diskriminierung wegen des relativen Alters ablehnend *Bauer/ Arnold*, Die Bartsch-Entscheidung des EuGH, NJW 2008, S. 3377 (3380).

zwei Personen ermöglicht es, das weitere Problem des Falles zu lösen, ob nur die Ungleichbehandlung des verstorbenen Arbeitnehmers oder auch die der Ehefrau unter das Verbot der Altersdiskriminierung fällt. Die unmittelbare Benachteiligung des verstorbenen Arbeitnehmers liege in der Beeinträchtigung seines Selbstbestimmungsrechts, in dem er infolge der Altersabstandsklausel nicht frei in der Entscheidung war, eine Frau zu wählen, die über 15 Jahre jünger war als er, ohne einen Nachteil zu erleiden. Aber auch die Hinterbliebene Ehefrau sei unmittelbar benachteiligt, da sie infolge des Altersabstandes eine weniger günstige Behandlung erfahre, als eine Witwe, die weniger als 15 Jahre jünger wäre als ihr Ehegatte.[543]

Hinsichtlich der erfassten Arten von Ungleichbehandlungen iSd RL 2000/78/EG gelten nach Ansicht der Generalanwältin die gleichen Grundsätze wie beim allgemeinen unionsrechtlichen Gleichbehandlungsgrundsatz, so dass nach Ablauf der Umsetzungsfrist der Richtlinie die Altersabstandsklausel an diesem Maßstab zu überprüfen wäre.[544] Der Begriff der Altersdiskriminierung iSd Richtlinie sei weit auszulegen. Dies ergebe sich nicht nur aus den Erwägungsgründen der Richtlinie[545], sondern auch aus teleologischen Gesichtspunkten. Würde man nur Diskriminierungen wegen des absoluten Alters unter die Richtlinie subsumieren, so würde dies für Arbeitgeber leichte Umgehungsmöglichkeiten schaffen.[546] Im Ergebnis liege daher in der Altersabstandsklausel sowohl eine unmittelbare Diskriminierung wegen des Alters für den Arbeitnehmer, als auch für dessen Ehegattin vor. Somit komme es entscheidend auf die Frage an, ob eine solche Ungleichbehandlung gerechtfertigt werden könne oder nicht. In Betracht komme insofern das Interesse des Arbeitgebers, eine auf ihn zukommende Kostenlast zu begrenzen. Eine mögliche Rechtfertigung unter diesem Gesichtspunkt wird von der Generalanwältin unter der zeitlichen Prämisse geprüft, dass eine Umsetzung der Richtlinie erfolgt wäre. Als Rechtfertigungsgrund komme dann Art. 6 Abs. 1 RL 2000/78/EG in Betracht. Unter Verweis auf die Entscheidung des EuGH in der Rechtssache Palacios de la Villa und dem Wortlaut der Richtlinie, sind unmittelbare Diskriminierungen wegen des Alters gerechtfertigt, wenn die Ungleichbehandlung durch ein legitimes Ziel gerechtfertigt und die Mittel zur Erreichung dieses Ziels angemessen und erforderlich sind.[547] Nach ihrer Auffassung scheitert eine solche Altersabstandsklausel wie die des Vorlageverfahrens am Maßstab dieser Verhältnismäßigkeitsprüfung.[548] Zwar sei der Umstand, dass sich die Altersabstandklausel keinem der Regelbei-

---

543 Schlussanträge GA'in *Sharpston* v. 22. Mai 2008 zu EuGH, Rs. C-427/06, *Bartsch*, Rn. 98.
544 Schlussanträge GA'in *Sharpston*, aaO Rn. 101.
545 Vgl. Erwägungsgrund Nr. 25 RL 2000/78/EG.
546 Schlussanträge GA'in *Sharpston*, aaO Rn. 104.
547 Schlussanträge GA'in *Sharpston*, aaO Rn. 112.
548 Schlussanträge GA'in *Sharpston*, aaO Rn. 123.

spiele in Art. 6 Abs. 1 RL 2000/78/EG zuordnen lasse wegen dessen nicht ab-schließenden Charakters unschädlich.[549] Infolge des weiten Ermessensspiel-raums der Mitgliedstaaten bei der Festlegung arbeits- und sozialpolitischer Ziele könne die Zulassung von Altersabstandsklauseln als legitimes Ziel anerkannt werden. Die konkrete Ausgestaltung des Systems des Vorlageverfahrens ist nach Ansicht der Generalanwältin jedoch nicht erforderlich und angemessen. Die Be-grenzung der Kosten für ein freiwilliges Versorgungssystem lasse sich ohne weiteres durch mildere Mittel als den völligen Ausschluss von der Versorgungs-leistung erreichen: In Betracht käme die Leistung niedrigerer Zahlungen an jün-gere Hinterbliebene, die ggf. gestaffelt werden könnten, sowie eine Ausgestal-tung des Systems bei dem die Zahlungen der Hinterbliebenenversorgung erst ab einem bestimmten Alter der Hinterbliebenen beginnt.[550] Weiterhin stellt die Ge-neralanwältin hinsichtlich des Gedankens der Kostenkalkulierbarkeit entschei-dend auf die Person des Hinterbliebenen ab. Demzufolge sieht sie diesbezüglich keinen maßgeblichen Unterschied zwischen zwei Hinterbliebenen, die beide 40 Jahre alt sind, von dem jedoch ein Ehegatte (der zugleich Arbeitnehmer ist) ge-nauso alt ist (in diesem Fall würde eine Hinterbliebenenversorgung erfolgen) und einem Hinterbliebenen, dessen Ehegatte 56 Jahre alt ist (in diesem Fall würde eine Hinterbliebenenversorgung nicht erfolgen).[551] Die Lebenserwartung der Hinterbliebenen und damit die voraussichtliche Dauer des Bezugs der Lei-tung seien in beiden Fällen gleichartig.

3. Das Urteil des EuGH

Im Ergebnis folgt der EuGH den Ausführungen der Generalanwältin. Allerdings fällt seine Urteilsbegründung nur sehr knapp aus. Nach Auffassung des EuGH war in vorliegendem Rechtsstreit schon der Anwendungsbereich des Gemein-schaftsrechts (jetzt Unionsrecht) nicht eröffnet, da Herr Bartsch bereits im Mai 2004 und damit vor Ablauf der Umsetzungsfrist der RL 2000/78/EG verstorben war. Nach Ansicht des EuGH schaffen weder die RL 2000/78/EG, noch ex. Art. 13 EG (Art. 19 AEUV) einen Anknüpfungspunkt um einen unionsrechtlichen Bezug herzustellen und damit den Anwendungsbereich des Unionsrechts zu er-öffnen.[552] Hinsichtlich der Rahmenrichtlinie scheitere ein solcher Bezug zum einen daran, dass die in Rede stehende Versorgungsrichtlinie keine Maßnahme zur Umsetzung der Richtlinie darstellt und zum anderen daran, dass Herr Bartsch vor Ablauf der maßgeblichen Umsetzungsfrist gestorben war.

---

549   Schlussanträge GA`in *Sharpston* v. 22. Mai 2008 zu EuGH, Rs. C-427/06, *Bartsch*, Rn. 113.
550   Schlussanträge GA`in *Sharpston*, aaO Rn. 121.
551   Schlussanträge GA`in *Sharpston*, aaO Rn. 122.
552   EuGH, Rs. C-427/06, Urteil v. 23. September 2008, *Bartsch*, Rn. 16.

Ex. Art. 13 EG (Art 19 AEUV) könne in solchen Fällen keine weitergehende Wirkung zukommen.[553] In diesem fehlenden unionsrechtlichen Bezug sieht der Gerichtshof, im Ergebnis zu Recht, den entscheidenden Unterschied zu der Entscheidung im Fall Mangold. Die wohl entscheidende Äußerung findet sich im Anschluss als Antwort auf die Vorlagefrage des BAG:

> „In Anbetracht der vorstehenden Erwägungen ist auf die erste Frage zu antworten, dass das Gemeinschaftsrecht kein Verbot der Diskriminierung aus Gründen des Alters enthält, dessen Schutz die Gerichte der Mitgliedstaaten zu gewährleisten haben, wenn die möglicherweise diskriminierende Behandlung keinen gemeinschaftsrechtlichen Bezug aufweist."[554]

Nach ersten Reaktionen wird diese Äußerung des EuGH als Abkehr seiner Rechtsprechung im Mangold-Urteil gewertet. Sie stelle klar, dass es kein allgemeines Verbot der Diskriminierung wegen des Alters im Gemeinschaftsrecht (jetzt Unionsrecht) gebe. Andere sehen in dem Urteil hingegen eine Bestätigung der Mangold-Entscheidung.[555] Ob Altersabstandsklauseln in Versorgungszusagen zukünftig im Hinblick auf das Verbot der Altersdiskriminierung wirksam sein werden oder nicht, wurde vom Gerichtshof nicht eindeutig entschieden.[556] Geklärt ist lediglich, dass Altersabstandsklauseln, die vor Inkrafttreten des AGG vereinbart wurden unionsrechtlich zulässig sind. Als Prüfungsmaßstab für die Wirksamkeit sind nunmehr jedoch auch die Voraussetzungen des AGG entscheidend. Danach ist davon auszugehen, dass Altersabstandsklauseln, die ab einer bestimmten Altersdifferenz sämtliche Ansprüche entfallen lassen eine ungerechtfertigte Benachteiligung wegen des Alters darstellen.[557]

Das Verfahren Bartsch bot infolge seiner Ähnlichkeit mit der Rechtssache Mangold dem EuGH die Gelegenheit, die Unsicherheiten hinsichtlich der Interpretation des Urteils zu beseitigen. Insbesondere hätte er sich mit den zahlreichen kritischen Stimmen und der Resonanz hinsichtlich der dogmatischen Grundlage und der Begründung seines Urteils auseinandersetzen können. Aufgrund der Tatsache, dass diese Fragen jedoch im konkreten Verfahren nicht entscheidungserheblich waren, ließ der EuGH diese jedoch unbeantwortet. Die

---

553 EuGH, Rs. C-427/06, Urteil v. 23. September 2008, *Bartsch*, Rn. 17 f.

554 EuGH, Rs. C-427/06, Urteil v. 23. September 2008, *Bartsch*, Rn. 25. Vgl. auch *Bauer/ Arnold*, Die Bartsch-Entscheidung des EuGH, NJW 2008, S. 3377 (3378), die zutreffend darauf hinweisen, dass der Leitsatz des Urteils ausschließlich dahingehend zu verstehen ist, dass das Verbot der Altersdiskriminierung keine Anwendung findet, wenn ein unionsrechtlicher Bezug fehlt. Über die grundsätzliche Geltung des Verbots der Altersdiskriminierung trifft das Urteil hingegen keine Aussage.

555 So *Preis/ Temming*, Altersdiskriminierung im Betriebsrentenrecht, NZA 2008, S. 1209 (1210).

556 Für ihre Unzulässigkeit *Preis/ Temming*, Altersdiskriminierung im Betriebsrentenrecht, NZA 2008, S. 1209 (1215).

557 Vgl. *Klemm*, Altersabstandsklauseln, Kommentar zu EuGH, Rs. C-427/06, *Bartsch*, BB 2008, S. 2355 (2356).

Ausführungen der Generalanwältin in den Schlussanträgen bilden eine überzeugende Basis für das Urteil des EuGH. Die Ableitung des Verbots der Altersdiskriminierung aus dem allgemeinen Gleichheitssatz liefert ein dogmatisches Gerüst, dass der EuGH bisher vermissen ließ. Auch inhaltlich überzeugen die Ausführungen der Generalanwältin. Der entscheidende Unterschied zur Entscheidung Mangold besteht bei dem Verfahren Bartsch darin, dass ein europarechtlicher Bezug der Altersabstandsklausel in der Versorgungsregelung fehlt. In der Entscheidung Mangold erging die Regelung des TzBfG als staatliche Maßnahme des Gesetzgebers um die RL 1999/70/EG umzusetzen. Auch war die Umsetzungsfrist dieser Richtlinie bereits abgelaufen. Ein solcher gemeinschaftsrechtlicher (jetzt unionsrechtlicher) Bezug war bei der Versorgungsordnung im Fall Bartsch nicht ersichtlich.

III. Die Entscheidung des EuGH in der Rechtssache Palacios de la Villa[558]

1. Sachverhalt und Entscheidung

Gegenstand der Entscheidung in der Rechtssache Palacios de la Villa war eine spanische Regelung, die es den Tarifparteien gesetzlich gestattet, tarifvertragliche Regelungen zu treffen, wonach das Arbeitsverhältnis eines Arbeitnehmers endet, sobald der Arbeitnehmer die sozialrechtlich relevante Altersgrenze von 65 Jahren erreicht hat. Die Altersgrenze ist mit dem Bezug einer Altersrente verbunden.[559] Der Sachverhalt ist damit vergleichbar mit der deutschen Regelung in § 10 Nr. 5 AGG. Herr Palacios de la Villa wurde im Jahre 2005 von seinem Arbeitgeber, unter Berufung auf die beschriebene Regelung mitgeteilt, dass sein Arbeitsverhältnis ende, da er das 65. Lebensjahr erreicht habe. Dies entsprach den Tatsachen; der Kläger hatte seine Wartezeit erfüllt und damit einen Anspruch, eine Altersrente iHv 100% bezogen auf seine Beitragsbemessungsgrenze, zu beziehen. Herr Palacios de la Villa war der Ansicht, dass diese Mitteilung einer Kündigung gleich komme, die ihn in seinen Grundrechten, insbesondere in seinem Recht, nicht wegen des Alters diskriminiert zu werden, verletze.

Das mit der Klage befasste Gericht hegte Zweifel an der Vereinbarkeit der Regelung mit europäischem Unionsrecht und leitete ein Vorabentscheidungsver-

---

558 EuGH, Urteil v. 16. Oktober 2007, C-411/ 05, *Palacios de la Villa*, NJW 2007, S. 3339 ff.

559 Die Regelung des Tarifvertrages hatte folgenden Wortlaut: „Zum Zweck der Beschäftigungsförderung wird vereinbart, dass die Altersgrenze für den Eintritt in den Ruhestand 65 Jahre beträgt, es sei denn, der betroffene Arbeitnehmer hat die für den Bezug einer Altersrente erforderliche Wartezeit nicht erfüllt; in diesem Fall kann er bis zur Vervollständigung der Wartezeit weiter seiner Tätigkeit nachgehen." Ausführlich zum Hintergrund und zur Vorgeschichte des Rechtsstreits *Kocher*, Besprechung des Urteils EuGH v. 16.10.2007 – Rs. C-411/05 - *Palacios de la Villa*, RdA 2008, S. 238 f.

fahren ein. Der Europäische Gerichtshof entschied im Rahmen dieses Verfahrens, dass das Verbot der Altersdiskriminierung der RL 2008/78/EG Regelungen in Tarifverträgen, die die Beendigung des Arbeitsverhältnisses beim Erreichen der Höchstaltersgrenze von 65 Jahren vorsehen, nicht entgegensteht, sofern der Arbeitnehmer eine Altersrente beanspruchen kann und die Altersgrenze im Übrigen den Grundsätzen der Verhältnismäßigkeit entspricht. Nachdem der Gerichtshof – entgegen den Ausführungen des Generalanwalts[560] – die Anwendbarkeit der RL 2000/78/EG auf die arbeitsrechtliche Festsetzung von Altersgrenzen, die zur Beendigung des Arbeitsverhältnisses führen, bejaht[561], führt der EuGH aus, dass es sich bei der in Frage stehenden Altersgrenze, die mit ihrem Erreichen zum automatischen Ausscheiden aus dem Arbeitsverhältnis führt, um eine unmittelbare Diskriminierung wegen des Alters iSd Art. 2 Abs. 1 und Abs. 2 a) RL 2000/78/EG handele.[562] Diese sei jedoch nach Art. 6 RL 2000/78/EG gerechtfertigt, da sie einem beschäftigungspolitischen Ziel, namentlich der Gewährleistung von Chancen Arbeitsplatzsuchender und der Eindämmung der Arbeitslosigkeit diene. Dieses Ziel liege im Allgemeininteresse und sei auch rechtmäßig (legitim), da sowohl die RL 2000/78/EG als auch das Primärrecht mit ex. Art. 2 EG (jetzt Art. 3 EUV) bzw. ex. Art. 2 Abs. 1 EU auf die Förderung des Beschäftigungsniveaus Bezug nehmen.

Im Rahmen der anschließenden Prüfung der Erforderlichkeit und Angemessenheit der Mittel zur Zielverfolgung, betont der Gerichtshof, unter Bezugnahme auf die Mangold-Entscheidung, den weiten Ermessensspielraum der Mitgliedstaaten bei der Wahl der Mittel um die Arbeits- und Sozialpolitik zu fördern.[563] Dies berücksichtigend, sieht der EuGH die streitige Regelung zur Zielerreichung als nicht unvernünftig an. Auch eine übermäßige Beeinträchtigung der Arbeitnehmerbelange erkennt er nicht, da die Regelung nicht ausschließlich auf das Alter des Arbeitnehmers abstelle, sondern darüber hinaus berücksichtige, dass der Betroffene durch eine Altersrente finanziell abgesichert sei.[564]

2. Bedeutung des Urteils für das Verbot der Altersdiskriminierung

Die Bedeutung des Urteils für die weitere Rechtsprechungspraxis des EuGH ist nur schwer einzuschätzen. Einige Stimmen sehen in dem Urteil eine Abkehr von der Rechtsprechungslinie in der Entscheidung Mangold, da nunmehr beschäftigungspolitische Überlegungen zu einer Rechtfertigung von Ungleichbehandlungen wegen des Alters ausreichten und die RL 2000/78/EG nunmehr den alleinigen Prüfungsmaßstab bilde.[565] Der Maßstab für die Kontrolle von Maßnahmen

---

560   GA *Mazák*, Schlussanträge zu EuGH, Rs. C-411/05, *Palacios de la Villa*, Rn. 67.
561   EuGH, Rs. C-411/ 05, *Palacios de la Villa*, NJW 2007, S. 3339 Rn. 42 f.
562   EuGH, Rs. C-411/ 05, *Palacios de la Villa*, NJW 2007, S. 3340 Rn. 51.
563   EuGH, Rs. C-411/ 05, *Palacios de la Villa*, NJW 2007, S. 3341 Rn. 68.
564   EuGH, Rs. C-411/ 05, *Palacios de la Villa*, NJW 2007, S. 3341 Rn. 73.
565   So offenbar BSG, Urteil vom 9. April 2008 - B 6 KA 44/ 07 R Rn. 19 f.

der Mitgliedstaaten habe sich auf eine Willkürprüfung bzw. Plausibilitätskontrolle reduziert.[566] Andere sehen die Entscheidung zurückhaltender.[567] So wird darauf hingewiesen, dass die beiden Entscheidung nur bedingt miteinander vergleichbar seien, da sie unterschiedliche Bereiche beträfen. Während es in der Entscheidung Mangold um eine Diskriminierung wegen des Alters durch eine gesetzliche Regelung ging, betraf die Rechtssache Palacios de la Villa eine Ungleichbehandlung durch Tarifvertragsparteien.

Vor allem zwei Umstände sprechen dafür, dass es sich bei der Entscheidung nicht um eine Abkehr der bisherigen Linie des EuGH handelt. Zum einen setzt sich der EuGH mit den Schlussanträgen des Generalanwalts nicht auseinander, was sich, in Anbetracht der ungewöhnlich scharfen Kritik, geradezu aufgedrängt hätte. Zum zweiten spricht der EuGH weiterhin vom durch die Richtlinie konkretisierten Verbot der Altersdiskriminierung.[568] Er geht also, wie in der Entscheidung Mangold, davon aus, dass nicht die Richtlinie das Verbot der Altersdiskriminierung begründet, sondern vielmehr voraussetzt.

Betrachtet man den inhaltlichen Prüfungsmaßstab der Entscheidungen Mangold und Palacios de la Villa, so werden die Widersprüche jedoch offensichtlich. In beiden Entscheidungen betont der EuGH den weiten Ermessensspielraum der Mitgliedstaaten. In der Rechtsache Mangold hindert dieser nicht, eine strenge Verhältnismäßigkeitsprüfung durchzuführen, während der Entscheidung Palacios eine bloße Willkürprüfung zu Grunde gelegt wird. Insofern hat sich die Kritik am Mangold-Urteil, der EuGH habe nicht hinreichend dargestellt, welche Intensität gerichtlicher Kontrolldichte bei altersbezogenen Regelungen anzuwenden sei und die daraus resultierende Rechtsunsicherheit, bestätigt.[569] Ein Grund für diese unterschiedlichen Prüfungsmaßstäbe ist nicht ersichtlich. Es scheint als ob der EuGH die Kontrolldichte von Einzelfall abhängig machen will. Jedoch ist unklar, welche Kriterien zugrunde zu legen sind um zu beurteilen, mit welcher Kontrolldichte ein Sachverhalt zu überprüfen ist. Die Schwere der Auswirkungen der Altersdiskriminierungen ist offensichtlich nicht der entscheidende Fak-

566 *Temming*, Der Fall Palacios: Kehrtwende im Recht der Altersdiskriminierung?, NZA 2007, S. 1193; *Bayreuther*, Altersgrenzen nach der Palacios-Entscheidung, DB 2007, S. 2425 (2426); *Zöll/ Sehr*, Das Diskriminierungsmerkmal Alter, Personalmagazin 2009, S. 72

567 So Bayreuther, Altersgrenzen nach der Palacios-Entscheidung, DB 2007, S. 2425 ff.; Thüsing, zitiert nach Budras, Rätselraten nach europäischem Urteil zu Altersgrenzen, FAZ Nr. 259 v. 7. November 2007, abrufbar unter: http://www.faz.net/s/RubA5A53E D802AB47C6AFC5F33A9E1AA71F/Doc~E1B9A7F9D80BE475F8A0B35D0465C1 700~ATpl~Ecommon~Scontent.html?rss_aktuell; Thüsing, Blick in das europäische und ausländische Arbeitsrecht, RdA 2008, S. 51 (52); Bauer/ Arnold, Die Bartsch-Entscheidung des EUGH, NJW 2008, S. 3377 (3378).

568 EuGH, Rs. C-411/ 05, *Palacios de la Villa*, NJW 2007, S. 3341 Rn. 77.

569 *Nicolai*, Anmerkung zu EuGH, Rs. C-144/04, *Mangold/ Helm*, DB 2005, S. 2638 (2641 f.).

tor. Andernfalls hätte der EuGH in der Rechtssache Palacios im Vergleich zur Mangold-Entscheidung erst recht eine strengere Verhältnismäßigkeitsprüfung durchführen müssen: Die starre Altersgrenze der für zulässig erklärten Tarifbestimmung führt zum Verlust des Arbeitsplatzes und greift damit in die freie Wahl des Arbeitsplatzes ein, während § 14 Abs. 3 a.F. TzBfG „nur" den Zugang zu unbefristeter Beschäftigung einer bestimmten Altersgruppe von Arbeitnehmern erschwerte.[570]

Während nach der Entscheidung Mangold noch ein Blick auf die Rechtsprechung des EuGH zur Geschlechterdiskriminierung hilfreich war, um den Ansatz einer möglichen Systematik aufzuzeigen, ist dies mittlerweile nur noch bedingt möglich. Der Gerichtshof hat in vergangenen Entscheidungen diesbezüglich ausgeführt, dass die Anerkennung eines Beurteilungsspielraums der Mitgliedstaaten im Bereich der Sozialpolitik nicht dazu führen darf, dass tragende Grundsätze wie die Gleichbehandlung zwischen Männern und Frauen ausgehöhlt werden.[571] Aus dem Charakter des Gleichbehandlungsgrundsatzes als individuellem Recht folge damit, dass Ausnahmevorschriften eng ausgelegt werden müssten.[572] Vor dem Hintergrund, dass es sich sowohl beim Geschlecht, als auch beim Alter um personenbezogene Merkmale handelt und beide Diskriminierungsverbote der Verwirklichung individueller Gleichbehandlung dienen, erscheint unter teleologischen Gesichtspunkten hinsichtlich des Prüfungsmaßstabs ein Gleichlauf erforderlich.[573] Nach der Entscheidung Palacios scheint der EuGH eine solche Sichtweise jedoch beim Verbot der Diskriminierung wegen des Alters nicht zu vertreten. Offenbar kann nach seiner Ansicht die individuelle Gleichbehandlung durch wirtschaftliche Absicherung kompensiert werden. Inwieweit bei der Rechtfertigung durch arbeitsmarktpolitische Belange ein konkreter Bezug zu der Arbeitsmarktsituation der jeweiligen Branche erforderlich ist, wird durch die Entscheidung nicht deutlich. Zwar spricht der EuGH bei der Rechtfertigungsprüfung davon, dass durch die spanische Regelung „(...) nicht nur die Gesamtlage des betreffenden Arbeitsmarktes, sondern auch die speziellen Merkmale der jeweiligen Beschäftigungsverhältnisse gebührend berücksichtigt werden können" und das die Regelung in einem Umfeld erlassen worden ist, dass von hoher Arbeitslosigkeit gekennzeichnet ist. Wie Bayreuther zutreffend

---

570   Vgl. *Waltermann*, Alternde Arbeitswelt, NJW 2008, S. 2529 (2532).

571   EuGH, Rs. 187/00, *Kutz-Bauer*, Slg. 2003, I-2771 Rn. 57; Rs. C-167/97, *Seymour-Smith u. Perez*, Slg. 1999, I-623 Rn. 75.

572   EuGH, Rs. 222/84, *Johnston*, Slg. 1986, 1651 Rn. 38. In der Entscheidung ging es darum, ob der Ausschluss von Frauen vom Polizeidienst mit der Waffe unter besonderen Umständen, wie sie in den 80er Jahren während der permanenten Unruhen in Nordirland herrschten, gerechtfertigt werden kann. Der Gerichtshof betont, dass die enge Auslegung von Ausnahmevorschriften erfordere, dass dies proportional sein müssten, mithin „(...) nicht über das zur Erreichung des verfolgten Ziels angemessene und erforderliche Maß hinausgehen" dürfen.

573   So *Polloczek*, Altersdiskriminierung im Licht des Europarechts, S. 159.

feststellt, würde sich eine solche Interpretation am ehesten in die Rechtsprechungslinie der Entscheidung Mangold einreihen.[574] Unklar ist jedoch, wie sich der ebenfalls vom EuGH in beiden Entscheidungen erwähnte weite Gestaltungsspielraum des Gesetzgebers zu einem solchen Erfordernis verhält. Die weitere Entwicklung bleibt insofern abzuwarten. Ein Beitrag zur Rechtssicherheit leistet die Entscheidung damit nur sehr bedingt.

Dementsprechend ist für die Prognose der Zulässigkeit von Altersregelungen Zurückhaltung geboten.[575] Zwar ist es möglich durch Bildung einer Schnittmenge der beiden Entscheidungen Orientierungspunkte zu bilden[576]; ob dies für die zukünftige Bewertung hilfreich ist, erscheint infolge der großen Divergenz des Prüfungsmaßstabs jedoch zweifelhaft. Sicher dürfte nur sein, dass Altersregelungen, die allein auf das Alter abstellen, ohne weitere Gesichtspunkte zu berücksichtigen, unzulässig sind. Eine Klarstellung erfolgte zumindest hinsichtlich der Bedeutung des 14. Erwägungsgrundes der RL 2000/78/EG, nach dem die Richtlinie nicht die einzelstaatlichen Bestimmungen über die Festsetzung der Altersgrenzen für den Ruhestand berührt. Nach Ansicht des EuGH hat der Erwägungsgrund lediglich deklaratorische Bedeutung im Hinblick auf die Zuständigkeit der Mitgliedstaaten hinsichtlich der Festlegung von Altersgrenzen beim Ruhestand im Geltungsbereich des Sozialrechts. Die Anwendung der Richtlinie, auf hiervon zu unterscheidende arbeitsrechtliche Altersgrenzen, die zur Beendigung des Arbeitsverhältnisses führen, werde dadurch jedoch nicht berührt.[577] Diese fallen nach Art. 3 Abs. 1 lit. c) in den Anwendungsbereich der RL 2000/78/EG.[578] Demgegenüber plädierte der Generalanwalt in seinen Schlussanträgen für eine restriktive Auslegung des Anwendungsbereichs der Richtlinie, so dass die Festsetzung von Altersgrenzen nicht von der Richtlinie

---

574 Dort führte der EuGH aus, dass die erleichterte Befristungsmöglichkeit unter Berücksichtigung des jeweiligen Arbeitsmarktes und der persönlichen Situation des Betroffenen objektiv erforderlich sein müsse, vgl. *Bayreuther*, Altersgrenzen nach der Palacios-Entscheidung, DB 2007, S. 2425.

575 A.A: wohl *Bauer/ Krieger*, Das Orakel von Luxemburg, NJW 2007, S. 3672 (3673), der der Entscheidung eine deutliche Tendenz für die Zulässigkeit von Altergrenzenvereinbarungen entnimmt.

576 So *Temming*, Der Fall Palacios: Kehrtwende im Recht der Altersdiskriminierung, NZA 2007, S. 1193 (1198).

577 Vgl. EuGH, Rs. C-411/05, *Palacios de la Villa*, NJW 2007, S. 3339 Rn. 44. A.A. ErfK/ *Müller-Glöge*, § 14 TzBfG Rn. 77 unter Verweis auf Erwägungsgrund Nr. 14 und 25 RL 2000/78/EG; *Leuchten*, Der Einfluss der EG-Richtlinien zur Gleichbehandlung auf das deutsche Arbeitsrecht, NZA 2002, S. 1254 (1258); *Nussberger*, Altersgrenzen als Problem des Verfassungsrechts, JZ 2002, S. 524 (530).

578 *Kocher*, Besprechung des Urteils EuGH v. 16.10.2007 – Rs. C-411/05 - Palacios de la Villa, RdA 2008, S. 238 (239).

erfasst sei.[579] Folgerichtig geht er in den Schlussanträgen auf die Frage einer Rechtfertigung nur hilfsweise ein. Im Ergebnis hält der Generalanwalt die spanische Regelung für gerechtfertigt. Interessanter sind jedoch die geäußerten Zweifel, ob in der in Rede stehenden Regelung überhaupt eine Benachteiligung zu erkennen ist. Der Ruhestand würde im Allgemeinen als (soziales) Recht und nicht als Verpflichtung angesehen, so dass das Vorliegen einer Benachteiligung zweifelhaft sei.[580] Weiterhin ist nunmehr für die Praxis klargestellt, das gesetzliche Höchstaltersgrenzen mit denen der Bezug einer Altersrente verbunden ist, europarechtskonform sind. Dies gilt jedenfalls insoweit, als sie einen beschäftigungspolitischen Bezug haben.

Auffallend, jedenfalls aus deutscher Sicht ist, dass der EuGH sich in den Entscheidungsgründen stark auf der Rechtsprechungslinie sowohl des Bundesarbeitsgerichts als auch des Bundesverfassungsgerichts bewegt. Dementsprechend kann nicht ausgeschlossen werden, dass der EuGH auch Altersgrenzen, die allein an die Rentenberechtigung anknüpfen für zulässig erachtet.[581] Entscheidend für die Zulässigkeit von Altersregelung sind also vorwiegend Aspekte der wirtschaftlichen Absicherung, die Bedeutung der Erwerbstätigkeit für die Persönlichkeit des Einzelnen wird ausgeblendet.[582] Angesichts des Selbstverständnisses des europäischen Antidiskriminierungsrechts erscheint dies wenig überzeugend. Hinsichtlich des Altersbegriffs äußert sich der EuGH in beiden Entscheidungen nicht. Hierfür bestand in den konkreten Verfahren auch kein Anlass. Im Rahmen des primärrechtlichen Verbots der Altersdiskriminierung als ungeschriebener Grundsatz des Gemeinschaftsrechts (jetzt Unionsrecht) ist ebenso von einem umfassenden Schutz vor Diskriminierungen wegen des Alters auszugehen, umfasst ist mithin jedes Lebensalter, ohne eine Beschränkung auf das höhere Lebensalter.[583] Sollte der EuGH seine Rechtsprechung auf der Linie Palacios weiterführen, so dürften Höchstaltersgrenzen, sowohl der freien Berufe, als auch die üblichen Höchstaltersgrenzen in Tarifverträgen, Betriebsvereinba-

---

579 GA *Mazák*, Schlussanträge zu EuGH, Rs. C-411/05, *Palacios de la Villa*, Rn. 58 u. 67. Zustimmend, *Waas*, Zur Bewertung von Altersgrenzen nach europäischem Recht, EuZW 2007, S. 359 (360).

580 GA *Mazák*, Schlussanträge zu EuGH, Rs. C-411/05, *Palacios de la Villa*, Rn. 69.

581 Ebenso *Waltermann*, Bemerkungen zu den Rechtssachen Mangold und Palacios de la Villa, FS Birk, S. 915 (926); a.A. *Bayreuther*, Altersgrenzen nach der Palacios-Entscheidung, DB 2007, S. 2425 (2426).

582 Vgl. *Temming*, Der Fall Palacios: Kehrtwende im Recht der Altersdiskriminierung?, NZA 2007, S. 1193 (1196). Vgl. auch *Bayreuther*, Altersgrenzen nach der Palacios-Entscheidung, DB 2007, S. 2425 (2426),der dem Urteil allerdings entnimmt, dass eine Altersgrenze nur dann gerechtfertigt ist, wenn die wirtschaftliche Absicherung angemessen ist.

583 So auch *Annuß*, Das Verbot der Altersdiskriminierung als unmittelbar geltendes Recht, BB 2006, S. 325.

rungen[584] und wohl auch in Individualarbeitsverträgen, einschließlich ihrer Begründungsmuster weiterhin zulässig sein.[585] Das Antidiskriminierungsrecht wegen des Alters wäre damit in der Praxis weitgehenden Einschränkungen unterworfen. Lässt man jedes beschäftigungspolitische Ziel als Rechtfertigung zu und schränkt gleichzeitig den Prüfungsmaßstab infolge eines weiten Ermessensspielraums der Mitgliedstaaten ein, der dazu führt, dass lediglich die generelle Eignung einer abstrakten Maßnahme zur Förderung beschäftigungspolitischer Belange nachgewiesen werden muss, so bliebe vom Verbot der Altersdiskriminierung nicht mehr viel übrig. In der Entscheidung hat sich die Tendenz des EuGH, in Fällen von Diskriminierungen sensibler zu reagieren als auf die Verletzung von Freiheitsgrundrechten[586], nicht bestätigt.

IV. Die Entscheidung des EuGH in der Rechtssache Age Concern[587]

Mit einer Entscheidung aus dem Jahr 2009 setzt der EuGH seine Rechtsprechung aus der Palacios-Entscheidung fort. In dem Vorabentscheidungsverfahren in der Rechtssache Age Concern ging es um britische Regelungen der Employment Equality (Age) Regulations 2006, die in Umsetzung der RL 2000/78/EG u.a. vorsieht, dass die Entlassung von Arbeitnehmern, die das 65. Lebensjahr vollendet haben erlaubt ist, wenn die Entlassung zur Versetzung in den Ruhestand führt (reg. 30 sec. 2). Daneben ging es um eine weitere Regelung des britischen Gesetzes (reg. 3), die eine Ungleichbehandlung wegen des Alters erlaubt, wenn diese ein verhältnismäßiges Mittel zur Erreichung eines legitimen Ziels darstellt, ohne die zulässigen Ungleichbehandlungen weiter zu konkretisieren. Nach Auffassung des EuGH sind beide Regelungen mit der RL 2000/78/EG vereinbar. Es bestehe vor dem Hintergrund der Rahmenrichtlinie keine Verpflichtung der Mitgliedstaaten die Arten von zulässigen Ungleichbehandlungen beispielhaft aufzuzählen.[588] Ebenso ist nach Auffassung des Gerichtshofs die Nennung der legitimen Ziele die die Ungleichbehandlung verfolgt, nicht notwendig. Die diesbezügliche Prüfung der Rechtmäßigkeit obliege den nationalen Gerichten.[589]

---

584 So auch *Bauer/ Krieger*, Das Orakel von Luxemburg, NJW 2007, S. 3672 (3674).

585 Vgl. dazu aus jüngerer Zeit BVerfG, Nichtannahmebeschluss v. 26. Januar 2007 - 2 BvR 2408/06 Rn. 15 ff.; ArbG Frankfurt a.M., Urteil v. 14. März 2007 – 6 Ca 7405/06, BB 2007, S. 1736 ff., das die tarifvertragliche Altersgrenze von 60 Jahren für Piloten sowohl am Maßstab der RL 2000/78/EG als auch am primärrechtlichen Verbot der Altersdiskriminierung als gerechtfertigt ansieht. I. E. auch für Altersgrenzen nach § 10 S. 3 Nr. 5 AGG, *Kocher*, Besprechung des Urteils EuGH v. 16.10.2007, Rs. C-411/05 - Palacios de la Villa, RdA 2008, S. 238 (241).

586 So v. *Bogdandy*, Grundrechtsgemeinschaft als Integrationsziel, JZ 2001, S. 157 (164) mwN.

587 EuGH, Urteil v. 5. März 2009, Rs. C-388/07 – Age Concern.

588 EuGH, Urteil v. 5. März 2009, Rs. C-388/07 – Age Concern, Rn. 43.

589 EuGH, Urteil v. 5. März 2009, Rs. C-388/07 – Age Concern, Rn. 47.

Vor dem Hintergrund der Entscheidung in der Rechtssache Palacios überrascht die Entscheidung des EuGH in der Rechtssache Age Concern nicht. Mit
der Entscheidung ist nunmehr klargestellt, dass die Mitgliedstaaten Regelungen
treffen können, wonach Arbeitnehmer mit dem Erreichen einer bestimmten Altersgrenze aus dem Erwerbsleben ausscheiden. Dies betrifft nicht nur Regelungen in Tarifverträgen – dies war der Sachverhalt in der Entscheidung Palacios –
sondern auch Vereinbarungen Arbeitsverträgen. Erforderlich ist lediglich, dass
die Regelung einem legitimen Ziel dient. Bei der Festlegung dieser Ziele kommt
dem nationalen Gesetzgeber ein weiter Ermessensspielraum zu, so dass, obwohl
der EuGH in der Entscheidung klargestellt hat, dass nur sozialpolitische Ziele
die im Allgemeininteresse bestehen, eine Ausnahme von dem Verbot der Altersdiskriminierung rechtfertigen können, also z.B. solche aus den Bereichen
Beschäftigungspolitik, Arbeitsmarkt oder berufliche Bildung, nicht ausgeschlossen werden kann, dass eine nationale Rechtsnorm auch individuellen Beweg-
gründen des Arbeitgebers (z.B. Kostenreduzierung, Verbesserung der Wettbe-
werbsfähigkeit) Anerkennung verschafft.[590]

V. Die Entscheidung des EuGH in der Rechtssache Hütter[591]

Die Rechtssache David Hütter gegen die Technische Universität Graz warf die
Frage auf, ob es zulässig ist, bei der Einstufung in Gehaltsgruppen danach zu
differenzieren, ob die berufsqualifizierende Lehrzeit vor oder nach der Vollendung des 18. Lebensjahres absolviert wurde. Diese Regelung enthielt das öster-
reichische Vertragsbedienstetengesetz, um Anreizen entgegenzuwirken, möglichst früh die allgemeine Schulbildung zu Gunsten einer Lehre aufzugeben.
Herr Hütter, ein Beschäftigter der Technischen Universität Graz, dessen Dauer
der Lehrzeit nach Vollendung des 18. Lebensjahres kürzer war als bei einer e-
benfalls angestellten Kollegin und letztere infolgedessen in eine höhere Gehaltsstufe eingeordnet worden war, sah darin eine von der Richtlinie 2000/78/EG
verbotene Altersdiskriminierung. Bei gleicher Berufserfahrung sei eine Rechtfertigung der Regelung nach Art. 6 Abs. 1 der RL 2000/78/EG nicht möglich, da
die Vorschrift ausschließlich an das Alter anknüpfe, in dem die Berufserfahrung
erworben worden sei.
Der EuGH stellte zunächst fest, dass die streitige Regelunge eine unmittelbare Ungleichbehandlung wegen des Alters darstellt:

> „Eine nationale Regelung wie die des Ausgangsverfahrens behandelt (...) Personen,
> die ihre Berufserfahrung (...) vor Vollendung des 18. Lebensjahrs erworben haben,
> weniger günstig als Personen, die nach Vollendung des 18. Lebensjahrs eine gleich-

---

590 Vgl. *Hanau*, Die Europäische Grundrechtecharta – Schein und Wirklichkeit im Ar-
     beitsrecht, NZA 2010, S. 1 (4) sowie das Vorabentscheidungsersuchen des ArbG
     Hamburg, Beschluss v. 20. Januar 2009 – 21 Ca 235/08.
591 EuGH, Urteil v. 18. Juni 2009, Rs. C-88/08 – *David Hütter gegen Technische Univer-
     sität Graz*

artige Berufserfahrung vergleichbarer Länge erworben haben. Eine solche Regelung begründet eine Ungleichbehandlung von Personen aus Gründen des Alters, in dem sie ihre Berufserfahrung erworben haben. Wie der im Ausgangsverfahren in Rede stehende Sachverhalt zeigt, kann dieses Kriterium dazu führen, dass zwei Personen, die die gleiche Ausbildung abgelegt und die gleiche Berufserfahrung erworben haben, allein wegen ihres unterschiedlichen Alters ungleich behandelt werden. Eine solche Vorschrift begründet damit eine Ungleichbehandlung, die unmittelbar auf das Kriterium des Alters (...) abstellt."[592]

Sodann prüft der Gerichtshof eine mögliche Rechtfertigung nach Art. 6 Abs. 1 der RL 2000/78/EG. Zweck der Regelung des österreichischen Gesetzgebers war es Benachteiligungen von Personen mit allgemeiner Sekundarschulbildung gegenüber Personen mit beruflicher Erfahrung zu verhindern. Die Vorschrift sollte einen Anreiz zum längeren Besuch der Sekundarschule fördern. Daneben sollte die Regelung die Ausbildung von Lehrlingen im öffentlichen Dienst nicht verteuern und so die Eingliederung Jugendlicher in den Arbeitsmarkt unterstützen. Diese Ziele sind nach Ansicht des Gerichtshofs grds. geeignet Ungleichbehandlungen wegen des Alters zu rechtfertigen, da es sich um legitime sozialpolitische Ziele iSd Art. 6 Abs. 1 RL 2000/78 handele.[593] Allerdings sei die Regelung nicht angemessen iSd Art. 6 Abs. 1 RL 2000/78/EG. Die Unangemessenheit der Regelung folgt nach dem Gerichtshof zum einen aus dem Fehlen innerer Kohärenz der Zielsetzung: Es sei nicht ersichtlich, dass die Regelung auf der einen Seite den Besuch allgemeinbildender statt berufsbildender Schulen zu fördern und auf der anderen Seite gleichzeitig Personen mit beruflicher Bildung gegenüber Personen mit allgmeiner Sekundarschulbildung zu bevorzugen, fördern kann.[594]

Überdies weist der Gerichtshof darauf hin, dass die Regelung nicht lediglich die Berufserfahrung zur Bemessung des Arbeitsentgelts berücksichtigt, sondern in welchem Alter die Berufserfahrung erworben wurde. Hierdurch könnten auch zwei Personen mit beruflicher Bildung oder zwei Personen mit Allgemeinschulbildung ungleich behandelt werden, je nachdem wann sie die Berufserfahrung erworben haben.[595]

Die Entscheidung ergänzt die Rechtsprechung des EuGH in der Rechtssache Palacios de la Villa hinsichtlich Regelungen zu Mindestaltersgrenzen. Die Bemessung des Arbeitsentgelts aufgrund der Berufserfahrung ist nach der Entscheidung zulässig, nicht jedoch die Unterscheidung danach in welchem Alter die Berufserfahrung erlangt wurde. Der EuGH überträgt damit die Grundsätze zur Entgeltbemessung, die er in der Entscheidung Cadman im Falle einer mittel-

---

592   EuGH, Urteil v. 18. Juni 2009, Rs. C-88/08 – *David Hütter*, Rn. 38.
593   EuGH, Urteil v. 18. Juni 2009, Rs. C-88/08 – *David Hütter*, Rn. 43.
594   EuGH, Urteil v. 18. Juni 2009, Rs. C-88/08 – *David Hütter*, Rn. 46.
595   EuGH, Urteil v. 18. Juni 2009, Rs. C-88/08 – *David Hütter*, Rn. 48.

baren Diskriminierung wegen des Geschlechts aufgestellt hat, auf Ungleichbehandlungen wegen des Alters.

Hinsichtlich des Prüfungsmaßstabs zur Rechtfertigung von Ungleichbehandlungen wegen des Alters erkennt der EuGH in der Entscheidung zwar den weiten Ermessensspielraum der Mitgliedstaaten bei Maßnahmen im Bereich der Arbeits- und Sozialpolitik an; dies hindert den EuGH jedoch nicht daran, die Kohärenz der im Rahmen dieses Ermessensspielraums gesetzten Zielsetzungen zur Begründung einer unzulässigen Ungleichbehandlung heranzuziehen. Insoweit steht die Entscheidung zwischen der Entscheidung in der Rechtssache Mangold, in der der EuGH eine strenge Verhältnismäßigkeitsprüfung vornahm und der Entscheidung in der Rechtssache Palacios de la Villa, in der sich der EuGH auf eine bloße Vernünftigkeitskontrolle beschränkte.

C. Adressaten des Gleichbehandlungsrechts

Adressaten des allgemeinen unionsrechtlichen Gleichheitssatzes sind zunächst die Organe der Union. Neben diesen kommen noch die Mitgliedstaaten der Union als Adressaten in Betracht, wenn sie Unionsrecht vollziehen, ohne dass ihnen ein eigener Gestaltungsspielraum bleibt.[596] Diese Bindung ergibt sich aus der Bindung an den AEUV sowie aus dem Gedanken des effet utile, da die Union sich andernfalls durch Delegation von Kompetenzen ihrer Bindung an den Gleichheitssatz entziehen könnte. Zu einer unmittelbaren Drittwirkung, also der unmittelbaren Geltung des Gleichbehandlungsgrundsatzes, hat der Gerichtshof bisher keine eindeutige Stellungnahme abgegeben.[597] Dem Verständnis der Grundrechte auf Unionsebene folgend, sind nach überwiegender Auffassung in der Literatur Privatpersonen grds. nicht als Adressaten anzusehen. Eine Ausnahme gilt für das Verbot der Diskriminierung wegen der Staatsangehörigkeit, sowie für das Verbot der Diskriminierung wegen des Geschlechts.[598] Auch die

---

596 *Meyer*, Das Diskriminierungsverbot des Gemeinschaftsrechts als Grundsatznorm und Gleichheitsrecht, S. 81 ff.; *Bleckmann*, Europarecht, Rn. 1780; *Wank*, Methodische Bemerkungen zu neueren EuGH-Urteilen, FS Birk, S. 929 (941); EuGH, verb. Rs. 201 u. 202/85, *Klensch*, Slg. 1986, S. 3477 Rn. 8 f.. Nach der Rechtsprechung des EuGH sind Normen des Sekundärrechts wegen des Vorrangs europäischer Rechtsvorschriften einer Überprüfung anhand nationaler Grundrechte entzogen. Sie unterliegen lediglich dem europäischen Primärrecht einschließlich der Unionsgrundrechte. Vollziehen die Mitgliedstaaten Unionsrecht ohne eigenen Entscheidungsspielraum, so muss eine Bindung an die Unionsgrundrechte bestehen, da andernfalls die einheitliche Geltung des Unionsrechts gefährdet wäre und Rechtsschutzlücken bei der Kontrolle vollziehender Maßnahmen entstünden.

597 Allerdings vertritt GA *Tizzano* in seinen Schlussanträgen zur Mangold-Entscheidung die Auffassung, dass der allgemeine Gleichheitssatz auch horizontale Wirkungen entfalte, vgl. Schlussanträge, Slg. 2005, I-9985 Rn. 84.

598 EuGH, Rs C-43/75, *Defrenne II*, Slg. 1976, S. 455 Rn. 40; Rs. C-36/74, *Walrave*, Slg. 1974, S. 1405 Rn. 16 u. 19; Rs. C-415/93, *Bosman*, Slg. 1995, I-4921 Rn. 82 ff.; *Weth/*

Grundfreiheiten des AEUV wirken unter bestimmten Voraussetzungen unmittelbar zwischen Privatpersonen.

D. Zusammenfassung der Grundlinien der EuGH-Rechtsprechung zur Altersdiskriminierung

Die mittlerweile sechs ergangen Urteile des EuGH[599] zum Thema Altersdiskriminierung sind alles andere als stringent. Nach wie vor ist es nicht möglich sichere Prognosen darüber abzugeben, wie der Gerichtshof künftige Fälle von Altersregelungen bewerten wird. Nachfolgend soll auf Grundlage dieser Urteile dennoch der Versuch unternommen werden, die bisherigen Grundlinien der EuGH-Rechtsprechung aufzuzeigen. Wie zu zeigen sein wird hilft dabei auch ein Blick auf die Rechtsprechung des Gerichtshofs im Bereich des Antidiskriminierungsrechts, die sich nicht ausdrücklich auf die Altersdiskriminierung bezieht.

Die bisherige Rechtsprechung des EuGH ist vor allem von zwei Grundlinien geprägt. Erstens durch eine Ausweitung des Diskriminierungsschutzes und zweitens durch eine Betonung nationalstaatlicher Kompetenzen. Die Ausweitung des Diskriminierungsschutzes erfolgte vor allem durch das Mangold-Urteil, in dem der Gerichtshof feststellte, dass das Verbot der Diskriminierung wegen des Alters ein primärrechtlicher Grundsatz sei. Dieser Ausweitung des Diskriminierungsschutzes steht gleichzeitig eine Beschränkung der Kontrolle mitgliedstaatlicher Maßnahmen gegenüber. Schon im Mangold-Urteil betonte der EuGH den weiten Ermessensspielraum der Mitgliedstaaten und bestätigte dies im Urteil in der Rechtssache Palacios de la Villa.[600] Diese Auffassung ist Ausdruck der in Art. 145 und Art. 147 AEUV (ex. Art. 125 und 127 EG) enthaltenen Koordinationsfunktion der Europäischen Union.[601] Eine weitere Vorverlagerung des Diskriminierungsschutzes erfolgte durch das Urteil in der Rechtssache Feryn. In der Entscheidung ging es zwar nicht um das Verbot der Altersdiskriminierung. Gegenstand des Urteils waren öffentliche Äußerungen eines belgischen Arbeitgebers Arbeitnehmer aus Marokko nicht beschäftigen zu wollen. Es ging damit um eine Diskriminierung iSd RL 2000/43/EG. Aufgrund der vergleichbaren Zielsetzungen der RL 2000/43/EG und der RL 2000/78/EG[602] kann die Ent-

---

Kerwer, Der Einfluss des Europäischen Rechts auf das nationale Arbeitsrecht, JuS 2000, S. 425 (427).

599 Zur Entscheidung des EuGH in der Rechtssache Kücükdeveci, EuGH, Urteil v. 19. Januar 2010, Rs. C -555/07 – Kücükdeveci siehe unten, S. 159 f.

600 EuGH, Rs. 144/04, *Mangold*, Slg. 2005, I-9981 Rn. 63; Rs. 411/05, *Palacios de la Villa*, Slg. 2007, I-8531 Rn. 68 f.

601 *Sprenger*, Aktuelle Tendenzen des EuGH im Diskriminierungsrecht, BB 2008, S. 2405 (407).

602 Vgl. Erwägungsgrund Nr. 8 RL 2000/43/EG, Art. 3 Abs. 1 RL 2000/43/EG und Erwägungsgrund Nr. 8 RL 2000/78/EG, Art. 3 Abs. 1 RL 2000/78/EG.

scheidung jedoch auf das Verbot der Altersdiskriminierung übertragen werden. Nach dem Gerichtshof stellen auch Äußerungen im Vorfeld eines Bewerbungs- und Auswahlverfahrens eine unmittelbare Diskriminierung dar. Das Diskriminierungsverbot schützt bereits potentielle Bewerber, die durch Maßnahmen eines Arbeitgebers ernsthaft davon abgehalten werden können, eine Bewerbung einzureichen. Dies dürfte auch für Äußerungen gelten, in denen ein Arbeitgeber verlautbart, nur Arbeitnehmer einer bestimmten Altersgruppe, mit einem bestimmten Mindestalter oder bis zu einem bestimmten Höchstalter einzustellen.

Für die Rechtfertigung von Altersgrenzen ergeben sich aus der Rechtsprechung des EuGH folgende Vorgaben: Erstens muss die mit der Altersgrenze verfolgte Zielsetzung aus den Bereichen Beschäftigungspolitik, Arbeitsmarkt oder beruflicher Bildung stammen, zweitens muss diese Zielsetzung erkennbar sein, was jedenfalls der Fall ist, wenn das Ziel ausdrücklich benannt ist. Aber auch Anhaltspunkte für die Erkennbarkeit können ausreichend sein, so dass auch äußere Umstände die Erkennbarkeit begründen können. Drittens müssen die Ziele so konkret sein, dass eine gerichtliche Überprüfung der Angemessenheit und Erforderlichkeit möglich ist. Viertens haben die Mitgliedstaaten bei der Festlegung der Ziele und der Maßnahmen zur Zielverwirklichung einen weiten Ermessensspielraum.

Was die strukturelle und normhierarchische Verankerung des Verbots der Diskriminierung wegen des Alters betrifft so gilt nach dem derzeitigem, wohl als gefestigt zu bezeichnendem Stand der Rechtsprechung des EuGH folgendes: Auf primärrechtlicher Ebene des Gemeinschaftsrechts (jetzt Unionsrechts) steht zunächst der ungeschriebene allgemeine Gleichbehandlungsgrundsatz des Unionsrechts. Dieser Grundsatz gilt auch für den Bereich Beschäftigung und Beruf.[603] Nicht eindeutig geklärt ist, ob das primärrechtliche Verbot der Diskriminierung wegen des Alters neben dem Allgemeinen Gleichbehandlungsgrundsatz des Unionsrechts steht oder als Unterfall dieses Grundsatzes anzusehen ist. Macht dies zwar normhierarchisch keinen Unterschied, so kann die Frage dennoch eine Rolle spielen. Insbesondere geht es darum inwieweit man die Rechtsprechung des EuGH zum Allgemeinen Gleichbehandlungsgrundsatz auf das Verbot der Altersdiskriminierung, insbesondere hinsichtlich der Rechtfertigung von Ungleichbehandlungen, übertragen kann. Ebenfalls auf primärrechtlicher Ebene steht Art. 19 AEUV, der die Unionsorgane zu Maßnahmen zur Bekämpfung von Diskriminierungen wegen des Alters ermächtigt. Dieser begründet nicht das Verbot der Diskriminierung wegen des Alters, sondern setzt es voraus und stellt insofern die Möglichkeit für die Umsetzung des ungeschriebenen Verbots der Altersdiskriminierung dar.

---

603   A.A. offenbar *Wank*, Methodische Bemerkungen zu neueren EuGH-Urteilen, FS Birk, S. 929 (941), der den allgemeinen Grundsatz der Gleichbehandlung in Beschäftigung und Beruf als eigenständigen Grundsatz ansieht und so zu einer dreistufigen Struktur kommt.

Auf der Ebene des Sekundärrechts findet sich das Verbot der Altersdiskriminierung in der RL 2000/78/EG. Diese stellt eine Konkretisierung des primärrechtlichen ungeschriebenen Verbots der Altersdiskriminierung dar, begründet dieses selbst jedoch nicht.[604] Infolgedessen trifft sie keine abschließenden, sondern nur konkretisierende Regelungen hinsichtlich der Rechtfertigung von Ungleichbehandlungen wegen des Alters, sowie der Intensität des Prüfungsmaßstabs bei Rechtfertigungen. Welche Rolle das mittlerweile verbindlich gewordenen Verbot der Altersdiskriminierung in Art. 21 Abs. 1 EuGRCh in diesem Zusammenhang einnehmen wird, bleibt abzuwarten. In der Entscheidung Kücükdeveci findet sich zwar ein Hinweis des EuGH auf das in der Charta verankerte Verbot der Altersdiskriminierung, freilich ohne weitere Ausführungen, insbesondere zum Verhältnis dieses Verbots zum ungeschriebenen primärrechtlichen Verbot der Altersdiskriminierung aus der Mangold-Entscheidung.

§ 2 Das Alter im Kontext des Art. 19 AEUV

Art. 19 AEUV wurde durch den Vertrag von Amsterdam vom 02. Oktober 1997[605] (in Kraft getreten am 01. Mai 1999) eingeführt. Durch ihn wurde erstmalig eine unionsrechtliche Kompetenzgrundlage für den Erlass von rechtlich bindenden Antidiskriminierungsmaßnahmen geschaffen, weshalb die Norm von einigen Stimmen als eine der wichtigsten Änderungen des Amsterdamer Vertrages bezeichnet wurde.[606] Die Entstehungsgeschichte der Norm beginnt schon Anfang der neunziger Jahre. 1991 formierte sich aus verschiedenen Nichtregierungsorganisationen eine Gruppe (sog. Starting Line Group), die es sich zum Ziel setzte Rassismus durch gesetzliche Maßnahmen auf europäischer Ebene mit entsprechenden Sanktionen zu bekämpfen. Ursprünglich sollte dies durch den Erlass einer Richtlinie, also auf sekundärrechtlicher Ebene erreicht werden. Eine unionsrechtliche Kompetenzgrundlage zum Erlass derartiger Maßnahmen existierte zum damaligen Zeitpunkt jedoch nicht und ein Tätigwerden aufgrund der Kompetenzergänzungsklausel des Art. 308 EG (jetzt Art. 352 AEUV) scheiterte am politischen Willen der Mitgliedstaaten, obschon der Handlungsbedarf in diesem Bereich sowohl von den Mitgliedstaaten als auch von der Kommission, nicht zuletzt aufgrund der Häufung rassistischer Gewalttaten und rechts gewählten Regierungen Mitte der achtziger Jahre[607], erkannt wurde.[608]

---

604 Vgl. zuletzt ausdrücklich EuGH, Urteil v. 19. Januar 2010, Rs. C -555/07 – Kücükdeveci Rn. 21.

605 Vertrag von Amsterdam zur Änderung des Vertrages über die Europäische Union v. 2. Oktober 1997, ABl. EG Nr. C 340/1 v. 10. November 1997; in Kraft getreten am 01. Mai 1999, BGBl. II 1999, S. 416 u. 296.

606 So *Cirkel*, Gleichheitsrechte im Gemeinschaftsrecht, NJW 1998, S. 3332 (3333).

607 Vgl. *Bell*, Anti-Discrimination Law and the European Union, S. 61 ff.; *Stalder*, Antidiskriminierungsmaßnahmen, S. 4.

So blieb es zunächst bei einzelnen Aktionen gegen Rassismus auf europäischer und mitgliedstaatlicher Ebene.[609] Nachdem auf dem Wiener Gipfeltreffen des Europäischen Rates entschieden worden war, eine Kommission gegen Rassismus und Intoleranz (ECRI) ins Leben zu rufen, wurde schließlich 1994 eine Kampagne zur primärrechtlichen Schaffung einer Rechtsgrundlage zum Erlass entsprechender Maßnahmen gestartet. In diesem Jahr forderte auch das Europäische Parlament die Kommission auf, konkrete Vorschläge zur Sicherung der Chancengleichheit auf dem Arbeitsmarkt zu erarbeiten. Handlungsbedarf bestand nach Ansicht des Europäischen Parlaments vor allem hinsichtlich der Gleichbehandlung unabhängig vom Alter, des Geschlechts, der Rasse, Behinderung und der Religionszugehörigkeit. Nachdem die ursprüngliche Einführung einer Antidiskriminierungsklausel im Rahmen der zweiten Vertragsrevision nach Maastricht auf der Regierungskonferenz 1996 infolge der Skepsis der Mitgliedstaaten gegenüber der Einführung einer unionsrechtlichen Nichtdiskriminierungsklausel[610] mangels Einstimmigkeit scheiterte, wurde Art. 13 (Abs. 1) EG durch Beschluss der Regierungskonferenz unter niederländischem Vorsitz mit der Unterzeichnung des Vertrages von Amsterdam letztlich angenommen,[611] allerdings in einer wesentlichen schwächeren Form als dies ursprünglich von der Starting Line Group und dem Europäischen Parlament gefordert war. Mit dem Vertrag von Nizza aus dem Jahre 2000[612], in Kraft getreten am 1. Februar 2003,

---

608   *Althoff*, Die Bekämpfung von Diskriminierungen aus Gründen der Rasse und der ethnischen Herkunft in der Europäischen Gemeinschaft, S. 29 f.; *Jochum*, Der neue Art. 13 EGV, ZRP 1999, S. 279; *Korthaus*, Das neue Antidiskriminierungsrecht, S. 28.

609   Vgl. zur Vorgeschichte und den Aktivitäten seit den achtziger Jahren, *Kehlen*, Europäische Antidiskriminierung und kirchliches Selbstbestimmungsrecht, S. 229 ff.; sowie *Jochum*, Der neue Art. 13 EGV, ZRP 1999, S. 279; auf europäischer Ebene beschränkte sich die Politik auf Erklärungen und Empfehlungen, vgl. etwa gemeinsame Erklärung von Parlament, Rat und Kommission gegen Rassismus und Fremdenfeindlichkeit, ABl.EG Nr. C 158 1986, S. 1 ff.; Erklärung des Rates zum Kampf gegen Rassismus und Fremdenfeindlichkeit in den Bereichen Beschäftigung und Soziales, ABl.EG Nr. C 296 1995, S. 13 ff, und Bildungswesen, ABl.EG Nr. C 312 1995, S. 1 ff.; Entschließung des Rates zur Bekämpfung von Rassismus und Fremdenfeindlichkeit, ABl.EG Nr. C 157 1990, S. 1 ff.

610   Vgl. *Meyer*, Das Diskriminierungsverbot der Gemeinschaft als Grundsatznorm und Gleichheitsrecht, S. 47; *Flynn*, The implications of Article 13 EC, CMLR 1999, S. 1127 (1129).

611   Vgl. ausführlich zur Entstehungsgeschichte des Art. 19 AEUV und den Hintergründen der Norm, *Flynn*, The implications of Article 13 EC, CMLR 1999, S. 1127 ff.; *Holoubek*, in: Schwarze, EU, Art. 13 EGV Rn. 1 ff.

612   Vertrag von Nizza zur Änderung der Verträge über die Europäische Union und der Verträge zur Gründung der Europäischen Gemeinschaften sowie einiger damit zusammenhängender Rechtsakte, ABl. EG Nr. C 80/1 v. 10.03.2001; vgl. zur Entwicklung des Gemeinschaftsverträge *Oppermann*, Vom Nizza-Vertrag 2001, DVBl. 2003, S. 1 ff.

wurde, vor allem infolge teilweiser heftiger Kritik an dem Einstimmigkeitserfordernis, ex. Art. 13 Abs. 2 EG (jetzt Art. 19 Abs. 2 AEUV) eingeführt[613], nach
dem für Fördermaßnahmen der Union, die nicht zu einer Harmonisierung der
Rechts- und Verwaltungsvorschriften der Mitgliedstaaten führen, das Mitent-
scheidungsverfahren gemäß ex. Art. 251 EG (jetzt das ordentliche Gesetzgebungsverfahren nach Art. 289 AEUV iVm Art. 294 AEUV) zur Anwendung
kommt.[614] Neben dem Einstimmigkeitserfordernis kam in der Beschränkung der
Anwendung des ehemaligen Mitentscheidungsverfahrens auf gemeinschaftliche
Fördermaßnahmen deutlich zum Ausdruck, wie schwer sich die Mitgliedstaaten
mit der Übertragung von Kompetenzen in politisch heiklen und bedeutsamen
Bereichen tun.

A. Zielsetzung und Rechtsnatur des Art. 19 AEUV

I. Art. 19 Abs. 1 AEUV als Kompetenzgrundlage

Art. 19 Abs. 1 AEUV ermächtigt den Rat unbeschadet der sonstigen Bestimmungen des Vertrages „im Rahmen der durch die Verträge auf die Union übertragenen Zuständigkeiten gemäß einem besonderen Gesetzgebungsverfahren
und nach Zustimmung des Europäischen Parlaments einstimmig geeignete Vorkehrungen treffen, um Diskriminierungen aus Gründen des Geschlechts, der
Rasse, der ethnischen Herkunft, der Religion oder der Weltanschauung, einer
Behinderung, des Alters oder der sexuellen Ausrichtung zu bekämpfen." Er bildet eine Kompetenzgrundlage, mithin Handlungsermächtigung für die Unionsorgane zum Erlass von Antidiskriminierungsmaßnahmen in Form von Sekundärrecht im Bereich der abschließend aufgezählten acht Bereiche. Aufgrund des
weiten Anwendungsbereichs bezüglich verpönter Diskriminierungsmerkmale
kann Art. 19 Abs. 1 AEUV nicht als spezifische sozialpolitische oder gar arbeitsrechtliche Ermächtigungsnorm angesehen werden[615], wenngleich insbesondere der Erlass der Richtlinie 2000/78/EG zeigt, dass letzterem Bereich eine
hervorgehobene Stellung im Ermächtigungsrahmen des Art. 19 Abs. 1 AEUV
zukommt. Die nach der Einführung der Norm anfangs bestehenden Befürchtungen[616], das Erfordernis der Einstimmigkeit erweise sich als schwer zu überwin-
dende Hürde für den Erlass von Antidiskriminierungsmaßnahmen und könne die

613 *Lecheler*, Die Fortentwicklung des Rechts der Europäischen Union, JuS 1998, S. 392
     (396), *Cirkel*, Gleichheitsrecht im Gemeinschaftsrecht, NJW 1998, S. 3332 (3333).
614 Zur Beurteilung der Bedeutung dieser Ausnahmevorschrift *Epiney*, in: Calliess/ Ruf-
     fert, EUV/EGV, Art. 13 EG Rn. 9.
615 *Lingscheid*, Antidiskriminierung im Arbeitsrecht, S. 23.
616 Vgl. *Cirkel*, Gleichheitsrechte im Gemeinschaftsrecht, NJW 1998, S. 3332 (3333);
     Jochum, Der neue Art. 13 EGV, ZRP 1999, S. 279 (281); *Meyer*, Das Diskrimi-
     nierungsverbot des Gemeinschaftsrechts als Grundsatznorm und Gleichheitsrecht, S. 49
     f.; *Lecheler*, Die Fortentwicklung des Rechts der Europäischen Union, JuS 1998,
     S. 392 (396); *Aust*, Der Amsterdamer Vertrag, ZSR 1997, S. 748 (765).

Effektivität der Antidiskriminierungspolitik mindern, haben sich, dies zeigt insbesondere der rasche Erlass der Richtlinien 2000/43/EG und 2000/78/EG[617], nicht bestätigt. Neben dem Erlass von Rechtsakten iSd Art. 288 AEUV (ex. Art. 249 EG) ermächtigt Art. 19 Abs. 1 AEUV auch zu sonstigen Maßnahmen, wie z.b. Aktionsplänen oder Aktionsprogrammen[618], wobei dem Rat im Hinblick auf den Gebrauch der Ermächtigungsgrundlage ein weiter Handlungsspielraum zukommt, wie sich aus dem Wortlaut (*„kann* der Rat") ergibt. Eine konkrete Handlungsverpflichtung wird dem Rat durch Art. 19 Abs. 1 AEUV nicht auferlegt. Neben den spezifischen Antidiskriminierungsmaßnahmen des Art. 19 Abs. 1 AEUV besteht für die Union die Möglichkeit, im sachlichen Anwendungsbereich anderer Ermächtigungsgrundlagen des AEUV[619], Regelungen zu erlassen, die der Zielsetzung des Art. 19 Abs. 1 AEUV, mithin der Bekämpfung bestimmter Erscheinungsformen von Diskriminierungen und der Schaffung einer Politik auf Unionsebene, die zu einer Verbesserung der Stellung benachteiligter Personen führt, dienen.[620] Die in Art. 19 Abs. 1 AEUV formulierten Diskriminierungsverbote weisen einen engen Grundrechtsbezug, insbesondere zum allgemeinen Gleichbehandlungsgrundsatz auf. Damit ist die Norm im Lichte der Art.

---

617 Die Vorschläge für den Erlass der Richtlinien 2000/78/EG und 2000/43/EG wurden von der Kommission im Oktober 1999 vorgelegt, vgl. Vorschlag für eine Richtlinie des Rates zur Festlegung eines allgemeinen Rahmens für die Verwirklichung der Gleichbehandlung in Beschäftigung und Beruf v. 25. November 1999, KOM (1999) 565 endg.; Vorschlag für eine Richtlinie des Rates zur Anwendung des Gleichbehandlungsgrundsatzes ohne Unterschied der Rasse und ethnischen Herkunft v. 25. November 1999, KOM (1999) 566 endg.; geänderter Vorschlag für eine Richtlinie des Rates zur Anwendung des Gleichbehandlungsgrundsatzes ohne Unterschied der Rasse oder der ethnischen Herkunft v. 31. Mai 2000, KOM (2000) 328 endg. und bereits ein Jahr später vom Rat angenommen. Zu den vermutlichen Gründen der schnellen Konsensfindung auf politischer Ebene; *Schmidt/ Senne*, Das gemeinschaftsrechtliche Verbot der Altersdiskriminierung, RdA 2002, S. 80 (81); *Schiek*, Europäisches Arbeitsrecht, S. 211 Rn. 48.

618 Vgl. das Aktionsprogramm zur Bekämpfung von Diskriminierungen 2001-2006, Beschluss des Rates v. 27. November 2000 zum Aktionsprogramm 2000/750/EG, ABl. EG Nr. L 303, S. 23 ff. und die Entscheidung des Rates v. 20. Dezember 2000 zur Gemeinschaftsstrategie für die Gleichbehandlung von Männern und Frauen 2001-2005, ABl. EG Nr. L 17, S. 22 ff.

619 So die h.M. vgl. nur *Jochum*, Der neue Art 13 EG, ZRP 1999, S. 279 (280).

620 *Lenz*, in: *Lenz/Borchardt*, EU- und EG-Vertrag, Art. 13 EG Rn. 24; *Streinz*, in: Streinz, EUV/ EGV, Art. 13 EG Rn. 2; *Plötscher*, Der Begriff der Diskriminierung im Europäischen Gemeinschaftsrecht, S. 260 f.. Zur Frage ob die Zielsetzungen des Art. 19 AEUV iVm der Querschnittsaufgabe des ex. Art. 3 Abs. 2 EG zu sehen ist, *Althoff*, Die Bekämpfung von Diskriminierungen aus Gründen der Rasse und der ethnischen Herkunft in der Europäischen Gemeinschaft, S. 34 f

2 und 6 EUV (ex Art. 6 EU) anzuwenden und auszulegen, der das Bekenntnis der Europäischen Union zur Achtung der Grundrechte beinhaltet. Eine Begrenzung beim Erlass von auf Art. 19 Abs. 1 AEUV gestützten Antidiskriminierungsmaßnahmen findet sich allerdings zunächst im Subsidiaritätsprinzip des Art. 5 EUV (ex. Art. 5 Abs. 2 und Abs. 3 EG)[621] sowie weiter im Grundsatz der Verhältnismäßigkeit, den der Rat zu beachten hat, so dass Maßnahmen nur dann und nur soweit ergriffen werden dürfen, wie die intendierten Ziele auf mitgliedstaatlicher Ebene nicht ausreichend erreicht werden können, mithin besser auf europäischer Ebene erreicht werden können und die jeweiligen Maßnahmen nicht über das zum Erreichen des Ziels erforderliche Maß hinausgehen.[622] Die gegenteilige Auffassung, die in Art. 19 Abs. 1 AEUV eine eigenständige Rechtsgrundlage sieht und Antidiskriminierungsmaßnahmen demzufolge im gesamten Anwendungsbereich des AEUV zulassen will[623], kann nicht überzeugen. Aus der Norm lassen sich keine Hinweise ableiten, dass mit ihrer Einführung eine Ausweitung der Kompetenz der Union erreicht werden sollte. Der Wortlaut lässt ein Handeln nur dann zu, wenn der Union eine Zuständigkeit übertragen wurde. Dass diese Abweichung vom Wortlaut im Vergleich zu Art. 18 AEUV unbewusst erfolgte, kann aufgrund der systematischen Stellungen der Vorschriften zueinander nicht angenommen werden. Für die Zulässigkeit von Antidiskriminierungsmaßnahmen muss also eine Zuständigkeit der Union gegeben sein und zusätzlich die Voraussetzungen von Art. 19 Abs. 1 AEUV vorliegen. Daneben können sich inhaltliche Grenzen von Maßnahmen aus der Zielsetzung von Art. 19 Abs. 1 AEUV ergeben. Die Vorschrift zielt nicht auf eine Gleichheit im Sinne einer Homogenität ab, sondern auf eine freiheitliche Gleichheit.[624] Gewährleistet ist damit auch der Schutz vor ungerechtfertigter Gleichbehandlung in der Ungleichheit, mithin die Andersartigkeit eines jeden Einzelnen.[625] Auch hierin kommt das europäische Streben nach einer toleranten Gesellschaft zum Ausdruck.

Umstritten ist, ob auf Grundlage von Art. 19 Abs. 1 AEUV auch positive Maßnahmen gestützt werden können, bei denen eine Benachteiligung bestimmter Gruppen durch gezielte Förderung beseitigt werden soll, um einen bestimmten Standard einer anderen bevorzugten Gruppe zu erreichen. Es wird vertreten, dass solche positiven Maßnahmen eine Diskriminierung der jeweiligen anderen

---

621 Nach dem Subsidiaritätsprinzip darf die Europäische Union rechtsetzend nur dann tätig werden, wenn das anvisierte Ziel nicht schon auf der Ebene der Mitgliedstaaten erreicht wird und zudem besser auf Unionsebene erreicht werden kann. Umfassend dazu *Calliess*, Subsidiaritäts- und Solidaritätsprinzip in der EU, S. 61ff.

622 *Lenz*, in: Lenz/Borchardt, EU- und EG-Vertrag, Art. 13 EG Rn. 24.

623 *Epiney*, in: Calliess/ Ruffert, EUV/EGV, Art. 13 Rn. 6.

624 Vgl. *Althoff*, Die Bekämpfung von Diskriminierungen aus Gründen der Rasse und der ethnischen Herkunft in der Europäischen Gemeinschaft ausgehend von Art. 13 EG, S. 37; *Zuleeg*, in: von der Groeben/Schwarze, EUV/ EGV, Art. 13 EG Rn. 1.

625 Vgl. *Nickel*, Gleichheit und Differenz in der vielfältigen Republik, S. 21.

Gruppe darstellten[626]. Die RL 2000/78/EG erkennt in ihrem Art. 7 die Zulässigkeit positiver Maßnahmen in eingeschränkten Umfang an. Schon angesichts dessen müssen solche Maßnahmen von Art. 19 Abs. 1 AEUV erfasst sein. Daneben können bestimmte Benachteiligungen nicht anders als durch gezielte Förderung behoben werden, so dass auch die Zielsetzung der Schaffung einer umfassenden Antidiskriminierungspolitik für die Zulässigkeit derartige Maßnahmen spricht.[627]

II. Unmittelbare Anwendbarkeit von Art. 19 Abs. 1 AEUV

Entgegen der ursprünglichen Forderung, insbesondere des Europäischen Parlaments, kommt Art. 19 Abs. 1 AEUV in seiner aktuell geltenden Fassung keine Direktwirkung zu.[628] Wie gezeigt, bildet er lediglich eine Kompetenznorm zum Erlass von Antidiskriminierungsmaßnahmen. Vereinzelt wird dennoch davon ausgegangen, dass Art. 19 Abs. 1 AEUV unmittelbar anwendbar sei[629]. Die Ermächtigung zum Erlass von Maßnahmen gegen Diskriminierungen setze ein entsprechendes Verbot von Diskriminierung voraus.[630] Diese Ansicht ist abzulehnen.

Nach der ständigen Rechtsprechung des Europäischen Gerichtshofs ist eine Norm des Unionsrechts unter drei Voraussetzungen unmittelbar anwendbar, mit der Folge, dass der Einzelne sich unmittelbar auf den Regelungsgehalt der betreffenden Vorschrift berufen kann: Zunächst muss die in Rede stehende Norm rechtlich vollkommen, mithin ohne weitere Konkretisierung und ohne weitere Akte der Umsetzung anwendbar sein, sie muss weiterhin inhaltlich hinreichend klar, vollständig und unbedingt gefasst sein sowie letztlich eine konkrete Handlungs- oder Unterlassungspflicht beinhalten.[631] Diese Voraussetzungen

626 *Jochum*, Der neue Art. 13 EGV, ZRP 1999, S. 279 (280 f.).
627 Vgl. *Hilf/ Pache*, Der Vertrag von Amsterdam, NJW 1998, S. 705 (706); *Ukrow*, Die Fortentwicklung des Rechts der Europäischen Union, ZEuS 1998, S. 141 (150); *Holoubek*, in: Schwarze, EU, Art. 13 EG Rn. 12; *Bell*, Anti-Discrimination Law and the European Union, S. 125.
628 EuGH, Rs. C-249/96, *Grant*, Slg. 1998, S. 621 Rn. 35 ff.; *Hailbronner*, Die Antidiskriminierungsrichtlinien der EU, ZAR 2001, S. 254 (256); Epiney, in: Calliess/ Ruffert, EUV/ EGV, Art. 13 EG Rn. 1; Lenz in: *Lenz/Borchardt*, EU- und EG-Vertrag, Art. 13 EG Rn. 24; Streinz, in: Streinz, EUV/ EGV, Art. 13 EG Rn. 1, 17; GA *Stix-Hackl*, Schlussanträge zu EuGH, Rs. C-186/01, *Dory*, Slg. 2003, I-2482 Rn. 69; *Flynn*, The implications of Article 13 EC, CMLR 1999, S. 1127 (1132); *Plötscher*, Der Begriff der Diskriminierung im Europäischen Gemeinschaftsrecht, S. 260; *Dieball*, Gleichstellung der Geschlechter im Erwerbsleben, EuR 2000, S. 274 (278); *Högenauer*, Richtlinien gegen Diskriminierung im Arbeitsrecht, S. 34; BVerfG, Beschluss vom 6. Juli 2010 - 2 BvR 2661/06 Rn. 12.
629 Vgl. *Holoubek*, in: Schwarze, EU, Art. 13 EG Rn. 9; *Szczekalla*, Anmerkung zu EuGH, Rs. C-249/96, EuZW 1998, S. 215 (216).
630 *Holoubek*, in: Schwarze, EU, Art. 13 EG Rn. 9.
631 EuGH, Rs. 26/62, *van Gend & Loos*, Slg. 1963, S. 5 (24 ff.).

gen erfüllt Art. 19 Abs. 1 AEUV nicht. Die Norm ist nicht unbedingt formuliert, sondern als Ermessensvorschrift wie der Wortlaut „*kann*" belegt. Gegen eine unmittelbare Wirkung sprechen weiterhin sowohl teleologische, systematische als auch historische Argumente. Zum einen würden bei der Annahme einer unmittelbaren Wirkung des Art. 19 AEUV die in Abs. 1 und Abs. 2 vorgesehenen Entscheidungsverfahren umgangen werden[632] und damit der Unionsgesetzgeber übergangen werden. Systematisch spricht ein Vergleich mit dem Wortlaut des Art. 18 AEUV, der ein unbedingtes und unmittelbar anwendbares Diskriminierungsverbot enthält, gegenüber der Kann-Vorschrift des Art. 19 Abs. 1 AEUV, gegen eine unmittelbare Wirkung. Letztlich sollte der Norm nach dem Willen der Mitgliedstaaten auch keine Direktwirkung zukommen, wie sich aus den Gesetzgebungsmaterialien entnehmen lässt.[633] Ein unmittelbar wirkendes justiziables Recht auf Nichtdiskriminierung aus den in Art. 19 Abs. 1 AEUV genannten Gründen besteht daher für den Einzelnen nicht.[634]

Eine solche subjektive Rechtsposition daraus herzuleiten, dass man Art. 19 Abs. 1 AEUV als spezielles Gleichheitsgrundrecht qualifiziert[635] muss ebenfalls abgelehnt werden. Zwar existieren im Primärrecht Unionsgrundrechte, wie beispielsweise Art. 157 AEUV oder Art. 18 AEUV sowie die Gewährleistungen der Grundrechtecharta. Diese unterscheiden sich jedoch bereits im Wortlaut deutlich von Art. 19 Abs. 1 AEUV, indem sie bestimmte Diskriminierungsformen verbieten, während Art. 19 Abs. 1 AEUV (nur) von „bekämpfen" spricht. Darüber hinaus würde man Art. 19 Abs. 1 AEUV mit dieser Interpretation zu einer unmittelbaren Wirkung verhelfen, die jedoch aus den bereits genannten Gründen abzulehnen ist. Gleiches gilt für den Versuch mithilfe von Art. 4 Abs. 3 EUV (ex. Art. 10 EG) eine einklagbare Schutzpflicht hinsichtlich der in Art. 19 Abs. 1 AEUV verpönten Merkmale zu konstruieren: Zwar ist zuzustimmen, dass

---

632 *Epiney*, in: Calliess/ Ruffert (Hrsg.), EUV/ EGV, Art. 13 Rn. 1.
633 Siehe Europäisches Parlament, Weissbuch zur Regierungskonferenz 1996, Band II, Aufzeichnung über die Positionen der Mitgliedstaaten der Europäischen Union im Hinblick auf die Regierungskonferenz 1996; abrufbar unter: http://www.europarl.europa.eu/igc1996/pos-toc_de.htm.
634 So auch die ganz h.M., vgl. *Korthaus*, Das neue Antidiskriminierungsrecht, S. 30; *Epiney*, in: Calliess/ Ruffert (Hrsg.), EUV/ EGV, Art. 13 Rn. 1; *Streinz*, in: Streinz, EUV/ EGV, Art. 13 Rn. 1, 17; *Dieball*, Gleichstellung der Geschlechter im Erwerbsleben, EuR 2000, S. 274 (278); *Althoff*, Die Bekämpfung von Diskriminierungen ais Gründen der Rasse und der ethnischen Herkunft in der Europäischen Gemeinschaft, S. 39 f.; EuGH, Rs. C-249/96, *Grant*, Slg. 1998, I-621 Rn. 36, 48; *Husmann*, Anti-Diskriminierung, NZA 2008 (Beil. Heft 2), S. 94 (101).
635 Vgl. *Cirkel*, Gleichheitsrechte im Gemeinschaftsrecht, NJW 1998, S. 3332 (3333); *Mahlmann*, Gleichheitsschutz und Privatautonomie, ZEuS 2002, S. 407 (422) spricht davon, es sei „(...) nicht abwegig, aus Art. 19 AEUV eine primärrechtliche positive Schutzpflicht zugunsten von Opfern von Diskriminierungen herzuleiten."

Art. 4 Abs. 3 EUV Schutzpflichten sowohl in Form von Handlungs- und Unterlassungsverpflichtungen statuieren kann; dies jedoch nur mit Blick auf Verpflichtungen aus dem AEUV. Solche Verpflichtungen enthält 19 Abs. 1 AEUV jedoch gerade nicht.[636] Auch die Rechtsprechung des EuGH u.a.[637] in der Rechtssache Mangold dürfte gegen die unmittelbare Anwendbarkeit von Art. 19 Abs. 1 AEUV sprechen. Geht man mit dem EuGH davon aus, dass das Verbot der (Alters-)Diskriminierung seinen Ursprung in einem ungeschriebenen primärrechtlichen Grundsatz hat, so ist dem Argument der Befürworter einer unmittelbaren Anwendbarkeit der Boden entzogen. Das geforderte Verbot der Diskriminierung läge dann im ungeschriebenen Primärrecht für dessen Durchsetzung Art. 19 Abs. 1 AEUV die Kompetenzgrundlage bilden würde. Mit dem Erlass der RL 2000/78/EG dürfte sich die Diskussion in diesem Bereich der Altersdiskriminierung weitgehend erübrigt und ggf. auf eine die unmittelbare Anwendbarkeit der Richtlinie verlagert haben.[638]

III. Art. 19 Abs. 1 AEUV als Konkretisierung des allgemeinen Gleichbehandlungsgrundsatzes?

Ob Art. 19 Abs. 1 AEUV eine Konkretisierung des allgemeinen Gleichbehandlungsgrundsatzes darstellt[639] oder ob es sich hierbei lediglich um einen Ausbau des Schutzes vor Diskriminierungen durch besondere Gleichheitssätze handelt[640], wird nicht einheitlich beurteilt. Wie der Fall Mangold zeigt, ist die Frage wegen der fehlenden unmittelbaren Anwendbarkeit von Art. 19 Abs. 1 AEUV nicht nur von theoretischer Bedeutung. Sieht man, wie der Gerichtshof die Richtlinie 2000/78/EG als Konkretisierung des allgemeinen Gleichheitssatzes an, so erscheint es nur konsequent, auch die zugrunde liegende Ermächtigungsnorm als Ausprägung dieses Grundsatzes zu sehen. Eine andere Betrachtung steht vor kaum zu überwindenden Widersprüchen, da es nicht einleuchtend ist, einen Sekundärrechtsakt mit dem enthaltenen Verbot der Diskriminierung aus Gründen des Alters als Ausprägung eines allgemeinen Gleichheitssatzes anzusehen, die höherrangige, mithin dem allgemeinen Gleichbehandlungsgrundsatz hierarchisch näher stehende Ermächtigungsnorm jedoch nicht. Für eine einheit-

---

636 Zutreffend *Althoff*, Die Bekämpfung von Diskriminierungen aus Gründen der Rasse und der ethnischen Herkunft in der Europäischen Gemeinschaft, S. 41 f.

637 Vgl. auch EuGH, Rs. C-13/05, *Chacón Navas*, Slg. 2006, I-6467 Rn. 55.

638 Vgl. *Wendeling-Schröder*, Der Prüfungsmaßstab bei Altersdiskriminierungen, NZA 2007, S. 1399.

639 So *Waas*, Die neue EG-Richtlinie zum Verbot der Diskriminierung, ZIP 2000, S. 2151 (2154)

640 So *Lingscheid*, Antidiskriminierung im Arbeitsrecht, S.15; *Korthaus*, Das neue Antidiskriminierungsrecht, S. 36; *Kocher*, Vom Diskriminierungsverbot zum „Mainstreaming", RdA 2002, S. 167 (170); *Wiedemann*, Die Gleichbehandlungsgebote im Arbeitsrecht, S. 95; *Wiedemann/Thüsing*, Der Schutz älterer Arbeitnehmer und die Umsetzung der Richtlinie 2000/78/EG, NZA 2002, S. 1234 (1238).

liche dogmatische Einordnung spricht auch, dass Art. 19 Abs. 1 AEUV und die RL 2000/78/EG auch sonst formell und materiell gleich ausgelegt werden. Zuzugeben ist jedoch, dass der Reichweite des allgemeinen Gleichheitssatzes (bisher) engere Grenzen gezogen sind, als etwa Art. 3 Abs. 1 GG: So hat der EuGH den gemeinschaftsrechtlichen (jetzt unionsrechtlichen) allgemeinen Gleichheitssatz bisher nur dann herangezogen, wenn es um Ungleichbehandlungen aufgrund von Merkmalen ging, die bereits im AEUV Erwähnung gefunden haben.[641] Der Grund hierfür dürfte jedoch in der beschränkten Kompetenzzuweisung an die Union liegen und erfordert keine andere dogmatische Zuordnung des Gleichheitssatzes. Zudem ist zu beachten, dass der Gleichheitssatz zum jetzigen Zeitpunkt keinen umfassenden Schutz aller denkbaren Bereiche des Lebens gegen jede mögliche ungerechtfertigte Differenzierung bietet.[642]

B. Anwendungsbereich des Art. 19 AEUV

I. Sachlicher Anwendungsbereich

1. Begriff der Diskriminierung

In seinem sachlichen Anwendungsbereich umfasst Art. 19 Abs. 1 AEUV nur Vorkehrungen, also Maßnahmen, die sich auf die im Wortlaut abschließend festgelegten Diskriminierungstatbestände beziehen[643], namentlich also Diskriminierungen aus Gründen des Geschlechts, der Rasse, der ethnischen Herkunft, der Religion oder der Weltanschauung, einer Behinderung, des Alters oder der sexuellen Ausrichtung, wobei hinsichtlich jedes Merkmals mit der unmittelbaren und mittelbaren Diskriminierung, der Anweisung zur Diskriminierung und der Belästigung vier Arten von Diskriminierungen unterschieden werden können. Eine Rangordnung zwischen den einzelnen Merkmalen besteht nicht. Dies würde nicht nur dem Zweck einer Antidiskriminierungspolitik zuwiderlaufen, sondern auch weitere Diskriminierungen zur Folge haben.[644] Dennoch wird verein-

641 Vgl. EuGH, Rs. C-249/96, *Grant*, Slg. 1998, I-621 Rn. 45 f.

642 So aber *Meyer*, Das Diskriminierungsverbot des Gemeinschaftsrechts als Grundsatznorm und Gleichheitsrecht, S. 30; *Plötscher*, Der Begriff der Diskriminierung im Gemeinschaftsrecht, S. 36 spricht insofern von punktuellen Gleichheitsgewährleistungen.

643 Vgl. *Epiney*, in: Calliess/ Ruffert (Hrsg.), EUV/ EGV, Art. 13 EG Rn. 4; *Meyer*, Das Diskriminierungsverbot, des Gemeinschaftsrechts als Grundsatznorm und Gleichheitsrecht, S. 51; *Stalder*, Antidiskriminierungsmaßnahmen, S. 92.

644 So zutreffend *Korthaus*, Das neue Antidiskriminierungsrecht, S. 49; eine Hierarchie lehnt auch die Europäische Kommission ab, vgl. Vorschlag für eine Richtlinie des Rates zur 'Festlegung eines allgemeinen Rahmens für die Verwirklichung der Gleichbehandlung in Beschäftigung und Beruf, KOM (1999), 565 endg. S. 7, abrufbar unter: http://eurlex.europa.eu/LexUriServ/LexUriServ.do?uri=COM:1999:0565:FIN:DE:PDf. Baer spricht in diesem Zusammenhang davon, dass eine Rangordnung der Diskriminierungsmerkmale zu einer Opferhierarchisierung führen würde, *Baer*, Ende der Privatautonomie, ZRP 2002, S. 290 (294).

zelt vertreten, dass einzelnen Diskriminierungsmerkmalen eine größere Bedeutung zukäme als anderen. Dies gelte im Besonderen für Diskriminierungen aus Gründen der Rasse und der ethnischen Herkunft.[645] Grundlage dieser Sichtweise ist der Umstand, dass die RL 2000/43/EG vor der RL 2000/78/EG erlassen wurde und in ihrem Anwendungsbereich weiter geht. Auch das Diskriminierungsverbot wegen des Geschlechts sei wegen seiner zusätzlichen primärrechtlichen Verankerung in Art. 157 AEUV bedeutsamer.[646] Richtig ist, dass die einzelnen Diskriminierungsmerkmale Unterschiede aufweisen. Hieraus jedoch eine Hierarchie im rechtlichen Sinne herzuleiten, würde bedeuten, dass Personen mit bestimmten Merkmalen schutzwürdiger wären als andere. Stünde eine solche Sichtweise zwar nicht dem Gleichbehandlungsrecht an sich entgegen, so müsste eine solche Betrachtungsweise doch normativen Ausdruck gefunden haben. Dies ist aber, wie u.a. Art. 19 Abs. 1 AEUV zeigt, gerade nicht der Fall.

2. Alter als Diskriminierungsmerkmal

Mit dem europarechtlich eigenständig zu bestimmenden Begriff des Alters ist das biologische Alter gemeint, welches durch den verstrichenen Zeitraum seit der Geburt bestimmt wird.[647] Eine bestimmte Altersgrenze, ab der bzw. bis zu der Diskriminierungen vorkommen können wurde im Unionsrecht nicht festgelegt. Zwar scheint der Schutzzweck des Art. 19 Abs. 1 AEUV sich vornehmlich an die Ungleichbehandlungen älterer Menschen zu wenden, jedoch verfügt, legt man eine biologische Begriffsbestimmung des Alters zugrunde, jeder Mensch, also insbesondere auch Kinder und „jüngere" Menschen über ein Alter iSd Art. 19 Abs. 1 AEUV, so dass Antidiskriminierungsmaßnahmen grds. auch diese Personengruppen erfassen können.[648]

3. Die Einzigartigkeit des Merkmals Alter als Diskriminierungsverbot

Vergleicht man die Diskriminierung aus Altersgründen mit den anderen in Art. 19 Abs. 1 AEUV aufgeführten verpönten Merkmalen, so ergibt sich die Besonderheit, dass jeder Mensch ein Alter besitzt, mithin das Alter keine nach einem

---

645 Vgl. *Meyer*, Das Diskriminierungsverbot des Gemeinschaftsrechts als Grundsatznorm und Gleichheitsrecht, S. 63 f., der von einer faktischen Hierarchie der Diskriminierungsmerkmale ausgeht. Dabei geht er davon aus, dass Diskriminierungen, die ökonomischen Problemen dienen den Kernbereich der Union als Wirtschaftsgemeinschaft treffen und deshalb bedeutender seien als solche, die der Bekämpfung sozialpolitischer Probleme dienen. Kriterien für die Rangeinordnung sollen sowohl die zeitliche Reihenfolge der erlassenen Rechtsakte als auch die Wahl sekundärrechtlicher Maßnahmen in Form bindender oder nicht bindender Rechtsakte darstellen.

646 *Meyer*, Das Diskriminierungsverbot des Gemeinschaftsrechts als Grundsatznorm und Gleichheitsrecht, S. 64; *Zöllner*, Altersgrenzen beim Arbeitsverhältnis, GedS Blomeyer, S. 517 (532).

647 Vgl. *Mahlmann*, in: Rudolf/Mahlmann (Hrsg.), Gleichbehandlungsrecht, § 3 Rn. 102.

648 So auch *Korthaus*, Das neue Antidiskriminierungsrecht, S. 55; vgl. auch *Stalder*, Antidiskriminierungsmaßnahmen, S. 183.

festen Unterscheidungsmerkmal abgrenzbare Gruppe beschreibt, sondern ein relativer Begriff ist. Das Alter bewegt sich innerhalb eines Kontinuums in dem der einzelne verschiedene Altersgruppen durchläuft.[649] Das Alter selbst ist dabei ein persönlicher dynamischer Faktor, der der Abänderung durch den einzelnen nicht zugänglich ist.[650]

Das Alter, verstanden als chronologisches Alter, besitzt dabei grds. keine eigenständige Unterscheidungskraft. Unterscheidungskraft besitzen lediglich die mit dem Alter einer Person verknüpften persönlichen Eigenschaften. Insofern handelt es sich im Gegensatz zu den anderen Merkmalen des Art. 19 Abs. 1 AEUV, um ein homologes Kriterium.[651] Heterogene Unterscheidungskriterien zeichnen sich demgegenüber dadurch aus, dass durch die Verwendung des jeweiligen Merkmals bereits eine Unterteilung, etwa in Behinderter und Nichtbehinderte oder Männer und Frauen, möglich ist. Dies ist beim Alter nicht der Fall. Hier muss eine weitere Konkretisierung erfolgen[652], zumeist durch die Festlegung von Mindest- oder Höchstaltersgrenzen oder die Bildung von Altersgruppen. Geht man von den gewissermaßen klassischen Stereotypen aus, also denen im Bereich des höheren Alters, so erwirbt jeder Einzelne diese durch Stereotypen formulierten Eigenschaften mit der Zeit als ursprünglich Nichtbetroffener: So wechselt bei durchschnittlicher Lebenserwartung jeder jüngere mit der Zeit in die Beurteilungskategorie der Älteren.

Zwar ist dieser Erwerb nicht an einem fixen Zeitpunkt festzumachen, fest steht jedoch, dass für den Einzelnen zunächst in der Regel keine Notwendigkeit besteht, vorhandene Stereotype zu überprüfen und ggf. abzulehnen, solange er nicht selbst betroffen ist. Dies führt im Vergleich zu andern verpönten Merkmalen zu einer nahezu universellen Verbreitung, da Stereotype mehr oder minder leicht übernommen werden.[653] Dabei ist festzustellen, dass es eine feindliche Haltung gegenüber dem Alter als solchem in der Gesellschaft nicht gibt. Dies stellt einen weiteren Unterschied zu Merkmalen wie der Rasse oder sexuellen Ausrichtung dar.[654] Wird ein Ausländer wegen seine Herkunft als solcher benachteiligt, so sind es beim Alter typischerweise bestimmte Eigenschaften, die den Anknüpfungspunkt der Diskriminierung bilden. So erfolgt eine Diskriminierung bei genauer Untersuchung beispielsweise wegen mangelnder Berufserfahrung oder wegen mangelnder Leistungsfähigkeit, Gebrechlichkeit etc. Das Alter

---

649   Vgl. *Schrader/ Schubert*, Das neue AGG, § 3 Rn. 391.

650   A.A. offenbar *Stalder*, Antidiskriminierungsmaßnahmen, S. 171, die von einem schwer abänderbar persönlichem Merkmal spricht. Worin die Abänderungsmöglichkeit liegen soll bleibt jedoch unklar.

651   *Sprenger*, Das arbeitsrechtliche Verbot der Altersdiskriminierung, S. 58.

652   Vgl. *Becker*, Die alternde Gesellschaft –Recht im Wandel, JZ 2004, S. 929 (935).

653   Vgl. *Rothermund/ Wentura/ Brandstädter*, Selbstwertschützende Verschiebungen in der Semantik des Begriffs „alt" im höheren Erwachsenenalter, Sprache und Kognition, Bd. 14 (1995), S. 52 f.

654   Vgl. *Mahlmann*, in Rudolf/ Mahlmann, Gleichbehandlungsrecht, § 1 Rn. 37.

fungiert dabei gewissermaßen lediglich als stellvertrender Indikator[655] für die angenommen, die Diskriminierung begründenden Eigenschaften einer Person. Welche Besonderheiten ergeben sich daraus für das Antidiskriminierungsrecht? Zunächst kann das Benachteiligungsverbot wegen des Alters nicht als Gebot zu Herstellung von Identität verstanden werden. Geht es primär um Eigenschaften oder Fähigkeiten einer Person, die mit dem Alter nur typisierend verknüpft werden, so müssen Unterschiede, die sich aus diesen Eigenschaften oder Fähigkeiten ergeben, aufrechterhalten werden können. Andernfalls würde man eine Ergebnisgleichheit herstellen, die ihrerseits gleichheitswidrig wäre.[656] Hierin unterscheidet sich das Benachteiligungsgebot wegen des Alters beispielsweise von dem Gleichbehandlungsgebot der Geschlechter. Weiterhin ergibt sich daraus, dass im Kern die mit dem Alter verknüpften Fähigkeiten und Eigenschaften den Kern der Persönlichkeit ausmachen, weniger aber das Alter als solches. Dieser Umstand ist vor dem Hintergrund der Frage der Beurteilung von abstrakten Altersgrenzen und individuellen Fähigkeitsprüfungen von Bedeutung.

II. Persönlicher Anwendungsbereich

1. Berechtigte

Auf die Frage des persönlichen Anwendungsbereichs, also die Frage, wer Adressat der Regelung des Art. 19 Abs. 1 AEUV ist, gibt der Wortlaut zunächst keine Auskunft. Grds. ist damit davon auszugehen, dass alle Menschen im Anwendungsbereich des Vertrages aus Maßnahmen des Art. 19 Abs. 1 AEUV berechtigt werden können. Überwiegend wird im Schrifttum davon ausgegangen, das sich der Schutz des Art. 19 Abs. 1 AEUV nur auf natürliche Personen, mithin Individuen, beziehe.[657] Vor allem der Umstand, dass Zusammenschlüsse von Personen, insbesondere auch juristische Personen, im Wortlaut nicht genannt seien, spreche für diese Auffassung; daneben die Tatsache, dass die meisten der in Art. 19 Abs. 1 AEUV genannten Diskriminierungtatbestände weder ihrem Inhalt noch ihrem Wesen nach auf diese passten.[658] Eine solche enge Auslegung erscheint angesichts des Schutzzwecks der Norm jedoch zweifelhaft. Personenmehrheiten wäre, einem solchen Verständnis folgend, die Möglichkeit verwehrt, von Antidiskriminierungsmaßnahmen zu profitieren, obschon Beeinträchtigungen durch Diskriminierungen grds. denkbar sind.[659] Es ist deshalb davon auszugehen, dass Gruppen von Personen, einschließlich juristischer Personen jedenfalls nicht von vornherein vom Anwendungsbereich des Art. 19 Abs. 1 AEUV

655 Vgl. *Mahlmann*, in Rudolf/ Mahlmann, Gleichbehandlungsrecht, § 1 Rn. 37.
656 Vgl. *Thüsing*, Arbeitsrechtlicher Diskriminierungsschutz, S. 170.
657 Vgl. *Korthaus*, Das neue Antidiskriminierungsrecht, S. 57.
658 So *Grabenwerter*, in: Grabitz/Hilf, Das Recht der Europäischen Union, Art. 13 EG Rn. 23.
659 *Korthaus*, Das neue Antidiskriminierungsrecht, S. 57.

ausgenommen sind. Zumindest in Fällen, in denen Gruppen oder juristische Personen als solche, gerade wegen ihrer Mitglieder, Diskriminierungen wegen verpönter Merkmale erfahren, genießen sie den Schutz des Art. 19 Abs. 1 AEUV.[660] Insofern kann eine Parallele zur Grundrechtsberechtigung juristischer Personen im deutschen Verfassungsrecht gezogen werden. Werden juristische Personen gerade wegen ihres personalen Substrats[661], also ihrer Mitglieder diskriminiert, so fallen sie in den Anwendungsbereich des Art. 19 AEUV. Die darüber hinaus im deutschen Verfassungsrecht bestehende Grundrechtsfähigkeit inländischer juristischer Personen (Art. 19 Abs. 3 GG), in Fällen, in denen ein Grundrecht wesensmäßig auf diese anwendbar ist, also nicht an die natürliche Qualität des Menschen anknüpft, kann im Rahmen des Art. 19 AEUV hingegen nicht fruchtbar gemacht werden, da alle verpönten Merkmale an persönliche Eigenschaften von Menschen anknüpfen und naturgemäß nicht bei juristischen Personen vorliegen können.

Zuzugeben ist allerdings, dass eine solche Diskriminierung, bezogen auf das Merkmal des Alters heute wohl kaum vorkommen wird und die Bedeutung der Frage dementsprechend eher als gering anzusehen ist. Abschließend erwähnt sei der Umstand, dass es im Übrigen dem Rat frei steht zu bestimmen, wer Begünstigter von ihm erlassenen Antidiskriminierungsmaßnahmen ist.[662]

Im Zusammenhang mit dem persönlichen Anwendungsbereich von Art. 19 Abs. 1 AEUV ist eine weitere Frage zu erörtern, nämlich die des Schutzes von Drittstaatenangehörigen. Hierbei ist zunächst festzustellen, dass Art. 19 Abs. 1 AEUV keine Regelung hinsichtlich des Schutzes dieses Personenkreises enthält. Die Entstehungsgeschichte der Norm, die vor allem auf Rassismus und Fremdenfeindlichkeit zurückzuführen ist, von denen naturgemäß häufig Drittstaatenangehörige betroffen sind, spricht dafür, auch Drittstaatenangehörigen grds. den Schutz von Antidiskriminierungsmaßnahmen auf Grundlage von Art. 19 AEUV zukommen zu lassen.[663] Auch der Schutzzweck der Norm, der in dem Abbau und der Bekämpfung von Diskriminierungen zwischen Menschen besteht, spricht für diese Betrachtungsweise.[664] Begrenzt wird die Möglichkeit einer Einbeziehung von Drittstaatenangehörigen dann, wenn der AEUV selbst be-

---

660 Ebenso *Zuleeg*, in: von der Groeben/ Schwarze, EUV/EGV, Art. 13 Rn. 13; *Korthaus*, Das neue Antidiskriminierungsrecht, S. 57.

661 Zum Erfordernis des personalen Substrats im Rahmen des Art. 19 Abs. 3 GG, BVerf-GE 21, S. 362 (369); *Pieroth/ Schlink*, Staatsrechts II, § 5 Rn. 152.

662 *Korthaus*, Das neue Antidiskriminierungsrecht, S. 57.

663 *Meyer*, Das Diskriminierungsverbot des Gemeinschaftsrechts als Grundsatznorm und Gleichheitsrecht, S. 53; *Holoubek*, in: Schwarze, EU, Art. 13 EG Rn. 7; *Zuleeg*, in: v. d. Groeben/ Schwarze, EUV/EGV, Art. 13 EG Rn. 13.

664 Vgl. *Epiney*, in: Calliess/ Ruffert (Hrsg.), EUV/ EGV, Art. 13 Rn. 5, die darüber hinaus im unionsrechtlichen Gleichheitssatz ein Argument für die Einbeziehung von Drittstaatenangehörigen in den Anwendungsbereich des Art. 13 EG sieht; im Ergebnis ebenso *Jochum*, Der neue Art. 13 EGV, ZRP 1999, S. 279 (280).

stimmte Rechte ausdrücklich lediglich Unionsbürgern iSd Art. 20 AEUV (ex.Art. 17 EG) zuweist.[665] Die aus diesem Verständnis des Art. 19 AEUV erwachsenden Abgrenzungsprobleme zwischen einer Diskriminierung aus Gründen der Staatsangehörigkeit, die schon nach dem Wortlaut nicht von der Norm umfasst ist und einer Diskriminierung aus Rassismus oder Fremdenfeindlichkeit und der daraus resultierenden Forderung einer restriktiven Handhabung der Antidiskriminierungsklausel, gilt gleichermaßen für eine Diskriminierung aus Gründen des Alters, denn in den meisten Fällen wird eine Diskriminierung gerade nicht auf dem verpönten Merkmal, sondern auf der Staatsangehörigkeit, beruhen.[666]

2. Verpflichtete

Zunächst richtet sich Art. 19 AEUV unzweifelhaft an die Europäische Union und ihre Organe sowie die Mitgliedstaaten. In den übrigen Fällen ergeben sich die Verpflichteten aus der Natur der jeweiligen Maßnahme, die auf Grundlage von Art. 19 AEUV getroffen wird.[667], Die Ermächtigung des Rates erfasst dabei auch die Möglichkeit, den Kreis der Verpflichteten durch entsprechendes Sekundärrecht auf Privatpersonen oder Teile zu erweitern oder zu reduzieren.[668]

III. Verhältnis und Abgrenzung zu anderen Vorschriften

Die ausdrückliche Zielsetzung des Art. 19 AEUV Diskriminierungen zu bekämpfen, reiht ihn ein in eine Liste schon bestehender Diskriminierungsverbote, so dass sich die Frage nach der Abgrenzung der verschiedenen Anwendungsbereiche der Vorschriften stellt. Hierbei ist zweckmäßigerweise eine Unterscheidung in Schutzvorschriften innerhalb und außerhalb des AEUV vorzunehmen. Im Primärrecht, sind diese betroffenen Normen u.a. Art. 18 AEUV, Art. 157 AEUV und Art. 352 AEUV. Die umfangreichen Gewährleistungen völkerrechtlicher Diskriminierungsverbote werden im Folgenden mit – Ausnahme der

665 *Korthaus*, Das neue Antidiskriminierungsrecht, S. 58; *Holoubek*, in: Schwarze, EU-Kommentar, Art. 13 Rn. 7; *Zuleeg*, in: v.d. Groeben/ Schwarze, EUV/EGV, Art. 13 Rn. 13.
666 Vgl. *Bell*, The New Article 13 EC Treaty, MJ 1999, S. 5 (20 f.).
667 Vgl. *Zuleeg*, in: v. d. Groeben/ Schwarze, EUV/ EGV, Art. 13 EG Rn. 14; Nach *Zuleeg*, in: v. d. Groeben/ Schwarze, EUV/ EGV, Art. 13 EG Rn. 14 werden von 19 AEUV in Anlehnung an die Rechtsprechung des EuGH zum freien Personenverkehr auch natürliche und juristische Personen erfasst, die ähnlich einem Hoheitsträger über eine einseitige Bestimmungsmacht verfügen, unter Verweis auf EuGH, Rs. C-415/93, *Bosmann*, Slg. 1995, I-4921 Rn. 83 ff.
668 Vgl. *Zuleeg*, in: v. d. Groeben/ Schwarze, EUV/ EGV, Art. 13 EG Rn. 14

EMRK – nicht behandelt. Hinsichtlich des Verbots der Altersdiskriminierung spielen sie insgesamt nur eine untergeordnete Rolle.[669]

1. Schutzvorschriften innerhalb des AEUV

a) Der allgemeine Gleichbehandlungsgrundsatz

Der allgemeine Gleichbehandlungsgrundsatz gehört nach der Rechtsprechung des EuGH zu den Grundprinzipien des Unionsrechts. Inhaltlich verbietet der allgemeine Gleichbehandlungsgrundsatz eine unterschiedliche Behandlung vergleichbarer Sachverhalte, sofern nicht die Ungleichbehandlung durch einen objektiven Grund gerechtfertigt werden kann.[670]

Der allgemeine Gleichbehandlungsgrundsatz enthält damit ein relatives Diskriminierungsverbot: Ein Verstoß kommt nur dann in Betracht, wenn es an einem sachlichen Grund für die Ungleichbehandlung mangelt.[671] Wie gezeigt, stellt Art. 19 AEUV eine Konkretisierung des allgemeinen Gleichbehandlungsgrundsatzes dar, indem er besondere Diskriminierungsverbote festlegt. Den Schutz vor Diskriminierungen bezwecken damit sowohl Art. 19 AEUV als auch der allgemeine Gleichbehandlungsgrundsatz. Der allgemeine Gleichbehandlungsgrundsatz ist dabei in seinem Schutzbereich weiter als Art. 19 AEUV, da er nicht auf bestimmte Differenzierungskriterien enumerativ beschränkt ist, andererseits enger, da er sich primär an die Organe der Union richtet und für die Mitgliedstaaten grds. nur dann gilt, wenn sie Unionsrecht vollziehen. Wegen des Ranges, den der Gerichtshof dem allgemeinen Gleichbehandlungsgrundsatz zugeschrieben hat, ist dieser für die Mitgliedstaaten ebenfalls bindend, jedoch bildet er keine Rechtsgrundlage für den Erlass von Antidiskriminierungsmaßnahmen.[672]

b) Grundfreiheiten

Auch die Grundfreiheiten des Unionsrechts enthalten Diskriminierungsverbote, die ihrem Inhalt nach verbieten, EU-Ausländer schlechter zu behandeln als Inländer.[673] Im Unterschied zu den Diskriminierungsmerkmalen des Art. 19 Abs. 1 AEUV sind die Grundfreiheiten jedoch nicht sozialpolitisch motiviert, sondern wurden aus rein wirtschaftlichen Gesichtspunkten, zur Verwirklichung des Binnenmarktes, eingeführt. Um den Anwendungsbereich der Grundfreiheiten zu

---

669   Vgl. zur Ebene des Völkerrechts *Polloczek*, Altersdiskriminierung im Licht des Europarechts, S. 41. ff. sowie den Überblick über verschiedene völkerrechtliche Abkommen bei *Schiek*, Allgemeines Gleichbehandlungsgesetz (AGG), Einl. Rn. 10 ff.

670   EuGH verb. Rs. 117/76 u. 16/77, *Ruckdeschel*, Slg. 1977, S. 1753 Rn. 7. In der Entscheidung ging es um die Frage, ob eine Produktionserstattung für Quellmehl aus Mais abgeschafft werden durfte, während sie für Stärke aus Mais beibehalten wurde.

671   *Kischel*, Zur Dogmatik des Gleichheitssatzes in der EU, EuGRZ 1997, S. 1 (4).

672   *Stalder*, Antidiskriminierungsmaßnahmen, S. 22.

673   *Ehlers*, Die Grundfreiheiten des europäischen Gemeinschaftsrechts (Teil I), Jura 2001, S. 266 (269).

eröffnen ist das Vorliegen eines sog. grenzüberschreitenden Moments erforderlich, rein nationale Sachverhalte werden von ihnen nicht erfasst. Schon deswegen spielen sie im Bereich des Art. 19 AEUV eine nur untergeordnete Rolle, da dieser vornehmlich auf den Schutz vor Diskriminierung im nationalen Kontext gerichtet ist.

c) Art. 18 AEUV

Art. 18 AEUV enthält ein Diskriminierungsverbot und verbietet jede Diskriminierung aus Gründen der Staatsangehörigkeit, unbeschadet besonderer Bestimmungen des AEUV. Es wird als Diskriminierungsverbot aufgrund der Staatsangehörigkeit zu einem Mitgliedstaat ausgelegt und schützt dementsprechend EU-Bürger davor, in einem anderen Mitgliedstaat schlechter als die Staatsbürger dieses Staates behandelt zu werden.

Wenn Art. Art. 18 AEUV vom EuGH[674] und Stimmen in der Literatur[675] als „allgemeines Diskriminierungsverbot" bezeichnet wird, so ist damit keine Ausweitung des Anwendungsbereichs der Norm gemeint, insbesondere ist Art. 18 AEUV nicht als allgemeiner Gleichheitssatz des Unionsrechts anzusehen, sondern verbietet ausschließlich Diskriminierungen wegen eines einzigen Merkmals.[676] Konzeptionell unterscheidet sich Art. 18 AEUV von Art. 19 AEUV dadurch, dass ersterer primär die Binnenmarkverwirklichung bezweckt. Die Staatsanghörigkeit soll danach keine Grundlage für Begrenzungen der Entfaltungsmöglichkeiten im gemeinsamen Markt mehr bilden.[677] Anders als Art. 19 AEUV verfolgt Art. 18 AEUV jedoch keine die Persönlichkeit des Einzelnen schützende Zielrichtung. Insofern kann man Art. 18 AEUV als vom Gedanken der Marktintegration geprägt bezeichnen, während Art 19 AEUV vom Gedanken der Menschenintegration geprägt ist, der auf eine inhaltliche Veränderung der mitgliedstaatlichen Gesellschaften gerichtet ist[678]

Abgrenzungsschwierigkeiten zwischen dem unmittelbar anwendbaren Art. 18 AEUV und Art. 19 AEUV können sich vor allem bezüglich der Kriterien der Rasse und ethnischen Herkunft ergeben, da diese häufig mit dem Merkmal der Staatsangehörigkeit zusammentreffen, wohl weniger hinsichtlich des Alters einer Person. In der Regel dürfte leicht festzustellen sein, ob eine Ungleichbehandlung an der Staatsangehörigkeit oder am Alter anknüpft, ist letzteres der Fall, so ist allein Art. 19 AEUV einschlägig.

---

674 EuGH, Rs. C-325/95, *Hayes*, Slg. 1997, I-1711 Rn. 16.
675 *Kischel*, Zur Dogmatik des Gleichheitssatzes in der EU, EuGRZ 1997, S. 1.
676 *Rossi*, Das Diskriminierungsverbot nach Art. 12 EGV, EuR 2000, S. 197.
677 Vgl. *Reichhold*, Diskriminierungsschutz und Verfassungsrecht, ZfA 2006, S. 257 (261).
678 Vgl. *Reichhold*, Diskriminierungsschutz und Verfassungsrecht, ZfA 2006, S. 257 (261); *ders.* Sozialgerechtigkeit versus Vertragsgerechtigkeit, JZ 2004, S. 384 (386 f.).

d) Art. 157 AEUV

Art. 157 AEUV stellt den Grundsatz des gleichen Entgelts für Männer und Frauen auf. Art. 157 Abs. 3 AEUV bildet für den Bereich der Verwirklichung der Chancengleichheit und Gleichbehandlungen von Männern und Frauen bei Arbeits- und Beschäftigungsbedingungen gegenüber Art. 19 AEUV eine Spezialvorschrift und geht der Vorschrift in seinem Anwendungsbereich vor.[679] Dies ergibt sich aus der Systematik. Während Art. 19 AEUV im Kapitel Grundsätze formuliert ist, findet sich Art. 157 AEUV im Titel X „Sozialpolitik".[680] Die Vorschrift enthält kein allgemeines Gebot der Gleichbehandlung der Geschlechter. So fällt etwa die Festsetzung besonderer Altersgrenzen für weibliche Arbeitnehmer nicht unter die Vorschrift.[681] Bei geschlechtsspezifischen Diskriminierungen, die nicht auf Arbeits- und Beschäftigungsfragen oder das Arbeitsentgelt beschränkt sind, kann auf Art. 19 AEUV zurückgegriffen werden.[682]

e) Art. 352 AEUV

Art. 352 AEUV stellt eine allgemeine Kompetenzergänzungsklausel dar, nicht hingegen eine spezielle Norm des Antidiskriminierungsrechts.[683] Er soll „(...) einen Ausgleich in Fällen schaffen, in denen den Unionsorganen durch spezifische Bestimmungen des Vertrages ausdrücklich oder implizit verliehene Befugnisse fehlen und gleichwohl Befugnisse erforderlich erscheinen, damit die Union ihre Aufgaben im Hinblick auf die Erreichung eines vom Vertrag festgelegten Ziels wahrnehmen kann."[684] Keine Anwendung findet Art. 352 AEUV folglich, wenn im Vertrag der Union an anderer Stelle Kompetenzen verliehen worden sind. Für den Bereich der Diskriminierung aus Gründen des Alters ist dies mit Art. 19 AEUV geschehen, dieser geht als lex specialis Art. 352 AEUV vor[685], so

---

679 *Langenfeld*, in: Grabitz/Hilf, Das Recht der Europäischen Union, Art. 141 EG Rn. 80. Aus diesem Grund findet sich in den auf Art. 19 AEUV gestützten Sekundärrechtsakten das Merkmal des Geschlechts nicht.

680 *Stalder*, Antidiskriminierungsmaßnahmen, S. 94.

681 EuGH, Rs. 149/77, *Defrenne III*, Slg. 1978, S. 1365 Rn. 19 ff.: Nach Ansicht des EuGH ist „die Tatsache, daß die Aufstellung bestimmter Beschäftigungsbedingungen – wie die Festsetzung einer besonderen Altersgrenze – finanzielle Auswirkungen haben kann, kein hinreichender Grund dafür ist, diese Bedingungen in den Geltungsbereich des Artikels 119 fallen zu lassen, der auf dem engen Zusammenhang zwischen der Art der Arbeitsleistung und der Höhe des Arbeitsentgelts beruht".

682 *Grabenwarter*, in: Grabitz/Hilf, Das Recht der Europäischen Union, Art. 13 EG Rn. 19.

683 *Korthaus*, Das neue Antidiskriminierungsrecht, S. 73.

684 EuGH, *Gutachten 2/94*, Slg. 1996, I-1759 Rn. 29.

685 Vgl. *Streinz*, in: Streinz, EUV/ EGV, Art. 13 EG Rn. 4; *Lenz*, in: Lenz/ Borchardt, EUV/EGV, Art. 13 Rn.6; *Geiger*, Art. 13 EG Rn. 7; *Epiney*, in: Calliess/ Ruffert, EUV/ EGV, Art. 13 EG Rn. 3; *Stalder*, Antidiskriminierungsmaßnahmen, S. 95.

dass letzterer im Rahmen der vorliegenden Untersuchung nicht weiter von Bedeutung ist.

2. Schutzvorschriften außerhalb des AEUV

Die Europäische Union beruht auf den Grundsätzen der Achtung der Menschenwürde und der Grundfreiheiten. Besonders betont wird die Beachtung der Grundrechte durch die Europäische Union, wie sie in der Europäischen Menschrechtskonvention gewährleistet sind und wie sie sich aus den gemeinsamen Verfassungsüberlieferungen der Mitgliedstaaten als allgemeine Grundsätze des Unionsrechts ergeben.[686]

Auch die Allgemeine Erklärung der Menschenrechte vom 10. Dezember 1948 enthält in Art. 2 Abs. 1 AEMR ein allgemeines Diskriminierungsverbot. Neben dem ausdrücklich aufgezählten Verbot der Unterscheidung von Menschen nach ihrer Rasse, Farbe, Geschlecht, Sprache und weiterer Merkmalen findet sich auch das Verbot der Unterscheidung wegen sonstiger Umstände. Unter diese Umstände kann auch das Alter gefasst werden.[687]

a) Art. 14 EMRK

Die Europäische Menschenrechtskonvention (EMRK[688]) enthält in ihrem Art. 14 ein Diskriminierungsverbot, „(...) insbesondere wegen des Geschlechts, der Rasse, der Hautfarbe, der Sprache, der Religion, der politischen oder sonstigen Anschauungen, der nationalen oder sozialen Herkunft, der Zugehörigkeit zu einer nationalen Minderheit, des Vermögens, der Geburt oder eines sonstigen Status (...)." Das Diskriminierungsverbot bezieht sich ausschließlich auf die in der EMRK gewährleisteten Rechte.[689] Es handelt sich also um einen akzessorischen Gleichheitssatz, der nur dann eingreift, wenn zumindest der Schutz (irgend)eines anderen Rechts der EMRK einschlägig ist und erfüllt insoweit eine Ergänzungsfunktion.[690]

---

686 Auf weiter mögliche Vorgaben aus Regelungen des Völkerrechts wird im Folgenden nicht eingegangen. Vgl. dazu etwa *Polloczek*, Altersdiskriminierung im Lichte des Europarechts, S. 39 ff.

687 *Senne*, Auswirkungen des europäischen Verbots der Altersdiskriminierung auf das deutsche Arbeitsrecht, S. 102.

688 EMRK v. 4. November 1950, BGBl. 1952 II, S. 685.

689 *Meyer-Ladewig*, Europäische Menschenrechtskonvention, Art. 14 Rn. 4. Hierin liegt ein Unterschied zum 12. Zusatzprotokoll der EMRK, welches am 4. November 2000 zur Unterschrift aufgelegt und am 1. April 2005 in Kraft getreten ist. Das Zusatzprotokoll schützt vor Diskriminierungen eines jeden auf Gesetz beruhenden Rechts.

690 Vgl. *Bleckmann*, Grundgesetz und Völkerrecht, S. 372; *Peukert*, in: Frowein/ Peukert, EMRK, Art. 14 Rn. 3; *Grabenwarter*, Europäische Menschenrechtskonvention, § 26 Rn. 2; *Meyer-Ladewig*, Europäische Menschenrechtskonvention, Art. 14 Rn. 5. Einen dem deutschen Verfassungsrecht vergleichbaren allgemeinen Gleichheitssatz enthält die EMRK nicht.

Der Wortlaut der Vorschrift enthält das Merkmal Alter nicht. Jedoch ist aufgrund der Formulierung „insbesondere" und „eines sonstigen Status" überwiegend anerkannt, dass Art. 14 EMRK keine abschließende, sondern eine, auch ohne Vertragsänderung, erweiterungsfähige Liste von Diskriminierungsmerkmalen enthält.[691] Aufgrund der weitreichenden Diskriminierungsmerkmale ist damit nicht ausgeschlossen auch das Alter unter die Vorschrift zu subsumieren, dies insbesondere deswegen, weil es sich um ein personenbezogenes Merkmal handelt.[692] Fasst man das Verbot der Altersdiskriminierung unter Art. 14 EMRK, erscheint es konsequent unter den Begriff des Alters jedes Alter zu fassen, mithin jede Anknüpfung an ein bestimmtes Lebensalter.

In seiner Struktur ist das Diskriminierungsverbot dem allgemeinen Gleichheitssatz ähnlich. Eine Diskriminierung liegt danach dann vor, wenn eine Maßnahme Personen in vergleichbarer Position ungleich behandelt, ohne dass ein Rechtfertigungsgrund besteht und/ oder die Ungleichbehandlung sonst unverhältnismäßig ist.

Zwar ist die Europäische Union nicht unmittelbar an die Konvention gebunden, da sie nicht Mitglied des Europarates ist.[693] Grundsätzliche Bedeutung kommt ihr dennoch über die Verweisung in Art. 6 EUV zu. Die EMRK bildet

---

691 Vgl. *Peukert*, in: Frowein/ Peukert, EMRK, Art. 14 Rn. 25; *Villiger*, Handbuch der EMRK, § 30 Rn. 659; *Grabenwarter*, Europäische Menschenrechtskonvention, § 26 Rn. 7; so auch EGMR v. 8. Juni 1976, Engel et. Al./. Niederlande, Serie A Nr. 22, S. 30, Ziffer 72.; *Meyer-Ladewig*, Europäische Menschenrechtskonvention, Art. 14 Rn. 11.

692 Vgl. *Grabenwarter*, Europäische Menschenrechtskonvention, § 26 Rn. 8; *Peukert*, in: Frowein/ Peukert, Art. 14 Rn. 25; *Mann*, Altersdiskriminierung durch gesetzliche Höchstaltersgrenzen, Rechtsgutachten erstattet der Senioren Union der CDU, S. 62. *Senne*, Auswirkungen des europäischen Verbots der Altersdiskriminierung auf das deutsche Arbeitsrecht, S. 108. Nach der Rechtsprechung des Europäischen Gerichtshofs für Menschenrechte ist die Personenbezogenheit entscheidend für die Anwendbarkeit von Art. 14 EMRK, vgl. EGMR, Urteil v. 7. Dezember 1976, *Kjeldsen u.a.*, EuGRZ 1976, S. 478 (487 f.).

693 Gemäß Art 59 Abs. 1 EMRK steht der Beitritt zur EMRK nur Staaten offen. Die Europäische Union besitzt jedoch keine Staatsqualität in diesem Sinne. Vor Inkrafttreten des Vertrages von Lissabon fehlte der der Europäischen Union zudem die Kompetenz zum Beitritt zur EMRK, vgl. EuGH, Gutachten v. 28. März 1996, Gutachten 2/94, Slg. I-1996, S. 1759 ff. Vgl. zum Inhalt der EMRK den Überblick von *Ehlers*, Die Europäische Menschenrechtskonvention, Jura 2000, S. 372 ff. Art. 6 Abs. 2 EUV sieht nunmehr ausdrücklich den Beitritt der Europäischen Union zur EMRK vor, durch dessen Vollzug die Union künftig auch formal und direkt statt wie bisher mittelbar oder auf Grund der völkerrechtlichen Verantwortlichkeit ihrer Mitgliedstaaten an die Garantien der EMRK gebunden würde. Artikel 6 Abs. 2 EUV begründet eine Beitrittsverpflichtung . Der Union wird normativ verbindlich vorgegeben, den Beitritt zur EMRK anzustreben und alle erforderlichen und ihr möglichen Schritte in diese Richtung zu unternehmen, vgl. *Pache/ Rösch*, Europäischer Grundrechtsschutz nach Lissabon – die Rolle der EMRK und der Grundrechtecharta in der EU, EuZW 2008, S. 519 (520).

dadurch eine Rechtserkenntnisquelle, die insbesondere für die Europäischen Gerichte (EuGH, EUG) von Bedeutung ist. Für den Bereich der Diskriminierung wegen des Alters dürfte sie indes eine weniger wichtige Rolle spielen, da Art. 19 AEUV von seinem Anwendungsbereich im Vergleich zur EMRK weiter gefasst ist. Das 12. Zusatzprotokoll zur EMRK vom 4. November 2000, welches am 1. April 2005 in Kraft getreten ist, formuliert zwar ein umfassendes Verbot jeglicher Diskriminierungen[694], wurde jedoch von Deutschland und anderen Mitgliedstaaten bisher nicht ratifiziert[695] und ist folglich noch nicht rechtsverbindlich.

b) Art. 21 und Art 25 Grundrechtecharta

Neben der allgemeinen Formulierung der Gleichheit vor dem Gesetz[696] findet sich in Art. 21 Abs. 1 der unter Leitung von Roman Herzog erarbeiteten, und am 7. Dezember 2000 in Nizza feierlich unterzeichneten Europäischen Grundrechte-Charta[697] (EUGrCH) ein Verbot der Diskriminierung wegen des Alters. Daneben finden sich die Gewährleistungen der Berufsfreiheit, das Recht zu arbeiten (Art. 15 EUGrCH), die unternehmerische Freiheit (Art. 16 EUGrCH) und das Eigentumsrecht (Art. 17 EUGrCH). Schon bevor die in der Grundrechtecharta verbrieften Grundrechte durch Inkrafttreten des Vertrages von Lissabon am 01. Dezember 2009 gemäß Art. 6 Abs. 1 EUV verbindlich und integraler Bestandteil des europäischen Primärrechts geworden sind, hat sie als Rechtserkenntnisquelle beachtliche Bedeutung erlangt. Dies gilt sowohl für Schlussanträge von Generalanwälten als auch für Entscheidungen des Europäischen Gerichts Erster Instanz (EuG) sowie des Europäischen Gerichtshofs für Menschenrecht (EGMR).[698]

---

694 Das Merkmal „Alter" findet sich auch hier nicht explizit. Nach dem Erläuternden Bericht wurde eine ausdrückliche Aufnahme wegen des nicht abschließenden Charakters der Vorschrift nicht für notwendig erachtet, vgl. Zi. 20 zu Art. 1 Explanatory Report, abrufbar unter : http://www.conventions.coe.int/Treaty/en/Reports/html/177.htm. Auch wenn dem Bericht keine Rechtsverbindlichkeit zukommt, so spricht dies deutlich dafür, dass Alter unter das Diskriminierungsverbot zu fassen. Da die Aufzählung der Diskriminierungsmerkmale im 12. Zusatzprotokoll mit denen von Art. 14 EMRK übereinstimmt und kein Grund ersichtlich ist, die Vorschriften diesbezüglich unterschiedlich auszulegen, spricht auch dies für eine Subsumtion des „Alters" unter den „sonstigen Status" des Art. 14 EMRK.

695 Eine Übersicht zum Stand der Ratifikation findet sich unter http://www.conventions.coe.int.

696 Art. 20 EUGrCH.

697 Charta der Grundrechte der Europäischen Union v. 7. Dezember 2000, ABl. 2000 Nr. C 364, S. 1 ff.

698 Vgl. *Alber*, Die Selbstbindung der europäischen Organe an die Europäische Charta der Grundrechte, EuGRZ 2001, S. 349 (351 f.); EGMR, Urteil v. 11. Juli 2002 - Beschw.-Nr. 28957/95, NJW-RR 2004, 289 (294); *Hoffmann-Riem*, Kohärenz der Anwendung europäischer und nationaler Grundrechte, EuGRZ 2002, S. 473 (479 f). Ob der EuGH

Eine weitere Gewährleistung findet sich in Art. 25 EUGrCH, wonach die Union das Recht älterer Menschen auf ein würdiges und unabhängiges Leben und das Recht auf Teilnahme am sozialen und kulturellen Leben anerkennt. Ein Verbot der Altersdiskriminierung findet sich auf europäischer Ebene damit sowohl in Art. 21 Abs. 1 EUGrCH als auch in Art. 19 Abs. 1 AEUV.[699] In ihrer Zusammenschau folgt daraus, dass Art. 19 AEUV eine Kompetenznorm zum Schutze (europäischer) Grundrechte ist.[700] Die Normen unterscheiden sich jedoch hinsichtlich ihres Adressatenkreises: Während sich die Grundrechtcharta primär an die Unionsorgane und die Mitgliedstaaten bei der Durchführung des Rechts der Union wendet (Art. 51 Abs. 1 S. 1 EUGrCH) und unmittelbar wirkt[701], zielt Art. 19 AEUV – über den Erlass entsprechender Sekundärrechtsakte - (auch) auf die Regelung von Privatrechtsverhältnissen ab.[702] Auch ist die Aufzählung der Diskriminierungsmerkmale in Art. 19 AEUV abschließend, während Art. 21 EUGrCH ein solch abschließender Charakter infolge des Wortlauts „insbesondere" nicht zukommt. Hingegen kann der Begriff des Alters in Art. 21 EUGrCH ebenso wie in Art 19 AEUV verstanden werden, so dass nicht nur ältere, sondern Menschen eines jeden Alters vor Diskriminierungen geschützt werden.[703]

Diese Bestimmungen der Grundrechtecharta enthalten nicht nur rechtliche, sondern sowohl ethische als auch politische Entscheidungen, die ein zentrales

---

in künftigen Entscheidungen direkt auf die Grundrechte der Grundrechtecharta rekurrieren wird oder weiterhin auf die von ihm entwickelten Grundrechte als allgemeine Rechtsgrundsätze des Unionsrechts abstellen wird, bleibt abzuwarten. Zum Verhältnis der Europäischen Grundrechte zum Europäischen Sekundärrecht *Hanau*, Die Europäische Grundrechtecharta – Schein und Wirklichkeit im Arbeitsrecht, NZA 2010, S. 1 (3 f.).

699   Daneben findet das Alter weiter in Art. 34 EUGrCH Erwähnung, wonach die Union das Recht auf Zugang zu Leistungen sozialer Sicherheit und sozialen Diensten anerkennt und achtet, die im Falle des Alters Schutz gewährleisten. Vgl. ausführlich zur Bedeutung der Vorschrift *Nussberger*, in: Tettinger/ Stern, Europäische Grundrechtecharta, Art. 34 Rn. 50 ff.

700   *V. Bogdandy*, Grundrechtsgemeinschaft als Integrationsziel, JZ 2001, S. 157 (158).

701   BVerfG, Beschluss vom 6. Juli 2010 - 2 BvR 2661/06 Rn. 14.

702   Zur Frage inwieweit die Grundrechtecharta subjektive Rechte enthält, auf die sich der Einzelne berufen kann, vgl. *Jarass*, EU-Grundrechte, § 25 Rn. 26; *Rossi*, in Calliess/Ruffert, EUV/ EGV, Art. 21 GR-Charta, Rn. 5. Zum Verhältnis der Grundrechte-Charta und EMRK, *Polloczek*, Altersdiskriminierung im Licht des Europarechts, S. 107 f. Eine unmittelbare Drittwirkung von Art. 21 Abs. 1 EUGrCH könnte sich allenfalls über Art. 52 Abs. 3 EUGrCH ergeben, dazu *Sachs*, in: Tettinger/ Stern, Europäische Grundrechtecharta, Art. 21 Rn. 17.

703   *Sachs*, in: Tettinger/ Stern, Europäische Grundrechtecharta, Art. 21 Rn. 24; *Meyer*, EUGRCharta, Art. 21 Rn. 41

Fundament der Europäischen Union bilden.[704] Besonders deutlich wird dies bei Art. 25 EUGrCH. Die als gleichheitsrechtliche formulierte Norm[705] ergänzt das Verbot der Altersdiskriminierung aus Art. 21 EUGrCH, dass vor Erlass der RL 2000/78/EG im europäischen Kreis eine Innovation war. Die Ergänzung betrifft vor allem eine inhaltliche Ausweitung zur Achtung der Rechte älterer Menschen im gesamten sozialen und kulturellen Leben.

In sachlicher Hinsicht betont Art. 25 EUGrCH die Würde und Unabhängigkeit im Alter; daraus ergibt sich, dass nur die Teilhabe im Alter geschützt ist. Nachteile, die durch eine frühzeitige Einordnung als alt entstehen, wie etwa das Ausscheiden aus dem Erwerbsleben, sind nicht geschützt.[706] Die Vorschrift enthält darüber hinaus kein umfassendes Verbot der Altersdiskriminierung, vergleichbar der RL 2000/78/EG. Ebenso enthält sie kein Grundrecht, sondern lediglich einen Grundsatz iSe Zielbestimmung, wie sich sowohl aus den Erläuterungen[707], als auch aus dem Umstand ergibt, dass durch die Norm nur die Europäische Union gebunden ist.[708]

Letztlich spricht auch der Wortlaut für ein solches Verständnis, denn die Formulierung „achten und anerkennen" setzt voraus, dass die betreffenden Rechte an anderer Stelle bereits begründet wurden. Aus dem Wortlaut ist weiter ersichtlich, das personal ältere Menschen geschützt werden sollen. Ebenso wie in Art. 19 AEUV und in der RL 2000/78/EG wird nicht näher erläutert welcher Personenkreis als älter gilt. Hier findet sich die Relativität des Altersbegriffs wieder, der neben chronologischen Kriterien auch durch soziale und ökonomische Festlegungen bestimmt ist.[709] Der Begriff des Alters und daraus folgend der geschützte Personenkreis kann damit nicht starr bestimmt werden, da er vom jeweiligen sozialen System abhängig ist, in dem er verwendet wird. Zutreffend kann lediglich die Aussage gemacht werden, dass Kinder nicht als ältere Menschen gelten, wie sich aus einem argumentum e contrario zu Art. 24 EUGrCH ergibt, der speziell dem Schutz von Kindern dient.[710] Bezüglich einer weiteren

---

704 Vgl. *Högl*, Altersdiskriminierung und Beschäftigung in Europa, in: Loccumer Protokolle, S. 105.

705 Gegen eine solche Auslegung, *Jarass*, EU-Grundrechte, § 28 Rn. 2. Für eine solche Auslegung spricht schon die systematische Stellung der Vorschrift innerhalb des Kapitels IV, dass die Überschrift Gleichheit trägt.

706 *Kingreen*, in: Calliess/ Ruffert, EUV/ EGV, Art. 25 EUGrCH Rn. 3.

707 Vgl. Erläuterungen des Präsidiums des Europäischen Konvents, ABl. 2004, Nr. C 310/459.

708 Vgl. *Jarass*, EU-Grundrechte, § 28 Rn. 2; *Mahlmann*, in: Rudolf/ Mahlmann, Gleichbehandlungsrecht, § 3 Rn. 8. Das Recht auf Teilhabe ist damit lediglich einem tatsächlichen Sinne zu verstehen, nicht aber iSe subjektiven Rechts.

709 Vgl. *Kingreen*, in: Calliess/ Ruffert, EUV/ EGV, Art. 25 EUGrCH Rn. 2.

710 Vgl. *Mann*, Altersdiskriminierung durch gesetzliche Höchstaltersgrenzen, S. 39; *Kingreen*, in: Calliess/ Ruffert, EUV/ EGV, Art. 25 EUGrCH Rn. 2. Vereinzelt finden sich auch hier Vorschläge, die Grenze beim 60. Lebensjahr zu ziehen, vgl. *Hölscheidt*, in:

Festlegung ist Zurückhaltung geboten. Als Indiz einer Festsetzung innerhalb eines bestehenden sozialen Systems kann die gesetzliche Regelaltersgrenze für den Eintritt in den Ruhestand verwendet werden. In Deutschland wäre dies nunmehr das 67. Lebensjahr.[711] Hierfür spricht vor allem eine historische Betrachtung des Kontextes der Entstehungsgeschichte der Norm: Nach den Erläuterungen lehnt sich Art. 25 EUGrCH an die Europäische Sozialcharta und die Gemeinschaftscharta der sozialen Grundrechte der Arbeitnehmer an. In Formulierungsvorschlägen zur Gemeinschaftscharta wurde nicht die Formulierung „ältere Menschen" verwendet, sondern auf den Zeitpunkt des Übergangs vom Erwerbsleben in den Ruhestand abgestellt. In dieser Interpretation stellt sich Art. 25 EUGrCH als Reaktion auf die demografische und soziologische Entwicklung der Bevölkerung der Mitgliedstaaten dar[712] und betont damit die Notwendigkeit einer Verschlechterung der Lebenssituation älterer Menschen entgegenzuwirken. Die Europäische Union ist hierbei nicht auf bloße Passivität hinsichtlich der Wertschätzung an anderer Stelle gewährleisteter Rechte beschränkt. Die Formulierung der Anerkennung in Art. 25 EUGrCH geht iSe aktiven Gutheißens über eine solche Betrachtung hinaus. Insofern kommt Art. 25 EUGrCH eine abwehrrechtliche Dimension zu, als dass die europäische Union keine Maßnahmen ergreifen darf, die die Rechte älterer Menschen beeinträchtigt.[713]

Schon vor ihrer rechtlichen Verbindlichkeit Wenngleich die Grundrechtecharta bisher rechtlich unverbindlich ist, so spielte die Grundrechtecharta wie dargelegt eine nicht unerhebliche Rolle als Rechtserkenntnisquelle für die durch das europäische Unionsrecht garantierten Grundrechte.[714] Vor allem ihre Wertungen wurden bei der Auslegung des Rechts berücksichtigt.

Die Rechtsverbindlichkeit der Charta seit Inkrafttreten des Vertrages von Lissabon verändert materiell-inhaltlich den Grundrechtsschutz innerhalb der Union daher nur begrenzt: Wesentliche Teile der Charta kodifizieren lediglich bereits bislang als allgemeine Grundsätze des Unionsrechts anerkannte und geltende Grundrechte, ohne diese Rechte materiell-inhaltlich zu verändern.[715]

---

in: Meyer, Kommentar zur Charta der Grundrechte der Europäischen Union, Art. 25 Rn. 10.

711 Vgl. ähnlich *Mann*, Altersdiskriminierung durch gesetzliche Höchstaltersgrenzen, S. 40, der die Grenze bei 60 Jahren ziehen möchte. *Ders.*, in: Tettinger/ Stern, Europäische Grundrechtecharta, Art. 25 Rn. 11.

712 *Mann*, in: Tettinger/ Stern, Europäische Grundrechtecharta, Art. 25 Rn. 15.

713 *Jarass*, EU-Grundrechte, § 28 Rn. 8 iVm § 7 Rn. 37; *Mann*, in: Tettinger/Stern, Europäische Grundrechtecharta, Art. 25 Rn. 19.

714 Vgl. die Bezugnahme von Generalanwälten und des Gerichts erster Instanz auf die Grundrechtcharta, GA Kokott, Rs. C-540/03 – *Europäisches Parlament vs. Rat*, Rn. 108; der Europäische Gerichtshof hat bisher, soweit ersichtlich, jedoch keinen Fall unter Rückgriff auf die Grundrechtcharta entschieden.

715 Vgl. *Pache/ Rösch*, Europäischer Grundrechtsschutz nach Lissabon – die Rolle der EMRK und der Grundrechtecharta in der EU, EuZW 2008, S. 519 (520).

Hinsichtlich des Systems der Grundrechtsgarantien existieren auf europäischer Ebene nunmehr drei Bereiche von Grundrechten: Erstens, die Grundrechte der Europäischen Grundrechtecharta, die zwar formell außerhalb des EUV und AEUV angesiedelt sind, aber diesen Verträgen nach Art. 6 Abs. 1 EUV rechtlich gleichrangiges Primärrecht darstellen, zweitens, sofern die Union der EMRK beitritt, die Grundrechte der Europäischen Menschenrechtskonvention, die in diesem Fall als völkerrechtlicher Vertrag in die Unionsrechtsordnung integriert werden. Die Grundrechte der EMRK stehen dabei unterhalb der Unionsverträge und damit auch unterhalb der Grundrechte der Europäischen Grundrechtecharta, jedoch mit Vorrang vor europäischem Sekundärrecht.[716] Drittens, nach Art. 6 Abs, 3 EUV die Grundrechte, die wie bisher weiterhin aus der EMRK und den gemeinsamen Verfassungstraditionen der Mitgliedstaaten als Rechtserkenntnisquellen hergeleitet werden und als allgemeine Grundsätze des Unionsrechts gelten.

c) Die Gemeinschaftscharta der sozialen Grundrechte der Arbeitnehmer

Auch in der Gemeinschaftscharta der sozialen Grundrechte der Arbeitnehmer finden sich die Rechte älter Menschen in Nr. 24 und 25 der Erklärung. Bei dieser am 9. Dezember 1989 in Straßburg vom Europarat verabschiedeten Charta handelt es sich jedoch lediglich um eine sozialpolitische Grundsatzerklärung, die rechtlich nicht verbindlich ist.[717] Weitergehende Wirkungen hat sie nicht.

3. Subsidiarität von Art. 19 AEUV

Aus dem Wortlaut des Art. 19 Abs. 1 AEUV wird vereinzelt geschlossen, dieser sei gegenüber speziellen Diskriminierungsmerkmalen subsidiär.[718] Insofern erfolgt diesbezüglich eine Gleichstellung mit dem allgemeinen Diskriminierungsverbot des Art. 18 AEUV. Eine solche Auslegung widerspricht jedoch dem unterschiedlichen Wortlaut von Art. 18 AEUV und Art. 19 Abs. 1 AEUV, da letzterer seinen Anwendungsbereich unbeschadet sonstiger Bestimmung, Art. 18 AEUV demgegenüber unbeschadet besonderer Bestimmungen festlegt. Art. 19 Abs. 1 AEUV findet damit neben den übrigen Kompetenzgrundlagen des AEUV Anwendung, wofür auch praktische Erwägungen sprechen, da Antidiskriminierungsaufgaben Querschnittsaufgaben sind und folglich von anderen Politikbereichen nur schwer zu trennen sind.[719]

---

716 *Pache/ Rösch*, Europäischer Grundrechtsschutz nach Lissabon – die Rolle der EMRK und der Grundrechtecharta in der EU, EuZW 2008, S. 519 (520).
717 MünchArbR/*Birk*, § 18 Rn. 81; *Zuleeg*, Der Schutz sozialer Rechte in der Rechtsordnung der EG, EuGRZ 1992, S 329 (331); *Schweitzer/Hummer*, Europarecht, Rn. 1522.
718 *Epiney*, in Calliess/ Ruffert, EUV/ EGV, Art. 13 EG Rn. 3, *Steinmeyer*, Der Vertrag von Amsterdam, RdA 2001, S. 10 (22); *Mann*, Altersdiskriminierung durch gesetzliche Höchstaltersgrenzen, Rechtsgutachten erstattet der Senioren Union der CDU, S. 42.
719 Vgl. *Holoubek*, in Schwarze, EU, Art. 13 EG Rn. 4; *Jestaedt*, Diskriminierungsschutz und Privatautonomie, VVDStRL 64 (2005), S. 298 (311); *Reichhold*, Diskrimie-

§ 3 Das Alter im europäischen Sekundärrecht

A. Die Richtlinie 2000/78/EG zur Festlegung eines allgemeinen Rahmens für die Verwirklichung der Gleichbehandlung in Beschäftigung und Beruf

I. Einführung und Entstehungsgeschichte

Der Erlass der Richtlinie 2000/78/EG stellt sich als Konsequenz vor allem zweier Umstände dar: Zum einen die Entwicklung der Europäischen Union weg von einer reinen Wirtschaftsgemeinschaft[720] hin zu einer Wertegemeinschaft, mit weiter steigender Bedeutung menschenrechtlicher Orientierung[721] und dem Ziel sozialer und politischer Vereinheitlichung, zum anderen, dies ist vielleicht der entscheidende Punkt, die demografische Entwicklung in den Mitgliedstaaten und damit der Union selbst, die eine Gesellschaft mit immer mehr älteren Menschen hervorbrachte und hervorbringt. Letztere wirkt dabei gleichzeitig auf den Binnenmarkt und damit wiederum auf die Europäische Union als Wirtschaftsunion zurück, da der Faktor Arbeit in einer Wirtschaftsunion eine überragende Rolle spielt. Diskriminierungen infolge der in der Richtlinie genannten Merkmale, also insbesondere auch des Alters, sind geeignet die Verwirklichung der Ziele des AEUV zu gefährden, insbesondere die Erreichung eines hohen Beschäfti-

---

rungsschutz und Verfassungsrecht, ZfA 2006, S. 257 (259); *Rudolf*, in: Rudolf/ Mahlmann, Gleichbehandlungsrecht, § 2 Rn. 17; *Mohr*, Schutz vor Diskriminierungen im Europäischen Arbeitsrecht, S. 181 f.; i.E. auch *Högenauer*, Richtlinien gegen Diskriminierung im Arbeitsrecht, S. 74 f.

720 Politisches Ziel der Gründung der Gemeinschaft (jetzt Union) war die Schaffung einer dauerhaften Friedensordnung für Europa. Diese sollte zunächst durch wirtschaftlichen Aufschwung im Rahmen der Schaffung eines gemeinsamen Wirtschaftsraums herbeigeführt werden. So war die Europäische Wirtschaftsgemeinschaft (EWG) durch den EWG-Vertrag aus dem Jahre 1957 primär auf die Schaffung eines einheitlichen Wirtschaftsraumes gerichtet, vgl. *Schweitzer/ Hummer*, Europarecht, Rn. 1 ff.; *Schwarze*, in Schwarze, EU, Art. 1 EG, Rn. 2 ff. Freilich kann kein Zweifel daran bestehen, das die Europäische Gemeinschaft (jetzt Union) seit ihrer Gründung von bestimmten gemeinsamen Wertvorstellungen geprägt war und ist, vgl. *Speer*, Die Europäische Union als Wertegemeinschaft, DÖV 2001, S. 980 (983). Der Schwerpunkt dürfte sich jedoch deutlich verlagert haben.

721 Vgl. *Schiek*, Europäisches Arbeitsrecht, S. 50 Rn. 5. Dies kommt auch in Erwägungsgrund Nr. 25 der Gleichbehandlungsrichtlinie zum Ausdruck, wo es heißt: „Das Verbot der Diskriminierung wegen des Alters stellt ein wesentliches Element zur Erreichung der Ziele der beschäftigungspolitischen Leitlinien und zur Förderung der Vielfalt im Bereich der Beschäftigung dar." Als entscheidender Beginn der sozialen Ausrichtung kann das sozialpolitische Aktionsprogramm 1974, vgl. Entschließung des Rates v. 21. Januar 1974, ABl. 1974 Nr. C 13/ 1-4 angesehen werden. Zur weiteren Entwicklung *Althoff*, Die Bekämpfung von Diskriminierungen aus Gründen der Rasse und ethnischen Herkunft in der Europäischen Gemeinschaft, 23 ff.

gungsniveaus und eines hohen Maßes an sozialem Schutz, die Hebung des Lebensstandards und der Lebensqualität, den wirtschaftlichen Zusammenhalt, die Solidarität sowie die Freizügigkeit.[722]

Schon in den 80er Jahren stieg infolgedessen die Aufmerksamkeit auf europäischer Ebene, insbesondere hinsichtlich der Situation älterer Arbeitnehmer, zunächst allerdings – mangels entsprechender Befugnis der Union zum Erlass rechtsverbindlicher Maßnahmen – durch rechtlich unverbindliche Akte.[723] Die Beschäftigung mit diesem Themenbereich erfolgte dabei in ähnlicher Weise, wie die schon längere Zeit verfolgte Antidiskriminierungspolitik etwa im Bereich der Rassendiskriminierung oder der Rolle Behinderter im Arbeitsleben. Neben Art. 19 AEUV bildet die Gleichbehandlungsrichtlinie 2000/78/EG die zentrale Rechtsquelle im Bereich der Antidiskriminierungspolitik hinsichtlich des Merkmals „Alter".

Sie wurde am 27. November 2000 nach einem Vorschlag der Kommission aus dem Jahre 1999 zum Erlass einer „Richtlinie des Rates zur Festlegung eines allgemeinen Rahmens für die Verwirklichung der Gleichbehandlung in Beschäftigung und Beruf" erlassen.[724] Ziel dieses Vorschlags war es, neben anderen Diskriminierungsmerkmalen, den Rahmen für die Anwendung des allgemeinen Gleichheitssatzes in der EU hinsichtlich des Merkmals des Alters zu schaffen.[725] Auf Grundlage dieses Vorschlags, der sich auf den Zugang zu Beschäftigung und Beruf, auf den beruflichen Aufstieg, die berufliche Bildung, die Beschäfti-

---

722 Vgl. Erwägungsgrund Nr. 11 RL 2000/78/EG.
723 Vgl. Entschließung des Parlaments v. 18. Februar 1982 zur Situation und den Problemen älterer Menschen in Europa, ABl. 1983, C 66/71; Empfehlung der Kommission v. 10. Mai 1989 zur Einführung eines europäischen Seniorenausweises für Personen ab 60 Jahren, ABl. 1989, L 144/59; Vorschlag v. 24. April 1990 für einen Beschluss des Rates über gemeinschaftliche Aktionen zugunsten älterer Menschen, KOM (1990) 80 endg.; Beschluss der Kommission v. 17. Oktober 1991 über die Verbindungsgruppe für ältere Menschen, ABl. 1991, L 296/42 (geändert durch Beschluss v. 21. Juni 1993, ABl. 1993, L 187/60, und durch Beschluss v. 10. Februar 1999, ABl. 1999, L 45/54); Beschluss des Rates v. 26. November 1990 über gemeinschaftliche Aktionen zugunsten älterer Menschen, ABl. 1991, L 28/29; Beschluss des Rates v. 24. Juni 1992 über die Veranstaltung des Europäischen Jahres der älteren Menschen und der Solidargemeinschaft der Generationen, ABl. 1992, L 245/43; Grundsatzerklärung des Rates der Europäischen Union und der im Rat vereinigten Minister für Sozialfragen v. 6. Dezember 1993, ABl. 1993, C 343/1. Ferner den am Widerstand Deutschlands gescheiterten Ratsbeschluss über die Unterstützung der Gemeinschaft für Aktionen zugunsten älterer Menschen, KOM (1995) 53 endg.
724 Vgl. KOM (99) 564 endg. Vor Erlass der RL 2000/78/EG waren Altersdiskriminierungen in Europa lediglich in Schweden und Irland verboten, vgl. *Wiedemann/ Thüsing*, Der Schutz älterer Arbeitnehmer und die Umsetzung der Richtlinie 2000/78/EG, NZA 2002, S. 1234 (1235); *Mohr*, Schutz vor Diskriminierungen im Europäischen Arbeitsrecht, S. 206.
725 KOM (99) 564 endg., Einleitung.

gungs- und Arbeitsbedingungen einschließlich des Entgelts sowie auf weitere Bereiche des Arbeitslebens in den Mitgliedstaaten bezog, erging zunächst die RL 2000/43/EG[726], die einen Schutz vor Diskriminierungen aus Gründen der Rasse und ethnischen Herkunft bieten sollte, bevor die Gleichbehandlungsrichtlinie 2000/78/EG mit weiteren Diskriminierungsmerkmalen folgte.[727]

Verboten ist nach dem Inhalt der Richtlinie die Altersdiskriminierung, also die Benachteiligung (Ungleichbehandlung) von Arbeitnehmern wegen ihres Alters. Vor allem im nationalen Arbeitsrecht existieren zahlreiche Regelungen, die unmittelbar oder mittelbar an das Alter eines Arbeitnehmers anknüpfen und bestimmte Rechtsfolgen vorsehen. Hierin zeigt sich, dass Differenzierungen aufgrund des Alters, insbesondere auch im Bereich der Sozialpolitik, überwiegend als sozialadäquat angesehen wurden.

Als Beispiele seien an dieser Stelle zunächst die häufigen Altersgrenzen in Tarifverträgen, Betriebsvereinbarungen und Einzelarbeitsverträgen genannt. Vor Erlass der Gleichbehandlungsrichtlinie und deren Umsetzung durch das Allgemeine Gleichbehandlungsgesetz gab es in Deutschland ein ausdrückliches gesetzliches Verbot der Altersdiskriminierung nur bezüglich sachlich nicht gerechtfertigter Ungleichbehandlungen von Arbeitnehmern durch die Über-, nicht hingegen die Unterschreitung von Altersstufen nach Maßgabe von § 75 Abs. 1 S. 2 BetrVG.[728] Danach waren in Betrieben in denen ein Betriebsrat existiert[729] die Betriebspartner gegenüber den Betriebsangehörigen verpflichtet, Benachteiligungen aus Gründen des Alters zu vermeiden. Eine weitere Einschränkung er-

726 RL 2000/43/EG des Rates zur Anwendung des Gleichbehandlungsgrundsatzes ohne Unterschied der Rasse oder der ethnischen Herkunft v. 29. Juli 2000, ABl. Nr. L 180/22.

727 Einen Vergleich der Umsetzungen der RL 2000/43/EG und 2000/78/EG in den Mitgliedstaaten sowie die Entwicklung des Antidiskriminierungsrechts liefern *Cormack/Bell*, Entwicklung des Antidiskriminierungsrechts in Europa, abrufbar unter: http://ec.europa.eu/employment_social/fundamental_rights/pdf/pubst/stud/05compan_de.pdf.

728 *Lingscheid*, Antidiskriminierung im Arbeitsrecht, S. 200; *Korthaus*, Das neue Antidiskriminierungsrecht, S. 174. Eine vergleichbare Regelung findet sich auch in § 27 Abs. 1 S. 2 SprAuG, Gesetz über Sprecherausschüsse der leitenden Angestellten v. 20. Dezember 1988, BGBl. 1998 I, S. 2312, wonach sowohl Arbeitgeber als auch Sprecherausschuss darauf zu achten haben, dass leitende Angestellte nicht wegen Überschreitung bestimmter Altersstufen benachteiligt werden. Eine individualrechtliche Rechtsfolge ist mit der Verletzung der Vorschrift jedoch nicht verbunden. Sowohl § 75 BetrVG als auch § 27 SprAuG wurden mit Inkrafttreten des AGG geändert: Die Diskriminierungsmerkmal des AGG wurden in beide Vorschriften aufgenommen. § 75 Abs. 1 S. 2 BetrVG wurde infolgedessen gestrichen. In der Gesetzesbegründung ist klargestellt, dass der Begriff der Benachteiligung und die Zulässigkeit einer unterschiedlichen Behandlung sich nach den Bestimmungen des AGG richten, vgl. BT-Drs. 16/1780, S. 56.

729 Vgl. zum Anwendungsbereich § 1 BetrVG.

fuhr die Norm durch die Rechtsprechung des Bundesarbeitsgerichts, nach der § 75 Abs. 1 S. 2 BetrVG nur vor Ungleichbehandlungen während des Erwerbslebens schützt, nicht hingegen die Verlängerung oder den Bestandsschutz desselben bezweckt, so das insbesondere Altersgrenzen, die die Beendigung des Beschäftigungsverhältnisses zum Gegenstand haben nicht umfasst sind.[730]

Neben der erkennbaren Orientierung beim Erlass der Richtlinie 2000/78/EG an der schon wesentlich früher verabschiedeten Gleichbehandlungsrichtlinie 76/207/EWG[731], hat der Unionsgesetzgeber offenbar auch in Mitgliedstaaten schon bestehende Regelungen zugrunde gelegt. Neben rudimentären Verboten der Altersdiskriminierung im deutschen Recht, finden sich auch etwa in der spanischen oder finnischen Rechtsordnung einzelne Verbote der Diskriminierung aus Gründen des Alters.[732] Auch der irische Employment Equality Act (EEA)[733] enthält ein Verbot der Altersdiskriminierung für Arbeitnehmer im Alter von 18 bis 65 Jahren.[734] Untersagt ist danach eine direkte oder indirekte Diskriminierung beim Zugang zur Beschäftigung, bei den Arbeitsbedingungen, der Berufsausbildung sowie bei der Beförderung und Neueinstufung und Stellenbewertung. Auch die in dem Gesetz enthaltenen Möglichkeiten der Rechtfertigung einer Altersdiskriminierung[735] ähneln denen der Richtlinie 2000/78/EG.

In dem in der Gleichbehandlungsrichtlinie grundsätzlich festgelegten Verbot der Altersdiskriminierung, das im Grundsatz jegliche Diskriminierung aus Altersgründen untersagt, wurde daher verbreitet die Möglichkeit gesehen, beste-

---

730   Vgl. BAG, Urteil v. 20. November 1987 – 2 AZR 284/86, NZA 1988, S. 617 (619); BAG, Beschluss v. 7. November 1989 – GS 3/85, NZA 1990, S. 816 (819); *Igl*, Alter und Recht, FS Thieme, S. 747 (765); a.A. *Schröder*, Altersbedingte Kündigungen und Altersgrenzen im Individualarbeitsrecht, S. 200 f.; *Hanau*, Zwangspensionierung des Arbeitnehmers mit 65, RdA 1976, S. 24 (28); *Fritsch*, Gleichbehandlung als Aufgabe von Arbeitgeber und Betriebsrat, BB 1992, S. 701 (707).

731   RL 76/207/EWG des Rates v. 9. Februar 1976 zur Verwirklichung des Grundsatzes der Gleichbehandlung von Männern und Frauen hinsichtlich des Zugangs zur Beschäftigung, zur Berufsausbildung und zum beruflichen Aufstieg sowie in Bezug auf die Arbeitsbedingungen, ABl. Nr. L 39, S. 40. Zur parallelen Struktur vgl. auch die Ausführungen nachfolgend unter II. Anwendungsbereich.

732   Vgl. die Zusammenstellung der Europäische Kommission (Hrsg.), Überblick über die gesetzlichen Antidiskriminierungsbestimmungen des Mitgliedstaaten, S. 66 ff., abrufbar unter: http://ec.europa.eu/employment_social/fundamental_rights/public/arct_en. htm.

733   Employment Equality Act 1998 v. 18. Juni 1998; abrufbar unter: http://www.bailii.org/ ie/legis/num_act/1998/0021.html.

734   Sec. 6 para. 3 EEA 1998; Überblick hierzu sowie zur Rechtslage in Frankreich, Spanien und Finnland bei *Sprenger*, Das arbeitsrechtliche Verbot der Altersdiskriminierung, S. 25 ff.; einen Überblick das Antidiskriminierungsrecht im italienischen Arbeitsrecht liefert *Hein*, Antidiskriminierung, NZA 2008 (Beil. Heft 2), S. 82 ff.

735   § 34 EEA 1998.

hende Lücken im deutschen Recht zu schließen.[736] Aufgrund der zahlreichen Ausnahmeregelungen, die die Möglichkeit einer Rechtfertigung einer Diskriminierung aus Gründen des Alters vorsehen, blieb die rechtliche Ausgestaltung des Verbots der Alterdiskriminierung gleichwohl nicht ohne Kritik.[737]

II. Anwendungsbereich

1. Sachlicher und persönlicher Anwendungsbereich

Hinsichtlich des Anwendungsbereichs der Rahmenrichtlinie ist zwischen dem sachlichen und persönlichen Geltungsbereich zu unterscheiden. In Art. 3 RL 2000/78/EG findet sich diesbezüglich eine einheitliche Regelung. Danach erstreckt sich der Geltungsbereich der Rahmenrichtlinie in sachlicher Hinsicht auf alle Bedingungen für den Zugang zur Beschäftigung und Beruf (Art. 3 Abs.1 a) RL 2000/78/EG)[738], auf den Bereich der beruflichen Bildung (Art. 3 Abs.1 b) RL 2000/78/EG)[739], Beschäftigungs- und Arbeitsbedingungen (Art. 3 Abs.1 c) RL 2000/78/EG) sowie die Mitgliedschaft in Arbeitgeber- oder Arbeitnehmerorganisationen oder sonstigen bestimmten Vereinen (Art. 3 Abs.1 d) RL 2000/78/EG), wodurch die Richtlinie Rahmenbedingungen für die Koalitionsfreiheit festlegt[740]. Hervorzuheben ist hierbei insbesondere die Geltung des Gleichbehandlungsgrundsatzes unabhängig vom Bestehen eines Arbeitsverhältnisses. Hierin liegt ein maßgeblicher Unterschied zum allgemeinen arbeitsrechtlichen Gleichbehandlungsgrundsatz des deutschen Rechts. Der Begriff der Erwerbsarbeit iSd Art. 3 Abs. 1 a) RL 2000/78/EG bestimmt sich dadurch, dass der Erwerbstätige für seine Leistung eine Gegenleistung erhält; mangels Erwerbszwecks nicht erfasst sind damit Dienstverpflichtungen, wie Wehrdienst oder Wehrersatzdienst.[741]

Der Begriff der Erwerbsarbeit entspricht damit dem weiten unionsrechtlichen Begriff des Arbeitnehmers iSv Art. 45 AEUV (ex. Art. 39 EG). Arbeitnehmer iSd Vorschrift ist jeder, der „(...) für einen anderen nach dessen Weisung Leistungen erbringt, für die er als Gegenleistung eine Vergütung erhält."[742] Die Anwendbarkeit der Richtlinie auch auf Arbeitsverhältnisse mit einem evtl.

---

736 Vgl. *Lingscheid*, Antidiskriminierung im Arbeitsrecht, S. 201.

737 Vgl. nur *Wiedemann*, Die Gleichbehandlungsgebote im Arbeitsrecht, S. 71 f.

738 Art. 3 Abs. 1 a) RL 2000/78/EG ist Art. 3 Abs. 1 RL 76/207/EWG nachgebildet.

739 Art. 3 Abs. 1 b) RL 2000/78/EG ist Art. 4 c) RL 76/207/EWG nachgebildet, wonach der Gleichbehandlungsgrundsatz von Männern und Frauen beinhaltet, dass Berufsberatung, -bildung, berufliche Weiterbildung sowie Umschulung auf allen Stufen zu gleichen Bedingungen ohne Diskriminierung aus Gründen des Geschlechts zugänglich sind.

740 Vgl. *Schmidt/ Senne*, Das gemeinschaftsrechtliche Verbot der Altersdiskriminierung, RdA 2002, S. 80 (82).

741 *Schmidt/ Senne*, Das gemeinschaftsrechtliche Verbot der Altersdiskriminierung, RdA 2002, S. 80 (82).

742 EuGH, Rs. 66/85, *Lawrie-Blum*, Slg. 1986, S. 2121 Rn. 17.

öffentlich-rechtlichen Status folgt dabei ebenfalls dem europäischen Verständnis des Arbeitnehmerbegriffs.[743] Der Begriff der Arbeitsbedingungen in Art. 3 Abs. 1 c) RL 2000/78/EG, der sich an Art. 5 RL 76/207/EWG[744] orientiert, ist grds. weit auszulegen. Umfasst sind sämtliche Bedingungen, die im Arbeitsvertrag geregelt sind oder vom Arbeitgeber im Rahmen des Vertragsverhältnisses tatsächlich angewendet werden sowie auch alle Leistungen, die notwendig mit einem Arbeitsverhältnis verbunden sind.[745]

Als Entlassungsbedingungen isd Richtlinie gelten auch (Höchst-)Altersgrenzen, die zur Beendigung des Arbeitsverhältnisses führen. Zwar spricht der Wortlaut der 14. Begründungserwägung gegen diese Auslegung, der EuGH hat den Begriff der Entlassungsbedingungen jedoch in der wortgleichen Gleichbehandlungsrichtlinie RL 76/207/EWG dahingehend ausgelegt, dass er die automatische Beendigung des Arbeitsverhältnisses mit Erreichen einer bestimmten Altersgrenze einschließt.[746] Es ist kein Grund ersichtlich den Begriff in der Rahmenrichtlinie 2000/78/EG anders bzw. enger auszulegen, will diese doch ausdrücklich die Altersdiskriminierung bekämpfen.[747]

Es wurde bereits angesprochen, dass die gesellschaftliche Einordnung von Menschen als alt maßgeblich durch die sozialrechtlichen Vorschriften des Rentenalters beeinflusst wird. Vor dem Hintergrund des europäischen Antidiskriminierungskonzepts, dass vor allem auch eine nachhaltige Integration der Betroffenen von Diskriminierungen anstrebt stellt sich die Frage nach der Reichweite

---

743 Vgl. *Weber*, Das Verbot altersbedingter Diskriminierung nach der Richtlinie 2000/78/EG, AuR 2002, S. 401.

744 RL 76/207/EWG des Rates v. 9. Februar 1976 zur Verwirklichung des Grundsatzes der Gleichbehandlung von Männern und Frauen hinsichtlich des Zugangs zur Beschäftigung, zur Berufsbildung und zum beruflichen Aufstieg sowie in Bezug auf die Arbeitsbedingungen, ABl. Nr. L 39/40; geändert durch RL 2002/73/EG des Europäischen Parlaments und des Rates v. 23. September 2002 zur Änderung der Richtlinie 76/207/EWG des Rates zur Verwirklichung des Grundsatzes der Gleichbehandlung von Männern und Frauen hinsichtlich des Zugangs zur Beschäftigung, zur Berufsbildung und zum beruflichen Aufstieg sowie in Bezug auf die Arbeitsbedingungen, ABl. Nr. L 269/15. Die RL 2006/54/EG des Europäischen Parlaments und des Rates v. 5.7.2006 zur Verwirklichung des Grundsatzes der Chancengleichheit und Gleichbehandlung von Männern und Frauen in Arbeits- und Beschäftigungsfragen, ABl. Nr. L 204/23 ersetzt im wesentlichen inhaltsgleich und unter Berücksichtigung bereits ergangener Rechtsprechung des EuGH die RL 76/207/EWG, RL 97/80/EG, RL 86/378/EWG und RL 75/117/EWG mit Wirkung vom 15. August 2008, dem Ablauf der Frist zur Umsetzung der Richtlinie 2006/54/EG (Art. 34 RL 2006/54/EG).

745 Vgl. EuGH, Rs. C-116/94 *Meyers*, Slg. 1995, I-2131 Rn. 24.

746 EuGH, Rs. 151/84, *Roberts*, Slg. 1986, S. 703 (704, Leitsatz 1) u. Rn. 32; Rs. 152/84, *Marshall I*, Slg. 1986, 723 (724 Leitsatz 1) u. Rn. 34.

747 Vgl. *Schlachter*, Altersgrenzen angesichts des gemeinschaftlichen Verbots der Altersdiskriminierung, in: Altersgrenzen und Alterssicherung im Arbeitsrecht, GedS Blomeyer, S. 355 (363).

des Verbots der Altersdiskriminierung im Sozialrecht. Die Gleichbehandlungs-richtlinie beschränkt ihren Anwendungsbereich abschließend auf die Bereiche Beschäftigung und Beruf. Gleichzeitig sind Leistungen sozialer Sicherheit aus dem Anwendungs- und Geltungsbereich der Richtlinie ausgenommen (Art. 3 Abs. 3 RL 2000/78/EG). Dies führt u.a. dazu das Regelungen über die Versiche-rungspflicht zur Sozialversicherung nicht in den Anwendungsbereich der Rah-menrichtlinie fallen, da sie lediglich die Rechtsfolge eines (sozialversicherungs-pflichtigen) Beschäftigungsverhältnisses sind. So fällt beispielsweise die Alters-grenze von 15 Jahren für die Aufnahme einer Beschäftigung zwar grds. in den Anwendungsbereich der Richtlinie, nicht aber die Rechtsfolge der Sozialversi-cherungspflicht, da diese keine Voraussetzung für den Zugang zur Beschäfti-gung ist.[748] Dennoch prägt das Sozialrecht Arbeitsbedingungen und erschließt bzw. verstellt den Zugang zum Arbeitsmarkt. Dies gilt auch für die Regelalters-grenze für den Renteneintritt, wenngleich teilweise darin eine altersbedingte Be-nachteiligung gesehen wird. Zwar sei der Einzelne frei darin einen Rentenantrag zu stellen, die Benachteiligung liege jedoch darin, das bei einer über die Regel-altersgrenze hinausgehenden Erwerbstätigkeit die Versicherungspflicht dazu führe, dass der Einzelne Teile seines Einkommens abführen müsse und dem Be-troffenen daher die Möglichkeit genommen werde, auf die durch die Beitrags-zahlung erworbene Anwartschaft der gesetzlichen Rentenversicherung dann zu-rückzugreifen, wenn es der individuellen Lebensplanung entspreche.[749] Auch die Regelung des § 28 Abs. 1 Nr. 1 SGB III, wonach bei Erwerbstätigkeit nach ü-berschreiten der Regelaltersgrenze der Versicherungsschutz in der Arbeitslosen-versicherung nicht mehr besteht[750], wird als nicht gerechtfertigte Ungleichbe-handlung wegen des Alters angesehen. Das Argument, durch eine derartige Al-tersgrenze werde der Doppelbezug von Leistungen, sowohl aus der Rentenversi-cherung, als auch der Arbeitslosenversicherung vermieden, greife nicht durch.[751]

---

748 *Bieback*, Altersdiskriminierung: Grundsätzliche Strukturen und sozialrechtliche Prob-leme, ZSR 2006, S. 75 (83). Gemäß § 10 SGB V, § 25 SGB XI genießen (nichter-werbstätige) Kinder nur dann Versicherungsschutz, wenn sie Ansprüche gegen versi-cherungspflichtige Beschäftigte haben. Ist dies nicht der Fall bleibt nur der Weg über eine private Absicherung oder das Sozialhilfesystem. Die Anknüpfung an die Erwerbs-tätigkeit des deutschen Sozialversicherungssystems ist ein wesentliches Struktur-merkmal des Systems, so dass die Ungleichbehandlung gerechtfertigt ist.

749 So *Bieback*, Altersdiskriminierung: Grundsätzliche Strukturen und sozialrechtliche Probleme, ZSR 2006, S. 75 (87). A.A. *Eichenhofer*, Umsetzung europäischer Antidis-kriminierungsrichtlinien, NZA 2004 (Sonderbeilage Heft 22), S. 26 (29).

750 Nach § 346 Abs. 3 SGB III zahlt der Arbeitgeber bei der Beschäftigung von Personen, die die Regelaltersgrenze überschritten haben weiterhin seinen regulären Anteil. Die Norm will verhindern, dass die Beschäftigung von älteren versicherungsfreien Perso-nen für den Arbeitgeber billiger wird.

751 *Bieback*, Altersdiskriminierung: Grundsätzliche Strukturen und sozialrechtliche Prob-leme, ZSR 2006, S. 75 (86).

Nach Art. 3 Abs. 1 RL 2000/78/EG erfasst der persönliche Anwendungsbereich alle Personen in öffentlichen und privaten Bereichen. Die Bestimmungen hinsichtlich der Beschäftigungsverhältnisse sind damit nicht nur für Arbeitnehmer und Arbeitgeber im privaten und öffentlichen Bereich, sondern auch öffentlich-rechtliche Dienstverhältnisse (wie z.b. Beamte, Richter, Soldaten) anwendbar. Erfasst sind weiter auch die selbstständigen Tätigkeiten (Gewerbetreibende, Handwerker) sowie die freien Berufe, wie sich mittelbar aus Art. 3 Abs. 1 d) RL 2000/78/EG ergibt.

2. Maßnahmen zur Gewährleistung der öffentlichen Sicherheit und staatliche Systeme der Sozialversicherung und des sozialen Schutzes

Nach Art. 2 Abs. 5 RL 2000/78/EG bleiben die im mitgliedstaatlichen Recht vorgesehenen Maßnahmen, die für die Gewährleistung der öffentlichen Sicherheit, die Verteidigung der Ordnung und die Verhütung von Straftaten, zum Schutz der Gesundheit und der Rechte und Freiheiten anderer notwendig sind, vom Geltungsbereich unberührt.[752] Unmittelbare wie mittelbare Ungleichbehandlungen wegen des Alters können nach dieser Regelung in den genannten Bereichen also zulässig sein. Nach dem Wortlaut der Vorschrift gilt dies jedoch nur dann, wenn die jeweiligen Maßnahmen zu Erreichung der genannten Zwecke notwendig sind. Mit anderen Worten muss die Verhältnismäßigkeit, mithin die Geeignetheit und Erforderlichkeit, der in Rede stehenden Maßnahme im Einzelfall nachgewiesen werden.[753] Wäre dies nicht der Fall, so hätten die Mitgliedstaaten die Möglichkeit weite Bereiche der Berufstätigkeit vom Anwendungsbereich der Richtlinie auszuschließen. Betroffen wären hinsichtlich Altersgrenzen beispielsweise Polizisten, Feuerwehrmänner[754], Katastrophenschutzdienste oder die Flugsicherheit. Eine solche Auslegung würde nicht nur

---

752 *Schmidt/ Senne*, Das gemeinschaftsrechtliche Verbot der Altersdiskriminierung, RdA 2002, S. 80 (82) gehen davon aus, dass es sich bei der Vorschrift um eine Reaktion auf Urteil des EuGH in der Rechtssache Tanja Kreil, in dem er die Anwendung der RL 76/207/EWG auf den freiwilligen Dienst in der Bundeswehr mangels Vorbehalts für die öffentliche Sicherheit bejaht hat, vgl. EuGH, Rs. C-285/98, *Tanja Kreil*, Slg. 2000, I-69 Rn. 16 f.; ebenso *Kuras*, Verbot der Diskriminierung wegen des Alters, RdA 2003 (Sonderbeilage Heft 5), S. 11 (12).

753 Vgl. *Schmidt/ Senne*, Das gemeinschaftsrechtliche Verbot der Altersdiskriminierung, RdA 2002, S. 80 (82). Bei der Beurteilung der Verhältnismäßigkeit einer Höchstaltersgrenze in diesem Bereich wird man den Mitgliedstaaten einen tendenziell weiten Ermessensspielraum einräumen müssen. *Schlachter*, Altersgrenzen angesichts des gemeinschaftlichen Verbots der Altersdiskriminierung, in: Altersgrenzen und Alterssicherung im Arbeitsrecht, GedS Blomeyer, S. 355 (357) schlägt diesbezüglich die Anwendung des Prüfungsmaßstabs vor, der bisher in Deutschland für Altergrenzen unter dem 65. Lebensjahr verwendet wurde.

754 Zutreffend hat der Gerichtshof in EuGH, Urteil vom 12. 1. 2010 - C-229/08 – *Wolf* daher die Tätigkeit in der Polizei oder Feuerwehr dem Anwendungsbereich der Richtlinie 2000/78/EG unterstellt.

dem Grundgedanken des Antidiskriminierungsrechts widersprechen, sondern auch das intendierte Regel-Ausnahme-Verhältnis der Richtlinie umkehren und damit auch im Widerspruch zum Grundsatz der engen Auslegung von Ausnahmevorschriften stehen. Bestätigt wird dieses Ergebnis im Übrigen durch den unterschiedlichen Wortlaut der Vorschrift zu Art. 3 Abs. 4 RL 2000/78/EG, wonach die Mitgliedstaaten festlegen können, dass das Verbot nicht für den Bereich der Streitkräfte gelten soll. Angesichts des Wortlauts der Vorschrift, die von „(…) im einzelstaatlichen Recht vorgesehenen Maßnahmen (…)" spricht, wird man die Befugnis zur Regelung nicht auf staatliche oder dem Staat zurechenbare Maßnahmen beschränken können. Dies bedeutet, dass auch Altersregelungen in Tarifverträgen, Betriebsvereinbarungen oder Individualarbeitsverträgen in den genannten Bereichen möglich sind. Dem Umstand, dass es sich bei der Regelung um eine Ausnahmebestimmung handelt, die regelmäßig eng auszulegen ist, kann auf der Ebene der Verhältnismäßigkeitsprüfung Rechnung getragen werden, ändert an der grundlegenden Möglichkeit jedoch nichts.[755]

Gemäß Art. 3 Abs. 3 RL 2000/78/EG sind weiterhin die staatlichen Systeme und die ihnen gleichgestellten System der Sozialversicherung nicht vom Anwendungsbereich der Richtlinie erfasst. Gleiches gilt für staatliche Systeme sozialen Schutzes.[756] Art. 3 Abs. 3 RL 2000/78/EG hat dabei lediglich deklaratorische Bedeutung, da sich der Anwendungsbereich bereits aus der positiven Aufzählung in Art. 3 Abs. 1 a)-d) ergibt.[757] Klargestellt wird insofern, dass insbesondere die staatlichen Rentensysteme durch das Verbot der Altersdiskriminierung nicht berührt werden sollen.

III. Diskriminierung aus Gründen des Alters

1. Der Begriff des Alters

Eine Definition des Altersbegriffs findet sich in der RL 2000/78/ EG nicht. Auszugehen ist von dem kalendarischen (biologischen) Alter einer Person und zwar in einem neutralen Sinne, da die Richtlinie in ihrem Anwendungsbereich keine bestimmtes Mindest- oder Höchstalter festlegt.[758] Dies ergibt sich mittelbar auch aus Art. 6 Abs. 1 der Rahmenrichtlinie, wonach die Festlegung von Mindestan-

---

755   So aber *König*, das Verbot der Altersdiskriminierung, in: Europa und seine Verfassung, FS Zuleeg, S. 341 (348).

756   Vgl. auch Erwägungsgrund Nr. 13 RL 2000/78/EG.

757   Vgl. *Schmidt/ Senne*, Das gemeinschaftsrechtliche Verbot der Altersdiskriminierung, RdA 2002, S. 80 (82).

758   Vgl. *Bauer*, Europäische Antidiskriminierungsrichtlinien und ihr Einfluss auf das deutsche Arbeitsrecht, NJW 2001, S. 2672 (2673); *Thüsing*, Das Arbeitsrecht der Zukunft, NZA 2004 (Sonderbeilage Heft 22), S. 3 (12); *Lüderitz*, Altersdiskriminierung durch Altersgrenzen, S. 48; *Weber*, Das Verbot altersbedingter Diskriminierungen nach der Richtlinie 2000/78/EG, AuR 2002, S. 401 (402); *Linsenmaier*, Das Verbot der Diskriminierung wegen des Alters, RdA 2003 (Sonderbeilage Heft 5), S. 22 (25); *Polloczek*, Altersdiskriminierung im Licht des Europarechts, S. 88 Fn. 456 mwN.

forderungen an das Alter zulässig ist. Diese Vorschrift wäre überflüssig, wenn nicht auch die Benachteiligung jüngerer Personen erfasst wäre. Auf das Verbot der Altersdiskriminierung können sich mithin Jüngere wie Ältere gleichermaßen berufen[759], so dass Fallgestaltungen denkbar sind, in denen das Verbot der Diskriminierung aus Gründen des Alters auch zu Lasten Älterer wirkt. Angesichts der sozialpolitischen Zielsetzung des Verbots der Altersdiskriminierung, eine möglichst hohe Erwerbstätigkeitsquote von Personen im Erwerbstätigen Alter zu erreichen, könnte diese Wirkung contraproduktiv sein, sind es doch gerade Ältere, die auf dem Arbeitsmarkt einer Förderung der Integration bedürfen.

Infolgedessen sind Vorschläge für eine Auslegung der Richtlinie gemacht worden, die diesem Problem begegnen sollen. So wird am Begriff des Alters angesetzt und vertreten, dieser müsse iSd Vollendung eines bestimmten Alters ausgelegt werden.[760] Eine andere Auslegung widerspreche der sozialpolitischen Zielsetzung der Richtlinie, da insbesondere Regelungen, die beschäftigungspolitisch für Ältere günstigere Regelungen[761] enthalten, unter Geltung der Richtlinie einer Überprüfung unterlägen. Unsicherheit herrscht jedoch, bei welcher Altersgrenze die Unterscheidung zwischen Jüngeren und Älteren erfolgen soll. Eine Anlehnung an den amerikanischen ADEA[762], der erst für Arbeitnehmer ab Vollendung des 40. Lebensjahres[763] gilt, findet in der Richtlinie ebenso wenig eine Grundlage wie eine andere fixe Altergrenze. Der Umstand, dass die Richtlinie eine bestimmte Mindestaltergrenze nicht festsetzt führt dazu, dass Ungleichbehandlungen aus Gründen des Alters grds. einer Rechtfertigungsprüfung zu unterziehen sind, es sei denn, die Richtlinie selbst trifft eine andere Regelung. Ungleichbehandlungen aus Altersgründen sind demnach nur unter den Voraus-

---

759 Hierfür spricht auch ein Vergleich mit den anderen Sprachfassungen der Richtlinie. In der englischen Fassung wird der Begriff „age" verwendet, in der französischen der Begriff „âge". Meint man lediglich das höhere Lebensalte, so verwendet man üblicherweise die Begriffe „old age" bzw. „viellesse", vgl. *Nussberger*, Altersgrenzen als Problem des Verfassungsrechts, JZ 2002, S. 524; *Sprenger*, Das arbeitsrechtliche Verbot der Altersdiskriminierung, S.57 f.

760 *Mohr*, Schutz vor Diskriminierungen im Europäischen Arbeitsrecht, S. 208.

761 z.B. §§ 1 Abs. 3 KSchG, 622 Abs. 2 BGB.

762 Age Discrimination in Employment Act. Danach darf in den USA eine mit einer Beschäftigung zusammenhängende Maßnahme (z.B. Einstellung, Kündigung, Beförderung etc.) nicht vom Alter abhängig gemacht werden. Geschützt sind Personen ab dem 40. Lebensjahr. Eine Höchstaltersgrenze für den Schutz besteht seit 1986 nicht mehr. Zur Entstehungsgeschichte und zum Inhalt des ADEA vgl. *Hebel*, Age Discrimination in Employment, S. 12 ff.; *Epstein*, Forbidden Grounds, S. 441 ff.; *Thau/ Pusch*, Arbeitsrecht in den USA, S. 97 ff. Die Beschränkung des Schutzbereichs auf Personen ab dem 40. Lebensjahr dürfte auch daraus resultieren, dass dies die Altersgrenze ist, ab der Arbeitnehmer besondere Probleme bei der Arbeitsplatzsuche haben. So lag die obere Altersgrenze bei Stellenanzeigen in den USA und vielen anderen Ländern früher häufig bei 40 bzw. 45 Jahren, vgl. *Beauvoir*, Das Alter, S. 193 f.

763 Vgl. *Mohr*, Schutz vor Diskriminierungen im Europäischen Arbeitsrecht, S. 208.

setzungen der Art. 6 und 7 RL 2000/78/EG zulässig. Eine Auslegung, dahingehend, dass nationale Regelungen, mögen sie auch beschäftigungspolitisch sinnvoll sein, nicht einer Überprüfung unterziehen zu wollen, würde dem Geltungsanspruch des Europarechts zuwiderlaufen und ist deswegen abzulehnen. Die Kritik, das Rechtfertigungsmöglichkeiten und die Möglichkeit von Ungleichbehandlungen in Form von positiven Maßnahmen zu engen Kriterien unterliegen mag berechtigt sein. Sie kann jedoch nicht durch herkömmliche Auslegung der Richtlinie überwunden werden. Entsprechende Korrekturen obliegen dem Europäischen Gesetzgeber. Es ist allerdings zu erwarten, dass vorher der Europäische Gerichtshof maßgebliche Leitlinien aufstellen wird.

2. Unmittelbare Diskriminierung

Eine Legaldefinition des Begriffs der unmittelbaren Diskriminierung findet sich in Art. 2 Abs. 2 Nr. 1 RL 2000/78/EG. Danach liegt eine unmittelbare Diskriminierung dann vor, wenn eine Person wegen ihres Alters in einer vergleichbaren Situation eine weniger günstige Behandlung erfährt, als eine andere Person erfährt, erfahren hat oder erfahren würde. Im Unterschied zum arbeitsrechtlichen Gleichbehandlungsgrundsatz, nach dem ein Arbeitgeber von einem Verhalten gegenüber einer Mehrheit nicht zum Nachteil einer Minderheit abweichen darf, ist ein solches Abstellen auf die Mehrheit nach der Richtlinie nicht erforderlich. Es ist nicht einmal erforderlich, das der Benachteiligte im Vergleich zu einer konkreten anderen Person anders behandelt wurde; ausreichend ist, dass der Benachteiligte wegen seines Alters einen Nachteil, auch gegenüber einer tatsächlich nicht existierenden, mithin hypothetischen Vergleichsperson erleidet.[764] Deutlich wurde dies in der Entscheidung des EuGH im Fall Feryn. Dort ließ der EuGH es für eine unmittelbare Diskriminierung ausreichen, dass ein Arbeitgeber öffentlich äußerte, er werde Personen einer bestimmten Ethnie nicht einstellen. Zu konkreten Ablehnungen von Bewerbern war es indessen nicht gekommen. In der Literatur wurde in diesem Zusammenhang von hypothetischer oder auch opferloser Diskriminierung gesprochen.[765] Überträgt man die Entscheidung des EuGH auf das Merkmal des Alters, ist es damit nicht erforderlich, dass die Diskriminierung in Abgrenzung zu noch jüngeren Arbeitnehmern erfolgt.[766] Ein solches Verständnis würde die Diskriminierung Jüngerer gerade ausschließen, die jedoch vom Anwendungsbereich der Richtlinie erfasst sind. Dies gilt es bei der Bildung der (hypothetischen) Vergleichsgruppe zu berücksichtigen. Wegen der Relativität des Alters verliert auch deswegen die Vergleichsgruppenbildung

---

764 *Kuras*, Verbot der Diskriminierung wegen des Alters, RdA 2003 (Sonderbeilage Heft 5), S. 13; *Lingscheid* Antidiskriminierung im Arbeitsrecht, S. 57; a.A. *Hadeler*, Die Revision der Gleichbehandlungsrichtlinie 76/207/EG, NZA 2003, S. 77 (78).

765 Vgl. *Krause*, Case C-54/07, CMLR 2010, 917 (923) mwN.

766 So aber *Wiedemann/ Thüsing*, Der Schutz älterer Arbeitnehmer und die Umsetzung der Richtlinie 2000/78/EG, NZA 2002, S. 1234 f.

an Bedeutung. Abzulehnen ist daher die Ansicht, die bei der Vergleichsgruppenbildung zur Feststellung einer Ungleichbehandlung ausschließlich auf (hypothetische) Personen einer anderen Gruppe abstellen will.[767] Der Einwand, dass in diesen Fällen eine hypothetische Betrachtung ergebe, dass ein Arbeitgeber, alle Arbeitnehmer einer gleichen Altersgruppe auch gleich schlecht behandeln würde, stellt letztlich nur eine Annahme dar, die das Vorliegen einer Diskriminierung ausschließen will. Zuzugeben ist allerdings, dass die Fälle in denen etwa ein 45-jähriger Arbeitnehmer gegenüber einem anderen 45-jährigen Arbeitnehmer wegen seines Alters ungleich behandelt wird, selten sein werden. Dies rechtfertigt es jedoch nicht, diese Fälle aus dem Anwendungsbereich des Verbots der Altersdiskriminierung auszuschließen.[768]

Das Alter bildet dabei bei der unmittelbaren Diskriminierung als solches das Differenzierungskriterium, die Ungleichbehandlung knüpft mithin unmittelbar am Alter der Person an.

Aus Art. 6 Abs. 1 S. 2 a) und b) RL 2000/78/EG ergibt sich, dass von dem Verbot der Altersdiskriminierung, gleich ob unmittelbare oder mittelbare Diskriminierung, nicht lediglich ältere Personen geschützt werden, sondern jede ungerechtfertigte Benachteiligung erfasst wird, also auch die etwa von jugendlichen Arbeitnehmern gegenüber älteren Arbeitnehmern.[769] Auch eine Beschränkung in Gestalt von Mindest- oder Höchstaltergrenzen findet sich nicht. Dies unterscheidet die Richtlinie z.B. vom irischen Employment Equality Act, der nur die Altersgruppe der 18 bis 65 jährigen erfasst und dem amerikanischen ADEA, der nur für Arbeitnehmer ab dem 40. Lebensjahr gilt.[770]

Nicht einheitlich beantwortet wird die Frage, ob für das Vorliegen einer Diskriminierung ein über die objektiven Tatbestandsmerkmale hinausgehendes subjektives Element erforderlich ist. Vereinzelt wird eine solche subjektive Komponente für eine Diskriminierung gefordert.[771] Dies ist jedoch abzuleh-

---

767 So *Sprenger*, Das arbeitsrechtliche Verbot der Altersdiskriminierung, S. 62.

768 I.E. ebenso für das Verbot der ethnischen Diskriminierung *Schiek*, Gleichbehandlungsrichtlinien der EU, NZA 2004, S. 873 (874).

769 Vgl. *Kuras*, Verbot der Diskriminierung wegen des Alters, RdA 2003 (Sonderbeilage Heft 5), S. 11 (12); *Schmidt*, Das Arbeitsrecht der EG, S. 203 Rn. 203; *Meyer*, Das Diskriminierungsverbot des Gemeinschaftsrechts als Grundsatznorm und Gleichheitsrecht, S. 72 f.; *Schlachter*, Altersgrenzen angesichts des gemeinschaftlichen Verbots der Altersdiskriminierung, in: Altersgrenzen und Alterssicherung im Arbeitsrecht, GedS Blomeyer S. 355 (357).

770 Vgl. Art. 6 Abs. 3 IEA und Art. 623 (f) ADEA; dazu. *Wiedemann/ Thüsing*, Der Schutz älterer Arbeitnehmer und die Umsetzung der Richtlinie 2000/78/EG, S. 1234 (1236); *Wiedemann*, Die Gleichbehandlungsgebote im Arbeitsrecht, S. 69 f.; eine ausführliche Darstellung des ADEA findet sich bei *Hebel*, Age Discrimination in Employment, S 25 ff.

771 Vgl. *Mohr* Schutz vor Diskriminierungen im europäischen Arbeitsrecht, S. 250 f.; *Hadeler*, Die Revision der Gleichbehandlungsrichtlinie 76/207/EWG, NZA 2003, S. 77

nen.[772] Bei der Definition des Diskriminierungsbegriffs wird allein auf die faktisch benachteiligende Wirkung für den Betroffenen abgestellt. Die Motivation des Diskriminierenden bleibt unberücksichtigt. Diese Sichtweise wird durch einen Blick auf die Rechtfertigungsebene bestätigt: Dort kommt es allein auf das Vorliegen eines objektiven sachlichen Grundes an. Würde man beim Begriff der Diskriminierung, mithin auf der Ebene des Tatbestandes, ein subjektives Element fordern, so müsste sich dies auch auf der Ebene der Rechtfertigung begründen lassen. Dies würde jedoch zu einer unüberschaubaren Ausweitung der Rechtfertigungsmöglichkeiten führen, die weder auf primärrechtlicher, noch sekundärrechtlicher Ebene vorgesehen ist. Auch vermeintlich fürsorgliche Altersdiskriminierungen wären so einer Rechtfertigung zugänglich, was der Aufrechterhaltung von Altersstereotypen Tür und Tor öffnen würde. Für mittelbare Diskriminierungen hat der EuGH festgestellt, dass eine Diskriminierungsabsicht nicht Tatbestandsmerkmal einer mittelbaren Diskriminierung ist.[773] Entscheidend sei allein die tatsächliche Wirkung einer bestimmten Maßnahme, die sich aus objektiven Kriterien ergebe. Dies gilt für das gesamte Diskriminierungsrecht.[774] Hierfür spricht auch ein Vergleich von Pflichtverletzungen im Bereich des primären Unionsrechts. Bei diesen sind die Absichten auf denen eine Pflichtverletzung beruht, grds. unerheblich, entscheidend sind allein die tatsächlichen Wirkungen.[775] Auch das Antidiskriminierungsrecht erklärt Diskriminierungen wegen ihrer nachteiligen Wirkungen für unzulässig, nicht jedoch wegen einer bestimmten feindlichen Gesinnung, solange diese nicht in Form einer Diskriminierung in Erscheinung tritt. Es geht nicht darum, dem Diskriminierenden einen Schuldvorwurf hinsichtlich der Diskriminierung zu machen. Eine Diskriminierungsabsicht ist also nicht erforderlich.

Seiner Struktur nach handelt es bei dem Verbot der unmittelbaren Diskriminierung um ein Anknüpfungsverbot.[776] Jegliche Form unterschiedlicher Regelungen, die an das Alter einer Person anknüpfen, stehen unter dem Vorbehalt,

---

(78) unter Hinweis darauf, dass der Erziehungsgedanke des Antidiskriminierungsrechts nur Sinn mache, wenn die Sanktion infolge eines bewussten Fehlverhaltens erfolge. Die Sanktionierung von unbewusstem oder fahrlässigem Verhalten würde im Übrigen zu erhebliche Rechtsunsicherheit führen.

772 I.E. ebenso *Baer*, Recht gegen Fremdenfeindlichkeit und andere Ausgrenzungen, ZRP 2001, S. 500 (502); *Sprenger*, Das arbeitsrechtliche Verbot der Altersdiskriminierung, S. 60.

773 Vgl. EuGH, Rs. 170/84, *Bilka*, Slg. 1986, S. 1607 Rn. 35 f.; *Pfarr*, Mittelbare Diskriminierung von Frauen, NZA 1986, S. 585 (586).

774 *Schlachter*, Probleme der mittelbaren Benachteiligung, NZA 1995, S. 393 (395).

775 Vgl. EuGH, Rs. 152/73, *Sotgiu*, Slg. 1974, S. 153 Rn. 11; Rs. 61/77, *Seefischerei*, Slg. 1978, S. 417 (451); Rs. 237/78, *CRAM*, Slg. 1979, S. 2645 Rn. 12.

776 *Schlachter*, Altersgrenzen angesichts des gemeinschaftlichen Verbots der Altersdiskriminierung, in: Altersgrenzen und Alterssicherung im Arbeitsrecht, GedS Blomeyer, S. 355 (357).

dass sie entweder durch eine Ausnahmebestimmung ausdrücklich zugelassen werden oder der Rechtfertigung zugänglich sind.

In der Entscheidung des EuGH in der Rechtssache Coleman hat der Gerichtshof für das Merkmal der Behinderung entschieden, dass das Verbot der Diskriminierung wegen einer Behinderung nicht auf Personen beschränkt ist, die selbst behindert sind.[777] In der Entscheidung ging es um eine Mitarbeiterin einer englischen Anwaltskanzlei, die die Hauptpflegeperson für ihr schwerbehindertes Kind war. Durch fortlaufende Diskriminierungen wurde sie dazu gebracht einer Kündigung zuzustimmen. Der EuGH hielt dies für eine verbotene unmittelbare Diskriminierung. Das Verbot der Diskriminierung gelte „(...) nicht für eine bestimmte Kategorie von Personen, sondern in Bezug auf die in ihrem Art. 1 genannten Gründe. Diese Auslegung wird durch den Wortlaut von Art. 19 AEUV untermauert, der die Rechtsgrundlage der Richtlinie 2000/78/EG ist und in dem der Union die Zuständigkeit übertragen wird, geeignete Vorkehrungen zu treffen, um Diskriminierungen u.a. aus Gründen einer Behinderung zu bekämpfen."[778] Nach Ansicht des EuGH gilt für alle Diskriminierungsmerkmale, dass nicht notwendigerweise der Diskriminierte Träger des Merkmals ist. Dies gilt damit auch für das Alter. Die Entscheidung Coleman führt damit zu einer weiteren erheblichen Ausweitung des Diskriminierungsschutzes.[779] Für das deutsche Recht ist insofern zu beachten, dass § 3 Abs. 1 AGG künftig diesbezüglich europarechtskonform auszulegen ist.[780]

Der Gerichtshof führt zur Begründung vor allem die Zielsetzung der Richtlinie an, einen allgemeinen Rahmen zur Bekämpfung von Diskriminierungen zu schaffen. Diese Ziel, sowie die praktische Wirksamkeit der Richtlinie wären gefährdet, würde man verlangen, dass der von einer Diskriminierung Betroffene selbst Träger des Merkmals sein müsse.[781]

Die Entscheidung bringt deutlich zum Ausdruck, dass es für den EuGH allein auf eine Diskriminierung wegen eines verpönten Merkmals ankommt.[782]

---

777 EuGH, Rs. C-303/06, *Coleman*, EuZW 2008, S. 497 Rn. 38.

778 EuGH, Rs. C-303/06, *Coleman*, EuZW 2008, S. 497 Rn. 38.

779 Kritisch zu der Entscheidung unter Verweis auf den Wortlaut des Art. 2 Abs. 2 b) RL 2000/78/EG, *Sprenger*, Aktuelle Tendenzen des EuGH im Diskriminierungsrecht, BB 2008, S. 2405 (2409), der zu dem Ergebnis kommt, das die Entscheidung des EuGH die Grenze der zulässigen Richtlinienauslegung überschreitet.

780 *Bayreuther*, Drittbezogene und hypothetische Diskriminierungen, NZA 2008, S. 986 (987).

781 EuGH, Rs. C-303/06, *Coleman*, Slg. 2008, I-00000 Rn. 47 f.

782 Kritisch insoweit unter Verweis auf den Wortlaut der RL 2000/78/EG *Sprenger*, Aktuelle Tendenzen des EuGH im Diskriminierungsrecht, BB 2008, S. 2505 (2408 f.). Während eine unmittelbare Diskriminierung nach Art. 2 Abs. 1 RL 2000/78/EG „wegen" einer Behinderung verboten ist, schützt die mittelbare Diskriminierung „Personen mit (...) einer bestimmten Behinderung (...)". Der Wortlaut der mittelbaren Diskrimi-

Das Antidiskriminierungsrecht will Diskriminierungen an sich bekämpfen, unabhängig bestimmter, von diesen betroffener Personengruppen. Deutlich wird hierbei auch, dass das europäische Antidiskriminierungsrecht über den Gedanken des herkömmlichen Minderheitenschutzes hinausgeht. Unter teleologischen Gesichtspunkten ist die Entscheidung des EuGH zu begrüßen. Die Rahmenrichtlinie will Nachteile bekämpfen, die Arbeitnehmer wegen bestimmter Merkmale erleiden. Dies gilt zunächst selbstverständlich für diejenigen, die selbst Träger eines verpönten Merkmals sind. Nach dem Sinn und Zweck des Antidiskriminierungsrechts erscheint es noch fern liegender, eine Benachteiligung in Beschäftigung und Beruf zuzulassen, wenn nicht der von der Ungleichbehandlung Betroffene Träger des Merkmals ist, sondern ein Dritter. Gleichwohl bewegt sich der EuGH mit seiner Interpretation an der Grenze zur zulässigen Richtlinienauslegung. Inwieweit er diese Linie auch auf andere Merkmale als das der Behinderung tatsächlich ausdehnen wird bleibt abzuwarten.[783] Auch wird insbesondere zu klären sein, welche Nähebeziehung zwischen dem Diskriminierten und dem Dritten bestehen muss. Diesbezüglich finden sich in der Coleman-Entscheidung des EuGH keine näheren Ausführungen.[784]

3. Mittelbare Diskriminierung

Auch der Begriff der mittelbaren Diskriminierung ist in der RL 2000/78/EG legal definiert: Eine mittelbare Diskriminierung liegt vor, wenn dem Anschein nach neutrale Vorschriften, Kriterien oder Verfahren Personen eines bestimmten Alters in besonderer Weise benachteiligen können, es sei denn, sie sind durch ein rechtmäßiges Ziel sachlich gerechtfertigt und die zur Erreichung dieses Ziels eingesetzten Mittel sind verhältnismäßig.[785] Als solche, an sich neutrale, Kriterien kommen beispielsweise in Betracht das Dienstalter, die Betriebszugehörigkeit eines Arbeitnehmers oder die Berufserfahrung.[786] Das chronologische Alter wird hierbei durch ein anderes Merkmal ersetzt, die damit verbundene Unter-

nierung spricht somit zunächst dafür, dass eine bestimmte Kategorie von Personen geschützt sein soll.

783 Befürwortend *Lingscheid*, Diskriminierung wegen einer Behinderung – auch bei „bloß" behindertem Kind, BB 2008, S. 1963 (1964).

784 *Bayreuther*, Drittbezogene und hypothetische Diskriminierungen, NZA 2008, S. 986 (987) hält jede enge Beziehung zwischen dem Diskriminierten und dem Dritten für ausreichend, allerdings nehme die Indizwirkung einer Diskriminierung mit zunehmender Entfernung zwischen den Verwandtschaftsgraden ab.

785 Die Einbeziehung der mittelbaren Diskriminierung in den Anwendungsbereich des Verbots der Altersdiskriminierung unterscheidet die RL 2000/78/EG vom amerikanischen ADEA. Nach überwiegender Auffassung des amerikanischen Rechtsprechung wird die mittelbare Diskriminierung nicht vom Anwendungsbereich des ADEA erfasst. Vgl. dazu ausführlich *Fenske*, Das Verbot der Altersdiskriminierung im US-amerikanischen Arbeitsrecht, S. 127 ff m. Rechtsprechungsnachweisen.

786 *Zöllner*, Altersgrenzen beim Arbeitsverhältnis, GedS Blomeyer, S. 517 (527); *Schmidt*, Das Arbeitsrecht der EG, S. 200 Rn. 192.

scheidung weist jedoch eine derart enge Verwandtschaft mit dem Alter auf, dass inhaltlich das Alter als maßgeblich Unterscheidungskriterium angesehen werden muss. Das Verbot der mittelbaren Diskriminierung dient damit dem Schutz der Umgehung. Die Feststellung des Vorliegens einer mittelbaren Diskriminierung im Vergleich zu einer unmittelbaren Diskriminierung ist ungleich schwerer, da das Diskriminierungsmerkmal, wie dargelegt, hier nicht offen in Erscheinung tritt. Die Zuordnung zu der einen oder anderen Kategorie spielt vor allem dann eine Rolle, wenn man die Ansicht vertritt, dass nur mittelbare Diskriminierungen einer Rechtfertigung zugänglich sind. Da die RL 2000/78/EG mit Art. 4 und Art. 6 jedoch Vorschriften enthält, die zeigen, dass auch eine unmittelbare Diskriminierung gerechtfertigt werden kann, ist die Einordnung, jedenfalls für die Auslegung der Gleichbehandlungsrichtlinie nicht entscheidend.[787]

Die Definition der mittelbaren Diskriminierung fordert eine qualifiziert unterschiedliche Behandlung, ohne diese genauer festzulegen. Zum Nachweis können statistische Daten herangezogen werden, ein statistischer Beweis muss jedoch nicht vorliegen. Insofern unterscheidet sich die Diskriminierung aus Gründen des Alters von der der Geschlechterdiskriminierung, wo ein Nachweis, dass eine Regelung überwiegend zum Nachteil von Frauen bzw. Männern wirkt, erforderlich ist.[788] Das Absehen von statistischen Nachweisen ist erklärtes Ziel der Richtlinie.[789] Nach der Rechtsprechung des Gerichtshofs ist es ausreichend, dass eine Regelung geeignet ist, eine wesentlich größere Gruppe von Trägen des betreffenden Merkmals zu betreffen.[790] In der Praxis bedeutet der Verzicht auf statistische Nachweise sowohl für die Betroffenen, als auch für mit Diskriminierungsfällen befasste Gerichte, eine erhebliche Erleichterung, birgt der statistische Nachweis doch häufig erhebliche Beweisschwierigkeiten in sich und stellt sich damit als unpraktikabel dar.[791] Aus der Definition ergibt sich weiter, dass zur Begründung einer Ungleichbehandlung auch eine hypothetische Vergleichsperson herangezogen werden kann. Anderenfalls wäre der Gleichheitsschutz in Situationen ausgeschlossen, in denen eine Ungleichbehandlung zwar noch nicht vorgekommen ist, gleichzeitig aber feststeht, dass diese vorkommen wird. Den potentiell Betroffenen in diesem Fall auf das Eintreten der Ungleichbehandlung

---

787 So zutreffend *Mohr*, Schutz vor Diskriminierungen im Europäischen Arbeitsrecht, S. 288.

788 Vgl. EuGH, Rs. C-189/91, *Sidal*, Slg. 1993 I-6215 Rn. 22; *Schiek*, Diskriminierung wegen „Rasse" oder „ethnischer Herkunft", AuR 2003, S. 44 (47).

789 Vgl. *Schmidt*, Das Arbeitsrecht der EG, S. 189 Rn.163; *Waas*, Die neue EG-Richtlinie zum Verbot der Diskriminierung, ZIP 2000, S. 2151 (2153) zur RL 2000/43/EG; *Schmidt/ Senne*, Das gemeinschaftsrechtliche Verbot der Altersdiskriminierung, RdA 2002, S. 80 (83).

790 EuGH, Rs. C-237/94, *O'Flynn*, Slg. 1996, I-2617 Rn. 20 f.

791 Vgl. *Schiek*, Gleichbehandlungsrichtlinien der EU, NZA 2004, S. 873 (875), insbesondere birgt das Erfordernis des statistischen Nachweises die Gefahr von zufälligen Ergebnissen.

zu verweisen liefe dem Sinn und Zweck eines effektiven Gleichbehandlungs-rechts zu wider.[792]

4. *Verbot von Belästigungen und Anweisung zur Diskriminierung*

Eine Erweiterung über das Verbot der unmittelbaren und mittelbaren Diskriminierung hinaus, erfährt das Verbot der Diskriminierung wegen des Alters durch das in Art. 2 Abs. 3 RL 2000/78/EG festgelegte Verbot von Belästigungen, also Verhaltensweisen von Personen, die im Zusammenhang mit dem Alter einer anderen Person stehen und die bezwecken oder bewirken, das die Würde der Person verletzt und ein von Einschüchterungen, Anfeindungen, Erniedrigungen etc. gekennzeichnetes Umfeld geschaffen wird. Nach dem Wortlaut der Vorschrift handelt es sich hierbei um kumulative Voraussetzungen. Dies würde jedoch zu einer erheblichen Einengung des Anwendungsbereichs der Vorschrift führen. Da bei der Ausgestaltung des Schutzes der Menschenwürde die Traditionen der Mitgliedstaaten zu berücksichtigen sind, würde eine solche Auslegung zu unterschiedlichen Schutzstandards führen und die Gefahr in sich bergen, zu hohen Anforderungen zu unterliegen. Infolgedessen sind die Voraussetzungen der Vorschrift als solche alternativer Art zu lesen. Eingeschränkt wird die Belästigung lediglich durch das Erfordernis der Außenwirkung, in Form der Schaffung eines feindlichen Umfelds. Der Bezug zum Gleichbehandlungsrecht erschließt sich nicht unmittelbar, geht es doch vordergründig um Verletzungen des Persönlichkeitsrechts.[793] Die Richtlinie verbietet grds. Belästigungen als Verhaltensform an sich, weil sie eine Würdeverletzung sowie eine Persönlichkeitsrechtsverletzung darstellt und nicht nur wegen der Gleichheitswidrigkeit.[794] So würde auch dann eine Diskriminierung in Form der Belästigung vorliegen, wenn alle Arbeitnehmer gleich belästigt werden würden.[795] Daraus ergibt sich, dass ein Vergleich mit anderen Personen bei der Belästigung nicht erforderlich ist. Solche Belästigungen können jedoch den Gleichbehandlungsgrundsatz dann verletzen[796], wenn in der Belästigung zugleich eine Ungleichbehandlung aufgrund

---

792   Vgl. *Mahlmann*, in: Rudolf/Mahlmann, Gleichbehandlungsrecht, § 3 Rn. 30.

793   Vgl. *Mahlmann*, in: Rudolf/Mahlmann, Gleichbehandlungsrecht, § 3 Rn. 33.

794   Vgl. *Kuras*, Verbot der Diskriminierung wegen des Alters, RdA 2003 (Sonderbeilage Heft 5), S. 14; *Lingscheid*, Antidiskriminierung im Arbeitsrecht, S. 66; *Thüsing*, Diskriminierungsschutz im Europäischen Arbeitsrecht, ZfA 2001, S. 397 (411). Damit wird wohl insbesondere die Frage des sog. „Mobbing" angesprochen.

795   So *Thüsing*, Die Entwicklung des US-amerikanischen Arbeitsrechts, NZA 2001, S. 939 (941).

796   Dies hatten sowohl Rat als auch Kommission schon in den 90er Jahren hinsichtlich der sexuellen Belästigung am Arbeitsplatz im Rahmen der RL 76/207/EWG festgestellt, vgl. einerseits Entschließung des Rates v. 29. Mai 1990 zum Schutz der Würde von Männern und Frauen am Arbeitsplatz, ABl. EG Nr. C 157 1990, S. 3 f.; andererseits die Empfehlung der Kommission v. 27. November1991 zum Schutz der Würde von Männern und Frauen am Arbeitsplatz, ABl. EG Nr. L 49 1992, S. 1 ff.

verpönter Merkmale gegenüber Personen liegt, die dieses Merkmal nicht aufweisen. Sie stehen dann einer Diskriminierung gleich, wobei sich besonders die Häufung von subjektiven Elementen als problematisch darstellt.[797] Art. 2 Abs. 3 S. 2 RL 2000/78/EG beinhaltet eine Öffnungsklausel, die es den Mitgliedstaaten ausdrücklich erlaubt, den Begriff der Belästigung im Einklang mit den nationalen Rechtsvorschriften zu definieren. Bei der Ausgestaltung der Definition haben die Mitgliedstaaten jedoch den unionsrechtlich vorgegebenen Rahmen zu beachten.

Ebenfalls als Diskriminierung iSd Richtlinie gilt gemäß Art. 2 Abs. 4 RL 2000/78/EG die Anweisung der Diskriminierung einer anderen Person wegen des Alters. Eine Definition dessen, was unter Anweisung zu verstehen ist, findet sich in der Richtlinie hingegen nicht. Sowohl die Anweisung zur Diskriminierung als auch die Belästigung wurden bisher nur hinsichtlich besonderer Diskriminierungsmerkmale einer Diskriminierung gleichgestellt. Der Bezug der Anweisung zur Diskriminierung zum Gleichheitsrecht ist dabei offensichtlich, kann eine Diskriminierung, gerade in komplexen Unternehmensstrukturen des modernen Wirtschaftslebens, auch durch Dritte begangen werden. Der Hauptzweck der Einbeziehung der Anweisung zur Diskriminierung liegt darin, zu verhindern, dass Unsicherheiten über die Person des Verursachers einer Diskriminierung zu Lasten des Betroffenen gehen. Die Anweisung ist dabei enger als eine Anstiftung zu verstehen, umfasst ist mithin nicht jedes Bestimmen zur Diskriminierung, sondern nur ein solches, welches im Rahmen eines Anweisungsverhältnisses begangen wird.[798]

5. Die Beweislast, Art. 10 RL 2000/78/EG

Art. 10 Abs. 1 der Rahmenrichtlinie enthält eine besondere Zielsetzung hinsichtlich der Beweislast. Danach sind die Mitgliedstaaten verpflichtet, Regelungen zu treffen, die gewährleisten, dass immer dann, wenn Personen, die sich durch die Nichtanwendung des Gleichbehandlungsgrundsatzes für verletzt halten und bei einem Gericht oder einer anderen zuständigen Stelle Tatsachen glaubhaft machen, die das Vorliegen einer unmittelbaren oder mittelbaren Diskriminierung vermuten lassen, es dem Beklagten obliegt zu beweisen, dass keine Verletzung des Gleichbehandlungsgrundsatzes vorgelegen hat.

6. Alter und Behinderung - Die Entscheidung des EuGH in der Rechtssache Chacón Navas

Die Richtlinie 2000/78/EG schützt neben Diskriminierungen aus Gründen des Alters auch vor Diskriminierungen wegen einer Behinderung.

---

797 Vgl. *Schmidt/ Senne*, „Das gemeinschaftsrechtliche Verbot der Altersdiskriminierung", in: RdA 2002, S. 80 (83).
798 *Thüsing*, Das Arbeitsrecht der Zukunft, NZA 2004, Sonderbeilage zu Heft 22, S. 3 (8).

Allerdings sind Ungleichbehandlungen wegen einer Behinderung nur unter wesentlich strengeren Voraussetzungen möglich, als Ungleichbehandlungen wegen des Alters. So entfällt insbesondere die besondere Rechtfertigungsmöglichkeit des Art. 6 RL 2000/78/EG. Eine Benachteiligung wegen einer Behinderung ist nach Art. 4 Abs. 1 RL 2000/78/EG gerechtfertigt, wenn der Gesundheitszustand für die Tätigkeit am Arbeitsplatz eine wesentliche und entscheidende berufliche Anforderung darstellt, der Zweck rechtmäßig und die Anforderung angemessen ist. Dies ist dann der Fall, wenn der Arbeitnehmer zur Erfüllung der wesentlichen Funktionen seines Arbeitsplatzes nicht oder nicht mehr fähig ist oder verfügbar ist.[799] Verbindet man mit dem Alter neben den stereotypen Annahmen einer generellen Abnahme der körperlichen Leistungsfähigkeit auch spezielle altersbedingte Krankheiten, die zu einer Beeinträchtigung führen, so stellt sich bei unbefangener Betrachtung die Frage, ob altersbedingte Einschränkungen (ggf. ab einem gewissen Schweregrad) nicht auch als Behinderung iSd RL 2000/78/EG angesehen werden können. Infolge der unterschiedlichen Rechtfertigungsmöglichkeiten beider Diskriminierungsmerkmale ist die Frage keineswegs von nur theoretischer Bedeutung.

a) Sachverhalt und Entscheidung

In der Entscheidung Navas ging es um die Kündigung einer spanischen Arbeitnehmerin, die zum Zeitpunkt ihrer Kündigung durch den Arbeitgeber seit fast acht Monaten erkrankt war. In dem von ihr angestrengten Kündigungsrechtsstreit trug sie vor, dass ihr wegen ihrer Erkrankung gekündigt worden sei und es sich hierbei um eine unzulässige Diskriminierung handele. Das mit dem Rechtsstreit befasste spanische Gericht legte dem EuGH u.a. die Frage vor, ob eine Kündigung wegen Krankheit in den Anwendungsbereich der RL 2000/78/EG als Unterfall der Behinderung oder als eigenständiges ungeschriebenes Diskriminierungsmerkmal falle.

Nach Auffassung des spanischen Gerichts bestehe zwischen Krankheit und Behinderung ein ursächlicher Zusammenhang, da Krankheiten häufig zu unbehebbaren Behinderungen führten. Das Gericht legte dem Begriff der Behinderung die Definition der International Classification of Functioning, Disability and Health (ICF)[800] der Weltgesundheitsorganisation zugrunde. Nach dieser Definition sei „Behinderung" ein Oberbegriff, der Schädigungen, Beeinträchtigungen der Aktivität und Beeinträchtigungen der gesellschaftlichen Teilhabe umfas-

---

799   EuGH Rs. C-13/05, *Navas*, NZA 2006, S. 839 (841 Rn. 49).

800   Internationale Klassifikation der Funktionsfähigkeit, Behinderung und Gesundheit. Die deutsche Fassung der Klassifikation ist abrufbar unter: http://www.dimdi.de/dynamic/de/klasi/downloadcenter/icf/endfassung/icf_endfassung-2005-10-01.pdf. Zur Entwicklung der Klassifikation *Götz*, in: Kossens/ con der Heide/Maaß, SGB IX, § 2 Rn. 5 ff.

se. Nach diesem Verständnis könne eine Krankheit auch eine Behinderung darstellen.

Zunächst stellt der Gerichtshof fest, dass Kündigungen als Entlassungsbedingungen in den Anwendungsbereich der Gleichbehandlungsrichtlinie fallen.
Mangels einer Definition des Begriffs der Behinderung in der Rahmenrichtlinie[801] und mangels (ausdrücklichen) Verweises auf Definitionen des Rechts der
jeweiligen Mitgliedstaaten, legt der Europäische Gerichtshof dem Begriff eine
unionsrechtliche Definition zugrunde.[802] Danach liege eine Behinderung in jeder
Einschränkung, die wahrscheinlich von langer Dauer und die insbesondere auf
physische, geistige oder psychische Beeinträchtigungen zurückzuführen sei und
die ein Hindernis für die Teilhabe des Betreffenden am Berufsleben bilde.[803]
Das entscheidende Abgrenzungskriterium der „langen Dauer" zwischen den
Begriffen Behinderung und Krankheit entnimmt der Gerichtshof dem
Erwägungsgrund Nr. 16 der RL 2000/78/EG, wonach den Bedürfnissen
behinderter Menschen am Arbeitsplatz Rechnung zu tragen ist. Kurzfristige
Einschränkungen erfordern nach Ansicht des Gerichtshofs in der Regel keine
Veränderungen der Einrichtungen am Arbeitsplatz. Eine bestimmte
Mindestdauer der Einschränkung legt der EuGH jedoch nicht fest. Eine
diesbezügliche Klarstellung bleibt weiteren Entscheidungen vorbehalten.

Eine Ungleichbehandlung wegen einer Behinderung könne gerechtfertigt
werden, wenn die betroffene Person infolge der Behinderung nicht mehr in der
Lage ist, wesentliche Funktionen ihres Arbeitsplatzes zu erfüllen. Dabei müsse
die Verpflichtung, angemessene Vorkehrungen für Menschen mit Behinderungen zu treffen, mit berücksichtigt werden.[804] Mit dem Begriff der Behinderung
in der RL 2000/78/EG habe der europäische Gesetzgeber bewusst ein Wort gewählt, dass sich vom Begriff der Krankheit unterscheide.[805] Diese Unterscheidung würde aufgehoben, würde man die beiden Begriffe gleichsetzen. Die Kündigung eines Arbeitnehmers durch seinen Arbeitgeber wegen einer Krankheit
fällt demnach nicht unter den Anwendungsbereich der Richtlinie.[806] Dies gelte
auch für das Vorliegen eines ungeschriebenen primärrechtlichen Verbots der
Diskriminierung wegen einer Krankheit. Die Unionsverträge enthielten keine

---

801 Zur Zulässigkeit konkretisierungsbedürftiger Rechtsetzung im europäischen Gemein-
     schaftsrecht allgemein *Röthel*, Normkonkretisierung im Privatrecht, § 13 S. 316 ff. Zur
     Entwicklung des Behinderungsbegriffes auf europäischer Ebene *Leder*, Das Diskrimi-
     nierungsverbot wegen einer Behinderung, S. 101 ff.
802 EuGH Rs. C-13/05, *Navas*, NZA 2006, S. 839 (840 Rn. 39). Gegen eine unionsrechtli-
     che Definition ausdrücklich *Domröse*, Krankheitsbedingte Kündigung als Verstoß ge-
     gen das Verbot der Diskriminierung wegen einer Behinderung, NZA 2006, S. 1320
     (1321).
803 EuGH Rs. C-13/05, *Navas*, NZA 2006, S. 839 (840 Rn. 40).
804 EuGH Rs. C-13/05, *Navas*, NZA 2006, S. 839 (841 Rn. 51).
805 EuGH Rs. C-13/05, *Navas*, NZA 2006, S. 839 (840 Rn. 44).
806 EuGH Rs. C-13/05, *Navas*, NZA 2006, S. 839 (840 Rn. 47).

Bestimmung, aus der sich ergebe, dass eine Diskriminierung wegen einer Krankheit verboten sei.

b) Rechtslage nach deutschem Recht und Auswirkungen der Rechtsprechung des EuGH

Im nationalen Recht findet sich der Begriff der Behinderung in verschiedenen gesetzlichen Regelungen.

aa) Verfassungsrecht, Art. 3 GG

Das Bundesverfassungsgericht versteht unter einer Behinderung iSd Art. 3 Abs. 3 GG „(...) die Auswirkung einer nicht nur vorübergehenden Funktionsbeeinträchtigung, die auf einen regelwidrigen körperlichen, geistigen oder seelischen Zustand beruht.“[807] Diesem Begriffsverständnis folgt die überwiegende verfassungsrechtliche Literatur, die sich insbesondere von dem Erfordernis einer alterstypischen Abweichung distanziert.[808]

Andere verstehen den Begriff der Behinderung iSv Art. 3 Abs. 3 GG gleichbedeutend mit dem des § 2 Abs. 2 S. 1 SGB IX.[809] Danach wäre das allgemeine Nachlassen der Leistungsfähigkeit, des Gedächtnisses, der Seh- und Hörkraft keine Behinderung, sondern nur Beeinträchtigungen, die nicht regelmäßig und nicht nur in höherem Alter auftreten, wie beispielsweise arteriosklerotische Organerkrankungen oder nicht als altersentsprechend bewertbare Einschränkungen des Bewegungsapparats, auch dann, wenn sie erstmalig im Alter auftreten.[810]

Diese Differenzierung nach der Alterstypik steht nicht nur vor nachweisabhängigen Schwierigkeiten, sondern kann auch zu unbilligen Ergebnissen führen. So stellt sich die Frage, ob die altersbedingte Abnahme kognitiver Fähigkeiten, die Abnahme der Sehkraft, der Hörfähigkeit oder der Gleichgewichtskontrolle als Behinderung eingestuft werden kann. Eine Beeinträchtigung des Hörvermögens beispielsweise tritt bei 20 % der 40-50 jährigen ein, bei den 70-80 jährigen steigt dieser Anteil auf bis zu 75 %.[811] Bei erstere Altersgruppe käme demnach die Einordnung als Behinderung in Betracht, bei letzterer hingegen nicht. Insbe-

807 BVerfG, NJW 1998, S. 131. Ebenso *Jarass*, in: Jarass/Pieroth, GG, Art. 3 Rn. 143; *Osterloh*, in: Sachs, Art. 3 Rn. 309; *Gubelt*, in: v. Münch/ Kunig, GG I, Art. 3 Rn. 104c; *Starck*, in: v. Mangold/Klein/Starck, GG, Art. 3 Rn. 384.

808 *Neumann*, Der verfassungsrechtliche Begriff der Behinderung, NVwZ 2003, S. 897 (898); *Starck*, in: v. Mangold/Klein/Starck, GG, Art. 3 Rn. 384; *Osterloh*, in: Sachs, Art. 3 Rn. 310; *Spranger*, Wen schützt Art. 3 III 2 GG?, DVBl. 1998 S. 1058 (1060 f.); *Gubelt*, in: v. Münch/ Kunig, GG, Art. 3 Rn. 104c, der auch altersbedingte chronische Krankheiten als Behinderungen iSd Art. 3 Abs. 3. S. 2 GG ansieht.

809 *Schmidt-Bleibtreu/Klein*, GG, Art. 3 GG Rn. 42a; *Heun*, in: Dreier, GG, Art. 3 Rn. 121. Daneben *Sannwald*, Die Reform des Grundgesetzes, NJW 1994 S. 3313 (3314). In diesem Sinne auch BVerfG, NJW 1998, S. 131.

810 *Spranger*, Wen schützt Art. 3 III 2 GG?, DVBl. 1998 S. 1058 (1060).

811 *Lindenberger*, Was ist kognitives Altern?, in: Staudinger/Häfner (Hrsg.), Was ist Alter(n)?, S. 69 (78).

sondere wegen der Schwierigkeit, den für das Lebensalter typischen Zustand festzustellen und der daraus folgenden Rechtsunsicherheit sowie dem Umstand, dass die Einschränkung auf vom Lebensalter untypische Beeinträchtigungen im Wortlaut von Art. 3 Abs. 3 GG keine Grundlage findet, ist auf verfassungsrechtlicher Ebene der Auffassung des Bundesverfassungsgerichts und der überwiegenden verfassungsrechtlichen Literatur zu folgen.

bb) Sozialrecht, §§ 2 Abs. 1 S. 1 SGB IX, 3 BGG

§ 2 Abs. 1 SGB IX definiert im Gegensatz zu Art. 3 Abs. 3 GG den Begriff der Behinderung. Danach sind Menschen „(...) behindert, wenn ihre körperliche Funktion, geistige Fähigkeit oder seelische Gesundheit mit hoher Wahrscheinlichkeit länger als sechs Monate von dem für das Lebensalter typischen Zustand abweichen und daher ihre Teilhabe am Leben in der Gesellschaft beeinträchtigt ist." Diese Definition liegt auch § 3 BGG zugrunde.

Alterstypische Beeinträchtigungen stellen damit keine Behinderungen im sozialrechtlichen Sinne dar. Hierunter fallen die allgemeine Verminderung der körperlichen Leistungsfähigkeit (Kraft, Ausdauer, Belastbarkeit), die leichte Verminderung der Beweglichkeit von Gliedmaßen, das Nachlassen des Gedächtnisses, sowie das altersbedingte Nachlassen der Seh- und Hörfähigkeit.[812] Für die Beurteilung, ob ein Zustand vom für das Lebensalter typischen Zustand abweicht ist entscheidend, ob die in Rede stehende Beschränkung die überwiegende Anzahl der gleichen Altersgruppe betrifft.[813] Das Bundesverfassungsgericht hat diese Definition dem Begriffsverständnis des Art. 3 Abs. 3 GG zugrunde gelegt, zugleich jedoch offen gelassen, ob diesem Verständnis ein abschließender Charakter zukommt.[814]

cc) Allgemeines Gleichbehandlungsgesetz

Eine Definition des Begriffs der Behinderung findet sich im AGG nicht. Nach der Gesetzesbegründung entspricht der Begriff der Behinderung im AGG dem in §§ 2 Abs. 1 S. 1 SGB IX, 3 BGG.[815] Nach den hinsichtlich des Wortlauts übereinstimmenden Bestimmungen sind Menschen behindert, „wenn ihre körperliche Funktion, geistige Fähigkeit oder seelische Gesundheit mit hoher Wahrscheinlichkeit länger als sechs Monate von dem für das Lebensalter typischen Zustand abweichen und daher ihrer Teilhabe am Leben in der Gesellschaft beeinträchtigt ist." Unter Abweichungen vom alterstypischen Zustand versteht man dabei u.a. den Verlust oder die Beeinträchtigung von normalerweise vorhandenen körperlichen Funktionen, geistigen Fähigkeiten oder der seelischer Gesundheit, wobei Beeinträchtigungen körperlicher Funktionen dabei miteinbe-

---

812   *Leder*, Das Diskriminierungsverbot wegen einer Behinderung, S. 141.
813   *Leder*, Das Diskriminierungsverbot wegen einer Behinderung, S. 141.
814   BVerfG, NJW 1998, S. 131.
815   BT-Drs. 16/1780, S. 31.

zogen sind, einschließlich evtl. Störungen der Sinne (Sehvermögen, Hörvermögen etc.).[816] Der allgemeine altersbedingte Leistungsabfall fällt nach dieser Definition daher nicht unter den Begriff der Behinderung[817], weder nach den Vorschriften des SGB IX noch denen des BGG und damit nach der Gesetzesbegründung letztlich auch nicht unter die des AGG.

Das Problem dieses vordergründig bestehenden Gleichlaufs des Behindertenbegriffs besteht in Folgendem: Nach der Rechtsprechung des EuGH in der Entscheidung Navas fällt die Definition des Begriffs der Behinderung soweit es um die Umsetzung der RL 2000/78/EG geht – betroffen ist hier also v.a. das AGG – nicht in die Kompetenz der Mitgliedstaaten. Entscheidend ist nach seiner Auffassung das europäische Begriffsverständnis. Hierbei kommt jedoch gerade dem Alter wiederum herausragende Bedeutung zu.

Die Definition des EuGH ist mit der des nationalen Gesetzgebers nicht deckungsgleich. In der Definition des Gerichtshofs findet sich nicht die Einschränkung, dass der Zustand einer Person vom für das Lebensalter typischen abweichen muss. Der EuGH spricht nur von einer Einschränkung, die von langer Dauer sein muss. Damit ist die europäische Definition des Behindertenbegriffs weiter als die des nationalen einfachen Rechts. Nach dem Begriffsverständnis des EuGH könnten auch altersbedingte Leistungsminderungen eine Behinderung darstellen, sofern sie zu einer Einschränkung der Teilhabe am Berufsleben führen und die weiteren Voraussetzungen vorliegen.[818] Entscheidend käme es damit für die Feststellung einer Behinderung nicht mehr auf die alterstypische Abweichung vom Gesundheitszustand an, sondern nur auf die Abweichung von einem gesunden Menschen unabhängig vom Alter. In Anbetracht dessen, dass hinsichtlich Altersgrenzen in der Rechtsprechung immer wieder die abnehmende Leistungsfähigkeit als Grund zur Rechtfertigung herangezogen wird, könnte ein solches europäisches Verständnis des Begriffs der Behinderung dazu führen, dass neben dem Verbot eine Diskriminierung wegen des Alters auch noch ein Verstoß gegen das Verbot der Diskriminierung wegen einer Behinderung geprüft werden müsste. Insbesondere vor dem Hintergrund von Art. 3 GG könnte dies zu neuen Ergebnissen hinsichtlich der Bewertung von Höchstaltersgrenzen führen. Vor diesem Hintergrund kommt der Frage, ob bestimmte altersbedingte Einschränkungen als Behinderung angesehen werden müssen, entscheidende Bedeutung zu. Verneint man die Frage, so bedarf es schon aus Gründen der Rechtssicherheit klarer Kriterien, wie altersbedingte Einschränkungen von Behinderungen abzugrenzen sind.

---

816 LPK-*Haines*, § 2 Rn. 5 f.
817 Vgl. auch BT-Drs. 16/1780, S. 31.
818 So auch *Kock*, Anmerkung zu EuGH RS. C-13/05, Navas, ZIP 2006, S. 1550 (1552); *Domröse*, Krankheitsbedingte Kündigung als Verstoß gegen das Verbot der Diskriminierung wegen einer Behinderung, NZA 2006, S. 1320 (1323).

(1) Altersbedingte Einschränkungen und Erkrankungen als Behinderung

Altersbedingte Einschränkungen, die für das Lebensalter typisch sind, stellen nach den Vorschriften des BGG und des SGB IX keine Behinderung dar. Auch existiert in Deutschland kein ausdrückliches und umfassendes Verbot der Diskriminierung wegen krankheitsbedingter Einschränkungen. Unter europarechtlichen Gesichtspunkten wäre der nationale Gesetzgeber indes nicht daran gehindert, ein solches Diskriminierungsverbot zu schaffen. Eine analoge Anwendung[819] der Umsetzungsvorschriften des AGG auf Krankheiten im Allgemeinen ist hingegen nicht möglich. Die verpönten Merkmale, deretwegen eine Diskriminierung verboten ist, werden von § 1 AGG abschließend aufgezählt. Der nationale Gesetzgeber hat bewusst darauf verzichtet weitere Diskriminierungsmerkmale in das AGG aufzunehmen.[820]

Ob dem Behinderungsbegriffs iSd AGG ein abweichendes Verständnis infolge der EuGH-Rechtsprechung in der Rechtssache Navas zugrunde zu legen ist, hängt entscheidend davon ab, wem die Kompetenz zur Festlegung von Definitionen zukommt. Liegt diese bei den Mitgliedstaaten[821], stellen sich keine weiteren Probleme. Hinsichtlich des Behinderungsbegriffs hat der EuGH jedoch ein europäisches Begriffsverständnis verwendet, welches nur unter zwei Voraussetzungen für das Verständnis innerhalb des AGG nicht entscheidend wäre: Erstens, wenn der EuGH keine Kompetenz zur Definitionsfestlegung gehabt hätte oder zweitens, wenn ihm zwar die Kompetenz zukommt, das abweichende Verständnis im AGG jedoch im Einklang mit den unionsrechtlichen Vorgaben stünde.

(2) Unionsrechtlich autonome Auslegung der RL 2000/78/EG

Nach einer Ansicht verstößt die Abweichung des deutschen Behinderungsbegriffes nicht gegen die RL 2000/78/EG, da die Mitgliedstaaten insofern über einen Gestaltungsspielraum verfügten.[822] Insofern werden drei Argumente dafür angeführt, dass der EuGH im Rahmen der RL 2000/78/EG nicht kompetent sei, eine unionsrechtsautonome Auslegung des Begriffs vorzunehmen: Erstens spreche die Regelungsabsicht des Richtliniengebers gegen eine abschließende unionsautonome Begriffsbildung. Dieser habe sich bewusst für das Instrument einer

---

819 Zu den Voraussetzungen einer Analogie *Larenz*, Methodenlehre der Rechtswissenschaft, S. 365 ff.

820 BT-Drs. 16/1780, S. 30. Insofern fehlt es an der für die Analogie erforderlichen Regelungslücke.

821 In Betracht kommt hier zu förderst der jeweilige nationale Gesetzgeber bzw. die innerstaatlichen Gerichte.

822 *Domröse*, Krankheitsbedingte Kündigung als Verstoß gegen das Verbot der Diskriminierung wegen einer Behinderung, NZA 2006, S. 1320 (1323). Auch *Wiedemann/ Thüsing*, Fragen zum Entwurf eines zivilrechtlichen Anti-Diskriminierungsgesetzes, DB 2002, S. 463 (466) gehen offenbar von einer Definitionskompetenz des nationalen Gesetzgebers aus.

Rahmenrichtlinie entschieden, um den Mitgliedstaaten genügend Flexibilität bei der Umsetzung einzuräumen. Eine unionsautonome Begriffsbestimmung sei damit schwer zu vereinbaren.[823] Auch Art. 19 AEUV, der als Rechtsgrundlage der RL 2000/78/EG lediglich die aktive, nicht aber die reaktive Rechtsangleichung stütze, spreche gegen eine solche Begriffsbestimmung. Drittens handele es sich bei dem Begriff der Behinderung um einen unbestimmten Begriff. Unbestimmte Begriffe dürften jedoch nur dann autonom bestimmt werden, wenn sich in dem zugrunde liegenden Rechtsaktakt Anhaltspunkte für eine Konkretisierung des Begriffs fänden, was bei der RL 2000/78/EG nicht der Fall wäre.[824]

Diese Auffassung vermag nicht zu überzeugen. Bei der Richtlinie 2000/78/EG handelt es sich um europäisches Sekundärrecht. Infolgedessen kann es im Grundsatz zur Begriffsbestimmung auch nur auf ein europäisches Begriffsverständnis ankommen. Gemäß Art. 288 AEUV sichern der Gerichtshof und das Gericht erster Instanz die Wahrung des Rechts bei der Auslegung und Anwendung des AEUV. Die Wahrung des Rechts ist dabei, dem Prinzip der begrenzten Einzelermächtigung folgend, auf die Verfahrensarten des AEUV beschränkt. Die Auslegungsbefugnis im Rahmen des Vorabentscheidungsverfahrens umfasst unter Berücksichtigung des Zwecks des Verfahrens nach Rechtsvereinheitlichung grds. auch die Befugnis zur Normkonkretisierung, also der Bestimmung des abstrakt-generellen Bedeutungsinhalts von ausfüllungsbedürftigen Rechtsbegriffen.[825] Neben dieser Konkretisierungsbefugnis im Rahmen des Vorabentscheidungsverfahrens besitzt der EuGH über Art. 288 AEUV auch die Befugnis zur Rechtsfortbildung. Inhaltlich geht diese über die Konkretisierungsbefugnis hinaus.[826] Der Gerichtshof hat zu der Frage, unter welchen Voraussetzungen die Auslegung eines Begriffs unionsrechtlich autonom zu erfolgen hat, in zahlreichen Entscheidungen, sowohl zum Primär-[827] als auch zum Sekundär-

---

823 *Domröse*, Krankheitsbedingte Kündigung als Verstoß gegen das Verbot der Diskriminierung wegen einer Behinderung, NZA 2006, S. 1320; ähnl. *Canaris*, Der EuGH als Superrevisionsinstanz?, Editorial EuZW 1994, S. 417.

824 *Domröse*, Krankheitsbedingte Kündigung als Verstoß gegen das Verbot der Diskriminierung wegen einer Behinderung, NZA 2006, S. 1320. Eine umfassende Aufzählung ausfüllungsbedürftiger Begriffe in Richtlinien findet sich bei *Röthel*, Normkonkretisierung im Privatrecht, § 12 S. 311 f.

825 *Röthel*, Normkonkretisierung im Privatrecht, S. 331.

826 Inhaltlich geht die Rechtsfortbildungsbefugnis des EuGH über die Konkretisierungsbefugnis hinaus. Sie wird aus dem Auftrag zur „Wahrung des Rechts" in Art. 220 EG abgeleitet und ist auch vom Bundesverfassungsgericht anerkannt, vgl. BVerfGE 75, S. 223 (242 ff.); 89, S. 155 (209 f.); *Borchardt*, in: Lenz, EG-Kommentar, Art. 220 Rn. 22 ff.; *Möllers*, Doppelte Rechtsfortbildung contra legem?, EuR 1998,S. 20 (26 ff.); *Streinz*, Europarecht, § 8 Rn. 567 f.; *Wegener*, in: Calliess/ Ruffert, EUV/ EGV, Art. 220 Rn. 17 ff.

827 Vgl. EuGH, Rs. 75/63, *Unger*, Slg. 1964, S. 379 (395 f.); Rs. 53/81, *Levin/ Staatssecretaris*, Slg. 1982, S. 1035 Rn 11 ff.; Rs. 64/ 81, *Corman/ Hauptzollamt Gronau*, Slg.

recht[828], Stellung bezogen und dabei den Grundsatz aufgestellt, dass Vorschriften des Unionsrechts nach einem europäischen Begriffsverständnis auszulegen sind. Etwas anderes gelte nur dann, wenn sich im entsprechenden Regelungsbereich eine ausdrückliche oder stillschweigende Verweisung auf das Recht der Mitgliedstaaten finde.[829] Der Grund für diese autonome Begriffsbildung liegt in dem Bestreben der einheitlichen Anwendung und Wirksamkeit des europäischen Unionsrechts. Dieser Grundsatz gilt nach der Rechtsprechung des EuGH auch bei Richtlinien[830], wobei infolge der Rechtsnatur von Richtlinien weiterreichende Einschränkungen gemacht werden.[831] Zutreffend stellt Franzen auf Grundlage dieser Rechtsprechung fest, dass ein Grundsatz der autonomen Auslegung existiert[832], der bei Fragen, die die Grundlagen der Europäischen Union betreffen streng angewendet wird, dessen Reichweite im Übrigen vom Harmonisierungszweck und -umfang abhängig ist.[833] Zwar könne die Verwendung einer Definition in einer Richtlinie ein Indiz für eine autonome Auslegung sein, zwingend sei dies jedoch nicht, da auch eine Definition keine abschließende Interpretationsvorgabe enthalten müsse und infolgedessen den Mitgliedstaaten ein Kodifikati-

---

        1982, S. 13 (Leitsatz 1) u. Rn. 8; Rs. 14/70, *Deutsche Bakels/ OFD München*, Slg. 1970, S. 1001 Rn. 3 f.

828   EuGH, Rs. 327/82, *Ekro*, Slg. 1984, S. 117 Rn. 11. Die Entscheidung bildet zugleich ein Beispiel für eine stillschweigende Verweisung ins innerstaatliche Recht. Vgl. dazu auch *Franzen*, Privatrechtsangleichung durch die Europäische Gemeinschaft, S. 476. Ein weiteres Beispiel für eine Verweisung bildet EuGH Rs. 203/99, *Veedfald*, Slg. 2001, I-3569 Rn. 30 ff. Weitere Beispiele für eine autonome Auslegung gemeinschaftsrechtlicher Begriffe bilden EuGH, Rs. C-361/89, *Di Pinto*, Slg. 1991, I-1189 Rn. 15 ff.; Rs. C-45/96, *Dietzinger*, Slg. 1998, I-1199 Rn. 22; verb. Rs. C-541/99 u. C542/99, Slg. 2001, *OMAI Srl*, I-9049 Rn. 12 ff.; Rs. C-208/98, *Berliner Kindl*, Slg. 2000, I-1741 Rn. 17 ff.; Rs. C-400/00, *Club-Tour*, EuZW 2002, S. 402 f.; Rs. C-449/93, *Rockfon A/S*, Slg. 1995, I-4291 Rn. 25; Rs. C-251/95, *Sabèl BV*, Slg. 1997, I-6191 Rn. 12 f.

829   EuGH, Rs. 49/71, *Hagen/ Einfuhr- und Vorratsstelle für Getreide und Futtermittel*, Slg. 1972, S. 23 (24, Leitsatz 1) u. Rn. 26.

830   EuGH, Rs. 270/81, *Rickmers-Linie/ Finanzamt Hamburg*, Slg. 1982, S. 2771 (Leitsatz 1) u. Rn. 14; Rs. 161/78, Conradsen/ Ministerium für das Steuerwesen, Slg. 1979, S. 2221 Rn. 11; Rs. 51/76,*Verbond van Nederlandse*, Slg. 1977, S. 113, Rn. 10/11; Rs. C-449/93, Rockfon A/S, Slg. 1995, I-4291 Rn. 25; kritisch dazu im Hinblick auf die Vorgabe von Definitionen in Richtlinien und den Rechtsgedanken des Art. 249 EG (Art. 288 AEUV), *Hauschka*, Grundprobleme der Privatrechtsfortbildung, JZ 1990, S. 521 (525 ff.).

831   Vgl. EuGH, Rs. 479/93, *Francovich*, Slg. 1995, I-3843 Rn. 20. Vgl. auch die ausführliche Darstellung bei *Franzen*, Privatrechtsangleichung durch die europäische Gemeinschaft, S. 478 ff.

832   Grundlage dieses Grundsatzes ist die einheitliche Tragweite und Wirksamkeit des europäischen Unionsrechts.

833   *Franzen*, Privatrechtsangleichung durch die europäische Gemeinschaft, S. 482.

onsermessen zukomme.[834] Dies gelte auch bei der Verwendung unbestimmter Rechtsbegriffe. Aufgrund der unterschiedlichen Praxis des Unionsgesetzgebers könnten nur schwer Rückschlüsse auf die Zu- oder Unzulässigkeit einer unionsautonome Auslegung gezogen werden: Dies gelte sowohl in dem Fall, in eine Definition vorhanden ist, als auch im umgekehrten Fall des Fehlens einer Definition.

Betrachtet man nun die RL 2000/78/EG, so stellt man fest, dass der Begriff der Behinderung nicht definiert ist. Eine ausdrückliche Verweisung auf innerstaatliches Recht hinsichtlich der Begriffsbestimmung findet sich nicht. Zwar handelt es sich um eine Rahmenrichtlinie, so dass man argumentieren könnte der innerstaatliche Gesetzgeber habe bei der Ausfüllung dieses Rahmens ein Kodifikationsermessen (ggf. durch stillschweigende Verweisung). Eine solche Argumentation verkennt aber Folgendes: Erstens handelt es sich beim Antidiskriminierungsrecht um einen Kernbereich der Europäischen Union. Ausweislich der Begründungserwägungen[835] handelt es sich bei dem Grundsatz der Nichtdiskriminierung um ein allgemeines Menschenrecht, welches die Union nach Art. 2 und 6 EUV achtet. Diese fundamentale Bedeutung spricht für eine autonome Begriffsbestimmung auf europäischer Ebene. Zweitens: Die Gleichbehandlungsrichtlinie wurde auf Grundlage des Art. 19 AEUV erlassen, also einer primärrechtlichen Vorschrift. Diese enthält die gleichen Begriffsbestimmungen wie die RL 2000/78/EG. Ließe man nun ein innerstaatliches Kodifikationsermessen hinsichtlich der Begriffsbestimmung der Behinderung[836] zu, so bestünde die Gefahr, dass die Begriffe in der RL 2000/78/EG in den Mitgliedstaaten eine andere Bedeutung erlangen als auf primärrechtlicher Ebene.[837] Den Mitgliedstaaten ein Kodifikationsermessen hinsichtlich der Begriffe in Art. 19 AEUV zukommen zu lassen, kommt nicht in Betracht. Hiergegen sprechen nicht nur normhierarchische Gründe, sondern auch der Umstand, dass der EuGH bei primärrechtlichen Vorschriften strengere Voraussetzungen an ein Kodifikationsermessen der Mitgliedstaaten stellt. Aber auch aus der Richtlinie selbst lässt sich herleiten, dass den Mitgliedstaaten keine Kompetenz zur Begriffsbestimmung eingeräumt werden sollte. Art. 2 Abs. 3 RL 2000/78/EG enthält eine ausdrückliche Regelung, die den Mitgliedstaaten die Befugnis einräumt den Begriff der Belästigung zu definieren. Eine vergleichbare Regelung für die einzelnen Diskriminierungsmerkmale enthält die Richtlinie hingegen nicht. Der Richtliniengeber bringt da-

---

834 *Franzen*, Privatrechtsangleichung durch die europäische Gemeinschaft, S. 491 f.

835 Vgl. Erwägungsgründe Nr. 1 und Nr. 4 RL 2000/78/EG.

836 Die Grundsätze gelten im Übrigen für jegliche Begriffsbestimmung der verpönten Merkmale in Art. 19 AEUV bzw. der RL 2000/78/EG.

837 Ähnl. *Preis*, Diskriminierungsschutz zwischen EuGH und AGG (Teil II), ZESAR 2007, S. 308 (313). Für einen unionsrechtlichen Begriff der Behinderung i.E. auch *Meyer*, Das Diskriminierungsverbot des Gemeinschaftsrechts als Grundsatznorm und Gleichheitsrecht, S. 70.

mit zum Ausdruck, dass die Mitgliedstaaten nur im Falle einer ausdrücklichen Ermächtigung zur Begriffsdefinition befugt sind. Andernfalls hätte es der Regelung des Art. 2 abs. 3 S. 2 RL 2000/78/EG nicht bedurft. Im Übrigen lässt sich aus dem Umstand, dass es sich bei dem Rechtsakt um eine Richtlinie handelt, nur geringe Aussagekraft hinsichtlich der Rechtsangleichungsintensität ableiten. Nicht zuletzt infolge der Judikate des EuGH zur unmittelbaren Anwendbarkeit von Richtlinien[838] haben diese und die Verordnung ihre vertragliche vorgesehene Typizität in Teilen verloren. So ist auch eine „perfektionierte" Richtlinie[839] zulässig, die den Mitgliedstaaten infolge ihrer hohen Reglungsdichte kaum Umsetzungsspielräume belässt.[840] Ein zwingender Schluss von der rechtlichen Handlungsform auf eine zwingende Regelungsintensität kann damit nicht gezogen werden. Der europäische Gesetzgeber wollte durch die Gleichbehandlungsrichtlinie jegliche Diskriminierung in Beschäftigung und Beruf beseitigen. Diese Intention würde vereitelt werden, ließe man eine innerstaatliche (zudem ggf. einschränkende) Definitionskompetenz zu. Selbst wenn man in dem Begriff der Behinderung einen unbestimmten Rechtsbegriff erblickt, der durch die Mitgliedstaaten ausgefüllt werden kann, so bedeutet dies doch keinesfalls, dass dieser Begriffsbestimmung einer Kontrolle durch den EuGH entzogen wäre. Jedenfalls die Einhaltung des durch die Richtlinie vorgegebenen Rahmens kann unionsrechtlich kontrolliert werden.[841] Jedenfalls bei Umsetzungsgesetzen zu europäischem Recht muss sich das nationale Recht an den europäischen Vorgaben messen lassen.

Somit ist als Ergebnis festzuhalten, dass der EuGH kompetent zur Festlegung von Definitionen in der RL 2000/78/EG ist. Etwas anderes ergibt sich auch nicht daraus, dass man Art. 19 AEUV als Ermächtigungsgrundlage der Gleichbehandlungsrichtlinie am Maßstab der Rechtsangleichungsintensität zutreffend der aktiven Rechtsangleichung zuordnet.[842] Diese Zuordnung hat zwar Indizwir-

---

838   EuGH, Rs. 8/81, *Becker*, Slg. 1982, S. 53 Rn. 21 ff.

839   *Oppermann*, Europarecht, § 6 Rn. 88.

840   Vgl. dazu auch *Ipsen*, Europäisches Gemeinschaftsrecht, S. 458 Rn. 27 f.; *Ruffert*, in: Calliess/ Ruffert, EUV/ EGV, Art. 249 EG Rn. 47; *Biervert*, in: Schwarze, EU-Kommentar, Art. 249 Rn. 26; kritisch dazu *Hauschka*, Grundprobleme der Privatrechtsfortbildung, JZ 1990, S. 521 (532).

841   Vgl. dazu *Bleckmann*, Probleme der Auslegung europäischer Richtlinien, ZGR 1992, S. 364 ff.; *ders.* Europarecht, Rn. 558; ähnl. *Taschner*, Fortentwicklung des in der Europäischen Union angeglichenen Privatrechts, in: Der Schadensersatz und seine Deckung, FS Steffen, S. 479 (485).

842   So *Domröse*, Krankheitsbedingte Kündigung als Verstoß gegen das Verbot der Diskriminierung wegen einer Behinderung, NZA 2006, S. 1320. Aktive Rechtsangleichung meint den Tätigkeitsbereich der Europäischen Union, in dem diese Schutzpolitiken zugunsten bestimmter Gruppen im Wege der aktiven Gestaltung verfolgt. Zum methodischen Vorgehen des EuGH in diesen Fällen *Daig*, Rechtsvergleichung und Methodenlehre im EWG-Recht, FS Zweigert. S. 395 (400 ff.). Demgegenüber steht die

kung für die Intensität der Rechtsangleichung. So spricht bei der reaktiven Rechtsangleichung eine Vermutung für eine autonome Auslegung, bei der aktiven eine Vermutung gegen eine autonome Auslegung.[843] Diese Indizwirkungen kann jedoch im Einzelfall entkräftet werden. Dies kann etwa dann der Fall sein, wenn der Unionsgesetzgeber durch Rechtsakte Unionsgrundrechte ausgestaltet.[844] Bei der Ausgestaltung tragender Grundprinzipien der Union ist der Gedanke der einheitlichen Anwendung und Wirksamkeit des Unionsrechts in besonderem Maße berührt. Dieser Grundsatz weist aber gerade in Richtung einer reaktiven Rechtsangleichung. Bei dem Grundsatz der Nichtdiskriminierung handelt es sich um ein solches tragendes Prinzip der Europäischen Union, was nicht zuletzt auch durch die Verortung einzelner Merkmale des Art. 19 Abs. 1 AEUV sowie der RL 2000/78/EG als allgemeine Grundsätze des Unionsrechts deutlich wird. Diese Bedeutung rückt die Gleichbehandlungsrichtlinie jedenfalls hinsichtlich ihrer Zielsetzung der Schaffung eines diskriminierungsfreien Arbeits- und Beschäftigungsumfelds in die Nähe reaktiver Rechtsangleichung mit der der Konsequenz, dass die Begriffe europarechtlich autonom ausgelegt werden können. Die Vermutung eines mitgliedstaatlichen Kodifikationsermessen in dieser Hinsicht greift in diesem Fall nicht. Damit gilt hinsichtlich des Begriffs der Behinderung für das AGG die Definition auf Grundlage der Entscheidung Navas. Somit kommt es also auf die zweite Frage an, inwieweit das Begriffsverständnis der Behinderung im AGG den Vorgaben des europäischen Rechts in der Auslegung durch den Gerichtshof entspricht.

(3) Auswirkungen auf den Begriff der Behinderung im AGG

Nach nationalem Verständnis umfasst der Begriff der Behinderung im AGG, dem sozialrechtlichen Begriff der Behinderung folgend, nicht altersbedingte Krankheiten bzw. Einschränkungen in Folge des Alters.[845] Gegenüber dem Definitionsverständnis des EuGH in der Rechtssache Navas stellt sich das nationale

---

reaktive Rechtsangleichung, die durch die Beseitigung der Hindernisse für die Grundfreiheiten durch Rechtsangleichung gekennzeichnet ist. Sie stellt eine Reaktion des Unionsgesetzgebers auf Störungen der Grundfreiheiten dar. Bei der reaktiven Rechtsangleichung ist die Rechtsangleichungsintensität im Vergleich zur aktiven Rechtsangleichung höher, weil bei ihr die Funktionsfähigkeit des Binnenmarktes im engeren Sinne im Vordergrund steht. Vgl. Zu den Begriffen *Franzen*, Privatrechtsangleichung durch die Europäische Gemeinschaft, § 3 S. 108 ff.

843 *Franzen*, Privatrechtsangleichung durch die Europäische Gemeinschaft, § 14 S. 503.
844 Vgl. *Franzen*, Privatrechtsangleichung durch die Europäische Gemeinschaft, § 14 S. 499 zu Art. 308 EG (Art. 235 EWGV) und Rechtsvorschriften zur Gleichbehandlung von Mann und Frau. Vgl. zur Rechtssetzungstätigkeit der Gemeinschaft auf Grundlage des Art. 235 EWGV *Langenfeld*, Die Gleichbehandlung von Mann und Frau im europäischen Gemeinschaftsrecht, S. 158 ff.
845 *Schiek*, Gleichbehandlungsrichtlinien der EU, NZA 2004, S.873 (881); ähnlich *Wank*, Diskriminierung in Europa, NZA 2004 (Sonderbeilage Heft 22), S. 16 (20).

Begriffsverständnis damit im Anwendungsbereich enger dar als das europäische. Nach letzterem können grds. auch altersbedingte Einschränkungen, die von langer Dauer sind, eine Behinderung darstellen. Dies ergibt sich aus dem Umstand, dass der EuGH den Behindertenbegriff weniger medizinisch, als berufsbezogen bestimmt. Der altersbedingte Leistungsabfall, also häufig physische Beeinträchtigungen und daraus resultierende Gefahren werden immer wieder als Rechtfertigung für Altersgrenzen im Erwerbsleben herangezogen und bilden damit ein Hindernis für die Teilhabe am Berufsleben. Das Kriterium der langen Dauer ist diesbezüglich oftmals unproblematisch, da die Beeinträchtigungen mit zunehmendem Alter tendenziell eher zunehmen.

Das einschränkende Verständnis des Begriffs der Behinderung im AGG ist mit dem höherrangigen europäischen Richtlinienrecht nicht vereinbar und damit europarechtswidrig.[846] Die aufgezeigten Widersprüche können jedoch ggf. durch eine europarechtskonforme Auslegung gelöst werden. Im nationalen Recht bestehen damit nunmehr unterschiedliche Behindertenbegriffe, auf der einen Seite der verfassungsrechtliche und diskriminierungsrechtliche Behindertenbegriff, die nach hier vertretener Auffassung nicht in Widerspruch zueinander stehen, auf der anderen Seite der sozialrechtliche Behindertenbegriff, der, sofern eine verfassungskonforme bzw. europarechtskonforme Auslegung nicht in Einzelfällen geboten ist, alterstypische Einschränkungen nicht als Behinderung umfasst.

Hauptkonsequenz ist, dass für das Vorliegen einer Behinderung im AGG ein festgestellter Grad der Behinderung nicht erforderlich ist. Altersbedingte Einschränkungen können damit unter den Behindertenbegriff des AGG fallen, sofern es sich dabei nicht um eine Krankheit handelt. Die Entscheidung des EuGH verlagert den Blick bei der Abgrenzung auf den Sinn und Zweck des Diskriminierungsverbots. Dieser liegt in der Bekämpfung von gesellschaftlichen und beruflichen Teilhabebeeinträchtigungen. Für die Einordnung einer Funktionsbeeinträchtigung als Behinderung ist demzufolge entscheidend auf das Vorliegen und die Qualität der Teilhabebeeinträchtigung abzustellen. Infolge der Rechtsprechung des EuGH ist die altersbezogenheit einer Einschränkung damit kein taugliches Kriterium mehr zur Bestimmung des Vorliegens einer Behinderung. Entscheidende Bedeutung kommt nunmehr ausschließlich der Abgrenzung zwischen Krankheit und Behinderung zu.

(4) Die Abgrenzung zwischen Krankheit und Behinderung

Dass die Abgrenzung zwischen Krankheit und Behinderung auf Schwierigkeiten stößt liegt auf der Hand.[847] Weder die Definition des Gerichtshofs, noch die des

---

846   Ähnl. Schon vor dem Urteil des EuGH *Leder*, Das Diskriminierungsverbot wegen einer Behinderung, S. 149. A.A. *Husmann*, Anti-Diskriminierungsrecht, NZA 2008 (Beil. Heft 2), S. 94 (96).

847   Vgl. zur Frage, ob Suchterkrankungen unter den Behinderungsbegriff fallen *Meyer*, Das Diskriminierungsverbot des Gemeinschaftsrechts als Grundsatznorm und Gleich-

nationalen deutschen Rechts, die ohnehin nicht uneingeschränkt hergezogen werden dürfte, liefern klare Abgrenzungskriterien. 2005 hat das Arbeitsgericht Berlin die Neurodermitis Erkrankung einer Arbeitnehmerin als Behinderung angesehen[848], freilich ohne das Problem der Abgrenzung zwischen Krankheit und Behinderung zu erörtern. Im konkreten Fall bestand dazu, obschon es um das Verbot der Diskriminierung wegen einer Behinderung iSd RL 2000/78/EG ging, kein Anlass.

Das vom EuGH in der Entscheidung Navas maßgeblich vorgebrachte Abgrenzungskriterium von Krankheit und Behinderung ist das, das letztere wahrscheinlich von langer Dauer sein muss. Genauere Angaben, was unter langer Dauer zu verstehen ist liefert der Gerichtshof nicht. Ob die Grenze von sechs Monaten des deutschen Sozialrechts diesen Anforderungen genügt kann nicht abschließend beurteilt werden. Der natürliche Sprachgebrauch spricht jedenfalls dafür Einschränkungen, die unter sechs Monaten liegen, grds. nicht unter den Begriff der Behinderung zu fassen. Ob es sich hingegen um einer alterstypische Einschränkung handelt oder nicht, ist nach der Definition des EuGH nicht entscheidend: Der Begriff „Behinderung" ist so zu verstehen, dass er eine Einschränkung erfasst, die insbesondere auf physische, geistige oder psychische Beeinträchtigungen zurückzuführen ist und die ein Hindernis für die Teilhabe des Betreffenden am Berufsleben bildet.[849] Der EuGH geht damit von einem sozialen Modell des Behindertenbegriffs aus.[850] Nicht entscheidend scheint auch das Kriterium zu sein, ob die Einschränkung medizinisch behoben werden kann oder nicht. Damit können wohl auch Beeinträchtigungen, deren medizinische Behandlung langwierig ist und die Einschränkung während der Behandlung fortdauert, unter den Begriff der Behinderung fallen.

Wie sich in diesem Bereich die Rechtsprechung entwickeln wird, bleibt abzuwarten. Insbesondere wird zu klären sein, ab wann eine altersbedingte Einschränkung krankheitswert aufweist, da Krankheiten nach dem Verständnis des EuGH nicht unter den Behindertenbegriff fallen.

---

heitsrecht, S. 71 f. In anderen Rechtsordnungen fällt die Abgrenzung weniger schwer. So enthält Art. L- 122-45 des französischen Code du travail eine Gleichstellung des Gesundheitszustands und der Behinderung. Danach darf „Niemand (...) von der Einstellung ausgenommen werden und kein Arbeitnehmer gemaßregelt oder entlassen werden wegen seines Gesundheitszustands oder einer Behinderung, wenn nicht seine Ungeeignetheit ärztlich festgestellt wird." Nach dem amerikanischen Americans with Disabilities Act liegt eine Behinderung bereits vor, wenn eine physische Beeinträchtigung vorliegt, die eine oder mehrere wesentliche Lebensaktivitäten substantiell beeinträchtigt (sec. 3 para. 2).

848   ArbG Berlin, NZA-RR 2005, S. 608 f. Vgl. zu der Entscheidung auch *Thüsing/ Wege*, Behinderung und Krankheit bei der Einstellung, NZA 2006, S. 136 ff.
849   EuGH, Rs. C-13/05, *Navas*, NZA 2006, S. 839 (840 Rn. 43).
850   *Colneric*, Antidiskriminierung, NZA 2008 (Beil. Heft 2), S. 66 (72).

IV. Ausnahmen vom Gleichbehandlungsgrundsatz, Art. 4, Art. 6 und Art. 7 RL 2000/78/EG

In der RL 2000/78/EG finden sich drei Bestimmungen, die den Mitgliedstaaten die Möglichkeit einräumen, Kriterien festzulegen bzw. Maßnahmen zu ergreifen, die, obschon sie eine Ungleichbehandlung darstellen können, keine Diskriminierung iSd Richtlinie darstellen. Nach der Rechtsprechung des EuGH sind derartige Ausnahmebestimmungen im Zweifel eng auszulegen, um die Diskriminierungsverbote nicht leer laufen zu lassen.[851]

1. Positive Maßnahmen

Positive Maßnahmen sind solche die eine gezielte Förderung bestimmter benachteiligter Gruppen bezwecken. Nach den Vorgaben der Richtlinie in Art. 7 können die Mitgliedstaaten solche Maßnahmen, sofern bestehend, beibehalten bzw. einführen. Es geht dabei um Bereiche, in denen ein Anspruch auf Gleichbehandlung in der sozialen Wirklichkeit nicht ausreichend ist um das Ziel zu erreichen. Positive Maßnahmen gehen damit inhaltlich weiter, sie bezwecken die Gleichstellung einer bestimmten Person iS der Schaffung materieller Ergebnisgleichheit.[852]

Die Rechtfertigungsbedürftigkeit von positiven Maßnahmen ergibt sich daraus, dass die gezielte Besserstellung von Minderheiten zugleich eine Diskriminierung der Mehrheit darstellen kann.[853] Diese Benachteiligung ist der kompensierenden Bevorzugung wesensimmanent.[854]

Von Befürwortern positiver Maßnahmen wird vorgetragen, dass ausgleichende Gerechtigkeitserwägungen es erforderten in der Vergangenheit liegenden Benachteiligungen durch entsprechende Maßnahmen in der Gegenwart zu beheben.[855] Auch werden diesbezüglich Grundgedanken der ungerechtfertigten Bereicherung angeführt.[856]

---

851 Vgl. nur EuGH, Rs. 222/84, *Johnston*, Slg. 1986, S. 1651 (Leitsatz 4) u. Rn. 36; Rs. C-273/97, *Sirdar*, Slg. 1999, I-7403 Rn. 23.

852 Vgl. *Mohr*, Schutz vor Diskriminierungen im Europäischen Arbeitsrecht, S. 320.

853 Zur Frage, ob für positive Maßnahmen mit Art. 19 AEUV eine ausreichende primärrechtliche Rechtsgrundlage vorhanden ist vgl. *Meyer*, Das Diskriminierungsverbot des Gemeinschaftsrechts als Grundsatznorm und Gleichheitsrecht, S. 178; *Jochum*, Der neue Art. 13 EGV, ZRP 1999, S. 279 (280).

854 Die Zulässigkeit von kompensierender Bevorzugung ist umstritten. Unter bestimmten Voraussetzungen wurden positive actions sowohl vom Bundesverfassungsgericht wie vom EuGH für zulässig erachtet. Vgl. BVerfG, Urteil v. 28.01.1987 – 1 BvR 455/82, BVerfGE 74, S. 163 (180). Im deutschen Verfassungsrecht finden sich mit Art. 3 Abs. 2 S. 2 GG und Art. 3 Abs. 3 S. 2 GG Aussagen zur Zulässigkeit von kompensierender Bevorzugung hinsichtlich des Merkmals Geschlecht und Behinderung.

855 *Fredman*, Discrimination law, S. 127.

856 Vgl. *Mahlmann*, in: Rudolf/ Mahlmann, Gleichbehandlungsrecht, § 1 Rn. 47

Der Gedanke des Ausgleichs einer ungerechtfertigten positiven Stellung in der Vergangenheit hat eine gewisse Berechtigung. Es gilt jedoch zu beachten, das eine solche in der Vergangenheit liegende Position auf Grund der Zugehörigkeit zu einer bestimmten Gruppe, dem Einzelnen nicht ohne jegliche weiter Prüfung zugerechnet werden kann, sofern sie nicht auf eigenverantwortlichem Handeln beruhte.[857] Andernfalls würde der Ansatz der Gleichbehandlung in seinem Zweck verkehrt und es käme zu einer Ungleichbehandlung auf Grund bestimmter Merkmale. Positive Maßnahmen verstärken die Wirkung von Antidiskriminierungsregelungen, indem sie aktiv bestimmte Sachbereiche regeln. Sie kommen vor allem dann in Betracht, wenn andere Maßnahmen keinen Erfolg zeigen, sie mithin das einzige Mittel sind um strukturelle Muster der Ungleichbehandlung zu durchbrechen.[858]

Positive Maßnahmen sind nach der Rahmenrichtlinie zulässig, sofern sie verhältnismäßig sind und einen rechtmäßigen Zweck verfolgen. Der Gerichtshof hat in seiner bisherigen Rechtsprechung die Auffassung vertreten, dass gezielte Förderungsmaßnahmen nur vordergründig als diskriminierend anzusehen sind, weil sie bei genauer Betrachtung die Beseitigung von bestehenden Unterschieden bezwecken.[859] Diese Rechtsprechung hat jedoch keine Auswirkungen auf die Beurteilung anhand der RL 2000/78/EG dahingehend, dass jede Maßnahme, die dieses Ziel verfolgt als zulässig anzusehen wäre. Nach Art. 7 Abs. 1 der Richtlinie sind positive Maßnahmen sowohl zur Beseitigung von Unterschieden als auch zur Verhinderung künftiger Ungleichbehandlungen zulässig. Das ursprünglich allein auf den Bereich der Gleichbehandlung von Mann und Frau beschränkte Prinzip der Zulässigkeit positiver Maßnahmen ist durch Art. 7 RL 2000/78/EG auf alle Diskriminierungsgründe verallgemeinert worden. Es spricht deswegen einiges dafür, bei der Beurteilung von positiven Maßnahmen auf die Rechtsprechung des EuGH zu positiven Maßnahmen zum Abbau geschlechtsbedingter Diskriminierungen zurückzugreifen.[860]

2. Wesentliche und entscheidende berufliche Anforderungen, Art. 4 Abs. 1 RL 2000/78/EG

Gemäß Art. 4 Abs. 1 der RL 200/78/EG können die Mitgliedstaten festlegen, dass eine Ungleichbehandlung wegen des Alters keine Diskriminierung darstellt,

857 *Mahlmann*, in: Rudolf/ Mahlmann, Gleichbehandlungsrecht, § 1 Rn. 48
858 *Mahlmann*, in: Rudolf/ Mahlmann, Gleichbehandlungsrecht, § 1 Rn. 47
859 EuGH, Rs. C-409/95, *Marschall*, EuZW 1997, S. 756, 757.
860 Vgl. dazu ausführlich EuGH, Rs. 184/83, Slg. 1984, I-3047 – *Hofmann*; Rs. 222/84, Slg. 1986, 1663 – *Marguerite Johnston*; Rs. C-345/89, Slg 1991, I-4062 – *Alfred Stoeckel*; Rs. C-13/93, Slg 1994, I-371 – *Office national de l'emploi*; Rs. C-450/93, Slg 1995, I-3051 – *Kalanke*; Rs. C-409/95, Slg 1997, I-6363 – *Marschall*; Rs. C-158/97, Slg 2000, I-1875 – *Badeck*; Rs. C-407/98, Slg 2000, I-5539 – *Abrahamson*; sowie *Langenfeld*, in: Grabitz/ Hilf, Das Recht der Europäischen Union, Art. 141 EG Rn. 82 ff.

sofern das Alter aufgrund der Art eines Berufs oder der Bedingung seiner Ausübung eine wesentliche und entscheidende berufliche Anforderung darstellt. Dieser sehr allgemein formulierte Rechtfertigungsgrund entspricht dem weiten Anwendungsbereich des Diskriminierungsverbots. Erforderlich sind eine rechtmäßige Zweckverfolgung und das die Anforderung angemessen ist. Sie gilt für unmittelbare und mittelbare Diskriminierungen gleichermaßen. Durch das Erfordernis der Angemessenheit unterliegt die Vorschrift engen Voraussetzungen. In Betracht kommen nur berufliche Anforderungen, die für die Ausübung der jeweiligen beruflichen Tätigkeit unerlässlich sind.[861] Für das Merkmal des Alters kommen dabei als solche wesentlichen und entscheidenden beruflichen Anforderungen u.a. die körperliche Belastbarkeit und Leistungsfähigkeit bestimmter Berufsgruppen in Betracht, bei denen ein Schutzinteresse der Allgemeinheit besteht, wie z.B. bei Polizisten, Feuerwehrmännern oder Fluglotsen. Das Alter bilde in diesen Fällen eine „(...) zulässige Vertypung der Belastbarkeitsgrenze."[862] Daneben werden auch Beispiele aus dem Bereich der Schauspielerei oder der Modebranche[863] genannt, wobei eine generelle Ausnahmeregelung für die beiden letztgenannten Bereiche wohl unverhältnismäßig sein dürfte. Sie ist nur dann zuzulassen, wenn die Authentizität der Tätigkeit anders nicht zu verwirklichen ist. Auch die Frage der Zulässigkeit von Höchstaltergrenzen ist in den Bereich der wesentlichen und entscheidenden beruflichen Anforderungen einzuordnen, sofern es um die Leistungsfähigkeit und Belastbarkeit geht. Betrachtet man Ungleichbehandlungen wegen des Alters, so fällt auf, dass der Grund einer Ungleichbehandlung in den weitaus meisten Fällen nicht wegen des Alters an sich, sondern wegen anderer Merkmale erfolgt. Es ist dies vor allem die schon erwähnte Abnahme der psychischen und physischen Leistungsfähigkeit, die etwa zur Begründung von Höchstaltergrenzen herangezogen wird. Das Lebensalter eines Menschen fungiert gewissermaßen als Stellvertretermerkmal für das eigentlich gemeinte Kriterium. Hierbei stellt sich die Frage, ob eine solche Anknüpfung an ein Merkmal, dass den inhaltlichen Grund der Ungleichbehandlung nicht zwingend umfasst, zulässig ist. Dies ist deshalb von Bedeutung, weil die Kriterien eine Rechtfertigung unterschiedlich sein können, je nachdem, ob an das eine oder an das andere Merkmal angeknüpft wird. Das höhere Alter als Stellvertretermerkmal für bestimmte physische oder psychische Eigenschaften oder Fähigkeiten unterstellt einen Mangel oder Verlust dieser Eigenschaften oh-

---

861   *Meyer*, Das Diskriminierungsverbot des Gemeinschaftsrecht als Grundsatznorm und Gleichheitsrecht, S. 122 f.; *Korthaus*, Das neue Antidiskriminierungsrecht, S. 104.

862   *Mohr*, Schutz vor Diskriminierungen im Europäischen Arbeitsrecht, S. 274.

863   *Waltermann*, Verbot der Altersdiskriminierung – Richtlinie und Umsetzung, NZA 2005, S. 1265 (1267); *Schmidt*, Das Verbot der Diskriminierung wegen des Alters, KritV 2004, S. 244 (247); gegen die Anwendung auf Schauspieler, *Linsenmaier*, Das Verbot der Diskriminierung wegen des Alters, RdA 2003 (Sonderbeilage Heft 5), S. 22 (26).

ne weitere Prüfung und unabhängig von der konkreten Person. Auch die Möglichkeit, die zunächst auf Typisierung beruhende Annahme zu widerlegen, besteht nicht. Damit stellt sich das Merkmal als zu unbestimmt dar und beachtet in nicht ausreichender Weise die speziellen Tätigkeitsanforderungen eines Berufes, um als angemessene Maßnahme isd RL 2000/78/EG gelten zu können.[864] Bei der Typisierung hinsichtlich des Alters ist daher Zurückhaltung geboten. Erforderlich ist, dass ein konkreter Bezug zu eine spezifischen Tätigkeit hergestellt wird. Vor diesem Hintergrund hat der EuGH beispielsweise eine Höchstaltersgrenze von 30 Jahren für die Einstellung in den mittleren feuerwehrtechnischen Dienst nach nationalem Recht gebildet.[865] „Der mittlere feuerwehrtechnische Dienst stelle nämlich für bestimmte Einsätze außergewöhnlich hohe körperliche Anforderungen, die nur von den jüngsten Beamten erfüllt werden könnten. Unter Berücksichtigung des medizinisch nachgewiesenen Alterungsprozesses verfügten die Beamten, die älter als 45 bis 50 Jahre seien, aber nicht mehr über diese erhöhte körperliche Eignung, und diese Einsätze müssten von den jüngsten Beamten geleistet werden. Somit solle mit dem vorgeschriebenen Einstellungshöchstalter gewährleistet werden, dass die Beamten des mittleren feuerwehrtechnischen Dienstes die besonders hohe körperliche Anforderungen stellenden Aufgaben über einen relativ langen Zeitraum ihrer Laufbahn erfüllen könnten."[866]

Nicht einheitlich beurteilt wird die Frage, Ob sich wesentliche und entscheidende berufliche Anforderungen aus den Erwartungen Dritter ergeben können. Konkret geht es hinsichtlich des Alters um die Frage, ob Vorlieben und Erwartungen von Kunden und Konsumenten (sog. customer preferences) die Einstellung von Arbeitnehmern einer bestimmten Altergruppe rechtfertigen können. Dabei besteht die Besonderheit, dass der Arbeitgeber zwischen zwei Marktbeziehungen steht, namentlich dem Arbeitsmarkt einerseits, durch seine Rechtsbeziehung zum Arbeitnehmer oder Bewerber und andererseits in seiner Rolle als Unternehmer am Markt mit seinen Rechtsbeziehungen zu Kunden.[867]

Unter Geltung des AGG haben sich hierbei zahlreiche unterschiedliche Auffassungen gebildet. Während Teile der Literatur die Berücksichtigung von Kun-

---

864 So *Schlachter*, Altersgrenzen, GedS Blomeyer, S. 355 (360) für Altersgrenzen für Polizisten und Feuerwehrleute. Im Ergebnis sieht sie jedoch eine Rechtfertigung auf Grundlage von Art. 2 Abs. 5 RL 2000/78/EG; ähnlich auch *Waltermann*, Übergang vom Erwerbsleben in den Ruhestand, GedS Blomeyer, S. 495 (500).

865 EuGH, Urteil v. 12. Januar 2010 – Rs. C-229/08 – *Wolf*, mit Anm. *Röbke*, EuZW 2010, 145; nach nationalem Recht wurde die Höchstaltersgrenze von 25 Jahren für die Einstellung in den mittleren Polizeivollzugsdienst ebenfalls gebildet, vgl. BVerwG, Urteil v. 24. September 2009 – 2 C 31/08.

866 EuGH, Urteil v. 12. Januar 2010 – Rs. C-229/08 – *Wolf* Rn. 34.

867 Vgl. *Krause*, Antidiskriminierungsrecht und Kundenpräferenzen, FS Adomeit, 2008, S. 377 (378).

denwünschen generell ablehnt[868], stellen andere auf einen hypothetischen Zuläs-sigkeit der Ungleichbehandlung im Verhältnis Kunde – Arbeitnehmer ab und übertragen diese auf das Verhältnis Arbeitgeber - Arbeitnehmer: Wenn also ein Kunde bei seiner Entscheidung nicht gegen ein Diskriminierungsverbot verstie-ße, dann könne der Arbeitnehmer die Kundenwünsche bei der Personalstruktu-rierung berücksichtigen.[869] Einem dritten Ansatz nach soll bei der Beantwortung der Frage zunächst in einem ersten Schritt von den gesetzlichen Antidiskriminie-rungsregeln ausgegangen werden und sodann in einem zweiten Schritt die ge-genläufigen Interessen bei der Auslegung berücksichtigt werden.[870]

Nach hier vertretener Auffassung können sich wesentliche und entscheiden-de berufliche Anforderungen grds. nicht aus Erwartungen Dritter ergeben.[871]

Der Begriff der wesentlichen und entscheidenden beruflichen Anforderun-gen ist objektiv zu bestimmen und nicht subjektiv. Würde man subjektive Vor-lieben von Kunden hinsichtlich des Alters ausreichen lassen, so bestünde hin-sichtlich des Verbots der Diskriminierung wegen des Alters die Gefahr, dass dieses in weiten Bereichen leer liefe. Dies schon deshalb, weil Vorurteile gegen des Alter nach wie vor gesellschaftlich weit verbreitet sind. Letztendlich würde dies bedeuten, dass, je weiter eine Diskriminierung aufgrund eines bestimmten Merkmals gesellschaftlich, und damit auch bei (potentiellen) Konsumenten ver-breitet ist, desto eher eine Rechtfertigung der Diskriminierung möglich wäre. Das erklärte Ziel des Gleichbehandlungsrechts würde damit ad absurdum ge-führt. Zudem stünde man vor dem Problem, welche Art von Kundenerwartungen als erheblich anzusehen sind und welche nicht.[872] Ein bestimmtes von Arbeitge-bern aufgestelltes Unternehmenskonzept kann daher nur in engen Grenzen zur Rechtfertigung herangezogen werden. Entscheidend ist eine wertende Betrach-tung im Einzelfall, wobei das Unternehmensinteresse gegen das Interesse der Arbeitnehmer an Gleichbehandlung abzuwägen ist. Eine Unbilligkeit auf Unter-nehmerseite ergibt sich hieraus nicht, da auch Konkurrenten den gleichen An-forderungen unterliegen. Sofern also Kundenerwartungen bei Unternehmen, de-ren Ausrichtung beispielsweise an jugendliche Konsumenten Bestandteil des Unternehmenskonzeptes sind, als wesentliche und entscheidende berufliche An-

---

868 Überblick m.w.N. auch zur einzelfallgeprägten Rechtsprechung bei *Krause*, Antidis-kriminierungsrecht und Kundenpräferenzen, FS Adomeit, 2008, S. 377 (383).

869 *Adomeit/ Mohr*, AGG, § 8 Rn. 40.

870 So *Krause*, Antidiskriminierungsrecht und Kundenpräferenzen, FS Adomeit, 2008, S. 377 (386), der gleichzeitig die Bildung von verallgemeinerten Fallgruppen (körperbe-zogene, vertrauensbezogene, authentizitätsbezogene, anreizbezogene, xenophobische und kulturkreisüberschreitende Kundenpräferenzen) vorschlägt.

871 *Thüsing*, Gedanken zur Effizienz arbeitsrechtlicher Diskriminierungsverbote, RdA 2003, 257 (263); ErfK/*Schlachter*, § 611a BGB Rn. 23; *Lingscheid*, Antidiskriminie-rung im Arbeitsrecht, S. 95.

872 Vgl. *Thüsing*, Vom Kopftuch als Angriff auf die Vertragsfreiheit, NJW 2003, S. 405 (406).

forderungen angesehen werden[873], um lediglich die Einstellung jüngerer Personen zu begründen, ist dies grds. abzulehnen.

3. Art. 6 Abs. 1 RL 2000/78/EG

Art. 6 Abs. 1 RL 2000/78/EG listet ein Reihe von Ungleichbehandlungen aus Gründen des Alters auf, die einer Rechtfertigung zugänglich sind. Erfasst sind von Art. 6 Abs. 1 RL 2000/78/EG insbesondere die Festlegung besonderer Bedingungen für den Zugang zu Beschäftigung und beruflicher Bildung, die Festlegung von Mindestanforderungen an Alter, Berufserfahrung oder Dienstalter für den Zugang zur Beschäftigung und die Festsetzung eines Höchstalters für die Einstellung aufgrund spezifischer Ausbildungsanforderungen (Art. 6 Abs. 1 a)-c) RL 2000/78/EG).

Bei allen Beispielen handelt es sich um Fälle direkter (unmittelbarer) Diskriminierung.[874] Aus der Formulierung „insbesondere" in Art. 6 Abs. 1 RL 2000/78/EG ergibt sich, dass die Aufzählung der Beispiele nicht abschließend ist.[875] Im Zusammenhang mit der Legaldefinition des Begriffs der Diskriminierung in Art. 2 Abs. 2 RL 2000/78/EG stellt sich die Frage, welche Ungleichbehandlungen aus Gründen des Alters einer Rechtfertigung zugänglich sind. Ohne Zweifel sind dies zunächst die in Art. 6 RL 2000/78/EG genannten Bereiche. Eine Gesamtschau zwischen Art. 2 und Art. 6 RL 2000/78/EG ergibt, das man darüber hinaus davon auszugehen hat, dass grds. jede Ungleichbehandlung einer Rechtfertigung zugänglich ist, sofern die weiteren Voraussetzungen vorliegen.[876] Auch wenn den aufgelisteten Regelbeispielen gemeinsam ist, dass sie einen Bezug zu einem Gemeinwohlinteresse aufweisen liegt hierin keine sachliche Beschränkung der in Frage kommenden Ziele. Damit kommen grds. auch Einzelinteressen, etwa die Gewährleistung von Aufstiegschancen für jüngere Arbeitnehmer oder das Interesse des Arbeitgebers an einer ausgewogenen Altersstruk-

---

873 So *Löwisch/Caspers/Neumann*, Beschäftigung und demographischer Wandel, S. 23, die das Beispiel von Moderatoren bei Musiksendungen und Verkäufern bei Mode-Einzelhandelsketten nennen.

874 Vgl. *Thüsing*, Diskriminierungsschutz im Europäischen Arbeitsrecht, ZfA 2001, S. 397 (409); *Kuras*, „Verbot der Diskriminierung wegen des Alters", in: RdA 2003 (Sonderbeilage), S. 11 (14); *Mohr*, Schutz vor Diskriminierung im europäischen Arbeitsrecht, S. 276. Zur umstrittenen Frage, inwieweit eine Rechtfertigung von unmittelbaren Diskriminierungen in Betracht kommt, ohne dass diese unionsrechtlich zugelassen ist vgl. *Lingscheid*, Antidiskriminierung im Arbeitsrecht, S. 49

875 *Korthaus*, Das neue Antidiskriminierungsrecht, S. 121; *Schmidt*, Das Arbeitsrecht der EG, S. 203 Rn. 202; *Schmidt/ Senne*, Das gemeinschaftsrechtliche Verbot der Altersdiskriminierung, RdA 2002, S. 80 (85); *Schlachter*, Altersgrenzen angesichts der gemeinschaftlichen Verbots der Altersdiskriminierung, in: Altersgrenzen und Alterssicherung im Arbeitsrecht, GedS Blomeyer , S. 355 (368).

876 Ebenso *Thüsing*, Diskriminierungsschutz im Europäischen Arbeitsrecht, ZfA 2001, S. 397 (409); *Korthaus*, Das neue Antidiskriminierungsrecht, S. 121; *Kuras*, Verbot der Diskriminierung wegen des Alters, RdA 2003 (Sonderbeilage), S. 11 (15)

tur der Belegschaft, in Betracht.[877] Entscheidend ist die Verhältnismäßigkeit der jeweiligen Maßnahme.

Eine Rechtfertigung kommt damit gem. Art. 6 Abs. 1 RL 2000/78/EG in Betracht, wenn die Ungleichbehandlung objektiv, angemessen und im Rahmen des jeweiligen nationalen Rechts durch ein legitimes Ziel gerechtfertigt ist. Weiter muss das gewählte Mittel im Hinblick auf das angestrebte Ziel angemessen und erforderlich sein, d.h. das intendierte Ziel darf nicht durch ein milderes aber gleich wirksames Mittel erreichbar sein. Dabei wird man die Rechtfertigung umso sorgfältiger zu prüfen haben, je stärker eine Ungleichbehandlung am Alter anknüpft. Hinsichtlich der Festlegung des verfolgten Ziels ist eine Normierung durch Gesetz oder Verordnung erforderlich, sind die in Art. 6 Abs. 1 RL 2000/78/EG aufgeführten Beispiele doch überwiegend an der Verfolgung von Allgemeininteressen ausgerichtet.[878] So kommen hinsichtlich der Mindestanforderungen an das Alter etwa der Schutz der Gesundheit oder die Sicherheit Dritter in Betracht, nicht aber die schlichte Anerkennung von Lebenserfahrung. Bei der automatischen Verknüpfung eines bestimmten Alters mit einem bestimmten Maß an Lebenserfahrung, die zudem ihrerseits nur schwer zu bestimmen ist, handelt es sich um ein klassisches Stereotyp zu Lasten Jüngerer.[879]

Hinsichtlich der Frage nach der Zulässigkeit von Höchstaltersgrenzen wird vertreten, dass diese nach Art. 6 Abs. 1 RL 2000/78/EG zulässig seien. Vor allem das durch Höchstbefristungen verfolgte Ziel, den Arbeitsmarkt für jüngere Arbeitnehmer zu öffnen, stelle ein legitimes sozialpolitisches Ziel dar.[880] Andere vertreten die Ansicht, derartige Altersgrenzen, insbesondere die in Deutschland verbreitete von 65 bzw. nunmehr 67 Jahren seien unzulässig, da sie lediglich das Ziel verfolgten, Arbeitnehmer ab Erreichen eines bestimmten Alters von der Erwerbstätigkeit auszuschließen.[881] Ein sachlicher Grund, der eine derartige Altersgrenze rechtfertigen könne liege hierin nicht. Mit der Entscheidung des Gerichtshofs in der Rechtssache Palacios de la Villa ist die Streitfrage jedenfalls für die Praxis zugunsten der erstgenannten Ansicht entschieden worden. Die Kritik an der Entscheidung wurde bereits aufgezeigt. Höchstaltersgrenzen führen in der

877   So zutreffend *Waltermann*, Altersdiskriminierung, ZfA 2006, S. 305 (315); *Bauer*, Europäische Antidiskriminierungsrichtlinien, NJW 2001, S. 2672 (2674); a.A. *Wiedemann/ Thüsing*, Der Schutz älterer Arbeitnehmer und die Umsetzung der Richtlinie 2000/78/EG, NZA 2002, 1234 (1237 f.); *Schlachter*, Altersgrenzen angesichts des gemeinschaftlichen Verbots der Altersdiskriminierung, in: Altersgrenzen und Alterssicherung im Arbeitsrecht, GedS Blomeyer, S. 355 (368 f.).

878   *Kuras*, Verbot der Diskriminierung wegen des Alters, RdA 2003 (Sonderbeilage), S. 11 (14).

879   Vgl. *Senne*, Auswirkungen des europäischen Verbots der Altersdiskriminierung auf das deutsche Arbeitsrecht, S. 196.

880   So. *Bauer*, Europäische Antidiskriminierungsrichtlinien, NJW 2001, S. 2672 (2673 f.).

881   *Schmidt/Senne*, Das gemeinschaftsrechtliche Verbot der Altersdiskriminierung, RdA 2002, S. 80, 87 ff.

Folge der gesellschaftlichen Einstellung gegenüber dem Alter faktisch zur Beendigung der Berufstätigkeit. Die Entschlussfähigkeit zur Beendigung der Berufstätigkeit wird aufgehoben. Im Rahmen einer Verhältnismäßigkeitsprüfung von Höchstaltersgrenzen kann deswegen nicht allein auf die wirtschaftliche Absicherung abgestellt werden. Diese kann allenfalls finanzielle Nachteile abmildern, nicht jedoch den Verlust der Freiheit zur beruflichen Entfaltung.[882]

Auch die Anweisung zu einer Diskriminierung wegen des Alters kann gerechtfertigt werden. Die ergibt sich aus dem Verweis in Art. 2 Abs. 4 RL 2000/78/EG auf Art. 2 Abs. 2 RL 2000/78/EG. Damit gilt, dass die Anweisung zu einer Diskriminierung dann gerechtfertigt ist, wenn die Ungleichbehandlung selbst gerechtfertigt wäre.

4. Art. 6 Abs. 2 RL 2000/78/EG

Gemäß Art. 6 Abs. 2 RL 2000/78/EG haben die Mitgliedstaaten die Möglichkeit, Ausnahmen von Diskriminierungen bei der Festlegung von Altergrenzen im Zusammenhang mit betrieblich Systemen der sozialen Sicherheit (Betriebsrenten) festzusetzen. Im Rahmen dieser Systeme gilt dies auch für bestimmte Beschäftigte oder Gruppen bzw. Kategorien von Beschäftigten. Weiter sind unterschiedliche Altergrenzen bei versicherungsmathematischen Berechnungen zulässig. Die Vorschrift geht vor allem auf die Rechtsprechung des Europäischen Gerichtshofs zur Geschlechtergleichbehandlung hinsichtlich der betrieblichen Systeme der sozialen Sicherheit zurück.[883]

B. Gesetzliche Höchstaltersgrenzen und ihre Vereinbarkeit mit europäischem Unionsrecht am Beispiel von Vertragsärzten

Die gesetzlichen Höchstaltersgrenzen für die freien Berufe fallen grundsätzlich in den Anwendungsbereich der Richtlinie.[884] Art. 3 der RL 2000/78/EG be-

---

882 Vgl. *Schlachter*, Altersgrenzen angesichts des gemeinschaftlichen Verbots der Altersdiskriminierung, GedS Blomeyer, S. 355 (370).

883 Vgl. *Schlachter*, Altersgrenzen angesichts des gemeinschaftlichen Verbots der Altersdiskriminierung, GedS Blomeyer, S. 355 (370).

883 Vgl. EuGH, Rs. C-262/88, *Barber*; Rs. 170/ 84, *Bilka*; Rs. C-152/91, *Neath*.

884 Auf das Allgemeine Gleichbehandlungsgesetz wird bewusst nicht eingegangen. Erstens findet sich im AGG keine Regelung hinsichtlich der Altersgrenze von Vertragsärzten, dass SGB V wird vom AGG nicht berührt. Somit findet das AGG auf die Altersgrenze für Vertragsärzte keine Anwendung. Ebenso i.E. *Rixen*, Rettung für den altersdiskriminierten Vertragsarzt, ZESAR 2007, S. 345 (347), der jedoch dennoch erörtert ob eine Anwendung des AGG infolge der §§ 2 Abs. 1 Nr. 5, 6 Abs. 3 AGG in Betracht kommt. Eine solche Prüfung ist nach hier vertretener Auffassung nicht notwendig. Das AGG vermag als Bundesgesetz grds. keine Aussage geschweige denn Rechtsfolge hinsichtlich einer Altersgrenze zu treffen, die in einem anderen Bundesgesetz geregelt ist.

stimmt, dass das Verbot der Altersdiskriminierung für alle Personen in öffentlichen und privaten Bereichen in Bezug auf den Zugang zur unselbstständigen und selbstständigen Erwerbsarbeit gilt. Nach überwiegender Auffassung üben Vertragsärzte eine freiberufliche selbstständige Tätigkeit aus[885], die, mangels Eingreifen von Ausnahmevorschriften der Richtlinie, somit vom Anwendungsbereich erfasst wird. Der Begriff des Zugangs zur Erwerbstätigkeit ist insbesondere nicht auf die erstmalige Aufnahme einer Berufstätigkeit beschränkt, sondern erfasst auch die Beibehaltung einer einmal gewählten Berufstätigkeit.[886] Die gesetzliche Höchstaltersgrenze trifft eine Regelung, die unmittelbar am Alter anknüpfend zur Berufsbeendigung der Betroffenen führt. Sie erfahren damit eine weniger günstige Behandlung, als Vertragsärzte vor Vollendung des 68. Lebensjahres und werden somit nach Definition der Richtlinie unmittelbar diskriminiert. Das Vorliegen einer unmittelbaren Diskriminierung wird nicht dadurch ausgeschlossen, dass es den Vertragsärzten nach Vollendung der Altersgrenze frei bleibt weiterhin Privatpatienten zu behandeln. In Anbetracht der Tatsache, dass die überwiegende Mehrzahl der Bevölkerung gesetzlich krankenversichert ist, hat die Altersgrenze de facto eine berufsbeendende Wirkung, da ein wirtschaftliches Überleben allein durch die Behandlung von Privatpatienten in der Regel nicht möglich ist.[887] Damit stellt sich die Frage der Rechtfertigung der Altersgrenze. Angesprochen sind damit die Rechtfertigungsgründe der Richtlinie in Art. 6, 4 und 7 RL 2000/78/EG. Nach Art. 6 Abs. 1 RL 2000/78/EG ist eine unmittelbare Diskriminierung gerechtfertigt, wenn sie objektiv und angemessen ist und ein legitimes Ziel verfolgt. Die Altersgrenze bezieht sich mit der Anknüpfung ausschließlich an das Alter auf ein objektives Kriterium. Weiter kann der Schutz Dritter vor nachlassender Leistungsfähigkeit als gewichtiger Gemeinwohlgrund und damit als legitimes Ziel angesehen werden.

Fraglich ist allerdings, ob die Höchstaltersgrenze auch angemessen ist. Insofern kommt als milderes Mittel vor allem eine Einzelfallprüfung der Leistungsfähigkeit der betroffenen Ärzte in Betracht.[888] Soweit ersichtlich, wird diese Möglichkeit in der Rechtsprechung jedoch nicht ausführlicher erörtert. Es ließe sich einwenden, dass Einzelfallprüfungen mit einem hohen Kosten- und Verwaltungsaufwand verbunden sind. Dieser Einwand kann jedoch zumindest bei der Höchstaltersgrenze für Vertragsärzte nur bedingt greifen. Zum einen sieht das

---

885 *Rühl/ Viethen/ Schmid*, AGG, S. 54; *Rixen*, Rettung für den altersdiskriminierten Vertragsarzt, ZESAR 2007, S. 345 (348); allgemein *Senne*, Auswirkungen des europäischen Verbots der Altersdiskriminierung auf das deutsche Arbeitsrecht, S. 139.

886 *Boecken*, Die Altersgrenze von 68 Jahren für Vertragsärzte aus EG-rechtlicher Sicht, NZS 2005, S. 393 (394).

887 *Boecken*, Die Altersgrenze von 68 Jahren für Vertragsärzte aus EG-rechtlicher Sicht, NZS 2005, S. 393; *Hufen*, Grundrechtsschutz der Leistungserbringer und privaten Versicherer, NJW 2004, S. 14 (15).

888 Vgl. *Boecken*, Die Altersgrenze von 68 Jahren für Vertragsärzte aus EG-rechtlicher Sicht, NZS 2005, S. 393 (396).

Sozialrecht in § 95d SGB V die Verpflichtung für Vertragsärzte zur Fortbildung und dem Erwerb entsprechender Zertifikate vor. Inzident treffen diese Fortbildungszertifikate auch eine Aussage über die Leistungsfähigkeit des Arztes. Ggf. ließen sich innerhalb dieses Systems ohne größeren Aufwand weiter Verfahren zur Feststellung der Leistungsfähigkeit implementieren. Auch in anderen Berufen sind individuelle Kontrollen hinsichtlich der Leistungsfähigkeit vorgesehen, so etwa bei Flugverkehrspiloten.[889] Diese Gesichtspunkte gewinnen umso mehr an Gewicht, als dass, wie gezeigt, von einer allgemeinen Lebenserfahrung, das ab einem bestimmten Alter die körperliche und geistige Leistungsfähigkeit abnehme, nicht ausgegangen werden kann. Schon aus diesem Grund erweist sich die Altersgrenze als unverhältnismäßig.

Eine Rechtfertigung nach Art. 4 RL 2000/78/EG setzt voraus, dass es sich beim Alter der Person um eine wesentliche und entscheidende berufliche Anforderung handelt. Bezweckt ist auch hier vorrangig der Schutz Dritter. Nach der Regelung des Sozialgesetzbuchs bewirkt das Erreichen der Altersgrenze den Entzug der Zulassung zur vertragsärztlichen Versorgung. Die ärztliche Approbation als solche bleibt durch das Erreichen der Altersgrenze jedoch unberührt. Durch diese Regelung wird deutlich, dass die Beendigung der ärztlichen Tätigkeit an sich unter dem Gesichtspunkt nachlassender Leistungsfähigkeit und damit verbundener Gefahren für Dritte nicht erforderlich ist.[890] So bleibt es dem von der Altersgrenze Betroffenen möglich, Privatpatienten zu behandeln. Das hinsichtlich der Gefahr von Fehlern, infolge altersbedingter Leistungsunfähigkeit, ein Unterscheid zwischen Kassenpatienten und Privatpatienten besteht kann jedoch nicht angenommen werden. Auch im Rahmen von Art. 4 Abs. 1 RL 2000/78/EG stellen individuelle Leistungsprüfungen im Übrigen ein milderes Mittel dar. Auch die Voraussetzungen einer Rechtfertigung der Höchstaltersgrenze als positive Maßnahme iSd Art. 7 Abs. 2 RL 2000/78/EG scheidet aus. Die Voraussetzungen der Vorschrift liegen nicht vor. Aus Sicht der von der Altersgrenze betroffenen Vertragsärzte stellt die Altersgrenze eine unmittelbare Diskriminierung dar, die gerade nicht den Ausgleich oder die Verhinderung einer Diskriminierung bezweckt. Somit könnte die Höchstaltersgrenze allenfalls als positive Maßnahme für jüngere Ärzte angesehen werden, indem sie Stellen im Versorgungssystem schafft. Ungeachtet der Frage, ob in der bestehenden Situation für jüngere Ärzte eine Benachteiligung liegt[891], so erfolgt diese jedenfalls nicht aus Gründen des Alters. Abgesehen von der Höchstaltersgrenze zur Zulassung zur Vertragsärztlichen Versorgung spielt das Alter der betreffenden Person

---

889 Vgl. *Boecken*, Die Altersgrenze von 68 Jahren für Vertragsärzte aus EG-rechtlicher Sicht, NZS 2005, S. 393 (396).

890 So zutreffend *Boecken*, Die Altersgrenze von 68 Jahren für Vertragsärzte aus EG-rechtlicher Sicht, NZS 2005, S. 393 (398).

891 Vgl. dazu *Boecken*, Die Altersgrenze von 68 Jahren für Vertragsärzte aus EG-rechtlicher Sicht, NZS 2005, S. 393 (398).

keinerlei Rolle. Folglich kann es sich bei der Höchstaltersgrenze von 68 Jahren nicht um eine positive Maßnahme für jüngere Ärzte handeln, da keine Diskriminierung wegen des Alters vorliegt, die verhindert oder ausgeglichen werden müsste. Eine Rechtfertigung der Höchstaltergrenze nach der Rahmenrichtlinie scheidet damit aus. Die Höchstaltersgrenze von 68 Jahren für Vertragsärzte verstößt damit gegen die Rahmenrichtlinie 2000/78/EG.

Gleiches gilt für die Altersgrenze von 55 Jahren für Zulassung zur vertragsärztlichen Tätigkeit. Das Argument der Sicherung der finanziellen Stabilität der gesetzlichen Krankenversicherung greift unter Geltung der Richtlinie nicht mehr. Zwar anerkennt die Richtlinie als Rechtfertigungsgrund eine angemessene Beschäftigungszeit vor dem Eintritt in den Ruhestand. Auch mag das Argument, dass sich ein später Berufseintritt als Vertragsarzt aufgrund mangelnder betriebswirtschaftlicher Erfahrung und finanzieller Belastung auf das Gesamtsystem kostensteigernd auswirken kann, seine Berechtigung haben. Basis dieser Argumentation ist jedoch der Umstand das § 95 Abs. 7 S. 2 SGB V die Altersgrenze von 68 Jahren festlegt, nach deren Erreichen die Zulassung als Vertragsarzt erlischt. Damit ist die Verhältnismäßigkeit der Altersgrenze von 55 Jahren von der Verhältnismäßigkeit der Altersgrenze des 68. Lebensjahres abhängig. Da diese, wie gezeigt, jedoch nicht mit der Rahmenrichtlinie in Einklang steht, verstößt auch die Höchstaltersgrenze für die Zulassung als Vertragsarzt gegen die Richtlinie.

In einer jüngeren Entscheidung hat das Bundessozialgericht entgegen der hier vertretenen Auffassung die Höchstaltersgrenzen für Vertragsärzte von 68 Jahren auch unter Geltung der Rahmenrichtlinie dennoch bestätigt. Eine Vorlage an den EuGH sah das Gericht nicht als erforderlich an, da weder an der Vereinbarkeit der Regelung mit Unionsrecht noch an deren Auslegung Zweifel bestünden.[892] Das Gericht überprüft die Regelung sowohl an den Vorgaben des AGG als auch den Vorgaben der Richtlinie, da auch die Höchstaltersgrenzen für freie Berufe in den Anwendungsbereich sowohl des AGG als auch der Rahmenrichtlinie fielen.[893] Das Gericht kommt nach der Feststellung, dass in der Höchstaltersgrenze für Vertragsärzte eine Benachteiligung wegen des Alters liege, zu dem Ergebnis, dass diese gem. Art. 6 Abs. 1 S. 2 RL 2000/78/EG gerechtfertigt sei. Zweck der Altersgrenze sei der Schutz der Versicherten vor Gefährdungen durch nicht mehr voll leistungsfähige Ärzte. Daneben bezwecke die Regelung die Schaffung von Berufszugangschancen für jüngere Vertragsärzte und damit verbunden, dass neue medizinische Erkenntnisse in das System der vertragsärztlichen Versorgung eingebracht würden.[894] Zu Erreichung dieser Ziele seien mildere Mittel nicht ersichtlich, so dass die Regelung auch im Übrigen den Voraus-

---

892   BSG, Urteil v. 6. Februar 2008 – B 6 KA 41/06 Rn. 14. Die Entscheidung ist abrufbar
       unter: http://www.sozialgerichtsbarkeit.de.
893   BSG, Urteil v. 6. Februar 2008 – B 6 KA 41/06 Rn. 17.
894   BSG, Urteil v. 6. Februar 2008 – B 6 KA 41/06 Rn. 21.

setzungen der Verhältnismäßigkeit entspreche. Insbesondere stellten individuelle Einzelfallprüfungen der Leistungsfähigkeit kein milderes Mittel dar. „Denn diese wären schwerlich geeignet, die gesundheitspolitische Zielsetzung zu gewährleisten. Eine solche Überprüfung fände regelmäßig später als die Verschlechterung der Leistungsfähigkeit statt und müsste nach Art 19 Abs. 4 Satz 1 GG mit einer Rechtsschutzmöglichkeit versehen sein, die einstweilen – unter Umständen über mehrere Jahre – die Fortführung einer vertragsärztlichen Zulassung trotz bereits eingetretenen Mangels ärztlicher Leistungsfähigkeit ermöglichen würde."[895]

Das Sozialgericht Dortmund hat dem Gerichtshof die Frage der Vereinbarkeit der Altersgrenze mit der Richtlinie 2000/78/EG vorgelegt, da es in einem Verfahren einer 68 jährigen selbstständigen Zahnärztin gegen den Verlust der Zulassung Zweifel hinsichtlich der Vereinbarkeit der Altersgrenze des § 95 Abs. 7 S. 3 SGB V hatte.[896] Zwischenzeitlich hat der EuGH mit Urteil vom 12. Januar 2010 über den Fall entschieden. Die Regelung in § 95 Abs. 7 S. 3 SGB V ist mittlerweile aufgehoben und gilt nur noch für Vertragsärzte, die im Jahr 2008 das 68. Lebensjahr vollendet haben.

In dem Urteil stellt der Europäische Gerichtshof fest, dass ein Mitgliedstaat grundsätzlich eine Altersgrenze für die Ausübung des ärztlichen Berufes festlegen darf. Es komme jedoch auf das Ziel der Regelung an, um zu bewerten, ob die gesetzliche Altersgrenze rechtmäßig ist oder nicht.

Nachdem der EuGH durch die Höchstaltersgrenze die Bedingungen für den Zugang zu unselbständiger und selbständiger Erwerbstätigkeit im Sinne von Art. 3 Abs. 1 a) der Richtlinie sowie die Beschäftigungs- und Arbeitsbedingungen im Sinne ihres Art. 3 Abs. 1 c) berührt sieht und dementsprechend den Anwendungsbereich der Richtlinie als eröffnet ansieht, stellt er fest, dass die Anwendung des § 95 Abs. 7 Satz 3 SGB V dazu führt, dass Personen eine weniger günstige Behandlung erfahren als andere Personen, weil sie älter sind als 68 Jahre. Mit einer solchen Bestimmung wird nach Ansicht des Gerichtshofs eine Ungleichbehandlung wegen des Alters im Sinne der Richtlinie eingeführt.[897]

Bei der anschließenden Prüfung der Rechtfertigung der Altersgrenze betont der Gerichtshof, dass die Ermittlung der verfolgten Zielsetzung einer Altersgrenze allein Sache des jeweiligen nationalen Gerichts sei. Da in dem Verfahren vom Sozialgericht Dortmund mehrere Ziele (erstens den Schutz der Gesundheit der gesetzlich krankenversicherten Patienten, da angenommen werde, dass die Leistungsfähigkeit der Zahnärzte von einem bestimmten Alter an abnehme, zweitens die Verteilung der Berufschancen zwischen den Generationen und drittens die ausgewogene Finanzierung des deutschen Gesundheitssystems) genannt wurden, prüft er die Zulässigkeit der Altersgrenze unter allen in Betracht kom-

---

895   BSG, Urteil v. 6. Februar 2008 – B 6 KA 41/06 Rn. 22.
896   SG Dortmund, Beschluss v. 25. Juni 2008 – S 16 KA 117/07.
897   EuGH, Urteil v. 12. Januar 2010 – C.341/08, *Petersen* Rn. 35.

men Gesichtspunkten.[898] Nach Ansicht des Gerichtshofs fallen der Schutz der Gesundheit der Patienten sowie die ausgewogene Finanzierung des Gesundheitssystems unter Art. 2 Abs. 5 der Richtlinie, der den Gesundheitsschutz ausdrücklich erwähnt und insoweit den Prüfungsmaßstab bildet.

Nicht nur das Ziel der Aufrechterhaltung einer qualitativ hochwertigen ärztlichen Versorgung, sondern auch das Ziel der Vermeidung einer erheblichen Gefährdung des finanziellen Gleichgewichts des Systems der sozialen Sicherheit fallen unter das Ziel des Schutzes der Gesundheit der Bevölkerung, wenn sie beide zur Erreichung eines hohen Niveaus des Gesundheitsschutzes beitragen.[899] Die Ausgestaltung der Systeme der sozialen Sicherheit und der Erlass von Vorschriften zur Organisation und Erbringung von Dienstleistungen im Gesundheitswesen und der medizinischen Versorgung falle in die Zuständigkeit der Mitgliedstaaten; dabei komme ihnen ein Wertungsspielraum dergestalt zu, „(...) dass es ein Mitgliedstaat im Rahmen von Art. 2 Abs. 5 der Richtlinie für erforderlich halten kann, für die Ausübung eines ärztlichen Berufs wie desjenigen eines Zahnarztes eine Altersgrenze festzulegen, um die Gesundheit der Patienten zu schützen. (...)Was die Festlegung der Altersgrenze auf 68 Jahre betrifft, kann dieses Alter als hinreichend weit fortgeschritten betrachtet werden, um als Endpunkt der Zulassung als Vertragszahnarzt zu dienen."[900]

Allerdings sei die Altersgrenze im Hinblick auf das Ziel, die Gesundheit der Patienten zu schützen, weil die Leistungsfähigkeit von Vertragsärzten in hohem Alter nachlasse, nicht geeignet, da sie nicht kohärent und systematisch das gesetzte Ziel verfolge. Dieses Ergebnis gewinnt der Gerichtshof durch eine systematische Betrachtung der in § 95 SGB V enthaltenen Ausnahmen.[901] Der entscheidende Widerspruch ergibt sich nach dem Gerichtshof dabei aus dem Anwendungsbereich der Vorschrift selbst: „(...)§ 95 Abs. 7 Satz 3 SGB V betrifft nämlich nur im Vertragszahnarztsystem praktizierende Zahnärzte. Somit können die Zahnärzte außerhalb dieses Systems ihren Beruf unabhängig von ihrem Alter ausüben, und dementsprechend können die Patienten sich von Zahnärzten versorgen lassen, die älter sind als 68 Jahre. (...) Eine Maßnahme jedoch, die eine Ausnahme zulässt, die so weit geht, wie die für die außerhalb des Vertragszahnarztsystems praktizierenden Zahnärzte, kann nicht als für den Gesundheitsschutz der Bevölkerung wesentlich angesehen werden. Wenn die im Ausgangsverfahren in Rede stehende Altersgrenze den Gesundheitsschutz der Patienten unter dem Gesichtspunkt der Befähigung der betroffenen praktizierenden Zahnärzte zum Ziel hat, ist nämlich festzustellen, dass die Patienten im Rahmen dieser Ausnahme nicht geschützt sind. Diese Ausnahme scheint somit dem verfolgten Ziel entgegenzuwirken. Darüber hinaus ist sie zeitlich unbegrenzt und gilt, auch

---

898   Vgl. EuGH, Urteil v. 12. Januar 2010 – C-341/08, *Petersen* Rn. 43.
899   EuGH, Urteil v. 12. Januar 2010 – C-341/08, *Petersen* Rn. 45.
900   EuGH, Urteil v. 12. Januar 2010 – C-341/08, *Petersen* Rn. 52.
901   EuGH, Urteil v. 12. Januar 2010 – C-341/08, *Petersen* Rn. 54 f.

wenn keine bezifferte Angabe gemacht wurde, potenziell für alle Zahnärzte und erscheint geeignet, eine nicht zu vernachlässigende Zahl von Patienten zu betreffen."[902]

Die zweite Zielsetzung der Altersgrenze, die Verteilung der Berufschancen zwischen den Generationen, misst der Gerichtshof konsequent – da in Art. 2 Abs. 5 nicht erwähnt – an Art. 6 Abs. 1 der Richtlinie. Bei der Förderung von Einstellungen handele es sich um ein legitimes Ziel der Sozial- oder Beschäftigungspolitik der Mitgliedstaaten; hierunter fallen auch Maßnahmen, die den Zugang jüngerer Personen zum Beruf eines Vertragszahnarztes begünstigen sollen. Die Anwendung einer Altersgrenze von 68 Jahren, die dazu führt, dass die ältesten praktizierenden Zahnärzte aus dem Arbeitsmarkt ausscheiden, sei nicht unvernünftig um die Beschäftigung jüngerer Berufsangehöriger zu begünstigen. Was die Festlegung dieser Altersgrenze auf 68 Jahre angeht, scheint, wie in Randnr. 52 des vorliegenden Urteils ausgeführt, dieses Alter hinreichend weit fortgeschritten, um als Endpunkt der Zulassung als Vertragszahnarzt zu dienen,[903] dies jedenfalls solange, wie die Zahl der Vertragszahnärzte auf dem betreffenden Arbeitsmarkt erhöht sei oder die latente Gefahr bestehe, dass eine solche Situation eintrete, anderenfalls„(...) könnte es sein, dass die Einführung einer Altersgrenze zur Erreichung des verfolgten Ziels weder angemessen noch erforderlich ist."[904]

Zu effektiver Geltung des Antidiskriminierungsrechts verhilft der EuGH der Richtlinie in dem letzten Teil des Urteils, indem er zum einen für unbeachtlich hält, dass die fragliche nationale Bestimmung bereits vor dem Inkrafttreten der Richtlinie bestand, als auch das die Bestimmungkeine Möglichkeit für die innerstaatlichen Gerichte vorsieht, sie im Fall der Unvereinbarkeit mit dem Unionsrecht unangewendet zu lassen.[905]

In dem Verfahren bot sich die Gelegenheit für den EuGH das Verbot der Diskriminierung wegen des Alters weiter zu präzisieren und ggf. medizinischen und gerontologischen Erkenntnissen Eingang in die Rechtsprechung zu gewähren. Auch wenn der Gerichtshof durch die Lösung über die Kohärenz einer Regelung im Hinblick auf ihre Zielsetzung diesbezüglich klare Aussagen vermissen lässt, stellt die Entscheidung einen erfreulichen Schritt in die richtige Richtung dar, macht sie doch deutlich, dass eine gesetzliche Höchstaltersgrenze nicht mit einer abnehmenden Leistungsfähigkeit und damit verbundenen Risiken für Dritte gerechtfertigt werden kann, wenn gleichzeitig außerhalb der Regelung dieselbe Tätigkeit möglich ist. Gleichzeitig zeigt die Entscheidung, dass Höchstaltersgrenzen vom EuGH ausführlich geprüft werden und künftig nur dort zuzu-

---

902 EuGH, Urteil v. 12. Januar 2010 – C-341/08, *Petersen* Rn. 58 u. 61.
903 EuGH, Urteil v. 12. Januar 2010 – C-341/08, *Petersen* Rn. 70.
904 EuGH, Urteil v. 12. Januar 2010 – C-341/08, *Petersen* Rn. 71.
905 EuGH, Urteil v. 12. Januar 2010 – C-341/08, *Petersen* Rn. 81.

lassen sind, wo tatsächliche beschäftigungs- oder sozialpolitische diese rechtfertigen.

C. Altersdiskriminierung als zweitrangiges Diskriminierungsverbot?

Art. 19 AEUV enthält ebenso wie Art. 21 und Art. 25 EUGrCH keine Unterscheidung von Diskriminierungen aus Gründen des Alters dahingehend, das zwischen stärker und schwächer geschützten Diskriminierungen unterschieden wird. Aufgrund der weitreichenden Ausnahmebestimmungen in der RL 2000/78/EG, mit denen Ungleichbehandlungen aus Altersgründen gerechtfertigt werden können, entsteht der Eindruck, dass die Ausnahme (Ungleichbehandlung wegen des Alters) in Wirklichkeit die Regel ist. Es stellt sich die Frage, inwiefern die Ausnahmen mit den primärrechtlichen Vorgaben des Unionsrechts vereinbar sind.[906] Folgt man nämlich dem Ansatz des Gerichtshofs, dass das Verbot der Altersdiskriminierung ein besonderer Fall des ungeschriebenen allgemeinen Gleichheitssatzes ist, so müssten die Rechtfertigungsmöglichkeiten auch vor diesem Bestand haben. Eine Rechtfertigung käme dann aus einem legitimen, sachlichen Grund in Betracht, wenn die Mittel zur Erreichung des Zwecks verhältnismäßig sind. Insbesondere, weil Art. 6 RL 2000/78/EG allein für das Merkmal des Alters, nicht aber für andere Diskriminierungsmerkmale weitgehende Rechtfertigungsmöglichkeiten vorsieht, könnte dieser gegen den allgemeinen gemeinschaftsrechtlichen (jetzt unionsrechtlichen) Gleichbehandlungsgrundsatz verstoßen.

Im Vergleich zu anderen Diskriminierungsmerkmalen weist die Diskriminierung aus Gründen des Alters in der Tat weitreichende Ausnahmen auf. Diese besonders gute Rechtfertigungsfähigkeit der Benachteiligungen wegen des Alters[907] führt jedoch nicht zu einer generellen Abwertung dieses Diskriminierungsmerkmals. Sie erklären sich vielmehr zum einen aus den Besonderheiten, die das Merkmal Alter betreffen und zum anderen aus der weitgehenden historisch entwickelten Akzeptanz in den Mitgliedstaaten der Europäischen Union. Die Mitgliedstaaten hatten ein hohes Interesse daran, bestehende Regelungen,

---

906 Soweit ersichtlich hat der EuGH noch keine Richtlinie oder Verordnung wegen Verstoßes gegen Unionsgrundrechte für nichtig erklärt, vgl. *Jestaedt*, VVDStRL Bd. 64 (2005), S. 298 (324) mwN.

907 Vgl. *König*, Das Verbot der Altersdiskriminierung, in: Europa und seine Verfassung, FS Zuleeg, S. 341 (352); nach *Steiner*, Das Deutsche Arbeitsrecht im Kraftfeld von Grundgesetz und Europäischem Gemeinschaftsrecht, NZA 2008, S. 73 (77) liegt der Grund der weitreichenden Ausnahmen vom Verbot der Benachteiligung wegen des Alters nicht zuletzt auch darin begründet, das die Diskriminierung wegen des Alters im Vergleich zu anderen Diskriminierungsmerkmalen keine Missbrauchsgeschichte hat.

die an das Alter anknüpfen aufrecht zu erhalten.[908] Auch kommt eine Unterscheidung hinsichtlich der Rechtfertigungvoraussetzungen bei bestimmten Merkmalen sowohl im Völkerrecht, als auch im Verfassungsrecht vor.[909] Eine Hierarchisierung in dem Sinne, das bestimmte Diskriminierungsmerkmale wichtiger wären als andere, ist nach hier vertretener Auffassung damit jedoch nicht verbunden. Entscheidend ist die rechtliche Verankerung des grundsätzlichen Verbots einer Diskriminierung wegen bestimmter Merkmale. Diese erfolgte beim Verbot der Diskriminierung wegen des Alters mit Art. 19 AEUV jedoch gleichrangig neben anderen Merkmalen. Diese gleichrangige Normierung in Art. 19 AEUV führt jedoch nicht dazu, das der europäische Gesetzgeber gezwungen ist, alle Diskriminierungsmerkmale auch rechtlich gleich auszugestalten.[910] Ausweislich des Wortlauts des Art. 19 AEUV steht schon ein Tätigwerden an sich im Ermessen der zuständigen Organe. Aus diesem Ermessen hinsichtlich des „ob" eines Tätigwerdens folgt gleichzeitig, dass auch die Ausgestaltung der konkreten Antidiskriminierungsmaßnahmen, mithin das „wie" im Ermessen der zuständigen Organe steht. In den weitgehenden Ausnahmebestimmungen zur Rechtfertigung kann keine Überschreitung des Ermessens gesehen werden, die gegen primäres Unionsrecht verstößt. Leitet man, wie der EuGH, das Verbot der Diskriminierung wegen des Alters u.a. aus den mitgliedstaatlichen Rechtsordnungen her, so sind dabei die besonderen Ausprägungen und Strukturen des jeweiligen Diskriminierungsmerkmals auch auf primärrechtlicher Ebene zu berücksichtigen.

---

908 *König*, Das Verbot der Altersdiskriminierung, in: Europa und seine Verfassung, FS Zuleeg, S. 341 (345).

909 Vgl. *König*, Das Verbot der Altersdiskriminierung, in: Europa und seine Verfassung, FS Zuleeg, S. 341 (351 f.), die auf unterschiedliche internationale Konventionen hinsichtlich der Bekämpfung der Rassendiskriminierung sowie der Diskriminierung von Frauen hinweist, sowie auf die differenzierte Ausgestaltung von Diskriminierungsverboten, in Art. 3 Abs. 1-3 GG.

910 *Senne*, Auswirkungen des europäischen Verbots der Altersdiskriminierung auf das deutsche Arbeitsrecht, S. 187.

6. Kapitel: Alter und Altersdiskriminierung im deutschen Recht

§ 1 Die verfassungsrechtliche Perspektive

A. Grundgesetzliche Vorgaben

I. Der Bezug des Alters zur Menschenwürde des Art. 1 Abs. 1 GG

Neben der europarechtlichen Ebene kommt bei Altersregelungen im Recht vor allem auch der verfassungsrechtliche Ebene des nationalen Rechts eine bedeutende Stellung zu.

Die rechtliche Festlegung von Diskriminierungsverboten ist Ausdruck einer moralischen und ethischen Grundvorstellung einer Gesellschaft. Dies gilt im nationalen Bereich ebenso wie auf internationaler Ebene, wie zahlreiche völkerrechtliche Abkommen zum Menschenrechtsschutz zeigen.[911] Kern dieser ethischen Grundvorstellung ist der Respekt vor der Würde des einzelnen Menschen, wie er im deutschen Grundgesetz in Art. 1 Abs. 1 GG zum Ausdruck kommt: Die Würde des Menschen ist unantastbar. Der Wertstatus eines Menschen darf nicht wegen bestimmter, angeborener oder gesellschaftlich wie individuell angenommener, Merkmale in irgendeiner Art und Weise gehoben und verringert werden.[912] Die Wertgleichheit folgt dabei allein aus dem Menschsein selbst. Diese Wertgleichheit manifestiert sich in gleicher Achtung und Respekt vor der Autonomie des Einzelnen.[913] Bestandteil dieser Autonomie ist die Achtung individueller Rechte, auf die jeder Mensch einen gleichen Anspruch hat. Diskriminierungen, verstanden als nicht gerechtfertigte Ungleichbehandlungen, bedeuten einen Freiheitsverlust des Betroffenen, weil sie ihm Entfaltungsmöglichkeiten nehmen.[914] Dies gilt besonders, wenn Ungleichbehandlungen auf Merkmale gestützt werden, die zwingend mit dem Menschsein verbunden sind und für die der jeweils Einzelnen nicht verantwortlich ist. Solche Diskriminierungen stellen eine Verletzung des Achtungsanspruchs der Person dar, die rechtlichen Schutz nötig macht. Der Aspekt der Menschenwürde ist dabei nicht auf Art 1 Abs. 1

---

911 Überblick über Abkommen bei *Rudolf*, in: Rudolf/ Mahlmann, Gleichbehandlungsrecht, § 2 Rn. 1 f.

912 Vgl. *Mahlmann*, in: Rudolf/ Mahlmann, Gleichbehandlungsrecht, § 1 Rn. 1; zu den ideengeschichtlichen Voraussetzungen, *ders.*, Elemente einer ethischen Grundrechtstheorie, S. 97 ff.; *Britz*, Diskriminierungsschutz und Privatautonomie, VVDStRL 64 (2005), S. 355 (390 f.).

913 *Gosepath*, Gleiche Gerechtigkeit, S. 164 f.

914 Dazu aus philosophischer Sicht jüngst *Gosepath*, Gleiche Gerechtigkeit, S. 164 ff.; *Britz*, Diskriminierungsschutz und Privatautonomie, VVDStRL 64 (2005), S. 355 (391); *O'Cinneide*, Diskriminierungen aus Gründen des Alters und Europäische Rechtsvorschriften, S. 11.

GG beschränkt, auch in der Berufstätigkeit und damit in der verfassungsrechtlich gewährleisteten Berufsfreiheit des Art. 12 GG kommt die Menschenwürde des Einzelnen zum Ausdruck. Die Berufsfreiheit bildet sogar eine der wichtigsten Ausprägungen des Bekenntnisses zur Würde des Menschen.[915] Die Bedeutung der Berufsfreiheit wächst umso mehr, als dass die Existenz des Einzelnen nur durch die wirtschaftliche Verwertung seiner Arbeitskraft möglich ist. Dieser materielle Aspekt der Berufsfreiheit wird ergänzt durch einen immateriellen, der die Berufstätigkeit als Möglichkeit der individuellen Selbstverwirklichung, mithin der Persönlichkeitsentfaltung erfasst und von Rechtsprechung wie auch Literatur anerkannt ist.[916] Dem Grundgesetz lässt sich hierbei keine Beschränkung der Gewährleistung der Berufsfreiheit auf ein bestimmtes Lebensalter entnehmen, sie gilt für Jüngere gleichermaßen wie für Ältere.

Der verfassungsrechtliche Bezug des Alters zur Menschenwürde wurde in jüngerer Zeit auch im Bereich des Strafrechts diskutiert. Folgend soll diesbezüglich lediglich die mögliche Problemlage aufgezeigt werden um die Wechselbeziehung zwischen Alter und (Straf)Recht aufzuzeigen.

Im Jahr 2006 hatte der Bundesgerichtshof über ein Strafverfahren zu entscheiden, in dem drei Angeklagte, 75, 74 und 65 Jahre alt, wegen schweren Raubes bzw. schwerer räuberischer Erpressung zu Freiheitsstrafe von 9, 10 und 12 Jahren verurteilt wurden. Nach den Feststellungen des Instanzgerichts ließ der Gesundheitszustand, insbesondere des ältesten der Angeklagten erwarten, dass er die Freiheitsstrafe nicht voll verbüßen, sondern alsbald in einer Pflegeeinrichtung untergebracht werden würde. Im Verfahren vor dem Bundesgerichtshof ging es um die Frage, ob das Alter ein Faktor sei, der im Rahmen der Strafzumessung diesbezüglich weitergehend berücksichtigt werden müsse.[917] Der Bundesgerichtshof stellte fest: "Einen Rechtssatz des Inhalts, dass jeder Straftäter schon nach dem Maß der verhängten Strafe die Gewissheit haben

---

915 BVerfGE 7, S. 377 (397 f.): „Art. 12 Abs. 1 schützt die Freiheit des Bürgers in einem für die moderne arbeitsteilige Gesellschaft besonders wichtigen Bereich: Er gewährleistet dem Einzelnen das Recht, jede Tätigkeit, für die er sich geeignet glaubt als „Beruf" zu ergreifen, d.h., zur Grundlage seiner Lebensführung zu machen (...). Wohl zielt das Grundrecht auf den Schutz der – wirtschaftlich sinnvollen – Arbeit, aber es sieht sie als „Beruf", d.h. in ihrer Beziehung zur Persönlichkeit des Menschen im ganzen, die sich erst darin voll ausformt und vollendet, dass der Einzelne sich einer Tätigkeit widmet, die für ihn Lebensaufgabe und Lebensgrundlage ist und durch die er zugleich seinen Beitrag zur gesellschaftlichen Gesamtleistung erbringt." Vgl. auch BVerfGE 13, S. 97 (104 f.); 30, S. 292 (334); 50, S. 290 (362).

916 Vgl. BVerfGE 7, S. 377 (397); 71, S. 183 (201); BAGE 44, S. 141 (152); *Badura*, Arbeit als Beruf, in: FS Herschel, S. 21 (28 f.); *Waltermann*, Berufsfreiheit im Alter, S. 15 f.; *Hege*, Das Grundrecht der Berufsfreiheit im Sozialstaat, S. 56.

917 Zu den zu berücksichtigenden Umständen vgl. § 46 Abs. 2 StGB, sowie ausführlich Schönke/Schröder-*Stree*, StGB, § 46 Rn. 12 ff.

muss, im Anschluss an die Strafverbüßung in die Freiheit entlassen zu werden, gibt es nicht. Insbesondere kann sich aus dem hohen Lebensalter eines Angeklagten, etwa unter Berücksichtigung statistischer Erkenntnisse zur Lebenserwartung, keine Strafobergrenze ergeben."[918] Gleichwohl besteht sowohl in der Rechtsprechung, als auch der einschlägigen Literatur Einigkeit, dass hohes Alter unter dem Gesichtspunkt der Strafempfindlichkeit bei der Strafzumessung zu berücksichtigen ist.[919] Das Bundesverfassungsgericht sah in dem Urteil des Bundesgerichtshofs keinen Verstoß gegen Grundrechte der Betroffenen und lehnte die Annahme einer gegen dieses letztinstanzliche Urteil gerichteten Verfassungsbeschwerde ab.[920] Dies jedoch nur, weil nach seiner Ansicht die instanzgerichtliche Würdigung und Berücksichtigung des Alters nicht zu beanstanden war.

Die Nähe des Alters zur Menschenwürde des Art. 1 Abs. 1 GG kommt auch in der Rechtsprechung des BVerfG zur lebenslangen Freiheitsstrafe zum Ausdruck, wenn es ausführt, dass es "(…) mit der Menschenwürde unvereinbar (sei), wenn der Staat für sich in Anspruch nehmen würde, den Menschen zwangsweise seiner Freiheit zu entkleiden, ohne das zumindest die Chance besteht, je wieder der Freiheit teilhaftig zu werden. Der Verurteilte muss eine konkrete und grundsätzlich auch realisierbare Chance haben, zu einem späteren Zeitpunkt die Freiheit wieder gewinnen zu können. Der Kern der Menschenwürde wird betroffen, wenn der Verurteilte ungeachtet der Entwicklung seiner Persönlichkeit jegliche Hoffnung aufgeben muss, seine Freiheit wieder zu erlangen."[921]

Dieser grundlegende Gedanke lässt sich auch auf zeitige Freiheitsstrafen übertragen. Der Menschenwürdegehalt des Alters und das daraus resultierende Verbot, Menschen eine Objektstellung beizumessen, kann vor dem Hintergrund der demografischen Entwicklung in dieser Frage auf lange Sicht zu dem Erfordernis neuer Begründungsmuster führen. Auch im Bereich des Strafrechts spielt damit das Alter eines Menschen und sein Bezug zur Menschenwürde eine bedeutende Rolle. Dies gilt nicht nur für die klassische Altersgrenze der Strafmündigkeit, sondern auch für die Berücksichtigung der Auswirkungen von Strafen

918 BGH, Urteil v. 27. April 2006 – 4 StR 572/05 Rn. 13.
919 Vgl. *Nobis*, Strafobergrenze durch hohes Alter, NStZ 2006, S. 489; Schäfer, Praxis der Strafzumessung, Rn. 416 ff.; BGH NStZ-RR 1999, S. 136; Um die Wende des 20. Jahrhunderts gab es Forderungen, älteren Menschen im Strafrecht eine Sonderstellung einzuräumen, da zwischen Alter und Kriminalität ein enger Zusammenhang bestünde. Dahinter verbarg sich das Bewusstsein, von einer Art generellen Altersunmündigkeit, von einer gesellschaftlichen Ausgrenzung und von gravierenden gesellschaftlichen Defiziten von alten Menschen, dass nicht zuletzt das Ergebnis verschiedener defizitorientierter Alterungstheorien war, vgl. *Borscheid*, Der alte Mensch in der Vergangenheit, S. 48.
920 BVerfG, Nichtannahmebeschluss v. 15. August 2006 – 2 BvR 1160/06.
921 BVerfGE 45, S. 187 (245); vgl. auch BVerfGE 72, S. 105 (116).

für die Betroffenen. Klare Leitlinien lassen sich in diesem Bereich nicht aufstellen, auch wenn dies aus strafrechtlicher Sicht wünschenswert wäre. Fest steht nach der zutreffenden Entscheidung des Bundesgerichtshofs lediglich, dass eine bestimmte Strafobergrenze allein aus dem kalendarischen Alter nicht folgt. Dennoch ist es nicht grundsätzlich ausgeschlossen, dass das Alter im vorgestellten Bereich das Strafrecht im Bereich der von den Gerichten anzustellenden Strafzumessung (weiter) beeinflusst. Dabei gilt es den menschenwürderechtlichen Aspekt des Alters mit hergebrachten Grundsätzen, wie dem, dass die Strafe der Schuld des Täters entsprechen muss, in Einklang zu bringen.[922] Auch ist die Frage aufzuwerfen, ob in einer solchen Entwicklung, bei der das kalendarische Alter als Anknüpfungspunkt dient, nicht eine ungerechtfertigte Ungleichbehandlung gegenüber jüngeren Straftätern liegt.[923] Im Ergebnis ist dem Bundesgerichtshof in seiner Entscheidung zuzustimmen.

Alter und damit in Verbindung stehende Ungleichbehandlungen gegenüber anderen Altersgruppen sowie Einschränkungen infolge eines bestimmten Alters berühren also auch Aspekte der Menschenwürde. Als untrennbares mit der Person verbundenes Merkmal hat das Alter eine identitätsbildende Funktion. Für den Bereich der Erwerbsarbeit kommt diese auch in Art. 12 GG zum Ausdruck, wenngleich dieser Aspekt in der Rechtsprechung überwiegend vernachlässigt wird. Ob man darüber hinaus Art. 1 Abs. 1 GG hinsichtlich Altergrenzen einen zusätzlichen verfassungsrechtlichen Prüfungsmaßstab entnehmen kann, kann an dieser Stelle nicht abschließend beantwortet werden.[924] Fest steht jedoch, dass menschenwürderechtlich Aspekte bei der Argumentation und Abwägung von Altersregelungen als rechtfertigungsbedürftige Eingriffe in die Sphäre des Einzelnen zu berücksichtigen sind.

Weniger direkt findet sich auch in Art. 5 Abs. 2 GG eine Regelung, die den Bezug des Alters zur Menschenwürde verdeutlicht. Danach können gesetzliche Bestimmungen die Rechte aus Art. 5 Abs. 1 GG beschränken, wenn sie dem Jugendschutz dienen. In der Vorschrift kommt ein zentraler Grundgedanke der Verfassung zum Ausdruck: Der Schutz Jugendlicher vor sittlicher Gefährdung.[925] Dieser wiederum beruht im Kern auf dem Schutz der Menschenwürde Jugendlicher. Mit dem Bundesverfassungsgericht geht es um die Verhinderung

---

922 Vgl. nur *Nobis*, Strafobergrenze durch hohes Alter, NStZ 2006, S. 489 (492), der auch die Unterschreitung des gesetzlichen Strafrahmens in Einzelfällen für möglich hält.

923 Zu Recht verneinend *Nobis*, Strafobergrenze durch hohes Alter, NStZ 2006, S. 489 (492).

924 Vgl. etwa *Pitschas*, Zur rechtlichen Verfassung der Lebenslage „Alter", in: FS Krasney, S. 355 (368 ff.), der ein grundrechtsgleiches Recht auf altersbezogene Selbstbestimmung als weitere eigenständige Fallgruppe des Persönlichkeitsschutzes anerkennen will.

925 Vergleichbare Regelungen enthalten Art. 11 Abs. 2 GG und 13 Abs. 3 GG, die eine Gefährdung bzw. drohende Verwahrlosung Jugendlicher verhindern wollen.

der Verführung junger Menschen zu einer der Werteordnung des Grundgesetzes krass widersprechenden sozialethischen Haltung.

II. Freiheitsgrundrechte, insb. Art. 12 GG

Neben den noch zu erörternden grundgesetzlichen Gleichheitsgewährungen spielen für den Bereich Alter und Recht naturgemäß die Freiheitsgrundrechte eine bedeutende Rolle. Dies gilt besonders für die Berufsfreiheit des Art. 12 GG, die regelmäßig durch Altersregelungen im Themenfeld der Erwerbstätigkeit berührt ist. Gesetzliche Höchstaltersgrenzen der freien Berufe führen dazu, dass bei deren Erreichen eine bestimmte berufliche Tätigkeit generell untersagt ist.[926] In Angestelltenverhältnissen führen sie zur automatischen Beendigung des Arbeitsverhältnisses. Aus Sicht der von Altersgrenzen Betroffenen beeinträchtigen Altersgrenzen die freie Wahl von Beruf und Arbeitsplatz. Prüfungsmaßstab für die Beurteilung von (Höchst)Altersgrenzen durch Gesetze (oder Tarifverträge[927]) ist damit zunächst Art. 12 Abs. 1 GG.

1. Schutzbereich und Gewährleistungen der Berufsfreiheit

Art. 12 Abs. 1 GG gewährleistet allen Deutschen[928] das Recht, Beruf, Arbeitsplatz und Ausbildungsstätte frei zu wählen und schützt so umfassend die berufliche Betätigung, sowohl Selbstständiger, als auch abhängig Beschäftigter.[929]

---

926 Hierin liegt der Hauptunterschied zu Höchstaltersgrenzen in Tarifverträgen. Tarifvertragliche Altersgrenzen bezwecken lediglich die Beendigung eines konkreten Arbeitsverhältnisses, vgl. *Waltermann*, RdA 1993, S. 209 (215). Dadurch sollen bestimmten Arbeitsplätzen frei gemacht werden. Der Sinn besteht jedoch nicht darin, ein Höchstalter für eine bestimmte Berufstätigkeit generell festzulegen. Die Zugehörigkeit zu oder die weitere Betätigung in einem Beruf ist nicht Gegenstand solcher Regelungen. Auch verbieten tarifvertragliche Altersgrenzen dem Arbeitnehmer nicht den Neuabschluss eines Arbeitsvertrages. Letztlich haben sie einen nur eingeschränkten Geltungsbereich, indem sie nur für beiderseits tarifgebundene Arbeitsverhältnisse gelten. Zu den daraus folgenden Unterscheiden für die Prüfung iRv Art. 12 GG, *Gantzckow*, Die Beendigung der Erwerbstätigkeit durch gesetzliche und kollektivvertragliche Altersgrenzen, S. 160 ff.

927 Zu den unterschiedlichen Begründungsansätzen der Anwendbarkeit von Art. 12 GG auf Tarifverträge vgl. *Löwisch/Rieble*, TVG, § 1 Rn. 218 ff. sowie *Waas/ Giesen*, in: Rolfs/ Giesen/ Kreikebohm/ Udsching, BeckOK TVG, Ed. 17 (1.9.2010), § 1 Rn. 111 ff.; *Burkiczak*, Grundrechtsbindung der Tarifvertragsparteien, RdA 2007, 17 ff. Nach der Rechtsprechung des BAG sind die Tarifvertragsparteien bei ihrer tariflichen Normsetzung zwar nicht unmittelbar an die Grundrechte gebunden, haben jedoch auf Grund der Schutzpflichtfunktion der Grundrechte die entsprechenden Gewährlistungen zu beachten, vgl. BAG, Urteil vom 25. Februar 1998 - 7 AZR 641/96; BAG, Urteil vom 12. Oktober 2004 - 3 AZR 571/03; BAG, Urteil vom 4. April 2000 - 3 AZR 729/98

928 Zur näheren Definition des Adressatenkreises Art. 116 GG.

929 *Scholz*, in: Maunz/ Dürig, Grundgesetz, Art. 12 Rn. 267; BVerfGE 7, S. 377 (398 f.); vgl. auch *Badura*, Arbeit als Beruf, in: FS Herschel, S. 21 (23), der das Grundrecht der Berufsfreiheit als zentrales Freiheitsrecht der persönlichen Lebensführung ansieht.

Als Beruf wird jede auf eine gewisse Dauer angelegte, der Schaffung und Erhaltung einer Lebensgrundlage dienende Tätigkeit angesehen, wobei der Berufsbegriff nicht einer Beschränkung auf traditionelle Berufsbilder unterliegt.[930] In der gesellschaftlichen Wirklichkeit bilden der Beruf und die Berufstätigkeit für den Einzelnen infolge seiner ökonomischen und sozialen sowie individuellen Bedeutung für die Selbstverwirklichung eine zentrale gesellschaftliche Institution.[931] Eine Beschränkung hinsichtlich des Alters findet man in Art. 12 GG nicht, demzufolge gewährleistet die Norm die Berufsfreiheit ohne Ansehen des Alters.

Gegenüber der allgemeinen Handlungsfreiheit des Art. 2 Abs. 1 GG ist das Grundrecht der Berufsfreiheit die speziellere Regelung und damit vorrangig. Dies gilt auch für persönlichkeitsbezogene Aspekte der Berufstätigkeit. Nach Auffassung des BVerfG wird der Beruf „(...) in seiner Beziehung zur Persönlichkeit des Menschen im ganzen verstanden, die sich erst darin voll ausformt und vollendet, dass der Einzelne sich einer Tätigkeit widmet, die für ihn Lebensaufgabe und Lebensgrundlage ist und durch die er zugleich seinen Beitrag zur gesellschaftlichen Gesamtleistung erbringt. Das Grundrecht gewinnt so Bedeutung für alle sozialen Schichten; die Arbeit als „Beruf" hat für alle gleichen Wert und gleiche Würde."[932]

Der Beruf stellt damit also nicht nur wirtschaftliche Lebensgrundlage sondern auch Lebensaufgabe des Einzelnen dar. Ein Rückgriff auf Art. 2 Abs. 1 GG kommt, sofern der Schutzbereich des spezielleren Grundrechts eröffnet ist, grds. nicht in Betracht[933], und ist vor dem Hintergrund des Verständnisses der Berufsfreiheit durch das BVerfG auch nicht erforderlich. Die Handlungsfreiheit im beruflichen Bereich wird damit grds. voll vom Schutzbereich des Art. 12 GG erfasst. Art. 12 Abs. 1 GG und Art. 3 Abs. 1 GG stehen grds. in Idealkonkurrenz zueinander, was dem generellen Verhältnis von Freiheits- zu Gleichheitsrechten entspricht.[934]

In seiner klassischen Funktion stellt Art. 12 Abs. 1 GG ein Abwehrrecht gegen hoheitliches Handeln dar. Gewährleistet ist damit zunächst der sog. status negativus des Einzelnen.[935] Seinem Wortlaut nach garantiert Art. 12 Abs. 1 GG

---

930 BVerfGE 7, S. 377 (397); 50, S. 290 (362); 54, S. 301 (313 f.); BVerwGE 1, S. 92 (93); 22, S. 286 (287); 96, S. 136 (140); 96, S. 293 (296); 97, S. 12 (22); *Erichsen*, Das Grundrecht der Berufsfreiheit, Jura 1980, S. 551.

931 Vgl. *Pitschas*, Berufsfreiheit und Berufslenkung, S. 32 f., der die Arbeit als Grundlage allen menschlichen Lebens ansieht, da sie zur Selbstverwirklichung führe.

932 BVerfGE 7, S. 377 (397); 50, S. 290 (362).

933 Vgl. ErfK/*Dieterich*, Art. 12 GG Rn. 15; *Ruffert*, BeckOK GG, Ed. 8, 1.10.2010, Art. 12 GG Rn. 158; *Tettinger*, in Sachs, GG, Art. 12 Rn. 162; Dreier-*Wieland*, GG, Art. 12 Rn. 175; BVerfGE 9, S. 63 (73); 68, S. 193 (223 f.).

934 *Ruffert*, BeckOK GG, Ed. 8, 1.10.2010, Art. 12 GG Rn. 166; *Scholz*, in: Maunz/Dürig, Grundgesetz, Art. 12 GG Rn. 152; BVerfG, NJW 1998, 2269.

935 Grundlegend zur Statuslehre *Jellinek*, System der subjektiven öffentlichen Rechte, S. 94 ff.

die Berufsfreiheit als einheitliches Grundrecht, dass sich nach der Vorstellung des Gesetzgebers in die Freiheit der Berufswahl und die Freiheit der Berufsausübung untergliedert.[936] Erstere gewährleistet dem Einzelnen nicht nur das Recht, jede berufliche Tätigkeit unbeeinflusst von fremdem Willen für sich als Lebensgrundlage zu ergreifen oder auf eine Berufsausübung ganz zu verzichten und von vorhandenem Vermögen zu leben; umfasst ist darüber hinaus ebenfalls die Freiheit der Wahl des Arbeitsplatzes, wobei sowohl das Recht den einmal gewählten Arbeitsplatz beizubehalten, als auch Aufgabe und der Wechsel des Arbeitsplatzes gewährleistet ist.[937] Geschützt ist damit im Grundsatz auch die Entscheidung des Einzelnen, ob und wie lange er beruflich tätig sein möchte, mithin auch die Entscheidung über den Zeitpunkt der Berufsbeendigung.[938] Nach der verfassungsgerichtlichen Rechtsprechung wird die Berufsfreiheit nicht nur bei der Entscheidung für einen bestimmten Beruf ausgeübt, sondern während des gesamten Berufslebens ständig wiederholt.[939]

2. Altersgrenzen als Eingriff in die Berufsfreiheit

Personen, die aufgrund einer gesetzlichen Höchstaltersgrenze aus dem Berufsleben zwangsweise ausscheiden, können den Zeitpunkt ihrer Berufsbeendigung nicht frei festlegen. Hierin liegt ein Eingriff in die Berufsfreiheit, die nach dem Vorbehalt des Gesetzes gerechtfertigt werden muss. Dies gilt auch für Altergrenzen des Beamten- und Richterrechts. Die früher vertretene Lehre vom besonderen Gewaltverhältnis[940] kann seit der Strafgefangenen-Entscheidung[941] des Bundesverfassungsgerichts als überwunden bezeichnet werden. Allerdings sind Besonderheiten bei Altergrenzen im öffentlichen Dienst insofern zu beachten,

---

936 Vgl. *Jarass*, in: Jarass/ Pieroth, GG, Art. 12 Rn. 1; *Manssen*, in: v. Mangoldt/ Klein/ Starck, GG, Art. 12 Rn. 2; *Schmidt-Bleibtreu/ Klein*, GG, Art. 12 Rn. 1; dazu auch *Pitschas*, Berufsfreiheit und Berufslenkung, S. 36 ff.

937 *Feudner*, Vertragsfreiheit für Altersgrenzen, BB 1999, S. 314 (315); *Hanau*, Zwangspensionierung des Arbeitnehmers mit 65?, RdA 1976, S. 24 (29); *Wolff/ Bachof/ Stober/ Kluth*, Verwaltungsrecht I, § 33 Rn. 40; BVerfGE 43, S. 291 (363); 55, S. 185 (196); 62, S. 117 (146). Erstmalig wurde das Recht der freien Arbeitsplatzwahl vom BVerfG 1991 erwähnt, BVerfGE 84, S. 133. Danach ist der einzelne in seinem Entschluss geschützt, eine konkrete Beschäftigungsmöglichkeit in dem gewählten Beruf zu ergreifen, beizubehalten oder aufzugeben. Während es bei der Entscheidung über die Berufswahl um das Betätigungsfeld des einzelnen geht, betrifft die Entscheidung über die Arbeitsplatzwahl die Stelle an der die Tätigkeit ausgeübt werden soll. Dogmatisch steht das Recht auf freie Arbeitsplatzwahl damit zwischen Berufswahl und Berufsausübung.

938 BVerfGE 7, S. 377 (401); 9, S. 338 (345); 21, S. 173 (183); 39, S. 128 (141), 80, S. 257 (263); 93, S. 213 (235).

939 Vgl. BVerfGE 9, S. 338 (344 f.).

940 Ausführliche Untersuchungen zu diesem Thema liefert *Lecheler*, Grundrechtsausübung von Beamten, JuS 1992, S. 473 ff.;

941 BVerfGE 33, S. 1 (9 ff.).

als dass Art. 12 GG durch Art. 33 GG modifiziert und überlagert werden kann.[942]

Der Eingriff durch Höchstaltersgrenzen ist darin zu sehen, dass Berufstätige ohne Rücksicht auf ihre Leistungsfähigkeit und ihren persönlichen Willen aus dem Erwerbsleben bzw. Arbeitsleben ausscheiden. Ihnen wird damit die Möglichkeit genommen sich nach ihrem individuellen Willen zur Sicherung ihrer materiellen Existenz beruflich zu betätigen.[943]

Nach den Lehren der allgemeinen Grundrechtsdogmatik kann ein Grundrecht nur dann durch den staatlichen Gesetzgeber eingeschränkt werden, wenn ein Schrankenvorbehalt dies gestattet. Art. 12 Abs. 1 S. 2 GG enthält einen einfachen Gesetzesvorbehalt, wonach die Berufsausübung durch oder aufgrund eines Gesetzes beschränkt werden kann. Aufgrund der Einheitlichkeit des Grundrechts der Berufsfreiheit geht das Bundesverfassungsgericht, insofern gegen den Wortlaut der Vorschrift, davon aus, dass auch Eingriffe in die Berufswahl gerechtfertigt werden können.[944] Dies ist Folge des Verständnisses des Verhältnisses der Berufswahl- zur Berufsausübungsfreiheit. Allerdings sei der Schutz verschieden stark ausgeprägt. Im Hinblick auf gesetzliche Höchstaltersgrenzen stellt sich damit zunächst die Frage, ob diese der Berufswahlfreiheit oder der Berufsausübungsfreiheit zuzuordnen sind.[945]

Vereinzelt werden arbeitsrechtliche Altersgrenzen als Beschränkung der Berufsausübungsfreiheit angesehen.[946] Nach anderer Ansicht umfasst die Berufswahlfreiheit nicht nur die Entscheidung darüber, ob und wie lange jemand arbeitet, sondern auch, ob eine Person weiter in einem bestimmten Beruf tätig sein will. Dementsprechend werde die Berufswahlfreiheit auch bei der Berufsbeendigung ausgeübt.[947]

Gesetzliche Höchstaltergrenzen führen dazu, dass bei ihrem Erreichen die Ausübung eines bestimmten Berufs generell untersagt wird. Für den einzelnen Berufsträger bedeutet dies eine Untersagung der Berufstätigkeit schlechthin. Eine Wahl, ob der Beruf weiterhin ausgeübt werden kann oder nicht, hat der Einzelne bei Erreichen der Altersgrenze nicht mehr. Infolgedessen stellen gesetzli-

---

942 Vgl. BVerfGE 39, S. 334 (369); 46, S. 43 (52); 73, S. 280 (292); 84, S. 133 (147).
943 *Schlüter/ Belling*, Die Zulässigkeit von Altersgrenzen im Arbeitsverhältnis, NZA 1988, S. 297 (302).
944 BVerfGE 7, S. 377 (401 ff.).
945 Vgl. *Linnenkohl/ Rauschenberg/ Schmidt*, Flexibilisierung (Verkürzung) der Lebensarbeitszeit, BB 1984, S. 603 (607).
946 Vgl. *Hanau*, Zwangspensionierung des Arbeitnehmers mit 65?, RdA 1976, S. 24 (29).
947 *Schlüter/ Belling*, Die Zulässigkeit von Altersgrenzen im Arbeitsverhältnis, NZA 1988, S. 297 (301); *Linnenkohl/ Rauschenberg/ Schmidt*, Flexibilisierung (Verkürzung) der Lebensarbeitszeit, BB 1984, S. 603 (607); BVerfG, NJW 1959, S. 1579; *Scholz*, in: Maunz/ Dürig, Grundgesetz, Art. 12 Rn. 288.

che Höchstaltersgrenzen mit dem Bundesverfassungsgericht eine Beschränkung der Berufswahl dar.[948]

Für den Bereich der Berufswahlfreiheit unterscheidet das Bundesverfassungsgericht im Rahmen der von ihm als Konkretisierung der Verhältnismäßigkeitsprüfung entwickelten Drei-Stufen-Theorie zwischen sog. objektiven und sog. subjektiven Zulassungsvoraussetzungen. Erstere knüpfen dabei nicht an die persönliche Qualifikation einer Person an, sondern an allgemeine Kriterien[949], während subjektive Zulassungsvoraussetzungen an das Vorliegen persönlicher Eigenschaften, Fähigkeiten oder Leistungsnachweise anknüpfen.[950]

Die Zuordnung ist entscheidend für die Anwendung des konkreten Prüfungsmaßstabs im Rahmen der Verhältnismäßigkeitsprüfung. Während bei (reinen) Berufsausübungsregelungen schon Zweckmäßigkeitserwägungen einen Eingriff rechtfertigen können[951], unterliegen Berufswahlregelungen grds. höheren Maßstäben. So sind objektive Zulassungsvoraussetzungen, die mit den persönlichen Eigenschaften und Möglichkeiten des Bewerbers nichts zu tun haben und auf deren Erfüllung er keinen Einfluss nehmen kann nur dann gerechtfertigt, wenn sie zur Abwehr nachweisbarer oder höchstwahrscheinlicher schwerer Gefahren für ein überragend wichtiges Gemeinschaftsgut erforderlich sind.[952] Subjektive Zulassungsvoraussetzungen sind demgegenüber schon dann gerechtfertigt, wenn sie dem Schutz wichtiger Gemeinschaftsgüter dienen und nicht unverhältnismäßig sind.[953] Das Bundesverfassungsgericht gewährt dem Gesetzgeber hinsichtlich der zukünftigen Tatsachenentwicklung einen Prognosespielraum. Dieser wird jedoch bei der Auswahl der rechtfertigungsfähigen Gemeinwohlbelange beschränkt.[954]

Die eindeutige Zuordnung einer Maßnahme in die eine oder andere Kategorie erweist sich vereinzelt als schwierig, da es in der beruflichen Realität flie-

---

948   Vgl. BVerfGE 9, S. 338 (344); *Hufen*, Berufsfreiheit – Erinnerungen an ein Grundrecht, NJW 1994, S. 2913 (2921); *ders.* Grundrechtsschutz der Leistungserbringer und privater Versicherer, NJW 2004, S. 14 (15); differenzierend zwischen gesetzlichen Höchstaltergrenzen und tarifvertraglichen Altersgrenzen jedoch mit gleichem Ergebnis *Waltermann*, Berufsfreiheit im Alter, S. 98 f.

949   BVerfGE 7, S. 377 (406); 9, S. 39 (48 f.); 21, S. 173 (181); 87, S. 287 (316 f.); 40, S. 196 (218).

950   BVerfGE 9, S. 338 (345); 13, S. 97 (106); 34, S. 71 (77 f.); 19, S. 330 (337); 39, S. 334 (370); 69, S. 233 (244); 73, S. 301 (316 f.).

951   BVerfGE 7, S. 377 (405).

952   BVerfGE 7, S. 377 (405); 11, S. 168 (183); 75, S. 284 (296); 84, S. 133 (151); 97, S. 12 (32); vgl. zur Kritik an der sog. 3-Stufen-Theorie *Erichsen*, Das Apotheken-Urteil des Bundesverfassungsgerichts, Jura 1985, S. 66 (70 ff.); *Hufen*, Berufsfreiheit – Erinnerungen an ein Grundrecht, NJW 1994, S. 2913 (2917 f.); *Ipsen*, Zur Dogmatik des Art. 12 GG, JuS 1990, S. 634 ff.

953   BVerfGE 7, S. 377 (407); 9, S. 338 (345 f.); 13, S. 97 (107).

954   *Tettinger*, Rechtsprechungslinien des Bundesverfassungsgerichts zu Höchstaltersgrenzen, DVBl. 2005, S. 1397 (1398); *Breuer*, HStR VI, § 148 Rn. 50.

ßende Übergänge zwischen Berufswahl und Berufsausübung gibt, weil der persönliche Entschluss, sich einer Berufstätigkeit zu widmen, Elemente enthalten kann, die einer Berufswahl nahe kommen können.[955] Demzufolge lässt das Bundesverfassungsgericht die endgültige Zuordnung häufig dann offen, wenn jedenfalls die höheren Rechtfertigungsvoraussetzungen, also die einer Berufswahlregelung, vorliegen.[956]

Ob es sich bei Höchstaltersgrenzen um objektive oder subjektive Zulassungsbeschränkungen handelt, wird ebenfalls uneinheitlich beurteilt. Für die Zuordnung als objektive Zulassungsbeschränkung spricht, dass es sich bei der Erreichung der entsprechenden Altersgrenze um einen Umstand handelt, der eine absolute, der Disposition des Einzelnen entzogene Sperrwirkung entfaltet.[957] Das Alter als solches und der daraus resultierende, durch Altersgrenzen typisierend vermutete Leistungsabfall bildet nach dieser Ansicht ein objektives Kriterium, das im Vordergrund der rechtlichen Bewertung stünde.[958]

Eine solche formale Betrachtungsweise lässt jedoch die Wirkungen einer Höchstaltersgrenze unberücksichtigt. Höchstaltersgrenzen drücken die widerlegbare oder nicht widerlegbare Vermutung aus, dem Betroffenen fehle ab diesem Zeitpunkt die für den jeweiligen Beruf erforderliche (physische oder psychische) Leistungsfähigkeit. Der Gesetzgeber geht davon aus, dass im Durchschnitt Menschen ab einem gewissen Alter nicht mehr den beruflichen Anforderungen genügen.[959] Im Kern geht es damit um eine Anknüpfung an den Besitz von persönlichen Eigenschaften und Fähigkeiten von Menschen, die nicht außerhalb der betreffenden Person liegen, so dass eine Zuordnung von Höchstaltersgrenzen als subjektive Zulassungsbeschränkungen sachgerechter erscheint.[960]

---

955   Vgl. BVerfG, NJW 2001, S. 1779; BVerfG, NJW 1972, S. 1504 (1507 f.).

956   Vgl. BVerfG, NJW 2001, S. 1779 (1780); vgl. auch *Erichsen*, Das Grundrecht der Berufsfreiheit, Jura 1980, S. 551 (556).

957   vgl. BVerfGE 7, S. 377 (407); i.E. auch *Tettinger*, Rechtsprechungslinien des Bundesverfassungsgerichts zu Höchstaltersgrenzen, DVBl. 2005, S. 1397; *Löwisch/ Caspers/ Neumann*, Beschäftigung und demographischer Wandel, S. 22.

958   *Erichsen*, Das Apotheken-Urteil des Bundesverfassungsgerichts, Jura 1985, S. 66 (73). I. E. ebenso *Mann*, Gesetzliche Höchstaltersgrenzen und Verfassungsrecht, in: FS Starck, S. 319 (326); *Umbach*, in: Umbach/ Clemens, GG, Art. 12 Rn. 86; *Höfling*, Alter und Altersgrenzen im Hochschulrecht, in: FS Leuze, S. 263 (267).

959   BVerfG, NJW 1959, S. 1579. Bei derartigen typisierenden Regelungen verzichtet der Gesetzgeber auf die Berücksichtigung individueller Besonderheiten. Er räumt der Gleichmäßigkeit und Praktikabilität einer Regelung den Vorrang gegenüber größtmöglicher Einzelfallgerechtigkeit ein, *Isensee*, Die typisierende Verwaltung, S. 165 ff.

960   So auch *Linnenkohl/ Rauschenberg/ Schmidt*, Flexibilisierung (Verkürzung) der Lebensarbeitszeit, BB 1984, S. 603 (607); *Steiner*, Das Deutsche Arbeitsrecht im Kraftfeld von Grundgesetz und Europäischem Gemeinschaftsrecht, NZA 2008, S. 73 (77); *Schlüter/ Belling*, Die Zulässigkeit von Altersgrenzen im Arbeitsverhältnis, NZA 1988, S. 397 (302); *Zippelius/ Würtenberger*, Deutsches Staatsrecht, § 30 Rn. 34; *Epping*,

Dies gilt jedenfalls für solche Altergrenzen, die dem Schutz von Rechtsgütern Dritter vor potentiellen Gefahren durch einen Leistungsabfall dienen. Fraglich ist demgegenüber, ob Altersgrenzen, die (auch) andere Zielsetzungen verfolgen, ebenfalls als subjektive Berufswahlbeschränkungen zu qualifizieren sind. So existieren Altersregelungen, die (auch) vor der Überalterung der Belegschaft schützen, eine voraussehbare Planung der Personalstruktur und Aufstiegschancen jüngerer Arbeitnehmer gewährleisten und der Vermeidung von Arbeitslosigkeit dienen sollen. Hierbei handelt es sich durchweg um Umstände, die außerhalb der Person des von Altersgrenzen Betroffenen liegen, so dass es sich um objektive Berufswahlregelungen handeln könnte.[961] Hierfür spricht vor allem, dass sie unabhängig der Qualifikation oder einem sonstigen Einfluss des Betroffenen eingreifen. Hiergegen lässt sich jedoch einwenden, dass das entscheidende Kriterium, das Alter, ein personenbezogenes ist.

Insofern kann man der Rechtsprechung des Bundesverfassungsgerichts eine gewisse Widersprüchlichkeit vorwerfen, wenn es subjektive Zulassungsregelungen stets mit der Beeinflussbarkeit gleichsetzt und objektive mit der Nicht-Beeinflussbarkeit und Altergrenzen dennoch als subjektive Zulassungsvoraussetzungen eingeordnet werden. Denn das Alter selbst liegt außerhalb der Beeinflussbarkeit des Betroffenen.[962]

Subjektive Zulassungsbeschränkungen sind nur dort zulässig, wo sie nicht zu einer unzumutbaren Belastung der Berufsangehörigen führen, die mit dem intendierten Zweck ordnungsgemäßer Erfüllung der Berufstätigkeit außer Verhältnis steht.[963] Erreicht der Arbeitnehmer die Höchstaltersgrenze, so scheidet er ohne seinen persönlichen Willen dauerhaft aus dem Arbeitsleben aus. Als Begründung für Höchstaltersgrenzen werden vornehmlich das Ziel der Verhinderung einer Überalterung der Belegschaft sowie die zur Verfügungstellung von Arbeitsplätzen für Jüngere oder arbeitslose Arbeitnehmer genannt. Vor diesem Hintergrund stellt sich die Frage der Rechtfertigung von Höchstaltergrenzen. Der Schwerpunkt der Rechtfertigung liegt hier in der nachfolgend zu erörternden Prüfung der Verhältnismäßigkeit von Altergrenzen.

Grundrechte, Rn. 387. *Gitter/ Boerner*, Altersgrenzen in Tarifverträgen, RdA 1990, S. 129 (133) für tarifvertragliche Höchstaltersgrenzen. Eine endgültige Aussage über die Strenge des Prüfungsmaßstabs im Rahmen der Verhältnismäßigkeitsprüfung ist mit dieser Zuordnung noch nicht getroffen. Das Bundesverfassungsgericht wendet die Zuordnung nicht starr an, so dass die tatsächlichen Wirkungen einer Regelung berücksichtigt werden können. Vor diesem Hintergrund gilt es zu berücksichtigen, dass gesetzliche Höchstaltersgrenzen vielfach einer objektiven Berufswahlregelung gleichkommen und dementsprechend höhere Maßstäbe zur Rechtfertigung herangezogen werden müssen.

961   So *Waltermann*, Berufsfreiheit im Alter, S. 124.
962   Vgl. *Hufen*, Grundrechtsschutz der Leistungserbringer und privaten Versicherer, NJW 2004, S. 14 (16).
963   BVerfGE 7, S. 377 (407).

3. Die verfassungsrechtliche Rechtfertigung von Altersgrenzen

Als Teil der materiellen Verfassungsmäßigkeit einer Maßnahme enthält der Grundsatz der Verhältnismäßigkeit, das sog. Übermaßverbot, mehrere Regelungsbereiche. Zunächst muss das in Rede stehende Mittel geeignet sein, den verfolgten Zweck zu erreichen. Dieser Grundsatz der Eignung des Mittels besagt, dass der Staat nur dann Maßnahmen ergreifen darf, die in die Individualsphäre des Bürgers eingreifen, wenn sie zwecktauglich sind, das intendierte Ziel zu erreichen.[964] Eignung in diesem Sinne liegt vor, wenn mit Hilfe des Mittels der gewünschte Erfolg gefördert werden kann.[965] Weiter muss das gewählte Mittel erforderlich sein. Nach diesem sog. Gebot des Interventionsminimums[966] ist unter mehreren geeigneten Mitteln dasjenige zu wählen, welches den Einzelnen am wenigsten belastet. Zu fragen ist damit, „(…) ob der Gesetzgeber nicht ein anderes gleich wirksames, aber das Grundrecht nicht oder weniger fühlbar einschränkendes Mittel hätte wählen können."[967] Der letzte Regelungsbereich ist das Prinzip der Verhältnismäßigkeit im engeren Sinne. Teilweise spricht man auch von der Angemessenheit oder dem Grundsatz der Proportionalität.[968] Eine Maßnahme ist danach unzulässig, wenn eine umfassende Interessenabwägung der relevanten Belange ergibt, dass die bezweckte Förderung nicht im Interesse des Gemeinwohls erfolgt oder die Förderung des Gemeinwohls außer Verhältnis zu der Beeinträchtigung der Individualsphäre steht.[969] Nachfolgend unter B. soll anhand der Rechtsprechung, v.a. des Bundesverfassungsgerichts, aufgezeigt werden, welche Beurteilungen Höchstaltersgrenzen in der Praxis erfahren, bevor anschließend diese Rechtsprechung einer kritischen Würdigung unterzogen wird.

4. Berufsfreiheit und öffentliches Dienstrecht, Art. 33 Abs. 5 GG

Bei Altersgrenzen im öffentlichen Dienstrecht spielt neben Art. 12 GG die Regelung des Art. 33 GG eine bedeutende Rolle. Art. 33 GG regelt das Berufsrecht des öffentlichen Dienstes als spezielle Vorschrift zu Art. 12 GG[970] mit der Folge, dass Art. 12 GG für öffentlich rechtliche Dienstverhältnisse grds. nicht gilt.[971] Dies gilt auch für den Bereich von Altersgrenzen. Grund dieser Sonderregelung ist, dass zwar auch öffentlich-rechtliche Dienstverhältnisse Berufe iSd Art. 12 GG darstellen, diese gleichzeitig jedoch notwendiger Bestandteil staatli-

---

964 BVerfGE 30, S. 292 (316); 39, S. 210 (230).
965 BVerfGE 40, S. 196 (222).
966 So *Erichsen*, Das Grundrecht der Berufsfreiheit, Jura 1980, S. 551 (555).
967 BVerfGE 25, S. 1 (18); 33, S. 171 (187); 37, S. 1 (21).
968 *Grabitz*, Der Grundsatz der Verhältnismäßigkeit, AöR Bd. 98 (1973), S. 568 (575).
969 Vgl. BVerfGE 30, S. 292 (316 f.); 37, S.1 (21).
970 *Scholz*, in: Maunz/Dürig, Grundgesetz, Art. 12 GG Rn. 206. IVm Art. 33 Abs. 4 GG bekräftigt die Regelung die institutionelle Garantie des Berufsbeamtentums.
971 BVerwG 2, S. 85 (86); 4, S. 250 (254).

cher Zuständigkeit sind und von dieser inhaltlich geprägt werden.[972] Diesbezüglich spielen vor allem die hergebrachten Grundsätze des Berufsbeamtentums eine bedeutende Rolle, die bei der Regelung des Rechts des öffentlichen Dienstes nach Art. 33 Abs. 5 GG zu berücksichtigen sind. Zu diesen hergebrachten Grundsätzen werden auch Altersregelungen gezählt.[973]

III. Gleichbehandlungsgrundsätze

1. Besondere Gleichbehandlungsgrundsätze

Neben der Berufsfreiheit des Art. 12 GG spielen bei Diskriminierungen wegen des Alters vor allem auch Gleichbehandlungsgrundrechte eine bedeutende Rolle. Das Alter als Diskriminierungsmerkmal findet sich zwar weder in den Besonderen Gleichheitssätzen des Art. 3 Abs. 2, Art. 3 Abs. 3 GG, noch in Art. 33 Abs. 2 GG. Ein spezielles Verbot der Diskriminierung aus Gründen des Alters findet sich damit auf verfassungsrechtlicher Ebene der Bundesrepublik nicht. Insbesondere sind die speziellen Gleichheitssätze des Grundgesetzes grds. als abschließend zu betrachten, da sie keine etwa Art. 14 EMRK vergleichbare Öffnungsklausel enthalten.[974]

Durch die Erwähnung des Merkmals der Behinderung in Art. 3 Abs. 3 S. 2 GG[975] wurde in der Literatur vor allem hinsichtlich Höchstaltergrenzen vertreten, es bestünde ein Wertungswiderspruch darin, einerseits Benachteiligungen wegen einer Behinderung zu untersagen, andererseits jedoch Personen wegen nachlassender körperliche Leistungsfähigkeit die Teilnahme am Arbeitsleben zu untersagen. Nach Art. 3 Abs. 3 S. 2 GG darf niemand wegen seiner Behinderung benachteiligt werden. Der verfassungsrechtliche Begriff der Behinderung wird dabei als nicht nur vorübergehende Funktionsbeeinträchtigung beschrieben, die auf einem regelwidrigen, körperlichen, geistigen oder seelischen Zustand beruht.[976] Im Gegensatz zu den anderen Diskriminierungsmerkmalen Geschlecht, Abstammung, Rasse, Sprache, Heimat, Herkunft, Glauben, religiöse Überzeugung und politische Anschauung des Art. 3 Abs. 2 GG statuiert Art. 3 Abs. 3 S. 2 GG lediglich ein Benachteiligungsverbot wegen der Behinderung. Eine Bevorzugung wegen einer Behinderung ist verfassungsrechtlich demgegenüber

---

972 *Scholz*, in: Maunz/Dürig, Grundgesetz, Art. 12 GG Rn. 217.

973 *Maunz*, in: Maunz/Dürig, Grundgesetz, Art. 33 GG Rn. 65. Ausführlich dazu *Ganztckow*, Beendigung der Erwerbstätigkeit, S. 78 ff.

974 Vgl. *Mann*, Gesetzliche Höchstaltersgrenzen und Verfassungsrecht, in: FS Starck, S. 319 (328); *Lingscheid*, Antidiskriminierung im Arbeitsrecht, S. 39; *Jarass*, in: Jarass/ Pieroth, GG, Art. 3 Rn. 120.

975 Das Verbot der Benachteiligung wegen einer Behinderung wurde mit der Grundgesetznovelle vom 27. Oktober 1994 in das Grundgesetz aufgenommen, BGBl. I 1994, S. 3146 ff.

976 BVerfGE 96, S. 288 (301); 99, S. 341 (356 f.); Dreier-*Heun*, GG, Art. 3 Rn. 135; *Starck*, in: v. Mangoldt/Klein/Starck, GG, Ar. 3 Rn. 384; *Jarass*, in: Jarass/ Pieroth, GG, Art. 3 Rn. 143.

nicht untersagt. Der Widerspruch soll darin liegen, dass nachlassende körperliche und geistige Leistungsfähigkeit bei Höchstaltergrenzen als Rechtfertigungsgrund genutzt werden, während der Gesetzgeber gleichzeitig eine Benachteiligung wegen körperlicher und geistiger Nachteile im Rahmen des Art. 3 Abs. 3 S. 2 GG verbietet. In beiden Fällen handele es sich um gleichartige Funktionsbeeinträchtigungen, so dass eine unterschiedliche Behandlung inkonsequent erscheine.[977]

Dem ist eingeschränkt zuzustimmen. Die Begriffe Behinderung und altersbedingte Funktionsverluste können zwar nicht per se gleichgestellt werden.[978] Gleichwohl gibt es hinsichtlich der Schwere der Beeinträchtigung in bestimmten Fällen Überschneidungen. Zwar ist zuzugeben, dass eine solche Betrachtungsweise zu gewissen Abgrenzungsschwierigkeiten führt, weil fraglich ist, ab wann bzw. welche Art von altersbedingten Funktionsverlusten und Leistungsbeeinträchtigungen als Behinderung gelten sollen. Diese Abgrenzungsschwierigkeiten werden jedoch nicht dadurch ausgeräumt, dass man das Alter und damit verbundene Einschränkungen vom Begriff Behinderung zu lösen versucht, wie etwa in § 2 Abs. 1 SGB IX, wonach eine Behinderung nur dann vorliegt, wenn die körperliche Funktion, geistige Fähigkeit oder seelische Gesundheit mit hoher Wahrscheinlichkeit länger als sechs Monate von dem für das Lebensalter typischen Zustand abweicht und daher ihre Teilhabe am Leben in der Gesellschaft beeinträchtigt ist. Auch die Entscheidung des EuGH in der Rechtssache Navas spricht unter teleologischen Gesichtspunkten des Antidiskriminierungsrechts gegen eine solche Sichtweise.[979] Ob und wie sich diese Entscheidung auf den – insoweit entwicklungsoffenen – verfassungsrechtlichen Begriff der Behinderung auswirken wird, bleibt abzuwarten.

2. Art. 33 Abs. 2 GG

Die subjektive Gewährleistung des Prinzips der Bestenauslese in Art. 33 Abs. 2 GG ist ein im Verhältnis zu Art. 3 Abs. 1 GG speziellerer Gleichheitssatz. Er enthält zusätzliche Rechtfertigungs- und Begründungsverbote: Bei der Übertragung eines öffentlichen Amtes darf ausschließlich die Eignung, Befähigung und fach-

---

977 Vgl. *Nussberger*, Altersgrenzen als Problem des Verfassungsrechts, JZ 2002, S. 524 (531); *Starck*, in: v. Mangoldt/Klein/Starck, GG, Art. 3 Rn. 384; *Mann*, Altersdiskriminierung durch gesetzliche Höchstaltersgrenzen, Rechtsgutachten erstattet der Senioren Union der CDU, S. 92; *ders.* Gesetzliche Höchstaltersgrenzen und Verfassungsrecht, in: FS Starck, S. 319 (329).

978 Aus diesem Grund ist eine analoge Anwendung der besonderen Gleichheitssätze auf das Merkmal Alter wegen des insoweit eindeutigen Wortlauts abzulehnen; eine solche Analogie würde zudem die Grenze des Art. 79 Abs. 1 S. 1 GG überschreiten, vgl. *Senne*, Auswirkungen des europäischen Verbots der Altersdiskriminierung auf das deutsche Arbeitsrecht, S. 209.

979 EuGH, Rs. C-13/05, *Navas*, NZA 2006, S. 839.

liche Leistung des jeweiligen Bewerbers zählen.[980] Diese Gesichtspunkte dürfen
wiederum nicht mit Gesichtspunkten begründet werden, die gegen Art. 3 Abs. 2
und Abs. 3 GG verstoßen. Ungleichbehandlungen wegen des Alters werden jedoch nur von Art. 3 Abs. 1 GG erfasst. Die Berücksichtigung weitere Merkmale
außerhalb der besonderen Gleichheitssätze ist im Rahmen der in Art. 33 Abs. 2
GG genannten Kriterien damit grds. möglich. In diesen Fällen ist jedoch zu berücksichtigen, dass Art. 33 Abs. 2 GG seinem Sinngehalt nach mit den Gewährleistungen von Art. 3 Abs. 1 GG iVm Art. 12 GG identisch ist.[981] Unter dem Gesichtspunkt der Beurteilung von Ungleichbehandlungen wegen des Alters ergeben sich damit im Vergleich zu Art. 3 Abs. 1 GG keine Unterschiede. Zu beachten ist weiter, dass Art. 33 Abs. 2 GG nur den Zugang zu öffentlichen Ämtern
betrifft, nicht hingegen das Ausscheiden. Hinsichtlich Höchstaltersgrenzen im
öffentlichen Dienstrecht bleibt unter Gleichheitsgesichtspunkten Art. 3 Abs. 1
GG grds. weiter anwendbar.[982]

3. Allgemeiner Gleichbehandlungsgrundsatz

Hält man die besonderen Gleichheitssätze im Grundgesetz nicht für einschlägig,
bleibt als möglicher verfassungsrechtlicher Bezugspunkt für Altersregelungen
und damit verbundene Ungleichbehandlungen zunächst lediglich der allgemeine
Gleichheitssatz des Art. 3 Abs. 1 GG. Eine Ungleichbehandlung wegen des Alters bedarf damit grds. eines sachlichen Grundes zur Rechtfertigung. Nach Art. 1
Abs. 3 GG bindet Art. 3 Abs. 1 GG die öffentliche Gewalt an den Gleichheitssatz. Gesetzgebung, Rechtsprechung und Verwaltung sind dementsprechend
verpflichtet, sachwidrige Differenzierungen in den jeweiligen Bereichen zu verhindern. Eine unmittelbare Bindung von Privatrechtssubjekten besteht hingegen
nicht. Infolge der ebenfalls verfassungsrechtlich garantierten allgemeinen Handlungsfreiheit und der daraus formulierten Privatautonomie des Einzelnen folgt,
dass dieser grds. frei darin ist, seine Vertragspartner zu wählen, auch wenn diese
Wahl auf einem diskriminierenden Motiv beruhen sollte. Allerdings kann der
Gleichheitssatz im Einzelfall, wie andere Grundrechte auch, über die sog. mittelbare Drittwirkung der Grunderechte den privaten Rechtsverkehr beeinflussen.
Als objektive Wertentscheidung und Ausdruck des zentralen Gerechtigkeitsge-
dankens im Grundgesetz wirkt der Gleichheitssatz über zivilrechtliche Generalklauseln[983] sowie unbestimmte Rechtsbegriffe in die Privatrechtsordnung.[984]
Weder bürgerlichrechtliche Normen selbst noch ihre Auslegung und Anwendung im Einzelfall dürfen danach in Widerspruch zum objektiven Gehalt der

---

980   *Pieroth/ Schlink*, Grundrechte, § 11 Rn. 473.
981   Vgl. *Scholz*, in: Maunz/Dürig, Grundgesetz, Art. 12 Rn. 209 f.
982   Vgl. BVerfG, NVwZ 2008, S. 1233 f.
983   Bsp. §§ 242, 138, 826, 1004 BGB.
984   Vgl. BVerfGE 73, S. 261 (269 f.); 7, S. 198 (206).

Grundrechte stehen.[985] Durch diese Ausstrahlungswirkung kann in Einzelfällen die Vertragsfreiheit gegen über der Gleichbehandlung zurücktreten.

Das Bundesverfassungsgericht differenziert bei den Rechtfertigungsanforderungen des allgemeinen Gleichheitssatzes des Art. 3 Abs. 1 GG zwischen einer reinen Willkürkontrolle bis hin zu einer strengen Verhältnismäßigkeitsprüfung nach der sog. neuen Formel.[986] Der Gesetzgeber ist infolge demokratischer Legitimation zwar grundsätzlich frei darin, sowohl die Ziele als auch die Merkmale für ein Gleich- bzw. Ungleichbehandlung festzulegen; zu beachten hat er jedoch, dass das Ausmaß der Ungleichbehandlung gemessen am Regelungsziel geeignet, notwendig und nicht übermäßig belastend, mithin verhältnismäßig ist.[987]

Erforderlich ist damit für eine Ungleichbehandlung ein sachlicher Grund. Dieser Maßstab gilt grds. bei sog. sachverhaltsbezogenen Differenzierungen. Die konkrete Fragestellung hinsichtlich Altersgrenzen lautet damit, ob von Altersgrenzen betroffene Personen im Vergleich zu anderen Personen ohne sachlichen Grund ungleich behandelt werden. Die Prüfung einer strengen Verhältnismäßigkeit gilt nach dem Bundesverfassungsgericht regelmäßig dann, wenn an personenbezogene Merkmale angeknüpft wird[988], wobei sich die Prüfung intensiviert, je mehr sich ein Merkmal den in Art. 3 Abs. 3 GG bzw. Art. 3 Abs. 2 GG genannten Merkmalen annähert.[989] Eine Verletzung des allgemeinen Gleichheitssatzes liegt danach dann vor, „(...) wenn eine Gruppe von Normadressaten im Vergleich zu anderen Normadressaten anders behandelt wird, obwohl zwischen beiden Gruppen keine Unterschiede von solcher Art und solchem Gewischt bestehen, dass sie die ungleiche Behandlung rechtfertigen könnten."[990] Die Prüfungsintensität ist bei personenbezogenen Merkmalen deshalb strenger, weil der Einzelnen hierbei einer Differenzierung ausgesetzt ist, die an Merkmale anknüpft, die nicht oder nur schwer geändert werden können. Hat der Einzelne hingegen Einflussmöglichkeiten durch eigenes Verhalten, so ist die gerichtliche Prüfungsintensität grds. geringer.[991] Ein solches personenbezogenes Merkmal bildet das Alter, da es untrennbar mit der Person verknüpft ist. Dies wird u.a. daraus ersichtlich, dass sich eine Person auf das Erreichen eines Alters, bei der

985   So *Hermes*, Grundrechtsschutz durch Privatrecht, NJW 1990, 1764.
986   Vgl. grundlegend BVerfGE 55, S. 72 (88 ff.); BVerfGE 107, S. 205 (213 f.); 107, S. 218 (244); 111, S. 160 (169 f.). Zur Entwicklung des Prüfungsmaßstabs *Kokott*, Gleichheitssatz und Diskriminierungsverbote, FS 50 Jahr Bundesverfassungsgericht, S. 127 (129 f.).
987   BVerfGE 93, S. 121 (134); vgl. auch *Möckel*, Der Gleichheitsgrundsatz – Vorschlag für eine dogmatische Weiterentwicklung, DVBl. 2003, S. 488 (489 ff.).
988   BVerfGE 90, S. 46 (56); 102, S. 68 (87); 106, S. 166 (176); *Krugmann*, Gleichheit, Willkür, Evidenz, JuS 1998, S. 7 f.
989   BVerfGE 92, S. 26 (51 f.)
990   BVerfGE 55, S. 72 (88).
991   Vgl. *Kokott*, Gleichheitssatz und Diskriminierungsverbote, FS 50 Jahr Bundesverfassungsgericht, S. 127 (133).

eine bestimmt Rechtsfolge eintritt, nicht einstellen kann, diese mithin unausweichlich ist. Gesetzliche Regelungen, die an das Alter anknüpfen sind damit verfassungsrechtlich rechtfertigungsbedürftig und zwar anhand des Maßstabs einer strengen Verhältnismäßigkeitsprüfung.[992]

Vergleicht man den allgemeinen Gleichheitssatz des Grundgesetzes als Diskriminierungsverbot mit dem unionsrechtlichen Diskriminierungsverbot, so ergeben sich vor allem zwei Unterschiede. Art. 3 Abs. 1 GG macht jede Verwendung eines gruppenbezogenen Merkmals rechtfertigungsbedürftig. Allerdings wird eine Benachteiligung nicht vorausgesetzt.[993] Andererseits erfasst der allgemeine Gleichheitssatz keine mittelbaren Diskriminierungen.[994] Art. 3 Abs. 1 GG umfasst in seinem Anwendungsbereich grds. nur Kriterien, die durch ein Gesetz verwendet werden. Dementsprechend umfasst der Prüfungsumfang nicht wie bei der mittelbaren Diskriminierung die Auswirkungen der Kriterien in der Realität. In diesem Bereich entfaltet Art. 3 Abs. 1 GG seine Wirkungen nur mittelbar über die Bindung der Verwaltung und der Gerichte an das Grundgesetz, insbesondere im Bereich der Konkretisierung unbestimmter Rechtsbegriffe oder bei der Ermessensausübung, bei der die Auswirkungen der Rechtsanwendung zu berücksichtigen sind.[995] Aber auch wenn man die Auffassung vertritt, mittelbare Diskriminierungen fielen unter Art. 3 Abs. 1 GG, so ergibt sich im Ergebnis kein Unterschied, da in diesem Fall die verfassungsrechtlichen Anforderungen an die Rechtfertigung abgesenkt sind.[996]

---

992 Vgl. BVerfGE 103, S. 172 (193); *Steiner*, Das Deutsche Arbeitsrecht im Kraftfeld von Grundgesetz und Europäischem Gemeinschaftsrecht, NZA 2008, S. 73 (77); *Höfling*, Altersgrenzen im (Hochschul-)Recht, FS Leuze, S. 263 (267). Zum komplexen Verhältnis von Art. 12 GG zu Art. 3 Abs.1 vgl. *Scholz*, in: Maunz/ Dürig, Grundgesetz, Art. 12 GG Rn. 152 ff. Im Grundsatz besteht zwischen der Berufsfreiheit und dem allgemeinen Gleichheitssatz Idealkonkurrenz, nach BVerfGE 7, 377 (404); 33, 303 (331 ff.); 37, 342 (353 f.) ist der allgemeine Gleichheitssatz bei Regelungen der Berufsfreiheit im Rahmen einer „berufsrechtlich internen Geltung" zu beachten, so dass Differenzierungen bzw. Ungleichbehandlungen bei berufsrechtlichen Regelungen nur dann verfassungsmäßig sind, wenn sie nicht willkürlich sind bzw. einen sachlichen Rechtfertigungsgrund haben.

993 *Bieback*, Altersdiskriminierung: Grundsätzliche Strukturen und sozialrechtliche Probleme, in: Loccumer Protokolle 04/06, S. 87 (91).

994 A.A. *Sachs*, in: HStR V, § 126 Rn. 89; dies gilt nach h.M. auch für Art. 3 Abs. 3 GG, vgl. BVerfGE 97, S. 35 (43 f.); 104, S. 373 (393); BVerfG NJW 1983, S. 2763 (2765); BVerfG NJW 1987, S. 2359 (2362); *Osterloh*, in: Sachs, GG, Art. 3 Rn. 255 f.; lediglich bei Diskriminierungen wegen des Geschlechts ist anerkannt, dass auch mittelbare Diskriminierungen erfasst sind, vgl. Dreier-*Heun*, GG, Art. 3 Rn. 124; *Kischel*, in: Epping/Hillgruber, BeckOK GG, Ed. 8 1.10.2010, Art. 3 Rn. 194.

995 Vgl. *Bieback*, Altersdiskriminierung: Grundsätzliche Strukturen und sozialrechtliche Probleme, in: Loccumer Protokolle 04/06, S. 87 (91).

996 *Rudolf*, in: Rudolf/Mahlmann, Gleichbehandlungsrecht, § 6 Rn. 10; *Osterloh*, in: Sachs, GG, Art. 3 Rn. 256.

Bei den zahlreichen Altersgrenzen bis zur Vollendung des 18. Lebensjahres gewinnt Art. 3 Abs. 1 GG noch unter einem weiteren Gesichtspunkt Bedeutung. So hat Nolting-Hauff dargelegt, dass sich aus dem allgemeinen Gleichheitssatz ein Anspruch Minderjähriger auf staatlichen Schutz herleiten lässt. Beruht etwa die Verbindlichkeit von Willenserklärungen auf dem Selbstbestimmungs- und Verantwortungsprinzip und fehlt Minderjährigen diese Fähigkeit, so kann bei fehlenden Schutzvorschriften eine nicht gerechtfertigte Gleichbehandlung mit Personen vorliegen, die diese Fähigkeiten besitzen.[997]

IV. Gleichbehandlung und Privatautonomie

Untersucht man die Bedeutung des Alters unter dem Gesichtspunkt des Gleichbehandlungsrechts und Gleichheitsgewährleistungen, so ist in diesem Zusammenhang gleichzeitig ein weiterer verfassungsrechtlicher Gesichtspunkt von Bedeutung. Es ist dies der des Verhältnisses zwischen Gleichbehandlung und Privatautonomie des Einzelnen. Naturgemäß ist die Privatautonomie des Einzelnen vor allem im Privatrechtsverkehr von Bedeutung. Innerhalb der Privatrechtsordnung gewährleistet sie die Möglichkeit, Rechtsverhältnisse selbstbestimmt und eigenverantwortlich zu gestalten. Ihre verfassungsrechtliche Grundlage findet die Privatautonomie in den Art. 1, 2, 9 und 14 GG.[998] Inhaltlich findet sie u.a. in der von § 311 BGB vorausgesetzten Vertragsfreiheit ihren Ausdruck, die sowohl die grds. Abschlussfreiheit als auch die grds. Gestaltungsfreiheit des Einzelnen bei Rechtsgeschäften beinhaltet. Diskriminierungsverbote berühren die Privatautonomie in beiden genannten Bereichen: Die Gestaltungsfreiheit ist betroffen, weil bestimmte Diskriminierungsmerkmale im Rahmen von Verträgen nicht ohne Sanktionen verwendet werden können. Die Abschlussfreiheit kann betroffen sein, wenn als Sanktion etwa ein Zwang zum Vertragsschluss (Kontrahierungszwang) festgelegt wird.

Derartige Einschränkungen der Privatautonomie aus Gleichbehandlungsgründen bestanden vor in Kraft treten des Allgemeinen Gleichbehandlungsgesetzes nur in engen Grenzen. Nach dem Grundkonzept des nationalen Verfassungs- und Zivilrechts gilt ein Gebot der Gleichbehandlung anderer Personen bei Ausübung der Vertragsfreiheit gerade nicht. In ihrer Abwehrfunktion betreffen die verfassungsrechtlichen Gleichheitssätze gemäß Art. 1 Abs. 3 GG unmittelbar nur staatliches Handeln im Bereich der Exekutive, Legislative und Judikative. Eingang in die Privatrechtsordnung fanden Gleichbehandlungsgrundsätze nur mittelbar über die Grundsätze der mittelbaren Drittwirkung von Grundrech-

---

997 *Nolting-Hauff*, Gebote zum Schutz Minderjähriger, S. 52 f. Eine Ungleichbehandlung gegenüber alten Personen, denen diese Fähigkeit fehlt besteht insofern nicht. Im Gegensatz zum individuellen Verlauf und ggf. des Verlustes dieser Fähigkeit im hohen Alter durchlaufen Kinder und Jugendliche diese Phase immer, so dass eine Ungleichbehandlung nicht ungerechtfertigt ist.

998 *Paulus/ Zenker*, Grenzen der Privatautonomie, JuS 2001, S. 1.

ten, nach denen Art. 3 GG bei der Auslegung zivilrechtlicher Generalklauseln sowie auslegungsbedürftiger Rechtsbegriffe herangezogen werden, um unbillige Ungleichbehandlungen zu verhindern.[999]

Das Allgemeine Gleichbehandlungsgesetz schafft für den Bereich der Altersdiskriminierung diesbezüglich eine zweifache Neuerung: Zum einen wird erstmalig explizit die Diskriminierung wegen des Alters grds. untersagt und zum anderen erfolgt dieses Verbot auf der Ebene des einfachen Rechts, hat mithin unmittelbare Wirkung im Verhältnis zwischen Privaten. Diese Ausweitung des Diskriminierungsschutzes führt zu einer weiteren Einschränkung der Privatautonomie. Es stellt sich somit die Frage, welchen Grenzen die Privatautonomie unterliegt. Anerkannt ist zunächst, dass die Privatautonomie nicht schrankenlos gewährleistet ist. Nach Auffassung des Bundesverfassungsgerichts ist die „(...) Privatautonomie notwendigerweise begrenzt und bedarf der rechtlichen Ausgestaltung. Privatrechtsordnungen bestehen deshalb aus einem differenzierten System aufeinander abgestimmter Regelungen und Gestaltungsmittel (...)"[1000] Neben dieser rechtlichen Begrenzung der Privatautonomie bestehen auch faktische Begrenzungen, wie etwa die Kapazität der Ressourcen des Einzelnen[1001], die im vorliegenden Kontext der Diskriminierung wegen des Alters jedoch keine weitergehende Rolle spielen. Die Grenzen ergeben sich in diesem Bereich vor allem unter zwei Gesichtspunkten: Zum einen aus der Privatautonomie des jeweiligen Vertragspartners und zum anderen aus dem Gedanken des Schutzes bestimmter Personengruppen und deren Grundrechten. So dient das Verbot der Diskriminierung wegen des Alters u.a. der Verwirklichung des Grundrechts der Berufsfreiheit. Darüber hinaus wird durch Diskriminierungsverbote gewährleistet, das bestimmte personenbezogene Merkmale, die dem Menschen unveräußerlich sind und insoweit untrennbar mit der Menschenwürde verknüpft sind, grds. nicht zu unterschiedlichen Behandlungen führen dürfen. Damit kommt antidiskriminierungsrechtlichen Vorschriften auch eine die Vertragsfreiheit und damit die Privatautonomie entfaltende Komponente zu[1002], die, nicht zuletzt vor dem Hintergrund der europäischen Zielsetzung der materiellen Gewährleistung von Gleichheit, verfassungsrechtlich nicht zu unauflöslichen Widersprüchen führt. Die Beschränkung der Privatautonomie durch Diskrimierungsverbote stellt gewissermaßen die wesensimmanente Konsequenz der Erweiterung der Privatautonomie derjenigen dar, denen Diskriminierungsvorschriften zugute kommen. Durch das europäische Antidiskriminierungsrecht unter Geltung von Art. 19 AEUV sowie der RL 2000/78/EG und das in deren Umsetzung erlassene Allgemeine Gleichbehandlungsgesetz kann dabei eine nicht hinnehmbare Störung der Balance zwi-

---

999   Vgl. *Beseler/ Georgiou*, AGG, S. 36.
1000 BVerfG 89, S. 214 (231).
1001 Dazu *Paulus/ Zenker*, Grenzen der Privatautonomie, JuS 2001, S. 1.
1002 So MüKoBGB/ *Thüsing*, Einleitung AGG, Rn. 50.

schen der verfassungsrechtlichen Privatautonomie als Institution und der Gewährleistung von (Individual)Grundrechten nicht festgestellt werden.

B. Alter und Altersgrenzen in der Rechtsprechung des Bundesverfassungsgerichts

I. Allgemeines

Rechtliche Fragestellungen zu Regelungen von Altergrenzen waren immer wieder Gegenstand höchstrichterlicher Entscheidungen. Überwiegend befassen sie sich mit Altergrenzen für die Berufsarbeit. Untersucht man die Rechtsprechung des Bundesverfassungsgerichts zu Fragen von Altersgrenzen im Recht, so fallen zwei Aspekte besonders auf. Zum einen der bereits in der Einleitung festgestellte Umstand, dass die einschlägige Judikate vornehmlich zu Fragen der Zulässigkeit von Höchstaltersgrenzen ergangen ist. Nach der Rechtsprechung können Altergrenzenregelungen unterschiedliche Zwecke verfolgen. In Betracht kommt zunächst der Schutz älterer Arbeitnehmer, die Beeinflussung von Altersstrukturen, Aufstiegschancen und Personalpolitik, die Sicherung eines bestimmten Leistungsstandards oder auch die Bekämpfung von Arbeitslosigkeit.[1003]

Zweitens ist auffallend, dass in den bisher ergangenen Urteilen die herkömmlichen Vorstellungen vom Alter und Altern, einschließlich der verbreiteten Stereotypen und Vorurteilen wie sie bereits an früherer Stelle dargestellt wurden[1004], in weiten Teilen statisch wiederkehren.[1005] So tauchen, wie noch ausführlicher zu zeigen sein wird, Begründungsmuster, die sich hinsichtlich der mit dem Alter verbundenen Begleiterscheinungen auf biologische und medizinische Erfahrungswerte stützen, immer wieder auf. Eine kritische Auseinandersetzung mit diesen ist nur selten ersichtlich. Besonders deutlich wird dies in einer grundlegenden und bedeutenden Gemeinsamkeit aller zu Höchstaltergrenzen ergangenen Entscheidungen: Ein Verstoß sowohl gegen die Berufsfreiheit des Art. 12 GG als auch ein Verstoß gegen den Gleichheitssatz des Art. 3 Abs. 1 GG wurde vom Bundesverfassungsgericht stets verneint.[1006] Die Rechtsprechung des Bundesverfassungsgerichts bildet damit spiegelbildlich die Statik der Rechtsordnung im Umgang mit Rechtsproblemen rund um Fragen des Alters und der demografischen Entwicklung im Allgemeinen ab.

1003 Vgl. *Waltermann*, Berufsfreiheit im Alter, S. 40.
1004 S.o. Kapitel 2 und 3.
1005 So auch *Ruppert*, Die Segmentierung des menschlichen Lebenslaufs am Beispiel der Rechtsprechung des Bundesverfassungsgerichts zu Altersgrenzen, in: Loccumer Protokolle 04/06, S. 17 (19).
1006 *Nussberger*, Altersgrenzen als Problem des Verfassungsrechts, JZ 2002, S. 524 (530).

II. Die Rechtsprechung des Bundesverfassungsgerichts zu Höchstaltersgrenzen

1. Altersgrenzen für Hebammen

In der gesetzlich festgelegten Altersgrenze für Hebammen hat sich das Bundesverfassungsgericht erstmalig zu gesetzlichen Altersgrenzen unter Berücksichtung der Berufsfreiheit geäußert.[1007] In der Entscheidung aus dem Jahr 1959 sah das Bundesverfassungsgericht keinen Verstoß gegen Art. 12 Abs. 1 GG. Das damals geltende Hebammengesetz sah eine Höchstaltergrenze von 70 Jahren für die Berufsausübung vor.[1008] Ziel der Altersgrenze war es, möglichen Gefahren durch leistungsfähigkeitsabhängige Fehler vorzubeugen. Der Unterscheidung von Berufswahl- und Berufsausübungsregelungen folgend, ordnete das Gericht die Höchstaltersgrenze als (subjektive) Berufswahlregelung ein, welche den Zweck verfolge, den Schutz von Leib und Leben Dritter zu gewährleisten. Hierbei handele es sich um ein besonders wichtiges Gemeinschaftsgut.[1009] Nach Vollendung des 70. Lebensjahrs sei von einer Abnahme der Leistungsfähigkeit auszugehen, so dass sich die Wahrscheinlichkeit von Fehlleistungen erhöhe, die eine Gefahr für die genannten Rechtsgüter darstelle. Für diese Sichtweise spreche auch, dass die private Altersvorsorge auf diesen Lebensabschnitt abstelle. Die allgemeine Zunahme der Lebenserwartung rechtfertige keine andere Beurteilung, weil ihr kein feststellbares Andauern der beruflichen Leistungsfähigkeit bis in ein hohes Alter entspreche.[1010]

Die Alternative einer Prüfung der Leistungsfähigkeit im Einzelfall wird vom Bundesverfassungsgericht ebenfalls angesprochen. Nach seiner Auffassung sei eine generalisierende Betrachtung jedoch nicht unverhältnismäßig und widerspreche nicht der Bedeutung der Berufsfreiheit. Dies gelte vor allem, wenn die Möglichkeit der Erteilung von Ausnahmebewilligungen bestehe.[1011]

1007 In BVerfGE 1, S. 264 ff. – Bezirksschornsteinfeger aus dem Jahr 1952 ging es zwar auch um den Bereich der Höchstaltersgrenzen. Erörtert wurden die Zulässigkeit jedoch lediglich anhand des Maßstabs des Art. 14 GG und des Art. 3 Abs. 1 GG.

1008 § 5 HebammenG, Gesetz v. 21. Dezember 1938, RGBl. I, S. 1893 iVm § 1 der 4. Verordnung zur Durchführung des Gesetzes v. 16. Dezember 1939, RGBl. I, S. 2457. In der geltenden Fassung des Hebammengesetzes findet sich diese Altersgrenze nunmehr nur noch in Übergangsvorschriften, vgl. § 29 Abs. 1 HebammenG, Hebammengesetz v. 4. Juni 1985 (BGBl. I S. 902), zuletzt geändert durch Gesetz v. 30. September 2008 (BGBl. I S. 1910).

1009 Ebenso BVerfG, NVwZ 2007, S. 327 (328) für die Altersgrenze von 57 Jahren für Fluglotsen.

1010 BVerfGE 9, S. 338 (346 f.).

1011 BVerfGE 9, S. 338 (348). Die Befugnis zur Typisierung des Gesetzgebers hinsichtlich Altersgrenzen gegenüber einer individuellen Prüfung der Leistungsfähigkeit wurde schon vom RG bezüglich der Feststellung der Dienstunfähigkeit von Beamten vertreten. „Dagegen ist kein wohl erworbenes Recht der Beamten, insbesondere der preußi-

In der Höchstaltersgrenze von 70 Jahren für Hebammen erkannte das Bundesverfassungsgericht auch keinen Verstoß gegen Art. 3 Abs. 1 GG.[1012] Es prüft den Gleichheitssatz dabei im Hinblick auf Altersgrenzen anderer Berufe und kommt zu dem Ergebnis, das Berufe mit rechtlich oder traditionell ausgeprägten Berufsbildern im Grundsatz auch als eigene Lebensbereiche zu behandeln seien. Damit verneint es bereits die Vergleichbarkeit des Berufs des Arztes und der Hebamme. Eine staatliche Berufsregelung, die vor Art. 12 GG Bestand habe, zwinge nur selten zu einer partiellen Gleichbehandlung mit anderen Berufen. Dies käme nur in Betracht, wenn andersartige Berufsfelder tangiert würden. Dies sei bei dem Beruf der Hebamme und dem Beruf des Arztes, obschon es sich bei beiden um sog. freie Berufe handele, nicht der Fall.[1013] Eine mögliche Ungleichbehandlung zwischen Hebammen unterschiedlichen Alters wird vom Gericht nicht angesprochen.

2. Altersgrenzen für Professoren und Lehrer

1984 hatte sich das Bundesverfassungsgericht mit der Frage zu befassen, ob die Herabsetzung des Emeritierungsalters von Professoren von 68 auf 65 Jahre verfassungsgemäß sei.[1014] Zweck der Herabsetzung der Altersgrenze war die Förderung des wissenschaftlichen Nachwuchses und die Verbesserung der Stellensituation. Die Altergrenze für Hochschullehrer war in der Geschichte zahlreichen Änderungen unterworfen. In der Weimarer Republik lag sie je nach Landesregelung zwischen dem 65. und 70. Lebensjahr, wobei es sowohl zwingende Vorschriften, als auch fakultative Regelungen gab. In einzelnen Ländern existierten sogar keinerlei Altersgrenzen. Ende der 1930er Jahre erfolgte eine einheitliche Festlegung auf das 65. Lebensjahr. Die Altergrenze von 68 Jahren wurde von den Ländern erst in der Nachkriegszeit festgelegt. Infolge dieser zahlreichen Änderungen lehnte das Bundesverfassungsgericht es ab, von einem hergebrach-

---

schen Beamten, anzuerkennen, dass die Dienstunfähigkeit, wie es bis zum Erlasse des AGrG. Geschah, individuell für den einzelnen Beamten festgestellt werde, sie müssen sich vielmehr auch gefallen lassen, dass das Gesetz die Dienstunfähigkeit nach einer allgemeinen, aus den Lebenserfahrungen heraus aufgestellten Regel für alle Beamten festsetzt. Das geschieht aber durch die Altersgrenzengesetze. Diese beruhen auf der Anschauung, dass nach den allgemeinen Erfahrungen des Lebens die Beamten regelmäßig mit dem Eintritt eines gewissen Lebensalters nicht mehr voll diensfähig sind, ihre Dienstfähigkeit als zu unterstellen ist." RGZ 104, S. 58 (62). Die daraus resultierende Belastung für den Einzelnen sei im Interesse der Allgemeinheit hinzunehmen.

1012 BVerfGE 9, S. 338 (349 ff.). Der Verstoß gegen Art. 3 Abs. 1 GG wurde damit geltend gemacht, dass kein sachlicher Grund bestehe, Hebammen anders zu behandeln, als ebenfalls am Geburtsvorgang beteiligte Ärzte.
1013 BVerfGE 9, S. 338 (350 f).
1014 BVerfG, NJW 1984, S. 2567 ff.

ten Grundsatz des Berufsbeamtentums in Form einer Altersgrenze von 68 Jahren nicht auszugehen.[1015]

Ein Jahr später stand eine Regelung auf dem Prüfstand, die den Eintritt von Lehrern in den Ruhestand nach dem Saarländischen Beamtengesetz änderte.[1016] Das Bundesverfassungsrecht erkannte keinen Verstoß gegen Art. 33 Abs. 5 GG. Zwar gehöre das Lebenszeitprinzip zu den hergebrachten Grundsätzen des Berufsbeamtentums, dieser fordere jedoch nicht, dass der Beamte bis zu seinem Tod sein Amt verrichte. Art. 33 Abs. 5 GG fordere weder eine auf ein bestimmtes Lebensalter festgesetzte Altersgrenze, noch eine einheitliche Festsetzung für alle Beamten.[1017] Auch einen Verstoß gegen Art. 3 Abs. 1 GG lehnte das Bundesverfassungsgericht ab. In der Arbeitsmarktlage für Nachwuchskräfte, sowie schulorganisatorischen und pädagogischen Gründen erkannte es ausreichend sachliche Gründe, die die abweichende Festlegung der Altersgrenze von der Regelaltersgrenze rechtfertigten.[1018] Bemerkenswert ist, dass das Bundesverfassungsgericht in der Entscheidung seinen Prüfungsmaßstab hinsichtlich der Rechtfertigung einer Ungleichbehandlung zurückschraubt und lediglich das vorliegen eines sachlichen Grundes prüft, da das Gericht „(...) nur die Einhaltung dieser äußersten Grenzen der gesetzgeberischen Freiheit (...)" nachprüfen könne.[1019]

3. Altersgrenzen für Notare

Die Altersgrenze von 70 Jahren für Notare (§§ 47 Nr.1, 48 a BNotO) verstößt nach Ansicht des Bundesverfassungsgerichts nicht gegen Art. 12 Abs. 1 GG. Als Rechtfertigungsgründe sieht das Gericht die Funktionstüchtigkeit der Rechtspflege sowie die Verhinderung einer Überalterung der Notariate an. Mandanten müssten die Möglichkeit, haben zwischen Notaren unterschiedlichen Lebensalters zu wählen. Im Rahmen der Verhältnismäßigkeit prüft das Gericht neben anderen Alternativen auch die Möglichkeit von Einzelfallprüfungen der Leistungsfähigkeit. Diese seien jedoch nicht gleich effizient, da sie nur mit großer Verzögerung wirksam würden.

Auch einen Verstoß gegen Art. 3 Abs. 1 GG erkennt das Bundesverfassungsgericht nicht. Durch den allgemeinen Gleichheitssatz sei der Gesetzgeber nicht daran gehindert, die Berufsausübung von Notaren gegenüber anderen freien Berufen anders zu regeln und einer Altersgrenzenregelung zu unterwerfen.[1020] 1989 hatte sich das Bundesverfassungsgericht erstmals mit einer Höchstaltersgrenze für die Zulassung zum Notarberuf zu befassen. Der Beschwerdeführer,

---

1015   BVerfGE 67, S. 1 (14).
1016   BVerfGE 71, S. 255 ff.
1017   BVerfGE 71, S. 255 (270).
1018   BVerfGE 71, S. 255 (271 f.).
1019   BVerfGE 71, S. 255 (271).
1020   BVerfG, NJW 1993, S. 1575 (1576).

der das 60. Lebensjahr vollendet hatte, begehrte die Zulassung als Anwaltsnotar. Die Allgemeine Verfügung des Justizministers für das Land Nordrhein-Westfalen über die Angelegenheiten der Notare (AV-Not) regelte, dass ein Bewerber nicht zum Notar bestellt werden kann, wenn er das 60. Lebensjahr überschritten hat. Die BNotO selbst hingegen enthielt in der damaligen Fassung keine Altersgrenze. Die AV-Not erging auf Grundlage von § 4 Abs.2 BNotO a.F., wonach die Landesjustizverwaltungen für die Bestellung von Anwaltsnotaren näher Bestimmungen treffen konnten. In anderen Bundesländern existierten vergleichbare Regelungen, die eine Altersgrenze zwischen dem 62. und dem 65. Lebensjahr vorsahen. Nach Auffassung des Bundesverfassungsgerichts verstieß die Regelung aus formellen Gesichtspunkten gegen Art. 12 Abs. 1 S. 2 GG.[1021] Entgegen der Auffassung des Bundesgerichtshofs, der davon ausging, dass eine spezielle gesetzliche Ermächtigung zum Erlass einer solchen Altersgrenze entbehrlich sei, da die Altersgrenze bezwecke, der Kontinuität des Notaramtes, der Altersstruktur des Notarstandes sowie den besonderen Leistungsanforderungen des Notarberufs Rechnung zu tragen, bedürfe eine solche subjektive Zulassungsbeschränkung einer gesetzlichen Grundlage.[1022]

Interessant sind die Ausführungen des Gerichts im Kontext dieser Arbeit vor allem unter materiellen Gesichtspunkten der Altersgrenze. Das Gericht stellt fest, dass mit der Altersgrenze ein abstrakt-generelles Kriterium aufgestellt wird, das jeden Bewerber potentiell gleich betrifft.[1023] Allerdings sei das Alter kein am Ämterbedarf ausgerichtetes objektives Zulassungshindernis, sondern ein Ermittlungs- und Auswahlkriterium für die Eignung eines Bewerbers. Das Alter eines Bewerbers an sich stelle jedoch kein Merkmal für die persönliche Eignung für das Notaramt dar, welches durch Verwaltungsvorschriften festgesetzt werden dürfe, da die generelle Annahme, ein über 60 Jahre alter Bewerber sei für den Beruf ungeeignet, nicht gerechtfertigt sei, vielmehr müsse die Eignung in einem individuellen Verfahren festgestellt werden.[1024]

Die Vereinbarkeit der Altersgrenze von sowohl mit dem Grundgesetz als auch mit der RL 2000/78/EG hat auch der BGH in einem jüngerem Beschluss bestätigt.[1025] Ein 70-Jähriger Notar begehrte in dem Verfahren die Feststellung, dass sein Amt nicht gemäß §§ 47 Nr. 1, 48a der Bundesnotarordnung (BNotO) mit Ende dieses Monats durch Erreichen der Altersgrenze erloschen war. Die in § 48a BNotO festgelegte Altersgrenze verstoße gegen seine verfassungsmäßigen Rechte und sei mit dem der Richtlinie 2000/78/EG nicht zu vereinbaren.

1021 BVerfGE 80, S. 257 (263 ff.).
1022 BVerfGE 80, S. 257 (265 f.).
1023 BVerfGE 80, S. 257 (264).
1024 BVerfGE 80, S. 257 (267).
1025 BGH, Beschluss vom 22. März 2010 - NotZ 16/09 mit zustimmender Anmerkung von *Mohr*, Anm. zu BGH, Beschluss vom 22.03.2010 - NotZ 16/09, LMK 2010, 303625.

Die gesetzliche Altersgrenze von 70 Jahren für die Ausübung des Notarberufs beschränkt nach Ansicht des BGH die Berufswahlfreiheit, denn über einen Verbleib im Amt und damit eine Fortsetzung seiner Tätigkeit könne der Notar nicht frei entscheiden. Die Vorschriften der §§ 47 Nr. 1, 48a BNotO kämen daher einer subjektiven Zulassungsbeschränkung gleich.[1026] Das Regelungsziel der §§ 47 Nr. 1, 48a BNotO im Interesse einer funktionstüchtigen Rechtspflege eine geordnete Altersstruktur (vgl. § 4 Satz 2 BNotO) innerhalb des Notarberufs zu erreichen, sei nur gewährleistet, wenn hinreichend Stellen für alle Altersgruppen vorhanden seien. Deshalb sei es „(...) zwingend geboten, dass lebensältere Notare die von ihnen eingenommenen Stellen mit Erreichen der Höchstaltersgrenze für lebensjüngere Amtsinhaber freimachen. Denn jüngere Berufsbewerber können nur auf diesem Wege bei der Besetzung von Notarstellen Berücksichtigung finden."[1027]

Nach Ansicht des BGH ist die Altersgrenze überdies nicht wegen Verstoßes gegen das aus der Richtlinie 2000/78/EG folgende Verbot der Diskriminierung aufgrund des Alters unwirksam, da die Richtlinie – dies ergeb sich aus dem 14. Erwägungsgrund der Richtlinie - auf den Zugang zum selbständigen Notariat nicht anwendbar sei, weil die Zuständigkeit für das Berufsrecht der Notare nicht auf die Union übertragen sei.[1028]

Im Anschluss prüft der BGH die Rechtfertigung der Altersgrenze zunächst im Hinblick auf Art. 6 RL 2000/78/EG und sodann mit Blick auf das allgemeine gemeinschaftsrechtliche (jetzt unionsrechtliche) Verbot der Diskriminierung des EuGH aus der Entscheidung Mangold. Dieses Vorgehen dürfte zum einen vor dem Hintergrund zu erklären sein, dass der EuGH in der Vergangenheit Diskriminierungsverbote hinsichtlich ihres Anwendungsbereich extrem großzügig ausgelegt hat[1029], zum anderen aus der nach wie vor bestehenden Unklarheit der Reichweite des allgemeinen primärrechtlichen Diskriminierungsverbots aus der Mangold-Entscheidung des EuGH.

Die Altersgrenze ist nach Ansicht des BGH gerechtfertigt, da sie das legitime Ziel der Sicherung einer funktionstüchtigen vorsorgenden Rechtspflege durch Wahrung einer geordneten Altersstruktur und ein rechtmäßiges Ziel im Bereich des Arbeitsmarktes und der Beschäftigungspolitik entsprechend dem 25. Erwägungsgrund der Richtlinie verfolge. Ferner diene sie einem legitimen Ziel

---

1026 BGH, Beschluss vom 22. März 2010 - NotZ 16/09 Rn. 7.
1027 BGH, Beschluss vom 22. März 2010 - NotZ 16/09 Rn. 9.
1028 BGH, Beschluss vom 22. März 2010 - NotZ 16/09 Rn. 14.
1029 Vgl. *Mohr*, Anm. zu BGH, Beschluss vom 22.03.2010 - NotZ 16/09, LMK 2010, 303625. So hat der Gerichtshof in EuGH, Urteil vom 12. Januar 2010 - C-229/08 – *Wolf* die Tätigkeit in der Polizei oder Feuerwehr dem Anwendungsbereich der Richtlinie 2000/78/EG im Rahmen von Art. 2 Abs. 5 der Richtlinie unterstellt, wonach einzelstaatlichen Maßnahmen, die zur Gewährleistung der öffentlichen Sicherheit und zum Schutz der Gesundheit notwendig sind, von der Richtlinie nicht berührt werden.

iSd der Richtlinie, weil die Altersgrenze darauf gerichtet sei, hinsichtlich der Berufsgruppe der Notare die Berufschancen zwischen den Generationen zu verteilen:

„(...) Die unterschiedliche Behandlung von Notaren, die ein bestimmtes Lebensalter bereits erreicht haben, und lebensjüngeren Notaren ist dadurch gerechtfertigt, dass anderenfalls für die Besetzung der nur in begrenzter Anzahl zur Verfügung stehenden Stellen (§ 4 Satz 1 BNotO) nicht, jedenfalls nicht mit der erforderlichen Vorhersehbarkeit und Planbarkeit gewährleistet wäre, dass lebensältere Notare die ihnen zugewiesenen Stellen für lebensjüngere Bewerber freimachen. Die Nachteile, die die mit Vollendung des 70. Lebensjahres vom Erlöschen ihres Amtes betroffenen Notare durch die Altersgrenze erfahren, sind gegenüber der dadurch bewirkten Wahrung der Belange einer vorsorgenden Rechtspflege, insbesondere der Sicherung einer geordneten Altersstruktur, angemessen und erforderlich i.S. des Art. 6 Abs. 1 Satz 1 der Richtlinie."[1030]

Da die Ungleichbehandlung nach Art. 6 der Richtlinie gerechtfertigt sei, komme auch ein Verstoß gegen das allgemeine unionsrechtliche Verbot der Diskriminierung nicht in Betracht.[1031]

Auch die Altersgrenze von 60 Jahren für die erstmalige Bestellung zum Notar nach § 6 Abs. 1 BNotO wurde jüngst vom Bundesverfassungsgericht geprüft.[1032] In dem Nichtannahmebeschluss führt das Gericht aus, dass ein Verstoß gegen Art. 12 GG nicht vorliege. Die Funktionsfähigkeit der Rechtspflege stelle ein überragend wichtiges Gemeinschaftsgut dar, welches die Altersgrenze als subjektive Zulassungsvoraussetzung rechtfertige.[1033] Die Festsetzung einer Altershöchstgrenze für die Zulassung zum Notarberuf diene der Vermeidung eines zu häufigen Wechsels der Amtsträger und damit der Kontinuität der Amtsführung und der Sicherung der Qualität der Rechtspflege. Ein möglicher Verstoß gegen den Gleichheitssatz des Grundgesetzes wird nicht erörtert. Weiter führt das Gericht aus: „Aufgrund der in § 48a BNotO normierten Altershöchstgrenze von 70 Jahren für die Ausübung des Notarberufs (...) ist es gerechtfertigt, das maximale Eintrittsalter auf 60 Jahre festzulegen und damit eine gewisse Mindestverweildauer im Amt sicherzustellen."[1034]

Die Äußerung ist bemerkenswert. Das Bundesverfassungsgericht rechtfertigt an dieser Stelle eine Altersgrenze mit dem Bestehen einer weiteren Altersgrenze. Vor dem Hintergrund des Verbots der Altersdiskriminierung stellt sich eine solche Aussage als besonders problematisch dar, da die Anknüpfung an ein ver-

---

1030 BGH, Beschluss vom 22. März 2010 - NotZ 16/09 Rn. 29.
1031 So auch schon BGH, NJW 2008, S. 1229 (1233 f.).
1032 BVerfG, NJW 2008, S. 1212 ff.; dem Nichtannahme Beschluss lag eine Entscheidung des BGH zugrunde, vgl. BGH, NJW 2008, S. 1229 ff., dazu unten S. 275 f. ; zustimmend *Mohr*, Anm. zu BGH, Beschluss vom 22.03.2010 - NotZ 16/09, LMK 2010, 303625.
1033 BVerfG, NJW 2008, S. 1212 (1213).
1034 BVerfG, NJW 2008, S. 1212 (1213).

pöntes Merkmal mit dem verpönten Merkmal selbst gerechtfertigt wird. Im Gegensatz zur Vorinstanz wird vom Bundesverfassungsgericht zu einem möglichen Verstoße gegen die RL 2000/78/EG nicht Stellung genommen.

4. Altersgrenzen für Vertragsärzte

Mit Altersgrenzen aus dem ärztlichen Berufsrecht hatte sich das Bundesverfassungsgericht gleich zweimal zu beschäftigen. Gegenstand der Entscheidungen war zum einen die Altersgrenze von 55 Jahren des § 98 Abs. 2 Nr. 12 SGB V, mit der eine Zulassung von Ärzten zur vertragsärztlichen Versorgung ausgeschlossen wird. Zum anderen ging es um die Altergrenze des § 95 Abs. 7 SGB V[1035] mit der die Zulassung zur vertragsärztlichen Versorgung erlischt.

In der Altersgrenze von 55 Jahren liegt nach Auffassung des Gerichts kein Verstoß gegen Verfassungsrecht.[1036] Das Bundesverfassungsgericht ordnete die Altersgrenze wegen des Umstandes, dass ein Arzt seinen Beruf unabhängig von der Zulassung als Vertragsarzt weiter ausüben könne, abweichend von seiner vorhergehenden Rechtsprechung, lediglich als Berufsausübungsregelung ein. Bei der Gesundheitsversorgung der Bevölkerung handele es sich um ein besonders wichtiges Gemeinschaftsgut, welches einen Eingriff rechtfertige.[1037] Der Kostenaspekt spiele im Gesundheitswesen in Anbetracht der Stabilität der gesetzlichen Krankenversicherung, für die der Staat die Verantwortung trage, eine besondere Rolle. Bei der Ausgestaltung von Maßnahmen zu dessen Gewährleistung komme dem Gesetzgeber ein weiter Gestaltungsspielraum zu. Im Übrigen sei die Altergrenze mit 55 Jahren sehr hoch angesetzt und wirke deswegen in der Regel nicht sehr belastend. Zugleich mahnt das Bundesverfassungsgericht den Gesetzgeber jedoch, dass dieser die Erfolge der gewählten Maßnahme zu beobachten und ggf. neuen Handlungsbedarf festzustellen habe.[1038]

Auch die Höchstaltersgrenze von 68 Jahren hat das Bundesverfassungsgericht nicht beanstandet. Eine eindeutige Zuordnung der Altersgrenze als Berufsausübungs- oder Berufswahlregelung im Hinblick auf Art. 12 GG lässt das Gericht in der Entscheidung offen, da die Altersgrenze jedenfalls auch den erhöhten Anforderungen einer Berufswahlregelung genüge. In dem früheren Urteil hatte das Bundesverfassungsgericht die Altersgrenze als reine Berufsausübungs-

---

1035 In der Fassung des Gesundheitsstrukturgesetzes v. 21. Dezember 1992, BGBl. I, S. 2266.

1036 BVerfGE 103, S. 172 ff.

1037 BVerfG, NJW 2001, S. 1779 (1780); BVerfG, NJW 1988, S. 2290.

1038 BVerfGE 103, S. 172 (189). Die geltenden Zulassungsverordnungen für Ärzte und Zahnärzte enthalten als zulässige Konkretisierung der sozialrechtlichen Vorgaben folgende Regelung: „Die Zulassung eines Arztes, der das 55. Lebensjahr vollendet hat, ist ausgeschlossen. Der Zulassungsausschuss kann in Ausnahmefällen abweichen, wenn dies zur Vermeidung unbilliger Härten erforderlich ist." (§ 25 Ärzte-ZV, § 25 Zahnärzte-ZV).

regelung eingestuft, deren Auswirkungen jedoch in die Nähe einer Zulassungs-regelung zu rücken seien.[1039]

Die Einordnung als Berufsausübungsregelung erfolgte wohl insbesondere deshalb, weil nach Ansicht des Gerichts kein eigenständiges Berufsbild des Kas-senarztes existiert, eine Berufszulassungsregelung also schon begrifflich nicht in Betracht käme.[1040] Vielmehr handele es sich bei der Betätigung als Kassenarzt lediglich um eine Erweiterung der Berufstätigkeit im Bereich der Arzttätig-keit.[1041] Die Gesundheit der in der gesetzlichen Krankenversicherung Versicher-ten sowie die Gewährleistung des Systems der gesetzlichen Krankenversiche-rung stelle ein besonders wichtiges Gemeinschaftsgut dar dem die Altersgrenze diene. Im Hinblick auf dieses Ziel sei die Altersgrenze auch geeignet. Dies gelte selbst dann, wenn, wie das Gericht feststellt, die Altersgrenze im Hinblick auf die Funktionsfähigkeit des Sozialversicherungssystems nicht nachhaltig gewirkt habe.[1042] Der staatliche Gesetzgeber durfte davon ausgehen, mit einer Zulas-sungsbeschränkung solche Personen von der vertragsärztlichen Tätigkeit auszu-schließen, die angesichts der wenigen verbleibenden Jahre zur Gewinnerzielung und eines daraus resultierenden erhöhten wirtschaftlichen Drucks zur Gewinn-erzielung, als weniger geeignet erscheinen, kostenbewusst im Gesamtsystem tätig zu werden.[1043]

Das Bundessozialgericht sowie die Instanzgerichte folgten der Auffassung des Bundesverfassungsgerichts und stellen zusätzlich darauf ab, dass der Ein-griff in die Berufsfreiheit unter dem Gesichtspunkt der Verteilungsgerechtigkeit der Generationen gerechtfertigt sei.[1044]

Die dargelegten Umstände führen nach Ansicht des Gerichts auch zu einer Rechtfertigung im Hinblick auf Art. 3 Abs. 1 GG. Die Ungleichbehandlung von älteren und jüngeren Ärzten sei wegen der unterschiedlichen Einflussnahme auf die Ausgaben der gesetzlichen Krankenversicherung gerechtfertigt, dies gelte umso mehr, als die Betroffenen in der Lage seien, die Ungleichbehandlung selbst zu vermeiden, indem sie sich rechtzeitig um einen Vertragsarztsitz bewer-ben.[1045] Das Gericht führt weiter aus, dass die beanstandeten Regelungen wie alle Altersgrenzen, die die Berufsausübung im fortgeschrittenen Alter ein-schränken, dazu diene, Gefahren entgegenzuwirken, die von älteren, nicht mehr

---

1039 Vgl. BVerfGE 11, S. 30 (43).
1040 Dies wäre jedoch gerade der Fall, wenn es sich bei dem Beruf des Vertragsarztes um ein eigenständiges Berufsbild handele. In diesem Fall wäre die Altersgrenze als Be-rufswahlregelung einzustufen, vgl. *Becker*, Zur verfassungsrechtlichen Stellung der Vertragsärzte, NZS 1999, S. 521 (527).
1041 *Erichsen*, Das Grundrecht der Berufsfreiheit, Jura 1980, S. 551 (556).
1042 BVerfG, NJW 2001, S. 1779 (1781).
1043 BVerfG, NJW 2001, S. 1779 (1782).
1044 Vgl. BSG, Urteil v. 25. November 1998, BSGE Bd. 83, S. 135 ff; BSG 28. April 2004
      – B 6 KA 106/03 B
1045 BVerfG, NJW 2001, S. 1779 (1782).

voll leistungsfähigen Berufstätigen ausgehe. So entspreche es der Lebenserfahrungen, dass die Gefahr der Beeinträchtigung der Leistungsfähigkeit mit zunehmendem Alter größer werde. Die Tätigkeit als Vertragsarzt stelle hohe Anforderungen an die körperliche und geistige Leistungsfähigkeit. Der staatliche Gesetzgeber sei zur Sicherstellung seiner Zielverfolgung dazu berechtigt, aufgrund von Erfahrungen generalisierende Regelungen zu erlassen. Ein verfassungsrechtliches Erfordernis der individuellen Prüfung der Leistungsfähigkeit bestehe nicht.[1046] Zudem liege die Altersgrenze höher als bei vielen anderen Berufen und sei schon deshalb nicht unverhältnismäßig. Die Betroffenen könnten auch nach Überschreiten der Altergrenze noch Einkünfte aus privater Tätigkeit erzielen, wenn auch ggf. nur in begrenztem Umfang. Dieser Umstand mildere den Eingriff. Außer Acht gelassen wird vom Gericht der Umstand, dass die Tätigkeit als Vertragsarzt im Einzelfall höchst unterschiedlich ausgestaltet sein kann. Ein hinsichtlich der Tätigkeiten höchst differenter Beruf wird sowohl hinsichtlich des Tätigkeitsbereich typisiert, als auch hinsichtlich des Alters.[1047]

5. Tarifvertragliche Altergrenze für Piloten

Im Jahr 2004 hatte sich das Bundesverfassungsgericht mit der tarifvertraglich festgesetzten Altersgrenze von 60 Jahren für Piloten zu befassen.[1048] Die u.a. wegen eines Verstoßes gegen Art. 12 Abs. 1 GG erhobene Verfassungsbeschwerde wurde mangels grundlegender Bedeutung nicht zur Entscheidung angenommen. In dem Nichtannahmebeschluss führt das Gericht erneut aus, dass es sich bei Höchstaltersgrenzen um subjektive Zulassungsbeschränkungen handele. Die verfassungsrechtlichen Maßstäbe für die Zulässigkeit derartiger Altersgrenzen seien vom Bundesverfassungsgericht bereits entwickelt worden. Der Gesundheitsschutz der Vielzahl von Personen, die im Falle eines Versagens Gefahren ausgesetzt wären, stelle ein besonders wichtiges Gemeinschaftsgut dar. Die Tätigkeit eines Piloten stelle hohe Anforderungen an die körperliche und geistige Leitungsfähigkeit, die erfahrungsgemäß mit zunehmendem Alter abnehme.[1049] Die daraus resultierende Gefahrenlage müsse so weit wie möglich verhindert werden. Bei den Maßnahmen zu Verhinderung komme den Tarifvertragsparteien, ebenso wie dem Gesetzgeber ein weiter Einschätzungsspielraum zu, der den Erlass generalisierender Regelungen einschließe.

1046 BVerfG, NJW 1998, S. 1776 (1777); i.E. zustimmend, *Becker*, Zur verfassungsrechtlichen Stellung der Vertragsärzte, NZS 1999, S. 521 (525), der die Höchstaltersgrenze insgesamt jedoch vor dem Hintergrund des Gesundheitsschutzes der Versicherten nicht für erforderlich hält, da die Patienten die freie Wahl zwischen den Leistungserbringern hätten und demzufolge selbst den Arzt auswählen könnten, den sie für leistungsfähig halten.

1047 Vgl. kritisch *Boecken*, Die Altersgrenze von 68 Jahren für Vertragsärzte aus EG-rechtlicher Sicht, NZS 2005, S. 393 ff.

1048 BVerfG, Beschluss v. 25. Oktober 2004 – 1 BvR 2459/04, BB 2005, S. 1231 f.

1049 BVerfG, Beschluss v. 25. Oktober 2004 – 1 BvR 2459/04, BB 2005, S. 1231 (1232).

Auch eine Verfassungsbeschwerde gegen die Altersgrenze des § 20 Abs. 2 LuftV-ZO von 65 Jahren für Verkehrspiloten hatte keinen Erfolg. Gerügt wurde u. a., dass die Altersgrenzenfestsetzung willkürlich sei und wegen ihrer Pauschalität unverhältnismäßig. Zwar sei die Sicherheit des Luftverkehrs ein wichtiges Gut, eine Gefährdung ließe sich aber mittels der in kurzen Abständen geforderten Tauglichkeitsuntersuchungen für Piloten wirksam ausschließen.[1050] Es müsse daher, auf der gesundheitlichen Tauglichkeit beruhend, im konkreten Einzelfall über ein Berufsverbot eines Verkehrspiloten entschieden werden.

In den knappen Ausführungen des Gerichts wird die Altersgrenze als subjektive Berufszulassungsbeschränkung eingeordnet.[1051] Diese müssen zur ordnungsgemäßen Erfüllung des Berufs oder zum Schutz eines besonders wichtigen Gemeinschaftsguts, das der Freiheit des Einzelnen vorgeht, erforderlich sein und dürfen zum angestrebten Zweck nicht außer Verhältnis stehen sowie keine übermäßigen unzumutbaren Belastungen enthalten. Dieses wichtige Gemeinschaftsgut sieht das Gericht in den Interessen und der Schutzbedürftigkeit der Allgemeinheit im Zusammenhang mit der Sicherheit des gewerblichen Flugverkehrs.[1052]

6. Die Altersgrenze für Polizeibeamte in Rheinland-Pfalz

Mit einem in der Geschichte der Entscheidungen des Bundesverfassungsgerichts zu Höchstaltersgrenzen ungewöhnlichen Fall hatte sich das Gericht erst jüngst zu befassen. Es ging um die Verfassungsbeschwerde eines Polizeibeamten gegen die Heraufsetzung des Pensionsalters für Polizeibeamte in Rheinland-Pfalz von 60 auf 62 Jahre.[1053] Gemäß § 208 LBG traten Landesbeamte mit Vollendung des 60. Lebensjahres in Ruhestand. Mit Wirkung von 1. Januar 2004 wurde diese Altersgrenze, gestaffelt nach Geburtsjahrgängen, auf das 62. Lebensjahr erhöht. Der Beschwerdeführer, der im März 2007 mit Vollendung des 62. Lebensjahres in Ruhestand gegangen war, begehrte die Festsetzung der Altersgrenze auf das 60. Lebensjahr. Nach seiner Auffassung verstieß die Regelung des LBG gegen Art. 3 Abs. 1 GG. Die im Gesetz vorgesehene unterschiedliche Behandlung von bestimmten Beamtengruppen verfolge kein zulässiges Differenzierungsziel. Die Entlastung des Landeshaushalts, mithin rein fiskalische Interessen, könnten eine Differenzierung nach Beamtengruppen nicht rechtfertigen.[1054]

Aufmerksamkeit verdient die Entscheidung insbesondere deswegen, weil der Beschwerdeführer die Argumentation des Bundesverfassungsgerichts bei

---

1050 BVerfG, Beschluss v. 26. Januar 2007 - 2 BvR 2408/06 Rn. 6.
1051 BVerfG, Beschluss v. 26. Januar 2007 - 2 BvR 2408/06 Rn. 17.
1052 BVerfG, Beschluss v. 26. Januar 2007 - 2 BvR 2408/06 Rn. 18.
1053 BVerfG, Beschluss v. 23. Mai 2008 – 2 BvR 1081/07. Die Entscheidungen sind abrufbar unter http://www.bundesverfassungsgericht.de
1054 BVerfG, Beschluss v. 23. Mai 2008 – 2 BvR 1081/07 Rn. 21.

Höchstaltersgrenzen aufgreift, um eine Heraufsetzung des Pensionseintrittsalters anzugreifen. Hierin liegt der eigentliche Unterscheid zu den „klassischen" Entscheidungen des Gerichts, in denen es immer um die Verfassungswidrigkeit einer Höchstaltersgrenze ging und die Beschwerdeführer eine längere Beschäftigung anstrebten.

Nach Auffassung des Beschwerdeführers verstößt die Regelung im LBG auch deswegen gegen Art. 3 Abs. 1 GG, weil der Gesetzgeber nicht anhand von Untersuchungen und gesicherten Erfahrungswerten dargelegt habe, warum die bis Ende 2003 geltende Altersgrenze von 60 Jahren und die damit verbundene generalisierende Vermutung, dass die Leistungsfähigkeit von Polizeibeamten ab diesem Alter nicht mehr gegeben sei, nicht mehr richtig sei.[1055]

Das Bundesverfassungsgericht stellt zunächst fest, dass die Festsetzung unterschiedlicher Altersgrenzen in § 208 LBG nicht gegen die Fürsorgepflicht des Dienstherren als hergebrachten Grundsatz des Beamtentums nach Art. 33 Abs. 5 GG verstößt.[1056] Die Vorschrift erfordere weder die Festsetzung einer Altersgrenze auf ein bestimmtes Lebensalter, noch die einheitliche Festsetzung einer Altersgrenze für alle Beamte. Allein die Dienstfähigkeit des Beamten bilde die Schranke der grundsätzlichen Pflicht zur lebenslangen Dienstleistung.[1057] Das Erreichen einer bestimmten gesetzlichen Altersgrenze begründe die unwiderlegliche Vermutung des Eintritts der Dienstunfähigkeit, unterhalb einer solchen Altersgrenze liege die Dienstfähigkeit demgegenüber im Regelfall vor. Bei dieser Festsetzung komme dem Gesetzgeber ein weiter Ermessensspielraum zu, der ihn berechtige, auf der „(...) Grundlage von Erfahrungswerten generalisierende Regelungen dazu zu treffen, bis zu welchem Zeitpunkt er die körperliche und geistige Leistungsfähigkeit der jeweiligen Beamtengruppe noch als gegeben ansieht."[1058]

Gemessen an diesen Vorgaben, beruhe die Festsetzung des Landesgesetzgebers nicht auf einer Fehleinschätzung, so dass ein Verstoß gegen Art. 33 Abs. 5 GG ausscheide.

Auch ein Verstoß gegen Art. 3 Abs. 1 GG liegt nach Ansicht des Gerichts nicht vor. Der Landesgesetzgeber habe seinen Gestaltungsspielraum nicht überschritten; auch wenn die Neuregelung der Altersgrenzen haushaltpolitisch motiviert sei, so beruhe die Gestaltung jedoch auf sachgerechten Kriterien. Art. 3 Abs. 1 GG räume dem Gesetzgeber bei der Regelung des Versorgungsrechts, zu denen auch die Altersgrenzen gehörten, einen verhältnismäßig weiten Gestaltungsspielraum ein, der dazu führe, dass das Bundesverfassungsgericht nicht überprüfen könne, ob der Gesetzgeber die gerechteste, zweckmäßigste und ver-

---

1055 BVerfG, Beschluss v. 23. Mai 2008 – 2 BvR 1081/07 Rn. 21.
1056 BVerfG, Beschluss v. 23. Mai 2008 – 2 BvR 1081/07 Rn. 25.
1057 BVerfG, Beschluss v. 23. Mai 2008 – 2 BvR 1081/07 Rn. 25.
1058 BVerfG, Beschluss v. 23. Mai 2008 – 2 BvR 1081/07 Rn. 25.

nünftigste Regelung getroffen habe.[1059] Jede gesetzliche Regelung von Altersgrenzen müsse generalisieren und enthalte daher unvermeidbare Härten. Unebenheiten, Mängel und Friktionen müssten in Kauf genommen werden, solange für die Gesamtregelung ein plausibler und sachlich vertretbarer Grund vorhanden sei.[1060] Diesen sieht das Gericht in der differenzierenden Ausgestaltung der Altersgrenze, die auf die verschiedene Belastung der Beamten Rücksicht nehme.

7. Weitere Altersgrenzen

Auch eine Verfassungsbeschwerde gegen die Höchstaltersgrenze für Bezirksschornsteinfeger hat das Bundesverfassungsgericht als unbegründet abgelehnt.[1061] Gegenstand der Entscheidung war ein Gesetz, dass eine bundeseinheitliche Altergrenze für Bezirksschornsteinfeger einführte, wonach die Bestellung zum Bezirksschornsteinfeger mit Vollendung des 70. Lebensjahres endete.[1062] Aufgrund der Besonderheiten des Falles wurde eine mögliche Verletzung von Art. 12 GG nicht erörtert, Schwerpunkt der Entscheidung war der allgemeine Gleichheitssatz des Art. 3 Abs. 1 GG.

Gleiches gilt für die Altersgrenze von Prüfingenieuren für Bautechnik. Auch für diesen Beruf zwinge Art. 3 Abs. 1 GG nicht zu einer Gleichbehandlung mit anderen Berufen.[1063] Hinsichtlich eines möglichen Verstoßes gegen Art. 12 GG wird dieser in beiden Entscheidungen mit der gleichen Argumentation wie im Hebammen-Urteil abgelehnt. Betont wird insbesondere die staatliche Gebundenheit des Berufs und die erheblichen Gefahren, die im Falle eines Versagens drohten.[1064] So rechtfertige u.a. die Bedeutung der Standfestigkeit von Gebäuden die Altersgrenze für Prüfingenieure.

Die Entscheidung zur Höchstaltersgrenze für Prüfingenieure ist u.a. deswegen bemerkenswert, weil das Bundesverfassungsgericht in seiner Entscheidung ein möglicherweise milderes Mittel als die starre Höchstaltersgrenze erwähnt. So bestand mit § 19 der Landesverordnung über die statische Prüfung genehmigungsbedürftiger Vorhaben in Rheinland-Pfalz eine flexible Altersgrenze: Danach mussten Prüfingenieure nach Vollendung des 70. Lebensjahres ihre Leistungsfähigkeit und den Gesundheitszustand alle zwei Jahre durch ein amtsärztliches Attest nachweisen. Nach Auffassung des Bundesverfassungsgerichts müsse man jedoch an der gleichen Eignung hinsichtlich des Schutzzwecks des

---

1059 BVerfG, Beschluss v. 23. Mai 2008 – 2 BvR 1081/07 Rn. 28.
1060 BVerfG, Beschluss v. 23. Mai 2008 – 2 BvR 1081/07 Rn. 28; vgl. zum Gestaltungsspielraum des Gesetzgebers auch BVerfG 76, S. 256 (295); 103, S. 310 (320); 110, S. 353 (364 f.).
1061 BVerfGE 1, S. 264 ff.
1062 Gesetz zur Ordnung des Schornsteinfegerwesens v. 22. Januar 1952, BGBl. I, S. 75. Die Altersgrenze liegt jetzt bei 65 Jahren.
1063 BVerfGE 64, S. 72 (85 f.); ebenso schon BVerfGE 9, S. 338 (350 f.)
1064 Vgl. BVerfGE 64, S. 72 (82 ff.).

altersbedingten Versagens gegenüber einer starren Altersgrenze zweifeln.[1065]
Die generelle Altersgrenze sei im Übrigen für die Betroffenen eher zumutbar,
als der regelmäßige Nachweis der Leistungsfähigkeit durch ärztliche Gutachten.[1066]
1990 hatte sich das Bundesverfassungsgericht mit der Altergrenze von 68
Jahren für öffentlich bestellte Sachverständige zu befassen.[1067] Der Eingriff in
die Berufsausübung durch die Festsetzung der Altersgrenze diene dem Allgemeinwohl und sei gerechtfertigt, da mit zunehmendem Lebensalter die körperliche und geistige Leistungsfähigkeit erfahrungsgemäß nachlasse und die Tätigkeit als öffentlich bestellter Sachverständiger erhebliche Gefahren für Auftraggeber und die Allgemeinheit in sich berge.[1068]

III. Die Rechtsprechung des Bundesverfassungsgerichts zu Mindestaltersgrenzen

Im Gegensatz zum Bereich der Höchstaltersgrenzen finden sich für Mindestaltersgrenzen, soweit ersichtlich, nur zwei Entscheidungen des Bundesverfassungsgerichts. Beide hatten das Transsexuellengesetz zum Gegenstand.

Nach § 8 Abs. 1 Nr. 1 TSG[1069] war die Namensänderung von Transsexuellen nicht vor Vollendung des 25. Lebensjahres möglich. Dies galt auch in Fällen, in

---

1065 BVerfGE 64, S. 72 (85).
1066 BVerfGE 64, S. 72 (85). Vgl. auch VGH Bayern, Urteil v. 28. Januar 2009 – 22BV 08.1413, wonach die satzungsmäßige Festsetzung einer Altersgrenze von 68 Jahren für die öffentliche Bestellung von Sachverständigen mit der Möglichkeit einer einmaligen Verlängerung um drei Jahre nicht gegen höherrangiges Recht verstößt.
1067 BVerfG, NVwZ 1991, S. 358 f.
1068 BVerfG, NVwZ 1991, S. 358 (359). Jüngst hat das Bundesverwaltungsgericht entscheiden, dass Industrie- und Handelskammern in ihren Satzungen für öffentlich bestellte und vereidigte Sachverständige eine Höchstaltersgrenze von 68 Jahren mit einmaliger zwei- oder dreijähriger Verlängerungsmöglichkeit festsetzen können. Nach Ansicht der BVerwG stehen weder das AGG noch die RL 2000/78/EG einer solchen Altersgrenze entgegen. Auch ein Verstoß gegen Art. 12 GG liege nicht vor. Die Altersgrenze sei zum Schutz des Rechtsverkehrs und des Vertrauens in die Institution der öffentlich bestellten und vereidigten Sachverständigen gerechtfertigt, da öffentlich-rechtlichen Pflichten unterliegenden Sachverständigen mit der öffentlichen Bestellung eine besondere Sachkunde und Eignung zuerkannt werde, auf die Gerichte, Behörden und andere Auftraggeber jederzeit vertrauen können müssen. Mit dem Beginn des achten Lebensjahrzehnts sei die erforderliche Leistungsfähigkeit jedoch nicht mehr uneingeschränkt gegeben. Der Gesetzgeber dürfe davon ausgehen, dass mit fortschreitendem Alter die geistige und körperliche Leistungsfähigkeit generell nachlasse, vgl. BVerwG, Urteil v. 26. Januar 2011 - 8 C 45.09 und 8 C 46.09
1069 Transsexuellengesetz vom 10. September 1980, BGBl. I S. 1654, zuletzt geändert durch Artikel 3a des Gesetzes vom 20. Juli 2007, BGBl. I S. 1566. Eine Altersgrenze findet sich im TSG in seiner jetzigen Fassung nicht mehr. Vgl. zur weiteren Verfassungswidrigkeit des Gesetzes auch BVerfG, Beschluss v. 27. Mai 2008- 1 BVL 10/05.

denen eine geschlechtsumwandelnde Operation bereits durchgeführt wurde. Die Regelung stand zweimal auf dem verfassungsgerichtlichen Prüfstand.[1070] Sie stellt ein Beispiel für eine (Mindest)Altersgrenze dar, die auf die altersbedingte Reife abgestellte. Das Bundesverfassungsgericht sah in der Regelung eine empfindliche Benachteiligung von Personen unter 25 Jahren und hielt die Altergrenze für kontraproduktiv für den Schutz Jugendlicher, da die Findung der geschlechtlichen Identität gerade in einem Zeitraum stattfände, der in der Regel vor dem 25. Lebensjahr liege. Insofern verstoße sie gegen Art. 3 Abs. 1 GG, als das Transsexuelle, die das 25. Lebensjahr vollendet haben anders behandelt werden als Transsexuelle, die diese Alter noch nicht erreicht haben.

Zwar sei die grundsätzliche Zwecksetzung der Altersgrenze[1071], Personen davor zu schützen sich selbst Schaden zuzufügen, indem sie eine irreversible Entscheidung treffen, nicht zu beanstanden.[1072] Jedoch ergebe sich eine Einschränkung des Gestaltungsspielraums des Gesetzgebers im Hinblick auf Art 3 Abs. 1 GG dadurch, dass er eine Altersgrenze für eine geschlechtsumwandelnde Operation nicht festgesetzt habe. In diesem Fall, in dem die Entscheidung über die Zugehörigkeit zu einem Geschlecht dem Einzelnen überlassen werde, ergäben sich einschränkende Voraussetzungen hinsichtlich der personenstandsrechtlichen Folgeregelungen.[1073] Ein Gestaltungsspielraum hinsichtlich der Festsetzung einer Altersgrenze für die Namensänderung bestehe in diesem Fall nicht.

1993 befasste sich das Bundesverfassungsgericht erneut mit dem TSG. Auf dem Prüfstand stand erneut die Altersgrenze von 25 Jahren, diesmal allerdings in Verbindung mit einer Regelung zur erleichterten Namensänderung. Der Beschwerdeführer, ein 21 jähriger Transsexueller, bei dem die geschlechtsumwandelnde Operation durchgeführt worden war, rügte einen Verstoß gegen Art. 2 Abs. 1 iVm Art.1 Abs. 1 GG und Art. 3 Abs. 1 GG soweit nach den Regelungen des TSG ein Mindestalter von 25 Jahren für die Namensänderung auch dann erforderlich war, wenn die übrigen Voraussetzungen für die Festlegung der Geschlechterzugehörigkeit vorlagen. Die Frage der Geschlechterzugehörigkeit habe nichts mit dem Alter zu tun. Das Bundesverfassungsgericht unterwirft die Vorschrift einer strengen Verhältnismäßigkeitsprüfung anhand der neuen Formel, da die Altersgrenze an ein personenbezogenes Merkmal anknüpfe.[1074] Gründe von solcher Art und solchem Gewicht, die eine Ungleichbehandlung hinsichtlich der bloßen Vornamensänderung bei Transsexuellen unter 25 Jahren im Vergleich zu Transsexuellen über 25 Jahren rechtfertigen könnten, erkennt das Gericht nicht. Unter Berücksichtigung der Zwecksetzung der Regelung, jüngeren Transsexuellen die Möglichkeit zu geben sich ohne irreversible ge-

---

1070 BVerfGE 60, S. 123 ff; 88, S. 87 ff.
1071 BT-Drs. 8/ 2947, S. 14 f.
1072 BVerfGE 60, S. 123 (132).
1073 BVerfGE 60, S. 123 (134 f).
1074 BVerfGE 88, S. 87 (97).

schlechtsumwandelnde Operation in die andere geschlechtliche Rolle einzuleben und Schwierigkeiten im Alltag zu vermeiden, ergebe sich keine Rechtfertigung für die Altersgrenze.[1075] Die bloße Vornamensänderung stelle vielmehr gegenüber der Möglichkeit einer Operation mit anschließender Namensänderung, die auch vor Vollendung des 25. Lebensjahres möglich war, ein weniger einschneidendes Mittel dar, den Interessen der Betroffenen Rechnung zu tragen.[1076]

Den Eingriff in Art. 2 Abs. 1 GG sah das Bundesverfassungsgericht hingegen als gerechtfertigt an.[1077]

C. Alter und Altersgrenzen in der Rechtsprechung des Bundesarbeitsgerichts und anderer Gerichte

I. Bundesarbeitsgericht

Auch das Bundesarbeitsgericht hatte sich häufig mit Höchstaltergrenzen zu befassen. Vereinzelt wurden in den Entscheidungen auch verfassungsrechtliche Gesichtspunkte angesprochen, so dass im Folgenden auch auf diese Rechtsprechung eingegangen werden soll, nachdem kurz die dogmatische Einordnung von Höchstaltersgrenzen vorgestellt wird, da diese für das Verständnis der Überprüfbarkeit von Altersgrenzen durch das Bundesarbeitgericht von Bedeutung ist.

1. Dogmatische Einordnung von beruflichen Höchstaltersgrenzen

Die gesetzliche Grundkonzeption des Bürgerlichen Gesetzbuchs geht davon aus, dass ein Arbeitsverhältnis auf unbestimmte Zeit geschlossen wird. Beendigungstatbestände sind bei dieser Art der Dauerschuldverhältnisse entweder die Kündigung einer Vertragspartei oder der Tod des Arbeitnehmers. Einen besonderen Beendigungstatbestand mit Erreichen eines bestimmten Alters kennt das geltende Recht ebenso wenig, wie einen solchen, der auf den Bezug der gesetzlichen Altersrente gerichtet ist. Das Sozialrecht trifft keine, insbesondere keine verbindliche, Aussage zu der Dauer der Berufstätigkeit.

Soll ein Arbeitnehmer demzufolge mit dem Erreichen eines bestimmten Alters aus dem Arbeitsverhältnis ausscheiden, so bedarf dies einer vertraglichen Regelung. In Betracht kommt hierbei sowohl die Vereinbarung in Einzel- als auch Kollektivverträgen.[1078]

Bis zum Inkrafttreten des Teilzeit- und Befristungsgesetzes war umstritten, wie solche Vereinbarungen einzuordnen sind. So wurde vertreten, es handele sich bei Vereinbarungen von Höchstaltersgrenzen um vorweggenommene Aufhebungsverträge.[1079] Andere sahen in derartigen Absprachen eine auflösende

---

1075 BVerfGE 88, S. 87 (98 f.).
1076 BVerfGE 88, S. 87 (100 f.).
1077 Kritisch dazu *Hillgruber*, Der Schutz des Menschen vor sich selbst, S. 76.
1078 ErfK/ *Müller-Glöge*, § 14 TzBfG Rn. 56.
1079 So BAG, Urteil v. 25. März 1971 – 2 AZR 185/70, NJW 1971, S. 1629 (1630).

Bedingung.[1080] Der Eintritt der Altersgrenze stelle ein zukünftiges Ereignis dar, dessen Eintritt ungewiss sei. Die Ungewissheit bestehe darin, dass das Arbeitsverhältnis ggf. auch vor Eintritt der Altersgrenze enden könne, etwa durch Kündigung, Tod des Arbeitnehmers oder andere Gründe.

Das BAG hingegen ordnet Höchstaltersgrenzen, die zur Beendigung des Arbeitsverhältnisses führen als (Höchst)Befristungen ein.[1081] Aus Sicht der Vertragsparteien sei die Vollendung eines bestimmten Lebensjahres ein zukünftiges Ereignis, dessen Eintritt sie als feststehend ansehen. Die Möglichkeit, einer vorherigen Beendigung des Arbeitsverhältnisses auf andere Weise, führe nicht zu dem Vorliegen einer Bedingung.[1082] Grund für diese Einordnung war ursprünglich, dass nur so die Möglichkeit bestand, derartige Regelungen einer Befristungskontrolle zu unterwerfen, mithin zu überprüfen, ob eine solche Absprache durch einen sachlichen Grund gerechtfertigt war.

Da die Regelungen des TzBfG sowohl für Bedingungen, als auch für Befristungen inzwischen einen sachlichen Grund verlangen, kommt es auf die dogmatische Einordnung für die weitere Darstellung nicht mehr entscheidend an.[1083] Damit eine Höchstaltersgrenze wirksam ist, ist in jedem Fall ein sachlicher Grund erforderlich.

2. Ausgewählte Judikate

Die weit überwiegende Anzahl der Entscheidungen des Bundesarbeitsgerichts zu Altersgrenzen ergingen zu solchen, die von Kollektivvertragsparteien festgelegt worden waren, wobei die Reichweite der Altersgrenzen von 55 bis 65 Jahren reicht.

1961 entscheid das Bundesarbeitsgericht[1084], dass die Altergrenze von 65 Jahren nicht automatisch einen in der Person des Arbeitnehmers liegenden Kündigungsgrund darstellt. Zumindest bei Bürotätigkeiten könne dieses Alter nicht die Vermutung begründen, dass die Arbeits- und Leistungsfähigkeit in hohem

---

1080 BAG, Urteil v. 20. Dezember, 1984 – 2 AZR 3/84, NZA 1986, S. 325.
1081 BAG, Urteil v. 19. November 2003 – 7 AZR 296/03, NZA 2004, S. 1336; BAG, Urteil v. 27. Juli 2005 – 7 AZR 443/04, NZA 2006, S. 37 (38 f.); BAG, Urteil v. 21. April 1977, AP Nr. 1 zu § 60 BAT Personenbedingte Kündigung; ErfK/*Müller-Glöge*, § 14 TzBfG Rn. 56; ebenso *Stahlhacke*, Die Begrenzung von Arbeitsverhältnissen durch Festlegung einer Altersgrenze, DB 1989, S. 2329 (2330); Kempen/ *Zachert*, TVG, § 1 Rn. 265; *Hanau*, Zwangspensionierung des Arbeitnehmers mit 65?, RdA 1976, S. 24 (26). *Körner*, Diskriminierung von älteren Arbeitnehmern, NZA 2008, S. 497 (502); *Hromadka*, Alter 65: Bedingung oder Befristung), NJW 1994, S. 911 (912); *Zöllner*, Altersgrenzen beim Arbeitsverhältnis, in: GedS Blomeyer, S. 517 (520); *Waltermann*, Altersdiskriminierung, ZfA 2006, S. 305 (309).
1082 BAG, Urteil v. 27. Juli 2005 – 7 AZR 443/04, NZA 2006, S. 37 (39).
1083 Vgl. auch *Laux*, Altersgrenzen im Arbeitsrecht, NZA 1991, S. 967 (968).
1084 BAG, Urteil v. 28. September 1961, AP Nr. 1 zu § 1 KSchG Personenbedingte Kündigung.

Maße eingeschränkt sei. Altern sei nicht allein eine Frage des Lebensalters. Infolge der gestiegenen Lebenserwartung verbiete es sich, die Altergrenzen von 65
Jahren allgemein als Kündigungsgrund anzusehen. Auch das Einsetzen der Altersversorgung rechtfertige ein schematisches Aussprechen von Kündigungen
nicht.

Die tariflich Altersgrenze in § 10 Abs. 1 MTV Nr. 4 Cockpitpersonal DLH
von 55 Jahren für Flugzeugführer hat das Bundesarbeitsgericht im Hinblick auf
Art. 12 Abs. 1 GG nicht beanstandet.[1085] Als Sachgrund sei sie nicht zu beanstanden, da sie den medizinischen Erfahrungswerten Rechnung trage, dass
Cockpitpersonal überdurchschnittlichen psychischen und physischen Anforderungen ausgesetzt sei und Ausfallerscheinungen infolge des Alters zunähmen.
Die Altersgrenze sichere daher sowohl die ordnungsgemäße Berufsausübung,
als auch den Schutz von Rechtsgütern Dritter.[1086]

Ähnlich hatte das BAG schon 1992 entschieden, als es um eine tarifvertragliche Altersgrenze von 60 Jahren für Flugkapitäne ging.[1087] Ebenso entschied
das Gericht für die tarifliche Altersgrenze von 60 Jahren für das Cockpitpersonal
nach § 47 Abs. 1 MTV Bord Nr. 4, wobei das Gericht in dieser Entscheidung
von dem Erfordernis einer wirtschaftlichen Absicherung absieht und allein in
dem typischen Leistungsabfall einen im Hinblick auf Art. 12 GG ausreichenden
sachlichen Grund erkennt.[1088] Ob sich an der tarifvertraglichen Altersgrenze von
60 Jahren für das Cockpitpersonal etwas ändern wird hängt vom EuGH ab. Das
BAG hat dem EuGH mit Beschluss vom 17. Juni 2009[1089] die Frage vorgelegt,
ob die maßgebliche Bestimmung des Manteltarifvertrages gegen das Verbot der
Altersdiskriminierung aus der RL 2000/78/EG verstößt. Nach § 19 Abs. 1 Satz 1
des Manteltarifvertrags Nr. 5a für das Cockpitpersonal der beklagten Fluggesell-
schaft in der ab 14. Januar 2005 geltenden Fassung endet das Arbeitsverhältnis
mit Ablauf des Monats, in dem das 60. Lebensjahr vollendet wird. Nach der
ständigen Rechtsprechung des Bundesarbeitsgerichts zu der vor Inkrafttreten des
AGG geltenden Rechtslage sind tarifliche Altersgrenzen von 60 Jahren für Piloten durch einen sachlichen Grund iSv. § 14 Abs. 1 Satz 1 TzBfG gerechtfertigt,
da sie der Gewährleistung der Flugsicherheit dienen. Das BAG stellt in dem
Vorlageschluss fest, dass es sich bei der Altersgrenze um eine unmittelbare
Benachteiligung wegen des Alters iSv. §§ 1, 3 Abs. 1 AGG handelt, die unter

1085 BAG, Urteil v. 11. März 1998 -7 AZR 700/96, NZA 1998, S. 716 ff.
1086 BAG, Urteil v. 11. März 1998 -7 AZR 700/96, NZA 1998, S. 716 (718); ebenso BAG,
      Urteil v. 27. Oktober 2002 – 7 AZR 414/01 zur tarifvertraglichen Altersregelung von
      60 Jahren für Flugkapitäne nach § 19 MTV-Bordpersonal CF, NZA 2003, S. 812 f.
1087 BAG, Urteil v. 12. Februar 1992 – 7 AZR 100/91, AP Nr. 5 zu § 620 BGB Altersgren-
      ze, dazu auch *Feudner*, Vertragsfreiheit für Altersgrenzen, BB 1999, S. 314 (315).
1088 BAG, Urteil v. 25. Februar 1998 – 7 AZR 641/96, NZA 1998, S. 715 f.; Vgl. auch
      BAG, Urteil v. 6. März 1986 – 2 AZR 262/85, AP Nr. 1 zu § 620 BGB Altersgrenze.
1089 BAG, Beschluss v. 17. Juni 2009 - 7 AZR 112/08 (A).

den Voraussetzungen von § 8 und § 10 AGG gerechtfertigt sein kann. Gleichzeitig betont es, das es an seiner bisherigen Rechtsprechung zur Rechtfertigung derartiger Altersgrenzen festhalten möchte, jedoch aufgrund des Verbots der Altersdiskrimineirung Zweifel an der Vereinbarkeit der Altersgrenze mit den regelungen der Art. 2 V, 4 I und Art. 6 I 1 der Richtlinie 2000/78/EG hat.

Hinsichtlich Altergrenzen von 65 Jahren begründet das BAG die Zulässigkeit vor allem mit zwei Argumenten: Erstens werde durch diese Höchstaltersgrenze ein sachgerechter Altersaufbau der Belegschaft und eine vorausberechenbare Personalplanung des Arbeitgebers gewährleistet.[1090] Dies führe auch dazu, dass Stellen für jüngere Arbeitnehmer frei gemacht werden würden. Zweitens, sei eine solche Vereinbarung nach Ansicht des BAG ehrlicher und fürsorglicher, als eine zunehmend strengere Beobachtung des Arbeitnehmers auf Leistungsabfälle ab dem Erreichen einer bestimmten Altersstufe oder gar der Nachweis der mangelnden Leistungsfähigkeit infolge des Alters durch ärztliche Gutachten im Rahmen eines Kündigungsschutzprozesses.[1091]

Höchstaltersgrenzen seien insbesondere dann als zulässig anzusehen, wenn dem betroffenen Arbeitnehmer eine ausreichende gesetzliche Altersversorgung zu Gute komme und erst Recht, wenn eine betriebliche Zusatzversorgung oder eine Privatvorsorge bestehe.[1092] Das Bundesarbeitsgericht geht davon aus, dass ältere Arbeitnehmer kein berechtigtes Interesse am Bestandsschutz ihres Arbeitsverhältnisses hätten, sofern die wirtschaftliche Grundlage ihrer Existenz gewährleistet sei.[1093] Im Hinblick auf die Berufsfreiheit sieht das BAG in der Altersgrenze von 65 Jahren mithin keinen ungerechtfertigten Eingriff.[1094]

Die Bedeutung der Berufsarbeit wird hierbei weitgehend auf die Schaffung und Erhaltung der Existenzgrundlage reduziert; dass die Berufstätigkeit gleichzeitig maßgeblich der Selbstverwirklichung und Persönlichkeitsentfaltung dient, bleibt in den Urteilen unberücksichtigt. Dies kommt deutlich darin zu Ausdruck, dass das BAG explizit ausführt, dass eine Altersgrenze ohne Rücksicht auf die wirtschaftliche Absicherung des Arbeitnehmers nicht zu rechtfertigen wäre.[1095] Damit wird gleichzeitig der menschenwürderechtliche Aspekt der Berufsfreiheit ausgeblendet. Dem Schutz der Persönlichkeitsentfaltung im beruflichen Bereich würde es demgegenüber eher dienen, eine individuelle Entscheidung zu verlan-

---

1090 BAG v. 25. März 1971, AP Nr. 5 zu § 57 BetrVG 1952; v. 20. November 1987, AP Nr. 2 zu § 620 BGB Altersgrenze; BAG, Urteil v. 11. Juni 1997 – 7 AZR 186/96, NZA 1997, S. 1290 (1292). Nach *Gitter/ Boerner*, Altersgrenzen in Tarifverträgen, RdA 1990, S. 129 (135) verletzen Höchstaltersgrenzen allein aus Gründen der Personalpolitik hingegen sowohl Art. 12 Abs. 1 GG als auch Art. 3 Abs. 1 GG.

1091 BAG, Urteil v. 21- April 1977 – 2 AZR 125/76, DB 1977, S. 1801.

1092 BAG v. 14. Oktober 1997, BB 1998, S. 321 f.

1093 Vgl. BAG, Urteil v. 11. Juni 1997 – 7 AZR 186/96, NZA 1997, S. 1290 (1292).

1094 BAG, Urteil v. 11. Juni 1997 – 7 AZR 186/96, NZA 1997, S. 1290 ff.

1095 BAG, Urteil v. 20. Oktober 1987 – 2 AZR 284/86, AP Nr. 2 zu § 620 BGB Altersgrenze.

gen, und den Vorwand, der ältere Arbeitnehmer solle vor einer Überprüfung seiner Tauglichkeit bewahrt werden, abzulehnen.[1096] Das BAG macht dabei in seiner Rechtsprechung grds. keinen Unterschied, ob es sich um eine Altersgrenze von 65 oder von 55 Jahren handelt.

Eine Ausnahme findet sich lediglich in einer jüngeren Entscheidung hinsichtlich der Altersgrenze von 55 Jahren für das Bordpersonal von Flugzeugen. Die tarifvertragliche Regelung des § 27 Abs. 2 1 MTV-Bordpersonal HF sah vor, dass Arbeitnehmer mit Vollendung des 55. Lebensjahres, bzw. nach Möglichkeit einer Verlängerung im Einzelfall, mit Vollendung des 57. Lebensjahres ausscheiden. Gleichzeitig fand sich eine Regelung, wonach Cockpitpersonal mit Vollendung des 60. Lebensjahres ausscheidet. Ob hierin ein Verstoß gegen Art. 3 Abs. 1 GG lag, ließ das BAG offen[1097], da nach seiner Auffassung schon kein rechtfertigender sachlicher Grund für die Altersgrenze des Bordpersonals bestand. Weder die Annahme des ansteigenden Risikos von Ausfallerscheinungen infolge zunehmenden Alters, noch der Schutz von Leib und Leben Dritter oder anderer wichtiger Rechtsgüter rechtfertige die Altersgrenze. Zwar seien diese Gründe grds. geeignet, Altersgrenzen zu rechtfertigen, für den vorliegenden Fall sei diesen jedoch durch die ebenfalls in dem betreffenden Tarifvertrag vorgesehene Möglichkeit der Anordnung einer ärztlichen Untersuchung in ausreichendem Maße gewahrt.[1098]

Für die Verbreitung einzelvertraglich vereinbarter Altersgrenzen fehlen weitgehend statistische Nachweise. Ende der 80er Jahre waren Altersgrenzen in 45 % der Angestelltenverträge und knapp der Hälfte der Arbeitsverträge der größten deutschen Unternehmen enthalten[1099] Nach der Rechtsprechung des Bundesarbeitsgerichts ist die typische Formulierung, dass ein Arbeitsverhältnis auch ohne Kündigung mit Vollendung des 65. Lebensjahres (bzw. dann wenn der Arbeitnehmer die Berechtigung auf eine Altersrente hat) endet, als wirksame Befristung zulässig.[1100] Auch liege bei der vorformulierten Verwendung einer solchen Klausel keine unzulässige Allgemeine Geschäftsbedingung vor. Hinsichtlich individualvertraglich vereinbarter Altersgrenzen räumt das BAG den Arbeitsvertragsparteien einen weiten Gestaltungsspielraum ein. Die Beteiligten könnten am besten Beurteilen, wann ein Arbeitnehmer aus dem aktiven Erwerbsleben ausscheiden und eine betriebliche Versorgungsleistung in Anspruch

---

1096 Vgl. *Wiedemann/ Thüsing*, Der Schutz älterer Arbeitnehmer und die Umsetzung der Richtlinie 2000/78/EG, NZA 2002, S. 1234 (1235).

1097 Vgl. BAG, Urteil v. 31. Juli 2002 – 7 AZR 140/01, NZA 2002, S. 1155 (1158).

1098 Vgl. BAG, Urteil v. 31. Juli 2002 – 7 AZR 140/01, NZA 2002, S. 1155 (1158).

1099 *Vollstädt*, Die Beendigung von Arbeitsverhältnissen, S. 3; *Gantzckow*, Die Beendigung der Erwerbstätigkeit durch gesetzliche und kollektivvertragliche Altersgrenzen, S. 4.

1100 BAG, Urteil v. 27. Juli 2005 – 7 AZR 443/04, NZA 2006, S. 37 (39); das BAG hat vereinzelt auch Befristungen auf das 63. Lebensjahr für zulässig erklärt, wenn der Arbeitnehmer anschließend Rente beziehen kann, BAG, Urteil v. 19. November 2003 – 7 AZR 296/03, NZA 2004, S. 1336.

nehmen solle.[1101] Einzelvertragliche Altersgrenzen, bezogen auf die Vollendung des 65. Lebensjahres (bzw. nunmehr das 67. Lebensjahr) sind nach der Rechtsprechung des Bundesarbeitsgerichts dabei grds. zulässig, da sie den vom Gericht aufgestellten Grundsätzen der Befristungskontrolle entsprächen, also sachlich gerechtfertigt seien.[1102]

Dies ergebe sich aus der Abwägung der Interessen der Arbeitsvertragsparteien, namentlich des Interesses des Arbeitgebers an der Beendigung des Arbeitsverhältnisses auf der einen und des Interesses des Arbeitnehmers auf Fortsetzung des Arbeitsverhältnisses auf der anderen Seite. Durch das Arbeitsverhältnis sichere der Arbeitnehmer seine wirtschaftliche Existenzgrundlage und verfolge damit sowohl legitime wirtschaftliche, darüber hinaus aber auch ideelle Anliegen, in Form des Strebens nach beruflicher Selbstverwirklichung.[1103] Allerdings sei weiter zu berücksichtigen, dass der Arbeitnehmer bei Erreichen der Altersgrenze bereits ein langes Berufsleben hinter sich habe und wirtschaftlich abgesichert sei. Auch bestehe das Fortsetzungsinteresse an dem Arbeitsverhältnis in der Regel nur für eine begrenzte Zeit. Auch habe der Arbeitnehmer durch die Höchstaltersgrenze Vorteile im Hinblick auf seine Einstellungs- und Aufstiegschancen genossen. Die Interessenabwägung ergebe daher insgesamt, dass das Interesse des Arbeitgebers an der Beendigung des Arbeitsverhältnisses und damit einer sachgerechten und berechenbaren Personal- und Nachwuchsplanung sowie der Beschäftigung leistungsfähiger Mitarbeiter überwiege.[1104]

1101 BAG, Urteil v. 24. Juni 1986 – 3 AZR 645/84, NZA 1987, S. 309 (310).

1102 BAG, Urteil v. 11. Juni 1997 – 7 AZR 186/96, NZA 1997, S. 1290 (1292); BAG, Urteil v. 27. Juli 2005 – 7 AZR 443/04, NZA 2006, S. 37. ff.; aA. *Waltermann*, Altersdiskriminierung, ZfA 2006, S. 305 (310).

1103 BAG, Urteil v. 27. Juli 2005 – 7 AZR 443/04, NZA 2006, S. 37 (39).

1104 BAG, Urteil v. 27. Juli 2005 – 7 AZR 443/04, NZA 2006, S. 37 (39); Vgl. BVerfG, DVBl. 1994, S. 43 (44); BVerfG, NVwZ 1997, S. 1207; abl. *Gantzckow*, Die Beendigung der Erwerbstätigkeit durch gesetzliche und kollektivvertragliche Altersgrenzen, S. 2. Mittelbar ergebe sich die Zulässigkeit einer solchen Altersgrenze auch aus § 41 SGB VI, vgl. *Birk*, Die Befristung von Altersteilzeitverträgen auf einen vorgezogenen Renteneintritt, NZA 2007, S. 244 (246). Zu den mehrfachen Änderungen der Norm vgl. *Waltermann*, Wieder Altersgrenze 65, NZA 1994, 822 ff.; *Lehmann*, Zur altersbedingten Beendigung von Arbeitsverhältnissen, NJW 1994, S. 3054. Nach § 41 IV S. 3 SGB VI a.F. waren Altersgrenzenvereinbarungen in Individualarbeitsverträgen unwirksam, wenn sie nicht innerhalb der letzten drei Jahre vor dem Pensionierungstermin vereinbart oder vom Arbeitnehmer bestätigt wurden. Dies galt auch in den Fällen, in denen der Arbeitnehmer einen Anspruch auf Rente wegen des Alters hatte. Diese Regelung ist mittlerweile weggefallen. In der Literatur wird die Zulässigkeit einzelvertraglicher Altergrenzen unterschiedlich beurteilt. Überwiegend werden sie für zulässig erachtet, teilweise für unzulässig, vgl. einerseits *Waltermann*, Übergang vom Erwerbsleben in den Ruhestand, NJW 1998, 2488 (2489 f.); *Waltermann*, Wieder Altersgrenze 65, NZA 1994, S. 822 (825 f.); *Leuchten*, Der Einfluss der EG-Richtlinien zur Gleichbehandlung auf das deutsche Arbeitsrecht, NZA 2002, S. 1254 (1258); einschränkend

Keinen Verstoß gegen den allgemeinen Gleichheitssatz erkannte das BAG in einer Entscheidung, in der es um unterschiedliche Wochenarbeitszeiten von älteren und jüngeren Arbeitnehmern ging. Tarifverträge in der Metallindustrie sahen vor, dass diese auf 37 Stunden reduziert werden sollte für Arbeitnehmer, die dies freiwillig wollten, im Übrigen sollte die Regelung nur für die ältesten Arbeitnehmer gelten.[1105] Sofern hierin ein Nachteil für Ältere liegen sollte, so sei dieser den älteren Arbeitnehmern eher zuzumuten, als jüngeren. Gegenüber Altergrenzen der selbstständigen Berufe, unterschieden sich die Altersgrenzen für abhängig Beschäftigte nicht nur hinsichtlich ihrer Rechtsgrundlagen (Gesetzes bzw. Verwaltungsvorschriften einerseits, Tarifverträge, Betriebsvereinbarung, Einzelarbeitsverträge andererseits), sondern auch hinsichtlich ihrer Zweckverfolgung. Nicht die Vermeidung von Gefahren für die Allgemeinheit stehe bei Letzteren im Vordergrund, sondern die Beeinflussung der Altersstruktur, die Gewährleistung einer verlässlichen Personalplanung, mithin also Individualinteressen des Arbeitgebers, sowie die Gewährleistung von Aufstiegschancen von jüngeren Arbeitnehmern.[1106]

Hieraus erklären sich u.a. die anderen Gründe, die nach Auffassung des BAG für die Rechtfertigung von Altergrenzen maßgeblich sind. Insbesondere die angenommen Abnahme der Leistungsfähigkeit spielt in den Urteilen grds. keine Rolle.[1107] Eine Ausnahme bilden vereinzelte Judikate, in denen u.a. auch die gesellschaftlichen Vorstellungen über das höhere Alter in die Argumentation der Rechtfertigung einbezogen wurden.

So entschied das BAG hinsichtlich einer einzelvertraglich vereinbarten Altersgrenze von 60 Jahren für Piloten, dass diese im Hinblick auf das besondere Interesse an der Gewährleistung der Sicherheit des Luftverkehrs nicht zu beanstanden sei.[1108] Der Arbeitgeber habe ein berechtigtes Interesse daran, das Arbeitsverhältnis zu einem Zeitpunkt zu beenden, von dem an sich der Arbeitgeber, im Falle des Versagens des Piloten, der Gefahr erheblicher Vorwürfe von Fluggästen und der Öffentlichkeit aussetze.[1109] In der Entscheidung nimmt das

---

Steinmeyer, Kollektivrechtliche Altersbegrenzungsregelungen, RdA 1992, S. 6 (11); *Vollstädt*, Die Beendigung von Arbeitsverhältnissen, S. 388 f., andererseits *Stahlhacke*, Die Begrenzung von Arbeitsverhältnissen durch Festlegung einer Altersgrenze, DB 1989, S. 2329 (2331).

1105 BAG, Beschluss v. 18. August 1987 – 1 ABR 30/86, NZA 1987, S.779 (784).
1106 Vgl. *Waltermann*, Berufsfreiheit im Alter, S. 34.
1107 Vgl. *Waltermann*, Berufsfreiheit im Alter, S. 34.
1108 BAG, Urteil v. 20. Februar 2002 – 7 AZR 748/00, NZA 2002, S. 789 (792); zustimmend *Zöllner*, Altersgrenzen beim Arbeitsverhältnis, in: GedS Blomeyer, S. 517 (525) für den außer Zweifel steht, dass Alter ein erhöhtes Sicherheitsrisiko bedeutet. Die gelte auch für die Berufsbereiche der Polizei, Feuerwehr, Fluglotsen oder Busfahrer; zustimmend auch *Waltermann*, Übergang vom Erwerbsleben in den Ruhestand, GedS Blomeyer, S. 495 (499).
1109 Vgl. BAG, Urteil v. 20. Februar 2002 – 7 AZR 748/00, NZA 2002, S. 789 (792).

Bundesarbeitsgericht auch Stellung zur Rolle der medizinischen Entwicklung hinsichtlich arbeitsrechtlicher Altersgrenzen. Nach seiner Auffassung sind Fortschritte in der medizinischen Diagnostik nicht geeignet, die generelle Lebenserfahrung, der zunehmenden Gefahr einer Beeinträchtigung der Leistungsfähigkeit mit zunehmendem Alter, zu widerlegen.[1110] Aus diesen Gründen sei die individualvertraglich vereinbarte Altersgrenze ebenso wie ein tarifvertraglich vereinbarte im Hinblick auf Art. 12 GG gerechtfertigt. Damit steht das Bundesarbeitsgericht auf der Linie des Bundesverfassungsgerichts, welches in einer tarifvertraglichen Altersgrenze von 60 Jahren für Piloten ebenfalls keinen Verstoß gegen Art. 12 GG sah. Der Schutz von Leben und Gesundheit einer Vielzahl von Menschen sei ein besonders wichtiges Gemeinschaftsgut, dass die, auch im Übrigen verhältnismäßige Altersgrenze rechtfertige.[1111]

Offenbar geht das BAG in der Entscheidung davon aus, dass das Versagen eines älteren Piloten schwerer wiegt, als das eines Jüngeren. Dies jedenfalls aus Sicht der Öffentlichkeit und der Fluggäste. Die Altersgrenze wird damit u.a. mit dem Bild von älteren Menschen in der Gesellschaft gerechtfertigt. Diskriminierende Vorstellungen der Allgemeinheit über das Alter werden so als Mittel genutzt, um ihrerseits ein grds. diskriminierendes Verhalten rechtlich zu rechtfertigen. Dies macht deutlich, dass neben einer effektiven Antidiskriminierungspolitik und rechtlichen Verankerung vor allem auch ein Bewusstseinswandel in der Gesellschaft angestrebt werden muss.

II. Andere Gerichte

Auch das Bundesverwaltungsgericht und der Bundesgerichtshof haben sich in Entscheidungen mit Altergrenzen befasst. Hinsichtlich der Argumentationsstruktur und in den Ergebnissen der Entscheidungen folgen beide Gerichte im Wesentlichen der Auffassung und Argumentationsstruktur des Bundesverfassungsgerichts. So folgte das Bundesverwaltungsgericht in einer Entscheidung aus dem Jahre 1959 hinsichtlich einer Altersgrenze für Prüfingenieure der Ansicht des Bundesverfassungsgerichts, eine derartige Altergrenze für die Zulassung zu einem Beruf sei nicht unverhältnismäßig in einem Alter, in dem die körperliche Leistungsfähigkeit erheblich nachlasse und „(…) die berufliche Tätigkeit eines Menschen im allgemeinen seine natürlich Grenze gefunden hat."[1112] Auch exekutive Regelungen über Altersgrenzen für die Berufung ins Beamtenverhältnis auf Grundlage von § 48 BHO wurden vom Bundesverwaltungsgericht nicht beanstandet.[1113] Hinsichtlich Einstellungsentscheidungen haben das Bundesverwaltungsgericht und ihm folgend einige Instanzgerichte es als recht-

---

1110   BAG, Urteil v. 20. Februar 2002 – 7 AZR 748/00, NZA 2002, S. 789 (792).
1111   BVerfG, Beschluss v. 25. Oktober 2004 – 1 BvR 2459/04, BB 2005, S. 1231 f.
1112   BVerwG, DÖV 1960, S. 148 (149).
1113   BVerwG, Urteil v. 31. Januar 1980 - 2 C 15.78.

mäßig betrachtet, wenn das Lebensalter eines Bewerbers zu seinen Gunsten berücksichtig wird:

„Das Lebensalter und das Dienstalter können bei einer individuellen Auswahlentscheidung jedenfalls unter Beamten, die nach Eignung, Befähigung und fachlicher
Leistung im Wesentlichen gleich beurteilt sind, entscheidend mit herangezogen
werden. Die Berücksichtigung des Lebens- und Dienstalters ist insoweit mit dem
Leistungsgrundsatz vereinbar und geht davon aus, dass die von einem lebens- und
dienstälteren Beamten typischerweise mitgebrachte umfassendere praktische Berufserfahrung für die nunmehr im Beförderungsamt zu erfüllenden Aufgaben im
Rahmen der Leistungsbeurteilung berücksichtigt werden können."[1114]

Nicht mit dem in Art. 33 Abs. 2 GG normierten Leistungsgrundsatz vereinbar ist demgegenüber das alleinige Abstellen auf das Alter bei Einstellungs- o-
der Beförderungsentscheidungen.[1115]

Auch Einstellungshöchstaltersgrenzen sieht das Bundesverwaltungsgericht
als zulässig an. Der Gesetzgeber sei infolge der Regelung des Art. 33 Abs. 5 GG
befugt, eine angemessene Mindestverweildauer im öffentlichen Dienst zu gewährleisten. Art. 33 Abs. 2 GG stehe solchen sachlichen Gründen dann nicht
entgegen, wenn sie sich als hergebrachter Grundsatz des Berufsbeamtentums
darstellten. Dies gelte auch dann, wenn die Maßnahme nicht den Begriffen
„Eignung, Befähigung und fachliche Leistung" zuzuordnen sei. Art. 33 Abs. 2
GG steht demnach im Ergebnis unter dem Vorbehalt allgemeiner Einschränkungen in Form von Einstellungshöchstaltersgrenzen.[1116] Erforderlich ist allerdings
eine gesetzliche Grundlage, Altersgrenzenfestsetzungen in Verwaltungserlassen
reichen nicht aus.[1117] Als Eignungsmerkmal kommt das Alter dann in Betracht,
wenn daraus geschlossen werden kann, dass Bewerber typischerweise den An-

1114 BVerwG, Urteil v. 23. Oktober 1980 – 2 C 22.79; BVerwGE 80, S. 123 (126); OVG
       Schleswig-Holstein, DÖD 1996, S. 168 (170); *Maunz*, in: Maunz/ Dürig, Grundgesetz,
       Art. 33 Rn. 18.

1115 *Maunz*, in: Maunz/Dürig, Grundgesetz, Art. 33 Rn. 18; *Höfling*, Altersgrenzen im
       (Hochschul-)Recht, FS Leuze, S. 263 (269); vgl. auch VGH Kassel, Beschluss v. 19.
       November 1993 – 1 TG 1465/93, NVwZ-RR 1994, S. 347 ff; wonach das Abstellen
       auf leistungsfremde Kriterien wie das Alter, Dienstalter oder Beförderungsdienstalter
       nur ausnahmsweise zulässig ist.

1116 Kritisch dazu *Höfling*, Altersgrenzen im (Hochschul-)Recht, FS Leuze, S. 263 (270).
       Vgl. auch VG Bayreuth, Beschluss v. 25. September 2000 – B 5 E 00.897, BayVBl.
       2001, S. 221. Danach ist die Ablehnung einer Beförderung mit der Begründung des
       Lebensalters mit dem in Art. 33 GG verbürgten Prinzip der Bestenauslese nicht ver-
       einbar. Die Verbesserung der Altersstruktur der Behörde komme als Rechtfertigungs-
       grund nicht in Betracht. Mit dem Beispiel universitärer Höchstaltersgrenzen im Beru-
       fungsverfahren beschäftigt sich *Höfling*, aaO, S. 270 ff., sowie *Roellecke*, Altersgren-
       zen im Berufungsverfahren, VBlBW 1995, S. 1 f.; BVerwG, Urteil v. 19. Februar 2009
       – 2 C 18/07 Rn. 10.

1117 BVerwG, Urteil v. 19.2.2009 – 2 C 18/07 Rn. 10.

forderungen des Amtes nicht mehr genügen.[1118] Unter diesem Gesichtspunkt erkennt das Bundesverwaltungsgericht auch weder einen Verstoß gegen das AGG noch gegen die RL 2000/78/EG. Der Zweck von Einstellungshöchstaltersgrenzen liege in der Gewährleistung eines angemessenen Verhältnisses von Arbeitsleistung des Beamten und Versorgungsansprüchen. Daneben komme dem Interesse des Dienstherrn an einer ausgewogenen Altersstruktur Bedeutung zu.[1119] Zwar handele es sich bei der Einstellungshöchstaltergrenze um eine unmittelbare Ungleichbehandlung iSd § 3 Abs. 1 S. 1 AGG, diese verfolge jedoch wegen der genannten Zwecke ein legitimes Ziel und sei infolge des Gestaltungsspielraums bei der Wahl der Mittel zur Zielverwirklichung auch angemessen. Im Rahmen dieses Gestaltungsspielraums dürften sowohl politische, wirtschaftliche, soziale und auch haushaltspolitische Erwägungen angestellt werden, denn der Vermeidung von Ungleichbehandlungen wegen des Alters komme weder unter Geltung des AGG noch der RL 2000/78/EG absoluter Vorrang zu.[1120] Die Angemessenheit einer Altersgrenze hänge allerdings auch davon ab, in welchem Umfang Ausnahmebestimmungen von ihr vorgesehen sind.[1121]

Über die Höchstaltersgrenze des § 27a Abs. 3 SGB V entschied das Bundesverwaltungsgericht im Jahr 2009. Nach der Regelung besteht ein Anspruch auf Sachleistungen im Rahmen von künstlichen Befruchtungen nur für Versicherte, die das 25. Lebensjahr vollendet haben.[1122] Der Anspruch besteht nicht für weibliche Versicherte, die das 40. und für männliche Versicherte, die das 50. Lebensjahr[1123] vollendet haben. Die Festlegung eines Höchstalters von 40 Jahren für weibliche Versicherte beruht primär auf dem Gesichtspunkt, dass die Konzeptionswahrscheinlichkeit nach dem 40. Lebensjahr sehr gering ist. Daneben sollen die oberen Altersbegrenzungen für weibliche wie für männliche Versicherte auch das künftige Wohl des erhofften Kindes gewährleisten.[1124] Nach Ansicht des Bundesverwaltungsgerichts durfte der Gesetzgeber diese Altersgrenze festsetzen. Zwar liege in der unterschiedlichen Behandlung von weiblichen Versicherten, die das 40. Lebensjahr vollendet haben und solchen, bei denen das nicht der Fall ist, eine Ungleichbehandlung. Diese sei jedoch wegen des weiten Gestaltungsspielraums des Gesetzgebers gerechtfertigt, der erst im Bereich von tödlichen Krankheiten oder bei Leistungen aus dem Kernbereich der Kranken-

---

1118 BVerwG, Urteil v. 19.2.2009 – 2 C 18/07 Rn. 9.

1119 BVerwG, Urteil v. 19.2.2009 – 2 C 18/07 Rn. 12.

1120 BVerwG, Urteil v. 19. Februar 2009 – 2 C 18/07 Rn. 18 f.

1121 BVerwG, Urteil v. 19. Februar 2009 – 2 C 18/07 Rn. 22.

1122 Nach der Regierungsbegründung dient die Mindestaltersgrenze dazu, die Chance einer spontanen Empfängnis nicht durch die Ungeduld des Paares oder des Arztes vergeben wird, vgl. BT-Drs. 15/1525, S. 83. Die Altersgrenze gilt aber auch dann, wenn schon vorher aus medizinischen Gründen die Unfruchtbarkeit feststeht.

1123 Zur Altersgrenze für männliche Versicherte BSG, Urteil v. 24. Mai 2007 – B 1 KR 10/06 R.

1124 BT-Drs. 15/1525, S. 83.

versicherung eingeschränkt sein könnte. Bei der Festsetzung der Altersgrenze durfte der Gesetzgeber statistische Werte berücksichtigen, wonach Frauen nach Vollendung des 40. Lebensjahres deutlich geringere Chancen auf eine Schwangerschaft haben. Dabei müsse der Gesetzgeber das Höchstalter weder individuell noch möglichst punktgenau und aktuell nach den neuesten Statistiken festsetzen. Darüber hinaus bestehe auch kein Erfordernis, die Altersgrenze zeitnah an den jeweils neuesten Kenntnisstand anzupassen.

Der Bundesgerichtshof stellte im Jahre 1988 in einer Entscheidung zur Altersgrenze von Notarbewerbern fest, dass die berufliche Einsatzfähigkeit eines Menschen zwischen dem 60. und dem 70. Lebensjahr in der Regel stark zurückgehe.[1125] Die Entscheidung betraf Regelungen, wonach Notarbewerber bei Vollendung des 60. Lebensjahres nicht mehr zum Notar bestellt werden durften. Zweck dieser niedersächsischen und nordrheinwestfälischen Regelungen war die Gewährleistung der Kontinuität des Notarberufs, sowie die Aufrechterhaltung der Altersstruktur und die Sicherung der ordnungsgemäßen Erfüllung der Leistungsanforderungen des Notarberufs.

In einer jüngeren Entscheidung hat sich der BGH auch mit der Höchstaltersgrenze für die erstmaligeBestellung von Notaren befasst.[1126] Einen Verstoß gegen das Grundgesetz erkannte das Gericht nicht. Ebenso wie das Bundesverfassungsgericht sieht der BGH die Altersgrenze als subjektive Zulassungsbeschränkung an. Diese sei jedoch durch die Gewährleistung der vorsorgenden Rechtspflege, zu der auch eine geordnete Altersstruktur gehöre, gerechtfertigt. Ein milderes Mittel sei nicht ersichtlich.[1127] Aus den gleichen Gründen liege auch ein Verstoß gegen Art. 3 Abs. 1 GG nicht vor. Anschließend prüft das Gericht eine mögliche Unanwendbarkeit von § 6 Abs. 1 BNotO infolge eines Verstoßes gegen die RL 2000/78/EG. Der Nichtablauf der Umsetzungsfrist zum Entscheidungszeitpunkt stehe hierbei der Anwendbarkeit der Richtlinie zwar nicht entgegen[1128], der BGH geht jedoch in zurückhaltender Weise von einer Nichtanwendbarkeit der Richtlinie aus anderen Gründen aus.

Zwar bestimme der sachliche Anwendungsbereich gemäß Art. 3 Abs. 1 a) RL 2000/78/EG dass sie „für alle Personen in öffentlichen und privaten Bereichen einschließlich öffentlicher Stellen" gelte, „in Bezug auf die Bedingungen – einschließlich Auswahlkriterien und Einstellungsbedingungen – für den Zugang zu unselbstständiger und selbstständiger Erwerbsarbeit". Aus der Formulierung der Einleitung des Art. 3 Abs. 1 RL 2000/78/EG, leitete der BGH jedoch den Bezug zur Ermächtigungsnorm des Art. 13 EG her. Danach besitze der Rat keine umfassende Rechtsetzungskompetenz für das Vorgehen gegen Diskrimine-

---

1125 BGH, DNotZ 1988, S. 124 (126).
1126 BGH, NJW 2008, S. 1229 ff.; vgl. zur Höchstaltersgrenze für Notare BGH, Beschluss vom 22. März 2010 - NotZ 16/09.
1127 BGH, NJW 2008, S. 1229 (1231).
1128 BGH, NJW 2008, S. 1229 (1231 f.).

rungen, sondern nur im Rahmen der durch das Prinzip der begrenzten Einzeler-mächtigung übertragenen Zuständigkeiten.[1129] Als Kompetenznorm idS kommt nach Auffassung des Gerichts ex. Art. 137 EG (vgl.jetzt Art. 151 AEUV) im Ergebnis aus systematischen und teleologischen Gesichtspunkten nicht in Betracht.[1130] Der BGH lehnt damit eine Zuständigkeit der Union zur Regelung des Zugangs zur selbstständigen Tätigkeit, insbesondere zum „freien" Notariat ab.

Anschließend, gewissermaßen hilfsweise, prüft das Gericht die Rechtslage bei unterstellter Anwendbarkeit der Richtlinie am Maßstab des Art. 6 Abs. 1 RL 2000/78/EG. § 6 Abs. 1 BNotO genüge dessen Voraussetzungen. Die Funktionstüchtigkeit der Rechtspflege stelle ein legitimes Ziel iSd Richtlinie dar und sei auch im Übrigen verhältnismäßig.[1131] Dies ergebe sich auch aus Art. 6 Abs. 1 S. 2 c) der Richtlinie. Zwar sei das Regelbeispiel, wonach eine zulässige Ungleichbehandlung in Form der Festsetzung eines Höchstalters für die Einstellung wegen der Notwendigkeit einer angemessenen Beschäftigungszeit vor dem Eintritt in den Ruhestand möglich ist, nicht unmittelbar auf selbstständige Tätigkeiten anwendbar. Es enthalte jedoch einen allgemeinen Grundgedanken, der auf selbstständige Berufe anwendbar sei, da auch die Regelung der BNotO eine Mindestzeit der Tätigkeit gewährleisten solle.[1132] Da damit ein Verstoß gegen Art. 6 Abs. 1 RL 2000/78/EG ausscheide, komme auch ein Verstoß gegen das vom EuGH entwickelte unionsrechtlichen Verbot der Altersdiskriminierung nicht in Betracht, ein Vorlage an den EuGH sei demzufolge nicht erforderlich, da diese Rechtsauffassung keinen vernünftigen Zweifeln unterliege.[1133]

Nach Auffassung des Bundessozialgerichts verstößt die Zulassungsgrenze zu vertragsärztlichen Tätigkeit mit dem 55. Lebensjahr nicht gegen höherrangiges Recht.[1134] Ein britischer Zahnarzt, der die Altergrenze überschritten hatte, begehrte Zulassung in Deutschland, nachdem er zuvor in England beschäftigt war und seine Stelle dort verloren hatte. Nach Auffassung des Gerichts ist die Altergrenze u.a. gerechtfertigt, um die finanzielle Stabilität der gesetzlichen Krankenversicherung nicht zu gefährden. Ärzte in der Altersgruppe des Klägers seien in der Regel wirtschaftlich abgesichert, so dass ihnen lediglich die Möglichkeit genommen werde eine zahnärztliche Tätigkeit neu aufzunehmen. Hierin liege zwar ein Eingriff in die Berufsfreiheit. Im Vergleich zu einer absoluten Zulassungssperre für Berufsanfänger stelle diese Regelung den weniger gravierenden Eingriff dar. Damit sei die Grenze der Zumutbarkeit noch nicht überschritten. Auch eine gleichheitswidrige Benachteiligung älterer gegenüber jüngeren Zahnärzten erkannte das Gericht nicht, da das Alter im Bereich von Rege-

---

1129   BGH, NJW 2008, S. 1229 (1232).
1130   BGH, NJW 2008, S. 1229 (1232).
1131   BGH, NJW 2008, S. 1229 (1232).
1132   BGH, NJW 2008, S. 1229 (1232 f).
1133   BGH, NJW 2008, S. 1229 (1233 f.).
1134   BSGE 80, S. 9 (13 ff.).

lungen der beruflichen Betätigung kein schlechthin unzulässiges Differenzierungskriterium sei.

Um die Altersgrenze von 68 Jahren ging es in einer Entscheidung des Bundessozialgerichts aus dem Jahre 2004. Geklagt hatte ein Zahnarzt, der sich durch einen anderen Zahnarzt, der infolge des Erreichens der Höchstaltergrenze nicht zugelassen war, vertreten lassen wollte. Das Bundessozialgericht entschied, dass sich ein Vertragszahnarzt bei Krankheit, Urlaub und Teilnahme an Fortbildungsveranstaltungen durch einen Zahnarzt vertreten lassen darf, der das 68. Lebensjahr vollendet hat und deshalb nicht mehr als Vertragszahnarzt zugelassen sein kann.[1135] Weder aus den Entscheidungen des Bundesverfassungsgerichts, noch aus dem Gesamtzusammenhang der Vorschriften über die vertragszahnärztliche Versorgung ergebe sich eine Unzulässigkeit eines derartigen Einsatzes.[1136]

Eine Entscheidung des Landesarbeitsgerichts Niedersachsen, in der es um die Zulässigkeit von Altersgruppenbildung bei einem Interessenausgleich bei betriebsbedingten Kündigungen ging, ist zu erwähnen, da sich dort erste Ansätze einer Anerkennung gerontologischer Ergebnisse hinsichtlich der Leistungsfähigkeit von Arbeitnehmern finden. Nach Ansicht des Gerichts sei „(...) davon auszugehen, dass ein zunehmendes Alter nicht automatisch zu einer verminderten Leistungsfähigkeit führt. Eine physisch verminderte Leistungsfähigkeit kann ausgeglichen werden durch Erfahrungswissen, Routine und ähnliche weitere Fähigkeiten älterer Arbeitnehmer."[1137]

Auch unter Geltung des AGG finden sich die Begründungsmuster des Bundesverfassungsgerichts zu Altersgrenzen, abgesehen von einzelnen Ausnahmen, wieder. So hat das Arbeitsgericht Frankfurt die Klage von Lufthansapiloten abgewiesen, die gerichtlich bestätigt wissen wollten, dass ihre Arbeitsverhältnisse nicht auf Grund einer tarifvertraglich vereinbarten Altersgrenze mit Ablauf des 60. Lebensjahres endete.[1138] Das Gericht sah die Regelung, die eine Ungleichbehandlung darstelle, zum Schutz von Leib und Leben der Besatzung, der Passagiere und der Menschen in den überflogenen Gebieten als gerechtfertigt an. Die Altersgrenze verstoße damit weder gegen § 10 AGG noch gegen die Rahmenrichtlinie 2000/78/EG und müsse auch nicht wegen Verstoßes gegen einen allgemeinen Grundsatz des Unionsrechts, der die Diskriminierung wegen des Alters verbiete, außer Anwendung bleiben.[1139]

1135 BSG, NZS 2005, S. 611. Vgl. auch *Tettinger*, Rechtsprechungslinien des Bundesverfassungsgerichts zu Höchstaltersgrenzen, DVBl. 2005, S. 1397 (1401), der die Entscheidung als bemerkenswert bezeichnet.

1136 BSG, NZS 2005, S. 611 (612).

1137 LAG Niedersachsen, Urteil v. 13. Juli 2007 – 16 Sa 269/07.

1138 ArbG Frankfurt, Urteil v. 14. März 2007 – 6 Ca 7405/06.

1139 Nach Ansicht des Gerichts war das AGG auf den umstrittenen Tarifvertrag an sich nicht anzuwenden, da dieser vor Inkrafttreten des Gesetzes geschlossen wurde. Die RL

Der Schwerpunkt der Entscheidung liegt nach einem knappen Hinweis des Gerichts, dass es sich bei der ordnungsgemäßen Erfüllung der Berufstätigkeit, der Sicherheit des Lebens und der Gesundheit der Besatzungsmitglieder, der Passagiere und der Allgemeinheit um ein legitimes Ziel handele, auf der Prüfung der Verhältnismäßigkeit der Regelung. Nach Ansicht des Gerichts „(...) ist davon auszugehen, dass die Regelung über die Altergrenze auf medizinische Erfahrungswerte zurückgeht, nach denen das Cockpitpersonal überdurchschnittlichen psychischen und physischen Belastungen ausgesetzt ist, in deren Folge das Risiko altersbedingter Ausfallerscheinungen und unerwarteter Fehlreaktionen zunimmt. (...) Zwar hängt das zur Minderung der Leistungsfähigkeit führende Altern nicht allein vom Lebensalter ab, sondern ist ein schleichender Prozess, der individuell verschieden schnell vor sich geht. Mit höherem Lebensalter wird jedoch ein Altern mit den damit verbundenen Folgen wahrscheinlicher. Es entspricht der allgemeinen Lebenserfahrung, dass die Gefahr einer Beeinträchtigung der Leistungsfähigkeit generell auch heute noch mit zunehmendem Alter größer wird."[1140]

Gegen eine solche Auffassung spreche weder, dass keine gesicherten flugmedizinischen Erkenntnisse vorlägen, noch dass andere Fluglinien eine Tätigkeit von Piloten bis zur Vollendung des 65. Lebensjahres zuließen. Im Rahmen der Frage, ob die Altersgrenzenregelung erforderlich sei prüft das Gericht als mildere Mittel nicht mögliche individuelle ärztliche Untersuchungen, sondern bei mehrköpfigen Pilotenbesatzungen den Einsatz unter 60 jähriger Piloten neben einem Piloten über dem 60. Lebensjahr. Hierbei handele es sich zwar um ein Mittel mit dem Sicherheitsbedenken begegnet werden könnte, dieses sei jedoch im Vergleich zu der Altersgrenze nicht gleich geeignet, da der Ausfall eines Piloten zusätzliche Gefahrensituationen schaffe.[1141]

Die Benachteiligung werde zudem, was bei der Beurteilung der Verhältnismäßigkeit der Regelung zu berücksichtigen sei, dadurch gemildert, dass der Betroffen bei anderen Fluglinien, die eine höhere Altersgrenze ansetzen, weiter arbeiten könnte. Insofern handele es sich nicht um eine Zwangsverrentung.[1142] Mit denselben Argumenten verneint das Arbeitsgericht im Anschluss auch eine Verletzung von Art. 12 GG.[1143]

2000/78/EG war von den Tarifvertragsparteien nicht zu beachten, da diese sich ausschließlich an die Mitgliedstaaten, ArbG Frankfurt, Urteil v. 14. März 2007 – 6 Ca 7405/06 Rn. 25 f. Die inhaltliche Prüfung der tarifvertraglichen Altersgrenze erfolgt durch das Gericht daher nur hilfsweise.

1140 ArbG Frankfurt, Urteil v. 14. März 2007 – 6 Ca 7405/06 Rn. 40.

1141 ArbG Frankfurt, Urteil v. 14. März 2007 – 6 Ca 7405/06 Rn. 45.

1142 ArbG Frankfurt, Urteil v. 14. März 2007 – 6 Ca 7405/06 Rn. 48. Zudem erhielten die Kläger im vorliegenden Fall eine Übergangsversorgung bis zum Eintritt des Regelrententalters, so dass eine ausreichende Absicherung für den Lebensunterhalt gegeben sei.

1143 ArbG Frankfurt, Urteil v. 14. März 2007 – 6 Ca 7405/06 Rn. 54 ff.

Zum selben Ergebnis kam auch das OVG Lüneburg hinsichtlich einer Altergrenze für flugmedizinische Sachverständige von 68 Jahren in § 24e Abs. 6 S. 2 LuftVZO. Eine Differenzierung auf Grund des Alters sei dann nach Art. 6 Abs. 1 RL 2000/78/EG und § 10 S. 1 AGG gerechtfertigt, wenn dadurch Gefährdungen, die nach der Lebenserfahrung von älteren, nicht mehr leistungsfähigen flugmedizinischen Sachverständigen ausgehen können, vermieden werden können. Die Tauglichkeit des Luftfahrtpersonals stelle eine wesentliche Grundlage für die Sicherheit des Luftverkehrs dar und die erforderlichen Tauglichkeitsüberprüfungen müssten in zuverlässiger und fehlerfreier Weise erfolgen, wobei Gefährdungen, die nach der Lebenserfahrung von älteren, nicht mehr voll leistungsfähigen flugmedizinischen Sachverständigen ausgehen könnten, vermieden werden müssten, was in zulässiger Weise durch die generalisierende und typisierende Bestimmung einer Altersgrenze von 68 Jahren sichergestellt werden könne.[1144] Dieses Argument übernimmt das Gericht aus den Ausführungen der Vorinstanz, die allerdings vor dem Hintergrund des Art. 12 GG erfolgten. Die Entscheidung zeigt damit deutlich den von der Rechtsprechung tendenziell verfolgten Gleichlauf bei der Rechtfertigungsargumentation in Bezug auf Art. 12 GG und dem AGG bzw. der RL 2000/78/EG.

Das Landessozialgericht Baden-Württemberg erkennt keinen Verstoß gegen das Verbot der Altersdiskriminierung, wenn Vertragsärzte mit Ablauf des 68. Lebensjahres ihre Zulassung zur vertragsärztlichen Versorgung verlieren[1145] Die Altersgrenze sei nach § 10 Satz 1 und Satz 2 Nr. 1 AGG gerechtfertigt, da die Tätigkeit als Vertragsarzt hohe Anforderungen an die volle körperliche und geistige Leistungsfähigkeit stelle. Die Gefahr der Beeinträchtigung werde mit zunehmendem Alter größer. Im Übrigen ist der Zweck des § 95 Abs. 7 SGB V, die Stabilisierung des Gesundheitswesens, zu berücksichtigen. Die Ärzteschaft solle nicht überproportional überaltern. Ebenso entschied das Bundessozialgericht bezüglich der Beendigung einer Kassenzulassung eines Pathologen mit Erreichen der Altersgrenze von 68 Jahren.[1146] Diese verstoße weder gegen Verfassungs- noch gegen Unionsrecht. Die Ungleichbehandlung wegen des Alters sei gerechtfertigt, da sie dem Schutz der Gesundheit der Versicherten diene, indem sie Gefährdungen begegne, die von älteren, nicht mehr voll leistungsfähigen Ärzten für ihre Patienten ausgehen könnten.[1147] Außerdem diene sie der Wahrung der Berufszugangschancen jüngerer Ärzte.

Diese jüngeren Urteile zeigen, dass die Befürchtungen um die Auswirkungen der RL 2000/78/EG sowie des AGG auf das Arbeitsrecht weitgehend unbe-

---

1144 OVG Lüneburg, DS 2007, S. 159 (160).
1145 LSG Baden-Württemberg, Urteil v. 23.Oktober 2006 - L 5 KA 4343/06 ER-B.
1146 BSG, Urteil v. 9. April 2008 - B 6 KA 44/ 07 R.
1147 BSG, Urteil v. 9. April 2008 - B 6 KA 44/ 07 R Rn. 12. Zum Vorlagegesuch des SG Dortmund an den EuGH hinsichtlich der Altersgrenze von 68 Jahren für Vertragszahnärzte vgl. oben S. 200 ff.

gründet waren. Trotz des Verbots der Altersdiskriminierung haben sich die Argumente, mit denen Altersgrenzen gerechtfertigt werden nicht wesentlich geändert. Lediglich der Begründungsaufwand hat sich erhöht. In den bedeutenden Bereichen des Arbeitsrechts ist das Verbot der Altersdiskriminierung damit im Ergebnis ohne nennenswerte Auswirkungen geblieben. Lediglich vereinzelt – wenngleich mittlerweile auch in der höchstrichterlichen Rechstprechung – finden sich Tendenzen, die sich mit den bestehenden Stereotypen hinsichtlich des höheren Alters auseinandersetzen und diese vorsichtig in Frage stellen. So führte das Bundesarbeitsgericht in einer Entscheidung aus dem Jahre 2009 im Leitsatz aus: „Es ist zweifelhaft, ob ein Erfahrungssatz besteht, wonach es Arbeitnehmern mit zunehmendem Alter wegen sinkender Flexibilität regelmäßig schwerer fällt, nach Versetzung unter veränderten Umständen zu arbeiten. In der Rechtsprechung ist lediglich anerkannt, dass die physische Belastbarkeit mit zunehmendem Alter abnimmt.[1148] Auf die Ergebnisse der Entscheidungen hat dies freilich in der Regel bisher keinen Einfluss.

Eine bedeutende und erfreuliche Ausnahme bildet eine Entscheidung des VG Frankfurt aus dem Jahr 2009[1149], in der es um die Höchstaltersgrenze von Beamten[1150] ging. Das Gericht hält nicht nur die beamtenrechtliche Altersgrenze von 65. Jahren für unwirksam, da berufliche Anforderungen diese nicht rechtfertigten, sondern zeigt auch deutlich die Widersprüchlichkeit zwischen gesetzlichen Höchstaltersgrenzen und gesellschaftlicher Wirklichkeit auf. Bemerkenswert ist zudem, dass das Gericht diese Feststellungen in einem einstweiligen Verfügungsverfahren getroffen hat und der Kläger im Wege der Sicherungsanordnung erreichen konnte, dass sein Dienstherr ihn trotz Erreichens der Altersgrenze im aktiven Dienst beließ.[1151] Die Regelung ist nach dem Beschluss weder nach Art. 6 Abs. 1 RL 2000/78/EG noch nach Art. 4 RL 2000/78/EG gerechtfertigt:

„Die beamtenrechtlichen Altersgrenzen bringen nichts zum Ausdruck, was sich aufgrund der Art einer bestimmten beruflichen Tätigkeit oder der Bedingungen ihrer Ausübung als eine wesentliche und entscheidende Anforderung darstellen kann. (...) Den allgemeinen beamtenrechtlichen Regelungen zur Altersgrenze liegt (...) schon vom Ansatz her kein besonderer Bezug zu bestimmten dienstlichen Anforderungen

---

1148   BAG, Urteil v. 13. Oktober 2009 – 9 AZR 722/08, NZA 2010, 327.
1149   VG Frankfurt, Beschluss v. 06. August 2009 - 9 L 1887/09.F (V), 9 L 1887/09.
1150   Einen Überblick über die neuen Altersgrenzenregelungen für Beamten nach dem Landesbeamtengesetz Nordrhein Westfalen findet sich bei *Hüttenbrink*, KommJur 2010, 245 ff.
1151   Die Anordnung des VG Frankfurt wurde durch VGH Kassel, Beschluss v. 28. September 2009 -1 B 2487/09 aufgehoben; kritisch hierzu *Rombach*, Age Concern Germany: Zur unionsrechtlichen (Un-)Zulässigkeit von Altershöchstgrenzen im öffentlichen Dienst, NVwZ 2010, 102 ff.

zugrunde, da die Regelungen pauschal die Beendigung des Dienstverhältnisses ohne Rücksicht auf Besonderheiten der konkret auszuübenden Tätigkeit anordnen. (...) Dem steht nicht entgegen, dass nach verbreiteter beamtenrechtlicher Auffassung die dort geregelten Altersgrenzenregelungen die unwiderlegliche Vermutung der Dienstunfähigkeit beinhalten (...). Damit wird gerade nicht bestimmten beruflichen Anforderungen in wesentlicher und entscheidender Weise Rechnung getragen. Vielmehr liegt der Erlass derartiger Regelungen zur Unterstellung der Dienstunfähigkeit im relativ weiten Ermessen des Gesetzgebers (...) Eine derartige Annahme widerspricht zudem den neueren Erkenntnissen der gerontologischen Forschung, wirken sich die Folgen einer Alterung doch individuell höchst unterschiedlich aus und sind deshalb einer Verallgemeinerung in der Form der beamtenrechtlichen Unterstellung unzugänglich (Nussberger JZ 2002, 524, 532; Boecken Gutachten zum 62. Deutschen Juristentag B 36, 40, 57 ff., jeweils m. w. N.; früher bereits Simitis RdA 1994, 257, 260; ders. NJW 1994, 1453). Die (...) allgemeine Lebenserfahrung kann deshalb die Anwendung der Ausnahmeregelung des Art. 4 Abs. 1 RL 2000/78/EG nicht tragen, zumal der Bundesgesetzgeber jetzt sowohl im Sozialversicherungsrecht wie im Recht der Bundesbeamten und -beamtinnen Regelungen erlassen hat, nach denen die Altersgrenze ab 2012 schrittweise auf die Vollendung des 67. Lebensjahres heraufgesetzt wird (vgl. § 52 BBG)."[1152]

D. Zusammenfassende Bewertung und Würdigung

I. Höchstaltersgrenzen

Sämtliche Höchstaltersgrenzen mit denen sich das Bundesverfassungsgericht zu befassen hatte wurden für verfassungsgemäß erachtet. Während in der Entscheidung zur Altersgrenze von Bezirksschornsteinfegern eine nähere Begründung hinsichtlich der Vereinbarkeit mit der Berufsfreiheit fehlt, werden in den späteren Entscheidungen durchweg Gründe des Gemeinwohls anerkannt, die einen Eingriff rechtfertigen. In der Hebammenentscheidung und der Entscheidung zu Prüfingenieuren sowie in der Entscheidung zu öffentlich bestellten Sachverständigen wurde die Rechtfertigung in der mit zunehmendem Lebensalter erfahrungsgemäß abnehmenden körperlichen und geistigen Leistungsfähigkeit begründet. Die Herabsetzung des Emeritierungsalters für Professoren wurde mit

---

1152 VG Frankfurt: Beschluss v. 06. August 2009 - 9 L 1887/09.F (V), 9 L 1887/09. Ein weiteres Beispiel bildet eine Entscheidung des LAG Köln v. 12. Februar 2009 - 7 Sa 1132/08. Dort wurde eine starre Altershöchstgrenze von 40 Jahren für Anstellungsverträge mit Nachwuchswissenschaftlern, die der Habilitation dienen, als eine ungerechtfertigte Altersdiskriminierung angesehen, die zur Unwirksamkeit einer entsprechenden Befristung nach § 7 Abs. 2 AGG führe. Das hochschulpolitische Ziel einer Herabsetzung des Erstberufungsalters von Professoren bilde dabei keinen ausreichenden Rechtfertigungsgrund für eine solche Altersgrenze. Das Gericht stellt u.a. zutreffend fest, „(...) dass im Einzelfall eine Höchstaltersgrenze für die Einstellung von Nachwuchswissenschaftlern dem übergeordneten Ziel einer Optimierung von Lehre und Forschung gerade auch schädlich sein kann. So kann durch die Altersgrenze die Bestenauslese eingeschränkt werden. Ein älterer Bewerber für eine Qualifizierungsstelle kann im Einzelfall leistungsfähiger und innovativer sein als ein jüngerer Bewerber."

der Förderung des wissenschaftlichen Nachwuchses, die Altersgrenze für Notare mit der Sorge für eine ausgewogene Altersstruktur innerhalb des Berufs gerechtfertigt. Den Entscheidungen des Bundesverfassungsgerichts kann insgesamt die Tendenz entnommen werden, bei Menschen jenseits des 60. Lebensjahres sei im Allgemeinen von einer erheblichen Abnahme des Leistungsvermögens auszugeghen.[1153]

Dass die Zielsetzungen von Altersgrenzen im Grundsatz verfassungsmäßig sind, ist nicht in Abrede zu stellen. Die entscheidende Prüfung der Zulässigkeit von Altersgrenzen ist deshalb auf der Ebene der Geeignetheit, Erforderlichkeit und Angemessenheit vorzunehmen. Dabei wirft die Geeignetheit keine größeren Probleme auf. Sie ist dann gegeben, wenn mit der in Rede stehenden Maßnahme das intendierte Ziel gefördert werden kann.[1154]

Dies kann hinsichtlich der Vermeidung von Gefahren infolge abnehmenden Leistungsvermögens ebenso wenig in Frage gestellt werden wie hinsichtlich der Vermeidung von Überalterung der Belegschaft oder der Gewährleistung einer verlässlichen Personalplanung. Hinsichtlich der Gefahrenvermeidung gilt dies jedenfalls für Berufe, bei denen besondere Anforderungen an die körperliche und geistige Leistungsfähigkeit gestellt werden, wie etwa bei Piloten oder Ärzten. Hinsichtlich letzterer bieten Altergrenzen sogar das verlässlichste Instrument, da bei ihrem Erreichen das Arbeitsverhältnis automatisch endet bzw. die Zulassung erlischt. Bedenken bezüglich der Eignung könnten sich vor dem Hintergrund der demografischen Entwicklung am ehesten hinsichtlich des beschäftigungspolitischen Arguments ergeben, Altergrenzen würden zu einer Entlastung des Arbeitsmarkts beitragen.

Die Beantwortung dieser Frage hängt u.a. davon ab, wie streng man die Eignungsprüfung ansetzt. Zum gegenwärtigen Zeitpunkt wird man unter Berücksichtigung des Einschätzungsspielraums des Gesetzgebers jedenfalls nicht ausschließen können, dass Altersgrenzen (noch) zu einer Entlastung beitragen können. Mit zunehmender Alterung der Gesellschaft wird dieser Gesichtspunkt jedoch mehr und mehr an Bedeutung verlieren. Darüber hinaus sind Zweifel an der Eignung hinsichtlich der Beschäftigungsförderung schon jetzt nicht unberechtigt: Häufig werden frei gewordene Stellen nämlich gerade nicht neu be-

---

1153 Dabei scheint das Bundesverfassungsgericht von einem solchen Erfahrungssatz der Abnahme der Leistungsfähigkeit ab einem bestimmten Alter nur im Bereich der Berufstätigkeit auszugehen. In einem Verfassungsbeschwerdeverfahren gegen ein mietrechtliches Räumungsurteil findet sich in den Entscheidungsgründen folgende Aussage: „Ein allgemeiner Erfahrungssatz des Inhalts, dass neunzigjährige Personen sich nicht mehr an das erinnern können, was sie zu einem ungefähr zwei Wochen zurückliegenden Zeitpunkt über eine in Aussicht genommene Vereinbarung mit dem anderen Vertragsteil abgesprochen haben, besteht nicht.", BVerfG, NZM 2000, S. 129 (130).

1154 BVerfGE 30, S. 292 (316); 40, S. 196 (222).

setzt, sondern fallen infolge von Rationalisierungen ersatzlos weg. Infolgedessen lässt sich die Zwecktauglichkeit von Altergrenzen durchaus anzweifeln.[1155] Nach Auffassung des Bundesverfassungsgerichts scheint dieser Gedanke jedoch nicht zu greifen. In der Entscheidung zur Herabsetzung des Emeritierungsalters von Professoren führt es aus, dass selbst dann, wenn sich das Land später veranlasst sehe, die durch die Herabsetzung des Altersgrenze frei gewordenen Stellen ersatzlos zu streichen, sich hinsichtlich der Verfassungsmäßigkeit der Altersgrenze keine anderen Schlussfolgerungerungen ziehen ließen.[1156] Dies erscheint insofern konsequent, als andernfalls der Eindruck entstehen könnte, Altersgrenzen seien nur dann gerechtfertigt, wenn sie tatsächlich beschäftigungspolitisch wirken. Ein solches Kriterium der Verteilungsgerechtigkeit wäre allerdings seinerseits im Hinblick auf Art. 12 GG problematisch. Anders als Art. 14 GG unterliegt Art. 12 GG nämlich keiner Sozialbindung[1157], so dass einer dahingehende Argumentation mit äußerster Zurückhaltung zu begegnen wäre, da sie in die Nähe einer allgemeinen Regulierung der Lebensarbeitszeit rückt, die im Grundgesetz keine Grundlage findet. Allein beschäftigungspolitische Zielsetzungen iSe einer Verteilung von existierender Arbeit für alle können Höchstaltersgrenzen damit nicht rechtfertigen.

Ein grundgesetzliches Gebot der Festlegung einer bestimmten Höchstaltergrenze besteht nicht.[1158] Die genaue Festlegung einer Altersgrenze für das Renetnalter steht damit grds. zur Disposition des Gesetzgebers, so dass diese einer Herauf- bzw. Herabsetzung grds. zugänglich ist.[1159] Die häufige Festlegung des 65. Lebensjahres ist Ausdruck der allgemeinen Lebenserfahrung der Rechtsprechung, das körperliche und geistige Rüstigkeit, Anpassungsfähigkeit, Reaktionsfähigkeit und die Fähigkeit zum Umlernen bei der Mehrzahl der Personen ab dem Erreichen dieses Alters nachlassen. So führt das Bundesverfassungsgericht an, dass die Leistungsfähigkeit im Laufe des siebten Lebensjehnts einen erheblichen Rückgang erfahre.[1160]

Problematisch ist hierbei, dass der Begriff der Leistungsfähigkeit nicht feststeht und nur dann an Konturen gewinnt, wenn er sich auf einzelne, exakt beschriebene Aufgaben einer Berufstätigkeit bezieht.[1161] Pauschale Regelungen ohne Rücksicht auf die konkrete berufliche Tätigkeit gehen damit fehl. Dies erkennt auch die Rechtsprechung, wenn sie bei den zu beurteilenden Altergrenzen

---

1155 *Schlüter/Belling*, Die Zulässigkeit von Altersgrenzen im Arbeitsverhältnis, NZA 1988, S. 297 (303); *Stahlhacke*, Die Begrenzung von Arbeitsverhältnissen durch Festlegung einer Altersgrenze, DB 1989, S. 2329 (2333).
1156 BVerfGE 67, S. 1 (18).
1157 *Laux*, Altersgrenzen im Arbeitsrecht, NZA 1991, S. 967 (971); *Schlüter/ Belling*, Die Zulässigkeit von Altersgrenzen im Arbeitsverhältnis, NZA 1988, S. 297 (303).
1158 BVerfGE 71, S. 255 (270).
1159 BVerfGE 71, S. 255 (270).
1160 BVerfGE 64, S. 72 (82).
1161 *Simitis*, Die Altersgrenzen – ein spät entdecktes Problem, RdA 1994, S. 257 (262).

die berufsspezifischen Erfordernisse und Gefahren der jeweiligen Tätigkeit erwähnt. Gleichwohl wirken die Bezugnahmen in ihrer Gesamtbetrachtung lediglich als Lippenbekenntnisse. Problematisch ist vor allem, dass die Rechtsprechung weitgehend auf den Nachweis einer (durchschnittlichen) Abnahme der Leistungsfähigkeit oder das Vorliegen von Gefahren verzichtet. Zwar besitzt der Gesetzgeber einen Gestaltungsspielraum bei der Schaffung von Altersgrenzen und darf bei gesetzgeberischen Maßnahmen von einem Wahrscheinlichkeitsurteil ausgehen. Diese Prognose bedarf jedoch einer hinreichend plausiblen Grundlage, die angesichts der alterswissenschaftlichen Erkenntnisse zumindest fraglich erscheint.[1162] Die Alterswissenschaft betont bereits seit geraumer Zeit immer wieder ihre Ergebnisse, dass von einer generellen Abnahme der Leistungsfähigkeit ab einem bestimmten Alter gerade nicht ausgegangen werden kann. Angesichts dieser Ergebnisse müssen sich sowohl der Gesetzgeber als auch die Gerichte die Frage gefallen lassen, auf welcher Grundlage eine allgemeine Lebenserfahrung bestehen soll, nach der von einer generellen Abnahme bestimmter Fähigkeiten ab Vollendung eines bestimmten Lebensalters ausgegangen werden soll.[1163]

Die Rechtsprechung berücksichtigt bei der Beurteilung von beruflichen Altersgrenzen insbesondere auch die personale Bedeutung des Grundrechts der Berufsfreiheit nicht ausreichend. Sieht man in der Berufstätigkeit einen entscheidenden Aspekt der freien Persönlichkeitsentwicklung eines Menschen, die wiederum maßgeblich durch die Menschenwürde geprägt wird, so ergibt sich aus deren Wertstellung innerhalb des Grundgesetzes das Erfordernis, dem Einzelnen auch bei der Entscheidung über die Aufgabe bzw. Beendigung eines Berufs größtmögliche Freiheit zu gewährleisten.[1164] Wie gezeigt geht auch das Bundesverfassungsgericht davon aus, dass der Beruf über die bloße wirtschaftliche Betätigung hinausgeht. Bezogen auf Altersgrenzen kommt dieses Verständnis in der Rechtsprechung jedoch kaum zum Ausdruck. Die weitreichende Bedeutung des Berufs für die Identität und den gesellschaftlichen Status des einzelnen Bürgers wird, insbesondere auch durch die Rechtsprechung des Bundesarbeitsgerichts, auf wirtschaftliche Gesichtspunkte reduziert.

Bei der Frage der Erforderlichkeit kommen als weniger einschneidende Mittel vor allem Prüfungen der Leistungsfähigkeit im Einzelfall in Betracht. Dane-

---

1162 *Nussberger*, Altersgrenzen als Problem des Verfassungsrechts, JZ 2002, S. 524 (532).

1163 Für eine wesentlich differenzierte Betrachtungsweise plädiert schon *Waltermann*, Berufsfreiheit im Alter, S. 132. *Fromme*, Die Altergrenzen bei den Richtern, in: FS Zeidler Bd. 1, S. 219 (229) bezeichnet die Annahme daher zu Recht als Fiktion; *Mann*, Altersdiskriminierung durch gesetzliche Höchstaltersgrenzen, Rechtsgutachten erstattet der Senioren Union der CDU, S. 161 bezeichnet die Annahme eines dahingehenden Erfahrungssatzes als „dubios".

1164 Vgl. *Waltermann*, Berufsfreiheit im Alter, S. 116.

Daneben ließe sich auch an andere arbeitsmarktpolitische Instrumente, etwa die Verkürzung der täglichen Arbeitszeit denken. Auch die Förderung von Vereinbarungen der freiwilligen Arbeitsplatzaufgabe kommt gegenüber einem automatischen Ausscheiden aus der Erwerbsarbeit, je nach konkreter Ausgestaltung, als milderes Mittel in Betracht.

Letztlich könnte auch eine Kündigung im Vergleich zu einer starren Altersgrenze ein milderes Mittel darstellen. Vor dem Hintergrund der Anwendungsvoraussetzungen des Kündigungsschutzgesetzes ist hier jedoch zu differenzieren. In Unternehmen mit zehn oder weniger Arbeitnehmern findet das Kündigungsschutzgesetz gem. § 23 Abs. 1 KSchG keine Anwendung. Eine Kündigung ist hier ohne weiteres möglich, so dass sie kein milderes Mittel darstellt. Findet das Kündigungsschutzgesetz hingegen Anwendung, so kommt eine Kündigung nur dann in Betracht, wenn sie sozial gerechtfertigt ist. Die ist u.a. dann der Fall, wenn sog. personenbedingte Gründe vorliegen, wozu auch grds. die mangelnde Leistungsfähigkeit eines Arbeitnehmers zu Verrichtung bestimmte Tätigkeiten zu zählen ist. Diesen hat der Arbeitgeber im Einzelfall, ggf. im Rahmen eines Kündigungsschutzprozesses, nachzuweisen, ein pauschaler Ausspruch von Kündigungen gegenüber Arbeitnehmern, die ein bestimmtes Alter erreicht haben, ist hingegen nicht möglich.[1165] Im Übrigen muss ein behaupteter bzw. festgestellter Leistungsabfall gegenüber vergleichbaren Arbeitnehmern erheblich ins Gewicht fallen. In diesem Fall würde das Alter, seiner Bedeutung als Stellvertretermerkmal entsprechend, sachgerechtere Berücksichtigung finden und sich in das Konzept des Antidiskriminierungsrechts besser einfügen.

Da durch die Anwendung des Kündigungsschutzgesetzes der Einzelfall zur Entscheidungsgrundlage gemacht wird und ggf. eine (gerichtliche) Prüfung der Voraussetzungen einer personenbedingten Kündigung wegen mangelnder Leitungsfähigkeit vorgenommen wird, ist hierin ein milderes Mittel zu sehen.[1166] Eine Kündigung wird nur dann Erfolg haben, wenn ein erheblicher Leistungsabfall auch tatsächlich besteht und nicht lediglich generalisierend und stereotyp angenommen wird. Dass eine generelle Altergrenze demgegenüber für den Einzelnen zumutbarer sein soll als eine Einzelfallprüfung, überzeugt nicht. Wie

---

1165 Anders im italienischen Arbeitsrecht: Nach dortiger Rechtslage sind Arbeitnehmer zwar nicht verpflichtet mit Erreichen eines bestimmten Alters in Rente zu gehen. Ab Erreichen des Pensionsalters genießen sie allerdings keinen Schutz mehr gegen rechtswidrige Kündigungen (Art. 4 II Gesetz v. 11. Mai 1990, Nr. 108). Die italienische Rechtsprechung hält die Regelung für rechtmäßig, da sie den Generationenwechsel der Arbeitnehmer fördere, vgl. *Hein*, Antidiskriminierung, NZA 2008 (Beil. Heft 2), S. 82 (90).

1166 So im Ergebnis auch *Mann*, Gesetzliche Höchstaltersgrenzen und Verfassungsrecht, FS Starck, S. 319 (327), der allerdings eine typisierende Betrachtung der Leistungsfähigkeit nach den jeweils zu schützenden Rechtsgütern nicht generell als ausgeschlossen ansieht, so etwa bei Piloten. Ähnl. Für Altersgrenzen in Tarifverträgen auch *Gitter/ Boerner*, Altersgrenzen in Tarifverträgen, RdA 1990, S. 129 (135 f.).

Nussberger zutreffen hervorhebt, ist es nicht einzusehen, warum es für jemanden, der etwas will, was ihm verweigert wird, einen geringeren Eingriff darstellen soll, wenn die Gewährung unter bestimmten Voraussetzungen möglich ist, als wenn es ihm von vornherein, ohne die Chance es zu erlangen, verweigert wird.[1167] Ob der Einzelne tatsächlich von der Möglichkeit eines Kündigungsschutzprozesses Gebrauch macht oder nicht ist eine andere Frage. Jedenfalls aber erhöht diese Möglichkeit die Handlungsmöglichkeiten des Arbeitnehmers und trägt so zur Gewährleistung des persönlichen Selbstbestimmungsrechts bei.

Auch ist kein Grund ersichtlich, ältere Arbeitnehmer im Hinblick auf ihre Leistungsfähigkeit anders zu beurteilen als Jüngere. Eine Kündigung kommt bei letzteren nur in Betracht, wenn sie infolge eines Leistungsdefizits nicht mehr in der Lage sind, die vertraglich geschuldete Leistungspflicht zu erbringen.[1168]

Insbesondere auch vor dem Hintergrund des Verständnisses der europäischen Antidiskriminierungspolitik, erscheint die faktische Reduzierung auf wirtschaftliche Gesichtspunkte der Berufsfreiheit problematisch, folgt diese doch grds. einem personalisierten Ansatz, der den Einzelnen ins Zentrum der Betrachtung rückt. Stimmt man diesem Grundkonzept zu, so muss die Berufsfreiheit des Art. 12 GG stärker personal interpretiert werden als bisher, was eine Neugewichtung der Einschränkungen der Berufsfreiheit erforderlich macht, die den tatsächlichen Bedingungen und der Bedeutung beruflicher Selbstverwirklichung Rechnung trägt.[1169] Dies gilt auch für den allgemeinen Gleichheitssatz des Art. 3 Abs. 1 GG.

Auffallend ist, dass das Bundesverfassungsgericht bei beruflichen Altersgrenzen den allgemeinen Gleichheitssatz in der Mehrzahl seiner bisherigen Entscheidungen nur in Bezug auf andere Berufsgruppen, nicht hingegen bezüglich eines Vergleichs jüngerer und älterer Arbeitnehmer herangezogen hat. Die Berufung auf eine gleichheitswidrige Ungleichbehandlung von Berufen, die einer Höchstaltersgrenze unterliegen und anderen (ähnlichen) Berufen hat das Bundesverfassungsgericht bereits in der Hebammenentscheidung, jedenfalls für traditionell gewachsene Berufsbilder, abgelehnt. Gleiches gilt für das Vorbringen einer gleichheitswidrigen Ungleichbehandlung innerhalb des gleichen Berufs innerhalb verschiedener Mitgliedstaaten innerhalb der Europäischen Union.[1170] Ein Vergleich zwischen älteren und jüngeren Arbeitnehmern erfolgte ausdrück-

1167 *Nussberger*, Altersgrenzen als Problem des Verfassungsrechts, JZ 2002, S. 524 (530); i. E. ebenso *Schlüter/ Belling*, Die Zulässigkeit von Altersgrenzen im Arbeitsverhältnis, NZA 1988, S. 297 (303).

1168 Vgl. *Dörner*, in: Ascheid/ Preis/ Schmidt, Kündigungsrecht, § 1 KSchG Rn. 251.

1169 Vgl. *Bryde*, Art. 12 Grundgesetz – Freiheit des Berufs und Grundrecht der Arbeit, NJW 1984, S. 2177 (2182).

1170 Vgl. dazu BSGE 83, S. 135 (144 f.); BVerfG, NJW 1998, S. 1776 (1778); *Mann*, Gesetzliche Höchstaltersgrenzen und Verfassungsrecht, in: FS Starck, S. 319 (330 f.). Art. 3 GG kann hier freilich schon deswegen nicht einschlägig sein, da eine mögliche Ungleichbehandlung von unterschiedlichen Hoheitsträgern ausgeht.

lich erst im Jahr 2001 im Urteil zur kassenärztlichen Zulassung von Ärzten, ohne freilich Einfluss auf das Ergebnis gehabt zu haben.

Typisierung durch gesetzliche Höchstaltergrenzen stellen sich, neben der Berücksichtigung der demografischen Entwicklung, noch unter einem weiteren Gesichtspunkt als problematisch dar. Nach der Rechtsprechung dürfen durch Typisierung eintretende Härten nur einen verhältnismäßig kleinen Teil von Personen treffen und darüber hinaus nicht sehr intensiv sein. Dies wäre jedoch dann nicht mehr der Fall, wenn nachgewiesen werden könnte, dass ein größerer Prozentsatz von Altersgrenzen betroffener Personen tatsächlich noch arbeitsfähig und arbeitswillig ist.[1171] Dieser Nachweis stößt jedoch vor allem auf praktische Schwierigkeiten. Zum einen stellt sich die Frage, welche Anforderungen man hinsichtlich der Größe des Prozentanteils stellen soll. Weiterhin ist fraglich, welche Altersgrenze man zugrunde legt. In Betracht kommt hierbei natürlich zunächst die Altersgrenze, die zum Bezug einer Altersrente berechtigt. Damit würde man jedoch entgegen der Rechtsprechung des Bundesverfassungsgerichts alle Berufsbilder als Lebensbereiche gleich behandeln. Richtigerweise muss der Nachweis damit bezogen auf die jeweils in Rede stehende berufliche Altersgrenze erbracht werden. Mag dies bei der überschaubaren Zahl der Altersgrenzen für die freien Berufe noch gelingen, so dürfte dies angesichts der unterschiedlichen und zahlreichen Altersgrenzen in Tarifverträgen und Betriebsvereinbarungen – ungeachtet der Frage, dass es sich bei diesen Altergrenzen um zwischen den Tarifvertragsparteien frei ausgehandelte handelt – auf nicht überwindbare Schwierigkeiten stoßen. Soweit ersichtlich bestehen hinsichtlich der Arbeitsfähigkeit und Arbeitswilligkeit einzelner Berufe dementsprechend auch keine verlässlichen Daten.[1172] Sollte sich jedoch herausstellen, dass die Mehrzahl von Personen in einem von Höchstaltersgrenzen betroffenen Beruf über das Erreichen der Altersgrenze hinaus arbeiten möchte, so würde die Härte der Beendigung der Berufstätigkeit eine Mehrheit treffen, was zu Neubeurteilung der Typisierungsbefugnis des Gesetzgebers Anlass geben müsste.

Dies gilt auch für die mit Altersgrenzen verbundene Ungleichbehandlung zwischen Älteren und Jüngeren. Im Rahmen der Rechtfertigung dieser Ungleichbehandlung kann man zwischen Umständen unterscheiden, die in der Person des Betroffenen selbst liegen und objektiven Umständen. Mit der ersten Kategorie ist vor allem das Kriterium der Leistungsfähigkeit angesprochen, wäh-

1171 *Nussberger*, Altersgrenzen als Problem des Verfassungsrechts, JZ 2002, S. 524 (532).
1172 Erhebungen aus dem Jahr 1978 haben ergeben, dass im Durchschnitt 8,3 % der Arbeitnehmer später als mit Vollendung des 65. Lebensjahres in den Ruhestand gingen, wenn sie selbst wählen könnten. Dabei waren Angestellte eher an einer Weiterbeschäftigung interessiert als Arbeiter, bei leitenden Angestellten strebten 15,8 % eine längere Beschäftigung an, zitiert nach *Laux*, Altersgrenzen im Arbeitsrecht, NZA 1991, S. 967.

rend letztere vor allem den Schutz von Rechtsgütern Dritter erfasst.[1173] Es wurde bereits aufgezeigt, dass vor allem die typisierte Unterstellung der mangelnden bzw. abnehmenden Leistungsfähigkeit problematisch ist. Zwar kann nicht bezweifelt werden, dass es sich bei der Leistungsfähigkeit um einen sachlichen Grund handelt, der generell geeignet ist eine Ungleichbehandlung zu rechtfertigen.

Fraglich ist jedoch, ob der Gestaltungsspielraum des Gesetzgebers, seine Typisierungsbefugnis durch die Festsetzung von Altergrenzen nicht dann überschritten ist, wenn die Verknüpfung des eigentlichen Differenzierungskriteriums (Leistungsfähigkeit) mit dem Verwendeten (Alter) nicht (mehr) zutrifft. Geht man von der allgemeinen Lebenserfahrung aus, dass Menschen etwa ab Vollendung des 65. Lebensjahres typischerweise weniger leistungsfähig sind, so führt dies letztlich dazu, dass als Differenzierungskriterium nicht mehr die Leistungsfähigkeit im Vordergrund steht, sondern das Alter selbst. Die Differenzierung wegen des Alters wird damit mit dem Differenzierungsmerkmal selbst gerechtfertigt.[1174] Besonders die „allgemeine Lebenserfahrung" spricht gerade angesichts der Erkenntnisse der Alterswissenschaft, gegen eine solche Betrachtungsweise, insbesondere gegen eine starre Betrachtungsweise hinsichtlich der Festsetzung auf ein bestimmtes Alter. Die Judikate zu gesetzlichen Höchstaltergrenzen enthalten dennoch immer wieder den Hinweis auf den Gestaltungsspielraum des Gesetzgebers, der bei der Festsetzung von Altergrenzen nicht überschritten sei. Eine ausführlichere Prüfung der Verhältnismäßigkeit findet kaum statt. Angesichts des Prüfungsmaßstabs[1175] im Rahmen von Art. 3 Abs. 1 GG

1173 Vgl. *Mann*, Altersdiskriminierung durch gesetzliche Höchstaltergrenzen, Rechtsgutachten erstattet der Senioren Union der CDU, S. 103.

1174 Vgl. *Schmidt*, Das Verbot der Diskriminierung wegen des Alters in Beschäftigung und Beruf, KritV 2004, S. 244 (253), Fn. 49; *Mann*, Alterdiskriminierung durch gesetzliche Höchstaltergrenzen, Rechtsgutachten erstattet der Senioren der CDU, S. 104 formuliert deswegen zu Recht: „Eine Diskriminierung wegen des Alters ist erlaubt, weil die allgemeine Lebenserfahrung sagt, dass du alt wirst".

1175 Auch im Rahmen von Art. 12 GG weist das Bundesverfassungsgericht auf den Gestaltungsspielraum des Gesetzgebers hin. Die konkrete Kontrolldichte des Bundesverfassungsgerichts ist von einer gewissen Uneinheitlichkeit geprägt. Tendenziell weist das Bundesverfassungsgericht hinsichtlich Berufsausübungsregelungen auf den weiten Ermessensspielraum des Gesetzgebers hin, während es bei Regelungen der Berufswahl diesbezüglich zurückhaltender ist. Die Kontrolldichte hängt dabei von mehreren Faktoren ab. So wurde entschieden, dass dem Gesetzgeber bei nicht unmittelbar berufsregelnden Vorschriften ein weiterer Ermessensspielraum zukomme, als bei unmittelbar berufsregelnden Vorschriften. Neben der Eingriffsintensität spielen weiter die jeweilige Eigenart des geregelten Sachbereichs eine Rolle sowie die Möglichkeit einer sicheren Urteilsbildung und die Bedeutung der von dem Eingriff betroffenen Rechtsgüter. Vgl. zum Ganzen *Tettinger*, Rechtsprechungslinien des Bundesverfassungsgerichts zu Höchstaltersgrenzen, DVBl. 2005, S. 1397 (1403); *Weiß*, Öffentliche Monopole, Ver-

scheint es, als handele es sich um eine schlichte Willkürkontrolle. Es wurde jedoch aufgezeigt, dass bei gesetzlichen Höchstaltergrenzen grds. der Maßstab der sog. neuen Formel, mithin also eine strenge Verhältnismäßigkeitsprüfung, anzuwenden ist. Diese schränkt den Gestaltungsspielraum des Gesetzgebers stärker ein, als eine schlichte Willkürkontrolle. Im Rahmen einer Verhältnismäßigkeitsprüfung müssen dabei vor allem die Ergebnisse anderer Wissenschaftsdisziplinen entsprechende Berücksichtigung finden und nach hier vertretener Ansicht zu eine grundlegenden Neubeurteilung von gesetzlichen Höchstaltersgrenzen führen.

Das europäisch verstandene Verbot der Altersdiskriminierung spielt in den Entscheidungen des Bundesverfassungsgerichts bisher keine Rolle. Dass das Bundesverfassungsgericht seine Rechtsprechung unter Geltung des AGG und der RL 2000/78/EG ändern wird ist jedoch nicht zu erwarten. Zwar bedeutet eine einmal ergangene Entscheidung des Bundesverfassungsgerichts nicht, dass bei dem Vorliegen neuer Tatbestände keine andere Entscheidung in künftigen Fällen möglich wäre. Nach der Rechtsprechung „(...) kann eine Verfassungsbestimmung einen Bedeutungswandel erfahren, wenn in ihrem Bereich neue, nicht vorausgehende Tatbestände auftauchen oder bekannte Tatbestände durch ihre Einordnung in den Gesamtverlauf einer Entwicklung in neuer Beziehung oder Bedeutung erscheinen."[1176] Die gerontologischen und medizinischen Ergebnisse der Altersforschung stellen einen solchen Tatbestand dar, der angesichts der demografischen Entwicklung von erheblicher Bedeutung für die Gesellschaft ist. Vor diesem Hintergrund ist bezüglich Höchstaltersgrenzen sowohl im Hinblick auf Art. 12 GG als auch Art. 3 Abs. 1 GG eine Neubewertung der Argumentation zur Rechtfertigung erforderlich. Auslegungsmethodische Hindernisse bestehen insofern nicht. In einer Entscheidung aus dem Jahr 2004 führt das Bundesverfassungsgericht aus, das Gesetze im Umfeld sozialer Verhältnisse und gesellschaftspolitischer Anschauungen stehen, mit deren Wandel sich auch der Norminhalt verändern kann.[1177] Gesetze unterlägen insoweit einem Alterungsprozess. „Die Gerichte haben vor diesem Hintergrund zu prüfen, ob das Gesetz für alle Fälle, auf die seine Regelung abzielt, eine gerechte Lösung bereithält. Sie sind daher befugt und verpflichtet, zu prüfen, was unter den veränderten Umständen »Recht« i.S. des Art. 20 III GG ist (...). Sind mehrere Deutungen einer Norm möglich, so verdient diejenige den Vorzug, die den Wertentscheidungen der Verfassung entspricht."[1178] Nach alledem bildet das Alter nach hier vertretener Auffassung nur dann ein im Hinblick sowohl auf Art. 12 GG als auch Art. 3 GG verfassungsrechtlich un-

---

wArch. 90 (1999), S. 415 (432 f.); BVerfGE 77, S. 84 (106 f.); BVerfGE 25, S. 1 (12); BVerfGE 50, S. 290 (332 f.); *Jarass*, in: Jarass/ Pieroth, GG Art. 12 Rn. 32b.
1176 BVerfGE 2, S. 380 (401).
1177 BVerfG, NJW 2004, S. 2662.
1178 BVerfG, NJW 2004, S. 2662.

bedenkliches Anknüpfungskriterium, wenn es sich als eignungsimmanentes Entscheidungskriterium darstellt. Dies ist nur dann der Fall, wenn das Alter einen aussagekräftigen Indikator für bestimmte Fähigkeiten darstellt, die für den jeweiligen Beruf notwendig sind, um angemessene und funktionsgerechte Leistungen zu erbringen, was bei zahlreichen Höchstaltersgrenzen nicht der Fall ist. Aus dem Gedanken staatlicher Schutzpflichten lassen sich diesbezüglich hingegen keine weiteren Folgerungen ableiten. Dass sich aus Grundrechten mit Blick auf Verletzungen und Gefährdungen grundrechtlich geschützter Güter (z. B. Leben, Gesundheit, Freiheit, Ehre, Eigentum etc.) über ihre klassische Funktion als subjektive Abwehrrecht hinaus Schutzpflichten ergeben können, ist in der Rechtsprechung des Bundesverfassungsgerichts[1179] und weiten Teilen der Literatur – freilich mit unterschiedlichen Begründungsansätzen[1180] – zwar grds. anerkannt.[1181] Objektive – zur Begründung staatlicher Schutzpflichten geeignete – Gehalte enthalten auch Diskriminierungsverbote[1182], allerdings nur bei Grundrechtsvorschriften, die nach Wortlaut oder Entstehungsgeschichte unmittelbar auf den Abbau oder die Beseitigung von Ungleichheiten zielen (wie Art. 3 Abs. 2 Satz 2 GG, Art. 3 Abs. 3 Satz 2 GG und Art. 6 Abs. 5 GG).[1183] Derartige Grundrechtsvorschriften existieren im Hinblick auf das Alter jedoch nicht.[1184]

II. Verhältnismäßigkeit von Mindestaltersgrenzen

Im Rahmen der Verhältnismäßigkeitsprüfung von Mindestaltersgrenzen gewinnen unterschiedliche Aspekte besonderes Gewicht. Zum einen stellt sich die grundlegende Frage, inwieweit der Gesetzgeber berechtigt, oder gar infolge von bestehenden staatlichen Schutzpflichten verpflichtet ist, den Einzelnen an weitreichenden, evtl. nicht mehr korrigierbaren Entscheidung durch die Einführung von Altersgrenzen zu hindern und so den Einzelnen gewissermaßen vor sich

---

1179 Vgl. nur BVerfGE 39, S. 1 (42) - *Fristenlösung*; 46, S. 160 (164) - *Schleyer*; 53, S. 30 (57f.)- *Mülheim-Kärlich*; 77, S. 170 (214) - *C-Waffen*; 88, S. 203, (251 f.) - *Beratungsregelung*.

1180 Vgl dazu *Klein*, Grundrechtliche Schutzpflichten des Staates, NJW 1986, S. 1633 (1635).

1181 *Kainer*, Grundfreiheiten und staatliche Schutzpflichten - EuGH, NJW 1998, 1931, JuS 2000, 431 (433).

1182 *Herdegen*, in: Maunz/ Dürig, GG, Art. 1 Abs. 3 GG, Erg.Lief. 44, Februar 2005, Rn. 24.

1183 *Herdegen*, in: Maunz/ Dürig, Grundgesetz, Art. 1 Abs. 3 GG Rn. 24; zu Art. 3 Abs. 3 Satz 2, BVerfG, NJW 2000, S. 2658 (2659).

1184 Zudem kommt nach der Rechtsprechung der gesetzgebenden Gewalt bei Achtung objektiver Grundrechtsgehalte, insbesondere der Wahrnehmung von Schutzpflichten, weite Einschätzungs- und Gestaltungsspielräume zu, die beim Ausgleich kollidierender Verfassungsbelange noch gesteigert sind. vgl. BVerfGE 49, S. 89 (136 f.); 77, S. 170 (214 f.); 88, S. 203 (261).

selbst zu schützen.[1185] Die Entscheidung des Bundesverfassungsgerichts zum Transsexuellengesetz stellt sich insoweit als exemplarisch dar. Mindestaltersgrenzen führen zu einem Eingriff in die freie Entfaltung der Persönlichkeit nach Art. 2 Abs. 1 GG, der gerechtfertigt werden muss. Als besonders schwierig stellt sich hier die Beurteilung dar, ab wann eine weitreichende Entscheidung für den Einzelnen vorliegt, bzw. wann die Gefahr des Eintritts eines Schadens eine Verbotsnorm in Form einer Altersgrenze erforderlich macht. Zwar hat der Gesetzgeber bei dieser Beurteilung einen Spielraum, dieser ist im Zweifel jedoch einer strengen Kontrolle zu unterziehen, da die Freiheit des Einzelnen eines der höchsten Verfassungsgüter darstellt.[1186] Dies gilt umso mehr, wenn es sich um Altersgrenzen handelt, die über dem 18. Lebensjahr liegen. Bei typisierenden Regelungen verzichtet der Gesetzgeber grds. auf die Berücksichtigung individueller Besonderheiten. Er räumt der Gleichmäßigkeit und Praktikabilität einer Regelung den Vorrang gegenüber größtmöglicher Einzelfallgerechtigkeit ein.[1187] Dies gilt auch für die Festsetzung von Altersgrenzen. Durch diese typisierende Festsetzung des Volljährigkeitsalters von 18 Jahren und die daran anknüpfenden Rechtsfolgen hat der Gesetzgeber zum Ausdruck gebracht, das er grds. von der Reife und vollen Verantwortlichkeit des Einzelnen ab Erreichen dieses Alters ausgeht.

Beschränkungen dieses Grundsatzes müssen daher die Ausnahme bleiben und sind besonders sorgfältig zu überprüfen. So bestimmt etwa § 10 Abs. 1 Fahrerlaubnisverordnung ein Mindestalter von 21 Jahren für das Führen bestimmter Fahrzeuge. Für Berufskraftfahrer besteht die Möglichkeit einer Ausnahme, die Fahrerlaubnis schon ab dem 20. Lebensjahr zu erhalten. Erforderlich ist hierfür die Vorlage eines medizinisch-psychologischen Gutachtens, das die erforderliche körperliche und geistige Leistungsfähigkeit feststellt. Die Vorschrift bezweckt, ein bestimmtes Maß an Reife und Lebenserfahrung beim Bewerber zu gewährleisten. Sieht man hierin ein legitimes Ziel, so lassen sich derartige Vorschriften rechtfertigen. Andernfalls muss die Frage gestellt werden, ob derartige Vorschriften nicht selbst gegen das Verbot der Altersdiskriminierung verstoßen.[1188]

Ein weiteres Strukturelement der Verhältnismäßigkeit ist die generelle Frage der Geeignetheit von Altersgrenzen. Diese ist naturgemäß immer mit Blick auf die verfolgte Zielsetzunge zu untersuchen. Bei allen Altersgrenzen, also Mindestaltersgrenzen wie Höchstaltersgrenzen gleichermaßen stellt sich jedoch die Frage, ob sie hinsichtlich des individuellen Verlaufs des Reifeprozesses geeignet

---

1185 Vgl. *Nussberger*, Altersgrenzen als Problem des Verfassungsrechts, JZ 2002, S. 524 (525).

1186 Vgl. *Nussberger*, Altersgrenzen als Problem des Verfassungsrechts, JZ 2002, S. 524 (525).

1187 *Isensee*, Die typisierende Verwaltung, S. 165 ff.

1188 So *Rieble/ Zedler*, Altersdiskriminierung in Tarifverträgen, ZfA 2006, S. 273 (298).

sind.[1189] Diese Frage der grundsätzlichen Eignung von Altergrenzen setzt sich bei der Frage nach der Erforderlichkeit fort. Als milderes Mittel kommen grds. auch hier Prüfungen des jeweiligen Einzelfalls in Betracht. Diese könnten als das Grundrecht weniger belastende Maßnahme die Erforderlichkeit einer Altersgrenze entfallen lassen, sofern sich individuelle Prüfungsverfahren als gleich effektiv erweisen darstellen.

E. Alter und öffentliche Ämter

Altersgrenzenregelungen finden sich auch im Bereich der öffentlichen Ämter. Obschon Art. 33 Abs. 2 GG bestimmt, dass jeder Deutsche „nach seiner Eignung, Befähigung und fachlicher Leistung" Zugang zu öffentlichen Ämtern hat, was auf individuelle Maßstäbe zu deuten scheint, finden sich zahlreiche starre Altersregelungen für öffentliche Ämter, mit denen sich auch das Bundesverfassungsgericht zu beschäftigten hatte.

I. Altergrenze für das Amt des Bundespräsidenten

Mit Art. 54 Abs. 1 S. 2 GG findet sich im Grundgesetz eine von drei Altersgrenzen.[1190] Nach dieser, das Amt des Bundespräsidenten betreffenden Vorschrift, ist jeder Deutsche zu diesem Amt wählbar, der das 40. Lebensjahr vollendet hat. Im Gegensatz zu Mindestaltersgrenzen des Privatrechts, die vor allem den Schutz des Individuums bezwecken, steht bei Altergrenzen des öffentlichen Rechts der Schutz des Gemeinwohls im Vordergrund.[1191] Bei unterschiedlicher Schutzrichtung findet man doch das gemeinsame Merkmal der Typisierung. Die Vollendung einer bestimmten Altersgrenze wird mit dem Vorhandensein bestimmter Eigenschaften wie Reife, Seriosität und Erfahrung verknüpft. Infolgedessen finden sich in vielen Verfassungen Mindestaltergrenzen für das Amt des Staatsoberhaupts, deren genaue Festlegung jedoch höchst unterschiedlich ist.[1192] Be-

1189 Vgl. *Nussberger*, Altersgrenzen als Problem des Verfassungsrechts, JZ 2002, S. 524 (525).

1190 Die beiden anderen Altersgrenzen, die auf das 18. Lebensjahr abstellen finden sich in Art. 12a Abs. 1 GG und Art. 38 Abs. 2 GG.

1191 Vgl. *Nussberger*, Altersgrenzen als Problem des Verfassungsrechts, JZ 2002, S.524 (526).

1192 In Estland findet sich eine Altersgrenze von 40 Jahren (§ 79 Verfassung der Republik Estland); ebenso in Griechenland (Art. 31 Verfassung der Republik Griechenland), Lettland (Nr. 37. Verfassung der Republik Lettland), Litauen (Art. 78 Verfassung der Republik Litauen), Tschechien (Art. 57 Abs. 1 iVm Art. 19 Abs. 2 Verfassung Tschechische Republik); in Irland liegt die Altersgrenze bei 35 Jahren (Art. 12 Abs. 4 Verfassung der Republik Irland), ebenso in Österreich (Art. 60 Abs. 3 Bundesverfassungsgesetz Republik Österreich), Polen (Art. 127 Abs. 3 Verfassung Republik Polen), Portugal (Art. 122 Verfassung Republik Portugal), Slowakei (Art. 103 Abs. 1 Verfassung Republik Slowakei), Ungarn (Art. 29a Abs. 2 Verfassung Republik Ungarn) und Zy-

stimmte Altersgrenzen für andere politische Ämter, etwa das des Bundeskanzlers, finden sich im Grundgesetz hingegen nicht, was in Anbetracht der Bedeutung der beiden Ämter in Deutschland widersprüchlich erscheint. So steht grds. jedem Volljährigen das Amt des Bundeskanzlers offen. Angesichts dessen überrascht es, dass eine eigenständige Erörterung der Altergrenze des Bundespräsidenten weitgehend fehlt. Nur vereinzelt wird sie zutreffend in Frage gestellt oder ist Gegenstand eigener Erwähnung[1193], so unter dem Gesichtspunkt der Erforderlichkeit, da die Eignung einer Person für ein bestimmtes politisches Amt durch das demokratische Wahlverfahren im Allgemeinen und für den Bundespräsidenten im Rahmen der Wahl durch die Bundesversammlung im Besonderen, ausreichend festgestellt werden könne.[1194]

II. Altergrenzen für Bürgermeister

In zahlreichen Landesgesetzen finden sich sowohl Mindestaltersgrenzen wie auch Höchstaltergrenzen für das Amt des Bürgermeisters.[1195] Hervorzuheben ist hier exemplarisch die Altergrenze von 65 Jahren der Niedersächsischen Gemeindeordnung, da diese bereits Gegenstand einer Entscheidung des Bundesverfassungsgerichts war.[1196] Nach § 61 Abs. 4 NGO a.F. (jetzt § 61 Abs. 3 NGO) ist zum Amt des Bürgermeisters wählbar, wer das 23. aber noch nicht das 65. Lebensjahr vollendet hat. Die Verfassungsbeschwerde war im Ergebnis erfolglos. Das Bundesverfassungsgericht erkannte keinen Verstoß gegen den Grundsatz der Allgemeinheit der Wahl, wonach grds. jedem Staatsbürger das aktive und passive Wahlrecht gewährleistet ist. Zwar stelle die Altergrenze eine Einschränkung des passiven Wahlrechts zum Amt des Bürgermeisters dar[1197], diese sei jedoch durch das Interesse der Allgemeinheit an einer kontinuierlichen und effektiven Amtsausübung von hauptamtlichen Bürgermeistern anerkannt, dem die Vorschrift des § 61 Abs. 4 NGO diene.[1198] Diese sei jedoch nach Auffassung des

---

      pern (Art 40 b) Verfassung Republik Zypern); in Italien liegt die Altersgrenze beim 50. Lebensjahr (Art. 84 Verfassung der Republik Italien).

1193 In der Kommentarliteratur findet sich keine besondere Erörterung hinsichtlich der Altersgrenze bei *Pieroth*, in: *Jarass/ Pieroth*, GG, Art. 54 Rn. 3; *Nierhaus*, in: Sachs, GG, Art. 54 Rn. 26; *Dellmann*, in: Hömig, Grundgesetz, Art. 54 Rn. 2; *Herzog*, in: Maunz/Dürig, GG, Art. 54 Rn. 22.

1194 So *Nussberger*, Altersgrenzen als Problem des Verfassungsrechts, JZ 2002, S.524 (526).

1195 Vgl. nur § 61 Abs. 3 NGO: 23./ 65. Lebensjahr; § 46 Abs. 1 GemO Baden-Württemberg: 25./ 65. Lebensjahr; § 53 Abs. 3 GemO Rheinland Pfalz: 25./ 65. Lebensjahr; § 65 KWahlG Brandenburg: 57. Lebensjahr; § 29 Abs. 3 Bay. GemeindewahlG/ 65. Lebensjahr; § 39 Abs. 2 S. 2 Hess. GO/ 65. Lebensjahr.

1196 BVerfG, NVwZ 1997, S. 1207 f.

1197 BVerfG, NVwZ 1997, S. 1207.

1198 BVerfG, NVwZ 1997, S. 1207 unter Verweis auf BVerfG, DVBl. 1994, S. 43 f.; vgl. zum Normzweck NdsLT-Dr. 13/1450, S. 110 f.; ebenso zum Zweck der Altersgrenze

Gerichts bei Personen gefährdet, bei denen nach der Lebenswahrscheinlichkeit davon ausgegangen werden könne, dass sie nicht bis zum Ende ihrer Amtszeit infolge geistiger oder körperlicher Mängel in der Lage sein werden, den Voraussetzungen des Amts gerecht zu werden. Der Einschätzungsspielraum des Gesetzgebers hinsichtlich der Erforderlichkeit einer Maßnahme zur Verhinderung derartiger Gefahren sei durch die Einführung der Altergrenze nicht überschritten. Das Bundesverfassungsgericht verweist diesbezüglich auch auf das Hebammen-Urteil und stellt fest, dass es auch im Jahr 1997 noch der Lebenserfahrung entspreche, dass mit zunehmendem Alter auch die Gefahr von Leistungsbeeinträchtigungen zunehme.

Eine Verletzung von Art. 12 Abs. 1 GG erkennt das Bundesverfassungsgericht ebenfalls nicht an.[1199] Die subjektive Zulassungsvoraussetzung in Form der Höchstaltergrenze sei durch das Erfordernis der effektiven Bewältigung der Amtsaufgaben gerechtfertigt. Auch unter dem Gesichtspunkt, dass das niedersächsische Recht für das Amt von Ministern keine Höchstaltersgrenze vorsehe, erkennt das Gericht keine verfassungsrechtlichen Probleme. Auch schon in der 1994 ergangenen Entscheidung zur Altergrenze für Bürgermeister des brandenburgischen Kommunalwahlgesetzes erkannte das Gericht mit weitestgehend gleicher Begründung keinen Verstoß gegen die Berufsfreiheit. Ein Verstoß gegen Art. 3 Abs. 1 GG liege nicht vor, da für die Ungleichbehandlung sachliche Gründe vorlägen. Die Eignung eines Ministers unterliege demgegenüber, auch hinsichtlich des Alters, einer hinreichenden individuellen Prüfung durch die obersten Verfassungsorgane.[1200] Da Minister vom Ministerpräsidenten in ihr Amt berufen werden, sei davon auszugehen, dass dieser nur Personen berufen werde, die nach seiner Überzeugung die individuelle Eignung für das Amt aufweisen. Weiterhin bestehe bei Ministern auch die Möglichkeit der Entlassung, während die Abwahl eines hauptamtlichen Bürgermeisters nur unter strengen Voraussetzungen möglich sei.

Die Entscheidung des Bundesverfassungsgerichts überzeugt weder hinsichtlich der Ausführungen zu Art. 12 GG, noch zu denen von Art. 3 GG. Hinsichtlich der Berufsfreiheit stellt sich, wie bei den anderen Entscheidungen auch, das Problem, dass das Gericht stereotyp von einer wechselseitig abhängigen Beziehung von Alter und Leistungsfähigkeit ausgeht, die so nicht nachweisbar ist. Gleichwohl sei eine solche Betrachtung verhältnismäßig, obwohl das Gericht das mildere Mittel, nämlich die Prüfung der Eignung im Einzelfall, in seinen Erörterungen zu einem möglichen Verstoß gegen Art 3 Abs. 1 GG selbst an-

---

VGH Rheinland-Pfalz, Beschluss v. 02. November 2006 – VGH B 27/06, VGH A 28/06 Rn. 6.

1199 BVerfG, NVwZ 1997, S. 1207 (1208); i.E. ebenso VGH Baden-Württemberg, Urteil v. 13. Mai 1991 – 1 S 944/91 Rn. 33 zur entsprechenden Regelung in Baden-Württemberg (kein Verstöße gegen Verfassungsrecht).

1200 BVerfG, NVwZ 1997, S. 1207.

spricht. Eine solche erscheint auch nicht mit einem unvertretbaren Aufwand verbunden. So ließe sich die Aufstellung eines Kandidaten ohne weiteres mit einer Eignungsprüfung, etwa hinsichtlich des Gesundheitszustandes, verknüpfen. Auch die ablehnende Begründung zu einem Verstoß gegen Art. 3 Abs. 1 GG überzeugt nach hier vertretener Auffassung nicht. Zwar mag es zutreffen, dass der Ministerpräsident die Eignung seiner Minister überprüft. Dies zuförderst jedoch wohl unter fachlichen Gesichtspunkten. Das eine hinreichende Prüfung der Leistungsfähigkeit oder gar des Gesundheitszustandes durch den Ministerpräsidenten erfolgt, erscheint jedoch mehr als zweifelhaft.

III. Altersgrenzen für Schöffen

Eine doppelte Altergrenzenregelung findet man für das Schöffenamt. Nach der Regelung des § 33 GVG soll ein Schöffe mindestens 25 (Nr. 1) und höchstens 70 Jahre (Nr. 2) alt sein. Auch bei dieser Regelung geht es um ein gewisses Maß an Reife um die Urteilsfähigkeit zu gewährleisten. Die Vorschriften bilden jedoch lediglich Soll-Vorschriften, ein Verstoß gegen sie hat keine gesetzliche Sanktion. Der Zweck der Höchstaltersregelung erschließt sich nicht, insbesondere deswegen, weil dass GVG mit § 33 Nr. 4 GVG eine eigene Vorschrift enthält, wonach Personen, die wegen gesundheitlicher Gründe für die Amtsausübung nicht geeignet sind, nicht berufen werden sollen. Eine gesonderte Höchstaltersgrenze bedarf es deswegen nicht. Ein mögliches Umsetzungsbeispiel zeigt schon um gegenwärtigen Zeitpunkt die entsprechende Regelung in der Verwaltungsgerichtsordnung: In § 20 VwGO findet sich ebenfalls die Mindestaltersgrenze von 25 Jahren als Voraussetzung zur Berufung zum ehrenamtlichen Richter. Eine Höchstaltersgrenze findet sich demgegenüber nicht, stattdessen ist nach § 24 Abs. 1 Nr. 4 VwGO der ehrenamtliche Richter von seinem Amt zu entbinden, wenn er die zur Ausübung seines Amtes erforderlichen geistigen oder körperlichen Fähigkeiten nicht mehr besitzt.[1201]

§ 2 Alter im Allgemeinen Gleichbehandlungsgesetz

A. Allgemeines

Nachdem die ursprünglich geplante Umsetzung der Richtlinienvorgaben der Rahmenrichtlinie 2000/78/EG durch das Antidiskriminierungsgesetz[1202] aufgrund der vorgezogenen Bundestagswahl im Herbst 2005 im Vermittlungsaus-

---

1201 Zudem haben Personen, die die Regelaltersgrenze nach dem Sechsten Buch Sozialgesetzbuch vollendet haben, ein Ablehnungsrecht nach § 23 Abs. 1 Nr. 6 VwGO.

1202 Gesetz v. 17. Juni 2005, BT-Dr. 15/4538; zum Entwurf des ADG ausführlich *Steinau-Steinbrück/ Schneider/ Wagner*, Der Entwurf eines Antidiskriminierungsgesetzes, NZA 2005, S. 28 ff.

schuss[1203] stecken geblieben ist, trat an dessen Stelle das Allgemeine Gleichbe-
handlungsgesetz (AGG), welches am 18. August 2006 in Kraft getreten ist.[1204]
Insgesamt dient das AGG der Umsetzung der Antirassismus-Richtlinie[1205], der
Rahmenrichtlinie[1206], der Gender Richtlinie n.f.[1207] und der Gender-Richtlinie
Zivilrecht[1208], insgesamt also vier Richtlinien.

1203 Der Bundesrat rief am 08. Juli 2005 den Vermittlungsausschuss an, vgl. Entschließung
      des Bundesrates v. 10. Februar 2005, BR-Dr. 103/05 und Anrufung v. 08. Juli 2005,
      BR-Dr 445/05. Die Anrufung des Vermittlungsausschusse geht auf die Länder Baden-
      Württemberg, Bayern, Hamburg, Hessen, Niedersachsen, Saarland, Sachsen-Anhalt
      und Thüringen zurück, die die von der damaligen Opposition CDU/ CSU geübte
      grundsätzliche Kritik an dem von SPD und Bündnis 90/ Die Grünen im Dezember
      2004 ursprünglich eingebrachten Gesetzesentwurf im Bundesrat aufgegriffen haben.
      Zum ursprünglichen Entwurf eines Gesetzes zur Umsetzung europäischer Antidiskri-
      minierungsrichtlinien vgl. BT-Dr. 15/ 4538 v. 16. Dezember 2004; Zur Kritik von
      CDU/ CSU, vgl. den Antrag „Kein weiterer Arbeitsplatzabbau – Antidiskrimine-
      rungsgesetz zurückziehen", BT-Dr. 15/ 5019 v. 08. März 2005. Kurzüberblick über die
      Kritikpunkte bei *Sproß*, Altersdiskriminierung und Beschäftigung in Europa, in: Loc-
      cumer Protokolle, S. 115 (117 f.). Ausführlich zur Gesetzgebungsgeschichte auch
      Rühl/ Viethen/ Schmidt, AGG, Kap. I, S. 4 ff.
1204 Zu den Änderungen des Allgemeinen Gleichbehandlungsgesetzes durch das Zweite
      Gesetz zur Änderung des Allgemeinen Gleichbehandlungsgesetzes vgl. BT-DR. 16/ 3007, S. 1 ff., sowie
      Bauer/ Preis/ Schunder, „Errata" des Gesetzgebers, NZA 2006, S. 1261 f. Einen Über-
      blick über die Regelungen des AGG mit Schwerpunkt auf die Arbeitgeber-
      Arbeitnehmer Beziehung liefert *Richardi*, Neues und Altes – Ein Ariadnefaden durch
      das Labyrinth des Allgemeinen Gleichbehandlungsgesetzes, NZA 2006, S. 881 ff.; all-
      gemein zum Aufbau auch *Eisenschmid*, Allgemeines Gleichbehandlungsgesetz
      (AGG), Juris Praxis Report 2006, S. 19 ff. Vorentwürfe deutscher Gesetze gegen ver-
      schiedene Formen der Diskriminierung Gab es schon seit dem Jahr 1995, vgl. dazu
      Schiek, Allgemeines Gleichbehandlungsgesetz (AGG), Einl. Rn. 2.
1205 RL 2000/43/EG des Rates v. 29. Juni 2000 zur Anwendung des Gleichbehandlungs-
      grundsatzes ohne Unterschied der Rase oder der ethnischen Herkunft, ABl. EG Nr. L
      180 S. 22; vgl. dazu ausführlich *Schiek*, Diskriminierung wegen „Rasse" oder „ethni-
      scher Herkunft", AuR 2003, S. 44 ff.; *Nickel*, Gleichbehandlungsrichtlinie
      2000/43/EG, in: NJW 2001, S. 2668 ff.
1206 RL 2000/78/EG des Rates v. 27. November 2000 zur Festlegung eines allgemeinen
      Rahmens für die Verwirklichung der Gleichbehandlung in Beschäftigung und Beruf,
      ABl. EG Nr. L 303 S. 16. Zur Implementierung der Anti-Rassismusrichtlinie und der
      Rahmenrichtlinie in Großbritannien vgl. *Gay*, Transposition of the new European Anti-
      Discrimination Directives, NZA 2004 (Sonderbeilage Heft 22), S. 31 ff. Einen Über-
      blick über das französische Antidiskriminierungsrecht liefert *Le Friant*, Das Prinzip
      der Nichtdiskriminierung im französischen recht, NZA 2004 (Sonderbeilage Heft 22),
      S. 49 ff. sowie, *dies.*, Diskriminierungen: Die Lage in Frankreich, AuR 2003, S. 51 ff.
      In den Niederlanden erfolgte die Umsetzung der RL 2000/78/EG durch das Gesetz ge-
      gen Altersdiskriminierung v. 1. Mai 2004 (Wet gelijke behandeling op grond van leef-
      tijd bij de arbeid, WGBL, Staatsblad 2004, S. 30 ff.),vgl. dazu *Asscher-Vonk/ Schlach-
      ter*, Verbot der Diskriminierung wegen Alters in den Niederlanden und Deutschland,
      RIW 2005, S. 503 ff.

Nicht nur wegen der sowohl politisch als auch juristisch äußerst kontroversen Diskussion um das Vorhaben[1209], sondern auch aufgrund der mehrjährigen Dauer des Gesetzgebungsverfahrens, die u.a. zur Überschreitung der Umsetzungsfrist der Antirassismusrichtlinie führte, ist das Allgemeine Gleichbehandlungsgesetz als bemerkenswert zu bezeichnen. Zudem wurde, obschon durch das AGG weder grundlegend neue Aspekte ins allgemeine Zivilrecht noch ins Arbeitsrecht getragen wurden, erstmals das Streben nach Schaffung einer toleranten Gesellschaft in diesem Bereich der deutschen Rechtsordnung zum Gegenstand eines Gesetzes gemacht.[1210] Das AGG kann damit als Teil eines vom Gesetzgeber normierten „Diversity Managements" angesehen werden. Ziel des Gesetzes ist die Schaffung eines diskriminierungsfreien Umfelds in weiten Teilen der Gesellschaft.[1211] Durch die Anknüpfung an dem Menschen unveränderbare Merkmale wird deutlich, dass das AGG dem Persönlichkeitsschutz dient. Stereotype Vorurteile, die zu Diskriminierungen führen, sollen durch das AGG abgewehrt und nachhaltig bekämpft werden.[1212]

Hinsichtlich der Diskriminierung aus Gründen des Alters sind im AGG zwei Bereiche zu unterscheiden: Auf der einen Seite Schutzvorschriften vor Benachteiligungen aus Altersgründen in Beschäftigung und Beruf (§§ 6 ff. AGG), wel-

---

1207 RL 2002/73/EG des Rates v. 23. September 2002 zur Änderung der Richtlinie 76/207/EWG des Rates v. Verwirklichung des Grundsatzes der Gleichbehandlung von Männern und Frauen hinsichtlich des Zugangs zur Beschäftigung, zur Berufsbildung und zum beruflichen Aufstieg sowie in Bezug auf die Arbeitsbedingungen, ABl. EG Nr. L 269, S. 15.

1208 RL 2004/113/EG des Rates v. 13. Dezember 2004 zur Verwirklichung des Grundsatzes der Gleichbehandlung von Männern und Frauen beim Zugang zu und bei der Versorgung mit Gütern und Dienstleistungen, ABl. EG Nr. L 373, S. 37.

1209 Vgl. nur die Beiträge von *Adomeit*, Diskriminierung – Inflation eines Begriffs, NJW 2002, S. 1622 f.; *Braun*, Deutschland wird wieder totalitär, Jus 2002, S. 424 f; *Braun*, Antidiskriminierung bis zur Diskriminierung, ZTR 2005, S. 244 ff.; *Picker*, Antidiskriminierungsgesetz, JZ 2002, S. 880 ff.; *Säcker*, Vernunft statt Freiheit, ZRP 2002, S. 286 ff.; *v. Koppenfels*, Das Ende der Vertragsfreiheit?, WM 2002, 1489 ff.; *Braun*, Der Diskussionsentwurf eines zivilrechtlichen Antidiskriminierungsgesetzes, AnwBl. 2002, 569 ff. kritisch zu den zahlreichen Stellungnahmen *Düwell*, Das AGG – Ein neuer Versuch zur Umsetzung der Antidiskriminierungsrichtlinien, Juris Praxisreport 2006, S. 1; *Wank*, Diskriminierung in Europa, NZA 2004 (Sonderbeilage Heft 22), S. 16 ff. Die grundsätzliche Kritik begann freilich schon früher. Schon der Richtlinienvorschlag der Kommission zur Gleichbehandlungsrichtlinie 2000/78/EG wurde, insbesondere hinsichtlich der arbeitsrechtlichen Auswirkungen scharf kritisiert, vgl. nur. *Berger-Delhey*, Alle Tier sind gleich, aber einige Tiere sind gleicher als andere, ZTR 2001, S. 162 (163 f.).

1210 Vgl. *Gaier/ Wendtland*, AGG, Vorwort, S. V.

1211 *Bauscke*, AGG, Einführung Rn. 40.

1212 *Preis*, Diskriminierungsschutz zwischen EuGH und AGG (Teil II), ZESAR 2007, S. 308 (311); *Hanau*, Das Allgemeine Gleichbehandlungsgesetz, ZIP 2006, S. 2189 (2191).

che der Umsetzung der Rahmenrichtlinie 2000/78/EG dienen und auf der anderen Seite Schutzvorschriften vor Diskriminierungen aus Altersgründen im allgemeinen Zivilrechtsverkehr (§§ 19 ff AGG), die auf europäischer Ebene bisher[1213] keine Entsprechung finden. Wie sich aus der amtlichen Regierungsbegründung ergibt, bezwecken die Vorschriften den Schutz vor Benachteiligungen die an das Merkmal Alter anknüpfen. Dieses Ziel findet sich auch in § 1 AGG wieder, wonach Benachteiligungen aus Gründen des Alters verhindert und beseitigt werden sollen.

Der Begriff des Alters folgt dabei dem der Rahmenrichtlinie, bezieht sich also auf das chronologische (kalendarische) Alter eines Menschen.

Die im AGG enthaltenen Benachteiligungsverbote dienen nach dem Willen des Gesetzgebers nicht dem Schutz besonderer Gruppen, bezwecken mithin keinen Minderheitenschutz von Personen eines bestimmten Alters, sondern den Schutz vor Diskriminierungen an sich.[1214] Intendiertes Ziel ist die Sicherstellung der Gleichbehandlung aller Menschen im Privatrechtsverkehr und Arbeitsleben. Da jede Person zu jedem Zeitpunkt ein bestimmtes Alter aufweist, bezweckt das AGG damit den Schutz eines jeden einzelnen (unabhängig eines bestimmten Alters) vor unzulässigen Benachteiligungen, die ihren Grund im Alter finden.[1215] Das allgemeine Zivilrecht als Sachbereich ist ausschließlich von der Antirassismusrichtlinie und der Gender-Richtlinie[1216] erfasst. Diskriminierungsschutz aus Gründen des Alters ist für das allgemeine Zivilrecht europarechtlich durch die Richtlinien nicht vorgegeben, da insoweit die RL 2000/78/EG in ihrem Anwendungsbereich nur das Arbeitsrecht erfasst. Hinsichtlich des Diskriminierungsmerkmals des Alters erfolgte in Deutschland durch das AGG damit eine überschießende Umsetzung[1217] europäischer Vorgaben.

Eine solche überschießende Umsetzung, bei der Sacherverhalte dem Regelungsbereich einer Richtlinie unterworfen werden, die von dieser ursprünglich nicht erfasst werden, ist nicht ungewöhnlich. Einer der Hauptgründe für ein solches Vorgehen ist darin zu sehen, dass die Rechtsangleichung auf europäischer Ebene gerade im Privatrecht nicht mit dem Ziel einer systematischen Ausgestaltung der Rechtsordnung erfolgt, sondern problemorientiert konkrete Missstände

---

1213 Kommission als auch Europäisches Parlament planen allerdings eine Ausweitung des Diskriminierungsschutzes über das Arbeitsrecht hinaus auch im Alltag, vgl. FAZ Nr. 79 v. 03. April 2009, S. 14.

1214 Vgl. Amtl. Begr., BR-Drucks. 329/06, S. 43.

1215 Vgl. Amtl. Begr., BR-Drucks. 329/06, S. 31; *Gaier/ Wendtland*, AGG, § 2 Rn. 60; kritisch zu dem weiten Altersbegriff *Wendeling-Schröder*, Der Prüfungsmaßstab bei Altersdiskriminierungen, NZA 2007, S. 1399 (1400).

1216 RL 2000/43/EG und RL 2004/113/EG.

1217 Vgl. BT-Drucks. 16/1780, S. 25 f.; kritisch zu dieser überschießenden Umsetzung *Braun*, Antidiskriminierung bis zur Diskriminierung, ZTR 2005, S. 244 (248).

beseitigen soll.[1218] Deshalb und wegen des Prinzips der begrenzten Einzelermächtigung sind Richtlinienregelungen häufig nur punktuell. Demgegenüber strebt der nationale Gesetzgeber danach, die umzusetzenden Reglungen in das bestehende nationale Recht möglichst kohärent einzupassen. Die überschießende Umsetzung erfolgt damit, um Überschneidungen, Abgrenzungsschwierigkeiten und Wertungswidersprüche zu vermeiden.[1219]

Durch das AGG wird der (weite) sachliche Anwendungsbereich der Antirassismusrichtlinie mit dem Katalog der Diskriminierungsmerkmale der Gleichbehandlungsrichtlinie kombiniert.[1220] Die RL 2000/78/EG behält auch nach der Umsetzung durch das AGG – dies haben die zahlreichen gerichtlichen Entscheidungen bislang gezeigt – Relevanz. Zum einen entscheidet sie, ggf. nach richtlinienkonformer Auslegung[1221] der nationalen Rechtsvorschriften, über die Unionsrechtskonformität der Umsetzung durch den nationalen Gesetzgeber. Zum anderen kommt auch die unmittelbare Anwendung von Richtlinienvorschriften in Betracht[1222], sofern Umsetzungsdefizite festgestellt werden. Letztlich kommen auch Sekundäransprüche in Form einer staatshaftungsrechtlichen Schadensersatzpflicht wegen mangelhafter Umsetzung gegen die Bundesrepublik in Betracht.[1223] Besonders auffallend ist, dass im Gesetzeswortlaut nicht der Begriff der Diskriminierung verwendet wird. Das AGG spricht stattdessen von Benachteiligungen.

Als Umsetzungsgesetz europäischer Richtlinien steht das AGG in besonderem Spannungsverhältnis zwischen nationalem Verfassungsrecht einerseits und europäischem Recht andererseits. Die Lage wird durch die überschießende Umsetzung der Richtlinien durch den deutschen Gesetzgeber zusätzlich kompliziert,

---

1218 *Mayer/ Schürnbrand*, Zur Auslegung nationalen Rechts bei überschießender Umsetzung von Richtlinien, JZ 2004, S. 545.

1219 *Mayer/ Schürnbrand*, Zur Auslegung nationalen Rechts bei überschießender Umsetzung von Richtlinien, JZ 2004, S. 545.

1220 *Maier-Reimer*, Das Allgemeine Gleichbehandlungsgesetz im Zivilrechtsverkehr, NJW 2006, S. 2577.

1221 St. Rspr. des EuGH, vgl. stellvertretend EuGH, Rs. C-397/01-C403/01, *Pfeiffer*, Slg. 2004, I-8879, Rn. 113 ff.

1222 Zu den Voraussetzungen der unmittelbaren Anwendbarkeit von Richtlinien EuGH , Rs. C-41/74, *van Duyn*, Slg. 1974, 1337 Rn. 12; Rs. C-397/01-C403/01, *Pfeiffer*, Slg. 2004, I-8879, Rn. 103; Rs. 148/78, *Ratti*, Slg. 1979, S. 1629 Rn. 18 ff.; *Hartitsch*, Unmittelbare Wirkung, S. 36 ff.; *Gundel*, Neue Grenzlinien für die Direktwirkung nicht umgesetzter EG-Richtlinien unter Privaten, EuZW 2001, S. 143 ff.; *Claßen*, Nichtumsetzung von Gemeinschaftsrichtlinien, S. 63 ff.; allgemein zu unmittelbaren Anwendbarkeit von EG-Recht, *Jarass/ Beljin*, Unmittelbare Anwendung des EG-Rechts, JZ 2003, S. 768 (770 ff.).

1223 Zur Staatshaftung der Mitgliedstaaten wegen fehlerhafter Richtlinienumsetzung EuGH, Rs. C-46/93 u. C-48/93, *Brasserie du pécheur/ Factortame*, Slg. 1996, I-1029 Rn. 37 ff.; Rs. C-178/94, *Dillenkofer*, Slg. 1996, I-4845 Rn. 20 ff.; sowie *Claßen*, Nichtumsetzung von Gemeinschaftsrichtlinien, S. 99 ff.

so das hinsichtlich des Rangverhältnisses und damit des Prüfungsumfangs möglicherweise diskriminierender Maßnahmen genau zu differenzieren ist. Bezüglich des „ob" der Umsetzung, also der Anordnung des Verbots der Diskriminierung wegen des Alters ist die Bundesrepublik unionsrechtlich verpflichtet. Ein diesbezüglicher Umsetzungsspielraum bestand nicht. In den Bereichen, in denen den Mitgliedstaaten ein Umsetzungsspielraum gewährt wird, sind diese zunächst an die Grundrechte des Grundgesetzes gebunden, deren Anwendung im Einzelfall jedoch durch das Gebot der richtlinien- bzw. unionsrechtskonformen Auslegung begrenzt ist. Im Bereich des allgemeinen Zivilrechts, in dem das AGG über die Vorgaben der Richtlinien hinsichtlich der Diskriminierung wegen des Alters hinausgeht, gelten die Grundrechte des Grundgesetzes ohne weitere Einschränkung.

B. Alter als verpöntes Diskriminierungsmerkmal

I. Unmittelbare Benachteiligung, § 3 Abs. 1 AGG

Eine unmittelbare Benachteiligung iSd des AGG liegt nach § 3 Abs. 1 AGG dann vor, wenn eine Person wegen des Alters „(…) eine weniger günstige Behandlung erfährt, als eine andere Person in einer vergleichbaren Situation erfährt, erfahren hat oder erfahren würde." Der Begriff der Benachteiligung wurde bewusst anstelle des Begriffs der Diskriminierung gewählt. Hierdurch soll deutlich werden, dass nicht jede Benachteiligung auch eine Diskriminierung iSd AGG darstellt. Letztere meint nur die rechtswidrige, mithin nicht gerechtfertigte Benachteiligung.[1224] Erfasst werden unterschiedliche Behandlungen von Personen durch die einer Person im Vergleich zu einer anderen Nachteile entstehen, die auf dem Merkmal Alter beruhen[1225], wobei die Benachteiligung sowohl in einem aktiven Tun, als auch in einem Unterlassen bestehen kann, sofern eine Handlungspflicht besteht.

Der Nachteil muss objektiv sein, der reine Wille zur Diskriminierung ohne Vorliegen einer objektiven Schlechterstellung ist nicht ausreichend. Im Bereich des allgemeinen Zivilrechts ist dies regelmäßig dann der Fall, wenn Vorliegen

---

1224 Vgl. *Bauschke*, AGG, § 1 Rn. 3.
1225 Eine unmittelbare Benachteiligung liegt nach BAG, Urteil v. 25. Februar 2010 - 6 AZR 911/08 daher nicht vor, wenn die Ungleichbehandlung den Zweck des Diskriminierungsverbotes verwirklicht. Das BAG hat eine Diskriminierung wegen des Alters hier in einem Fall abgelehnt, in dem ein Arbeitgeber Arbeitnehmer ab einer bestimmten Altersschwelle aus dem Personenkreis herausnahm, denen er im Rahmen von Personalabbaumaßnahmen Aufhebungsverträge gegen Abfindungszahlungen anbot. Eine weniger günstige Behandlung iSv § 3 Abs. 1 AGG liegt nach Ansicht des BAG nicht vor, wenn ein Arbeitnehmer objektiv anders als ein älterer oder jüngerer Arbeitnehmer behandelt werde. Erforderlich ist vielmehr, dass sich die Differenzierung zwischen unterschiedlich alten Arbeitnehmern für eine bestimmte Altersgruppe negativ auswirkt und diese zurücksetzt.

oder Nichtvorliegen eines bestimmten Alters für den Abschluss oder die Verweigerung oder auch die inhaltliche Ausgestaltung eines Rechtsgeschäfts ausschlaggebend ist. Dabei ist erforderlich, dass das Vorliegen des Diskriminierungsmerkmals für die jeweilige unterschiedliche Behandlung kausal ist. Mit anderen Worten liegt daher keine verbotene Diskriminierung vor, wenn die Ungleichbehandlung aus einem anderen Grund als dem Alter erfolgt.[1226]

Weitergehende subjektive Elemente, etwa ein Diskriminierungsvorsatz sind nicht erforderlich.[1227] Trotz der diesbezüglich unklaren Gesetzesbegründung[1228] ergibt sich dies zum einen daraus, dass die zugrunde liegende Richtlinie 2000/78/EG keine entsprechenden Vorgaben enthält sowie aus der Zielsetzung des AGG, Diskriminierungen umfassend zu verbieten. Dieser Schutz wäre unzureichend, wenn eine objektiv vorliegende Diskriminierung folgenlos bliebe, weil der Diskriminierende sie nicht beabsichtigt hat.[1229] Ebenfalls nicht entscheidend ist, ob die unmittelbare Benachteiligung noch andauert oder bereits abgeschlossen ist. Aus Gründen des effektiven Rechtsschutzes ist es auch möglich eine unmittelbare Benachteiligung anzunehmen, wenn die hinreichend konkrete Gefahr einer Benachteiligung besteht. In Anlehnung an den quasinegatorischen Unterlassungsanspruch des § 1004 BGB wird man in diesen Fällen bei bereits erfolgter Benachteiligung eine Wiederholungsgefahr, bei nicht erfolgter Benachteiligung eine ernsthafte Erstbegehungsgefahr verlangen müssen.[1230]

Als Beispiele für unmittelbare Benachteiligungen aus Altersgründen können das Angebot von sog. Seniorentellern oder Kindertellern in Speisewirtschaften, das Mindestalter für den Einlass in Diskotheken sowie die kostenfreie oder vergünstigte Beförderung von Kindern bzw. Jugendlichen in Verkehrsmitteln genannt werden.[1231]

Die Beurteilung des Vorliegens einer Ungleichbehandlung erfordert einen Vergleich zwischen dem Betroffenen und einer Vergleichsperson bzw. Ver-

---

1226 Vgl. *Gaier/ Wendtland*, AGG, § 2 Rn. 82
1227 Vgl. *Maier-Reimer*, Das Allgemeine Gleichbehandlungsgesetz im Zivilrechtsverkehr, NJW 2006, S. 2577 (2579).
1228 BT Dr. 16/1780, S. 32.
1229 *Armbrüster*, in: Rudolf/ Mahlmann (Hrsg.), Gleichbehandlungsrecht, § 7 Rn. 104. Dass eine Benachteiligungsabsicht nicht erforderlich ist, ist im Bereich der Grundfreiheiten des EG-Vertrages anerkannt. Auch bei diesen handelt es sich im Kern um Diskriminierungsverbote, vgl. *Gundel*, Die Rechtfertigung von faktisch diskriminierenden Eingriffen in die Grundfreiheiten des EGV, Jura 2001, S. 79 (80).
1230 Vgl. *Rühl/ Viethen/ Schmid*, AGG Kap. II, S. 16.
1231 Beispiele nach *Armbrüster*, in: Rudolf/ Mahlmann, Gleichbehandlungsrecht, § 7 Rn. 95. Nach Angaben der Antidiskriminierungsstelle stammen rund 25% der Eingaben von Jüngeren, die sich gegenüber Älteren diskriminiert fühlen. Die Beschwerden betrafen u.a. die Verweigerung des Abschlusses von Mobilfunkverträgen mit 16jährigen oder den Ausschluss von sog. „Ü-30"- oder „Ü-40 Partys", vgl. Wagner, Aufstand der Alten, in: Die Zeit Nr. 10 v. 26. Februar 2009, S. 8.

gleichsgruppe, wobei die Situation dieser Vergleichsperson, abgesehen vom Alter als Vergleichsmerkmal, im Wesentlichen vergleichbar sein muss. Identität ist nicht erforderlich.

Beruht die Ungleichbehandlung nicht auf dem Vergleichsmerkmal Alter, sondern auf einem anderen sich aus der zu vergleichenden Situation ergebenden Unterschied, so liegt keine verbotene Ungleichbehandlung vor.

Im Einklang mit den Vorgaben der Rahmenrichtlinie ist ein Vergleich mit einer hypothetischen Vergleichsperson ausreichend. Durch den Verzicht auf das Erfordernis eine konkrete Vergleichsperson wird deutlich, dass die gesetzliche Zielrichtung des AGG nicht primär der jeweils angesprochen Zielgruppe als solcher gilt, sondern dem Diskriminierungsschutz als solchem. Ein Schutzzweck, gerichtet auf einen besonderen Gruppenschutz wäre zu umfassend, da jeder Mensch regelmäßig von einem oder mehreren verpönten Merkmal betroffen ist.[1232].

II. Mittelbare Benachteiligung, § 3 Abs. 2 AGG

§ 3 Abs. 2 AGG erfasst sog. mittelbare Benachteiligungen. Eine solche liegt vor, wenn dem Anschein nach neutrale Vorschriften, Kriterien oder Verfahren Personen wegen eines in § 1 AGG genannten Grundes, im vorliegenden Kontext also des Lebensalters, gegenüber anderen Personen in besonderer Weise benachteiligen können.

Erfasst werden Ungleichbehandlungen, die zwar nicht formell an das Alter einer Person anknüpfen (dies wäre ein Fall der unmittelbaren Benachteiligung), jedoch im Ergebnis Personen eines bestimmten Alters in besonderer Weise trifft. Durch die Formulierung „(...) benachteiligen können" wird deutlich, dass die (nicht bloß abstrakte) Gefahr der Diskriminierung durch eine bestimmte Regelung ausreichend ist. Hinsichtlich des Unwertgehaltes ist die mittelbare Benachteiligung in Abgrenzung zur unmittelbaren Benachteiligung nicht wegen ihrer intendierten Zielrichtung, sondern wegen ihrer tatsächlichen Auswirkungen unzulässig.[1233] Eines statistischen Nachweises, dass eine bestimmte Altersgruppen durch durch die in Frage stehenden Kriterien tatsächlich wegen des Alters benachteiligt werden bedarf es nicht. Es ist ausreichend, wenn das Kriterium hierzu typischerweise geeignet ist. Dies folgt aus dem Gesetzeswortlaut und entspricht dem unionsrechtlichen Gebot des effet-utile, wonach die Regelungen einer Richtlinie innerhalb ihres jeweiligen Geltungsbereichs tatsächliche Wirksamkeit entfalten sollen.[1234]Dies wird dadurch deutlich, dass die mittelbare Be-

---

1232 *Bauschke*, AGG, § 1 Rn. 2.

1233 MüKo-BGB/*Müller-Glöge*, § 611a Rn. 26.

1234 BAG, Beschluss v. 18. August 2009 - 1 ABR 47/08, Rn. 29.In der Entscheidung ging es um Stellenausschreibungen, die auf das Merkmal des ersten Berufs- bzw. Tätigkeitsjahres Bezug nahmen. Hierdurch werden nach Ansicht des BAG Stellenbewerber mit einem höheren Lebensalter typischerweise (mittelbar) benachteiligt, vgl. BAG,

nachteiligung allein anhand objektiver Merkmale ermittelt wird, ein subjektives Merkmal enthält der Tatbestand nicht.

Die Prüfung des Vorliegens einer tatbestandlichen mittelbaren Benachteiligung erfolgt zweistufig. Zunächst stellt sich die Frage, ob eine bestimmte Maßnahme, ein Verfahren oder Kriterium grds. geeignet ist eine Person gegenüber einer anderen zu benachteiligen. Diese Beurteilung erfolgt wie bei der unmittelbaren Benachteiligung anhand der Bildung von Vergleichsgruppen. Fraglich ist allerdings wie diese Vergleichsgruppenbildung zu erfolgen hat. Anders als bei anderen Diskriminierungsmerkmalen kommen als Vergleichsgruppe grds Personen jeden anderen Alters in Betracht: Wenn ein 50 jähriger wegen mangelnder Leistungsfähigkeit ungleich behandelt wird, kann er damit nicht nur mit anderen 50 jährigen verglichen werden, sondern auch mit jüngeren Personen. In Betracht kommt auch der Vergleich mit Personen einer bestimmten Altersgruppe (z.B. 35-40 Jährige).[1235] Dies ergibt sich als Konsequenz daraus, dass der Gesetzeswortlaut diesbezüglich keinerlei Einschränkungen enthält. Die Vergleichsgruppe kann dabei vom Betroffenen frei festgelegt werden.[1236]

Kommt man hiernach zu dem Ergebnis, dass eine Benachteiligung vorliegt, so ist im zweiten Schritt das Vorliegen eines sachlichen Grundes zu prüfen. Dem weiten Anwendungsbereich mittelbarer Diskriminierungen trägt das AGG dadurch Rechnung, dass Fälle von Ungleichbehandlungen, die ein berechtigtes Anliegen verfolgen aus dem Anwendungsbereich ausgenommen sind.[1237] Das Nichtvorliegen eines sachlichen Grundes ist bei der mittelbaren Diskriminierung anders als bei der unmittelbaren Diskriminierung Tatbestandsmerkmal.[1238] Liegt ein solcher vor, so ist die Ungleichbehandlung „gerechtfertigt", sofern das eingesetzte Mittel erforderlich und angemessen ist.[1239]

Aus dem Bereich des allgemeinen Zivilrechts kann als Beispiel einer mittelbaren Diskriminierung hier z.B. ein Kreditinstitut genannt werden, das die Darlehensvergabe von einem Einkommensnachweis aus beruflicher Tätigkeit abhängig macht. Ein solches Verfahren knüpft zwar nicht unmittelbar (formell) an das Alter einer Person an, kann aber typischerweise etwa Rentner benachteili-

---

aaO Rn. 27. Zwar sei die Verknüpfung einer Stellenanzeige mit einer Beschränkung der Berufsjahre nicht per se unzulässig, allerdings muss der Arbeitgeber mit der Verknüpfung ein rechtmäßiges Ziel verfolgen und die Beschränkung muss weiter erforderlich sowie angemessen sein. Diesen Voraussetzungen genügte die Begründung des Arbeitgebers im konkreten Fall – das Unternehmen hatte auf einen begrenzten Personaletat hingewiesen – nicht.

1235 Vgl. *Thüsing*, Arbeitsrechtlicher Diskriminierungsschutz, S. 110.
1236 *Thüsing*, Arbeitsrechtlicher Diskriminierungsschutz, S. 110.
1237 Vgl. *Gaier/ Wendtland*, AGG, § 2 Rn. 83.
1238 Vgl. ErfK/ *Schlachter*, § 3 AGG Rn. 9.
1239 *Biester*, Auswirkungen des Allgemeinen Gleichbehandlungsgesetzes auf die betriebliche Praxis, Juris Praxis Report 2006, S. 4 (7).

gen. Ein berechtigtes Anliegen iSe eines sachlichen Grundes kann ggf. in der Absicherung gegen Forderungsausfälle gesehen werden.

Besondere Schwierigkeiten stellen sich bei der Frage der Berücksichtigung von Leistungsmängeln, die mit einem verpönten Merkmal in Verbindung stehen. Dies betrifft vor allem die Merkmale Alter und Behinderung. Stereotype Vorurteile hinsichtlich der Leistungsfähigkeit bei einem bestimmten Alter sind vom Schutzbereich des § 3 AGG grds. erfasst. Die Berücksichtigung konkreter Leitungsmängel ist nur zulässig, sofern sie sachlich gerechtfertigt ist. Die Anforderungen an den sachlichen Grund sind bei der mittelbaren Diskriminierung dabei niedriger, als bei einer unmittelbaren Diskriminierung.

III. Anweisung zur Diskriminierung, § 3 Abs. 5 AGG

§ 3 Abs. 5 AGG erweitert den Anwendungsbereich der Diskriminierungsverbote der und trägt dem Umstand Rechnung, dass Unternehmen sich in ihrer Organisation häufig durch ein Mehrebenensystem auszeichnen. Deshalb werden Anweisungen zur Diskriminierungen aus Gründen des Alters Diskriminierungen nach § 3 Abs. 1-3 AGG gleichgestellt. Der Anwendungsbereich soll Fälle erfassen, in denen Benachteiligungen durch weisungsabhängige Personen erfolgen und dieses Verhalten auf einer zuvor erteilten Weisung eines Dritten beruht, wobei nicht erforderlich ist, dass die entsprechende Weisung einziger Beweggrund für die Benachteiligung ist.

Vor allem Arbeitgebern oder sonstigen Vorgesetzten soll durch die Vorschrift die Möglichkeit genommen werden, sich damit zu exkulpieren, dass sie die benachteiligende Handlung nicht selbst vorgenommen haben. Die Grundlage der Weisungsgebundenheit ist nicht entscheidend, insbesondere muss es sich nicht um eine rechtliche Weisungsgebundenheit, wie etwa infolge des Direktionsrechts zwischen Arbeitgeber und Arbeitnehmer handeln. Ausreichend ist vielmehr auch ein wirtschaftliches Abhängigkeitsverhältnis, so etwa, wenn ein Unternehmer seinem von ihm wirtschaftlich abhängigen Zulieferer androht, er werde die Geschäftsbeziehung abbrechen, wenn er an Personen liefert, die eines der in § 19 Abs. 1 AGG genannten Merkmal aufweisen.[1240]

Hinsichtlich der Art der Anweisung kommt sowohl eine ausdrückliche als auch eine konkludente Erteilung in Betracht, solange der Wille zur Benachteiligung aus Gründen des Alters zum Ausdruck kommt, die Anweisung also vorsätzlich erfolgt.[1241] Nicht erforderlich ist hingegen, dass sich der Diskriminierende oder der Anweisende der Verbotswidrigkeit seiner Handlung bewusst ist.[1242]

1240 Vgl. *Gaier/ Wendtland*, AGG, § 2 Rn. 84.

1241 *Biester*, Auswirkungen des Allgemeinen Gleichbehandlungsgesetzes auf die betriebliche Praxis, Juris Praxis Report 2006, S. 4 (9).; *Gaier/ Wendtland*, AGG, § 2 Rn. 85; Rühl/ Viethen/ Schmid, AGG, Kap. II, S. 20.

1242 ErfK/ *Schlachter*, § 3 AGG Rn. 19.

Die Erfüllung des Tatbestandes des § 3 Abs. 5 AGG ist nicht vom Erfolg der Benachteiligung infolge der Anweisung abhängig, eine Verwirklichung liegt bereits dann vor, wenn die Anweisung zur Benachteiligung kundgetan wurde, mithin liegt eine Verwirklichung des Tatbestandes auch in den Fällen vor, in denen der Angewiesene die Weisung ignoriert oder es aus anderen Gründen nicht zu einer Benachteiligung kommt.[1243] Für den Bereich der Diskriminierung in Beschäftigung und Beruf ergibt sich dies aus dem Wort „kann" in § 3 Abs. 5 S. 2 AGG.

IV. Belästigung, § 3 Abs. 3 AGG

Unter den Voraussetzungen des § 3 Abs. 3 AGG können auch Belästigungen Benachteiligungen darstellen. Solche Belästigungen können sowohl verbaler, als auch non-verbaler Art sein. Unerwünscht ist solches Verhalten, wenn der Handelnde aus Sicht eines objektiven Dritten davon ausgehen konnte, dass sein Verhalten von dem Betroffenen nicht erwünscht ist. Im Bereich des allgemeinen Zivilrechts liegt eine solche Belästigung dann vor, wenn beim Abschluss eines Vertrages, dessen Ausgestaltung oder Abwicklung an das Lebensalter einer Person angeknüpft und bezweckt oder bewirkt wird, dass die betroffene Person in ihrer Würde verletzt wird.[1244]

Herkömmlicherweise fallen unter den Begriff der Belästigung Anfeindungen, Beleidigungen, Verleumdungen, Drohungen sowie körperliche Übergriffe.[1245] Die Formulierung des zweiten Halbsatzes des § 3 Abs. 3 AGG mit dem einleitenden Wort „(...) und [Anm. *Hervorhebung* durch den Verfasser] ein von Einschüchterungen, Anfeindungen, Erniedrigungen, Entwürdigungen oder Beleidigungen gekennzeichnetes Umfeld geschaffen wird" ist nicht als kumulative Voraussetzung zu verstehen, sondern als „oder" zu lesen.[1246] Weiter stellt sich die Frage, was unter dem Begriff der Würde zu verstehen ist. Verstünde man den Begriff als Bezugnahme auf die Menschenwürde des Art. 1 Abs. 1 GG, so würden Belästigungen trotz des Umstandes, dass eine tatsächliche Verletzung nicht vorliegen muss, hohen Voraussetzungen unterliegen. Im Einklang mit der Gesetzesbegründung ist daher davon auszugehen, dass die Verletzung der Wür-

---

1243 *Wisskirchen*, Der Umgang mit dem Allgemeinen Gleichbehandlungsgesetz, DB 2006, S. 1491; *Gaier/ Wendtland*, AGG, § 2 Rn. 85.

1244 Vgl. *Gaier/ Wendtland*, AGG, § 2 Rn. 87.

1245 *Rühl/ Viethen/ Schmid*, AGG, Kap. II, S. 17; ErfK/ *Schlachter*, § 3 AGG Rn. 12.

1246 Zu einer möglichen Anspruchskonkurrenz zu §§ 241 Abs. 2, 311 Abs. 2 BGB wegen vertraglicher Nebenpflichtverletzung, vgl. *Gaier/ Wendtland*, AGG, § 2 Rn. 87. A.A. offenbar *Wisskirchen*, Der Umgang mit dem Allgemeinen Gleichbehandlungsgesetz, DB 2006, S. 1491.

de iSd Vorschrift nicht die Qualität einer Verletzung der Menschenwürde iSv Art. 1 Abs. 1 GG haben muss.[1247]. Seinen Ursprung und wohl wesentlichen Anwendungsbereich hat das Belästigungsverbot im Arbeitsrecht. Erfasst ist hierbei auch das sog. Mobbing, also das systematische Anfeinden, schikanieren und diskriminieren von Arbeitnehmern untereinander und/ oder durch Vorgesetzte.[1248] Persönlichkeitsverletzungen durch Mobbing reichen in ihrem Anwendungsbereich jedoch über das AGG hinaus, da sie nicht auf bestimmte Merkmale beschränkt sind.[1249] Solche Persönlichkeitsverletzungen, die auf anderen, nicht im AGG erwähnten Merkmalen beruhen sind vom Anwendungsbereich nicht erfasst. Eine analoge Anwendung der Vorschriften kommt wegen des eindeutigen Wortlauts nicht in Betracht. Insofern können sich Ansprüche eines Betroffenen nur aus den allgemeinen Vorschriften zum Persönlichkeitsschutz ergeben.

Wie sich aus dem Wortlaut der Vorschrift ergibt, ist bei der Belästigung, anders als bei der unmittelbaren oder mittelbaren Diskriminierung ein subjektives Element erforderlich. Auch wenn der Begriff „bezwecken" ein zielgerichtetes Wollen nahe legt, ist ein billigendes in Kauf nehmen, mithin dolus eventualis als ausreichend anzusehen. Andernfalls wären Fälle, in denen die Diskriminierungen nicht unmittelbar durch den Verantwortlichen ausgehen nur schwer zu erfassen. Belästigungen im Arbeitsleben gelten als besonders unerwünscht, was schon die Existenz des arbeitsrechtlichen Gleichbehandlungsgrundsatzes zeigt, wonach der Arbeitgeber Gleichbehandlung seiner Arbeitnehmer schuldet.

Die anfänglich geäußerte Kritik[1250] an der Vorschrift, sie erwecke den Eindruck, der Gesetzgeber habe nur Belästigungen gegen Personen sanktionieren wollen, die eines der im AGG genannten Merkmal aufweisen, ist bei näherer Untersuchung unbegründet. Diskriminierungsverbote bezwecken die Vermeidung von Unrecht, dass dadurch entsteht, dass eine gleichheitswidrige Unterscheidung im Hinblick auf ein bestimmtes Merkmal getroffen wird. Sanktioniert wird damit der besondere Unwertgehalt eines Verhaltens, der sich aus einem Vergleich zweier Personen oder Personengruppen ergibt. Durch die Einordnung der Belästigung in das System der Diskriminierungsverbote unterliegt diese auch denselben Strukturen.[1251] Dies bedeutet, dass die in Rede stehende Belästigung, ebenso wie eine Diskriminierung einen besonderen Unwertgehalt aufwei-

---

1247 BT-Drs. 16/1780, S. 33; ebenso *Nickel*, Handlungsaufträge zur Bekämpfung von ethnischen Diskriminierungen, NJW 2001, S. 2668 (2270); ErfK/ *Schlachter*, § 3 AGG Rn. 13; *Wank*, Diskriminierung in Europa, NZA 2004 (Sonderbeilage Heft 22), S. 16 (20).

1248 Vgl. BAG, Urteil v. 13. Dezember 2001 – 7 ABR 14/96, DB 1997, S. 1475

1249 Vgl. *Biester*, Auswirkungen des Allgemeinen Gleichbehandlungsgesetzes auf die betriebliche Praxis, Juris Praxis Report 2006, S. 4 (8).

1250 *Wiedemann/ Thüsing*, Fragen zum Entwurf eines zivilrechtlichen Antidiskriminierungsgesetzes, DB 2002, S. 463 (466 f.).

1251 *Gaier/ Wendtland*, AGG, § 2 Rn. 90.

sen muss, der sich gerade aus der Anknüpfung an eines der im AGG genannten Merkmale ergibt.[1252]

Eine Aussage, dass Benachteiligungen die nicht an eines der verpönten Merkmale anknüpfen vom Gesetzgeber toleriert würden ist damit nicht getroffen: Solche Herabwürdigungen tragen ihren Unwertgehalt bereits in sich selbst, ohne dass es eines Vergleiches mit anderen Personen oder Personengruppen bedürfe.[1253] Inwieweit solche Verhaltensweisen vom (europäischen oder nationalen) Gesetzgeber mit besonderen Sanktionen versehen werden fällt unter die legislative Einschätzungsprärogative und ist eine von Belästigungen immanenten Unwertgehalt zu trennende Frage.

Wann die von § 3 Abs. 3 AGG geforderte Lage der Einschüchterung bzw. ein feindseliges Umfeld vorliegt und welche Kriterien hierbei für die Beurteilung heranzuziehen sind wird letztlich den Gerichten überlassen bleiben. Reine Unfreundlichkeiten oder Unhöflichkeiten dürften jedenfalls nicht ausreichen, zu fordern ist die Überschreitung einer bestimmten Schwelle, bei der aus Sicht eines neutralen (objektiven) Beobachters eine soziale Erträglichkeit nicht mehr gegeben ist.[1254] Hiervon wird man umso eher auszugehen haben, je näher das Verhalten des Belästigenden die Qualität einer Menschenwürdeverletzung erreicht.

D. Alter und allgemeines Zivilrecht

I. Diskriminierung aus Gründen des Alters

§ 19 Abs. 1 AGG bezweckt Menschen vor nicht gerechtfertigten Benachteiligungen aus Gründen des Alters zu schützen und bildet die Grundregel des allgemein-zivilrechtlichen Teils des AGG. Der Begriff „Alter" meint wie im gesamten AGG das chronologische Lebensalter eines Menschen.[1255]

Wenn auch der Schutz älterer Menschen ein Hauptanwendungsbereich des AGG sein wird, ist er hierauf nicht beschränkt. Geschützt werden sowohl ältere Menschen, denen z.B. der Zugang zu bestimmten Veranstaltungen versagt wird, weil sich das Angebot nur an junge Menschen richtet, als auch umgekehrt, jüngere Personen, denen z.B. der Zugang zu einem Verein verweigert wird, weil die Mitgliedschaft an ein bestimmtes (Mindest-)Alter geknüpft ist oder die von einem Vermieter unter dem Hinweis auf das jugendliche Lebensalter bei der Vermietung von Wohnraum abgewiesen werden.[1256]

1252 *Gaier/ Wendtland*, AGG, § 2 Rn. 90.
1253 Vgl. *Gaier/ Wendtland*, AGG, § 2 Rn. 90.
1254 Vgl. *Wisskirchen*, Der Umgang mit dem Allgemeinen Gleichbehandlungsgesetz, DB 2006, S. 1491; *Gaier/ Wendtland*, AGG, § 2 Rn. 90; *Wiedemann/ Thüsing*, Fragen zum Entwurf eines zivilrechtlichen Antidiskriminierungsgesetzes DB 2002, S. 463 (467).
1255 *Gaier/ Wendtland*, AGG, § 2 Rn. 74.
1256 Beispiele nach *Gaier/ Wendtland*, AGG, § 2 Rn. 74.

Nicht erfasst sind jedoch grds. diejenigen Fälle, in denen die Ablehnung eines Rechtsgeschäfts im Einklang mit anderen gesetzlichen Vorschriften z.b. Schutznormen des Minderjährigenrechts (Jugendschutzgesetz[1257], §§ 104 ff. BGB) steht, oder das Gesetz aus anderen Gründen bestimmte Altersgrenzen festsetzt.[1258] Dies ergibt sich schon aus dem Grundgedanken der Einheit der Rechtsordnung. Sofern diese anderen Regelungen in den Anwendungsbereich der Rahmenrichtlinie fallen, sind sie ihrerseits auf die Richtlinienkonformität zu überprüfen.[1259] Sind sie vom Anwendungsbereich nicht umfasst, bleibt als Prüfungsmaßstab das Verbot der Altersdiskriminierung als primärrechtlicher Grundsatz des Unionsrechts, dessen Reichweite allerdings nach wie vor ungeklärt ist.

Sachlich umfasst das Diskriminierungsverbot wegen des Alters im allgemeinen Zivilrecht sowohl die Begründung, einschließlich der Aufnahme von Vertragsverhandlungen, die Anbahnung eines Vertrages und ähnliche geschäftliche Kontakte[1260], die Durchführung, als auch die Beendigung von Schuldverhältnissen[1261], wenn es sich um Massengeschäfte oder Massengeschäften gleichgestellte Geschäfte oder privatrechtliche Versicherungen handelt, die typischerweise in einer Vielzahl von Fällen ohne oder nur mit nachrangigem Ansehen der Person zustande kommen. Verboten sind sowohl die unmittelbare wie die mittelbare Benachteiligung, sowie die Belästigung und die Anweisung zur Diskriminierung. Das AGG will umfassend den diskriminierungsfreien Zugang zu angebotenen Waren und Dienstleistungen ermöglichen. Eine Verpflichtung zur Schaffung eines diskriminierungsfreien Angebots besteht damit im Umkehrschluss grds. nicht. Hat sich etwa ein Reiseveranstalter auf Fitness- oder Sportreisen spezialisiert und liegt die für die Teilnahme erforderliche körperliche Konstitution infolge des Alters nicht vor, so handelt es sich dabei nicht um einen rechtfertigungsbedürftigen Fall der mittelbaren Diskriminierung.[1262]

1. Massengeschäfte oder gleichgestellte Geschäfte

Der Begriff des Massengeschäfts ist in § 19 Abs. 1 Nr. 1 1. Alt. AGG legal definiert. Massengeschäfte sind danach Geschäfte, die typischerweise ohne Ansehen der Person zu vergleichbaren Bedingungen in einer Vielzahl von Fällen zustande

---

1257 BGBl I v. 23. Juli 2002, S. 2730.
1258 *Gaier/ Wendtland*, AGG, § 2 Rn. 74; Auflistung der Altersgrenzen bei MüKo-BGB/ *Schmitt*, § 2 Rn. 13.
1259 So für das Arbeitsrecht *Sprenger*, Das arbeitsrechtliche Verbot der Altersdiskriminierung, S. 209.
1260 Vgl. § 311 Abs. 2 BGB; *Armbrüster*, in: Rudolf/ Mahlmann, Gleichbehandlungsrecht, § 7 Rn. 40.
1261 Zum Begriff des Schuldverhältnisses vgl. § 241 Abs. 1 S. 1 BGB.
1262 Beispiel nach *Rühl/ Viethen/ Schmid*, AGG, Kap. IV, S. 111; a.A. wohl *Meier-Reimer*, Das Allgemeine Gleichbehandlungsgesetz im Zivilrechtsverkehr, NJW 2006, S. 2577 (2580).

kommen. Massengeschäften gleichgestellt sind nach § 19 Abs. 1 Nr. 1 2. Alt. AGG solche Geschäfte, bei denen das Ansehen einer Person nach der Art des Schuldverhältnisses eine nachrangige Bedeutung hat und die zu vergleichbaren Bedingungen in einer Vielzahl von Fällen zustande kommen. Einmalige Geschäfte reichen demzufolge für beide Alternativen nicht aus. Das Ansehen der Person spielt gerade bei solchen Geschäften keine Rolle, bei denen der Anbieter ohne weitere Prüfung mit jedem Interessenten den Vertrag schließt, der zum Vertragsschluss bereit ist. Erfasst sind damit typischerweise Leistungen von Unternehmen, die in Ausübung ihrer gewerblichen oder selbstständigen beruflichen Tätigkeit handeln, etwa der Verkauf in Supermärkten oder Warenhäusern oder Dienstverträge bei Frisören[1263], der Eintritt in Badeanstalten, Fitnessclubs oder Mobilfunkverträge.[1264] Vergleichbare Bedingungen liegen dann vor, wenn die vertragliche Gegenleistung nach einheitlichen Listen bemessen wird.[1265] Allgemein wird man hierbei von allen Bargeschäften des täglichen Lebens ausgehen können.[1266]

In Ansehen der Person, mit der Folge, dass ein Massengeschäft nicht vorliegt, handelt ein Anbieter jedoch dann, wenn eine weitere Überprüfung seines Vertragspartners erfolgt. In Betracht kommen hier vor allem Liquiditäts- und Bonitätsprüfungen vor Vertragsschluss. Dies muss unter teleologischen Gesichtspunkten auch dann gelten, wenn derartige Prüfungen in bestimmten Wirtschaftsbereichen typischerweise vorgenommen werden, etwa beim Abschluss von Mobilfunkverträgen, Mietverträgen oder im Bankbereich. Im Vordergrund steht hier erkennbar die Liquidität bzw. Bonität des Vertragspartners, nicht jedoch ein verpöntes Merkmal. Anders dürften hingegen Fälle zu beurteilen sein, in denen ein Unternehmer bisher keine derartigen Prüfungen vorgenommen hat und nun selektiv Überprüfungen bestimmter Gruppen seiner Vertragspartner vornimmt, die Träger eines der im AGG genannten Merkmale sind. Ein solches Vorgehen führt nicht zum Ausschluss eines Massengeschäfts iSd AGG.

Die zweite Alternative des § 19 Abs. 1 Nr. 1 AGG hat demgegenüber eine Auffangfunktion für Schuldverhältnisse, in denen die Bedeutung des Ansehens einer Person nicht ohne Zweifel verneint werden kann. Es geht um Geschäfte, in

---

1263 Beispiele nach *Rühl/ Viethen/ Schmid*, AGG, Kap. IV, S. 117.
1264 Eine Altersgrenze in diesen Bereichen ist demnach grds. rechtfertigungsbedürftig. Zur Diskriminierung bei Abschluss eines Mobilfunk-Flatrate-Vertrages, AG Potsdam, MMR 2008, 769 f.
1265 *Rühl/ Viethen/ Schmid*, AGG, Kap. IV, S. 117.
1266 Weiter Beispiele sind Bewirtungsverträge in Restaurants, Beherbergungsverträge, der Absatz von Kino- oder Theaterkarten etc. Dies gilt auch für Fernabsatzgeschäfte, sofern keine weitern Abfragen über die Person des Kunden getroffen werden.

denen bestimmte Eigenschaften des Vertragspartners eine Rolle spielen, aber nicht im Vordergrund stehen.[1267]

2. Privatrechtliche Versicherungen

Ungleichbehandlungen wegen des Alters sind nach § 19 Abs. 1 Nr. 2 AGG auch bei Schuldverhältnissen, die eine privatrechtliche Versicherung zum Gegenstand haben, grds. unzulässig. Im Einklang mit der RL 2000/78/EG sind die Bereiche der Sozialversicherung jedoch nicht erfasst. Der Hintergrund der Vorschrift liegt in Folgendem: Auch bei individuellen Risikoprüfung im Rahmen von privaten Versicherungsverträgen, die häufig elementare Lebensrisiken abdecken und demzufolge für den Betroffenen von erheblicher Bedeutung sind, besteht ein Bedürfnis, nicht zu rechtfertigende Unterscheidungen, zu unterbinden.[1268] Ungleichbehandlungen in diesem Bereich können daher nur unter den Voraussetzungen des § 20 Abs. 2 AGG gerechtfertigt werden.

II. Die Rechtfertigung von Ungleichbehandlungen aus Gründen des Alters

1. Normzweck und Anwendungsbereich von § 20 Abs. 1 AGG

Intendiertes Ziel des zivilrechtlichen Diskriminierungsverbotes aus Gründen des Alters ist es, Benachteiligungen und Ausgrenzungen die ihren Grund im Lebensalter einer Person haben zu verhindern. Aufgrund der Vielgestaltigkeit des modernen Rechtsverkehrs sind jedoch auch vielfältige Fallgestaltungen denkbar, in denen eine unterschiedliche Behandlung aus Altersgründen legitimen Interessen dienen kann, ohne dass eine Diskriminierung bezweckt wäre.[1269] Das AGG trägt diesem Umstand im allgemeinen Zivilrechtsverkehr durch die Regelung des § 20 Abs. 1 AGG Rechnung, indem festgelegt wird, dass sachliche Gründe eine Verletzung des Benachteiligungsverbots ausschließen können. Das Verbot der Altersdiskriminierung gilt damit nicht absolut, sondern berücksichtigt Besonderheiten des Einzelfalls und lässt ggf. Ausnahmen, mithin eine unterschiedliche Behandlung, zu.

§ 20 Abs. 1 AGG erfasst dabei in seinem Anwendungsbereich nur die sog. Massengeschäfte iSd § 19 Abs. 1 Nr. 1 1. Alt. AGG bzw. Massengeschäften

---

1267 Vgl. *Rühl/ Viethen/ Schmid*, AGG, Kap. IV, S. 124 ff. mit einer Übersicht über problematische Fallgestaltungen aus dem Bereich der Vermietung von Wohnraum, sowie Bank- und Kreditgeschäften.

1268 Vgl. *Rühl/ Viethen/ Schmid*, AGG, Kap. IV, S. 129.

1269 Die Gesetzesbegründung nennt insoweit bezogen auf das hier interessierende Merkmal des Alters etwa Preisrabatte für Schüler oder Studenten, BT-Drucks. 16/1780, S. 44. Nach dem AG Mannheim, Urteil v. 6. Juni 2008 – 10 C 34/08 sind unterschiedliche Tarife von Schülertickets und für Beförderungsgäste über 60 Jahre sachlich gerechtfertigt, wenn der Nahverkehrsbetreiber damit den sozial- und wirtschaftspolitisch günstigen Effekt einer besseren Auslastung des Nahverkehrs in Nebenzeiten verfolgt.

gleichgestellte Geschäfte (§ 19 Abs. 1 Nr. 1 2. Alt. AGG), da für Geschäfte mit dem Gegenstand privatrechtlicher Versicherungen isd § 19 Abs. 1 Nr. 2 AGG die Sonderregelung des § 20 Abs. 2 AGG gilt.

2. Inhalt und Struktur

Nach dem Wortlaut des § 20 Abs. 1 AGG ist eine Verletzung des Benachteiligungsverbots wegen des Alters nicht gegeben, wenn für die unterschiedliche Behandlung ein sachlicher Grund vorliegt. Eine an sich den Tatbestand des § 19 Abs. 1 AGG erfüllende Ungleichbehandlung kann damit im Einzelfall gleichwohl zulässig sein. Damit handelt es sich bei § 20 Abs. 1 AGG um einen Rechtfertigungsgrund[1270]. Dies gilt jedenfalls für unmittelbare Benachteiligungen. Demgegenüber ist die Frage des Vorliegens eines sachlichen Grundes für die Diskriminierung im Falle einer mittelbaren Benachteiligung bereits auf der Ebene des Tatbestandes zu untersuchen.[1271] Dies ergibt sich aus dem Umstand, dass § 3 Abs. 2 AGG, der den Begriff der mittelbaren Benachteiligung festlegt, dass Nicht-Vorliegen eines sachlichen Grundes durch die Formulierung „(…) es sei denn (…)" zu einem (negativen) Tatbestandsmerkmal erhebt.[1272] Liegt also ein sachlicher Grund für eine mittelbare Benachteiligung vor, so ist bereits tatbestandlich eine Diskriminierung isd § 19 Abs. 1 AGG zu verneinen. Die Ebene der Rechtfertigung hat bei der mittelbaren Diskriminierung deshalb keine selbstständige Bedeutung.[1273]

Die unterschiedliche dogmatische Struktur ist nicht nur von theoretischer Bedeutung, sondern wirkt sich vor allem im Beweisrecht des Zivilprozesses aus: Während im Falle eine unmittelbaren Benachteiligung derjenige, der das diskriminierende Verhalten an den Tag gelegt hat, den sachlichen Grund darlegen und ggf. die erforderlichen Tatsachen beweisen muss, gelten für eine mittelbare Benachteiligung die allgemeinen Beweislastregeln gemäß § 22 AGG.[1274]

3. Prüfungsmaßstab

Eine abschließende Regelung, wann ein sachlicher Grund zur Rechtfertigung von Ungleichbehandlungen wegen des Alters vorliegt existiert nicht. Der Ge-

---

1270 So auch die amtl. Begr., BR-Drucks. 329/06, S. 46; *Gaier/ Wendtland*, AGG, § 2 Rn. 97

1271 Amtl. Begr., BR-Drucks. 329/06, S. 46; *Armbrüster*, in: Rudolf/ Mahlmann, Gleichbehandlungsrecht, § 7 Rn. 93.

1272 Amtl. Begr., BR-Drucks. 329/06, S. 33 ff.; *Gaier/ Wendtland*, AGG, § 2 Rn. 155; unklar *Prütting*, Beweisrecht und Beweislast im arbeitsgerichtlichen Diskriminierungsprozess, in: 50 Jahre Bundesarbeitsgericht, S. 1311 (1319), der von rechtshindernden bzw. rechtsvernichtenden Einwendungen spricht. Nur im ersteren Fall würde es sich danach um ein Tatbestandsmerkmal handeln.

1273 Vgl. *Armbrüster*, in: Rudolf/ Mahlmann, Gleichbehandlungsrecht, § 7 Rn. 157.

1274 Vgl. amtl. Begr., BR-Drucks. 329/06, S. 46; *Gaier/ Wendtland*, AGG, § 2 Rn. 97.

setzgeber hat in § 20 Abs. 1 Nr. 1-4 AGG lediglich nicht abschließende[1275] Regelbeispiele formuliert, die bei der Frage nach dem Vorliegen eines sachlichen Grundes als Auslegungshilfe herangezogen werden können. Erforderlich ist jedoch immer eine wertende Feststellung und Beurteilung des Einzelfalls anhand der Grundsätze von Treu und Glauben.[1276] Darüber hinaus kann ein sachlicher Grund auch vom Gesetzgeber in Spezialgesetzen vorgegeben sein. Für das Alter kommen hier insbesondere Vorschriften des Jugendschutzrechts in Betracht, etwa hinsichtlich des Mindestalters für den Zutritt einer Diskothek oder den Kauf von Alkohol oder Zigaretten. Ungeklärt ist allerdings, ob solche Sondervorschriften bereits tatbestandlich als leges speciales § 19 AGG vorgehen[1277], oder ob man in diesen Fällen von einer zwingenden Rechtfertigung iSv § 20 Abs. 1 AGG auszugehen hat.[1278]

Vorzugswürdig ist der letztgenannte Weg. Zum einen gibt es keinen Anhaltspunkt dafür, dass der Gesetzgeber in diesem Bereich dem AGG eine nachrangige Stellung zuweisen wollte, während dies an anderen Stellen ausdrücklich geregelt wurde; zum anderen betreffen die Vorschriften des Jugendschutzes einen anderen Sachbereich und weisen keinen Bezug zum Antidiskriminierungsrecht im Bereich des Alters auf. Letztlich wird dadurch gewährleistet, dass die vom Gesetzgeber an anderer Stelle vorgegebenen sachlichen Gründe zumindest einer eingeschränkten Verhältnismäßigkeitsprüfung unterzogen werden. Neben dem Vorliegen der Tatbestandsmerkmale des jeweiligen Rechtfertigungsgrundes, muss die Ungleichbehandlung darüber hinaus auch geeignet und erforderlich sein das intendierte Ziel zu erreichen. Dies ergibt sich zwar nicht unmittelbar aus der Formulierung der Vorschrift, jedoch aus der allgemeinen Struktur von Rechtfertigungsgründen. Die Geeignetheit ist grds. dann anzunehmen, wenn die Ungleichbehandlung abstrakt dazu geeignet ist, das jeweilige Ziel zu fördern. In den Worten des Bundesverfassungsgerichts darf die Maßnahme nicht schlechthin und unter keinen denkbaren Gesichtspunkt ungeeignet sein. Erforderlich ist eine Ungleichbehandlung dann, wenn es keine gleich wirksame, jedoch mildere Maßnahme gibt, um das in Frage stehende Ziel zu erreichen.

Bei vorbeugenden Maßnahmen, wie etwa der Schadensverhütung iRd § 20 Abs. 1 AGG, ist zu beachten, das diese auf Prognoseentscheidungen beruhen, die in die Zukunft gerichtet sind. Naturgemäß sind diese mit gewissen Unsicherheiten behaftet. Folglich ist bei der Überprüfung in diesem Bereich Zurückhaltung geboten, ein gewisser Entscheidungsspielraum ist anzuerkennen. Kommt also etwa eine Zugangsbeschränkung für bestimmte Leistungen auf Grund mit

---

1275 Dies ergibt sich aus der Formulierung des Gesetzeswortlauts „(…) insbesondere (…)."
1276 Vgl. amtl. Begr., BR-Drucks. 329/06, S. 47.
1277 So offenbar die Gesetzesbegründung, BT-Drs. 16/1780, S. 41 f.
1278 Offen gelassen von *Armbrüster*, in: Rudolf/ Mahlmann, Gleichbehandlungsrecht, § 7 Rn. 138, unter Hinweis darauf, dass die Frage für die praktische Rechtsanwendung keinen Unterschied macht.

ihr verbundener Gefahren grds. in Betracht, so etwa bei bestimmten Sportarten, bei denen vom Anbieter eine Mindestaltersgrenze von 18 Jahren festgelegt wird und ist diese Altergrenze geeignet Risiken zu minimieren, so findet lediglich ein Kontrolle auf willkürliches Verhalten des Betreibers statt. Danach dürfte sich eine Festsetzung auf das 16., 17. oder 18. Lebensjahr noch im Rahmen des Entscheidungsspielraums halten, wohl nicht mehr jedoch eine Festsetzung beispielsweise des 30. Lebensjahres, weil nach Ansicht des Betreibers Personen dieser Altersgruppe besonders vorsichtig handeln.[1279]

Generelle Aussagen, wann der Entscheidungsspielraum überschritten ist, können wegen der Vielzahl in Betracht kommender Sachverhalte nicht getroffen werden, erforderlich ist immer eine Prüfung der konkreten Umstände des jeweiligen Falles, Beurteilungsmaßstab ist dabei die allgemeine Verkehrsanschauung.[1280] Hierbei sind Wertungen, die der Gesetzgeber durch Altersgrenzen in anderen Gesetzen getroffen hat zu berücksichtigen.

4. Die einzelnen Regelbeispiele des § 20 Abs. 1 AGG

a) Vermeidung von Gefahren, § 20 Abs. 1 Nr. 1 AGG

Eine unterschiedliche Behandlung aus Gründen des Alters kann zunächst dann gerechtfertigt sein, wenn sie der Vermeidung von Gefahren, der Verhütung von Schäden oder vergleichbaren Zwecken dient. Nicht erforderlich ist, dass die Gefahr gerade einem der Vertragsbeteiligten droht. Erfasst werden ebenso Gefahren für Rechtsgüter Dritter oder der Allgemeinheit.[1281] Dies ergibt sich aus dem Willen des Gesetzgebers, der in der weiten Formulierungen des § 20 Abs. 1 Nr. 1 AGG seinen Ausdruck gefunden hat: Zweck der Norm ist es die Einhaltung von Verkehrssicherungspflichten und anderen Maßnahmen der Gefahrenabwehr zu ermöglichen, die naturgemäß gerade bei der Abwicklung von Massengeschäften, bei denen eine besonders große Zahl von Personen potentiell betroffen ist, eine bedeutende Rolle spielt.[1282]

Wenn das zivilrechtliche Haftungssystem Personen, die Gefahrenquellen eröffnen im Interesse anderer Schutzpflichten auferlegt[1283], so muss es dem Verpflichteten möglich sein, diese durch den Ausschluss bestimmter Personen vom Zugang zur Leistung zu erfüllen. So kann es, bezogen auf das Unterscheidungsmerkmal „Alter", beispielsweise gerechtfertigt sein, wenn ein privater Veranstalter für die aktive Ausübung gewisser Sportarten ein bestimmtes Mindestalter festsetzt.[1284]

1279   Vgl. *Gaier/ Wendtland*, AGG, § 2 Rn. 103.
1280   Vgl. *Gaier/ Wendtland*, AGG, § 2 Rn. 104.
1281   *Gaier/ Wendtland*, AGG, § 2 Rn. 101.
1282   Vgl. amtl. Begr., BR-Drucks. 329/06, S.47.
1283   Vgl. dazu Palandt-*Sprau*, Bürgerliches Gesetzbuch, § 823 BGB Rn. 45 ff.
1284   Beispiel nach *Gaier/ Wendtland*, AGG, § 2 Rn. 102

In der Vorschrift kommt der Charakter von Altersgrenzen als Mittel der Standardisierung deutlich zum Ausdruck. Gerade bei Massengeschäften erscheint es nicht möglich, auf den jeweiligen Einzelfall abzustellen, etwa wenn eine bestimmte Leistung nur Volljährigen offen steht. Es kann von einem Betreiber in diesen Fällen nicht erwartet werden im Einzelfall zu prüfen, ob ein 17jähriger ggf. die erforderliche Einsichtsfähigkeit und Verantwortungsfähigkeit besitzt, die entsprechende Leistung in Anspruch zu nehmen. Die jeweilige Festsetzung einer Altersgrenze muss jedoch geeignet sein, die potentielle Gefahr bzw. Schädigung zu verhindern. Eine willkürliche Festsetzung ist nicht zulässig. Allerdings wird man dem Anbieter einer Leistung hier einen weiten Beurteilungsspielraum einräumen müssen. Diesbezüglich können die Grundsätze des Beurteilungsspielraums bei der Festsetzung von Altersgrenzen des Gesetzgebers als Orientierung herangezogen werden, zwingend ist dies jedoch nicht.

b) Schutz der Intimsphäre und der persönlichen Sicherheit, § 20 Abs. 1 Nr. 2 AGG

Der Rechtfertigungsgrunds des § 20 Abs. 1 Nr. 2 AGG ermöglicht die spezifische Rechtfertigung von bestimmten Unterscheidungen nach dem Geschlecht einer Person zum Schutz der Intimsphäre oder der persönlichen Sicherheit. Für Ungleichbehandlungen aus Gründen des Alters ist die Vorschrift nicht weiter von Bedeutung.

c) Gewährung besonderer Vorteile, § 20 Abs. 1 Nr. 3 AGG

§ 20 Abs. 1 Nr. 3 AGG stellt einen Rechtfertigungsgrund für die Gewährung besonderer Vorteile an Personen dar, die über eines oder mehrere der in § 20 Abs. 1 S. 1 AGG genannten Merkmale verfügen.

Unter den Begriff des Vorteils fällt jede begünstigende Ungleichbehandlung aus Altersgründen. Erfasst werden insbesondere Preisnachlässe oder sonstige Sonderkonditionen, sofern es sich um Massengeschäfte handelt.[1285] Wird also z.B. Schülern, Studenten oder Rentnern wegen des Alters ein besonderer Tarif für die Inanspruchnahme von Leistungen gewährt (beispielsweise vergünstigte Konditionen in Verkehrsmitteln, wie Bus oder Bahn, Restaurants, Banken etc.), so stellt dies zugleich tatbestandlich eine Benachteiligung aller anderen Personen dar, die diese Vergünstigung nicht erhalten, weil sie nicht in entsprechendem Alter sind.

Art. 20 Abs. 1 Nr. 3 AGG lässt solche Ungleichbehandlungen gleichwohl zu. Der Grund liegt in folgender praktischer Überlegung: Würde man die Begünstigungen ohne Ausnahmen unter das Verbot der Diskriminierung fallen lassen, also per Gesetz untersagen, so würden Anbieter die Gewährung von Vergünstigungen generell einstellen. Solange der Wirtschaftsverkehr die Gewährung dieser Vorteile nicht auf alle Menschen ausdehnt, wäre das Verbot einer

---

1285 Vgl. amtl. Begr., BR-Drucks. 329/06, S. 47.

solchen Ungleichbehandlung also nichts wert. Eine solche Reaktion der im Wirtschaftsverkehr Leistenden ist jedoch höchst unwahrscheinlich. Hinzu kommt, dass die Gewährung von Vorteilen an bestimmte Gruppen nicht nur der deren Förderung dient, sondern auch vereinzelt der Kompensation sozialer Nachteile in anderen Bereichen, so etwa bei Rabatten als Ausgleich für ein geringeres Erwerbseinkommen. Zudem sichert die gezielte Ansprache bestimmter Kundenkreise auch die Funktion des Wettbewerbs in der freien Wirtschaft.

Seine Grenze findet die Rechtfertigung dort, wo es um die Umgehung von Diskriminierungsvorschriften geht: Wird der Preis einer Leistung höher angesetzt und durch einen Rabatt für bestimmte Altergruppen wieder auf den Normalpreis gebracht, um den Kundenkreis gezielt auf eine bestimmte Altersgruppe zu beschränken, liegt eine solche Umgehung vor.[1286]

5. Privatrechtliche Versicherungen, § 20 Abs. 2 Satz 3 AGG

§ 20 Abs. 2 Satz 3 AGG enthält einen weiteren besonderen abschließenden Rechtfertigungsgrund für Ungleichbehandlungen wegen des Alters bei der Anbahnung Durchführung oder Beendigung von Versicherungsverträgen des Privatrechts. Erfasst werden sollen Ungleichbehandlungen beim Abschluss von Versicherungsverträgen, darüber hinaus aber insbesondere auch Ungleichbehandlungen bei Prämien- und der Gewährung von Versicherungsleistungen. Ungleichbehandlungen sind nach der Vorschrift nur dann gerechtfertigt, wenn sie auf Grundlage allgemeiner Prinzipien anerkannten Risikobewertung,[1287] insbesondere auf einer versicherungsmathematisch ermittelten Risikobewertung unter Heranziehung statistischer Erhebungen, erfolgen[1288]; § 20 Abs. 2 AGG, dessen besondere Stellung als eigener Absatz u.a. aus dem Umstand resultiert, dass nicht nur Versicherungsverträge erfasst werden, die Massengeschäfte darstellen, sondern alle privatrechtlichen Versicherungsverträge, schützt damit vor allem vor (willkürlichen) subjektiven Einschätzungen von Versicherungsanbietern.[1289] § 20 Abs. 2 AGG korrespondiert insofern mit § 19 Abs. 1 Nr. 2 AGG, der private Versicherungsverträge pauschal Massengeschäften gleichstellt. Zweck des AGG ist es jedoch nicht, risikoadäquate Differenzierungen zu verhindern, die im Interesse aller Versicherten erforderlich sind.[1290]

Im Vergleich zu den Rechtfertigungsvoraussetzungen des § 20 Abs. 1 AGG stellt § 20 Abs. 2 AGG strengere Voraussetzungen auf. Insofern wird man auch im Bereich des § 20 Abs. 1 AGG Ungleichbeahndlungen zulassen können, die

---

1286 Beispiel nach *Gaier/ Wendtland*, AGG, § 2 Rn. 111.
1287 Vgl. zum Begriff ausführlich *Rühl/ Viethen/ Schmid*, AGG, Kap. IV, S. 146 f.
1288 Vgl. *Maier-Reimer*, Das Allgemeine Gleichbehandlungsgesetz im Zivilrechtsverkehr, NJW 2006, S. 2577 (2581); ausführlich *Gaier/ Wendtland*, AGG, § 2 Rn. 124. Die Risikoprüfung bildet die Grundlage des privaten Versicherungsrechts, vgl. exemplarisch § 11 VAG, § 16 VVG.
1289 Vgl. *Gaier/ Wendtland*, AGG, § 2 Rn. 120.
1290 BT-Drucks. 16/1780, S. 45.

auf Grundlage einer anerkannten Risikokalkulation beruhen. Für das Alter könnte dieser Ansatz vor allem im Rahmen von Kreditgeschäften relevant werden, wenn etwa eine Kreditgewährung deshalb verweigert wird, weil infolge des Alters unter Zugrundelegung von Sterbetafeln und andere Kalkulationsmethoden nicht davon ausgegangen werden kann, dass der Kreditnehmer in der Lage sein wird, die Raten zu tilgen.[1291]

6. Wohnraumvermietung, § 19 Abs. 3 AGG

§ 19 Abs. 3 AGG legt einen besonderen Rechtfertigungsgrund bei der Vermietung von Wohnraum fest. Er richtet sich damit an Vermieter, die bei der Vermietung von Wohnraum gegen das Benachteiligungsverbot wegen des Alters verstoßen. Zwar steht die Regelung systematisch außerhalb des § 20 AGG[1292], der Sache nach handelt es sich allerdings um nichts anderes als um einen weiteren benannten sachlichen Grund iSd § 20 AGG, was bei der Auslegung entsprechend zu berücksichtigen ist.

Eine unterschiedliche Behandlung bei der Vermietung von Wohnraum wegen des Alters ist danach zulässig, wenn sie der Schaffung und Erhaltung sozial stabiler Bewohnerstrukturen und ausgewogener Siedlungsstrukturen sowie ausgeglichener wirtschaftlicher, sozialer und kultureller Verhältnisse dient.[1293] Ziel der Vorschrift ist es, Wohngebiete zu schaffen bzw. zu erhalten, in denen unterschiedliche wirtschaftliche und soziale Schichten friedlich zusammenleben. Verfolgt ein Vermieter durch eine Ungleichbehandlung dieses Ziel, wobei bei der Beurteilung der Struktur eine objektive Betrachtung entscheidend ist, kann diese Ungleichbehandlung mithin zulässig sein. Teilweise wird in diesen Fällen, in denen eine bestimmte Vermietungspraxis anknüpfend an das Alter der Förderung des sozialen Zusammenhalts dient und infolgedessen bewusst an unterschiedliche Altersgruppen vermietet wird, schon das vorliegen eines Massengeschäfts iSv § 19 Abs. Nr. 1 AGG verneint.[1294] Folgt man dieser Auffassung, so bedürfte es keiner Rechtfertigung.

Die Einordnung des § 19 Abs. 3 AGG als Rechtfertigungsgrund führt dazu, das aus der Vorschrift keine Verpflichtung des Vermieters hergeleitet werden kann, der Herstellung einer ausgewogenen Wohnstruktur den Vorzug gegenüber einem diskriminierungsfreien Verhalten bei der Auswahl der Mieter zu geben;

1291 Vgl. *Rühl/ Viethen/ Schmid*, AGG, Kap. IV, S. 143, die davon ausgehen, dass auch eine etwaige Absicherung des Kredits durch Sicherheiten für die Rechtfertigung keine Bedeutung hat.

1292 Die Regelung ist eine Konzession an entsprechende Forderungen der Wohnungswirtschaft, vgl. *Picker*, Antidiskriminierung im Zivil- und Arbeitsrecht, ZfA 2005, S. 167 (186).

1293 Zur Kritik wegen der Unbestimmtheit der Norm, *Liebscher*, Antidiskriminierungskultur, STREIT 2005, S. 100 (102). Zur begrifflichen Anlehnung an das Recht der sozialen Wohnraumförderung, *Gaier/ Wendtland*, AGG, § 2 Rn. 125.

1294 So *Rühl/ Viethen/ Schmid*, AGG, Kap. IV, S. 104.

sofern die Voraussetzungen des § 19 Abs. 3 AGG gegeben sind, bleibt dem Vermieter weiter ein Wahlrecht, ob er sich auf die Vorschrift beruft oder nicht.[1295]

7. Positive Maßnahmen, § 5 AGG

§ 5 AGG legt einen weiteren allgemeinen Rechtfertigungsgrund[1296] für Maßnahmen fest, die der Förderung von Personen oder Personengruppen dienen, die wegen ihres Alters typischerweise benachteiligt werden. Der Anwendungsbereich des § 5 AGG ist dabei nicht auf Maßnahmen des Gesetzgebers beschränkt, sondern erfasst auch Arbeitgeber, Tarifvertragsparteien, sowie die Parteien privatrechtlicher Verträge.[1297] Da jede Person zu jedem Zeitpunkt ihres Lebens ein bestimmtes Alter aufweist und der Anwendungsbereich des AGG nicht auf eine bestimmte Altersgruppe beschränkt ist, kommen potentiell alle Menschen als Adressaten von positiven Maßnahmen in Betracht.

Ziel der Vorschrift ist es, bestehende Benachteiligungen, seien sie tatsächlicher oder struktureller Art, abzubauen.[1298] Der Anwendungsbereich der Norm wegen Benachteiligungen aus Altersgründen wird im allgemeinen Zivilrechtsverkehr jedoch gering bleiben: Für Massengeschäfte des täglichen Lebens sind die Rechtfertigungsgründe des § 20 Abs. 1 AGG lex specialis und damit vorrangig anzuwenden, gleiches gilt für den Bereich des Mietrechts bezüglich des Verhältnisses von § 19 Abs. 3 AGG zu § 5 AGG.[1299] Als Hauptanwendungsbereich der Vorschrift verbleibt damit das Arbeitsrecht.

Unter Berücksichtigung der Zielsetzung des AGG, alle Menschen im allgemeinen Zivilrechtsverkehr gleich zu behandeln, sind an die Rechtfertigung von positiven Maßnahmen hohe Anforderungen zu stellen.[1300] Erforderlich ist, dass die Personengruppe eines bestimmten Alters im Bereich der Rechtsgeschäfte, in denen die Förderung vollzogen werden soll oder wird, typischerweise benachteiligt werden, wobei ein objektiver Beurteilungsmaßstab, etwa auf Grundlage statistischer Erhebungen, anzulegen ist.

Weiterhin muss die in Rede stehende Förderungsmaßnahme geeignet und erforderlich sein die Benachteiligung zu beseitigen, oder im Falle drohender Benachteiligungen, diese zu verhindern.

1295 Vgl. *Gaier/ Wendtland*, AGG, § 2 Rn. 128.
1296 Vgl. *Willemsen/ Schweibert*, Schutz der Beschäftigten im Allgemeinen Gleichbehandlungsgesetz, NJW 2006, S. 2583 (2587), die darauf hinweisen, dass § 5 AGG weder systematisch noch vom Wortlaut her als Rechtfertigungsgrund ausgestaltet ist. A.A. deswegen auch *Armbrüster*, in: Rudolf/ Mahlmann, Gleichbehandlungsrecht, § 7 Rn. 159, der davon ausgeht, dass Maßnahmen, die unter § 5 AGG fällt, bereits den Tatbestand einer Benachteiligung ausschließt.
1297 *Rühl/ Viethen/ Schmid*, AGG, Kap. III, S. 76.
1298 Amtl. Begr. BR-Drucks. 329/06, S. 35.
1299 Vgl. *Gaier/ Wendtland*, AGG, § 2 Rn. 129.
1300 *Gaier/ Wendtland*, AGG, § 2 Rn. 130.

In der Literatur[1301] wird zu Recht darauf hingewiesen, dass das Vorliegen dieser Umstände zu nicht unerheblichen Schwierigkeiten führen wird: Zum einen werden, insbesondere im Bereich der Massengeschäfte, häufig verlässliche Informationen fehlen, die zur Feststellung einer typischerweise vorliegenden Benachteiligung erforderlich sind, zum anderen kann und muss berechtigterweise die Frage gestellt werden, ob das Ziel der Gleichbehandlung im Sinn einer Integration der betroffenen Gruppen durch besondere Förderung überhaupt erreicht werden kann, birgt eine solche doch sozial immer auch die Gefahr des gesellschaftlichen Neids und damit die Gefahr, dass das intendierte Ziel der Integration in sein Gegenteil verkehrt werden kann.[1302]

Nicht geringer sind die Anforderungen an die Zulässigkeit positiver Maßnahmen im Arbeitsrecht zu beurteilen. Begründet man den Gleichbehandlungsanspruch von Älteren gegenüber Jüngeren auch damit, dass die Annahme von abnehmender Leistungsfähigkeit und anderen Beurteilungen häufig lediglich stereotype Annahmen darstellen, so können positive Maßnahmen nicht ohne weiteres gerechtfertigt werden. Insbesondere ist auch hier die Anknüpfung an ein bestimmtes Lebensalter problematisch.[1303] Die Anforderungen können auch nicht mit dem Argument gesenkt werden, die unterstellte abnehmende Leistungsfähigkeit führe bei der Rechtfertigung von positiven Maßnahmen zu einer günstigeren Behandlung Älterer. Vorurteile würden hier zwar zu einer Besserstellung älterer Arbeitnehmer führen.[1304] Eine solche Auffassung verkennt aber die Schutzrichtung des Verbots der Altersdiskriminierung, die für jede Altersgruppe gilt. Auch die gezeigten Widersprüche in der Argumentation führen dazu, dass eine solche Betrachtung abzulehnen ist.

Fraglich ist auch, ob sich Höchstaltersgrenzen als positive Maßnahmen zugunsten Jüngerer rechtfertigen lassen. Diese grds. Möglichkeit ist die Konsequenz der Geltung des Verbots der Diskriminierung wegen des Alters sowohl für ältere als auch für jüngere Arbeitnehmer. Als positive Maßnahme könnten Höchstaltersgrenzen insofern gerechtfertigt sein, als sie die Aufstiegschancen bzw. die Chancen auf einen Arbeitsplatz von Nachwuchskräften erhöhen.[1305] Hierbei stellt sich jedoch schon die Frage der grundsätzlichen Eignung einer solchen Maßnahme zur Zielerreichung. Zweifel bestehen deshalb, weil die Zahl der Arbeitnehmer, die über das 65. Lebensjahr (bzw. das 67. Lebensjahr) arbeiten wollen, wohl nicht als erheblich anzusehen ist.[1306] Lässt man demgegenüber

---

1301 *Gaier/ Wendtland*, AGG, § 2 Rn. 132.

1302 *Gaier/ Wendtland*, AGG, § 2 Rn. 132.

1303 *Körner*, Diskriminierung von älteren Arbeitnehmern, NZA 2008, S. 497 (499).

1304 So aber *Thüsing*, Arbeitsrechtlicher Diskriminierungsschutz, Rn. 409.

1305 So *Zöllner*, Altersgrenzen beim Arbeitsverhältnis, in: Altersgrenzen und Alterssicherung im Arbeitsrecht, GedS Blomeyer, S. 517 (531).

1306 *Schmidt/ Senne*, Das gemeinschaftsrechtliche Verbot der Altersdiskriminierung, RdA 2002, S. 80 (85).

ein solches quantitatives Argument nicht gelten und erachtet schon die Möglichkeit kleinerer Auswirkungen auf dem Arbeitsmarkt als ausreichend und förderungswürdig[1307], so ist dennoch folgendes zu bedenken: Zwar liegt aus Sicht jüngerer Arbeitnehmer eine Förderungsmaßnahme vor. Diese muss ausweislich des Wortlauts von § 5 AGG und der entsprechenden Regelung in der Rahmenrichtlinie (Art. 7 RL 2000/78/EG) dazu bestimmt sein Benachteiligungen (wegen des Alters) auszugleichen oder zu verhindern. Die Ungleichbehandlung Jüngerer resultiert aber in den meisten Fällen weniger aus dem Alter an sich, als aus fehlender oder unpassender Qualifikation.[1308] Damit geht es nicht um den Augleich einer Benachteiligung wegen des Alters oder um die Bekämpfung einer Altersdiskriminierung, so dass die Voraussetzungen einer positiven Maßnahme nicht vorliegen und eine Rechtfertigung von Höchstaltersgrenzen unter diesem Gesichtspunkt ausscheidet.[1309] Weiterhin ist bei positiven Maßnahmen die Rechtsprechung des EuGH zur Geschlechterdiskriminierung zu berücksichtigen. Danach ist eine Maßnahme unangemessen, wenn sie nicht im konkreten Fall die Rechtspositionen der von der Maßnahme negativ Betroffenen berücksichtigt. In der Rechtssache Kalanke kam der Gerichtshof daher zu dem Ergebnis, dass diese Abwägung einen absoluten Vorrang der zu fördernden Gruppe ausschließt.[1310] Diese Grundsätze sind auch bei Maßnahmen zur Beseitigung von Nachteilen wegen des Alters zu berücksichtigen.

8. Die Beweislastumkehr, § 22 AGG

Um die praktische Durchsetzung von Ansprüchen nach dem AGG und damit Diskriminierungen wirksam zu sanktionieren enthält § 22 AGG eine besondere Beweislastregelung. Sie dient der Umsetzung von Art. 10 RL 2000/78/EG. Hintergrund der Regelung ist, dass das diskriminierende Motiv einer bestimmten Maßnahme für den von der Diskriminierung Betroffenen häufig nur schwer nachweisbar ist.[1311] Der EuGH hat schon früh den Grundsatz aufgestellt, dass in solchen Fällen eine Beweislastverlagerung zur effektiven Verwirklichung des Gleichbehandlungsgrundsatzes erforderlich ist.[1312]

Nach allgemeinen Beweislastregeln, nach denen derjenige, der sich auf für ihn günstige Tatsachen beruft, diese auch zu beweisen hat, wäre an sich der Be-

---

1307 *Zöllner*, Altersgrenzen beim Arbeitsverhältnis, in: Altersgrenzen und Alterssicherung im Arbeitsrecht, GedS Blomeyer, S. 517 (531).

1308 *Weber*, Das Verbot altersbedingter Diskriminierung nach der Richtlinie 2000/78/EG, AuR 2002, S. 401 (402).

1309 So im Ergebnis für Art. 7 RL 200/78/EG auch *Schlachter*, Altersgrenzen angesichts des gemeinschaftlichen Verbots der Altersdiskriminierung, in: Altersgrenzen und Alterssicherung im Arbeitsrecht, GedS Blomeyer, S. 355 (366).

1310 EuGH, Rs. C-450/93, *Kalanke*, NJW 1995, S. 3109 f.

1311 BeckOK AGG/ *Wendtland*, § 22 AGG Rn. 1.

1312 Vgl. EuGH, Rs. C-127/92, *Ebderby*, Slg 1993, I-5535; Rs C-400/93, *Royal Copenhagen*, Slg 1995, I-1275.

nachteiligte verpflichtet, den Beweis für eine Diskriminierung wegen des Alters zu erbringen. Die ist in Fällen von Diskriminierungen für den Betroffenen jedoch in der überwiegenden Zahl von Fällen nicht möglich. Zum einen wird das Diskriminierungsmerkmal vom Diskriminierenden nur selten offen gelegt werden, zum anderen erfolgt eine Diskriminierung in vielen Fällen nicht wegen eines bestimmten Merkmals, sondern infolge eines Motivbündels.[1313] Der von der Diskriminierung Betroffene hat zudem in den seltensten Fällen einen Einblick in die Entscheidungsstruktur. Deutlich wird dies beispielsweise bei Auswahlentscheidungen des Arbeitgebers bei Bewerbungen oder Beförderungen. Gesetzliche Begründungspflichten für Entscheidungen in diesem Bereich treffen den Arbeitgeber nur in Ausnahmefällen[1314], für das Merkmal Alter existiert eine solche überhaupt nicht, so dass ein abgelehnter Bewerber nicht nachweisen kann, dass die Entscheidung wegen eines verpönten Merkmals erging.[1315] Deswegen bestimmt § 22 AGG: „Wenn im Streitfall die eine Partei Indizien beweist, die eine Benachteiligung wegen eines in § 1 genannten Grundes vermuten lassen, trägt die andere Partei die Beweislast dafür, dass kein Verstoß gegen die Bestimmungen zum Schutz vor Benachteiligung vorgelegen hat."[1316]

In seinem Anwendungsbereich erfasst § 22 AGG alle Diskriminierungsformen iSd § 3 AGG. Sachlich sind dabei ausweislich des Wortlauts der Vorschrift alle Ansprüche des AGG erfasst.[1317] Dafür spricht die systematische Stellung der Vorschrift sowie der Wortlaut „(...) gegen die Bestimmungen zum Schutz vor Benachteiligung (...)".[1318]

Nach dem Inhalt der Regelung muss der Diskriminierte (Indiz)Tatsachen nachweisen, die eine Benachteiligung wegen des Alters vermuten lassen.[1319] Als nicht ausreichend angesehen zur Begründung der Indizwirkung wurde hierbei die unterbliebene Einladung eines älteren Bewerbers zu einem Vorstellungsgespräch, da es keinen generellen Anspruch eines Bewerbers gebe, zu einem Vorstellungsgespräch eingeladen zu werden.[1320] Die Einzelheiten im Rahmen von § 22 AGG sind, wie bei fast jeder Vorschrift des AGG umstritten. Nachfolgend kann daher nur ein Überblick gegeben werden, wegen der einzelnen Streitfragen ist auf die einschlägige Spezialliteratur zu verweisen.[1321] Beweisen muss der

---

1313 Vgl. *Grobys*, Die Beweislast im Anti-Diskriminierungsprozess, NZA 2006, S. 898.

1314 Vgl. etwa § 81 Abs. 1 SGB IX.

1315 Vgl. *Grobys*, Die Beweislast im Anti-Diskriminierungsprozess, NZA 2006, S. 898 (899).

1316 Vgl. zur ursprünglich abweichenden Fassung der Vorschrift im Gesetzgebungsverfahren *Windel*, Der Beweis diskriminierender Benachteiligungen, RdA 2007, S. 1.

1317 *Grobys*, Die Beweislast im Anti-Diskriminierungsprozess, NZA 2006, S. 898 (899).

1318 Vgl. *Windel*, Der Beweis diskriminierender Benachteiligungen, RdA 2007, S. 1 (7).

1319 Palandt-*Grüneberg*, § 22 AGG Rn. 2.

1320 ArbG Köln, Urteil v. 8. August 2008 – 1 Ca 2076/08

1321 Vgl. etwa *Windel*, Der Beweis diskriminierender Benachteiligungen, RdA 2007, S. 1 ff.; *Grobys*, Die Beweislast im Anti-Diskriminierungsprozess, NZA 2006, S. 898 ff.;

Diskriminierte lediglich eine Ungleichbehandlung, für den Nachweis, dass es sich um eine Ungleichbehandlung wegen des Alters handelt, reicht das Vorbringen von Indizien, welches aus Sicht eines objektiven Dritten auf den Schluss auf eine Ungleichbehandlung wegen des Merkmals zulassen.[1322] Nicht erforderlich ist insbesondere, dass der Betroffene darlegt, die Benachteiligung sei ausschließlich wegen des Alters erfolgt.[1323]

Ist ihm dieser Nachweis gelungen, so muss der Gegner im Wege des Vollbeweises beweisen, dass sein Handeln rechtlich zulässig war. Insoweit verfolgt § 22 AGG das Konzept einer abgestuften Beweislastverteilung. § 22 AGG enthält also keine vollständige Beweislastumkehr noch eine umfassende gesetzliche Vermutung iSd § 292 ZPO.[1324] Die Beweislastumkehr tritt lediglich als Rechtsfolge des § 22 AGG ein. Bei unmittelbaren Diskriminierungen muss der prozessuale Vortrag des Benachteiligten den Schluss auf eine diskriminierende Motivlage des Gegners zulassen, während bei mittelbaren Benachteiligungen der Schluss auf die besondere Betroffenheit erforderlich ist.

Ist der Nachweis im Rahmen des § 22 AGG durch den Verletzten gelungen, so stehen dem mutmaßlichen Verletzer verschiedene Möglichkeiten zur Verteidigung zur Verfügung. So kann er zum einen nachweisen, dass die in Streit stehende Maßnahme nicht im Zusammenhang mit dem Alter als verpöntem Merkmal steht. Er kann weiter nachweisen, dass die Maßnahme nach §§ 8, 9, 10 AGG gerechtfertigt ist. Steht eine mittelbare Benachteiligung in Streit, so steht dem Gegner darüber hinaus noch die Nachweismöglichkeit offen, dass für die Maßnahme ein sachlicher Grund iSd § 3 Abs. 2 AGG besteht.[1325]

Voggenreiter, in: Rudolf/ Mahlmann, Gleichbehandlungsrecht, § 8 Rn. 80 ff.; *Korthaus*, Das neue Antidiskriminierungsrecht, S. 106 f. Streit besteht vor allem hinsichtlich der Europarechtskonformität der Vorschrift wegen des unterschiedlichen Wortlauts von Art. RL 2000/78/EG und § 22 EG: Die Richtlinie fordert eine Beweislastumkehr, wenn der Betroffene Tatsachen glaubhaft macht, die eine Benachteiligung vermuten lassen, während § 22 AGG den Beweis von Indizien verlangt.

1322 Palandt-*Grüneberg*, § 22 AGG Rn. 2; *Beseler/ Georgiou*, AGG, § 22 AGG, S. 215; *Korthaus*, Das neue Antidiskriminierungsrecht, S. 107. Der Vortrag, der Arbeitgeber habe erklärt, er könne eine Bewerbung nicht berücksichtigen, weil die EDV-Kenntnisse des Bewerbers veraltet seien reicht als Indizvortrag nicht aus um die Vermutung des § 22 AGG zu begründen, LAG Köln, Urteil v. 27.08.2008 – 9 Sa 649/08. Auch die Formulierung in einer Stellenanzeige, der Arbeitgeber suche eine/n „jüngere/n" Bewerber löst nicht notwendig die Beweiserleichterung des § 22 AGG aus, vgl. ArbG Kiel, Urteil v. 05.06.2008 – 5 Ca 453 b/08.

1323 *Grobys*, Die Beweislast im Anti-Diskriminierungsprozess, NZA 2006, S. 898 (901).

1324 *Grobys*, Die Beweislast im Anti-Diskriminierungsprozess, NZA 2006, S. 898 (900); *Beseler/ Georgiou*, AGG, § 22 AGG, S. 214.

1325 *Grobys*, Die Beweislast im Anti-Diskriminierungsprozess, NZA 2006, S. 898 (901).

III. Überblick über die Rechtsfolgen bei Diskriminierungen wegen des Alters

Maßnahmen, die gegen das Verbot der Altersdiskriminierungen verstoßen sind gemäß § 7 Abs. 2 AGG unwirksam. Der von der Diskriminierung Betroffene kann in diesem Fall die Gleichbehandlung mit anderen, nicht von der Diskriminierung Betroffener, verlangen. In der Regel bedeutet dies eine Leistungsanpassung nach oben. Die sich aus einer Benachteiligung wegen des Alters ergebenden weiteren Ansprüche des Betroffenen sind für den Bereich des allgemeinen Zivilrechts in § 21 AGG[1326] geregelt. Für das Arbeitsrecht gilt hingegen die besondere Bestimmung des § 15 AGG.

§ 21 Abs. 1 AGG enthält zwei Anspruchsgrundlagen: Ist die Benachteiligung wegen des Alters gegenwärtig, so kann der Betroffene Beseitigung der Beeinträchtigung verlangen, für den Fall künftiger Benachteiligungen steht ein Unterlassungsanspruch zu Verfügung.[1327] § 21 Abs. 1 S. 1 AGG ist auf die Beseitigung des durch die Benachteiligung rechtswidrigen Zustands gerichtet. Der genaue Inhalt des Anspruchs ist also davon abhängig, worin die Beeinträchtigung durch die Benachteiligung liegt. In jedem Fall muss die in der Benachteiligung liegende Persönlichkeitsverletzung behoben werden.

Wird also beispielsweise einer Person die Mitgliedschaft in einem Verein unter Hinweis auf ein bestimmtes Höchst- oder Mindestalter verwehrt, so könnte die betreffende Person über § 21 Abs. 1 AGG Aufnahme in den Verein verlangen. Für die Mitgliedschaft bzw. Mitwirkung in Tarifvertragsparteien sowie Vereinigung, deren Mitglieder einer bestimmten Berufsgruppe angehören oder die eine überragende Machtstellung im wirtschaftlichen oder sozialen Bereich innehat, ist dieser Anspruch in § 18 Abs. 2 AGG spezialgesetzlich geregelt. Allgemeiner formuliert lässt sich über § 21 Abs. 1 S. 1 AGG der Abschluss von Verträgen erzwingen, sofern die Benachteiligung gerade in der Verweigerung des Vertragsabschlusses besteht (sog. Kontrahierungsanspruch) und die weiteren Voraussetzungen erfüllt sind, was sorgfältiger Prüfung bedarf.[1328] Bei § 21 Abs. 1 AGG handelt es sich der Sache nach um einen aus dem allgemeinen Zivilrecht bekannten quasinegatorischen Anspruch (vgl. § 1004 BGB). Der Anspruch besteht verschuldensunabhängig, auch das Bewusstsein der Rechtswidrigkeit des Handelnden ist nicht erforderlich. Der Einwand einer Person, sie habe ihr Verhalten für erlaubt gehalten, ist damit nicht erheblich.

1326 § 21 AGG setzt die Verpflichtung der Mitgliedstaaten aus Art. 15 RL 2000/43/EG und Art. 14 RL 2004/113/EG um, ein Sanktionssystem zu schaffen, dass „(...) wirksam, verhältnismäßig und abschreckend (...)" ist.

1327 Vgl. zu den Tatbestandsvoraussetzungen ausführlich *Gaier/ Wendtland*, AGG, § 4 Rn. 187 ff. Der Anspruch ist damit den zivilrechtlichen Ansprüchen der §§ 12, 1004 BGB vergleichbar.

1328 *Gaier/ Wendtland*, AGG, § 4 Rn. 194; a.A. *v. Koppenfels*, Das Ende der Vertragsfreiheit?, WM 2002, S. 1489 (1495).

§ 21 Abs. 2 S. 1 AGG enthält einen Schadensersatzanspruch, sofern der Benachteiligende die Benachteiligung zu vertreten hat. Nach den allgemeinen Regelungen der §§ 249 ff. BGB ist der von der Benachteiligung Betroffene so zu
stellen, wie er gestanden hätte, wenn die Benachteiligung nicht erfolgt wäre.
Weiterhin normiert § 21 Abs. 2 S. 3 AGG einen Schadensersatzanspruch für
immaterielle Schäden (Schmerzensgeld). Die Regelung war deswegen erforderlich, da nach § 253 Abs. 1 BGB eine Entschädigung in diesen Fällen nur bei
ausdrücklicher gesetzlicher Anordnung verlangt werden kann.[1329] Gemäß § 21
Abs. 5 AGG müssen die Ansprüche binnen 2 Monaten ab Anspruchsentstehung
geltend gemacht werden.

Für das Arbeitsrecht existieren mit § 15 AGG zwei besondere Anspruchsgrundlagen. § 15 Abs. 1 AGG verpflichtet den Arbeitgeber Vermögensschäden
zu ersetzen, die dem von der Ungleichbehandlung Betroffenen entstanden sind,
sofern er die Diskriminierung zu vertreten hat und zwischen Diskriminierung
und Schaden ein Zurechnungszusammenhang besteht.[1330]

Ob das Erfordernis des Vertretenmüssens europarechtlich zulässig ist, wird
nicht einhellig beurteilt. So wird im Lichte der Entscheidung des EuGH in der
Rechtssache Dekker, in der der Gerichtshof urteilte, dass die Haftung wegen einer Diskriminierung nicht von dem Nachweis des Verschuldens abhängig sei,
vertreten, dass auch das Verschuldenserfordernis in § 15 Abs. 1 AGG europarechtswidrig sei.[1331] Hierfür spreche auch die Entscheidung in der Rechtssache
Draehmpaehl.[1332]

Zwar betrafen beide Entscheidungen lediglich den Fall einer benachteiligen-
den Nichteinstellung, so dass man den Verzicht auf das Verschuldenserfordernis
auf diese spezielle Fallgruppe beschränken könnte. Hiergegen spricht jedoch,
dass der Gerichtshof in der Entscheidung Dekker seine Formulierungen nicht
beschränkt hat, sondern allgemein formuliert. Die Entscheidung betraf die RL
76/207/EG, die in ihrem Anwendungsbereich sämtliche Arbeitsbedingungen
erfasste.

§ 15 Abs. 2 AGG erfasst demgegenüber den Ersatz immaterieller Schäden.
Die Vorschrift ist lex specialis zu § 253 BGB und gilt unabhängig von einem
Vertretenmüssen. Nach § 15 Abs. 4 AGG müssen die Ansprüche nach § 15 Abs.

1329 Das Schmerzensgeld gilt dem Genugtuungsinteresse des Geschädigten, vgl. BT-
     Drucks. 16/1780, S. 46. Es soll einen Ausgleich für die durch die Benachteiligung er-
     littene Persönlichkeitsrechtsverletzung gewähren. Das Verschuldenserfordernis bezieht
     sich sowohl auf den Anspruch auf Ersatz des Vermögensschadens, als auch auf den
     Ersatz von Nichtvermögensschäden, vgl. *Rühl/ Viethen/ Schmid*, AGG, Kap. IV,
     S. 158; *Gaier/ Wendtland*, AGG, § 4 Rn. 232.
1330 Vgl. hierzu LAG Köln, Beschluss v. 10. Februar 2010 - 5 Ta 408/09 wonach die Er-
     satzpflicht ausgeschlossen ist, wenn der Bewerber für die zu besetzende Stelle offen-
     sichtlich ungeeignet ist.
1331 *Voggenreiter*, in Rudolf/ Mahlmann, Gleichbehandlungsrecht, § 8 Rn. 57.
1332 EuGH, Rs. C-180/95, *Draehmpaehl*, NZA 1997, S. 645 ff.

1 und Abs. 2 AGG innerhalb einer Frist von zwei Monaten nach Empfang der Ablehnung geltend gemacht werden.[1333] Hinzuweisen ist letztlich auf § 15 Abs. 6 AGG, wonach der Anspruch des Betroffenen nicht die Begründung eines Arbeitsverhältnisses umfasst. Die Problematik des Kontrahierungszwangs stellt sich wegen dieser ausdrücklichen Anordnung für den Bereich des Arbeitsrechts damit nicht. In § 18 Abs. 2 AGG finden sich Ansprüche auf Mitgliedschaft und Mitwirkung in Tarifvertragsparteein und anderen Vereinigungen, deren Mitglieder einer bestimmten Berufsgruppe angehören oder die eine überragende Machtstellung im wirtschaftlichen oder sozialen Bereich innehaben und ein grundlegendes Interesse am Erwerb der Mitgliedschaft besteht. Wer wegen eines in § 1 AGG genannten Diskriminierungsmerkmals nicht in eine solche Vereinigung aufgenommen wurde, hat gegen die jeweilige Vereinigung einen Anspruch auf Abgabe einer Willenserklärung der Vereinigung auf Mitgliedschaft, soweit die übrigen Voraussetungen der Mitgliedschaft erfüllt sind.[1334] Demgegenüber geht es bei dem Anspruch auf Mitwirkung um die Duldung eines bestimmten Verhaltens oder die Unterlassung von Behinderungen einer bestimmte Mitwirkungshandlung.[1335]

Wie aus § 32 AGG folgt, sind in Fällen, in denen das AGG keine besonderen Regelungen über Ansprüche des Betroffenen oder Rechtsfolgen vorsieht, die allgemeinen Regelungen des Arbeitsrechts und des BGB anwendbar. Dies gilt im Besonderen für die auf Unterlassung oder Beseitigung der Benachteiligung gerichteten Ansprüche.

Hinsichtlich der Rechtsfolgen, die das AGG im Falle von Benachteiligungen wegen des Alters (wie auch der anderen Diskriminierungsmerkmale) vorsieht, ist zusammenfassend festzustellen, dass sie sie sich das Anspruchssystem des deutschen Zivilrechts grds. einfügen und bei genauerer Betrachtung lediglich Konkretisierungen bzw. Modifizierungen bereits bekannter Ansprüche darstellen.[1336]

1333 Das LAG Hamburg hat mit dem EuGH mit Beschluss v. 3. Juni 2009 – Az. 5 Sa 3/09 die Frage der Vereinbarkeit der Ausschlussfrist mit dem Gebot des effektiven Rechtsschutzes, dem Verbot der Altersdiskriminierung und dem Verschlechterungsverbot des Art. 8 RL 2000/78/EG vorgelegt, da im nationalen Recht gleichwertige Ansprüche existierten, die eine dreijährige Verjährungsfrist vorsehen (u.a. §§ 280 ff,, 823 ff. BGB), vgl. dazu *Hanau*, Die Europäische Grundrechtecharta – Schein und Wirklichkeit im Arbeitsrecht, NZA 2010, S. 1 (5).

1334 *Roloff*, in: Rolfs/ Giesen/ Kreikebohm/ Udsching, BeckOK AGG, Ed. 17 (1.9.2010) § 18 Rn. 5.

1335 *Roloff*, in: Rolfs/ Giesen/ Kreikebohm/ Udsching, BeckOK AGG, Ed. 17 (1.9.2010) § 18 Rn. 5.

1336 *Gaier/ Wendtland*, AGG, § 4 Rn. 185.

IV. Insbesondere: Der Kontrahierungsanspruch

Die Frage eines Kontrahierungsanspruchs im Falle von Diskriminierungen war eine der Hauptkontroversen im Rahmen des Gesetzgebungsverfahrens des AGG. Europarechtliche Vorgaben hinsichtlich eines Kontrahierungsanspruchs finden sich weder in der Rahmenrichtlinie noch in der Rechtsprechung des EuGH zum primärrechtlichen Verbot der Altersdiskriminierung.

Bei der Frage geht es darum, ob eine Person, der wegen eines Diskriminierungsmerkmals der Abschluss eines bestimmten Vertrages verweigert wurde, diesen gerichtlich erzwingen kann. Die privatrechtliche Handlungsfreiheit beim Abschluss von Verträgen wurde und wird in ihrer Gestaltungsfreiheit durch § 138 Abs. 1 BGB und § 826 BGB begrenzt. Ein Rechtsgeschäft das gegen die guten Sitten verstößt ist nichtig und derjenige, der einem anderen vorsätzlich einen Schaden zufügt, ist diesem zum Ersatz des Schadens verpflichtet. Der Begriff der guten Sitten in § 138 Abs. 1 BGB ist dabei normativ geprägt. Bestandteil dieser Prägung sind auch Regelungen des Antidiskriminierungsrechts. Im Kern geht es bei der Diskussion um einen Kontrahierungszwang als Rechtsfolge einer ungerechtfertigten Diskriminierung um die Frage des Verhältnisses zwischen der allgemeinen Handlungsfreiheit in Form der Privatautonomie durch wirtschaftliche Betätigung und Gleichheitsgewährleistungen.[1337] Im ursprünglichen Gesetzesentwurf war eine eigene Regelung hinsichtlich eines Anspruchs auf Abschluss von Verträgen im Falle von Diskriminierungen vorgesehen.[1338] Nach intensiver Diskussion und Kritik, insbesondere in der Literatur[1339], wurde letztlich auf die Aufnahme der Vorschrift in das AGG verzichtet. Angesichts der Tatsache, dass die verworfene Vorschrift keine allgemeine Kodifizierung eines Anspruchs auf Abschluss eines Vertrages dargestellt hätte, sondern den Kontrahierungsanspruch lediglich als eine mögliche Rechtsfolge aus dem Schadenser-

---

1337 Vgl. dazu ausführlich vor dem Hintergrund von Antidiskriminierungsrecht im Allgemeinen, *Baer*, Ende der Privatautonomie oder grundrechtlich fundierte Rechtsetzung, ZRP 2002, S. 290 ff. Grundlegend zum Kontrahierungszwang und der historischen Entwicklung *Bydlinski*, Zu den Grundfragen des Kontrahierungszwanges, AcP 180 (1980), S. 1 ff. sowie *Kilian*, Kontrahierungszwang und Zivilrechtssystem, AcP 180 (1980), S. 47 ff.

1338 § 22 Abs. 2 ADG-E; vgl. auch amtl. Begr., BT-Drucks. 15/4538, S. 43. Dort hieß es: „Im Falle einer Vertragsverweigerung kann der Benachteiligte den Abschluss eines Vertrages nur verlangen, wenn dieser ohne Verstoß gegen das Benachteiligungsverbot erfolgt wäre."

1339 Vgl. nur *Adomeit*, Diskriminierung – Inflation eines Begriffs, NJW 2002, S. 1622 (1623); *Picker*, Antidiskriminierungsgesetz, JZ 2002, S. 880 (881); *Braun*, Der Diskussionsentwurf eines zivilrechtlichen Antidiskriminierungsgesetzes, AnwBl. 2002, S. 569 (572); *Thüsing*, Richtlinienkonforme Auslegung und unmittelbare Geltung von EG-Richtlinien, NJW 2003, S. 3441 (3445) zur Frage, ob die Kodifizierung eines Kontrahierungszwangs zur genügenden Richtlinienumsetzung erforderlich ist.

satzrecht[1340] bzw. einem quasinegatorischen Folgenbeseitigungsanspruch festgelegt hätte, sind die Reaktionen als bemerkenswert zu bezeichnen. Nach ersterem ist der Geschädigte auf der Rechtsfolgenseite gem. § 249 Abs. 1 BGB so zu stellen, wie er stünde, wenn das schädigende Verhalten (die Diskriminierung) unterblieben wäre. Wenn dieses schädigende Verhalten nun gerade in der Verweigerung eines Vertragsschlusses liegt, kommt als Schadensersatzanspruch grds. auch der Abschluss des Vertrages in Betracht.[1341] Hinsichtlich zweiterem kann der Betroffene die Beseitigung der Beeinträchtigung verlangen: Liegt diese in der Verweigerung des Vertragsschlusses, so kommt zur Beseitigung der Abschluss des entsprechendes Vertrages in Betracht.

Zwar mag der Einwand, dass es bei Diskriminierungen nicht grds. um die Versperrung eines Marktzutritts geht, sondern die persönliche Herabwürdigung des Betroffenen im Vordergrund steht und insofern ein Anspruch auf Abschluss eines Vertrages keine zwingende Kompensation, neben dem Ersatz des immateriellen Schadens, darstelle[1342], eine gewisse Berechtigung haben. Jedoch sind auch faktische Wirkungen zu berücksichtigen.[1343] Derjenige, der sich wiederholt Diskriminierungen ausgesetzt sieht wird in der Regel versuchen, diesen aus dem Weg zu gehen. Im Extremfall kann sich, sofern es sich nicht um existenzielle Vertragsschlüsse handelt, eine Diskriminierung damit faktisch wie eine Marktzutrittsverweigerung auswirken, wenn der Betroffene in Folge der Diskriminierungen von einer Güterbeschaffung absieht. Aus dem Umstand, dass ein Kontrahierungsanspruch letztlich nicht ausdrücklicher Bestandteil des AGG geworden ist, können jedenfalls keine Rückschlüsse über die Zulässigkeit oder Unzulässigkeit eines Kontrahierungsanspruchs gezogen werden.[1344]

Die Antwort ist, wie bisher, nach allgemeinen (zivil)rechtlichen Grundsätzen, ggf. unter Berücksichtigung europäische Vorgaben zu beantworten, wobei einiges für eine Herleitung aus dem verschuldensunabhängigen Unterlassungsanspruch spricht.

Allerdings ist für einen Kontrahierungsanspruch als Rechtsfolge zu fordern, dass der Vertrag inhaltlich konkret feststand, also Leistung und Gegenleistung sowie die weiteren essentialia, die sich aus der Natur des jeweiligen Schuldver-

---

1340 Darstellung bei *Neuner*, Diskriminierungsschutz durch Privatrecht, JZ 2003, S. 57 (61) mwN; ebenso *Thüsing*, Richtlinienkonforme Auslegung und unmittelbare Geltung von EG-Richtlinien, NJW 2003, S. 3441 (3445); krit. *Paulus/ Zenker*, Grenzen der Privatautonomie, JuS 2001, S. 1 (5).

1341 So auch BGHZ 21, S. 1 (6 ff.), bei einem Verstoß gegen § 826 BGB.

1342 Vgl. *Armbrüster*, Antidiskriminierungsgesetz – Ein neuer Anlauf, ZRP 2005, S. 41 (43).

1343 Vgl. für den Bereich des Arbeitsrechts *Körner*, Europäisches Verbot der Altersdiskriminierung in Beschäftigung und Beruf, NZA 2005, S. 1395 (1396).

1344 So aber *Bachmann*, Kontrahierungspflichten im privaten Bankrecht, ZBB 2006, S. 257 (266), wohl auch *Maier-Reimer*, Das Allgemeine Gleichbehandlungsgesetz im Zivilrechtsverkehr, NJW 2006, S. 2577 (2582).

hältnisses ergeben.[1345] Denn nur in diesem Fall kann die Diskriminierung ohne weiteres für die Verweigerung des Vertragsschlusses als ursächlich in Frage kommen.[1346] Auf europäischer Ebene finden sich weder in den Antidiskriminierungsrichtlinien noch auf primärrechtlicher Ebene diesbezügliche Vorgaben. Art. 17 S. 2 RL 2000/78/EG verlangt lediglich, dass Sanktionen wegen einer Diskriminierung aus Gründen des Alters wirksam, verhältnismäßig und abschreckend sein müssen.[1347] Die konkrete Festlegung von Sanktionen in diesem Rahmen bleibt damit, dem Subsidiaritätsprinzip entsprechend, den einzelnen Mitgliedstaaten überlassen.

Ein Kontrahierungsanspruch kommt nach dem AGG zunächst dann in Betracht, wenn durch eine Benachteiligung wegen des Alters unmittelbar ein benachteiligender Zustand geschaffen wird, der noch andauert. Erfolgt die Benachteiligung durch die Verweigerung eines Vertragsabschlusses, mithin ein Unterlassen, so kann, sofern eine Handlungspflicht des Vertragspartners besteht, der Anspruch aus § 21 Abs. 1 S. 2 AGG auf Abschluss des in Frage stehenden Vertrages gerichtet sein, wenn das Zustandekommen des Vertrages für die Beseitigung des diskriminierenden Zustandes erforderlich ist.[1348] Die erforderliche Handlungspflicht ergibt sich hierbei aus dem Verbot der Diskriminierung wegen des Alters aus § 19 AGG.

Die Kritik, ein derartiger Kontrahierungszwang verletzte fundamentale Grundsätze der Rechtsordnung, insbesondere den der Privatautonomie, ist bei näherer Betrachtung unbegründet. So ist die Rechtsfolge eines Kontrahierungszwangs dem deutschen Recht nicht grds. fremd[1349], wenn auch freilich für den Bereich des Diskriminierungsrechts nicht von einer Anerkennung eines solchen Anspruchs gesprochen werden kann.[1350]

Ein Kontrahierungsanspruch existiert beispielsweise im Bereich der Teilzeitarbeit. § 8 TzBfG gibt dem Arbeitnehmer unter bestimmten Voraussetzun-

1345 Vgl. *Rühl/ Viethen/ Schmid*, AGG, Kap. IV, S. 152.

1346 Eine Ausnahme gilt diesbezüglich hinsichtlich des Bereichs des Arbeitsrechts, da § 15 Abs. 6 AGG explizit festlegt, dass ein Kontrahierungsanspruch iSe eines Anspruchs auf Abschluss eines Arbeitsvertrages oder eines Beförderungsanspruchs ausgeschlossen ist.

1347 Dazu ausführlich *Armbrüster*, Sanktionen wegen Diskriminierung, KritV 2005, S. 41 ff.

1348 Vgl. *Gaier/ Wendtland*, AGG, § 4 Rn. 208. Dass grundsätzlich das Unterlassen eines Vertragsschlusses als Schädigung angesehen werden kann wurde bereits 1920 von *Nipperdey*, Kontrahierungszwang und diktierter Vertrag, S. 57 ff. aufgezeigt.

1349 Vgl. *Bezzenberger*, Ethnische Diskriminierungen, Gleichheit und Sittenordnung im bürgerlichen Recht, AcP 196 (1996), S. 395 (404 f.); vgl auch *Paulus/ Zenker*, Grenzen der Privatautonomie, JuS 2001, S. 1 (5).

1350 So zutreffend *Armbrüster*, Sanktionen wegen Diskriminierung, KritV 2005, S. 41 (42) mwN. Grundlegend zum Kontrahierungsanspruch schon *Bydlinski*, Kontrahierungsanspruch und Anwendung allgemeinen Zivilrechts, JZ 1980, S. 378 ff.

gen einen Anspruch Verringerung der im Arbeitsvertrag festgelegten Arbeitszeit. Dieser Anspruch ist auf die Abgabe der zustimmenden Willenserklärung des Arbeitgebers zu einer Vertragsänderung gerichtet. Dogmatisch unterwirft das TzBfG den Arbeitgeber damit einem gesetzlichen Kontrahierungszwang.[1351] Eine Handlungspflicht zum Unterlassen von Diskriminierungen wegen des Alters lässt sich auch aus der Werteordnung des Grundgesetzes herleiten. Nach ständiger Rechtsprechung des Bundesverfassungsgerichts[1352] hat die Anwendung und Auslegung von (privatrechtlichen) Normen im Lichte der Grundrechte zu erfolgen. Diese Ausstrahlungswirkung der Grundrechte soll auf einfachrechtlicher Ebene die Herstellung von Zuständen gewährleisten, die sowohl ideell als auch materiell mit der Verfassung in Einklang stehen. Dass vor diesem Hintergrund ein Kontrahierungsanspruch in Betracht kommt ist für Diskriminierungen aus Gründen der Rasse bereits anerkannt worden.[1353] Es sind keine Gründe ersichtlich diesen auf rassistische Diskriminierungen zu beschränken. Wie sich aus Art. 3 Abs. 2 und Abs. 3 GG ergibt, verbietet das Grundgesetz gleichermaßen eine Diskriminierung aus Gründen des Geschlechts, der Religion und der Behinderung.[1354] Zwar wird das Merkmal Alter, ebenso wie die sexuelle Identität in Art. 3 Abs. 2 und Abs. 3 GG nicht ausdrücklich genannt. Hieraus kann jedoch nicht geschlossen werden, dass eine Diskriminierung aus diesen

---

1351 *Bayreuther*, in: Rolfs/ Giesen/ Kreikebohm/ Uelsding, TzBfG, § 8 Rn. 9. Auch in anderen Rechtsbereichen finden sich Regelungen über einen Kontrahierungszwang, die freilich engen Voraussetzungen unterliegen. Es handelt sich um grds. um Fälle, in denen ein marktbeherrschender Anbieter einem Interessenten gegenübersteht, der auf die Leistung (existenziell) angewiesen ist, vgl. etwa §§ 10 Abs. 1 EnWG; 22 PBefG; 8 PostG; 5 PflVersG; 87 Abs. IV UrhG; 20 GWB; ausführlich dazu *Busche*, Privatautonomie und Kontrahierungszwang, S. 299 ff.

1352 Vgl. grundlegend BVerfGE 7, S. 198 (206 f.); 84, S. 192 (195).

1353 Vgl. *Bezzenberger*, Ethnische Diskriminierung, Gleichheit und Sittenordnung im bürgerlichen Recht, AcP 196 (1996), S. 395 (429 f.); Staudinger/ Bork (2003), vor §§ 145 ff. BGB Rn. 24: Abgeleitet wird dieser Kontrahierungsanspruch aus Art. 1 GG iVm Art. 3 Abs. 3 GG, der die Wertenscheidung enthalte, dass die Verweigerung des Vertragsschlusses unter der Werteordnung des Grundgesetzes sittenwidrig sei.

1354 Eine Rechtfertigung eines Kontrahierungszwangs mithilfe der Grundrechte lehnt *Jestaedt* demgegenüber ab. Nach seiner Auffassung stützt sich die Zulässigkeit eines Kontrahierungsanspruchs auf ein Marktversagen, infolgedessen das Interessenausgleichsmodell des Vertrages leer läuft. Daraus resultiere für existenznotwendige Güter eine Pflicht des Gemeinwesens entsprechende Maßnahmen zu ergreifen, vgl. *Jestaedt*, Diskriminierungsschutz und Privatautonomie, VVDStRL 64 (2005), S. 298 (343); zweifelnd hinsichtlich einer Rechtfertigung mithilfe des Gleichheitssatzes auch *Ruffert*, Vorrang der Verfassung und Eigenständigkeit des Privatrechts, 2001, S. 183 f.; restriktiv auch *Bäuerle*, Vertragsfreiheit und Grundgesetz, S. 403, der eine diskriminierungsspezifische Gesetzgebung bei funktionierenden Marktbedingungen unter Gleichheitsgesichtspunkten für nicht erforderlich hält. Eine Kompensation übermäßiger Marktmacht komme unter engen Voraussetzungen nur unter Freiheitsgesichtspunkten in Betracht.

Gründen deswegen von der Verfassung gebilligt würde. Insofern ist anerkannt, das der allgemeine Gleichheitssatz des Art. 3 Abs. 1 GG Anwendung findet. Für Ungleichbehandlungen aus Altersgründen ist dieser mit einem strengen Maßstab anzuwenden, dies ergibt sich aus dem engen Bezug des Alters einer Person zu ihrem allgemeinen Persönlichkeitsrecht[1355] und damit der Menschenwürde. Jemand, der die ihm verfassungsrechtlich garantierte Vertragsfreiheit[1356], die als Haupterscheinungsform der Privatautonomie das Recht des Einzelnen umfasst, frei zu entscheiden, ob und mit wem er einen Vertrag abschließen will und welchen Inhalt der Vertrag haben soll, bewusst gegen die genannten Grundwerte der Verfassung wendet, muss mit Einschränkungen seiner Rechtsposition rechnen. Eine Hierarchie der Diskriminierungsmerkmale ist abzulehnen.[1357] Auch das Argument, dass dem von einer Diskriminierung betroffenen kein Schaden drohe, weil er auf andere zumutbare Angebote zugreifen könne ist abzulehnen. Beim Kontrahierungsanspruch geht es auch um die Sanktionierung eines widerrechtlichen Verhalts. Dem Betroffenen kann jedoch keine Duldungspflicht auferlegt werden, indem man ihn auf andere Vertragsschlussmöglichkeiten verweist.

Aus dieser Einordnung des Kontrahierungsanspruchs als eine mögliche Rechtsfolge des Abwehranspruchs aus § 21 Abs. 1 AGG ergeben sich auch seine Voraussetzungen. Zunächst muss, wie bei anderen Ansprüchen des AGG auch, ein objektiver Verstoß gegen das Benachteiligungsverbot wegen des Alters vorliegen. Dieser Verstoß muss weiter für das Nichtzustandekommen des Vertrages kausal gewesen sein. Erforderlich ist also, dass der Vertrag ohne das diskriminierende Verhalten tatsächlich zustande gekommen wäre, wobei der Anspruchssteller darlegungs- und beweislastpflichtig ist. Bei den von §§ 19 ff. AGG erfassten Massengeschäften (Einzelhandel, Werk- oder Dienstleistungen)

1355 Vgl. dazu BVerfGE 60, S. 123 (134); 88, S. 87 (97).
1356 BVerfGE 88, S. 384 (403); 89, S. 48 (61); 103, S: 197 (215).
1357 *Liebscher*, Antidiskriminierungskultur?, STREIT 2005, S. 100 (105); dies entspricht der Konzeption der RL 2000/78/EG sowie auch Art. 13 EG, vgl. Vorschlag für eine Richtlinie des Rates zur Festlegung eines allgemeinen Rahmens für die Verwirklichung der Gleichbehandlung in Beschäftigung und Beruf, KOM (1999) 565 endg., S. 7: „Der Verzicht auf die Festlegung einer qualitativen Hierarchie ist von besonderer Bedeutung, wenn es um Fälle mehrfacher Diskriminierung geht und entspricht dem Aufbau und dem offenkundigen Zweck von Artikel 13." A.A. *Meyer*, Das Diskriminierungsverbot des Gemeinschaftsrechts, S. 31 f., der von einer mehrfach abgestuften Wertigkeit der primärrechtlichen Diskriminierungsverbote ausgeht. Maßstab für die Beurteilung der Wertigkeit soll die Regelungsdichte des jeweiligen Diskriminierungsverbots sein. Auf dieser Grundlage kommt er zu folgendem Rangverhältnis, welches im Rahmen der Verhältnismäßigkeitsprüfung einer Rechtfertigung bei der Strenge des Prüfungsmaßstabs Berücksichtigung finden soll: Art. 18 AEUV (ex. Art. 12 EG), Art. 157 Abs. 1 AEUV (ex. Art. 141 Abs. 1 EG) (erste Stufe); Art. 157 Abs. 3, Abs. 4 AEUV (zweite Stufe); Gebot der allgemeinen Geschlechtergleichbehandlung (dritte Stufe); allgemeiner Gleichheitssatz (vierte Stufe); sekundärrechtliche Diskriminierungsverbote auf Grundlage des Art. 19 AEUV (fünfte Stufe).

wird dieser Nachweis in der Regel keine Schwierigkeiten bereiten, da diese regelmäßig nicht durch ein Verknappung gekennzeichnet sind und sich der Anbieter damit grds. nicht vor eine Entscheidung gestellt sieht. Differenziert er dennoch wegen eines verpönten Merkmals, so kann die Kausalität nur schwer bezweifelt werden: Damit entscheidet bereits die Absicht des Abschlusses von Rechtsgeschäften faktisch über das Vorliegen der Kausalität.[1358]

Ein Nichtzustandekommen des Vertrages im genannten Sinn liegt auch im Fall einer sog. qualifizierten Vertragsverweigerung vor, mithin dann, wenn der Vertragspartner den betreffenden Vertrag mit Personen eines bestimmten Alters zu ungünstigeren Konditionen als mit Personen anderer Altersklassen abschließt. Ein Verschulden setzt der Anspruch nicht voraus.[1359]

In abgeschwächter Form kann ein Kontrahierungsanspruch darüber hinaus auch bei gerechtfertigten Ungleichbehandlungen in Betracht kommen. Liegt bei einer festgestellten Ungleichbehandlung ein sachlicher Grund vor, so ist diese im Grundsatz zwar gerechtfertigt. Der von der Ungleichbehandlung Betroffene hat grds. keine Möglichkeit das in Frage stehende Rechtsgeschäft abzuschließen.

Dieses Alles-oder-Nichts-Prinzip kann in Ausnahmefällen jedoch zu nicht sachgerechten Ergebnissen führen. Dies kommt vor allem in Fällen in Betracht, in denen eine Person zwar (abstrakt) ein zulässiges Unterscheidungsmerkmal aufweist, der Grund der Ungleichbehandlung jedoch durch eine geringfügige Vertragsmodifikation behoben werden kann. Ziel der Rechtfertigungsnormen ist nicht ein starres Beibehalten von abstrakten Unterscheidungsmerkmalen, wenn im konkreten Fall aus Sicht eines objektiven Betrachters dieses Merkmal durch eine geringfügige Korrektur, die sich nahezu aufdrängt, behoben werden kann. Es ist jedoch zu betonen, dass hierbei Zurückhaltung geboten ist: Voraussetzung ist zunächst, dass den Interessen des Leistenden, also desjenigen, der (gerechtfertigt) ungleich behandelt, gewahrt bleiben. Dies ergibt sich daraus, dass ihm grds. der Rechtfertigungsgrund des § 20 AGG zur Seite steht, der seinerseits Motive festlegt, die gesetzlich anerkannt sind und von der Rechtsordnung gebilligt werden. Diese gesetzliche Wertung darf nicht umgangen werden. Auch ist zu berücksichtigen, dass bei Massengeschäften auf eine Standardisierung nicht verzichtet werden kann.[1360] Die Korrektur darf diesen Charakter des Massengeschäfts nicht verändern, da andernfalls der Anwendungsbereich des AGG nicht eröffnet wäre, mithin das Benachteiligungsverbot nicht einschlägig wäre.[1361] Es kann prognostiziert werden, das solche Ausnahmen wohl eher selten sein werden: Sie kommen nur dann in Betracht, wenn dem Leistenden eine entsprechende Abweichung vom standardisierten Vertrag zumutbar ist, wobei an diese Zu-

1358 Vgl. *Gaier/ Wendtland*, AGG, § 4 Rn. 214.

1359 Zu den weiteren Voraussetzungen der hinreichenden Bestimmtheit des angestrebten Vertrages und fehlender Unmöglichkeit vgl. *Gaier/ Wendtland*, AGG, § 4 Rn. 215 ff.

1360 Amtl. Begr. BR-Drucks. 329/06, S. 46.

1361 Vgl. *Gaier/ Wendtland*, AGG, § 2 Rn. 99.

mutbarkeit hohe Anforderungen zu stellen sind. Dies folgt nicht zuletzt aus der zivilrechtlichen und verfassungsrechtlich gewährleisteten Privatautonomie. Sie kommt daher nur dann in Betracht, wenn sich dem Leistenden ohne eingehende Prüfung seiner Vertragsmodalitäten eine Ausnahme geradezu aufdrängen musste und diese ohne großen Mehraufwand sofort zu realisieren ist.[1362]

E. Alter und Arbeitsrecht

In der Realität des deutschen[1363] Arbeitsmarktes spielt das Alter und Fragen der Diskriminierung wegen des Alters eine herausragende Rolle. Sie lassen sich, folgt man dem klassischen Ablauf eines Arbeitsverhältnisses, einteilen in die Rolle, die das Alter bei Beginn bzw. Begründung eines Arbeitsverhältnisses, bei dessen Durchführung und letztlich bei dessen Beendigung spielt.

So tauchte das chronologische Alter bei der Begründung eines Arbeitsverhältnisses bisher bereits bei Stellenanzeigen auf, sowohl in Form von Mindest- als auch Höchstaltersgrenzen. Auch das vom EuGH behandelte Problem der sachgrundlosen Befristung von Arbeitsverhältnissen älterer Arbeitnehmer ist hier zu erwähnen. Beim Vollzug des Arbeitsverhältnisses spielt das Alter z.B. bei der Staffelung des Entgelts oder der Gewährung von Zusatzurlaub eine Rolle. In der Beendigungsphase eines Arbeitsverhältnisses schließlich werfen neben Altergrenzenregelungen auch die Gewährung von Sonderstellungen älterer Arbeitnehmer Probleme auf, etwa hinsichtlich der Aufstellung von Sozialplänen oder im Bereich des Kündigungsschutzes. § 7 Abs. 1 AGG normiert für den arbeitsrechtlichen Bereich das Verbot der Diskriminierung von Beschäftigten wegen des Alters. Hinsichtlich der Formen der Diskriminierungen kann auf die bisherigen Ausführungen verwiesen werden, so dass im Folgenden lediglich auf Besonderheiten eingegangen werden wird, bevor praktische Anwendungsfälle des Verbots der Altersdiskriminierung untersucht werden sollen.

Wie zu zeigen sein wird, führt das AGG in Umsetzung der europäischen Richtlinienvorgaben in diesem Bereich zu gewichtigen Änderungen. Altersbedingten Vorurteilen, die in engem Zusammenhang zum Defizitmodell des Alters stehen, ist mit dem Verbot der Altersdiskriminierung in Beschäftigung und Beruf weitgehend die Grundlage entzogen worden, um bestimmte Maßnahmen im Arbeitsalltag zu rechtfertigen. Das Paradigma des Abbaus der physischen und psychischen Leistungsfähigkeit oder dem Rückgang der Lernfähigkeit mit zunehmendem Alter und sich daraus ergebenden offenen und verdeckten Benachteiligungen[1364] von Arbeitnehmern steht damit grds. unter einem Rechtfertigungszwang.

1362 Vgl. *Gaier/ Wendtland*, AGG, § 2 Rn. 100.

1363 Einen Überblick über Altersregelungen im italienischen Arbeitsrecht liefert *Hein*, Antidiskriminierung, NZA 2008 (Beil. Heft 2), S. 82 (89 f.).

1364 Als in der Vergangenheit beschriebene Ungleichbehandlungen seien hier beispielhaft genannt die alterselektive Personalrekrutierungspolitik von Unternehmen, die Un-

Das AGG enthält in den §§ 6 bis 10 AGG besondere Regelungen über den persönlichen Anwendungsbereich auf dem Gebiet des Arbeitsrechts. §§ 11 und 12 enthalten darüber hinaus besondere Pflichten für den Arbeitgeber bezogen auf die diskriminierungsfreie Stellenausschreibung. Neben diesen besonderen Regelungen bleiben die allgemeinen Reglungen des AGG hinsichtlich des sachlichen Anwendungsbereichs und der möglichen Rechtsfolgen im Falle einer Diskriminierung grds. anwendbar. Im persönlichen Anwendungsbereich erfasst das AGG nach der Legaldefinition des § 6 Abs. 1 AGG alle Beschäftigten. Als Beschäftigte gelten Arbeitnehmer, zur Berufsbildung Beschäftigte und arbeitnehmerähnlich Personen. Nicht erfasst sind damit Personen, die aufgrund eines selbstständigen Dienstvertrages oder Werkvertrages tätig werden.[1365] Für öffentlich-rechtliche Dienstverhältnisse gilt das AGG nach Maßgabe des § 24 AGG entsprechend.

I. Alter und allgemeiner arbeitsrechtlicher Gleichbehandlungsgrundsatz

Der allgemeine arbeitsrechtliche Gleichbehandlungsgrundsatz untersagt die Schlechterstellung von Arbeitnehmern ohne sachlichen Grund in vergleichbaren Situationen, sowie die sachgrundlose Ungleichbehandlung zwischen verschiedenen Arbeitnehmern einer bestimmten Ordnung. Inhaltlich geht es damit um Normanwendungsgleichheit.[1366] Die Herleitung des arbeitsrechtlichen Gleichbehandlungsgrundsatzes, der gesetzlich nicht festgelegt ist, wird nicht einheitlich beurteilt. Über seine grds. Geltung besteht jedoch Einigkeit.[1367] Nach der Recht-

---

gleichbehandlung bei betrieblichen Fort- und Weiterbildungsmaßnahmen, Kalküle bei Personalentscheidungen, vgl. *Naegele*, Verrentungspolitik und Herausforderungen des demographischen Wandels, in: Cranach/ Schneider/ Ulich/ Winkler, Ältere Menschen im Unternehmen, S. 189 ff.

1365 Eine Ausnahme enthält insoweit nur § 6 Abs. 3 AGG: Für diese Personen gelten die arbeitsrechtlichen Vorschriften des AGG entsprechend, sofern es um die Bedingungen für den Zugang zur Erwerbstätigkeit sowie den beruflichen Aufstieg geht. Ausführlich zur Anwendbarkeit des Verbots der Altersdiskriminierung bei Organpersonen *Lutter*, Anwendbarkeit der Altersbestimmungen des AGG auf Organpersonen, BB 2007, S.725 ff.; *Thüsing*, Das Arbeitsrecht der Zukunft, NZA 2004 (Sonderbeilage Heft 22), S. 3 f. auf Grundlage des AADG-Entwurfs. Zu möglichen Auswirkungen des AGG auf arbeitnehmerähnliche Personen und Selbständige auch *Budde*, Auswirkungen des AGG auf Vertriebspartner, BB 2007, S. 731 ff.

1366 *Preis*, Diskriminierungsschutz zwischen EuGH und AGG (Teil I), ZESAR 2007, S. 249 (250).

1367 Vgl. *Preis*, Individualarbeitsrecht, § 33 S. 365; *Linck*, in: Schaub, Arbeitsrechts-Handbuch, § 112 Rn. 1. Die Rechtsprechung anerkennt den allgemeinen Gleichbehandlungsgrundsatz seit der Entscheidung des Reichsarbeitsgerichts RAG, Urteil v. 19. Januar 1938, ARS 33, S. 172 (177). Teileweise wird mittlerweile von einer gewohnheitsrechtlichen Geltung ausgegangen, vgl. MünchKommBGB/*Müller-Glöge*, § 611

sprechung des Bundesarbeitsgerichts wird er inhaltlich maßgeblich durch den allgemeinen Gleichheitssatz des Art. 3 Abs. 1 GG geprägt.[1368] Andere leiten ihn aus der Fürsorgepflicht des Arbeitgebers[1369], dem Grundsatz von Treu und Glauben, der strukturellen Unterlegenheit der Arbeitnehmer[1370] oder einem allgemeinen Grundgedanken der Gleichbehandlung ab, der seinen Ausdruck u.a. in § 75 BetrVG, Art. 54 AEUV sowie verschiedenen internationalen Übereinkommen gefunden habe.[1371] Teilweise wird der Grund der Gleichbehandlung im Vollzug einer vom Arbeitgeber selbst gesetzten Norm gesehen, der einheitlich zu erfolgen habe.[1372]

Wie der allgemeine Gleichheitssatz gilt auch der arbeitsrechtliche Gleichbehandlungsgrundsatz nicht uneingeschränkt. Sein Geltungsbereich ist zunächst beschränkt auf ein bestehendes Arbeitsverhältnis. Nicht erfasst ist damit die im Vorfeld liegende Begründung eines Arbeitsverhältnisses wie etwa die Bewerbungsphase, da die Auswahlentscheidung hinsichtlich der Zusammensetzung der Belegschaft als unternehmerische Grundfreiheit dem Gleichheitssatz vorgeht.[1373] Weiterhin gilt er nur im Rahmen von kollektiv geltenden Regelungen. Begrenzt wird er durch die ebenfalls verfassungsrechtlich gewährleistete Vertragsfreiheit, die ihm im Regelfall vorgeht.[1374] Infolgedessen bleibt die Besserstellung einzelner Arbeitnehmer außerhalb kollektiver Regelungen möglich.[1375] Ebenfalls ausgeschlossen ist eine Gleichbehandlung im Unrecht.[1376]

Auch individualvertragliche vereinbarte Regelungen unterliegen nicht dem Maßstab des allgemeinen Gleichbehandlungsgrundsatzes. Diese gelten, auch wenn sie Ungleichbehandlungen wegen des Alters enthalten, als vorrangig. Sind

BGB Rn. 1122; *Boemke*, Privatautonomie im Arbeitsvertragsrecht, NZA 1993, S. 532 (536); *Högenauer*, Richtlinien gegen Diskriminierung im Arbeitsrecht, S. 49.

1368 BAG, Urteil v. 28. Juli 1992 – 3 AZR 173/92, AP Nr. 18 zu § 1 BetrAVG Gleichbehandlung.

1369 Vgl. LAG Düsseldorf, Urteil v. 11. November 1981 – 22 Sa 421/81, DB 1982, S. 2715.

1370 *Hromadka/Maschmann*, Arbeitsrecht Band I, § 7 Rn. 104.

1371 Vgl. *Berger-Delhey*, Alle Tiere sind gleich, aber einige Tiere sind gleicher als andere, ZTR, 2001, S. 162 (163); *Korthaus*, Das neue Recht der Antidiskriminierung, S. 178 mwN.

1372 *Bötticher*, Der Anspruch auf Gleichbehandlung im Arbeitsrecht, RdA 1953, S. 161 (162 f.); MünchArbR/*Richardi*, § 14 Rn. 8.; *Fastrich*, Gleichbehandlung und Gleichstellung, RdA 2000, S. 65 (71).

1373 *Fastrich*, Gleichbehandlung und Gleichstellung, RdA 2000, S. 65 (68); *Wiedemann*, Die Gleichbehandlungsgebote im Arbeitsrecht, S. 26; BAG, Beschluss v. 28. Januar 1955 – GS 1/54, AP Nr. 1 zu Art. 9 GG Arbeitskampf; Urteil v. 26. August 1987 – 4 AZR 137/87, AP Nr. 137 zu §§ 22, 23 BAT 1975.

1374 Staudinger-*Richardi*, BGB, § 611 Rn. 296.

1375 ErfK/*Preis*, § 611 BGB Rn. 575; *Schaub*, Arbeitsrechts-Handbuch, § 112 Rn. 5; MünchKommBGB/*Müller-Glöge*, § 611 BGB Rn. 1122.

1376 Vgl. BAG, Urteil v. 9. Februar 2003 – 7 AZR 67/02, NZA 2003, 1271.

die Anwendungsvoraussetzungen jedoch erfüllt, so unterliegen Regelungen dem Prüfungsmaßstab des allgemeinen arbeitsrechtlichen Gleichbehandlungsgrundsatzes. Eine Ungleichbehandlung ist dann nur zulässig, sofern ein sachlicher Grund vorliegt. Maßgeblich ist die Entscheidung im Einzelfall: Die Ungleichbehandlung muss einem legitimen Ziel dienen, zur Erreichung des Ziels erforderlich sowie angemessen sein. Lässt sich die Ungleichbehandlung nicht rechtfertigen, so ist die entsprechende Maßnahme unwirksam. In diesen Fällen erfolgt für den benachteiligten Arbeitnehmer grds. eine Anpassung der Leistung nach o-ben[1377], ist eine Gleichbehandlung, gleich aus welchen Gründen, nicht (mehr) möglich kommen Schadensersatzansprüche nach § 280 BGB in Betracht. Vor allem für Regelungen im Bereich freiwilliger Sozialleistungen spielt der allgemeine arbeitsrechtliche Gleichbehandlungsgrundsatz hinsichtlich des Alters eine Rolle, wobei grds. anerkannt ist, dass es sich beim Alter um ein Merkmal handelt, das als sachlicher Grund eine Ungleichbehandlung rechtfertigen kann. Einen umfassenden Schutz vor Ungleichbehandlungen wegen des Alters gewährleistet der Gleichbehandlungsgrundsatz allerdings nicht. Dies gilt nicht nur wegen seines beschränkten Anwendungsbereichs, sondern auch inhaltlich, wie im Folgenden die Umsetzungen durch das AGG zeigen werden. So verbietet der arbeitsrechtliche Gleichbehandlungsgrundsatz beispielsweise lediglich willkürliche Unterscheidung. Die Diskriminierungsverbote des AGG verbieten demgegenüber die konkrete Anknüpfung an bestimmte Merkmale zur unterschiedlichen Behandlung. Beruht die Ungleichbehandlung auf einem verpönten Merkmal, so verpflichten die Diskriminierungsverbote den Arbeitgeber an sich ungleiches gleich zu behandeln. Dies gilt nur in den gesetzlich geregelten Ausnahmefällen nicht. Insofern stellen Diskriminierungsverbote sowohl eine Durchbrechung, als auch eine Absicherung des allgemeinen arbeitsrechtlichen Gleichbehandlungsgrundsatzes dar.[1378] Der allgemeine arbeitsrechtliche Gleichbehandlungsgrundsatz enthält das Gebot Gleiches gleich und Ungleiches ungleich zu behandeln. Insofern stellt die Verpflichtung des Arbeitgebers zur Gleichbehandlung von Ungleichem eine Durchbrechung dieses Grundsatzes dar.[1379] Der absichernde Charakter ergibt sich demgegenüber daraus, dass der Gesetzgeber durch die Festlegung von bestimmten Merkmalen als Diskriminierungsverbote klarstellt, das diese Merkmale nicht von einem solchen Gewicht sind, dass allein wegen des Merkmals eine Ungleichbehandlung zulässig ist.

1377 BAG, Urteil v. 20. Juli 1993 – 3 AZR 52/93, AP Nr. 11 zu § 1 BetrAVG Gleichbehandlung; Urteil v. 11. September 1985 – 7 AZR 371/83, AP Nr. 76 zu § 242 BGB Gleichbehandlung. Zu den Ausnahmen *Thüsing*, Antidiskriminierung im Arbeitsrecht, S. 374 f.

1378 *Preis*, Diskriminierungsschutz zwischen EuGH und AGG (Teil I), ZESAR 2007, S. 249 (250).

1379 *Preis*, Diskriminierungsschutz zwischen EuGH und AGG (Teil I), ZESAR 2007, S. 249 (250).

Zwischen allgemeinem arbeitsrechtlichen Gleichbehandlungsgrundsatz und Diskriminierungsverboten bestehen also deutliche Unterschiede. Diese Unterschiede sind durch das AGG nicht berührt worden und sind weiterhin zu beachten, insbesondere regelt das AGG nicht den allgemeinen arbeitsrechtlichen Gleichbehandlungsgrundsatz.[1380]

II. Alter und Allgemeines Gleichbehandlungsgesetz

1. Allgemeine Rechtfertigung aufgrund wesentlicher und entscheidender beruflicher Anforderungen

Eine Ungleichbehandlung wegen des Alters kann nach § 8 AGG gerechtfertigt werden, sofern das Alter infolge der Art der auszuübenden Tätigkeit oder der Bedingungen ihrer Ausübung eine wesentliche und entscheidende berufliche Anforderung darstellt und der verfolgte Zweck rechtmäßig sowie die Anforderung angemessen ist. Der Hauptanwendungsbereich von § 8 AGG liegt im Bereich von unmittelbaren Diskriminierungen, da mittelbare Benachteiligungen bereits auf der Ebene des Tatbestandes ausscheiden.[1381] Überwiegend wird vertreten, dass wesentliche und entscheidende berufliche Anforderungen dann vorlägen, wenn ein bestimmtes Merkmal der Authentizitätswahrung diene.[1382] Als Beispiele werden die Rollenvergabe an Schauspieler für die Rolle eines jugendlichen Liebhabers genannt, sowie etwa die Redakteurstätigkeit bei einem Musiksender, der sich vorwiegend an Jugendliche richtet.[1383]

Im Rahmen der Verhältnismäßigkeitsprüfung hat eine Abwägung zwischen dem beruflichen Zweck, der in den Voraussetzungen des Arbeitsplatzes seinen Niederschlag findet, den Erwartungen des Arbeitgebers und dem Schutz des Betroffenen vor Benachteiligungen zu erfolgen. Schwierig dürfte die Anknüpfung an das Alter in Fällen sein, in denen ein Unternehmen der Ansicht ist, eine unterschiedliche Behandlung wegen des Alters sei erforderlich um eine bestimmte Marktausrichtung zu verwirklichen. Bloße Kundenwünsche oder -vorlieben reichen für eine zulässige Ungleichbehandlung in diesen Fällen grds. nicht aus.[1384]

1380 *Rühl/ Viethen/ Schmid*, AGG, Kap. III, S. 45. Allerdings stellt § 7 AGG eine vorrangig anzuwendende spezialgesetzliche Normierung des allgemeinen arbeitsrechtlichen Gleichbehandlungsgrundsatzes dar. Der allgemeine arbeitsrechtliche Gleichbehandlungsgrundsatz bleibt jedoch weiter von Bedeutung in den fällen, in denen eine Ungleichbehandlung auf andere als in § 1 AGG genannte Merkmale gestützt wird. Ein Beispiel bildet etwa die ungleiche Behandlung von Arbeitern und Angestellten.

1381 *Biester*, Auswirkungen des Allgemeinen Gleichbehandlungsgesetzes auf die betriebliche Praxis, Juris Praxis Report 2006, S. 4 (10).

1382 Vgl. *Kania/ Merten*, Auswahl und Einstellung von Arbeitnehmern unter Geltung des AGG, ZIP 2007, S. 8 (9).

1383 Vgl. *Schmidt/ Senne*, Das gemeinschaftsrechtliche Verbot der Altersdiskriminierung, RdA 2002, S. 80 (83).

1384 Verweis nach oben Krause, In diese Richtung wohl auch EuGH, Rs. C-54/07, *Firma Feryn NV*.

Würde man diese Rahmen der Verhältnismäßigkeitsprüfung generell berücksichtigen, so bestünde die Gefahr, dass Ungleichbehandlungen je eher einer Rechtfertigung zugänglich sind, desto weiter Stereotype sozial verbreitet sind. Die Zielsetzung des Antidiskriminierungsrechts, bestehende Vorurteile und Diskriminierungen zu bekämpfen liefe damit leer. Entscheidend dürfte sein, wie wesentlich die Ungleichbehandlung für den Bestand des Unternehmens ist.[1385] Hier wird man dem Unternehmen einen Einschätzungsspielraum zugestehen müssen.

Sofern der Schutz der Allgemeinheit vor Gefahren durch abnehmende Leistungsfähigkeit als Argument zur Rechtfertigung angeführt wird, wird man prüfen müssen, ob die körperliche und geistige Leistungsfähigkeit tatsächlich eine wesentliche und entscheidende berufliche Anforderung darstellt. Pauschale Feststellungen, wie sie bisher in der Rechtsprechung verwendet wurden, dürften hier nicht ausreichend sein. Angesichts der hohen Voraussetzungen, durch die enge Auslegung des Begriffs der wesentlichen und entscheidenden beruflichen Anforderungen, ist davon auszugehen, dass § 8 AGG bei der Rechtfertigung von Ungleichbehandlungen wegen des Alters keine größere Rolle spielen wird. Dies gilt umso mehr, als mit dem nachfolgend zu erörternden § 10 AGG eine Vorschrift existiert, die die Rechtfertigung unter wesentlich geringeren Voraussetzungen ermöglicht.[1386]

2. Besondere Rechtfertigung einer Ungleichbehandlung wegen des Alters

Neben den wesentlichen und entscheidenden beruflichen Anforderungen mit denen eine Ungleichbehandlung wegen des Alters gerechtfertigt werden kann, spielen hinsichtlich der Altersdiskriminierung vor allem die besonderen Rechtfertigungsgründe in § 10 AGG eine bedeutende Rolle. Gemäß § 10 S. 1 und S. 2 AGG kann eine unterschiedliche Behandlung wegen des Alters generell zulässig sein, wenn sie objektiv und angemessen und durch ein legitimes Ziel gerechtfertigt ist. Die Mittel zur Erreichung dieses Ziels müssen angemessen und erforderlich, mithin verhältnismäßig sein.

Diese generalklauselartige Formulierung findet sowohl auf individual- wie auf kollektivvertragliche Altersreglungen Anwendung. § 10 S. 3 AGG nennt einen umfangreichen, dennoch nicht abschließenden (wie sich aus der Gesetzesformulierung „insbesondere" ergibt) Katalog von Beispielen, die eine unterschiedliche Behandlung zulassen.

Erfasst ist hiernach die Festlegung besonderer Bedingungen für den Zugang zur Beschäftigung und zur beruflichen Bildung sowie besonderer Beschäftigungs- und Arbeitsbedingungen einschließlich der Bedingungen für die Entlohnung und die Beendigung des Beschäftigungsverhältnisses um die berufliche

---

1385 *Kania/ Merten*, Auswahl und Einstellung von Arbeitnehmern unter Geltung des AGG, ZIP 2007, S. 8 (9).

1386 Vgl. *Schrader/ Schuber*, Das neue AGG, § 3 Rn. 409.

Eingliederung zu fördern (§ 10 S. 3 Nr. 1 AGG), die Festsetzung von Mindest-anforderungen an das Alter, die Berufserfahrung oder das Dienstalter für den Zugang zur Beschäftigung (§ 10 S. 3 Nr. 2 AGG) oder bestimmte, mit der Beschäftigung verbundene Vorteile, sowie auch Vereinbarungen, die die Beendigung des Beschäftigungsverhältnisses ohne Kündigung zulassen, zu einem Zeitpunkt zu dem der Beschäftigte eine Rente wegen des Alters beanspruchen kann (§ 10 S. 3 Nr. 5 AGG). Die Vorschrift soll insbesondere auch individualvertraglich vereinbarte Altergrenzen erfassen.

Der Hauptregelungsgehalt der Norm liegt darin, dass unmittelbare Diskriminierungen der Rechtfertigung zugänglich gemacht werden. Deutschland hat damit von der Möglichkeit des Art. 6 RL 2000/78/EG Gebrauch gemacht, weitere Rechtfertigungsmöglichkeiten für Ungleichbehandlungen wegen des Alters zu schaffen.

Die Zulässigkeit einer Festsetzung eines Höchstalters für die Einstellung erfasst § 10 S. 3 Nr. 3 AGG. Der Vorschrift liegt nach der Gesetzesbegründung die Überlegung zugrunde, dass Beschäftigten, deren Rentenalter bereits absehbar ist, eine, im Vergleich zum Aufwand der Einarbeitung vergleichbare Beschäftigungsdauer gegenüber stehen muss.[1387]

Fällt eine Maßnahme nicht unter den Katalog der Regelbeispiele, so ist sie anhand der Generalklausel des § 10 S. 1 AGG zu messen. Die fragliche Ungleichbehandlung muss danach einem legitimen Ziel dienen, objektiv und angemessen sein und das Mittel zur Zielerreichung muss angemessen[1388] und erforderlich sein. Mit dem Kriterium der Objektivität soll verhindert werden, dass solche Mittel gewählt werden, die ihrerseits am Alter anknüpfen. Andernfalls könnte das Alter selbst zur Rechtfertigung von Ungleichbehandlungen wegen des Alters genutzt werden.[1389] Vergleicht man die Anforderungen an die Rechtfertigung des § 10 S. 1 AGG mit der bisherigen obergerichtlichen Rechtsprechung zu Altergrenzen, so kann davon ausgegangen werden, dass sich keine wesentlichen Änderungen ergeben werden. Die legitimen Ziele und Erwägungen im Rahmen der Verhältnismäßigkeit, die das Bundesverfassungsgericht bei der Prüfung von Art. 12 GG angelegt hat dürften auch den Voraussetzungen des AGG entsprechen.

Auffallend ist, der ähnliche Wortlaut von § 10 S. 1 AGG und § 3 Abs. 2 AGG. Die beiden Vorschriften unterscheiden sich hinsichtlich der Rechtfertigungsvoraussetzungen lediglich darin, dass Letzterer ebenso wie § 8 Abs. 1 AGG ein rechtmäßiges Ziel verlangt, während § 10 S. 1 AGG von einem legitimen Ziel spricht. Der Unterschied ist jedoch nur sprachlicher Art, eine inhaltli-

---

1387 BT-Drs. 16/1780, S. 36.
1388 Zur doppelten Verwendung des Wortes „angemessen" und einer möglichen Auswirkung auf den Prüfungsmaßstab der Rechtfertigung vgl. *Husmann*, Anti-Diskriminierung, NZA 2008 (Beil. Heft 2), S. 94 (99).
1389 *Schiek*, Allgemeines Gleichbehandlungsgesetz (AGG), § 10 Rn. 5.

che Unterscheidung ist damit nicht verbunden. Dies ergibt sich daraus, dass ein legitimes Ziel immer auch ein rechtmäßiges sein muss.[1390] Dieser Gleichlauf entspricht auch den Vorgaben der Rahmenrichtlinie in ihrem Art. 6. Insbesondere kann aus dem sprachlichen Unterschied nicht gefolgert werden, dass § 10 S. 1 AGG nur Rechtfertigungen von mittelbaren Diskriminierungen erfassen soll. Somit stellt sich der Rechtfertigungsmaßstab für unmittelbare wie mittelbare Diskriminierungen wegen des Alters im Rahmen von § 10 S. 1 AGG als gleich dar.[1391]

Kann eine Maßnahme unter die Regelbeispiele subsumiert werden, so ist fraglich, ob darüber hinaus noch die Verhältnismäßigkeit der Maßnahme nach § 10 S. 1 AGG festgestellt werden muss. Angesichts des Wortlauts „können... einschließen" ist die Frage zu bejahen. Eine Einzelfallprüfung der Maßnahme ist damit nicht entbehrlich.[1392]

III. Die Rolle des Alters in der arbeitsrechtlichen Praxis

1. Altersdiskriminierung bei der Begründung von Arbeitsverhältnissen

Das Merkmal Alter diente in der Vergangenheit häufig als Ausschlusskriterium schon in der Bewerbungsphase von Arbeitnehmern. Der Grund lag darin, dass die Qualität einer Arbeitskraft vor der Einstellung nicht direkt beurteilt werden konnte, sondern einer Prognose, meist infolge der Bewerbungsunterlagen und eines persönlichen Gesprächs oder Assesment Centers, unterlag. Wird höheres Alter eines Arbeitnehmers als starres Indiz mit negativen Stereotypen hinsichtlich der Leistungsfähigkeit, Flexibilität oder des Gesundheitszustandes verknüpft, so stellt es sich als einfaches, weil ohne größeren Aufwand festzustellendes Ausschlusskriterium[1393] des Arbeitgebers zur Selektion im Bewerbungsprozess, also eines frühstmöglichen Zeitpunkts, dar. Je älter ein Bewerber ist, desto weniger leistungsfähig und damit weniger rentabel ist er für einen Arbeitgeber.

Nach Umfragen gaben 15 % der deutschen Betriebe an, sie würden keine älteren (arbeitslosen) Arbeitnehmer einstellen, weitere 31 % der befragten Betriebe würden dies nur unter den Voraussetzungen der Gewährung einer Lohnkostensubvention, bei fehlenden alternativen Einstellungsmöglichkeiten jüngere Arbeitnehmer oder auf Basis von Teilzeit- bzw. befristeten Verträgen in Betracht ziehen.[1394] Vor dem Hintergrund solcher Aussagen, hat der einstellende

---

1390 *Husmann*, Antidiskriminierung, NZA 2008 (Beil. Heft 2), S. 94 (99).

1391 *Thüsing*, Arbeitsrechtlicher Diskriminierungsschutz, S. 111.

1392 *Schiek*, Allgemeines Gleichbehandlungsgesetz (AGG), § 10 Rn. 11; *Annuß*, Das Allgemeine Gleichbehandlungsgesetz, BB 2006, S. 1629 (1633).

1393 *Frerichs*, Diskriminierung älterer Arbeitnehmer/innen in der Erwerbsarbeit, Loccumer Protokolle 04/06, S. 31 (34).

1394 Vgl. *Bellmann/ Hilpert/ Kistler/ Wahse*, Herausforderungen des demografischen Wandels für den Arbeitsmarkt und die Betriebe, MittAB 2/2003, S. 133 (144 f.), abrufbar

Arbeitgeber naturgemäß ein Interesse daran, das Alter eines Bewerbers zu erfahren. Infolge der Ausweitung des Diskriminierungsschutzes stellt sich die Frage ob, und ggf. wie der Arbeitgeber diesem Informationsinteresse künftig nachkommen kann.

a) Stellenausschreibungen, Bewerbung und Vorstellungsgespräch

Wie aufgezeigt greift das Verbot der Diskriminierung wegen des Alters bereits bei der Bewerbung auf eine zu besetzende Stelle, mithin im Bereich der Vertragsanbahnung.[1395] Dies ergibt sich aus § 6 Abs. 1 AGG, wonach als Beschäftigte auch Bewerber und Bewerberinnen für ein Beschäftigungsverhältnis gelten. Die Vorschrift nimmt damit auf den sachlichen Anwendungsbereich des § 2 Abs. 1 Nr. 1 AGG Bezug. Weiterhin legt § 11 AGG ausdrücklich fest, dass Stellenausschreibungen nicht gegen das Verbot des § 7 Abs. 1 AGG verstoßen dürfen.

Als Stellenausschreibung bezeichnet man die allgemeine Aufforderung an alle oder bestimmte Arbeitnehmergruppen durch einen Arbeitgeber[1396], sich für einen bestimmten Arbeitsplatz zu bewerben.[1397] Ob es sich dabei um einen Arbeitsplatz im Innenbereich des Betriebes (innerbetrieblicher Aufstieg) oder um einen Arbeitsplatz im Außenbereich (Neubewerbung) handelt ist nicht entscheidend. Nicht darunter fällt hingegen die individuelle Aufforderung an eine Person sich zu bewerben.[1398] Rechtlich handelt es sich bei der der Stellenausschreibung dabei um eine invitatio ad offerendum. Diese, an sich zunächst unverbindliche Aufforderung zur Bewerbung, stellt selbst keine ungünstige Benachteiligung dar. Infolgedessen wurde § 11 AGG geschaffen, der keine Entsprechung in der RL 2000/78/EG findet[1399] um das Verbot der Benachteiligung wegen des Alters

---

unter: http://www.iab.de/197/section.aspx/Jahrgang/2003; zu den Unterschieden in den alten und neuen Bundesländern, *Frerichs*, Diskriminierung älterer Arbeitnehmer/innen in der Erwerbsarbeit, in: Loccumer Protokolle 04/06, S. 31 (34). In diametralem Gegensatz zu dieser Tatsache steht der Umstand, das Unternehmen, die ältere Arbeitnehmer beschäftigen, mit diesen genauso zufrieden sind, wie mit jüngeren Arbeitnehmern, vgl. *Bellmann/ Hilpert/ Kistler/* Wahse, aaO., S. 143 f.

1395 Vgl. *Adomeit/ Mohr*, Benachteiligung von Berbern (Beschäftigten) nach dem AGG, NZA 2007, S. 179 (180), die zutreffend auf den Zusammenhang der zivilrechtlichen culpa in contrahendo nach § 311 Abs. 2 S. 2 BGB hinweisen.

1396 Der Begriff des Arbeitgebers ergibt sich aus § 6 Abs. 2 AGG. Bedient sich der Arbeitgeber bei der Stellenausschreibung Dritter, so sind diese Erfüllungsgehilfen des Arbeitgebers iSd § 278. Etwaige Verstöße von dritten sind dem Arbeitgeber damit zuzurechnen.

1397 Vgl. BAG, Beschluss v. 23. Februar 1988 – 1 ABR 82/86, NZA 1988, S. 551.

1398 *Kania/ Merten*, Auswahl und Einstellung von Arbeitnehmern unter Geltung des AGG, ZIP 2007, S. 8 (9).

1399 *Sprenger*, Das arbeitsrechtliche Verbot der Altersdiskriminierung, S. 56. Die Vorschrift bildet damit ein Beispiel für die überschießende Umsetzung der Richtlinienvorgaben durch den deutschen Gesetzgeber. A.A. wohl *Kuras*, Verbot der Diskrimimie-

bereits im Vorfeld der Begründung von Arbeitsverhältnissen wirksam werden zu lassen. Stellenausschreibungen müssen damit hinsichtlich des Alters neutral formuliert sein. Hierdurch soll erreicht werden, dass Personen wegen ihres Alters nicht von vornherein von einer Erfolg versprechenden Bewerbung ausgeschlossen werden. Die Ausdehnung des Verbots der (Alters)diskriminierung kommt auch in der Rechtsprechung des EuGH zu Ausdruck, wonach schon die öffentliche Äußerung eines Arbeitgebers, er stelle Personen aufgrund eines bestimmten verpönten Merkmals von vornherein nicht ein, eine unmittelbare Diskriminierung darstellen kann.[1400]

Pauschale Altersvorgaben, seien es Mindest- oder Höchstaltersgrenzen oder ein bestimmter Altersbereich stellen eine unmittelbare Diskriminierung wegen des Alters dar und sind damit, anders als früher[1401], unzulässig und sollten von Arbeitgebern vermieden werden.[1402] Stellenausschreibungen müssen also altersneutral formuliert sein. Dies gilt freilich auch hinsichtlich der anderen Diskriminierungsmerkmale.[1403] Dies ist der Fall, wenn die Stellenausschreibung kein be-

---

rung wegen des Alters, RdA 2003, S. 11 (19); *Linsenmaier*, Das Verbot der Diskriminierung wegen des Alters, RdA 2003, S. 22 (28), die ohne nähere Begründung davon ausgehen, dass das Verbot der Altersdiskriminierung bei der Stellenausschreibung sich schon aus der RL 2000/78/EG ergebe.

1400 Vgl. EuGH, Rs. C-54/07, *Firma Feryn NV*. Die Entscheidung betraf die öffentliche Äußerung eines Arbeitgebers Arbeitnehmer einer bestimmten Ethnie nicht einzustellen, mithin also die RL 2000/43/EG, kann jedoch auf die RL 2000/78/EG und damit die anderen Diskriminierungsmerkmale einschließlich des Alters übertragen werden. Eine Besprechung des Urteils liefert *Sprenger*, Aktuelle Tendenzen des EuGH im Diskriminierungsrecht, BB 2008, S. 2405.

1401 Zur früheren Praxis, *Waltermann*, Verbot der Altersdiskriminierung – Richtlinie und Umsetzung, NZA 2005, S. 1265 (1268). Ein Arbeitgeber, der beispielsweise einen Arbeitnehmer zwischen 30 und 40 Jahren sucht, diskriminiert in doppelter Hinsicht: Zum einen älter Arbeitnehmer, zum anderen aber gleichzeitig auch jüngere Bewerber. Dies ergibt sich daraus, dass das AGG in seinem Anwendungsbereich nicht auf eine bestimmte Altersgruppe beschränkt ist. Beispiele von Stellenanzeigen finden sich bei *Temming*, Altersdiskriminierung im Arbeitsleben, S. 8 f.

1402 *Grobys*, Einstellung von Arbeitnehmern im Licht des AGG, NJW-Spezial 2007, S. 81. LAG Köln, Urteil v. 17. April 2008 – 10 Sa 21/08, NZA-RR 2009, S. 123 f. Dort ging es um eine Stellenanzeige in einer Zeitung in der u.a. folgende Formulierung enthalten war: „Das ideale Alter liegt zwischen Mitte und Ende 30". Vgl. auch LAG Hamm, Urteil v. 26. Juni 2008 – 15 Sa 63/08, dort wurde „eine/n Büromitarbeiter/in bis 35 Jahre" gesucht.

1403 Welchen Wandel Stellenanzeigen durch das AGG erfahren haben zeigen folgende Beispiele: Die IBM Deutschland GmbH formulierte eine ihrer Stellenanzeigen u.a. wie folgt: „Dieses Angebot richtet sich selbstverständlich auch an Interessenten mit Behinderung. IBM stellt die besten Talente ein, ungeachtet ihrer Rasse oder ethnischen Herkunft, des Geschlechts, der Religion oder Weltanschauung, einer Behinderung, des Alters, der sexuellen Identität oder Orientierung, und ist stolz darauf, ein Arbeitgeber zu sein, der für Chancengleichheit steht.", zit. nach *Ohlendorf/ Schreier*, AGG-konformes

stimmtes Alter des Bewerbers fordert oder wünscht oder eine bestimmte Altersbandbreite angibt.[1404] Teilweise wird auch schon die optische Gestaltung von Anzeigen als geeignet angesehen, einen Verstoß gegen das Verbot der Altersdiskriminierung zu begründen, etwa, wenn diese ausschließlich junge Menschen abbilde.[1405]

Auch der bisher zulässige Hinweis bzw. Vermerk auf gewünschte Berufserfahrung, sofern es sich um einen starren Zeitraum handelt, die Gesundheit des Bewerbers oder die gezielte Suche nach Berufseinsteigern, sowie studentischen Aushilfskräften ist rechtfertigungsbedürftig. Es handelt sich hierbei um Fälle der mittelbaren Diskriminierung aus Gründen des Alters von regelmäßig jüngeren Berufseinsteigern, bzw. in den letzten beiden Fällen von älteren Arbeitnehmern, die diese Kriterien nicht erfüllen können. Zu weitgehend ist allerdings die Ansicht, die schon die Suche nach einer „dynamischen Persönlichkeit" als Fall der mittelbaren Diskriminierung ansehen will.[1406] Wie bereits dargelegt gibt es keinen allgemeinen Erfahrungssatz, dass nur jüngere Arbeitnehmer dynamisch sein könnten. Würde man solche Hinweise als mittelbare Diskriminierung betrachten, so würden bestehende Stereotype hinsichtlich des Alters letztlich verfestigt, was dem Grundgedanken des Antidiskriminierungsrechts widerspricht.[1407] Richtigerweise handelt es lediglich um die Beschreibung einer Eigenschaft des gewünschten Arbeitnehmers. Zu einer mittelbaren Diskriminierung kann es freilich zu einem späteren Zeitpunkt kommen, namentlich dann, wenn ältere Arbeitnehmer auf eine solche Stellenanzeige nicht eingestellt werden. Der Unterschied liegt jedoch darin, dass es sich dann um eine mittelbare Diskriminierung

Einstellungsverfahren, BB 2008, S. 2458 (2459). Andere Stellenanzeigen enthalten mittlerweile folgenden Zusatz: „Diese Ausschreibung richtet sich an alle geeigneten Bewerber/innen unabhängig von Alter, Geschlecht, Behinderung, Religion, Weltanschauung, Rasse, ethnischer Herkunft oder sexueller Identität.", vgl. http://www.stepstone.de/stellenangebote--Team-Assistenz-m-w-Pforzheim-EPM-Asset is-GmbH--1663520-inline.html; http://www.bauwesen.uni-dortmund.de/iw/Medienpool/Dateien/101119_PPP-Praktikant_Unna.pdf; http://www.backinjob.de/Stellenange bote/arbeitssuche/deutschlandweit/Ihre-Chance-in-der-Bauindustrie,-respektive-vom-Kalkulator-bis-zum-Bereichsleiter/UPUS-International/99991000000045389.html.

1404 LAG Köln, Urteil v. 17. April 2008 – 10 Sa 21/08, NZA-RR 2009, S. 123 (124). Stellt der Arbeitgeber im Nachhinein einen Verstoß gegen das Benachteiligungsverbot fest, so kann er möglichen Entschädigungsansprüchen entgehen, wenn er den Bewerbern mitteilt, dass die Stelle unbesetzt bleibt und das Einstellungsverfahren nicht weiter betrieben wird, vgl. *Ohlendorf/ Schreier*, AGG-konformes Einstellungsverfahren, BB 2008, S. 2458; vgl. auch LAG Düsseldorf, Urteil v 1. Februar 2002, NZA-RR 2002, S. 345 f.

1405 *Ohlendorf/ Schreier*, AGG-konformes Einstellungsverfahren, BB 2008, S. 2458.

1406 Anders liegt der Fall allerdings bei der Suche eines „jungen Dachdeckermeisters", vgl. FAZ v. 5. September 2008 Nr. 208, S. 3 (Stellenangebote).

1407 So zutreffend *Hanau*, Neues vom Alter im Arbeitsverhältnis, ZIP 2007, S. 2381 (2383).

wegen des Alters bei der Auswahlentscheidung handelt, die Ausschreibung oder Stellenanzeige als solche ist jedoch zulässig.

Unter den Voraussetzungen, dass der Arbeitgeber ein rechtmäßiges Ziel verfolgt, kann der Hinweis auf Berufserfahrung gerechtfertigt werden, sofern dieser zur Erreichung des Ziels angemessen und erforderlich, mithin verhältnismäßig ist.

Auch Einladungen zu Veranstaltungen, die gezielt eine bestimmte Gruppe von Bewerbern anspricht, sind altersneutral zu formulieren. Dies gilt beispielsweise für Absolventenkongresse, sog. Job-Börsen etc.

Schwierig erscheint die Beantwortung der Frage, inwieweit § 11 AGG auch die Form der Stellenausschreibung erfasst. So wird vertreten, dass auch die Eingrenzung einer Stellenausschreibung auf bestimmte Medien, die vorwiegend von einer bestimmten Altersgruppe genutzt wird als Indiz für eine mittelbare Benachteiligung angesehen werden müsse.[1408] Dies erscheint fraglich. Angesichts des Umstandes, dass ein Verstoß gegen § 11 AGG selbst nicht sanktioniert ist[1409], dürfte eine so weitreichende Folge nicht angemessen sein. Fraglich erscheint nämlich, wo in diesen Fällen die Grenze zu ziehen wäre. Mittelbar würden Arbeitgeber so verpflichtet, Ausschreibungen in Medien zu veröffentlichen, die einen möglichst weiten Bewerberkreis ansprechen, nur um möglichen nachteiligen Folgen zu entgehen. Im Übrigen ist folgendes zu bedenken: Nutzt der Arbeitgeber ein bestimmtes Medium, bewirbt sich jedoch eine Person, die nicht typischerweise zum Adressatenkreis dieses Mediums gehört, so ist der Arbeitgeber im Rahmen der weiteren Bewerbung an das Verbot der Altersdiskriminierung gebunden. Bewerber genießen damit einen ausreichenden Schutz. Eine weitergehende Einschränkung der unternehmerischen Handlungsfreiheit erscheint vor diesem Hintergrund unangemessen.[1410]

Bezüglich der schriftlichen Bewerbung wurde die Frage aufgeworfen, ob der Arbeitgeber unter der Geltung des Verbots der Altersdiskriminierung künftig vom Bewerber die Beilage von Fotos, Zeugnissen und Lebenslauf verlangen könnte, da auf bzw. aus diesen u.a. das Alter des Bewerbers ohne weiteres erkennbar ist.[1411] Es ist bereits zweifelhaft, ob diese Frage tatsächlich zu den in der Praxis bedeutsamen zählen wird. So ist diese Frage beim schon länger existie-

---

1408 *Bauer/ Thüsing/ Schunder*, Das Allgemeine Gleichbehandlungsgesetz, NZA 2006, S. 774 (776); *Kania/ Merten*, Auswahl und Einstellung von Arbeitnehmern unter Geltung des AGG, ZIP 2007, S. 8 (10).

1409 Hinzukommen muss noch eine fehlerhafte Auswahlentscheidung. § 11 AGG hat jedoch insofern Bedeutung, als dass eine Stellenausschreibung, die auf das Alter Bezug nimmt im Rahmen der Beweislastumkehr des § 22 AGG als Indiz herangezogen werden kann.

1410 So im Ergebnis wohl auch *Wisskirchen*, Der Umgang mit dem Allgemeinen Gleichbehandlungsgesetz, DB 2006, S. 1491 (1493), die ausdrücklich empfiehlt nur bestimmte Medien zu nutzen um einen gezielten Bewerberkreis anzusprechen.

1411 Vgl. *Korthaus*, Das neue Antidiskriminierungsrecht, S. 201.

renden Verbot der Geschlechtdiskriminierung soweit ersichtlich nicht thematisiert worden, obwohl sich dieses noch eindeutiger als das Alter aus den Bewerbungsunterlagen (Name, jedenfalls Foto) ergibt. Das Verbot der Geschlechterdiskriminierung hat bisher nicht zu einer Neutralisierung der Angaben in Bewerbungsunterlagen geführt, so dass eine solche Entwicklung durch das Verbot der Altersdiskriminierung ebenfalls nicht zu erwarten ist und sich bisher auch nicht gezeigt hat. Dennoch wird hierbei die theoretische Reichweite des Diskriminierungsschutzes allgemein deutlich.

Ausgehend von der Tatsache, das die Beilage eines Bewerbungsfotos bei schriftlichen Bewerbungen wohl (noch) zum formalen Standard gezählt werden kann, so dass die Fälle, in denen der Arbeitgeber ausdrücklich um die Vorlage eines Fotos bitten wird, selten sein dürften, ist künftig von Folgendem auszugehen: Ein Recht des Arbeitgebers die Vorlage von Fotos zu verlangen besteht nicht.[1412] Auch darf der Arbeitgeber eine Bewerbung nicht deswegen ablehnen, weil ein Bewerbungsfoto fehlt. Andernfalls setzt er sich dem Risiko aus die Ablehnungsentscheidung von einem verpönten Merkmal abhängig gemacht zu haben (neben dem Alter kommt hier vor allem auch das Merkmal der Behinderung in Betracht, sofern diese optisch erkennbar ist). Das ungefähre Alter eines Bewerbers wird der Arbeitgeber jedoch schon anhand von Lebenslauf und Zeugnissen ermitteln können[1413], spätestens jedoch beim persönlichen Vorstellungsgespräch, so dass sich in diesem Bereich der Schutz vor Altersdiskriminierung nur formal auswirkt und der Nutzen als gering zu bewerten ist. Die Zulässigkeit, weiterhin Zeugnisse und einen Lebenslauf zu verlangen, ergibt sich daraus, dass diese der Ermittlung der Qualifikation des Bewerbers dienen und damit eine sachliche Rechtfertigung vorliegt.[1414]

Auswirkungen hat das Verbot der Diskriminierung wegen des Alters auch auf das Fragerecht des Arbeitgebers in Bewerbungsgesprächen. Dieses findet seine Grenzen in dem verfassungsrechtlich verbürgten (Art. 2 Abs. 1 iVm Art. 1 Abs. 1 GG) allgemeinen Persönlichkeitsrecht des Stellenbewerbers. Bis zu dieser Grenze darf der Arbeitgeber alle Fragen stellen, um für ihn relevante Informationen hinsichtlich Eigenschaften, Kenntnissen und Fähigkeiten des Bewerbers zu erhalten. Dem Fragerecht des Arbeitgebers korrespondiert eine Pflicht

---

1412 *Berger-Delhey*, Alle Tiere sind gleich, ZTR 2001, S.162 (163); wohl auch *Ohlendorf/ Schreier*, AGG-konformes Einstellungsverfahren, BB 2008, S. 2458.

1413 *Waltermann*, Verbot der Altersdiskriminierung – Richtlinie und Umsetzung, NZA 2005, S. 1265 (1268).

1414 *Kania/ Merten*, Auswahl und Einstellung von Arbeitnehmern unter Geltung des AGG, ZIP 2007, S. 8 (12) weisen darauf hin, dass es dem Bewerber frei stehe, Alterangaben zu schwärzen. Ob sich dies in der Praxis bewähren wird, bleibt abzuwarten, erscheint jedoch eher zweifelhaft. Konsequenterweise müssten in diesen Fällen sämtlich Jahreszahlen (Schulzeit, Ausbildung, Praktika, ggf. Beschäftigungszeiten in anderen Unternehmen) in Lebensläufen geschwärzt werden, da aus ihnen Rückschlüsse über das Alter des Bewerbers gezogen werden können.

des Bewerbers zur wahrheitsgemäßen Beantwortung. Beantwortet ein Bewerber eine zulässige Frage bewusst falsch, so kann der Arbeitgerber das Arbeitsverhältnis wegen arglistiger Täuschung anfechten. Durch das Verbot der Diskriminierung wegen des Alters wird dieses Fragerecht eingeschränkt. Auch hierin kommt die Bedeutung des Alters als persönlichkeitsbildendes Merkmal und dessen Bezug zur Menschenwürde zum Ausdruck. Nach bisheriger Rechtsprechung des BAG ist ein Fragerecht mit der Pflicht des Arbeitnehmers zur wahrheitsgemäßen Beantwortung nur dann anzuerkennen, wenn ein berechtigtes, billigenswertes und schutzwürdiges Interesse an der Beantwortung einer Frage im Hinblick auf das zu begründende Arbeitsverhältnis das Interesse des Bewerbers am Schutz seiner Persönlichkeit überwiegt.[1415]

Die Frage muss damit zum einen grds. arbeitsplatzbezogen sein, mithin erheblich für die auszuübende Tätigkeit. Ist dies der Fall, kommt eine Unzulässigkeit dennoch in Betracht, wenn die Frage einen unverhältnismäßigen Eingriff in die Privatsphäre des Bewerbers darstellt.[1416] Unter diesen Voraussetzungen wurden Fragen nach dem Lebensalter, der Dauer der früheren Beschäftigung, dem Lebenslauf oder altersbedingten Krankheiten als zulässig angesehen.[1417] Durch das grundsätzliche Verbot der Altersdiskriminierung wird eine gesetzliche Vorwertung getroffen, nach der das Fragerecht des Arbeitgebers hinsichtlich des Alters im Grundsatz hinter das Persönlichkeitsrecht des Stellenbewerbers zurücktritt. Die Frage nach dem Alter eines Bewerbes ist damit anders als früher grds. unzulässig.[1418] Dies gilt auch für die Frage nach dem Geburtsdatum. Ausnahmen bestehen nur dort, wo das Alter eine wesentliche und entscheidende be-

---

1415 BAG, Urteil v. 5. Oktober 1995, AP Nr. 40 zu § 123; zulässig waren danach die Frage nach der bisherigen Vergütung, soweit sie für die begehrte Stelle aussagekräftig war, BAG v. 19. Mai 1983 – 2 AZR 171/81, DB 1984, S. 298; zu Vorstrafen, soweit dies für die Art des zu besetzenden Arbeitsplatzes von Bedeutung war, BAG, Urteil v. 18. September 1987 – 7 AZR 607/86, BB 1988, S. 632; BAG, Urteil v. 20. Mai 1999 – 2 AZR 320/98, NZA 1999, S. 975.

1416 Vgl. *Thüsing/ Lambrich*, Das Fragerecht des Arbeitgebers, BB 2002, S. 1146. Umfassende Beispiele zu zu- und unzulässigen Fragen im Vorstellungsgesprächs unter Geltung des AGG bei *Wisskirchen/ Bissels*, Das Fragerecht des Arbeitgebers bei Einstellung, NZA 2007, S. 169 ff.

1417 Vgl. *Sprenger*, Das arbeitsrechtliche Verbot der Altersdiskriminierung, S. 204; *Ehrich*, Fragerecht des Arbeitgerbers bei Einstellungen, DB 2000, S. 421 ff.; Palandt-*Putzo*, Bürgerliches Gesetzbuch, § 611 Rn. 6.

1418 So auch *Linsenmaier*, Das Verbot der Diskriminierung wegen des Alters, RdA 2003 (Sonderbeilage Heft 5), S. 22 (28); *Leuchten*, Der Einfluss der EG-Richtlinien zur Gleichbehandlung auf das deutsche Arbeitsrecht, NZA 2002, S. 1254 (1257); *Wisskirchen*, Der Umgang mit dem Allgemeinen Gleichbehandlungsgesetz, DB 2006, S. 1491 (1494); vgl. zur Frage einer bestehenden Schwangerschaft EuGH, Rs. C-207/98, *Mahlburg*, Slg. 2000, I-549 Rn. 27 f.; BAG, Urteil v. 15. Oktober 1992 – 2 AZR 227/92, DB 1993, S. 435 f.

rufliche Anforderung darstellt (also nach § 8 AGG oder § 10 AGG gerechtfertigt ist) oder ihrerseits rechtmäßige Mindestaltersgrenzen bzw. Höchstaltergrenzen den Zugang zur Beschäftigung festlegen. Insoweit handelt es sich bei der Frage nach dem Alter um ein relatives Frageverbot.[1419]

Wegen der Schwierigkeiten, die mit der praktischen Realisierung des Frageverbots verbunden sind[1420], will eine Gegenauffassung die Frage nach dem Alter auch weiterhin zulassen. Demnach solle der Bewerber hinsichtlich der Angaben über sein Alter zur wahrheitsgemäßen Antwort verpflichtet sein. Auf der anderen Seite soll das Anfechtungsrecht des Arbeitgebers wegen arglistiger Täuschung gemäß § 123 BGB im Falle der Falschbeantwortung nur zugelassen werden, sofern der Bewerber bei richtiger Antwort und richtiger Anwendung des AGG nicht eingestellt worden wäre.[1421]

Wird dem Stellenbewerber im Vorstellungsgespräch eine unzulässige Frage gestellt, so hat der Bewerber nicht nur das Recht die Beantwortung der Frage zu verweigern, sondern auch „das Recht zur Lüge"[1422], mithin das Recht, die Frage bewusst falsch zu beantworten. Ein Anfechtungsrecht des Arbeitgebers wegen arglistiger Täuschung besteht in diesen Fällen nicht.[1423] Freiwillige Angaben des Bewerbers bleiben unter der Geltung des AGG jedoch weiterhin zulässig, insbesondere darf der Arbeitgeber von diesen auch Kenntnis nehmen und muss nicht etwa Vorkehrungen gegen eine Kenntnisnahme treffen.

Insbesondere die durch Diskriminierungsverbote erfolgte weitere Einschränkung des Informationsbegehrens des Arbeitgebers ist kritisch zu betrachten. Zwar ist sowohl der Schutz vor Diskriminierungen schon im Vorfeld, als auch der Schutz der Persönlichkeits- und Intimsphäre von Bewerbern grds. zu begrüßen. Es stellt sich jedoch die Frage, ob dies in der Praxis nicht dazu führt,

---

1419   Demgegenüber stehen absolute Frageverbote, wie z.B. die Frage nach der Religions- oder Parteizugehörigkeit, vgl. *Thüsing/ Lambrich*, Das Fragerecht des Arbeitgebers, BB 2002, S. 1146. Eine Ausnahme gilt insoweit nur für Tendenzbetriebe und eine tendenzbezogene Tätigkeit, vgl. ErfK/*Dietrich*, Art. 5 GG Rn. 73 ff., sowie ErfK/*Preis*, § 611 Rn. 271 ff.

1420   So stellt sich etwa die Frage, ob die Rechtfertigungsgründe bei der Fragestellung schon offen gelegt werden müssen. Im Übrigen sind Fragen etwa nach dem beruflichen Werdegang auch weiterhin zulässig, da sie der Ermittlung der fachlichen Qualifikation dienen und damit arbeitsplatzbezogen sind. Aus dem beruflichen Werdegang lassen sich aber unschwer Rückschlüsse auf das Alter ziehen, dies umso eher, wenn sie in einem persönlichen Gespräch erfolgen.

1421   *Hanau*, Neues vom Alter im Arbeitsverhältnis, ZIP 2007, S. 2381 (2383).

1422   Die Formulierung wurde erstmals vom BAG verwendet in BAG, Urteil v. 22. September 1961 – 1 AZR 260/60, BB 1961, S. 1237 (1238). Vgl. auch *Wisskirchen/ Bissels*, Das Fragerecht des Arbeitgebers bei Einstellung, NZA 2007, S. 169 (170), die das Recht zur Lüge aus dem Präventionsgedanken des AGG herleiten, der sich aus §§ 2 Abs. 1, 12 AGG ergibt.

1423   ErfK/*Preis*, § 611 BGB Rn. 286; *Otto*, Personale Freiheit, S. 15; BAG, Urteil v. 21. Februar 1991, AP Nr. 35 zu § 123 BGB.

dass Arbeitgeber im Zweifel von Einstellungen eher absehen, da sie sich kein ausreichendes Bild des Bewerbers machen konnten.[1424] Für die Altersdiskriminierung mag dieser Gedanke zugegebenermaßen eine eher untergeordnete Rolle spielen. Seine Berechtigung ergibt sich aber unter dem Gesichtspunkt der Frage der praktischen Auswirkungen des Diskriminierungsrechts. Insofern besteht zumindest die Gefahr, dass die intendierte Wirkung in der Praxis konterkariert wird.

b) Einstellungsentscheidung und Auswahlentscheidung

Auch bei der Einstellungsentscheidung ist das Diskriminierungsverbot wegen des Alters zu beachten. Damit erfahren auch die Kriterien der Auswahlentscheidung des Arbeitgebers, der in der Festsetzung bisher grds. frei war, eine Einschränkung. Eine Ablehnung des Bewerbers aufgrund seines Alters ist damit grds. unzulässig. Die gilt für Mindest- wie für Höchstaltersgrenzen gleichermaßen. Als Kriterien der Auswahlentscheidung kommen sie unter Geltung des AGG nur dann in Betracht, wenn sie gerechtfertigt sind. Dabei kommt eine Rechtfertigung vor allem dann in Betracht, wenn es sich bei dem Mindest- oder Höchstalter um ein wesentliches und entscheidendes Merkmal zur Berufsausübung handelt. Gleiches gilt auch bei der Auswahlentscheidung zwischen mehreren Bewerbern, ungeachtet des Umstandes gleicher oder unterschiedlicher Eignung. Die Ablehnung, genauer das Unterlassen der Einstellung, aus Gründen des Alters stellt für den Nichteingestellten eine Benachteiligung dar. Ablehnungsschreiben sollten daher, wie auch schon vor Geltung des AGG in der Praxis üblich, möglichst allgemein formuliert sein, auf die Angabe detaillierter Gründe sollte, schon aus Gründen der Risikovermeidung, verzichtet werden.[1425], auch wenn eine differenzierende Einstellungsentscheidung wegen des Alters auch unter Geltung des AGG nicht grds. unzulässig ist.

Ob die bloße Mitteilung der Nichteinstellung eines Bewerbers ausreichend ist und welche Auskunftsansprüche einem abgelehnten Bewerber zustehen ist Gegenstand eines jüngeren Vorlagebeschlusses des BAG an den EuGH.[1426] Die 1961 geborene Klägerin hatte sich auf eine ausgeschriebene Stelle als Softwareentwicklerin erfolglos beworben. Nach der Ablehnung teilte ihr die Beklagte ihr nicht mit, ob sie einen anderen Bewerber eingestellt hat und welche Kriterien für diese Entscheidung ggf. maßgeblich gewesen sind. Die Klägerin macht geltend,

---

1424 So *Thüsing/ Lambrich*, Das Fragerecht des Arbeitgebers, BB 2002, S. 1146 (1152).

1425 So auch *Biester*, Auswirkungen des Allgemeinen Gleichbehandlungsgesetzes auf die betriebliche Praxis, Juris Praxis Report 2006, S. 4 (15); *Grobys*, Einstellung von Arbeitnehmern im Licht des AGG, NJW-Spezial 2007, S. 81 (82) mit dem Hinweis, dass dies auch bei Telfongesprächen beachtet werden sollte. Vgl. auch *Wisskirchen*, Der Umgang mit dem Allgemeinen Gleichbehandlungsgesetz, DB 2006, S. 1491 (1494), die den Hinweis gibt, dass Ablehnungsschreiben „(…) so neutral und inhaltsleer wie möglich formuliert werden (…)" sollten.

1426 BAG, Beschluss v. 20. Mai 2010 - 8 AZR 287/08.

dass sie alle Voraussetzungen für die ausgeschriebene Stelle erfüllt habe. Sie sei lediglich wegen ihres Geschlechts, ihres Alters und ihrer Herkunft nicht zum Vorstellungsgespräch eingeladen und somit unter Verstoß gegen das AGG diskriminiert worden. Das BAG stellte fest, dass nach nationalem Recht ein solcher Auskunftsanspruch eines angelehnten Bewerbers nicht besteht, hatte jedoch Zweifel ob dies mit den Vorgaben der Antidiskrimineirungsrichtlinien vereinbar ist und legte dem EuGH daher folgende Frage vor: „Gebietet es das Gemeinschaftsrecht, einem Bewerber, der darlegt, dass er die Voraussetzungen für eine von einem Arbeitgeber ausgeschriebene Stelle erfüllt, dessen Bewerbung jedoch nicht berücksichtigt wurde, gegen den Arbeitgeber einen Anspruch auf Auskunft einzuräumen, ob dieser einen anderen Bewerber eingestellt hat und wenn ja, auf Grund welcher Kriterien diese Einstellung erfolgt ist?"[1427] Die Entscheidung steht zum gegenwärtigen Zeitpunkt noch aus.

2. Altersdiskriminierung während des Arbeitsverhältnisses

Auch während des Arbeitsverhältnisses kommen Diskriminierungen aus Altersgründen in Betracht, sowohl zu Lasten Älterer, als auch zu Lasten Jüngerer.

a) Vergütungsstaffeln

aa) Vergütung nach Lebensalter

Die Staffelung des Arbeitsentgelts nach dem Lebensalter kommt nur noch selten vor. Sie wird überwiegend als unmittelbare Diskriminierung iSv Art. 2 Abs. 2 a) RL/2000/78/EG angesehen und folglich für unzulässig gehalten.[1428] Eine Rechtfertigungsmöglichkeit wird verneint.[1429] Vergütungsregelungen, die schlicht an das Lebensalter anknüpfen honorieren Lebenserfahrung, deren Zunahme mit zunehmendem Alter unterstellt wird. Dies stellt jedoch keinen legitimen Zweck dar, da es sich mangels Messbarkeit der Lebenserfahrung lediglich um eine Unterstellung handelt. Das Diskriminierungsverbot wegen des Alters gilt dabei für individuelle und tarifliche Entgeltstaffelungen gleichermaßen. Im Gegensatz zu den Grundrechten, insbesondere Art. 3 Abs. 1 GG, von denen die überwiegende

---

1427 BAG, Beschluss v. 20. Mai 2010 - 8 AZR 287/08.

1428 Vgl. LAG Hessen, Urteil v. 6. Januar 2010 – 2 Sa 1121/09; LAG Berlin-Brandenburg, Urteil v. 11. September 2008 – 20 SA 2244/07; Hanau, Neues vom Alter im Arbeitsverhältnis, ZIP 2007, S. 2381 (2385); Waltermann, Altersdiskriminierung, ZfA 2006, S. 305 (321); Linsenmaier, Das Verbot der Diskriminierung wegen des Alters, RdA 2003 (Sonderbeilage Heft 5), S. 22 (29); Lingemann/ Gotham, AGG – Benachteiligungen wegen des Alters, NZA 2007, S. 663; Henssler/ Tillmanns, Altersdiskriminierung in Tarifverträgen, FS Birk, S. 179 (181 f.); Löwisch/ Caspers/ Neumann, Beschäftigung und demographischer Wandel, S. 75.

1429 Schmidt/ Senne, Das gemeinschaftsrechtliche Verbot der Altersdiskriminierung, RdA 2002, S. 80 (88); Linsenmaier, Das Verbot der Diskriminierung wegen des Alters, RdA 2003, S. 22 (29); Waltermann, Verbot der Altersdiskriminierung, NZA 2005, S. 1265 (1268 f.)

Auffassung davon ausgeht, dass die Tarifvertragsparteien nur mittelbar im Rahmen der Schutzpflichtdimension der Grundrechte gebunden sind, erfasst das AGG die Tarifvertragsparteien unmittelbar.

Fraglich, und nicht einheitlich beantwortet wird jedoch die Frage, ob und wie im Falle einer festgestellten Entgeltdiskriminierung wegen des Lebensalters die Rechtsfolge zu verwirklichen ist. Im Grundsatz erfolgte bisher eine Angleichung nach oben. Bei Vergütungsstaffeln nach dem Lebensalter stellt sich jedoch die Frage, in welche Gruppe benachteiligte Arbeitnehmer einzuordnen wären.[1430] Das LAG Berlin-Brandenburg hat entschieden, das der Arbeitnehmer einen Anspruch auf Gehaltsanpassung nach oben habe und die Vergütung der höchsten Lebensaltersstufe verlangen könne, auch wenn er das hierfür erforderliche Lebensalter nicht aufweise.[1431]

Das Bundesarbeitgericht hat dem EuGH in diesem Zusammenhang in zwei Verfahren des öffentlichen Dienstrechts Fragen zu einem möglichen Verstoß des BAT bzw. TVöD vorgelegt.[1432] Die Vorlagefragen betreffen die Staffelung der Grundvergütung nach dem Lebensalter im früheren Bundes-Angestelltentarifvertrag (BAT) und dessen Überleitung in den neuen Tarifvertrag für den öffentlichen Dienst. Beide Tarifverträge enthalten hinsichtlich der Vergütung einen Bezug auf das Lebensalter. Hinsichtlich des BAT fragt das BAG, ob die nach Lebensaltersstufen ansteigende Grundvergütung gegen den primärrechtlichen allgemeinen Gleichheitssatz aus Art. 20 EUGRC verstößt. Nach Ansicht des BAG ist die Bemessung der Grundvergütung nach Lebensaltersstufen zulässig, weil die Tarifvertragsparteien damit eine größere Lebenserfahrung bei der Einstellung und die spätere Berufserfahrung zu Recht höher honorieren. Hinsichtlich des TVöD liegt folgender Sachverhalt vor: Die Arbeitnehmerin wurde mit 41 Jahren eingestellt und unter dem BAT der Lebensaltersstufe 35 zugeordnet. Mit Überleitung des BAT in den TVöD wurde sie tarifgerecht in die Entgeltgruppe 11 eingruppiert, wobei sie auf der Stufe fünf statt vier mit einem höheren Monatsgehalt von 435 Euro brutto zugeordnet sein möchte. Auch hier sieht das BAG bereits unter dem BAT keine Altersdiskriminierung. Für den Fall das der EuGH anderer Auffassung sein sollte, fragt es weiter, ob die Diskriminierung dadurch beseitigt wurde, dass im TVöD nunmehr auf „Tätigkeit, Leistung und Berufserfahrung", nicht aber auf das konkrete Lebensalter abgestellt wird, auch wenn der auf Lebensalter basierende Besitzstand des BAT zunächst im TVöD fortgeführt wird. Sollte der EuGH auch hierin eine unzulässige Altersdiskriminierung erkennen, stellt das BAG weiter die Frage, ob diese

---

1430 Zusammenfassender Überblick über den Meinungsstand zu diesem Problem bei *Hanau*, Neues vom Alter im Arbeitsverhältnis, ZIP 2007, S. 2381 (2386).

1431 LAG Berlin-Brandenburg, Urteil v. 11. September 2008 – 20 Sa 2244/07; vgl. *Bissels/ Lützeler*, Aktuelle Entwicklung der Rechtsprechung zum AGG, BB 2009, S. 774 (775).

1432 BAG, Beschluss v. 20. Mai 2010 – 6 AZR 319/09 (A) und 6 AZR 148/09 (A).

dadurch beseitigt werde, das die Entgeltentwicklung im TVöD nicht mehr an das Lebensalter anknüpft und dadurch eine etwaige Diskriminierung aus der Vergangenheit beseitigt.

bb) Vergütung nach Berufs- und Beschäftigungsdauer

Anders ist die Lage bei der Entgeltstaffelung nach Berufs- und/ oder Beschäftigungsdauer zu beurteilen. Der praktische Unterschied zwischen der formalen Anknüpfung allein an das Alter bei Gehaltsstaffeln nach Seniorität[1433] und einer Staffelung des Entgelts nach Berufs- bzw. Beschäftigungszeiten ist nicht groß, hängt doch letztere mit dem Alter eines Arbeitnehmers regelmäßig zusammen. Diese stellen damit eine mittelbare Diskriminierung wegen des Alters dar. Dies wäre nur dann nicht der Fall, wenn man auf die Beschäftigungsdauer oder die Betriebszugehörigkeit zu einem bestimmten Unternehmen abstellen würde. Hier kann man deshalb die Frage aufwerfen, ob die formale Einteilung als unmittelbare oder mittelbare Diskriminierung nicht zu einer rechtlich unterschiedlichen Bewertung führt, die der Zielsetzung des Antidiskriminierungsrechts zuwiderläuft.[1434] Das Alter ist, anders, als die anderen Diskriminierungsmerkmale, ein sich entwickelnder Umstand, der jeden potentiell gleich betrifft. Gerade weil sich das Alter ändert, führe eine Besserstellung Älterer nicht automatisch zu einer Schlechterstellung Jüngerer. Fraglich ist deshalb, ob eine solche gewissermaßen punktuelle Betrachtung bei der Beurteilung von Diskriminierungen wegen des Alters geboten ist. Die Besserstellung wird Jüngeren nämlich nicht generell vorenthalten, sondern gewissermaßen nur zeitlich zurückgestellt.[1435] Diese Auffassung würde dazu führen, dass Ungleichbehandlungen von Jüngeren gegenüber Älteren in weit größerem Maße gerechtfertigt werden könnten. Eine solche Betrachtungsweise lässt aber außer Acht, dass Regelungen über die Entgeltstaffelung keineswegs unveränderbar sind. So kann ein jüngerer Arbeitnehmer nicht darauf vertrauen, dass ein System einer bestimmten Entgeltstaffelung

---

1433 Zum Begriff der Seniorität *Däubler*, Seniorität im Arbeitsrecht, in: Arbeit und Recht, FS Gnade, S. 95 (96). Hier wird der Begriff bezogen auf das Lebensalter verwendet.

1434 Vgl. *Waltermann*, Altersdiskriminierung und Beschäftigung aus rechtlicher, insbesondere arbeitsrechtlicher Perspektive, in: Loccumer Protokolle, S. 127 (140).

1435 Vgl. *Wendeling-Schröder*, Der Prüfungsmaßstab bei Altersdiskriminierungen, NZA 2007, S. 1399 (1402). Deutlich wird dies bei Entgeltstaffelungen nach dem Dienstalter: Ältere Arbeitnehmer, die bei Erreichen eines bestimmten Lebensalters eine bestimmte Gehaltsstufe erreicht haben, haben auch in jüngerem Alter entsprechend weniger verdient. Umgekehrt kommt den jüngeren Arbeitnehmern die Gehaltsstufe bei Erreichen des Lebensalters grds auch zugute. Betrachtet man also die Erwerbsbiografie beider Arbeitnehmergruppen als ganzes, so verdienen sie gleich viel. Der Unterschied liegt nur darin, dass der gleiche Verdienst nicht zu einem absoluten Zeitpunkt vorliegt sondern relativ, bezogen auf den Lebenslauf. Eine solche Gesamtbetrachtung ist jedoch unter dem AGG nicht zulässig. Die Einbeziehung hypothetischer zukünftiger Entwicklungen kann eine gegenwärtige Ungleichbehandlung nicht legitimieren, vgl. *Henssler/ Tillmanns*, Altersdiskriminierung in Tarifverträgen, FS Birk, S. 179 (182).

auch dann noch in gleichem Umfang oder gleicher Art existiert, wenn er infolge des Erreichens des maßgeblichen Alters in den Regelungsbereich des jeweiligen Systems fällt. Deshalb und aufgrund der Tatsache, dass weder die RL 2000/78/EG noch das AGG eine Aussage hinsichtlich des Betrachtungszeitraums enthält, obschon die Besonderheiten des Alters als Diskriminierungsmerkmals nicht unbekannt sind, muss von einer punktuellen Beurteilung der maßgeblichen Ungleichbehandlung ausgegangen werden.

Nach der Rechtsprechung des Europäischen Gerichtshofs ist eine höhere Vergütung anknüpfend an das Dienstalter gerechtfertigt. Das Dienstalter sei mit einer zunehmenden dienstlichen Erfahrung und damit mit der Befähigung zu einer besseren Arbeitsleistung verbunden, was eine höhere Vergütung rechtfertige.[1436] Die Honorierung der Berufserfahrung stelle ein legitimes Ziel da, das durch die Anknüpfung an das Kriterium des Dienstalters seinen Ausdruck erfahre.[1437] Das Dienstalter gehe mit der Berufserfahrung einher, und diese befähige den Arbeitnehmer im Allgemeinen, seine Arbeit besser zu verrichten.[1438] Dem Arbeitgeber stehe es folglich frei, das Dienstalter bei der Vergütung zu berücksichtigen. Im Leitsatz des Urteils formuliert der EuGH daher: „Da der Rückgriff auf das Kriterium des Dienstalters in der Regel zur Erreichung des legitimen Zieles geeignet ist, die Berufserfahrung zu honorieren, die den Arbeitnehmer befähigt, seine Arbeit besser zu verrichten, hat der Arbeitgeber nicht besonders darzulegen, dass der Rückgriff auf dieses Kriterium zur Erreichung des genannten Zieles in Bezug auf einen bestimmten Arbeitsplatz geeignet ist, es sei denn, der Arbeitnehmer liefert Anhaltspunkte, die geeignet sind, ernstliche Zweifel in dieser Hinsicht aufkommen zu lassen."[1439] Die Entscheidung des Gerichtshofs betraf allerdings nicht die RL 2000/78/EG oder das primärrechtlicher Verbot der Diskriminierung wegen des Alters, sondern die Gewährleistung gleichen Entgelts nach Art. 157 AEUV (ex. Art. 141 EG). In der dazu ergangenen Rechtsprechung ist die Ansicht des EuGH jedoch nicht neu, wie die Entscheidung in der Rechtssache Danfoss zeigt.[1440] Deswegen sind die Rückschlüsse aus der Entscheidung Cadman für die Auslegung des AGG und die zugrunde liegenden europarechtlichen Vorgaben mit Zurückhaltung zu sehen[1441], zumal es für den EuGH in der Entscheidung keinen Anlass gab, sich zum Verbot der Alterdiskri-

---

1436   Vgl. EuGH, Rs. C-184/89, *Nimz*, Slg. 1991, I-297 Rn. 14.

1437   Vgl. EuGH, Rs. C-17/05, *Cadman*, NJW 2007, S. 47; ebenso *Rühl/ Viethen/ Schmid*, AGG, Kap. III, S. 69.

1438   EuGH, Rs. C-17/05, *Cadman*, NJW 2007, S. 48.

1439   EuGH, Rs. C-17/05, *Cadman*, NJW 2007, S. 48 (49).

1440   EuGH, Rs. 109/88, *Danfoss*, Slg. 1989, S. 3199 Rn. 24. Vgl. zur Entwicklung der Rechtsprechung des EuGH zu Art. 141 EG *Colneric*, Antidiskriminierung, NZA 2008 (Beil. Heft 2), S. 66 (68 ff.).

1441   Ebenso *Zedler*, Anm. zu EuGH, Rs. C-17/05, *Cadman*, NJW 2007, S. 49.

minierung zu äußern[1442]. Unter Berücksichtigung der Entscheidung Palacios de la Villa und dem Umstand, dass sich bei dem Verbot der mittelbaren Altersdiskriminierung strukturell ähnliche Fragen stellen, ist es jedoch unwahrscheinlich, dass der Gerichtshof diesbezüglich eine andere Auffassung vertreten wird. Neben der Berufserfahrung dürfte auch der Gedanke der Honorierung der Betriebstreue für eine Rechtfertigung sprechen. Entgeltstaffelungen, die an das Kriterium der Betriebstreue anknüpfen und der Honorierung der Betriebszugehörigkeit dienen sind damit wie bisher als zulässig anzusehen.[1443]

b) Verdienstsicherungen, Arbeitszeitverkürzungen, Urlaubsverlängerungen

Auch Verdienstsicherungen, Arbeitszeitverkürzungen und Urlaubsverlängerungen stellen unmittelbare Diskriminierungen wegen des Alters gegenüber jüngeren Arbeitnehmern dar. Erstere garantieren Arbeitnehmern, dass sie ab einem bestimmten Alter und einer gewissen Betriebszugehörigkeit ihren bisherigen Verdienst bis zum Ausscheiden aus dem Arbeitsverhältnis behalten. Zweck der Verdienstsicherung ist u.a. ältere Arbeitnehmer vor finanziellen Nachteilen infolge abnehmender Leistungsfähigkeit zu schützen.[1444] Sieht man in diesen besonderen Bedingungen der Entlohnung ein rechtmäßiges Ziel der Beschäftigungspolitik, etwa die Absicherung gegen eine Verschlechterung des Gesundheitszustandes, so kommt eine Rechtfertigung nach der Rahmenrichtlinie bzw. § 10 AGG in Betracht.

Regelungen über Arbeitszeitverkürzungen finden sich häufig in Tarifverträgen. Ab einem bestimmten Lebensalter wird die wöchentliche Arbeitszeit reduziert, ohne dass das Arbeitsentgelt entsprechend gekürzt wird. Sie dienen dem Schutz älterer Arbeitnehmer und können demnach grds. von den Mitgliedstaaten gemäß Art. 6 Abs. 1 Satz 2 lit. a) RL 2000/78/EG zugelassen werden.[1445] Auch eine tarifvertragliche oder individualvertragliche Staffelung des Urlaubsanspruchs nach dem Lebensalter eines Arbeitnehmers ist nach § 10 AGG zulässig, da sie dem Gesundheitsschutz älterer Arbeitnehmer dienen und den Erhalt der Leistungsfähigkeit bezwecken.[1446] Die Frage wird sich demnach lediglich auf

---

1442 Der Gerichtshof prüft im Rahmen eines Vorabentscheidungsverfahrens nach Art. 234 lit. a) EG die Auslegung einer Norm nur nach Maßgabe der vom Gericht gestellten Vorlagefrage.

1443 Ebenso *Reinhard*, Der „stille Erfolg" des AGG, Arbeit und Arbeitsrecht 2010, S. 78 (79); für Entgeltsysteme in Tarifverträgen *Henssler/ Tillmanns*, Altersdiskriminierung in Tarifverträgen, FS Birk, S. 179 (180).

1444 Vgl. *Rieble/ Zedler*, Altersdiskriminierung in Tarifverträgen, ZfA 2006, S. 273 (295).

1445 So auch *Waltermann*, Verbot der Altersdiskriminierung – Richtlinie und Umsetzung, NZA 2005, S. 1265 (1269).

1446 *Wisskirchen*, Der Umgang mit dem Allgemeinen Gleichbehandlungsgesetz, DB 2006, S. 1491 (1493). Zurückhaltend *Voggenreiter*, in Mahlmann, Gleichbehandlungsrecht, § 8 Rn. 151. Gestaltungsbeispiele finden sich bei *Sprenger*, Das arbeitsrechtliche Verbot der Altersdiskriminierung, S. 225. Im Jahre 2004 waren von derartigen Urlaubs-

das festgelegte Alter beziehen, ab wann die Arbeitszeitverkürzung bzw. Urlaubsverlängerungen eintreten.

c) Beruflicher Aufstieg, Berufs- und Weiterbildung

Das Diskriminierungsverbot wegen des Alters gilt auch im Rahmen des beruflichen Aufstiegs von Arbeitnehmern, § 2 Abs. 1 Nr. 1 AGG. Es gelten mithin die gleichen Grundsätze wie für den Zugang zur Beschäftigung. Eine unmittelbare Diskriminierung wegen des Alters liegt etwas dann vor, wenn eine Beförderung vom Erreichen eines bestimmten Alters abhängig gemacht wird, ohne das weitere Kriterien berücksichtigt werden (Leistung, Berufserfahrung etc.).

Auch im Bereich von Berufs- und Weiterbildungsmaßnahmen besteht ein Bedürfnis des Arbeitgebers eine Auswahlentscheidung zu treffen und festzustellen, für welche Arbeitnehmer eine derartige Maßnahme sinnvoll ist oder nicht. Auch in diesem Bereich gilt das Verbot der Diskriminierung wegen des Alters. So können beispielsweise Fortbildungsregelungen nicht vom Alter des Arbeitnehmers abhängig gemacht werden.[1447]

3. Altersdiskriminierung bei der Beendigung des Arbeitsverhältnisses

Arbeitgeber haben regelmäßig ein wirtschaftliches Interesse daran, dass ein Arbeitsverhältnis endet, wenn der Arbeitnehmer Altersrente beziehen kann.[1448] Die Gründe hierfür liegen nicht ausschließlich in der Annahme der abnehmenden Leistungskraft von Arbeitnehmern in höherem Alter. Motiv kann auch die Erhaltung einer ausgewogenen Altersstruktur, sowie die Übernahme von Auszubildenden bzw. Berufseinsteigern sein.

Fraglich ist, ob in den deswegen sowohl individual- wie auch kollektivvertraglich vereinbarten Höchstaltersgrenzen eine unzulässige Diskriminierung wegen des Alters zu sehen ist.

Daneben stellt sich die Frage einer Diskriminierung wegen des Alters auch im Bereich des Kündigungsrechts. Wie sich aus Art. 3 Abs. 1 lit. c) sowie Art. 6 Abs. 1 lit. a) RL 2000/78/EG ergibt, findet das Verbot der Altersdiskriminierung auch bei der Beendigung von Arbeitsverhältnissen Anwendung. Folgerichtig bestimmt § 2 Abs. 1 Nr. 2 AGG, das das AGG auch auf Entlassungsbedingungen Anwendung findet.

§ 2 Abs. 4 AGG bestimmt demgegenüber allerdings, dass für Kündigungen „(...) ausschließlich die Bestimmungen zum allgemeinen und besonderen Kündigungsschutz gelten". Nach dem Wortlaut der Vorschrift ist die Anwendung des AGG auf Kündigungen damit ausgeschlossen, obschon es sich dabei auch

---

staffelungen in Tarifverträgen rund 41. % der Arbeitnehmer betroffen, *Rieble/ Zedler*, Altersdiskriminierung in Tarifverträgen, S. 273 (297).

1447 *Högenauer*, Richtlinien gegen Diskriminierung im Arbeitsrecht, S. 239; *Rühl/ Viethen/ Schmid*, AGG, Kap. III, S. 64.

1448 *Richter/ Schmidt/Klatt/Doering-Striening*, Seniorenrecht, § 6 Rn. 1.

um Entlassungsbedingungen handelt. Umstritten ist deswegen, ob § 2 Abs. 4 AGG europarechtskonform ist, oder nicht. Der Streit betrifft dabei nicht nur die Frage eines möglichen Verstoßes gegen höherrangiges Recht, sondern, bejaht man einen solchen, auch die möglichen Rechtsfolgen.

Während eine verbreitete Ansicht § 2 Abs. 4 AGG für europarechtswidrig hält[1449], sieht die Gegenmeinung in den Kündigungsvorschriften ausreichende Regelungen, die den Vorgaben der RL 2000/78/EG entsprechen.[1450] Ggf. vorhandene Widersprüche könnten durch eine europarechtskonforme Auslegung des Kündigungsschutzgesetzes gelöst werden.[1451]

Der Begriff der Entlassungsbedingungen erfasst auch Kündigungen.[1452] Demzufolge ist das Verbot der Diskriminierung wegen des Alters auch bei Kündigungen zu beachten. Fraglich ist allerdings, ob sich hieraus die Europarechtswidrigkeit von § 2 Abs. 4 AGG herleiten lässt. Dies wäre nur dann der Fall, wenn das Verbot der Altersdiskriminierung nicht schon in anderen Vorschriften, insbesondere des allgemeinen und besonderen Kündigungsschutzes ausreichend Beachtung finden würde. Zur Erfüllung der Umsetzungsverpflichtung von

---

1449 ArbG Osnabrück, 5. Februar 2007 – 3 CA 677/06, NZA 2007, 626 (627); *Sagan*, Die Sanktion diskriminierender Kündigungen, NZA 2006, S. 1257 (1258 f.); Münch-KommBGB/ *Thüsing*, § 2 AGG Rn. 17 ff.; *Benecke*, Kündigungen zwischen Kündigungsschutz und Diskriminierungsschutz, AuR 2007, S. 229; *Neufeld*, Anmerkung zu ArbG Bielefeld, Urteil v. 25. April 2007 – 6 Ca 2886/06, BB 2007, S. 1963 (1964); *Busch*, Ziel verfehlt, AiB 2006, S. 467; *Wisskirchen*, Der Umgang mit dem Allgemeinen Gleichbehandlungsgesetz, DB 2006, 1491 (1495). So würde § 2 Abs. 4 AGG dazu führen, dass Arbeitnehmer bei einer Kündigung innerhalb der ersten sechs Monate bzw. in Kleinbetrieben keinen bzw. nur bedingten Schutz vor Diskriminierungen genießen. Ihnen käme nach allgemeinen Grundsätzen nur der Schutz im Rahmen der §§ 242, 138 BGB gegen treu- bzw. sittenwidrige Kündigungen zu Gute.

1450 *Löwisch*, Kündigen unter dem AGG, BB 2006, S. 2189 f.; BeckOK-*Roloff*, § 2 AGG Rn. 25. ff.

1451 *Wendeling-Schröder*, Der Prüfungsmaßstab bei Altersdiskriminierungen, NZA 2007, S. 1399 (1403); *Kock*, Anmerkung zu EuGH Rs. C- 13/05, *Navas*, ZIP 2006, S. 1550 (1552); Preis, Diskriminierungsschutz zwischen EuGH und AGG (Teil II), ZESAR 2007, S. 308 (309); *Rühl/ Viethen/ Schmid*, AGG, Kap. III, S. 56 f.; ErfK/*Schlachter*, § 2 AGG Rn. 15; *Diller/ Krieger/ Arnold*, Kündigungsschutzgesetz plus Allgemeines Gleichbehandlungsgesetz, NZA 2006, S. 887 (889 f.); *Willemsen/Schweibert*, Schutz der Beschäftigten im AGG, NJW 2006, S. 2583 (2584 f.); wohl auch *Bauer/ Krieger*, Verkehrte Welt, NZA 2007, S. 674 (675 f.); LAG Niedersachsen, 13. Juli 2007 – 16 Sa 269/07; ebenso BAG, Urteil v. 06. November 2008 – 7 AZR 701/07 Rn. 26 ff., vgl. dazu auch *Hanau*, Die Europäische Grundrechtecharta – Schein und Wirklichkeit im Arbeitsrecht, NZA 2010, S. 1 (4). Die Reichweite einer europarechtskonformen Auslegung kann dabei in Einzelfällen ungeachtet von § 2 Abs. 4 AGG dazu führen, dass die materiellen Diskriminierungsverbote der §§ 1 bis 10 AGG im Rahmen der Prüfung der Sozialwidrigkeit einer Kündigung zu beachten sind.

1452 EuGH Rs. C-13/05, *Navas*, NZA 2006, 839 (840).

Richtlinien ist nämlich nicht erforderlich, dass der staatliche Gesetzgeber stets ein neues Gesetz schafft.[1453] An dieser Stelle können nicht alle Einzelheiten und Argumente dieses Problems dargestellt werden. Nur soviel: Ein Benachteiligungsmerkmal der RL 2000/78/EG stellt keinen Kündigungsgrund dar.[1454] Demzufolge kann das Alter im Anwendungsbereich des Kündigungsschutzgesetzes eine Kündigung nicht sozial rechtfertigen. Eine dennoch ausgesprochene Kündigung wäre unwirksam. So hat das Bundesarbeitsgericht bereits 1961 festgestellt: „Das Erreichen des 65. Lebensjahres ist allein kein ausreichender Grund zur Kündigung eines älteren Arbeitnehmers".[1455] Außerhalb des Anwendungsbereichs des Kündigungsschutzgesetzes gewährleisten die Generalklauseln der §§ 242, 138 BGB, in die die Diskriminierungsmerkmale der RL 2000/78/EG hineinzulesen sind, ausreichenden Schutz vor Diskriminierungen.[1456] Dies gilt jedenfalls für die hier allein interessierende Diskriminierung wegen des Alters, so dass § 2 Abs. 4 AGG diesbezüglich nicht beanstandet werden kann. Die Entscheidung des ArbG Osnabrück wonach eine Altersgruppenbildung im Rahmen der Sozialauswahl bei betriebsbedingten Kündigungen gegen das Verbot der Altersdiskriminierung verstößt ist abzulehnen.[1457] Abgesehen davon, dass das Arbeitsgericht § 2 Abs. 4 AGG mangels Normverwerfungskompetenz nicht einfach unangewendet hätte lassen dürfen[1458], überzeugt die Entscheidung auch inhaltlich nicht. Zwar ist es zutreffend, wenn das Arbeitsgericht davon ausgeht, ohne die Bildung von Altersgruppen würden weniger ältere Arbeitnehmer gekündigt. Dieses Ergebnis beruht jedoch auf § 1 Abs. 3 Satz 1 KSchG, wonach das Alter ein bei der Sozialauswahl zu berücksichtigender Faktor ist. Nach bisherigem Verständnis der Vorschrift, schützt diese das ansteigende Lebensalter, führte mithin dazu, dass ältere Arbeitnehmer stärker geschützt wurden als Jüngere. Dieses Ergebnis führt

1453 Vgl. *Hamacher/ Ulrich*, Die Kündigung von Arbeitsverhältnissen nach Inkrafttreten des AGG, NZA 2007, S. 657 (658); EuGH, Rs. C- 144/99, *Kommission/ Niederlande*, NJW 2001, S. 2244 (2245).

1454 *Hamacher/ Ulrich*, Die Kündigung von Arbeitsverhältnissen nach Inkrafttreten des AGG, NZA 2007, S. 657 (658).

1455 BAG, Urteil v. 28. September 1961 – 2 AZR 428/60, NJW 1962, S. 73.

1456 Ausführlich *Hamacher/ Ulrich*, Die Kündigung von Arbeitsverhältnissen nach Inkrafttreten des AGG, NZA 2007, S. 657 (658 ff.).

1457 In dem Verfahren ging es um die Wirksamkeit einer betriebsbedingten Kündigung. In einem Sozialplan und Interessenausgleich wurden die betroffenen Arbeitnehmer in fünf Altersgruppen eingeteilt. Innerhalb der jeweiligen Altersgruppe wurde dann nach der Sozialauswahl nach den Kriterien Alter, Betriebszugehörigkeit, Unterhaltsverpflichtungen und Schwerbehinderung durchgeführt. Zur Sozialauswahl ausführlich unter c), S. 367 f..

1458 In einem vergleichbaren Verfahren hat das ArbG Bielefeld diese Frage ausdrücklich offen gelassen. Vgl. ArbG Bielfeld, Urteil v. 25. April 2007 – 6 Ca 2886/06, BB 2007, S. 1961 (1962). Die Unanwendbarkeit der Vorschrift wäre allerdings bei einem Verstoß gegen die RL 2000/78/EG in Betracht gekommen.

zunächst zu einer Ungleichbehandlung jüngerer Arbeitnehmer, so dass sich die Bildung von Altersgruppen als Ausnahme zu diesem Grundprinzip darstellt und damit gerade den Grundsatz der Ungleichbehandlung des nationalen Kündigungsschutzrechts durchbricht.[1459] Die Bildung von Altersgruppen entspricht der diskriminierungsrechtlichen Notwendigkeit, die daraus resultiert, dass die RL 2000/78/EG nicht nur ältere Arbeitnehmer, sondern Arbeitnehmer jeden Alters vor ungerechtfertigten Ungleichbehandlungen schützt. Im Ergebnis führt die Bildung von Altersgruppen demnach dazu, dass die Bedeutung des Merkmals Alter im Rahmen der Sozialauswahl abgeschwächt wird und damit im Einklang mit den europäischen Antidiskriminierungsvorgaben steht.[1460]

a) Altersgrenzen

Die in Tarifverträgen, Betriebsvereinbarungen und Einzelarbeitsverträgen vielfach vereinbarten Höchstaltersgrenzen[1461] sind am Maßstab des § 10 S. 3 Nr. 5 AGG zu messen. Dieser gestattet ausdrücklich eine Vereinbarung, die die Beendigung des Beschäftigungsverhältnisses ohne Kündigung zu einem Zeitpunkt vorsieht, zu dem der Arbeitnehmer eine Rente wegen des Alters beanspruchen kann. Die Pensionierung mit Vollendung des 65. Lebensjahres bzw. nunmehr des 67. Lebensjahres, soll nach dem Willen des deutschen Gesetzgebers auch unter Geltung des Verbots der Altersdiskriminierung weiterhin zulässig sein.

Vor Inkrafttreten des AGG und der RL 2000/78/EG wurden (sowohl individual- als auch kollektivrechtliche) Vereinbarungen einer automatischen Beendigung des Arbeitsverhältnisses bei Erreichen eines bestimmten Alters in ständi-

---

1459 So zutreffend *Bauer/ Krieger*, Verkehrte Welt, NZA 2007, S. 674 (676); *Bissels/ Lützeler*, Rechtsprechungsübersicht zum AGG, BB 2008, S. 666 (667). Ähnl. *Nupnau*, Anmerkung zu ArbG Osnabrück, Urteil v. 5. Februar 2007 – 3 Ca 677/06, DB 2007, S. 1203. Zweifel daran, dass eine Altersgruppenbildung eine Diskriminierung wegen des Alters darstellt hat auch das ArbG Bielefeld, Urteil v. 25. April 2007 – 6 Ca 2886/06, BB 2007, S. 1961 ff.

1460 Vgl. *Preis*, Ein modernisiertes Arbeits- und Sozialrecht für eine alternde Gesellschaft, NZA 2008, S. 922 (925). Die Frage der Zulässigkeit von Altersgruppenbildungen ist aktuell beim EuGH anhängig. Infolge der Entscheidung des EuGH in der Rechtssache Age Concern hat das ArbG Siegburg mit Beschluss vom 27. Januar 2010 – 2 Ca 2144/09 dem EuGH die Frage der Vereinbarkeit von Altersgruppenbildungen zur Sicherung einer ausgewogenen Altersstruktur im Rahmen betriebsbedingter Kündigungen mit Art. 6 RL 2000/78/EG vorgelegt.

1461 Üblicherweise findet sich folgende Formulierung in Arbeitsverträgen: „Das Arbeitsverhältnis endet, ohne dass es einer Kündigung Bedarf spätestens mit Ablauf des Monats, in dem der Arbeitnehmer das gesetzliche Rentenalter erreicht.", vgl. nur *Hümmerich*, Arbeitsrecht, § 1 S. 131. Existiert keine vereinbarte Altersgrenze so wird ein unbefristetes Arbeitsverhältnis auch über das 65. Lebensjahr hinaus fortgesetzt. Eine Kündigung wegen Erreichens des 65. Lebensjahres ist nach der Rechtsprechung des BAG nicht sozial gerechtfertigt iSd § 1 Abs. 3 KSchG und damit unwirksam, vgl. BAG v. 28. September 1961 – 2 AZR 428/60, NJW 1962, S. 73.

ger Rechtsprechung als sachliche Befristung für zulässig erklärt.[1462] Dabei unterlagen einzelvertragliche Vereinbarungen dem Prüfungsmaßstab des § 14 Abs. 1 S. 1 TzBfG während tarifliche Altersgrenzen am Maßstab von Art. 12 Abs. 1 GG gemessen wurden, da das Teilzeit- und Befristungsgesetz auf Tarifverträge keine Anwendung findet.

Die europarechtliche Zulässigkeit dieser Regelungen wurde besonders vor dem Hintergrund des Art. 6 Abs. 1 RL 2000/78/EG diskutiert. Vor allem die Stimmen in der Literatur, die Altersgrenzen auch schon vor Erlass der RL 2000/78/EG als Verstoß gegen Art. 12 GG angesehen haben, verneinen auch die Tauglichkeit des Art. 6 Abs. RL 2000/78/EG als Ermächtigungsgrundlage für Regelungen, die allgemeine (starre) Höchstaltersgrenzen zulassen.[1463] Der Grund liege in der Schwere des Eingriffs in die Berufsfreiheit in ihren Ausprägungen der Arbeitsplatzwahl- und der Berufswahlfreiheit. Auch die Gewährung von Berufseinstiegs- und Aufstiegschancen könne nicht zur Rechtfertigung herangezogen werden. Andere wollen § 10 S. 3 Nr. 5 AGG nur unter engen Voraussetzungen anwenden[1464] oder erachteten die Regelung für unionsrechtlich zulässig.[1465]

Seit der Entscheidung des EuGH in der Rechtssache Palacios de la Villa dürfte die Vereinbarkeit der Norm und die Zulässigkeit von tarifvertraglichen Höchstaltersgrenzen mit europäischem Recht für die Praxis als geklärt anzusehen sein. Lebensalterszeitgrenzen die auf das gesetzliche Renteneintrittsalter abstellen sind danach, wie vor der Geltung des AGG grds. zulässig, sofern eine angemessene Altersversorgung der Betroffenen gewährleistet ist und sie einem legitimen Ziel der Beschäftigungspolitik, dem Arbeitsmarkt, der beruflichen Bildung oder einem vergleichbaren Allgemeinwohlbelang dienen. Die gegenteilige Auffassung, die wegen Erwägungsgrund Nr. 14 der RL 2000/78/EG die

---

1462 Vgl. BAG, Urteil v. 27. Juli 2005 – 7 AZR 443/04, NZA 2006, S. 37 (39).; LAG Niedersachsen, Urteil v. 20. Juni 2007 -15 Sa 1257/06; *Thüsing*, Antidiskriminierung im Arbeitsrecht, S. 178 f. mwN.

1463 Vgl. nur exemplarisch *Waltermann*, Altersdiskriminierung, ZfA 2006, S. 305 (324), nach dem jedoch individualvertragliche Altersgrenzenvereinbarungen zulässig sein sollen. Ebenfalls ablehnend *Reichhold/ Hahn/ Heinrich*, Neuer Anlauf zur Umsetzung der Antidiskriminierungs-Richtlinien, NZA 2005, S. 1270 (1276); *Rust/ Falke/ Bertelsmann*, AGG, § 10 Rn. 248 ff.; *Sievers*, TzBfG § 14 Rn. 258.; *Bertelsmann*, Altersgrenze 65, EuGH und AGG, AiB 2007, S. 689 (690) mwN; a.A. *Zöllner*, Altersgrenzen beim Arbeitsverhältnis, in: Altersgrenzen und Alterssicherung im Arbeitsrecht, GedS Blomeyer, S. 517 (526 ff.).

1464 *Schlachter*, Altersgrenzen angesichts des gemeinschaftlichen Verbots der Altersdiskriminierung, in: Altersgrenzen und Alterssicherung im Arbeitsrecht, GedS Blomeyer, S. 355 (370 f.).

1465 *Linck*, in: Schaub/, Arbeitsrechtshandbuch, § 33 Rn. 67; *Bauer/ Göpfert/Krieger*, AGG § 10 Rn. 39; *Bauer*, Europäische Antidiskriminierungsrichtlinien, NJW 2001, S. 2672 (2673 f.).

Anwendbarkeit der Richtlinie auf einzelstaatliche Bestimmungen über die Festsetzung von Altersgrenzen ablehnte[1466], ist als überholt anzusehen. Inwieweit die bisherige Rechtsprechung des Bundesarbeitsgerichts, wonach Altersgrenzen als zulässig anzusehen sind, wenn sie der Sicherung eines vernünftigen Altersaufbaus der Belegschaft, der Eröffnung von Aufstiegsmöglichkeiten, der Gewährleistung einer berechenbaren Personalplanung oder der Vermeidung einer Kündigung wegen nachlassender Leistungsfähigkeit dienen, künftig zulässig sind, bleibt abzuwarten. Zumindest der letzte Gesichtspunkt erscheint weiterhin zweifelhaft, da hier pauschal vom Alter auf die Leistungsfähigkeit geschlossen wird. Würde man hierin ein beschäftigungspolitisches Ziel oder einen sonstigen Allgemeinwohlbelang anerkennen, so würde das Verbot der Diskriminierung wegen des Alters letztlich nicht mehr darstellen, als ein bloßes Lippenbekenntnis. Die verbreiteten Altersstereotype würden in diesem Fall weitgehend aufrechterhalten. Zweifel bestehen vor allem hinsichtlich der Voraussetzungen, dass mit Höchstaltersgrenzen ein sachlich legitimes Ziel verfolgt wird und dass das Mittel zu Erreichung dieses Ziels angemessen und erforderlich ist.[1467] Betrachtet man die Begründungserwägungen, die vom BAG für die Zulässigkeit von Altersgrenzen aufgestellt wurden[1468], so kommt für die Verfolgung eines legitimen Ziels lediglich das Freimachen von Arbeitsplätzen für jüngere Arbeitnehmer in Betracht. Der Unterschied bei der Verwendung von Altersgrenzen in Deutschland und dem Fall Palacios liegt vor allem darin, dass die Altersgrenzen in Deutschland nicht infolge einer bestimmten Situation am Arbeitsmarkt geschaffen wurden, sondern in allen Bereichen des Arbeitslebens allgemein verwendet werden.[1469] Somit kommt es entscheidend darauf an, ob als beschäftigungspolitische Zielsetzung die Verbesserung von Chancen auf dem Arbeitsmark für Nachwuchskräfte das Ausscheiden älterer Arbeitnehmer durch Höchstaltersgrenzen rechtfertigen kann. Ob der EuGH standardmäßige und unterschiedslose Verwendung von Altersgrenzen als Verstoß gegen das Verbot der Diskriminierung wegen des Alters werten wird, ist unklar.

Dass § 10 S. 3 Nr. 5 AGG auch Vereinbarungen in Einzelarbeitsverträgen erfasst ergibt sich aus der EuGH-Entscheidung Palacios nur mittelbar. In der Literatur wird demgegenüber teilweise bestritten, dass private Arbeitgeber sich auf die Rechtfertigung nach § 10 S. 3 Nr. 5 AGG berufen könnten.[1470] Der Beg-

---

1466 Vgl. *Lingemann/ Gotham*, AGG – Benachteiligungen wegen des Alters, NZA 2007, S. 663 (666).

1467 *Bertelsmann*, Altersgrenze 65, EuGH und AGG, AiB 2007, S. 689 (692).

1468 Die Begründungen des BAG waren nicht einheitlich: Eigeninteresse des Arbeitnehmers, vorhersehbare und kalkulierbare Personal- und Nachwuchsplanung, Freimachen von Arbeitsplätzen für jüngere Arbeitnehmer, Durchführung der betrieblichen Altersversorgung, Üblichkeit der Altersgrenze.

1469 *Bertelsmann*, Altersgrenze 65, EuGH und AGG, AiB 2007, S. 689 (693).

1470 Zum Streitstand ErfK/*Schlachter*, § 10 AGG Rn. 1.

riff des legitimen Ziels sei so zu verstehen, dass nur ein gesetzlich formuliertes Ziel diese Voraussetzungen erfüllen könne. Der staatliche Gesetzgeber habe demnach legitime Ziele selbst festzulegen.[1471] Jedoch verleiht Art. 6 RL 2000/78/EG dem mitgliedstaatlichen Gesetzgeber die Möglichkeit, Regelungen zu treffen, die die Voraussetzungen der Zulässigkeit einer unterschiedlichen Behandlung wegen des Alters festsetzen. Von dieser Möglichkeit hat Deutschland mit § 10 AGG Gebrauch gemacht und im Rahmen dieser Regelung die Befugnis zur Umsetzung von Maßnahmen den Normadressaten, mithin also auch den privaten Arbeitgebern übertragen. Auch ist kein Grund ersichtlich nicht auch unternehmensbezogene, mithin private Ziele als legitime Ziele anzuerkennen.[1472] In der Rechtssache Palacios hat es der Gerichtshof auch nicht beanstandet, dass der spanische Gesetzgeber die Festsetzung von Altersgrenzen den Tarifparteien überlassen hat. Auch dies spricht dafür, dass es nicht entscheidend auf den Urheber der Altersgrenzenregelung ankommt, sondern vielmehr auf die Zweckver-

1471   Vgl. *Brors*, in: Däubler/ Bertzbach, AGG, § 10 Rn. 21; *Rust/ Falke/ Bertelsmann*, AGG, § 10 Rn. 52; *Thüsing*, Antidiskriminierung im Arbeitsrecht, S. 173; *Schiek*, Gleichbehandlungsrichtlinien der EU, NZA 2004, 873 (876). Vgl. auch *Schlachter*, Altersgrenzen angesichts des gemeinschaftlichen Verbots der Altersdiskriminierung, in: GedS Blomeyer, S. 355 (364 f.), die die Frage unter dem Gesichtspunkt einer möglichen Rechtfertigung als positive Maßnahme erörtert. Die Frage, ob Private Ungleichbeahndlungen durch Zielfestsetzungen rechtfertigen können wurde auch bei § 10 S. 3 Nr. 1 AGG aufgeworfen. Insbesondere die Festlegung sozialpolitischer Ziele obliege den Mitgliedstaaten und nicht Privatrechtssubjekten. Indessen wird man auch in § 10 S. 3 Nr. 1 AGG eine Ermächtigung des Gesetzgebers an Private erkenn müssen. Hierfür spricht neben der Gesetzesbegründung, die erklärt, dass die Ziele aus Sicht des Arbeitgebers bzw. der Tarifvertragsparteien zu beurteilen sind als auch die Rolle der Sozialpartner, vgl. *Henssler/ Tillmanns*, Altersdiskriminierung in Tarifverträgen, FS Birk, S. 179 (185).

1472   *Meinel/ Heyn/ Herms*, AGG, § 10 Rn. 18; *Temming*, Der Fall Palacios: Kehrtwende im Recht der Altersdiskriminierung, NZA 2007, S. 1193 (1198); *Bauer/ Krieger*, Das Orakel von Luxemburg, NJW 2007, S. 3672 (3674); ähnlich *Körner*, Diskriminierung von älteren Arbeitnehmern, NZA 2008, S. 497 (499); *Bahnsen*, Altersgrenzen im Arbeitsrecht, NJW 2008, S. 407 (408). Auch das BAG erkennt unternehmensbezogene Interessen als legitime Ziele an, die Ungleichbehandlungen wegen des Alters rechtfertigen können, vgl. BAG, Urteil v. 22. Januar 2009 – 8 AZR 906/07. Der Arbeitgeber muss jedoch konkret darlegen und im Streitfall beweisen, dass die Ungleichbehandlung einem legitimen Ziel dient. Im konkreten Fall reichte die pauschale Begründung des Arbeitgebers, die Ungleichbehandlung – hier in Form der Versetzung von Arbeitnehmerinnen, die das 40. Lebensjahr vollendet hatten in einen besonderen Stellenpool, der der Zusammenfassung des Personalüberhangs diente - diene der Schaffung einer ausgewogenen Personalstruktur, nicht. Der Arbeitgeber muss in derartigen Fällen darlegen, welche Personalstruktur er schaffen oder erhalten will und aus welchen Gründen.

folgung und Verhältnismäßigkeit der Altersgrenze.[1473] Auch die nationale Rechtsprechung geht davon aus, dass § 10 S. 3 Nr. 5 AGG Vereinbarungen von Tarifvertragsparteien nicht grds. entgegensteht.[1474]

Auch vorgezogene Altersgrenzen, die bisher vor allem Betriebsfeuerwehr, Sicherheitsdienste und Piloten betrafen werden auch in Zukunft wohl weiterhin als zulässig beurteilt werden, da sie dem Schutz Dritter oder der Gesundheit der Arbeitnehmer selbst dienen und damit einem überragend wichtigem Gemeinschaftsgut isv § 10 S. 1 AGG, der bei vorgezogenen Altergrenzen alleiniger Prüfungsmaßstab ist. Erforderlich ist allerdings auch hier, dass ein Anspruch auf Altersversorgung gewährleistet ist.

Insbesondere bei diesen vorgezogenen Altersgrenzen stellt sich jedoch die Frage, ob die pauschale Festsetzung nicht deswegen unverhältnismäßig ist, weil eine Prüfung des Gesundheitszustandes bzw. der Leistungsfähigkeit im Einzelfall nicht ebenso geeignet wäre.

So stellt sich diese Frage beispielsweise bei Piloten, die ihre Fluglizenz nach öffentlich-rechtlichen Vorschriften verlieren, sofern medizinische Gesichtspunkte ergeben, dass die Flugtauglichkeit nicht mehr besteht. Dem Argument der Sicherheitsinteressen der Allgemeinheit ist damit ausreichend Rechnung getragen, so dass eine zusätzliche starre Altersgrenze unverhältnismäßig erscheint. So bestimmt beispielsweise § 20 Abs. 2 S. 1 Nr. 2, S. 2 LuftVZO, dass für Verkehrsflugzeuge die internationalen Vorgaben der JAR-FCL 1 und JAR-FCL 3 gelten.[1475] Diese bestimmen, dass ein Pilot, der das 60. Lebensjahr vollendet hat seine Tätigkeit ausüben darf, wenn mehrere Piloten an Board des Flugzeugs sind und diese das 60. Lebensjahr noch nicht vollendet haben. Dies gilt bis zur Vollendung des 65. Lebensjahres. Gesetzliche Vorschriften, die einer Beschäftigung eines Piloten jenseits des 60. Lebensjahres entgegenstehen existieren damit nicht. Die Rechtsprechung rechtfertigt die Altersgrenze mit der allgemeinen Le-

---

1473 Vgl. *Bauer/ Krieger*, Das Orakel von Luxemburg, NJW 2007, S. 3672 (3675). Im Ergebnis ebenso *Weber*, Das Verbot altersbedingter Diskriminierung nach der Richtlinie 2000/78/EG, AuR 2002, S. 401 (403), bezogen auf Art. 6 Abs. 1 RL 2000/78/EG.

1474 Vgl. LAG Hessen, Urt. v. 15. Oktober 2007 – 17 SA 809/07. In der Entscheidung ging es um tarifvertragliche Altersgrenze von 60 Jahren für Piloten. Nach Ansicht des Gerichts ist eine solche durch den sachlichen Grund der Gewährleistung der Flugsicherheit gerechtfertigt: „Auch wenn empirisch ein höheres Sicherheitsrisiko bei Flugzeugführern, die älter als 60 Jahre sind, nicht belegt ist, gibt es jedoch auch keine Untersuchungen, die eine gegenteilige Aussage belegen. Solange dieses Gefährdungsrisiko für Besatzung, Passagiere und den überflogenen Gebieten jedoch nicht ausgeschlossen werden kann, hält die Kammer die Altersgrenzenregelung für durch ein legitimes Ziel sachlich gerechtfertigt.", Pressemitteilung Nr. 17/07, abrufbar unter: http://www.lag-frankfurt.justiz.hessen.de. Für eine Gestaltungsbefugnis durch die Tarifvertragsparteien im Ergebnis auch *Waltermann*, Altersdiskriminierung, ZfA 2006, S. 305 (316).

1475 BAnz. Nr. 81a v. 20. April 2003.

benserfahrungen der Abnahme der Leistungsfähigkeit und einem daraus resultieren Sicherheitsrisiko. Dass eine derartige allgemeine Lebenserfahrung in dieser Pauschalität nicht existiert zeigen jedoch gerontologische und medizinische Erkenntnisse.[1476] Auch die internationalen Vorgaben, die von einer Tauglichkeit bis zum 65. Lebensjahr ausgehen sprechen gegen eine solche Annahme. Im Übrigen stellen medizinische und psychologische Testverfahren ein milderes Mittel dar als die starre Altersgrenze.

Die Unverhältnismäßigkeit einer Altergrenze kann sich weiter daraus ergeben, dass sie zu niedrig angesetzt ist. Bei der Prüfung müssen vor allem medizinische Gesichtspunkte, die von der Rechtsprechung bis zum jetzigen Zeitpunkt vernachlässigt wurden, berücksichtigt werden. Weiterhin fraglich ist auch das Schicksal niedrigerer Altersgrenzen als denjenigen, die zum Bezug einer Altersrente berechtigen. Die Rechtfertigung dieser Altersgrenzen folgt ausweislich des Wortlauts des § 10 S. 3 Nr. AGG nicht nach dieser Vorschrift, sondern nach den allgemeinen Vorschriften der §§ 8, 10 S. 1, 2 AGG. Inhaltlich stellen diese keine höheren Rechtfertigungsvoraussetzungen auf als der bislang den Prüfungsmaßstab bildende Art. 12 Abs. 1 GG.[1477] Da eine Änderung der Rechtsprechung des BAG bzw. des BVerfG nicht ersichtlich ist, kann erwartet werden, dass die bisher bestehenden Altersgrenzen auch weiterhin als zulässig angesehen werden.[1478] Gleichwohl stehen diese Altersgrenzen in Widerspruch zu den Regelungen und der Zwecksetzung des Antidiskriminierungsrechts. Dies belegt folgendes Beispiel: Würde sich ein infolge der Altersgrenze ausgeschiedener Arbeitnehmer auf die nunmehr freigewordenen Stelle bewerben, so dürfte er grds. nicht wegen seines Alters abgelehnt werden.[1479] Erforderlich wäre in diesem Fall eine Rechtfertigung, wobei § 10 AGG als Rechtfertigungsgrund ausscheidet. Infolgedessen könnte eine Ablehnung nur nach § 8 AGG gerechtfertigt werden, wenn das Alter eine wesentliche und entscheidende berufliche Anforderung darstellt. Die Widersprüche sind offensichtlich. Unter diesem Gesichtspunkt erscheinen zwei Wege gangbar: Entweder man verzichtet auf pauschale Alters-

---

1476 Vgl. *Sprenger*, Das arbeitsrechtliche Verbot der Altersdiskriminierung, S. 251 mwN.

1477 So zutreffend *Lingemann/ Gotham*, AGG – Benachteiligungen wegen des Alters, NZA 2007, S. 663 (666).

1478 Vgl. aber demgegenüber die Entscheidung des ArbG Düsseldorf, die vom LAG Düsseldorf bestätigt wurde: Danach ist die tarifvertragliche Altersgrenze von 60 Jahren für Flugbegleiter wegen einer unzulässigen Benachteiligung wegen des Alters unwirksam. Eine Rechtfertigung komme weder unter dem Gesichtspunkt eines allgemeinen Leistungsabfalls noch unter dem der Beeinträchtigung der Flugsicherheit in Betracht. Der Arbeitgeber wurde deswegen zur Weiterbeschäftigung der Arbeitnehmerin bis zur Vollendung des 65. Lebensjahrs verurteilt, ArbG Düsseldorf, Urteil v. 29. April 2008 – 7 Ca 7849/07, LAG Düsseldorf, Urteil v. 05. November 2008 – 860/08.

1479 Beispiel nach *Schrader/ Schubert*, Das neue AGG, § 3 Rn. 403; *Wiedemann/ Thüsing*, Der Schutz älterer Arbeitnehmer und die Umsetzung der RL 2000/78/EG, NZA 2002, S. 1234 (1239).

grenzen und ersetzt diese durch eine individuelle Einzelfallprüfung anhand der Anforderungen des jeweiligen Arbeitsplatzes, oder aber man überträgt die Rechtfertigungsvoraussetzungen des § 8 AGG schon auf die Zulässigkeit von Höchstaltersgrenzen. Einen weiteren Weg schlägt Waltermann vor: „An die Stelle starrer Altersgrenzenregelungen könnte die Gestaltung einer auf den Anspruch auf Altersrente ausgerichteten Regelaltersgrenze treten. Dies könnte in der Weise geschehen, dass dem Arbeitnehmer abverlangt wird, sich zu einem bestimmten Zeitpunkt vor dem Erreichen dieser Regelaltersgrenze zu äußern, sofern er über die Regelaltersgrenze hinaus weiterarbeiten möchte. Äußert er sich nicht, endet das Arbeitsverhältnis mit dem Erreichen der Regelaltersgrenze automatisch. Legt der Arbeitnehmer offen, dass er weiterarbeiten will, kann der Arbeitgeber ihm nötig erscheinende Schritte gegen die Weiterarbeit rechtzeitig einleiten oder hiervon absehen."[1480]

b) Kündigungsfristen

§ 622 Abs. 2 BGB bestimmt unterschiedlich lange Kündigungsfristen für ein Arbeitsverhältnis, deren Dauer mit steigender Betriebszugehörigkeit zunimmt. Betriebszugehörigkeit und Lebensalter stehen in einem Zusammenhang und korrelieren regelmäßig miteinander, so dass die Regelung mittelbar diskriminierend wirken könnte.[1481] Damit stellt sich die Frage, ob eine solche Regelung gerechtfertigt ist. Im Ergebnis ist dies zu bejahen.

Kündigungsfristen dienen dazu, dem Arbeitnehmer ausreichend Zeit zu geben, sich um einen neuen Arbeitsplatz zu bemühen.[1482] Dabei wird sich der Arbeitnehmer umso eher auf den Bestand seines Arbeitsverhältnisses verlassen, desto länger er einem bestimmten Unternehmen angehört. Folgt man der Überlegung, dass die Betriebszugehörigkeit mit dem Alter korreliert, so stellen sich die längeren Kündigungsfristen als Schutzvorschriften regelmäßig älterer Arbeitnehmer dar. Wie gezeigt wurde, stellt sich die Beschäftigungssituation mit zunehmendem Alter als zunehmend schlechter dar. Eine Neuorientierung auf dem Arbeitsmarkt wird daher für einen älteren Arbeitnehmer regelmäßig schwerer sein und mehr Zeit in Anspruch nehmen. Vor diesem Hintergrund dienen längere Kündigungsfristen der Wiedereingliederung von Arbeitnehmern, mithin einem legitimen Ziel.[1483] Auch eine Unverhältnismäßigkeit ist nicht ersichtlich, zumal jüngere Arbeitnehmer durch die Regelung nicht belastet werden, so dass

---

1480 *Waltermann*, Alternde Arbeitswelt, NJW 2008, S. 2529 (2534).
1481 Vgl. *Willemsen/ Schweibert*, Schutz der Beschäftigten im Allgemeinen Gleichbehandlungsgesetz, NJW 2006, S. 2583 (2586); *Wendeling-Schröder*, Der Prüfungsmaßstab bei Altersdiskriminierungen, NZA 2007, S. 1399 (1403).
1482 Vgl. ErfK/ *Müller-Glöge*, § 622 BGB Rn. 1.
1483 *Willemsen/ Schweibert*, Schutz der Beschäftigten im Allgemeinen Gleichbehandlungsgesetz, NJW 2006, S. 2583 (2586).

nach Betriebszugehörigkeit gestaffelte Kündigungsfristen damit jedenfalls nach § 10 S. 1 AGG gerechtfertigt sind.[1484]

Problematischer gestaltet sich hingegen die aus dem Jahr 1926 stammende Regelung des § 622 Abs. 2 S. 2 BGB. Danach bleiben bei der Berechnung von Kündigungsfristen Zeiten vor Vollendung des 25. Lebensjahres unberücksichtig. Die Regelung bildet ein Beispiel für die Benachteiligung jüngerer Arbeitnehmer in Form einer unmittelbaren Benachteiligung gegenüber älteren Arbeitnehmern, weil bei ihnen einer Verlängerung der Kündigungsfrist von vornherein ausscheidet. Ein sachlicher Grund für diese Regelung, die unmittelbar am Alter anknüpft besteht nicht. Insbesondere verfolgt die Regelung kein legitimes Ziel aus dem Bereich der Beschäftigungspolitik oder des Arbeitsmarktes. Alleiniger Zweck ist es, die Verlängerung der Kündigungsfrist Personen die das 25. Lebensjahr noch nicht überschritten haben, vorzuenthalten. Hierin liegt schon kein legitimes Ziel iSd Rahmenrichtlinie bzw. des AGG.[1485] Unabhängig davon, ob man eine (strenge) Verhältnismäßigkeitsprüfung wie der EuGH im Fall Mangold oder eine schlichte Willkürprüfung wie im Fall Palacios de la Villa vornimmt verstößt die Regelung gegen das Verbot der Altersdiskriminierung.[1486] Nach den Grundsätzen des EuGH im Fall Mangold, wonach eine gesetzliche Regelung eines Mitgliedstaates, die gegen das allgemeine Verbot der Altersdiskriminierung verstößt, unangewendet[1487] bleiben muss liegen diese Voraussetzungen der Unanwendbarkeit bei § 622 Abs. S. 2 BGB vor.[1488] Der Umstand,

---

1484 Im Ergebnis ebenso *Voggenreiter*, in: Rudolf/ Mahlmann, Gleichbehandlungsrecht, § 8 Rn. 160; vgl. aber auch *Wiedemann/ Thüsing*, Der Schutz älterer Arbeitnehmer und die Umsetzung der Richtlinie 2000/78/EG, NZA 2002, S. 1234 (1241), die allerdings eine Zulässigkeit wegen Art. 7 RL 200/78/EG annehmen, mithin also eine Rechtfertigung über die Möglichkeit der positiven Maßnahmen.

1485 *Schleusener*, Europarechts- und Grundgesetzwidrigkeit von § 622 II 2 BGB, NZA 2007, S. 358 (359).

1486 So auch *Temming*, Der Fall Palacios: Kehrtwende im Recht der Altersdiskriminierung, NZA 2007, S. 1193 (1199); *Preis*, Diskriminierungsschutz zwischen EuGH und AGG (Teil I), ZESAR 2007, S. 249 (252); *Annuß*, Das Verbot der Altersdiskriminierung als unmittelbar geltendes Recht, BB 2006, S. 325 (326). A.A. ohne nähere Begründung *Rieble/ Zedler*, Altersdiskriminierung in Tarifverträgen, S. 273 (299).

1487 A.A. *Wendeling-Schröder*, Der Prüfungsmaßstab bei Altersdiskriminierungen, NZA 2007, S. 1399 (1403), die die Vorschrift für rechtswidrig hält, jedoch von einer Pflicht zur Anwendung bis zu ihrer Aufhebung ausgeht.

1488 *Schleusener*, Europarechts- und Grundgesetzwidrigkeit von § 622 II 2 BGB, NZA 2007, S. 358 (360); LAG Berlin-Brandenburg, Urteil v. 24. Juli 2007 – 7 Sa 561/07, NZA-RR 2008, S. 17 ff. § 622 Abs. 2 S. 2 stelle sowohl eine Ungleichbehandlung jüngeren Arbeitnehmern gegenüber älteren Arbeitnehmern, als auch eine Ungleichbehandlung von älteren Arbeitnehmern gegenüber anderen älteren Arbeitnehmern dar, die ihre Berufstätigkeit nach Vollendung des 25. Lebensjahres begonnen haben. In der Vorenthaltung der Verlängerungsmöglichkeit der Kündigungsfristen liege kein legitimes beschäftigungspolitisches Ziel, so dass eine Rechtfertigung nach Art. 6 Abs. 1 RL

dass es sich bei dem Verstoß um ein Unterlassen der Änderung der Vorschrift handelt[1489], ist hierbei unerheblich. Zwar ist ein solches Unterlassen nur dann relevant, wenn eine Handlungspflicht zum Tätigwerden besteht, diese ergibt sich vorliegend jedoch aus dem Verbot der Altersdiskriminierung als allgemeinem Rechtsgrundsatz des Unionsrechts selbst. Da eine europarechtskonforme Auslegung der Norm wegen ihres eindeutigen Wortsinns nicht möglich ist verstößt sie gegen europäisches Unionsrecht.

Das LAG Düsseldorf hat dem Gerichtshof wegen bestehender Zweifel der Regelung mit der Richtlinie 2000/78/EG bzw. europäischem Unionsrecht u.a. die Frage vorgelegt, ob § 622 Abs. 2 S. 2 BGB gegen Unionsrecht verstößt.[1490] Da das Gericht weiter der Auffassung war, dass eine richtlinienkonforme Auslegung der Vorschrift wegen des klaren Wortlauts nicht in Betracht komme, fragte es weiter, ob die nationalen Gerichte in einem Rechtsstreit zwischen Privaten eine unionsrechtswidrige Vorschrift des nationalen rechts unangewendet lassen müssen. In dem Ausgangsverfahren ging es um die ordentliche Kündigung einer Arbeitnehmerin, die im Alter von 18 Jahren von einem Unternehmen angestellt und zehn Jahre später entlassen worden war. Im Rahmen einer Kündigungs-schutzklage machte sie geltend, ihr stünde nach § 622 Abs. 2 S. 1 Nr. 4 BGB bei 10-jähriger Betriebszugehörigkeit eine Kündigungsfrist von vier Monaten zu. Der Arbeitgeber hatte demgegenüber nur die Monatsfrist zum Monatsende nach § 622 Abs. 2 S. 1 Nr. 1 BGB eingehalten. Die Arbeitnehmerin machte geltend, dass die Nichtberücksichtigung der Betriebszugehörigkeit vor Vollendung des 25. Lebensjahres gegen Unionsrecht verstoße. Wegen des eindeutigen Wortlauts der Norm wäre nach Ansicht des Landesarbeitsgerichts die Klage nach nationa-lem Recht abzuweisen.[1491] Eine unionsrechtskonforme Auslegung komme nicht in Betracht.[1492]

Die Regelung könnte darüber hinaus auch gegen Art. 3 Abs. 1 GG[1493] ver-stoßen. Durch § 622 Abs. 2 S. 2 BGB werden Arbeitnehmer vor Vollendung des 25. Lebensjahres schlechter behandelt als Arbeitnehmer, die diese Altersgrenze überschritten haben. Damit ist, legt man die neue Formel des Bundesverfas-

---

2000/78/EG ausscheide. Das Gericht folgt der Auffassung des EuGH in der Rechtssa-che Mangold, dass das Verbot der Altersdiskriminierung Bestandteil des primären Gemeinschaftsrechts (jetzt Unionsrechts) ist. Infolge des durch Art. 23 GG angeordne-ten Anwendungsvorrangs europäischen Unionsrechts lässt das Gericht § 622 Abs. 2 S. 2 BGB unangewendet. Eine Vorlage an den EuGH sieht es als entbehrlich an, da dieser den europarechtlichen Aspekten bereits entschieden habe.

1489 Hierauf weisen zutreffend *Hamacher/ Ulrich*, Die Kündigung von Arbeitsverhältnis-sen nach Inkrafttreten des AGG, NZA 2007, S. 657 (663) hin.
1490 LAG Düsseldorf, EuGH Vorlage, v. 21. November 2007 – 12 Sa 1311/07.
1491 LAG Düsseldorf, EuGH Vorlage, v. 21. November 2007 – 12 Sa 1311/07 Rn. 61 f.
1492 LAG Düsseldorf, EuGH Vorlage, v. 21. November 2007 – 12 Sa 1311/07 Rn. 80.
1493 Ein Verstoß gegen besondere Gleichheitsgewährungen des Grundgesetzes kommt nicht in Betracht, da das Alter in diesen nicht explizit erwähnt ist.

sungsgerichts zugrunde, fraglich, ob zwischen diesen beiden Gruppen von Arbeitnehmern Unterschiede von solchem Gewicht bestehen, die eine Ungleichbehandlung rechtfertigen könnten. Angesichts der aktuellen Arbeitsmarktsituation in vielen Berufsbereichen erscheint dies fraglich. Es ist nicht ersichtlich, dass ein etwa 30-jähriger Arbeitnehmer hinsichtlich einer möglichen Arbeitsplatzsuche derart schwerer belastet ist, als ein Arbeitnehmer unterhalb des 25. Lebensjahres, dass eine verlängerte Kündigungsfrist gerechtfertigt wäre. Damit liegt auch ein Verstoß gegen Art. 3 Abs. 1 GG vor.[1494]

Mit Urteil vom 19. Januar 2010 entschied der EuGH, dass die Vorschrift des § 622 Abs. 2 S. 2 BGB gegen das unionsrechtliche Verbot der Altersdiskriminierung verstößt. Entgegen der Schlussanträge des Generalanwalts[1495] wiederholt und bestätigt der EuGH seine Aussage aus dem Mangold-Urteil, wonach die Rahmenrichtlinie das Verbot der Diskriminierung wegen des Alters nicht begründe, sondern nur das primärrechtlich Verbot der Altersdiskriminierung konkretisiere.[1496] Die streitige Regelung stellt nach Ansicht des Gerichtshofs eine Ungleichbehandlung dar, da sie Arbeitnehmer, die vor Vollendung des 25. Lebensjahres eine Beschäftigung aufgenommen gegenüber älteren Arbeitnehmern weniger günstig behandelt.[1497] Diese Ungleichbehandlung sei nicht nach Art. 6 der Rahmenrichtlinie gerechtfertigt, da sie vor dem Hintergrund des Ziels der Vorschrift - Arbeitgeber von den Belastungen durch die längeren Kündigungsfristen teilweise freizustellen und so personalwirtschaftliche Flexibilität zu gewährleisten[1498] – nicht angemessen und erforderlich sei, da „(...) sie für alle Arbeitnehmer, die vor Vollendung des 25. Lebensjahrs in den Betrieb eingetreten sind, unabhängig davon [gelte], wie alt sie zum Zeitpunkt ihrer Entlassung sind."[1499]

Das Urteil setzt die Rechtsprechung des Gerichtshofs in der Rechtssache Mangold fort. Prüfungsmaßstab der Ungleichbehandlung durch die nationale

---

1494 I.E. ebenso *Schleusener*, Europa- und Grundgesetzwidrigkeit von § 622 II 2 BGB, NZA 2007, S. 358 (360); *ders.* aaO zu den Problemen einer möglichen Vorlage zum Bundesverfassungsgericht. A.A. LAG Düsseldorf, EuGH Vorlage, v. 21. November 2007 – 12 Sa 1311/07 Rn. 65 ff. Zwar lasse sich ein sachlicher Grund zur Rechtfertigung nicht unmittelbar aus arbeitsmarkt- und beschäftigungspolitischen Zielen ableiten, dem Gesetzgeber komme jedoch bei der Gewährung von Bestandsschutz ab einem bestimmten Alter eine Einschätzungsprärogative und ein weiter Spielraum politischen Ermessens zu. Das Bundesverfassungsgericht hat eine diesbezügliche Vorlage des ArbG Neubrandenburg nach Art. 100 GG aus formellen Gründen abgewiesen, vgl. BVerfG, Beschluss v. 18.11.2008 – 1 BvL 4/08.

1495 Schlussanträge GA Yves Bot v. 7. Juli 2009 zu Rs. C-555/07 – *Kücükdeveci, Rn.* 29 ff.

1496 EuGH, Urteil v. 19. Januar 2010, Rs. C-555/07 – *Kücükdeveci*, Rn. 21, 50.

1497 EuGH, Urteil v. 19. Januar 2010, Rs. C-555/07 – *Kücükdeveci*, Rn. 29.

1498 Kritisch hierzu *Mörsdorf*, Diskriminierung jüngerer Arbeitnehmer, NJW 2010, S. 1046 (1047).

1499 EuGH, Urteil v. 19. Januar 2010, Rs. C-555/07 – *Kücükdeveci*, Rn. 40.

Regelung bildet das primärrechtliche Verbot der Altersdiskriminierung welches durch die Rahmenrichtlinie konkretisiert wird. Die Bedeutung des primärrechtlichen Verbots der Altersdiskriminierung zeigt sich deutlich in der Entscheidung. Ohne die Verankerung des Diskriminierungsverbots auf primärrechtlicher Ebene hätte der EuGH nur über die Konstruktion einer unmittelbaren Anwendbarkeit der Rahmenrichtlinie zu einem Verstoß gegen das Verbot der Altersdiskriminierung kommen können.[1500] Ließe sich die Argumentation, das ein Mitgliedstaat nicht nur durch fehlerhafte Umsetzung von Richtlinien gegen Unionsrecht verstoßen kann, sondern auch durch das (fehlerhafte) Unterlassen der Anpassung bestehender nationaler Vorschriften noch begründen, so hätte der EuGH im vorliegenden Fall seine ständige Rechtsprechung aufgeben müssen, das eine unmittelbare Wirkung von Richtlinien, sei sie positiv oder negativ, grds. nur im Verhältnis Staat-Bürger, nicht aber zwischen Privaten in Betracht kommt. Der Rückgriff auf das primärrechtliche Verbot der Altersdiskriminierung, welches unmittelbar wirkt und durch die Richtlinie lediglich konkretisiert wird, macht eine Auseinandersetzung mit dieser Problematik für den EuGH entbehrlich.[1501] Der Rechtsanwender wird nach dieser Rechtsprechung des EuGH künftig sorgfältig darauf zu achten haben, welche primärrechtlichen Grundsätze durch Richtlinien konkretisiert werden.[1502] Denn selbst wenn sich der Anwendungsbereich einer Richtlinie nicht aus dieser selbst ergibt, sei es weil die Umsetzungsfrist noch nicht abgelaufen ist, sei es weil es um eine horizontale Wirkung einer Richtlinie geht, kann sich die Anwendbarkeit aus dem Primärrecht ergeben.

Für Rechtsstreitigkeiten von den häufig wortlautgleich übernommenen Regelungen in Tarifverträgen oder Einzelarbeitsverträgen ergibt sich die Unwirksamkeit hingegen aus dem Maßstab des AGG. Nach hier vertretener Auffassung verstoßen derartige Regelungen gegen das AGG, namentlich gegen § 7 Abs. 2 AGG. Eine unmittelbare Benachteiligung wegen des Alters liegt wie dargestellt vor. Eine Rechtfertigung kommt mangels Vorliegens eines legitimen Ziels weder nach § 8 AGG noch nach § 10 AGG in Betracht. Demnach sind diese Vereinbarungen unwirksam, so dass sich Arbeitnehmer unter 25. Jahren auf eine Verlängerung ihrer Kündigungsfristen berufen können. Bei älteren Arbeitnehmern sind dementsprechend bei der Berechnung der Fristverlängerung Beschäftigungszeiten vor dem 25. Lebensjahr mit einzubeziehen.[1503] Entsprechende Tarifverträge sind diesbezüglich zu ändern.

1500 Vgl. zu diesem Vorschlag die Schlussanträge von GA Yves Bot v. 7. Juli 2009 zu Rs. C-555/07 – *Kücükdeveci* Rn. 68 ff.

1501 Kritisch zur Argumentation des EuGH *Mörsdorf*, Diskriminierung jüngerer Arbeitnehmer, NJW 2010, S. 1046 (1048 f.).

1502 Vgl. *Mörsdorf*, Diskriminierung jüngerer Arbeitnehmer, NJW 2010, S. 1046 (1048), der auf entsprechende Konsequenzen im deutschen Verbraucherschutzrecht hinweist.

1503 *Schleusener*, Europa- und Grundgesetzwidrigkeit von § 622 II 2 BGB, NZA 2007, S. 358 (361).

Die Unwirksamkeit von § 622 Abs. 2 S. 2 BGB ergibt sich demgegenüber nicht aus dem Verstoß gegen das AGG[1504], sondern folgt aus dem Verstoß gegen Art. 3 Abs. 1 GG bzw. aus dem Verstoßes gegen europäisches Unionsrecht. Die EuGH Entscheidung hat für die arbeitsrechtliche Praxis weitreichende Bedeutung. Denn nunmehr müssen bei der Berechnung von Kündigungsfristen die Zeiträume vor Vollendung des 25. Lebensjahres berücksichtigt werden, dies gilt auch für die Vergangenheit, da der EuGH einen Vertrauensschutz auf die gültigkeit der Regelung abgelehnt hat.[1505] Betroffen von der Entscheidung werden vor allem Unternehmen, in denen das berufliche Eintrittsalter wegen der hohen Ausbildunsrate verhältnismäßig gering ist (z.B. Bau- oder Gebäudereinigungsbranche, Arzthelferinnen).

Bedeutung insgesamt kommt der Entscheidung wegen der allgemeinen Ausführungen des EuGH zur Verpflichtung der Gerichte hinsichtich der Anwendung unionsrechtswidriger Gesetze zu. Nach der Rechtsprechung des EuGH ist ein nationales Gericht verpflichtet ein Gesetz, welches gegen Europarecht verstößt unangewendet zu lassen. Eine Verpflichtung zur Eineleitung eines Vorabentscheidungsverfahren beim EuGH besteht jedoch nicht. Demgegenüber müssen Gerichte, die eine Norm für Grundgesetzwidrig halten nach Art. 100 GG die Entscheidung des Bundesverfassungsgerichts einholen. Nur das BVerfG darf eine Norm für nichtig erklären. Der hierin liegende Wertungswiderspruch ist ein Widerspruch im nationalen Recht, nicht im Europarecht. Die Kritik, dass die Entscheidung Rechtsunsicherheit bewirke und der EuGH das „(...) BGB ins Belieben deutscher Gerichte"[1506] stelle mag berechtigt sein, richtet sich jedoch an den falschen Adressaten. So weist Fastenrath zutreffend darauf hin, dass dem deutschen Gesetzgeber die Möglichkeit offen steht, für die Fälle in den Zweifel an einer nationalen Regelung mit Unionsrecht bestehen, in den entsprechenden Prozessordnungen eine Verpflichtung zur Vorlage an den EuGH zu statuieren.[1507]

1504 BGB und AGG stehen in der Normenhierarchie auf der gleichen Stufe, daher kann ein Verstoß des einen gegen das andere nicht zu dessen Unwirksamkeit führen, vgl. *Hamacher/ Ulrich*, Die Kündigung von Arbeitsverhältnissen nach Inkrafttreten des AGG, NZA 2007, S. 657 (663).

1505 Vgl. dazu *Wellhöner/ Höveler*, BB-Kommentar zu EuGH, Urteil v. 19.01.2010, Rs. C-555/07 – Kücükdeveci, BB 2010, S. 510 ff. Zu möglichen Amtshaftungsrechtlichen Ansprüchen gegen den deutschen Gesetzgeber *Gaul/ Koehler*, Urteil löst Kettenreaktion aus, Personalmagazin 2010, S. 66 (67).

1506 So *Willemsen/ Sagan*, Europarichter stellen BGB ins Belieben deutscher Gerichte, FAZ Nr. 22 v. 27. Januar 2010, S. 23. Vgl auch FAZ Nr. 16 v. 20. Januar 2010, S. 11 mit der Überschrift „(...) Richter dürfen künftig Gesetze ignorieren"

1507 *Fastenrath*, Nationales Recht und Europarecht, FAZ Nr. 32 v. 8. Februar 2010, S. 6-

c) Sozialauswahl

Probleme der Altersdiskriminierung ergeben sich auch im Rahmen der Sozialauswahl nach § 1 Abs. 3 KSchG, da hiernach das Lebensalter eines Arbeitnehmers ein bei der Sozialauswahl zu berücksichtigendes Kriterium ist. Mit § 10 S. Nr. 6 AGG a.f. bestand zunächst eine diesen Bereich betreffende Regelung. Danach war eine altersabhängige Sozialauswahl zulässig, soweit dem Alter kein genereller Vorrang gegenüber anderen Auswahlkriterien zukam, sondern die Besonderheiten des Einzelfalls und die individuellen Unterschiede zwischen den vergleichbaren Beschäftigten, insbesondere die Chancen auf dem Arbeitsmarkt, entscheidend waren. Die Vorschrift wurde mittlerweile gestrichen[1508], so dass sich die Frage stellt, welche Rolle das Alter im Rahmen der Sozialauswahl nunmehr spielen darf und wie diese zu gestalten ist.

Keine Rückschlüsse lassen sich aus der Streichung der Vorschrift ziehen, da diese aus systematischen nicht jedoch aus sachlichen Gründen erfolgte.[1509] Nach überwiegender Auffassung ist das bisher praktizierte Verfahren der starren Punktvergabe für jedes Jahr des Lebensalters nicht mehr zulässig, da hierdurch das Kündigungsrisiko der nicht Begünstigten, mithin jüngeren Arbeitnehmer, unmittelbar erhöht werde.[1510] Andererseits ginge es zu weit entgegen dem Wortlaut von § 1 Abs. 3 KSchG, das Alter bei der Sozialauswahl vollkommen unberücksichtigt zu lassen. Demgegenüber sah das LAG Düsseldorf die lineare Berücksichtigung des Lebensalters im Rahmen der Sozialauswahl als zulässig an. Sie verstoße nicht gegen höherrangiges Recht.[1511] § 2 Abs. 4 AGG stelle eine Klarstellung des Verhältnisses zwischen AGG und KSchG dar. Für Kündigungen sollten danach vorrangig die Regelungen des KSchG gelten.[1512] Durch eine europarechtskonforme Auslegung des KSchG könne eventuellen Widersprüchen begegnet werden. Das Gericht geht jedoch davon aus, dass die starre Berück-

---

1508 Gesetz zur Änderung des Betriebsrentengesetzes und anderer Gesetze, BT-Dr. 16/3007, S. 10.

1509 *Körner*, Diskriminierung von älteren Arbeitnehmern, NZA 2008, S. 497 (500). Da nach § 2 Abs. 4 AGG das AGG auf Kündigungen keine Anwendung finden sollte, liefen die gestrichen Vorschriften letztlich leer.

1510 ArbG Osnabrück, Urteil v. 3. Juli 2007 – 3 Ca 199/07, AuR 2007, S. 321 f., nach dem Urteil verstößt auch die Herausnahme von rentennahen und sozial abgesicherten Arbeitnehmern aus der Sozialauswahl gegen das AGG; *Wendeling-Schröder*, Der Prüfungsmaßstab bei Altersdiskriminierungen, NZA 2007, S. 1399 (1404); *Annuß*, Das Verbot der Altersdiskriminierung als unmittelbar geltendes Recht, BB 2006, S. 325 (326); *Willemsen/Schweibert*, Schutz der Beschäftigten im AGG, NJW 2006, 2583 (2586); a.A. *Freckmann*, Betriebsbedingte Kündigungen und AGG, BB 2007, S. 1049 (1052) unter Berufung auf die Streichung von § 10 S. 3 Nr. 6 AGG.

1511 LAG Düsseldorf, Urteil v. 16. April 2008 – 2 Sa 1/08, abrufbar unter: http://www.lag-duesseldorf.nrw.de/beh_static/entscheidungen/entscheidungen/sa/0001-08.pdf. Vgl. dazu auch *Stein*, FAZ Nr. 218 v. 17. September 2008, S. 23.

1512 LAG Düsseldorf, Urteil v. 16. April 2008 – 2 Sa 1/08 S. 10.

sichtigung des Lebensalters nach Art. 6 RL 2000/78/EG gerechtfertigt sei.[1513] Das legitime Ziel dieser Berücksichtigung liege in dem Ausgleich schlechterer Chancen von älteren Arbeitnehmern auf dem Arbeitsmarkt. Da das „(...) Alter letztendlich auch eine pauschalierte Berücksichtigung der Arbeitsmarktchancen beinhaltet, ist es notwendig, mit zunehmendem Alter eine stärkere Schutzbedürftigkeit anzuerkennen."[1514] Soweit der linearen Berücksichtigung des Lebensalters eine gewisse Unschärfe anhafte, sei diese hinzunehmen.

Die Gegenauffassung schlägt dagegen vor, je nach Branche, Region und Arbeitsmarktlage Altersgruppen zu bilden.[1515] Hierdurch werde vermieden, das Alter in zu hohem Maße zu berücksichtigen, auf der anderen Seite würde so dem Zweck der Sozialauswahl Rechnung getragen, die Schwierigkeiten älterer Arbeitnehmer auf dem Arbeitsmarkt abzufangen. Da es sich hierbei um ein legitimes Ziel aus dem Bereich Beschäftigungspolitik und Arbeitsmarkt iSd Richtlinie handelt dürfte dieser Weg gangbar sein. Eine andere Auffassung vertrat allerdings das ArbG Osnabrück in einer Entscheidung aus dem Jahr 2007: In der Beschränkung der Sozialauswahl durch Altersquoten erkannte es eine Altersdiskriminierung auch wenn prozentual gleich betroffene Altersgruppen gebildet wurden.[1516] Nach Ansicht des Gerichts müsse der Arbeitgeber ein berechtigtes betriebliches Interesse an der Altersgruppenbildung geltend machen. Ein solches betriebliches Interesse bestehe jedoch weder in der Kostenintensivierung von älteren Arbeitnehmern, noch in der Begründung, der Betrieb wolle die Produktion mit älteren Arbeitnehmern nicht mehr aufrechterhalten.[1517] Dies gelte im Besonderen, sofern der Arbeitgeber davon ausgehe ältere Arbeitnehmer seien nicht mehr voll leistungsfähig, da es sich hierbei um ein Vorurteil handele, welchem das AGG gerade entgegen wirken wolle.[1518]

Das Arbeitsgericht Bielfeld hingegen sieht die Bildung von Altersgruppen als zulässig an.[1519] Die Altersgruppenbildung wird unter anderem damit gerechtfertigt, da die tägliche Erfahrung im Gerichtssaal zeige, dass Arbeitnehmer mit

---

1513 LAG Düsseldorf, Urteil v. 16. April 2008 – 2 Sa 1/08 S. 12.

1514 LAG Düsseldorf, Urteil v. 16. April 2008 – 2 Sa 1/08 S. 14.

1515 Ein Beispiel zur Altersgruppenbildung findet sich bei *Reinhard*, Der stille „Erfolg" des AGG, Arbeit und Arbeitsrecht 2010, S. 78 (80).

1516 ArbG Osnabrück, Urteil v. 5. Februar 2007 – 3 Ca 721/06, BB 2007, S. 1504. Das Urteil wurde vom LAG Niedersachsen aufgehoben, LAG Niedersachsen, Beschluss v. 13. Juli 2007 – 16 Sa 269/07. Nach Ansicht des Gerichts ist die Altersgruppenbildung wegen einer voraussehbaren und berechenbaren Personalplanung sowie einer ausgewogenen Altersstruktur des Betriebes gerechtfertigt. Die Revision ist beim BAG anhängig unter 2 AZR 709/07.

1517 ArbG Osnabrück, Urteil v. 3. Juli 2007 – 3 Ca 199/07, AuR 2007, S. 321 (322).

1518 ArbG Osnabrück, Urteil v. 3. Juli 2007 – 3 Ca 199/07, AuR 2007, S. 321 (322).

1519 ArbG Bielefeld, Urteil v. 24. April 2007 – 6 Ca 2886/06, BB 2007, S. 1962; vgl. auch *Oberwetter*, Ein Jahr AGG – erste Erfahrungen mit der Rechtsprechung, BB 2007, S. 1847 (1848).

zunehmendem Alter an Leistungsfähigkeit einbüßten.[1520] Nach Ansicht des Gerichts sei es im Übrigen zweifelhaft, ob in der Altersgruppenbildung eine Diskriminierung wegen des Alters zu erkennen sei, da auf ältere wie jünger Arbeitnehmer die gleichen Kriterien angewandt würden.

Problematisch gestaltet sich die Altersgruppenbildung vor allem deshalb, weil hierbei zunächst das Alter selbst als ausschlaggebendes Kriterium für die Gruppenbildung herangezogen wird. Im Ergebnis führt die Altersgruppenbildung tendenziell dazu, dass ältere Beschäftigte stärker von Kündigungen betroffen werden, als es ohne eine Altersgruppenbildung der Fall wäre, da das Kriterium der Betriebszugehörigkeit, das Älteren normalerweise zugute kommt bei der Altersgruppenbildung in den Hintergrund tritt. Nach teilweise vertretener Ansicht in der Literatur stelle deswegen schon die Altersgruppenbildung selbst eine Diskriminierung wegen des Alters dar, da es gerade Ziel sei mehr ältere als jüngere Arbeitnehmer zu entlassen.[1521] Andere sehen in der Altersgruppenbildung gerade einen antidiskriminierenden Effekt, da die älteren Arbeitnehmern zugute kommende rechtliche Bevorzugung gemindert werde.[1522] Vor allem dem letzten Gesichtspunkt kommt entscheidende Bedeutung zu, so dass eine Altersgruppenbildung als zulässig anzusehen ist. In europarechtskonformer Interpretation des § 1 Abs. 3 KSchG bedarf die Vorschrift daher keiner Korrektur. Die lineare Berücksichtigung des Lebensalters bei der Sozialauswahl ist demgegenüber unzulässig. Eine Altersdiskriminierung kann in der Altersgruppenbildung im Übrigen schon deswegen nicht gesehen werde, weil in der Sache nicht mehr das Alter, sondern die Situation auf dem Arbeitsmarkt das maßgebliche Auswahlkriterium bildet. Es geht damit dann um den Ausgleich eines Sondernachteils von Arbeitnehmern einer bestimmten Altersgruppe, dem durch eine entsprechende Altersgruppenbildung je nach Branche Rechnung getragen werden kann.

d) Unkündbarkeitsklauseln

Auch tarifvertragliche oder individualvertraglich vereinbarte Unkündbarkeitsklauseln bezwecken den Schutz älterer Arbeitnehmer. Diese Regelungen bestimmen, dass bei Erreichen eines bestimmten Lebensalters (und je nach Ausgestaltung häufig einer gewissen Betriebszugehörigkeit) einem Arbeitnehmer nicht mehr gekündigt werden kann. Nach der ursprünglichen Regelung des AGG in § 10 S. 3 Nr. 7 AGG a.F. waren diese zulässig, soweit dadurch nicht der

---

1520 ArbG Bielefeld, Urteil v. 24. April 2007 – 6 Ca 2886/06, BB 2007, S. 1962.
1521 *Bertelsmann*, Kündigung nach Altersgruppen, AuR 2007, S. 369 (371); *Neufeld*, Anm. zu ArbG Bielefeld, Urteil v. 24. April 2007 – 6 Ca 2886/06, BB 2007, S. 1963 4.
1522 Vgl. *Bauer/ Krieger*, Verkehrte Welt: Gleichmäßige Verteilung von Kündigungen über alle Altersgruppen, NZA 2007, S. 674 (676); *Reinhard*, Der stille „Erfolg" des AGG, Arbeit und Arbeitsrecht 2010, S. 78 (80); *Thüsing*, Kommentar zu ArbG Osnabrück, Urteil v. 5. Februar 2007 – 3 Ca 724/06, BB 2007, S. 1506 (1507); *Nupnau*, Anmerkung zu ArbG Osnabrück, Urteil v. 5. Februar 2007 – 3 Ca 724/06, DB 2007, S. 1202 (1203 f.); LAG Niedersachsen, Urteil v. 13. Juli 2007 – 16 Sa 269/07.

Kündigungsschutz anderer Beschäftigter im Rahmen der Sozialauswahl nach § 1 Abs. 3 KSchG grob fehlerhaft gemindert wird. Wie auch im Rahmen der Sozialauswahl kann aus der Streichung der Vorschrift kein genereller Rückschluss auf die Zulässigkeit oder Unzulässigkeit derartiger Klauseln gezogen werden.[1523]

Geht man von der Anwendbarkeit des AGG auf diese Klauseln aus, so ist mangels eingreifender Sonderregelung § 10 S. 1, 2 AGG Prüfungsmaßstab. Knüpfen Unkündbarkeitsregelungen (auch) an die Betriebszugehörigkeit an, so wird man sie, ggf. nach richtlinienkonformer Auslegung für zulässig erachten müssen, da sie einem beschäftigungspolitischen und damit legitimen Ziel dienen und nicht ausschließlich starr am Alter anknüpfen. Sie bezwecken nicht nur den Schutz älterer Arbeitnehmer vor dem Verlust des Arbeitsplatzes, sondern dienen auch der Honorierung von Betriebstreue.[1524] Dies gilt jedenfalls dann, wenn der Gesichtspunkt der Betriebszugehörigkeit im Vordergrund steht.

Unzulässig dürften demgegenüber Klauseln sein, die ausschließlich an ein bestimmtes Alter der Arbeitnehmer anknüpfen. Nach überwiegender Auffassung fallen nämlich Personen, die unter die Unkündbarkeitsregelung fallen aus der Sozialauswahl heraus[1525] mit der Folge, dass sich das Risiko der Kündigung für jüngere Arbeitnehmer erhöht, ohne das weitere Kriterien berücksichtig werden. Inwieweit diese Drittwirkung von Unkündbarkeitsklauseln im Hinblick auf das Verbot der Altersdiskriminierung Relevanz erlangen wird, wird der Rechtsprechung überlassen bleiben. Denkbar ist insofern auch, dass die Gerichte unkündbare Arbeitnehmer im Falle betriebsbedingter Kündigungen ausnahmsweise doch mit in die Sozialauswahl einbeziehen.[1526] Bis sich eine Rechtsprechung zu dieser Frage gebildet hat sollte sie in Anlehnung an die gestrichene Vorschrift des § 10 S. 3 Nr. 7 a.F. AGG jedoch in der Klauselgestaltung berücksichtigt werden.

Überdies kann die beschäftigungspolitische Wirkung solcher Klauseln in Frage gestellt werden. Entscheidend ist der Blickwinkel aus dem solche Klauseln betrachtet werden: Aus Sicht beschäftigter Arbeitnehmer mögen Unkündbarkeitsklauseln durch die Sicherung des Arbeitsplatzes beschäftigungspolitisch als sinnvoll erscheinen. Gleichzeitig darf jedoch nicht unberücksichtigt bleiben, dass jedenfalls Regelungen, bei denen schon nach einem kurzen Zeitraum die Unkündbarkeit eintritt, einstellungshemmend und damit in tatsächlicher Hinsicht selbst diskriminierend wirken können: Dies ist etwa bei einer Regelung der Fall, die die Unkündbarkeit ab dem 53. Lebensjahr und bei dreijähriger Betriebszu-

1523 Vgl. *Lingemann/ Gotham*, AGG – Benachteiligungen wegen des Alters, NZA 2007, S. 663 (664).
1524 *Lingemann/ Gotham*, AGG – Benachteiligungen wegen des Alters, NZA 2007, S. 663 (665).
1525 ErfK/*Oetker*, § 1 KSchG Rn. 311 f.
1526 *Waltermann*, Altersdiskriminierung, ZfA 2006, S. 305 (323); *Wiedemann/ Thüsing*, TVG, § 1 Rn. 681.

gehörigkeit vorsieht.[1527] Die Chancen der Einstellung etwa eines 50-jährigen Arbeitnehmers der unter eine solche Regelung fällt, dürften mehr als gering sein.

e) Sozialplanleistungen

Der Zweck der Aufstellung von Sozialplänen (§§ 112, 112a BetrVG) und der Gewährung von Sozialplanleistungen besteht darin, die Folgen aus Betriebsänderungen nach § 111 BetrVG für Arbeitnehmer finanziell abzumildern. Vielfach finden sich in Sozialplänen Klauseln, die unmittelbar an das Alter anknüpfen. Häufig tritt das Kriterium der Betriebszugehörigkeit als die Abfindungshöhe[1528] bestimmender Faktor hinzu.[1529] Das Lebensalter führt hierbei grds. zu einer Erhöhung der Abfindungszahlungen bis zu einem Scheitelpunkt in der Nähe des Renteneintrittsalters, also etwa dem 58. Lebensjahr, ab dem sich das höhere Lebensalter zu Lasten des Betroffenen abfindungsmindernd auswirkt. Begründet werden diese Regelungen mit der besseren wirtschaftlichen Ausgangslage älterer gegenüber jüngeren, die sich wieder auf dem Arbeitsmarkt etablieren müssten. Der Arbeitsplatz sei für einen Arbeitnehmer weniger wertvoll, wenn er mit ihm nur noch wenige Monate oder Jahre Geld verdienen könne.

Infolgedessen wurde diese Praxis von Rechtsprechung und Literatur überwiegend gebilligt.[1530] Nicht selten werden derartige Regelungen jedoch in Wirklichkeit dazu genutzt, Vorruhestands- oder Frühverrentungsoptionen wahrzunehmen.[1531] Nach § 10 S. 3 Nr. 6 AGG sind solche Regelungen im Hinblick auf das Verbot der Altersdiskriminierung zulässig, sofern die im Wesentlichen vom

---

1527 Beispiel nach *Rieble/ Zedler*, Altersdiskriminierung in Tarifverträgen, ZfA 2006, S. 273 (299) unter Hinweis auf § 4.4. der Manteltarifverträge für Beschäftigte in der Metallindustrie in Nordwürttemberg/ Nordbaden, Südbaden und Südwürttemberg/ Hohenzollern v. 14. Juni 2005.

1528 Ausführlich zum Begriff der Abfindung, *Temming*, Paradigmenwechsel in der Sozialplanrechtsprechung, RdA 2008, S. 205 (206). Infolge der unterschiedlichen Begriffsverwendung kann eine allgemeingültige Definition des Abfindungsbegriffs nicht gegeben werden. Weitgehend Einigkeit besteht jedoch, dass die Abfindung sich dadurch auszeichnet, dass sie zur Schaffung von Rechtsfrieden und Rechtssicherheit einen Anspruch auf Geldzahlung durch eine einmalige Geld- oder Sachleistung des Schuldners abschließend regelt.

1529 *Schweibert*, in Willemsen/ Hohenstatt/ Schweibert/ Seibt, Umstrukturierung und Übertragung von Unternehmen, C Rn. 241; *Oelkers*, Altersdiskriminierung bei Sozialplänen, NJW 2008, S. 614.

1530 Vgl. BAG, Urteil v. 26. Juli 1988 – 1 AZR 156/87, NZA 1989, S. 25; BAG, Urteil v. 31. Juli 1996 – 10 AZR 45/96, NZA 1997, S. 165; *Besgen*, in: Rolfs/ Giesen/ Kreikebohm/ Udsching, § 112 BetrVG Rn. 20; ErfK/*Kania*, § 112 BetrVG Rn. 24. Auch Höchstbetragsklauseln wurden vom BAG im Hinblick auf das Verbot der Altersdiskriminierung nicht beanstandet, vgl. BAG, Beschluss v. 2. Oktober 2007 – 1 AZN 793/07, AP Nr. 52 zu § 75 BetrVG 1972; zustimmend *Fitting*, BetrVG § 112 Rn. 183.

1531 *Giesen*, Die „alternde Arbeitswelt", NZA 2008, S. 905 (909).

Alter abhängigen Chancen auf dem Arbeitsmarkt durch eine verhältnismäßige starke Betonung des Lebensalters erkennbar berücksichtigt werden. Die Regelung ist an eine Entscheidung des Bundesarbeitsgerichts angelehnt, in der es im Schwerpunkt um den Ausschluss von Sozialplanleistungen wegen einer Rentenberechtigung ging.[1532] Die Anknüpfung an das Alter spielte in dieser Entscheidung hingegen lediglich eine untergeordnete Rolle. Fraglich ist vor allem, ob jedes Lebensalter als Multiplikationsfaktor in den üblichen Divisorklauseln (Lebensalter x Betriebszugehörigkeit x Bruttomonatsgehalt : y) zur Ermittlung der Abfindungshöhe weiterhin Berücksichtigung finden darf.

Um die zulässigen Kriterien festzulegen, die bei der Bemessung von Abfindungen in Sozialplänen heranzuziehen sind, ist grds. auf die Funktion von Abfindungszahlungen abzustellen. Abfindungen erfüllen zwei Hauptfunktionen: Zum einen eine Entschädigungsfunktion[1533] und zum anderen eine Überbrückungsfunktion.[1534] Arbeitsrechtlich geht es bei der Zahlung von Abfindungen zuförderst um den Ausgleich für den Verlust des Arbeitsplatzes. Dies ergibt sich aus dem Gedanken der §§ 112, 112a BetrVG. Für die Ermittlung der konkreten Abfindungshöhe ist also der Wert des Arbeitsverhältnisses entscheidend. Dieser Wert wird anhand bestimmter Kriterien festgelegt, zu denen nach verbreiteter Ansicht auch das Alter oder die Dauer des Arbeitsverhältnisses gehören.[1535] Nach der Rechtsprechung des BAG haben Sozialplänen freilich grds. keine Entschädigungsfunktion, sondern ausschließlich eine in die Zukunft orientierte Überbrückungsfunktion.[1536] Nach hier vertretener Ansicht sind infolge der primä-

---

1532 BAG, Urteil v. 31. Juli 1996 – 10 AZR 45/96 AP Nr. 103 zu § 112 BetrVG 1972; vgl. dazu auch *Oelkers*, Altersdiskriminierung bei Sozialplänen, NJW 2008, S. 614 (615).

1533 Dass Abfindungen (auch) als Entschädigungen anzusehen sind ergibt sich u.a. aus § 16 Nr. 2 BEG, BGBl. I, S. 559; § 153 Abs. 1, Abs. 5 Nr. 1 BauGB; §§ 143a Abs. 1 SGB III sowie § 147a Abs. 1 S. 2 Nr. 3 SGB III.

1534 Vgl. *Heinze*, Die betriebsverfassungsrechtlichen Aufgaben des Konkursverwalters, NJW 1980, S. 145 (147); *Däubler*, in: DKK BetrVG, §§ 112, 112a BetrVG Rn. 41; *Fitting*, BetrVG, §§ 112, 112a Rn. 122; ErfK/*Kania*, §§ 112, 112a BetrVG Rn. 12. Eine ausführliche Herleitung der beiden Zwecke liefert *Temming*, Für einen Paradigmenwechsel in der Sozialplanrechtsprechung, RdA 2008, S. 205 (209 ff.); BAG, Urteil v. 20.1.2009 – 1 AZR 740/07, NZA 2009, S. 495 (496).

1535 Weitere Kriterien sind der Monatsverdienst, der evtl. Verlust von betrieblichen Anwartschaften. *Temming*, Für einen Paradigmenwechsel in der Sozialplanrechtsprechung, RdA 2008, S. 205 (207) weist zu Recht darauf hin, dass es sich hierbei um vergangenheitsbezogene Kriterien handelt. Demgegenüber handelt es sich bei der Vermittelbarkeit auf dem Arbeitsmarkt oder der etwaigen Rentennähe eines Arbeitnehmers um zukunftsorientierte Kriterien, die nicht im Rahmen der Entschädigungsfunktion sondern allenfalls im Rahmen einer Überbrückungsfunktion Berücksichtigung finden können.

1536 BAG, Beschluss v. 24. August 2004 – 1 ABR 23/03, AP Nr. 174 zu § 112 BetrVG 1972; BAG, Urteil v. 21. Oktober 2003 – 1 AZR 407/02, AP Nr. 163 zu § 112 BetrVG 1972; BAG, Urteil v. 5. Oktober 2000 – 1 AZR 48/00, AP Nr. 141 zu § 112 BetrVG

ren Entschädigungsfunktion von Sozialplänen lediglich vergangenheitsbezogene Kriterien zur Bestimmung der Abfindungshöhe heranzuziehen. Damit scheidet das Kriterium der Rentennähe zur Berücksichtigung der Abfindungshöhe als Diskriminierung wegen des Alters aus. Der von älteren Arbeitnehmern erarbeite Bestandsschutz wird durch die Absenkung von Abfindungszahlungen verzerrt, in Extremfällen sogar zunichte gemacht. Auch eine Rechtfertigung kommt nicht in Betracht.

Geht man davon aus, dass Abfindungszahlungen aus Sozialplänen Nachteile auf dem Arbeitsmarkt ausgleichen sollen, so erscheint es in der Tat problematisch, das etwa ein 25-jähriger Arbeitnehmer schlechter gestellt wird als ein 28-jähriger Arbeitnehmer, obwohl der Nachweis von besonderen Nachteilen auf dem Arbeitsmarkt wohl nicht gelingen dürfte. In diesem Fall würde in der Tat eine unmittelbare Diskriminierung wegen des Alters vorliegen. Deswegen wird vorgeschlagen, dass Alter als Multiplikator erst ab einem Lebensalter von 40 Jahren zu verwenden und darüber hinaus Härtefallklauseln in Sozialpläne aufzunehmen, die es auch jüngeren Arbeitnehmern ermöglicht, eine Höhere Abfindungssumme zu erhalten, sofern ihnen der Nachweis gelingt, dass sie entsprechende Nachteile auf dem Arbeitsmarkt haben.[1537]

Weder die Rentennähe, noch das Alter eines Arbeitnehmers sowie auch nicht eine evtl. Lage auf dem Arbeitsmarkt hinsichtlich der Vermittelbarkeit sind für den Wert des vergangenen Arbeitsverhältnisses maßgebend,[1538] sondern ausschließlich Kriterien die ihre Grundlage in dem Arbeitsverhältnis selbst haben, wie etwa die der Dauer Betriebszugehörigkeit. Demzufolge sollte auf das Alter als die Abfindungshöhe bestimmender Faktor verzichtet werden. Das BAG hat demgegenüber in einer jüngeren Entscheidung festgestellt, dass Altersgruppendifferenzierungen in Sozialplänen durch § 10 S. 3 Nr. 6 AGG grds. gedeckt sind. Die Vorschrift sei auch unionsrechtskonform, als sie den Ausschluss von Sozialplanleistungen ermöglicht, wenn Arbeitnehmer, gegebenenfalls nach dem Bezug von Arbeitslosengeld, gesetzliche Altersrente in Anspruch nehmen können.[1539]

„Die Differenzierung zwischen „rentenfernen" und „rentennahen" Jahrgängen ist i.S. von Art. 6 Absatz 1 der Richtlinie 2000/78/EG objektiv und angemessen und im Rahmen des deutschen Rechts durch ein legitimes sozialpolitisches Ziel gerechtfertigt. (…) Der deutsche Gesetzgeber verfolgt auch mit dieser Regelung das im Allgemeininteresse liegende sozialpolitische Ziel, den Betriebsparteien zu ermöglichen,

---

1972; BAG, Urteil v. 26. Mai 2009 – 1 AZR 198/08 Rn. 23. Eine Ausnahme soll nur für solche Nachteile gelten, die zwar vergangenheitsbezogen sind, jedoch noch in die Zukunft fortwirken.

1537 *Brors*, in: Däubler/ Bertzbach, AGG, § 10 Rn. 133; *Meinel/Heyn/Herms*, AGG, § 10 Rn. 87; *Schleusener/ Suckow/ Voigt*, AGG, § 10 Rn. 45.

1538 So zutreffend *Temming*, Paradigmenwechsel in der Sozialplanrechtsprechung, RdA 2008, S. 205 (207).

1539 BAG, Urteil v. 26. Mai 2009 - 1 AZR 198/08, NZA 2009, S. 849 (854).

Sozialplanleistungen an den wirtschaftlichen Nachteilen zu orientieren, die den Arbeitnehmern drohen, die durch eine Betriebsänderung ihren Arbeitsplatz verlieren. Diese Nachteile sind bei Arbeitnehmern, die wirtschaftlich abgesichert sind, weil sie, gegebenenfalls nach dem Bezug von Arbeitslosengeld, gesetzliche Altersrente in Anspruch nehmen können, geringer als bei den von längerer Arbeitslosigkeit bedrohten „rentenfernen" Arbeitnehmern (…) Durch die Reduzierung der Sozialplanabfindungen bei rentennahem Ausscheiden ist es möglich, im Interesse der Verteilungsgerechtigkeit das weitere Anwachsen der Abfindungen trotz abnehmender Schutzbedürftigkeit zu korrigieren."[1540]

Mit der Entscheidung bestätigt das BAG seine bisherige Rechtsprechung zu Altersdifferenzierungen in Sozialplänen auch unter Berüksichtigung des unionsrechtlichen Verbots der Altersdiskriminierung. Offen gelassen wurde vom BAG, ob § 10 Satz 3 Nr. 6 AGG auch Sozialplangestaltungen rechtfertigt, bei denen es zwischen dem Ende des Bezugs von Arbeitslosengeld und dem Rentenbeginn eine zeitliche Lücke entsteht. Selbst wenn man entgegen der hier vertretenen Auffassung Altersdifferenzierungsklauseln in Sozialplänen für zulässig hält, so wird das sozialpolitische Ziel des § 10 Satz 3 Nr. 6 AGG im Falle einer zeitlichen Lücke vor dem Rentenbeginn nicht erreicht. Man wird trotz der Entscheidung des BAG davon auszugehen haben, dass § 10 Satz 3 Nr. 6 AGG allein Regelungen rechtfertigt, in denen tatsächlich eine Überbrückung bis zum Rentenbezug stattfindet.[1541]

f) Betriebliche Altersversorgung

Gemäß § 1 Abs. 1 S. 1 BetrAVG sind Leistungen der betrieblichen Altersversorgung alle Leistungen der Alters-, Invaliditäts- oder Hinterbliebenenversorgung, die ein Arbeitgeber einem Arbeitnehmer aus Anlass seines Arbeitsverhältnisses zusagt. Entscheidendes Merkmal einer betrieblichen Altersversorgung ist, dass der Anspruch erst infolge eines bestimmten Ereignisses entsteht. Bei der hier allein interessierenden Altersversorgung liegt dieses Ereignis im Versorgungsfall, der bei Erreichen eines bestimmten Alters eintritt. Es wird mithin unmittelbar an das Alter einer Person (Arbeitnehmers) angeknüpft. Gemäß § 2 Abs. 2 S. 2 AGG gelten für die betriebliche Altersversorgung die Regelungen des Betriebsrentengesetzes. Nach dem Willen des Gesetzgebers sind Fragen der Diskriminierung wegen des Alters daher auf Grundlage des Betriebsrentengesetzes zu beantworten.[1542]

Die europarechtliche Zulässigkeit dieser Bereichsausnahme wird deswegen nicht einheitlich beantwortet, weil sich im Betriebsrentengesetz, abgesehen von einem Verweis auf den allgemeinen Gleichbehandlungsgrundsatz (§ 1 b Abs. 1

1540 BAG, Urteil v. 26. Mai 2009 - 1 AZR 198/08, NZA 2009, S. 849 (854), mit zustimmender Anmerkung, Raif, GWR 2009, S. 282.
1541 Vgl. *Müller*, Anm. Zu BAG, Urteil vom 26. Mai 2009 - 1 AZR 198/08, ArbRAktuell 2009, S. 21.
1542 BT-Drs. 16/1780, S. 32.

S. 4 BetrAVG), keine Regelungen zu Diskriminierungsverboten finden. Mit unterschiedlicher Begründung geht die überwiegende Meinung in der Literatur, sowie die Rechtsprechung, insoweit gegen den Wortlaut von § 2 Abs. 2 S. 2 AGG, dennoch davon aus, dass das AGG – und damit auch das Verbot der Altersdiskriminierung – auf Regelungen der betrieblichen Altersversorgung Anwendung findet.[1543]

Der Anwendungsbereich der RL 2000/78/EG erfasst nach ihrem Wortlaut auch das Arbeitsentgelt (Art. 3 Abs. 1 lit. c) RL 2000/78/EG). Hinsichtlich des Begriffs des Arbeitsentgelts verweist die Gleichbehandlungsrichtlinien ausweislich des 13. Erwägungsgrundes insoweit auf Art. 157 AEUV. Zum Arbeitsentgelt iSd des Art. 157 AEUV zählt nach der Rechtsprechung des Europäischen Gerichtshofs auch die betriebliche Altersversorgung.[1544] Regelungen der betrieblichen Altersversorgung sind hinsichtlich des Verbots der Diskriminierung wegen des Alters deshalb von besonderer Bedeutung, da sie häufig auch Mindestaltersregelungen für den Eintritt in ein betriebliches Versorgungswerk enthalten. Sie gehen damit über das klassische Anwendungsfeld des AGG auf Höchstaltersgrenzen hinaus.

Daneben finden sich nicht selten Wartezeitregelungen in Versorgungsordnungen, des Weiteren Limitierungsklauseln und Altersdifferenzklauseln, auf die im Folgenden jedoch nicht näher eingegangen wird, wenngleich auch sie im Rahmen der Altersdiskriminierung relevant werden können.[1545]

1543 Nach Teilen der Literatur ist § 2 Abs. 2 S. 2 AGG europarechtswidrig und damit nicht anzuwenden. Andere legen die Vorschrift europarechtskonform aus, vgl. *Rengier*, Betriebliche Altersversorgung und Allgemeines Gleichbehandlungsgesetz, NZA 2006, S. 1251 ff.; MünchKommBGB/ *Thüsing*, § 2 AGG Rn. 27; *Schrader/ Schubert*, in: Däubler/Bertzbach, AGG, § 2 Rn. 136 ff.; *Rühl/ Viethen/ Schmid*, AGG, Kap. III, S. 55. *Cisch/ Böhm*, Das Allgemeine Gleichbehandlungsgesetz und die betriebliche Altersversorgung, BB 2007, S. 602 f. verstehen die Vorschrift dahin, dass solange das BetrAVG keine Regelungen hinsichtlich der Diskriminierung wegen des Alters enthält, das AGG uneingeschränkte Anwendung findet. Einer europarechtskonformen Auslegung bedürfe es nicht. Das BAG sieht in der Vorschrift lediglich eine Kollisionsklausel zwischen AGG und dem Betriebsrentengesetz, vgl. BAG, Urteil v. 11. Dezember 2007 – 3 AZR 249/06, BB 2008, S. 557 (559).

1544 EuGH, Rs. C-262/88, *Barber*, Slg. 1990, I-1889 Rn. 10 ff.; Rs. 170/84, *Bilka*, Slg. 1986, S. 1607 (Leitsatz 1) u. Rn. 22; Rs. C-50/99, *Podesta*, Slg. 2000, I-4039 Rn. 23 ff. Auch die unklare Regelung des § 10 S. 3 Nr. 4 AGG kann als Argument für die Anwendbarkeit des AGG auf die betriebliche Altersversorgung angesehen werden: Bezogen auf das Verbot der Altersdiskriminierung hat der Gesetzgeber an dieser Stelle Ausnahmeregelungen für den Bereich der betrieblichen Altersversorgung getroffen. Wenn aber das AGG infolge der Bereichsausnahme keine Anwendung fände, so hätte es dieser Ausnahmeregelung nicht bedurft.

1545 Vgl. zu diesem Bereich *Thum*, AGG und betriebliche Altersversorgung, BB 2008, S. 2291 (2293 ff.).

Mindestaltersgrenzen für den Zugang zu betrieblichen Versorgungswerken wurden vor Inkrafttreten des AGG nach bisher überwiegender Meinung für zulässig gehalten.[1546] Teilweise wird in derartigen Mindestaltersgrenzen auch nach Inkrafttreten des AGG keine unzulässige Diskriminierung wegen des Alters gesehen. Die Begründung basiert auf der Rechtsprechung des BAG, wonach die gesetzlichen Unverfallbarkeitsfristen bereits mit Erteilung der Zusage der betrieblichen Altersvorsorge zu laufen beginnen.[1547] Dies ist regelmäßig der Zeitpunkt des Eintritts in das Unternehmen und gerade nicht das Erreichen einer festgelegten Altersgrenze, so dass eine unverfallbare Anwartschaft auch schon vor Erreichen der Altersgrenze erworben werden könne. Im Übrigen dürfte die Altersgrenze nach dem Regelbeispiel des § 10 S. 3 Nr. 4 AGG gerechtfertigt sein, wonach die Festlegung von Altersgrenzen hinsichtlich des Zugangs zu betrieblichen Systemen der Altersversorgung zulässig ist, sofern sie objektiv und angemessen ist sowie ein legitimes Ziel verfolgt. Dies gilt auch für die Mindestaltersgrenze des § 1 b Abs. 1 S. 1 BetrAVG[1548]

Anders stellt sich die Sachlage jedoch bei Höchstaltersgrenzen in betrieblichen Versorgungsordnungen dar. Diese wurden früher ebenfalls als zulässig angesehen[1549], erweisen sich nach Inkrafttreten des AGG jedoch wegen der unmittelbaren Anknüpfung an das Alter als problematisch, da die Kontrolle über eine bloße sachwidrige oder willkürliche Festsetzung hinausgeht. In Betracht kommt hier ein Verstoß gegen §§ 7 Abs. 1, 3 Abs. 1 AGG. Für eine Zulässigkeit spricht jedoch auch hier § 10 S. 3 Nr. 4 AGG. Im Rahmen der diesbezüglichen Verhältnismäßigkeitsprüfung kann der Gedanke der Risikobegrenzung hinsichtlich Invalidität oder auch hinsichtlich der Finanzierbarkeit des Systems angeführt werden.[1550] Entscheidend wird hier u.a. sein, auf welches Lebensjahr die Altersgrenze festgesetzt wird. Bei der Festsetzung einer solchen Altersgrenze sind drei Umstände zu berücksichtigen. Zum einen die Erhöhung des gesetzlichen Renteneintrittsalters und die damit einhergehende Verlängerung des Finanzierungszeitraums, zum anderen die Regelung in § 1 b Abs. 1 S. 1 BetrAVG, die die Unverfallbarkeit von Ansprüchen, anders als früher, auf fünf Jahre festlegt. Letztlich, gewissermaßen als arbeitsmarktpolitische Fortsetzung der Gleichbehandlungsrichtlinie sollte darauf geachtet werden, dass Arbeitnehmer nicht zu früh zu

1546 *Thum*, AGG und betriebliche Altersversorgung, BB 2008, S. 2291 (2292 mwN).

1547 BAG, Urteil v. 24. Februar 2004 – 3 AZR 5/03, AP Nr. 2 zu § 1b BetrAVG; *Cisch/ Böhm*, Das Allgemeine Gleichbehandlungsgesetz und die betriebliche Altersversorgung, BB 2007, S. 602 (607).

1548 *Rengier*, Betriebliche Altersversorgung und Allgemeines Gleichbehandlungsgesetz, NZA 2006, S. 1251 (1254).

1549 Vgl. nur BAG, Urteil v. 31. August 1978 – 3 AZR 313/77, NJW 1979, S. 2223; BAG, Urteil v. 14. Januar 1986 – 3 AZR 456/84, NZA 1987, S. 23.

1550 *Thum*, AGG und betriebliche Altersversorgung, BB 2008, S. 2291 (2292). *Rengier*, Betriebliche Altersversorgung und Allgemeines Gleichbehandlungsgesetz, NZA 2006, S. 1251 (1254).

Lasten der Sozialsysteme aus dem Arbeitsmarkt gedrängt werden. Vor diesem Hintergrund dürfte eine Höchstaltersgrenze erst ab dem 55. Lebensjahr oder höher gerechtfertigt sein.[1551]

1551 So *Rengier*, Betriebliche Altersversorgung und Allgemeines Gleichbehandlungsgesetz, NZA 2006, S. 1251 (1255).

7. Kapitel Wirksamkeit und Grenzen des Verbots der Altersdiskriminierung

Im Zuge der Schaffung des AGG sind immer wieder Stimmen laut geworden, die den Zweck von Antidiskriminierungsmaßnahmen in Frage gestellt haben. Hinsichtlich der Diskriminierung aus Gründen des Alters befürchtete man eine Klagewelle bisher nicht da gewesenen Ausmaßes, insbesondere auf Entschädigungszahlungen. Auch führten umfassende Diskriminierungsmaßnahmen zu erhöhten Kosten, vor allem für die Adressaten des Gesetzes, im Bereich des Arbeitsrechts also vor allem für die Arbeitgeber, die die Vorgaben des Gesetzes erfüllen müssen.

Vor diesem Hintergrund muss die Frage aufgeworfen werden, ob Antidiskriminierungsmaßnahmen ihren, zweifelsohne legitimen und wünschenswerten Zweck tatsächlich erfüllen können oder ob sie in ihrer Ausgestaltung nicht die Gefahr in sich bergen, Unterschiede, wenn nicht im rechtlichen so doch im tatsächlichen Sinne aufrecht zu erhalten oder zu verstärken. Kritiker bringen insoweit vor, dass der derzeitig vorrangig verfolgte Ansatz der individuellen Rechtsdurchsetzung nicht geeignet sei, den Ausschluss und die Diskriminierungen von bestimmten Gesellschaftsgruppen zu lösen.[1552] Infolge dessen werden alternative Vorgehensweisen vorgeschlagen, die vor allem stärker gruppenbezogen sind und auf soziale Integrationsmaßnahmen setzen.[1553]

Diese Kritik ist berechtigt, beruht jedoch auf einem Missverständnis des Gleichbehandlungsrechts in seiner derzeitigen Ausgestaltung.

Gesetzliche Antidiskriminierungsmaßnahmen sind ohne Zweifel nicht die Lösung für alle Probleme, die mit der Diskriminierung von Menschen verbunden sind.[1554] Zweck des Gleichbehandlungsrechts in seiner Ausgestaltung durch Rechtsakte auf europäischer und nationaler Ebene ist es, eine gerechte Lösung für Streitfälle zu formulieren. Seine Aufgabe besteht nicht darin, politische und soziale Konflikte allein zu lösen, wenngleich sich Gleichberechtigungsvorschriften dies teilweise selbst zum Ziel setzen. So sollen die Antidiskriminierungsrichtlinien u.a. die gesellschaftliche Wirklichkeit in den Mitgliedstaaten verändern, indem sie nicht nur Diskriminierungen verbieten, sondern diese nachhaltig und wirksam beseitigen.[1555] Dazu sind rechtliche Ausgestaltungen in Form von sanktionierten Verboten generell jedoch nur begrenzt in der Lage. Dies gilt auch vor dem Hintergrund, dass die befürchtete Klagewelle, jedenfalls was Entschä-

---

1552 *Fredman*, Discrimination law, S. 161.

1553 Vgl. *Mahlmann*, in: Rudolf/ Mahlmann, Gleichbehandlungsrecht, § 1 Rn. 43.

1554 *Mahlmann*, in: Rudolf/ Mahlmann, Gleichbehandlungsrecht, § 1 Rn. 43.

1555 *Adomeit/ Mohr*, Benachteiligung von Bewerbern (Beschäftigten) nach dem AGG, NZA 2007, S. 179 (182) sprechen insofern von volkspädagogischen Zielen durch die Umerziehung iSe Tilgung von Vorurteilen.

digungsansprüche angeht nicht eingetreten ist. So verzeichnete das AGG-Archiv[1556] während seines Bestandes[1557] 376 Personen, die portentielle Arbeitgeber mehrfach auf Entschädigungszahlungen in Anspruch genommen hatten.[1558] Selbst wenn man von einer nicht gemeldeten Dunkelziffer von 60 – 70 % ausgeht[1559], war die Zahl der Verfahren in den ersten drei Jahren seit Bestand des AGG überschaubar.

Ein diskriminierungsfreies Zusammenleben stützt sich zuförderst auf entsprechende Überzeugungen und Verhaltensweisen der Menschen.[1560] Diese individuellen Motivationen werden durch gesetzliche Vorschriften jedoch nur begrenzt erfasst.[1561] Recht kann zu allererst und unmittelbar nur äußerliches Verhalten in Form von Tatbeständen erfassen, nicht aber die innere individuelle Motivation einzelner Personen.[1562] Die Auswirkungen auf die innere Einstellung erfolgt nur mittelbar, indem durch rechtliche Regelungen eine staatliche Wertung getroffen wird und damit ökonomische, soziale und politische Grundlagen von Vorurteilen verändert werden. Insoweit bedürfen rechtlich ausgestaltete Antidiskriminierungsmaßnahmen jedoch der Ergänzung durch andere Maßnahmen, insbesondere durch die Sozialpolitik, aber auch anderer Politikbereiche. Dies schon deshalb, um der staatlichen Aussage, die hinter einer bestimmten Antidiskriminierungsgesetzgebung steht, zu untermauern.

Auf europäische Ebene gibt es hierfür bereits zahlreiche Beispiele.[1563] Die Gleichbehandlungsrichtlinie 2000/78/EG trägt diesem Gedanken unter dem Begriff der begleitenden Maßnahmen Rechnung. Danach sollen Sozialpartner und Nichtregierungsorganisationen in den Mitgliedstaaten in den Dialog und die

---

1556 Das AGG-Archiv wurde im August 2006 von der Sozietät Gleis Lutz ins Leben gerufen. Dort konnten Entschädigungsforderungen von Arbeitgebern gemeldet und bei Erreichen einer bestimmten Zahl von Meldungen von anderen Arbeitgebern abgefragt werden.

1557 Das AGG-Archiv stellte am 16. August 2009 seinen Betrieb ein. Zum Hintergrund vgl. *Diller/ Kern/ Zeh*, AGG-Archiv, NZA 2009, 1386 f.

1558 *Diller/ Kern/ Zeh*, AGG-Archiv, NZA 2009, 1386 (1387).

1559 So *Diller/ Kern/ Zeh*, aaO, S. 1389.

1560 Vgl. *Hühn*, in Rudolf/ Mahlmann, Gleichbehandlungsrecht, § 9 Rn. 49.

1561 Vgl. *Korthaus*, Das neue Antidiskriminierungsrecht, S. 139.

1562 Vgl. *Coester-Waltjen*, Zielsetzung und Effektivität eines Antidiskriminierungsgesetzes, ZRP 1982, S. 217 (220).

1563 Z. B. das Aktionsprogramm der Gemeinschaft (jetzt Union) zur Bekämpfung von Diskriminierungen (2001-2006), Beschluss des Rates v. 27. November 2000, ABl. L 303/23; Beschluss Nr. 771/2006/EG des Europäischen Parlaments und des Rates v. 17. Mai 2006 zur Einführung des Europäischen Jahres der Chancengleichheit für alle (2007), ABl. L Nr. 146 v. 31. Mai 2006, S. 1 ff., abrufbar unter: http://eur-lex.europa.eu/JOIndex.do?ihmlang=de.

Zusammenarbeit im Bereich des Antidiskriminierungsrechts einbezogen werden.[1564]

Dem Streben des europäischen Gesetzgebers, eine umfassende Antidiskriminierungspolitik im Unionsgebiet zu schaffen, stehen zahlreiche kritische Stimmen aus Politik und Wissenschaft gegenüber, die auch, aber nicht nur Ausdruck nationalstaatlicher Interessen sind. Vor diesem Hintergrund stellt sich die Frage nach vorhandenen Alternativen, Ergänzungen oder einer Verlagerung der bisher verfolgten Gewichtung der bestehenden Antidiskriminierungspolitik.

Ansatzpunkt muss bei der Beantwortung dieser Fragen die Ebene der Europäischen Union sein. Zu möglichen und erforderlichen Ergänzungen des Antidiskriminierungsrechts wurde bereits Stellung genommen. Hinsichtlich möglicher Alternativen zur Verwirklichung von Gleichbehandlung wird vor allem ein wirtschaftsliberaler Ansatz vertreten.

Die Kritik dieses Ansatzes basiert auf der Annahme, dass Antidiskriminierungsrecht ineffizient und in Folge dieser Ineffizienz wohlstandsfeindlich sei.[1565] Nach dieser Theorie würden die Mechanismen von Markt und Wettbewerb für Gleichbehandlung sorgen. Effizienzverluste, die mit Diskriminierungen verbunden sind würden für deren Verdrängung sorgen.

Wissenschaftliche Untersuchungen und die vorhandenen empirischen Daten widerlegen diese Idee jedoch. Dies zeigt neben der Diskriminierung aus Gründen des Geschlechts vor allem die Diskriminierung aus Altersgründen. Der ökonomische Ansatz verkennt, dass Diskriminierung durchaus auch wirtschaftlich effizient sein kann. Weiterhin sind die Marktmechanismen nicht losgelöst von menschlichem Handeln zu betrachten. Gerade aber dieses menschliche Handeln beruht nicht ausschließlich auf Effizienzüberlegungen.[1566] Im Übrigen besitzen Effizienzüberlegungen generell nur eine beschränkte Aussagekraft. So kann Gleichbehandlungsrecht auch wirtschaftliche Ineffizienz verhindern, indem es Entscheidungsgrundlagen rationalisiert und nicht genutztes Humankapital in den Markt integriert und so nachhaltig produktiv für die Wirtschaft wirkt.

Insofern ist zu bemerken, dass Antidiskriminierungsvorschriften keineswegs stets zu einer Verstärkung des Schutzes der von Diskriminierungen Betroffenen führen müssen. So kann der Schutz vor Diskriminierungen wegen des Alters auch zur Reduzierung bestehender Schutzvorschriften beispielsweise für ältere Arbeitnehmer führen.[1567] Dies gilt z.B. für eine reine Senioritätsentlohnung[1568]

1564 Vgl. Erwägungsgrund Nr. 33 RL 2000/78/EG, sowie Art. 13 RL 2000/78/EG; *Eisenschmid*, Allgemeines Gleichbehandlungsgesetz (AGG), Juris Praxis Report 2006, S. 19 (20).

1565 Vgl. *Epstein*, Forbidden Grounds, S. 59 ff.

1566 *Mahlmann*, in: Rudolf/ Mahlmann, Gleichbehandlungsrecht, § 1 Rn. 50; *Becker*, The economics of discrimination, S. 39 ff.

1567 Vgl. *Waas*, Überlegungen zur Fortentwicklung des deutschen Arbeitsrechts, RdA 2007, S. 76 (83).

oder Kündigungsschutzvorschriften. Auch die Altersgruppenbildung im Rahmen der Sozialauswahl wirkt für Ältere nicht begünstigend. Häufig sind es gerade diese Privilegierungen, die auf Seiten der Arbeitgeber die Einstellungsbereitschaft hemmen.[1569] Diese Gefahr findet auch beim staatlichen Gesetzgeber Gehör. So wurde bei der Herabsetzung des Befristungsschutzes vom 58. auf das 52. Lebensjahr in der Regelung des § 14 Abs. 3 S. 1 TzBfG mit dem Erfordernis der Überwindung psychologischer Einstellungsbarrieren argumentiert.[1570]

Die Verwirklichung der Gleichbehandlung allein dem Markt zu überlassen stellt nach alledem keine Alternative für ein Gleichbehandlungsrecht dar. Dies gilt auch dann, wenn Antidiskriminierungsmaßnahmen ihre intendierten Wirkungen nicht voll erreichen.

Die tatsächlichen Wirkungen von Antidiskriminierungsmaßnahmen sind u.a. davon abhängig, inwieweit die gesellschaftliche Akzeptanz hinsichtlich des jeweiligen Diskriminierungsmerkmals reicht und ist demnach in den jeweiligen Lebensbereichen unterschiedlich: Je breiter die gesellschaftliche Akzeptanz von Diskriminierungen ist, desto begrenzter ist die Wirkung von Antidiskriminierungsmaßnahmen.[1571] Diese mögliche begrenzte Wirkung ist jedoch einem völligen Verzicht vorzuziehen[1572], bilden sie doch die Chance, bestehende Diskriminierungsmuster zu durchbrechen, indem sie Vorurteile in Frage stellen und staatliche Maßnahmen jedenfalls mittelbar auf die Einstellung der Bürger Einfluss nehmen.

Das Problem der Effektivität und Akzeptanz durch rechtliche Regelungen soziale Normen nicht nur nachzuzeichnen, sondern aktiv zu gestalten und neue soziale Normen gesellschaftlich zu implementieren, ist dem Antidiskriminierungsrecht gewissermaßen wesensimmanent.[1573] Unter anderem deshalb muss

---

1568 Vgl. diesbezüglich auch die Studie der OECD, in der dazu aufgefordert wird, die Senioritätsentlohnung abzuschaffen und auch ältere Arbeitnehmer anhand ihres Leistungsvermögens zu vergüten; OECD, Ageing and Employment Policies - Germany, abrufbar unter: http://oecd.org.

1569 Vgl. *Thüsing*, Gedanken zur Effizienz arbeitsrechtlicher Diskriminierungsverbote, RdA 2003, S. 257 (261). *Eichhorst*, Beschäftigung Älterer in Deutschland, ZSR 2006, S. 101 (108); ebenso *Preis*, Ein modernisiertes Arbeits- und Sozialrecht für eine alternde Gesellschaft, NZA 2008, S. 922 (923), der zu dem Ergebnis kommt, dass die Privilegierung älterer Arbeitnehmer in der Realität durch Diskriminierung kompensiert wurde.

1570 BT-Drs. 15/25 S. 40.

1571 Vgl. *Bieritz-Harder*, Teilhabe am Arbeitsleben, ZSR 2005 (Sonderheft), S. 37 (41); *Schiek*, Differenzierte Gerechtigkeit, S. 73

1572 So auch *Bieritz-Harder*, Teilhabe am Arbeitsleben, ZSR 2005 (Sonderheft), S. 37 (41); *Wiedemann/ Thüsing*, Der Schutz älterer Arbeitnehmer und die Umsetzung der Richtlinie 2000/78/EG, NZA 2002, S. 1234 (1242).

1573 Vgl. ausführlich zur Effektivität von Recht und dem Zusammenhang zur Sozialisation *Rehbinder*, Rechtssoziologie, § 7 Rn. 111 ff.

bei der Schaffung von Antidiskriminierungsregeln gefragt werden, ob nicht evtl. bereits bestehende Vorurteile durch gesetzgeberische Maßnahmen noch verstärkt werden.

In einem allgemeinen Rahmen ist damit die Frage nach der generellen Steuerungsfähigkeit von Recht aufgeworfen, deren Beantwortung den Rahmen der vorliegenden Arbeit allerdings sprengen würde.[1574] So ist der Gedanke nicht fern liegend, dass hinsichtlich des Verbots der Diskriminierung aus Gründen des Alters, bezogen auf ältere Arbeitnehmer, die Schaffung von Schutzmaßnahmen als Bestätigung der Schutzbedürftigkeit infolge abnehmender Leistungsfähigkeit ausgelegt wird.[1575] Infolge dieser (vermuteten) Bestätigung von Altersstereotypen, könnten insbesondere Arbeitgeber dazu übergehen, Strategien zu entwickeln, ihre bisherige Beschäftigungspolitik, sowohl unter Geltung europäischen Antidiskriminierungsrechts als auch unter Geltung des AGG weiter zu verfolgen. An Vorschlägen hierzu mangelt es nicht. Die Wirkungsweise des Antidiskriminierungsrechts ist noch unter einem weiteren Gesichtspunkt kritisch zu betrachten: Die Verrechtlichung durch das Verbot der Altersdiskriminierung erfolgte durch festgelegte Tatbestände. Diese sind ihrer Natur nach auf Abstrahierung angelegt. »Als „Regel" muss das Recht zwangsläufig allgemein sein; es kann sich deshalb der Realität nur abstrakt nähern, und seine Anwendung auf den Einzelfall muss den Gerichten, Verwaltungen und Einzelnen überlassen bleiben, die dann im Idealfall die allgemeinen Vorschriften in individuelle Gerechtigkeit „übersetzen"«[1576]. Diese Abstrahierung birgt jedoch die Gefahr in sich, dass sich die Tatbestände in ihrer Einfachheit vom realen Leben entfernen und gleichwohl nicht ohne Auswirkungen bleiben. Wenn aber die intendierten Ziele nicht erreicht werden, so muss früher oder später die grds. Frage nach der Geeignetheit, jedenfalls aber der Erforderlichkeit des Diskriminierungsverbots oder zumindest seiner konkreten Ausgestaltung gestellt werden. Ob sich das System des „command and control" des AGG bewähren wird und tatsächlich das gesellschaftliche Bild hinsichtlich des Umgangs mit Älteren und dem Alter im Recht verändern wird, bleibt abzuwarten.

1574 Vgl. dazu ausführlich *Grimm*, Wachsende Staatsaufgaben – Sinkende Steuerungsfähigkeit von Recht, 1990; *Anderheiden*, Globalisierung als Problem von Gerechtigkeit und Steuerungsfähigkeit des Rechts, 2001. Nach *Schiek*, Differenzierende Gerechtigkeit, S. 73 wird die Gestaltungskraft von Recht im Bereich der Antidiskriminierung generell überschätzt.

1575 Vgl. *Waas*, Die Beschäftigungssituation älterer Arbeitnehmer als Herausforderung für den arbeitsrechtlichen Gesetzgeber, ZRP 2006, S. 118; *Braun*, Antidiskriminierung bis zur Diskriminierung, ZTR 2005, S. 244 (248) kommt daher zu dem Ergebnis das eine diskriminierungsfreie Gesellschaft aus der Überzeugung der einzelnen Mitglieder erwachsen muss und nicht durch gesetzliche (Rahmen)Regelungen aufgezwungen werden kann.

1576 So GA *Mazák*, Schlussanträge zu EuGH, Rs. C-388/07, Age Concern, Rn. 69.

Eine abschließende Beurteilung hinsichtlich der Eignung kann zum jetzigen Zeitpunkt nicht vorgenommen werden. Insoweit gilt es im Übrigen auch die Einschätzungsprärogative des (europäischen) Gesetzgebers zu respektieren, die durch die Schaffung von Antidiskriminierungsregeln im Allgemeinen und der Aufnahme des Merkmals des Alters im Besonderen jedenfalls nicht evident überschritten ist. Insbesondere gilt es zu berücksichtigen, dass es sich bei Antidiskriminierungsgesetzgebung um einen Bereich handelt, der maßgeblich von Prognosen der künftigen Entwicklung geprägt ist. In solchen Bereichen findet der Prognosespielraum des Gesetzgebers seine Grenzen erst dort, wo die Einschätzung durch den Gesetzgeber auf einer offensichtlich fehlerhaften Prognose der künftigen Entwicklung und der Auswirkungen eines Gesetzes beruht. Vertretbar ist eine Prognoseentscheidung hingegen dann, wenn sich der Gesetzgeber an einer sachgerechten Beurteilung aller ihm zugänglichen Erkenntnisquellen orientiert hat.[1577] Eine Forderung nach einem Wirkungsnachweis des Verbots der Altersdiskriminierung wäre ein sicheres Mittel, dem Antidiskriminierungsrecht jegliche Bedeutung zu nehmen.

Festgestellt werden kann jedoch, dass der Umgang und die gesellschaftliche Stellung, insbesondere ältere Menschen, durch das Verbot der Altersdiskriminierung ins Bewusstsein der breiten Öffentlichkeit gerückt ist, wenngleich von einer diskriminierungsfreien Gesellschaft nicht im geringsten gesprochen werden kann. Vor dem Hintergrund der individuellen Beschäftigungssituation älterer Arbeitnehmer als auch vor dem Hintergrund der erwarteten Entwicklung der Bevölkerungsstruktur und ihrer weitreichenden Auswirkungen ist dieses neue Bewusstsein zu begrüßen. Zudem dient das Antidiskriminierungsrecht der Förderung von Werten, denen eine demokratische und kulturell pluralistische Gesellschaft verpflichtet ist. Dennoch sollte der Gesetzgeber die weitere Entwicklung beobachten und bei der Schaffung von künftigen Antidiskriminierungsregeln und der ggf. erforderlichen Änderung bestehender Regelungen um größte Sorgfalt bemüht sein. Nicht jedes Vorhandensein von Ungleichbehandlungen irgendwelcher Art erfordert und legitimiert ein Tätigwerden des Gesetzgebers. Das Streben nach mehr Gleichheit durch gesetzliche Maßnahmen geht in der Regel gleichzeitig auch mit dem Verlust von Freiheit einher. Es bedarf daher immer einer sorgfältigen Abwägung, ob der Eingriff in die Freiheit durch den staatlichen Gesetzgeber oder die nicht sachlich gerechtfertigte Ungleichbehandlung schwerer wiegt.[1578]

Ungeachtet der bestehenden Antidiskriminierungspolitik und gesetzlichen Vorgaben muss hinsichtlich des Merkmals Alter vor allem auch die demografische Entwicklung beachtet werden. Schon Mitte der neunziger Jahre wurde fest-

---

1577 Vgl. für das nationale Recht BVerfGE 50, S. 290 (335).
1578 Vgl. *Rehbinder*, Einführung in die Rechtssoziologie, S. 159; *Friauf*, Grundrechtsprobleme bei Maßnahmen zur Gleichberechtigung, Bd. 12, S. 39 für die Nichtdiskriminierung wegen des Geschlechts.

gestellt, dass starre Altergrenzen bevölkerungspolitisch und bezüglich der Funktionsfähigkeit der sozialen Sicherungssysteme Probleme aufwerfen.[1579] Es ist vor allem die demografische Alterung verbunden mit anderen Faktoren, die zu einem Rückgang der personellen Arbeitskraft führen wird.[1580] Da ein Ausgleich dieses zunehmenden Bevölkerungsminus in absehbarer Zeit nicht realistisch erscheint, bedarf es eines grundlegenden Umdenkens bezüglich der Nutzung des Arbeitskraftpotentials älterer Menschen. Der Umgang mit älteren Menschen bzw. Arbeitnehmern wird hier mit entscheidend dafür sein, inwiefern der Arbeitskräftemangel aufgefangen werden kann.[1581] Diesbezüglich sind vor allem die Unternehmen gefragt, die hinsichtlich Personalentwicklung, Arbeitsplatzgestaltung, Gesundheitsförderung und Arbeitszeitsystemen auf die demografischen Veränderungen reagieren müssen, wollen sie die Attraktivität des Unternehmens sichern und Wettbewerbsvorteile erhalten.[1582] Die Politik kann hierzu unterstützende Beiträge leisten, sie ist jedoch nicht in der Lage, die Menschen tatsächlich gleich zu machen.[1583]

1579 Vgl. insoweit nur *Hufen*, Berufsfreiheit – Erinnerungen an ein Grundrecht, NJW 1994, S. 2913 (2921).

1580 Vgl. *Mann*, Altersdiskriminierung durch gesetzliche Höchstaltergrenzen, Rechtsgutachten erstattet der Senioren Union der CDU, S. 137; *Bös*, Gestaltung des demografischen Wandels durch zukunftsorientierte Personalpolitik, NZA 2008 (Beil. Heft 1), S. 29; ähnlich *Zöllner*, Altersgrenzen beim Arbeitsverhältnis, GedS Blomeyer, S. 517 (533).

1581 Vgl. *Buchner*, Die Wiederentdeckung der Älteren in den Unternehmen, NZA 2008 (Beil. Heft 1), S. 47 (48).

1582 *Bös*, Gestaltung des demografischen Wandels durch zukunftsorientierte Personalpolitik, NZA 2008 (Beil. Heft 1), S. 29. Ein mögliches Konzept für Unternehmen stellt das sog. Age-Diversity-Konzept dar, welches auf eine sinnvolle Zusammenführung des Arbeitspotentials aller Generationen in einem Unternehmen gerichtet ist. Mittel zur Erreichung diese Ziels sind Managementkonzepte, die auf die Schaffung von Chancengleichheit und Inklusion gerichtet sind: Mitarbeiter mit unterschiedlichen Merkmalen werden als gleichberechtigt betrachtet und die Personalpolitik ist darauf ausgerichtet alle Mitarbeiter in ihrer Heterogenität in das Unternehmen einzubeziehen. (Age-) Diversity-Konzepte können damit gewissermaßen als unternehmerische sowie personalapolitische Umsetzung von Teilen des Antidiskriminierungsrechts angesehen werden. Zum Forschungsstand und den theoretischen Grundlagen von Age-Diversity *Bender*, Age-Diversity, in: Pasero/ Backes/ Schroeter, Altern in Gesellschaft, S. 185 (187 ff.)

1583 Vgl. Judgment des Richters *Thomas* in der Rechtssache Adarand Constructors, Inc. v. Pene, United States Law Week 63 (1995), S. 4523 (4534): "Government cannot make us equal; it can only recognize, respect, and protect us as equal before the law."

8. Kapitel Zusammenfassung

Dem individuellen Lebensalter einer Person kommt in rechtlichen Regelungen eine besondere Bedeutung als soziales Strukturierungsinstrument zu. Hierbei steht es neben anderen sozialen Merkmalen von Personen, nach denen sich diese unterscheiden. Je nach individueller Ausprägung bestimmter Merkmale prägen diese das Verhalten von Personen und führen zu Ungleichbehandlungen in unterschiedlichem Ausmaß.

Ungleichbehandlungen von verschiedenen Personen oder Gruppen aus Gründen des Alters basieren dabei häufig pauschalierten Annahmen oder zufälligen Stereotypen. Altersregelungen stehen hierbei für Typisierungen von Lebenssachverhalten, die die Rechtsanwendung zur Regelung der Lebenssachverhalte vereinfachen und vereinheitlichen. Wenn Personen infolge solcher Stereotypen diskriminiert werden, wird ihr Grundrecht auf Achtung der Menschenwürde verletzt, weil ihnen Gleichberechtigung und Respekt verweigert werden. Diese Art der Altersdiskriminierung verhindert, dass die benachteiligten Personen in vollem Umfang am Arbeitsmarkt und gesellschaftlichen Leben teilnehmen können.

Im deutschen Grundgesetz findet sich an keiner Stelle eine ausdrückliche Regelung, die sich mit den spezifischen Belangen älterer Menschen befasst. In Art. 3 Abs. 3 GG findet das Alter als besonderes Diskriminierungsmerkmal keine Erwähnung. Schutz bietet daher allein der allgemeine Gleichheitssatz des Art. 3 Abs. 1 GG, sowie Art. 12 Abs. 1 GG. Ersterer enthält ein allgemeines Diskriminierungsverbot, welches auch im Bereich des Arbeits- und des Sozialrechts gilt. Arbeitnehmer dürfen danach nicht wegen ihres Alters willkürlich ungleich behandelt werden. Um eine Ungleichbehandlung zu rechtfertigen ist ein sachlicher Grund nötig. Darüber hinaus unterliegt der Gesetzgeber, da es sich beim Alter um ein personenbezogenes Merkmal handelt bei der Rechtfertigung einem strengen Prüfungsmaßstab, so dass das jeweils gewählte Mittel sowohl geeignet als auch angemessen ieS sein muss um das angestrebte Ziel zu erreichen. Art. 12 Abs. 1 GG garantiert neben der Berufswahlfreiheit auch die freie Wahl des Arbeitsplatzes. Letztere garantiert, dass Arbeitnehmer nicht ohne Grund an der Arbeitsaufnahme gehindert werden dürfen. Regelungen, die diesen Bereich der Berufsausübung betreffen, sind nur aus Gründen des Gemeinwohls zulässig. Höchstaltersgrenzen bedeuten einen Eingriff in die Berufsfreiheit derjenigen, die das entsprechende Alter erreicht haben. Die Genauigkeit gesetzlicher Altersgrenzen entspricht dabei einer Ungenauigkeit des realen Lebens. Diese Ungenauigkeit ist tragfähig und der gesetzgeberischen Typisierungsbefugnis im Rahmen des Gestaltungsspielraums wesensimmanent. Die Tragfähigkeit endet jedoch dort, wo Altersfestsetzung dysfunktional werden. Nach wie vor bestehende und durch Höchstaltersgrenzen bestätigte negative Stereotype hinsichtlich des Alters stimmen mit dem realen Erscheinungsbild nicht überein. Sie führen zu einer Verschwendung von Humanressourcen und damit verbundenem Potential und Talent. Neben nachteiligen Folgen für den einzelnen Betroffenen wird dadurch auch die Gesellschaft insgesamt negativ beeinflusst. Die Vorstellung, dass mit zunehmendem Alter ein generelles Absinken beruflicher Leistungsanforderungen verbunden ist, ist insbesondere unter Berücksichtigung gerontologischer Forschungsergebnisse nicht aufrecht zu erhalten. Die Erreichung eines bestimmten Lebensalters begründet auch rechtlich keine Vermutung für die Verminderung der beruflichen Leistungsfähigkeit. Es handelt sich bei ihr um einen individuellen Umstand mit dem sich eine generelle Altersgrenze sachlich nicht begründen lässt. Starre Altersgrenzen sind nur zulässig, wenn nach gesicherten wissenschaftlichen Erkenntnissen eine Gefährdung des zu schützenden Gemeinschaftsgutes durch altersbedingte Ausfallerscheinungen besteht. Dort, wo nur die Möglichkeit eines altersbedingten Verlustes der Leistungsfähigkeit besteht muss dem Arbeitnehmer die Möglichkeit offen stehen, die Eignung trotz Überschreitung der Altersgrenze nachzuweisen. Im AGG sowie der Rahmenrichtlinie korrespondiert mit dieser Erkenntnis die Einordnung von Altersgrenzen als unmittelbare Diskriminierung wegen des Alters. Sie sind dann zulässig, wenn es sich um eine wesentliche und entscheidende Anforderung für die berufliche Tätigkeit handelt und die Altersgrenze einen rechtmäßigen Zweck verfolgt sowie angemessen ist. Hinsichtlich des Prüfungsmaßstabs gelten die gleichen Voraussetzungen wie bei Art. 12 GG.

Soweit nicht festgestellt werden kann, dass ab dem Erreichen eines bestimmten Alters das für den Beruf notwendige Leistungsvermögen beeinträchtigt ist, mithin nur die Möglichkeit einer Beeinträchtigung besteht, sind starre Altersgrenzen nicht gerechtfertigt. Es ist der Nachweis erforderlich, dass die überwiegende Mehrzahl der Personen ab einem bestimmten Alter nicht mehr in der Lage ist die Tätigkeit des jeweiligen Berufs sicher und effizient zu verrichten. Von solchen Nachweisen ist nur in engen Ausnahmefällen abzusehen, namentlich dann, wenn sich individuelle Leistungstests der Arbeitnehmer als unverhältnismäßig erweisen oder infolge der Natur der betreffenden Tätigkeit unmöglich sind. In Betracht kommt andernfalls nur eine relative Altersgrenze, nach der ein Arbeitsverhältnis zwar grundsätzlich endet, bei fortbestehendem Leistungsvermögen jedoch entweder eine automatische Verlängerung des Arbeitsverhältnisses eintritt oder aber der Arbeitnehmer einen Anspruch auf Verlängerung des Arbeitsverhältnisses hat. Darüber hinaus sollte im Arbeitsrecht auf jedwede unmittelbare Begünstigung oder Benachteiligung, die starr an das Lebensalters anknüpft, verzichtet werden.[1584] Eine konsequente Verwirklichung des Verbots der Altersdiskriminierung und damit der Verwirklichung des Ge-

---

1584 *Giesen*, Die „alternde Arbeitswelt", NZA 2008, S. 905 (910). Ebenso *Preis*, Ein modernisiertes Arbeits- und Sozialrecht für eine alternde Gesellschaft, NZA 2008, S. 922 (924) für absolute Altersgrenzen hinsichtlich der Aufnahme und Beendigung der Berufstätigkeit.

dankens der Chancengleichheit als rechtlicher Gleichheit bedeutet die Abschaffung pauschaler Schlechterstellungen wie pauschaler Bevorzugungen aufgrund des Alters.

Die Europäische Antidiskriminierungspolitik, insbesondere die RL 2000/78/EG hat neben der primärrechtlichen Verankerung durch Art. 19 AEUV sowie der Europäischen Grundrechtecharta hinsichtlich des Verbots der Alterdiskriminierung in Beschäftigung und Beruf einen Rahmen geschaffen, der dazu in der Lage ist, Altersdiskriminierungen wirkungsvoll zu bekämpfen und so einen wichtigen und wertvollen Beitrag im Gesamtgefüge europäischer Antidiskriminierungspolitik zu leisten. Ergänzt wird dieser Rahmen durch völkerrechtliche festgelegte Diskriminierungsverbote, insbesondere Art. 14 EMRK, die Bestandteil der deutschen Rechtsordnung sind. Obwohl der Gedanke der Gleichberechtigung schon vor Umsetzung der RL 2000/78/EG in zahlreichen Vorschriften zum Ausdruck kam, bildeten diese Normen kein ausreichendes Rechtsschutzsystem vor Diskriminierungen wegen des Alters.

Die demografische Entwicklung wird dazu führen, dass das durchschnittliche Lebensalter der Bevölkerung weiter zunimmt. Dies wirkt sich naturgemäß auch auf den Altersdurchschnitt der Erwerbsbevölkerung aus. Angesichts dessen, werden Unternehmen in Zukunft, unterstellt der gegenwärtige Trend der Personalstruktur wird fortgesetzt, zumindest in bestimmten Arbeitsmarktbereichen vor dem Problem stehen, Arbeitskräfte zu finden.[1585] Prognosen zu Folge wird diese Beschäftigungslücke zwischen 1,3 und 3 Mio. Arbeitsplätze betreffen.[1586] Schon aus Gründen wirtschaftlicher Vernunft werden Unternehmen daher in Zukunft zum Umdenken gezwungen sein. Es gilt zu erwarten, dass die Ausgrenzung der ältern Erwerbsbevölkerung und damit die Anzahl von Diskriminierungen wegen des Alters in den nächsten Jahrzehnten abnehmen wird. Arbeitgeber sind dabei gezwungen sich mit der Altersdiskriminierung auseinanderzusetzen, da die gesetzlichen Regelungen ihnen weitgehende Pflichten auferlegen, Benachteiligungen wegen des Alters zu unterlassen, zu verhindern und zu beseitigen. Dies gilt für alle Phasen, die ein Arbeitsverhältnis durchlaufen kann und grds. für alle Bereiche des Arbeitsverhältnisses.

1585 *Linsenmaier*, Das Verbot der Diskriminierung wegen des Alters, RdA 2003 (Sonderbeilage), S. 22 (33); *Gantzckow*, Die Beendigung der Erwerbstätigkeit durch gesetzliche und kollektivvertragliche Altersgrenzen, S. 22; *Waas*, Die Beschäftigungssituation älterer Arbeitnehmer als Herausforderung für den arbeitsrechtlichen Gesetzgeber, ZRP 2006, S. 118 spricht diesbezüglich von einer zu erwartenden Beschäftigungslücke.

1586 *Waas*, Die Beschäftigungssituation älterer Arbeitnehmer als Herausforderung für den arbeitsrechtlichen Gesetzgeber, ZRP 2006, S. 118; *ders.*, Überlegungen zur Fortentwicklung des deutschen Arbeitsrechts, RdA 2007, S. 76 (83). Schon 1993 wurde die frühe Ausgliederung älterer Arbeitnehmer daher langfristig als unrealistisch bezeichnet, vgl. *Peter*, Unfreiwilliger Ruhestand, ArbuR 1993, S. 384 (385).

Die Anhebung Regelaltersgrenze für den Bezug einer Altersrente ist ein geeigneter, jedoch nicht ausreichender Schritt, den drohenden Arbeitskräftemangel zu mildern. Hinzukommen muss die Abschaffung von Anreizen für ältere Arbeitnehmer ihren Beruf aufzugeben, sowie die Abschaffung von Anreizen für Arbeitgeber ältere Arbeitnehmer zu entlassen. Erforderlich ist auch hier ein Umdenken in der Politik hinsichtlich der Gestaltung von Frühverrentungs- und Vorruhestandsmodellen. In Betracht kommen auch positive Maßnahmen für den Erhalt von Arbeitsplätzen älterer Arbeitnehmer. Eine mögliche Rechtfertigung kann sich dabei sowohl aus der demografischen Entwicklung sowie der Funktionsfähigkeit staatlicher Sozialversicherungssysteme ergeben.

Die Festsetzungen von Altersgrenzen stellen (rechts-)politische Entscheidungen dar, die vor allem auf gesellschaftspolitischen und finanziellen Überlegungen, etwa hinsichtlich der Erhaltung der Funktionsfähigkeit des Sozialversicherungssystems, beruhen. Gerontologische, biologische und medizinische Erkenntnisse hinsichtlich der individuellen Leistungsfähigkeit spielen bei den derzeit bestehenden Höchstaltersgrenzen nur eine untergeordnete Rolle. Dies führt in vielen Fällen zu einer sachlichen Ungleichbehandlung des Individuums zugunsten gesamtgesellschaftlicher Belange. Diese sachlichen Ungleichbehandlungen sind starren Altersgrenzen, seien es Mindest- oder Höchstaltersgrenzen, wegen der Relativität des Alters wesensimmanent. Insofern gibt es keine, auch vor dem Hintergrund des Antidiskriminierungsrechts, „richtige" bzw. diskriminierungsfreie Altersgrenze. Im Kern geht es damit lediglich um die Frage des Ausmaßes der Ungleichbehandlungen und Beeinträchtigungen derjenigen, die von Altersgrenzen betroffen sind. Diese Frage muss interdisziplinär beantwortet werden, stellt das Alter doch immer nur ein Stellvertretermerkmal für bestimmte persönliche Eigenschaften dar. Diese Eigenschaften und ihre Ausprägungen liegen aber gerade außerhalb normativer Beurteilungsmaßstäbe.[1587] Soziologie, Psychologie und Medizin sowie verwandte Wissenschaften können Altersfragen, jedenfalls soweit sie individuelle Entwicklungsprozesse und Eigenschaften betreffen, durch Forschungsergebnisse treffender erfassen als die Jurisprudenz.

Das Recht nimmt die Fragen der alternden Gesellschaft nicht nur auf und liefert über Gesetzgebung und Rechtsprechung neue Regeln. Es formt auch das Alter und gesellschaftliche Bilder, die mit dem Alter verbunden werden. Stereotype, die mit dem Alter in Verbindung gebracht werden können durch Recht sowohl verstärkt als auch abgebaut werden. Dabei produziert jede spezielle Gruppen schützende Regelung neue Verhaltensweisen der Umwelt. Schützt man etwa alte Menschen zu stark vor den Folgen ihrer eigenen Fehler, werden sich Banken, Versicherungen und andere Marktteilnehmer, aber auch Ärzte und Pfleger entsprechend vorsichtiger verhalten. Die Verstärkung des Schutzes Älterer durch Sozialrecht, Zivilrecht und Strafrecht kann zudem vom Einzelnen als

---

1587 So *Schwab*, Gedanken zur Reform des Minderjährigenrechts, JZ 1970, S. 745 (748).

subtile Entmündigung empfunden werden. Die doppelte Wirkungsweise von Recht in diesem Bereich gilt auch für das Antidiskriminierungsrecht. Vor diesem Hintergrund müssen Diskriminierungsverbote stetig kritisch hinterfragt und auf ihre tatsächlichen Auswirkungen untersucht werden.

Die Bedeutung und Rolle des Alters im Recht ist größer als je zuvor. Maßgeblichen Beitrag zu diesem Bedeutungszuwachs haben das europäische Antidiskriminierungsrecht und das zu seiner Umsetzung ergangene Allgemeine Gleichbehandlungsgesetz geleistet. Zu konstatieren ist allerdings, dass dieser Bedeutungszuwachs nicht qualitativer sondern quantitativer Natur ist und mit einem Bedeutungswandel einhergeht. So ist nicht etwa ein Zu- oder Abnahme von Altersregelungen zu verzeichnen, sondern vielmehr, dass bestehende Normen, die das Alter als Anknüpfungspunkt haben, auf dem Prüfstand eines möglicherweise altersdiskriminierenden Charakters stehen. Führt das Verbot der Altersdiskriminierung zu einer zunehmenden normativen „Alterslosigkeit" der Gesellschaft?[1588]

Nach derzeitigem Stand der Rechtsprechung dürfte diese Frage auch unter Geltung des Verbots der Altersdiskriminierung jedenfalls aus juristischer Perspektive zu verneinen sein. Dennoch leistet das Antidiskriminierungsrecht einen entscheiden Beitrag zur Kompensation sozialer Defizite, wirkt sozialen Gefährdungen entgegen und bildet eine notwendige und zweckmäßige Basis zur Konfliktbewältigung.

Gesellschaftlich lässt sich feststellen, dass sich die in der Modernen entwickelte Tendenz der kontinuierlichen Zunahme der Bedeutung des Alters als grundlegendes Gliederungsmerkmal für den Lebenslauf allmählich umkehrt. Die einzelnen Übergänge zwischen den Lebensabschnitten eines Menschen sind fließender geworden und es gilt zu erwarten, dass sich diese Destrukturierung von Lebensläufen fortsetzen wird. Die normativ gezeichnete Normalbiographie wird zunehmend bedeutungsloser. Das Verbot der Altersdiskriminierung hat hierzu einen entscheidenden Beitrag geleistet.[1589] Der individuelle Alterungsprozess verlangsamt sich infolge der demografischen Entwicklung. Dieser Prozess führt dazu, dass der Einfluss des demografischen Alterns auf typisierte altersspezifische physische und psychische Eigenschaften von Älteren abnimmt und in der gesellschaftlichen Wirklichkeit überwiegend durch andere Fähigkeiten kompensiert wird.

Dennoch wird eine Grundorientierung an den bestehenden Altersregelungen weiter Bestand haben. Dies gilt im Besonderen für die Kindheit und Jugend bis

---

1588   Die These von einer alterslosen Gesellschaft hat die amerikanische Gerontologin Neugarten bereits vor mehr als 25 Jahren vertreten, vgl. *Neugarten*, Age or need?, S. 156 ff.

1589   Weiter Faktoren sind die Globalisierung, die Entwicklung hin zu einer Informationsgesellschaft, durch zunehmende Technisierung gekennzeichnet ist sowie der Strukturwandel im Bereich der Beschäftigung.

zu Vollendung des 18. Lebensjahres. Dispositionsmöglichkeiten des Einzelnen sind in diesem Bereich de facto nicht vorhanden. Das es Zukunft zu einer alters(grenzen)losen Gesellschaft kommen wird kann weiterhin nur als Fiktion bezeichnet werden. Auch das das Sozialrecht hinsichtlich des Renteneintritts nicht auf eine allgemeinverbindliche feste Altersgrenze verzichten kann steht außer Zweifel.[1590] Dies gilt jedenfalls für eine Mindestaltersgrenze. Es kann schon aus gründen der Funktionsfähigkeit des Rentensystems nicht dem Einzelnen überlassen werden, wann er einen Pensions- oder Rentenanspruch geltend machen kann. Die weitergehende Alternative in diesem Bereich eine Bedarfsorientierung einzuführen würde dazu führen, dass die Notwendigkeit des Bezugs der Leistung im jeweiligen Einzelfall festgestellt werden müsste. Dies würde nicht nur zu einer Ungewissheit über den Zeitpunkt der Bezugsberechtigung einer Altersrente führen und demzufolge die Lebensplanung des Einzelnen deutlich unberechenbarer machen, sondern auch einen Eingriff in die Privatsphäre des Einzelnen bedeuten. Außerhalb einer solchen Mindestaltersgrenze sprechen jedoch keine grundlegenden Bedenken gegen die Möglichkeit, es dem Einzelnen zu überlassen, wie lange er erwerbstätig sein möchte. Vorbehalte ergeben sich dabei lediglich aus der individuellen Leistungsfähigkeit, die Tätigkeitsspezifisch zu bestimmen ist, nicht jedoch aus personalpolitischen bzw. –organisatorischen Gesichtspunkten des Arbeitgebers. Unter diskriminierungsrechtlichen Gesichtspunkten sind die Alterszugangsgrenzen für den Renteneintritt nicht relevant. Sie stellen Ausschlussgrenzen nur nach unten dar, nicht nach oben. Wer die Voraussetzungen einer Altersrente erfüllt muss diese noch nicht in Anspruch nehmen. Die Rente verfällt nicht. Ein späteres Eintreten ist also möglich. Sie stellt damit ein Darf-Grenze, keine Muss-Grenze dar.[1591]

Die Diskussion um die Zulässigkeit von Höchstaltergrenzen und deren Rechtfertigung wurde in der Vergangenheit fast ausschließlich unter renten- und arbeitsmarktpolitischen Gesichtspunkten geführt. Wie gezeigt berührt die Frage darüber hinaus weitere Gesichtspunkte. Die Erwerbstätigkeit ist für einen Menschen von besonderer Bedeutung. Dies betrifft nicht nur die Zweckrichtung der Schaffung einer persönlichen wirtschaftlichen Lebensgrundlage und die damit verbundene Möglichkeit der Partizipation am sozialen Leben. Darüber hinaus stellt die Berufstätigkeit als solche ein wesentliches Element der Persönlichkeitsentwicklung und -entfaltung dar.[1592] Dies gilt im jungen wie im hohen Alter. Fehlende Berufstätigkeit führt damit zu einer sozialen Ausgrenzung und einem zunehmenden Verlust der Selbstachtung des Betroffenen. Altersgrenzen

---

1590 So auch *Zacher*, Sozialrecht, in: Baltes/ Mittestraß (Hrsg.), Zukunft des Alterns und gesellschaftliche Entwicklung, S. 305 (308).

1591 *Igl*, Zur Problematik der Altersgrenzen aus juristischer Perspektive, Zeitschrift für Gerontologie und Geriatrie Bd. 33 (2000), S. I/57 (I/65).

1592 Vgl. *Gantzckow*, Die Beendigung der Erwerbstätigkeit durch gesetzliche und kollektivvertragliche Altersgrenzen, S. 16.

zwingen die Betroffenen dazu, aus dem Erwerbsleben auszuscheiden und beeinträchtigen damit die Entscheidungsfreiheit der Lebensgestaltung. Sie stellen damit sowohl einen Eingriff in Art. 12 GG, als auch eine Ungleichbehandlung von Älteren im Hinblick auf Art. 3 Abs. 1 GG dar. Infolge des gesamtgesellschaftlichen negativen Bildes des Alters und des damit verbundenen erschwerten Zugangs zum Arbeitsmarkt sind ältere Menschen in den Wirkungen durch den Verlust oder mangelnde Berufstätigkeit besonders betroffen. Vor diesem Hintergrund stellen sich Höchstaltergrenzen als besonders problematisch dar, bergen sie doch die Gefahr, dass ältere Menschen durch die zwangsweise Beendigung der Berufstätigkeit gerade in die Lage versetzt werden, die den ungerechtfertigten Stereotypen entspricht.[1593] Negative Auswirkungen auf das physische und psychische Wohlbefinden sind ebenso die Folge, wie mangelnde soziale Integration.

Auch die bisherige Rechtsprechung hat hierzu ihren Beitrag geleistet. Die Berufsfreiheit des Einzelnen kommt in den einschlägigen Urteilen nicht das Gewicht zu, dass ihr im Hinblick auf die freie Entfaltung der Persönlichkeit und dem daraus resultierenden Bezug zur Menschenwürde gebührt. Aus der Sicht des Individuums bedeutet das, dass sein Schutz mit Blick auf die Grundrechte nicht ausreichend gewährleistet ist, wenn die Gerichte (einfache) sachliche Gründe wie die Gewährleistung einer vernünftigen Personal- und Nachwuchsplanung, die Vermeidung von Streitigkeiten über die Leistungsfähigkeit oder die Gewährleistung einer bestimmten Altersstruktur zur Rechtfertigung von Altersgrenzen ausreichen lassen. Der Beurteilung von Altersgrenzen durch die Rechtsprechung liegt ein Bild vom Alter zugrunde, das das Alter untrennbar mit dem Abbau von Leistungsfähigkeit, Krankheit, und anderen negativen Merkmalen verbindet. Dass die biologische und gerontologische Wissenschaft, sowie die Sozialwissenschaft dieses Bild widerlegt hat wird in der Rechtsprechung nur vereinzelt berücksichtigt. Menschen altern heute sowohl biologisch als auch psychologisch langsamer. Starre Altersgrenzen tragen diesem Gesichtspunkt nicht Rechnung. Nach wie vor wird Alter mit Leistungsabnahme gleichgesetzt und das Alter ausschließlich kalendarisch beurteilt. Diese kalendarische Festlegung stimmt jedoch mit der gesellschaftlichen Realität nur noch eingeschränkt überein.

Tiefgreifende Änderungen haben sich hierbei weder durch das Allgemeine Gleichbehandlungsgesetz noch durch die RL 2000/78/EG ergeben, auch wenn das Verbot der Altersdiskriminierung deutlicher als bisher in seinem Anwendungsbereich die in der Entwicklungspsychologie schon längere herrschende Erkenntnis zum Ausdruck bringt, dass dem chronologischen Alter eines Menschen an sich kein Aussagewert zukommt.

1593 Vgl. *Simitis*, Altersdiskriminierung – die verdrängte Benachteiligung, NJW 1994, S. 1453.

Die weitere Entwicklung in diesem Bereich bleibt abzuwarten. Verfolgt jedoch der EuGH seine Tendenz aus der Entscheidung Palacios de la Villa weiter, so bedeutet der Hinweis des weiten Ermessenspielraums der Mitgliedstaaten, dass dem Tiger des Verbots der Altersdiskriminierung zumindest ein Zahn gezogen wurde. In diesem Fall gilt es zu erwarten, dass die bisherigen beschäftigungspolitischen Interessen auch weiterhin Anerkennung finden werden und die nationale Rechtsprechung im Ergebnis keinen Wandel erfährt. Eine rechtliche Umsetzung der wissenschaftlichen Erkenntnisse rund um das Alter fordert jedoch nicht nur die Gewährleistung einer finanziellen Absicherung, sondern auch die Ermöglichung der Teilhabe am Arbeits- und Gesellschaftsleben und damit grds. die Gewährleistung der Freiheit, selbst zu bestimmen, wann man aus dem Berufsleben ausscheidet. Hinsichtlich dieser Faktoren ist ein Bewusstseinswandel in der Praxis noch nicht eingetreten. Die entscheidende Verantwortung hinsichtlich der Effektivität des Verbots der Altersdiskriminierung liegt dabei nicht allein beim europäischen oder nationalen Gesetzgeber, sondern auch beim Rechtsanwender.

Hierbei bietet die Erhebung des Verbotes der Altersdiskriminierung zum Bestandteil des unionsrechtlichen allgemeinen Gleichheitssatzes sowie die jüngst verbindlich gewordene Europäische Grundrechtecharta für den EuGH die Gelegenheit dem Verbot der Altersdiskriminierung zu mehr Effektivität zu verhelfen. Die RL 2000/78/EG stellt zwar eine Konkretisierung dies Grundsatzes dar, bildet jedoch hinsichtlich ihres Inhalts, insbesondere der Rechtfertigungsvoraussetzungen keine abschließende Regelung. In Zweifelsfällen ist demnach ein Rückgriff auf die Dogmatik des allgemeinen Gleichheitssatzes geboten, wonach prinzipiell Gleiches gleich und Ungleiches seiner Eigenart entsprechend verschieden behandelt werden muss. Eine Verschiedenbehandlung zweier gleich gelagerter Sachverhalte ist ebenso wie eine Gleichbehandlung zweier verschieden gelagerter Sachverhalte nur zulässig, wenn sie jeweils durch objektive Umstände gerechtfertigt ist. Hierfür genügt nicht jeder abstrakt anerkennenswerte sachliche Grund, sondern erforderlich ist darüber hinaus, dass der Rechtfertigungsgrund in einem angemessenen Verhältnis zum Grad der Ungleichbehandlung steht. Dies verlangt eine zweistufige Betrachtung, die zunächst nach dem Vorliegen eines abstrakten sachlichen Grundes für die Ungleichbehandlung fragt, um sich bejahendenfalls der weiteren Frage zuzuwenden, ob dieser auch von ausreichendem Gewicht ist, um das konkrete Ausmaß der Ungleichbehandlung zu rechtfertigen, wobei wegen der personenbezogenheit des Alters ein grds. strenger Prüfungsmaßstab anzulegen ist.

Dieser geschilderte Bewusstseinswandel ist unerlässlich für die nachhaltige Effektivität des Antidiskriminierungsrechts. Darüber hinaus ist er unerlässlich für einen veränderten gesellschaftlichen Blick auf das Alter. Betont die soziologische Forschung, dass das Alter im gesellschaftlichen Bereich komplexer Gesellschaften als soziales Strukturierungsmerkmal grds. an Bedeutung verliert

und wird diese Entwicklung durch andere Wissenschaften in überraschende Ü-
bereinstimmung inhaltlich erklärt, so erscheint es nicht sachgerecht, dass in
rechtlichen Regelungen die Bedeutung des Alters gewissermaßen künstlich am
Leben erhalten wird. Damit entfernt sich das Recht zunehmend von der gesellschaftlichen Realität, deren Regelung originäre Aufgabe von Recht ist.

Von Rechtssicherheit kann weder im Bereich des allgemeinen Zivilrechts,
noch im Bereich des Arbeitsrechts gesprochen werden. Lediglich erste Tendenzen lassen sich erkennen. Die Sicherheit und Planbarkeit, die das Alter im Arbeitsrecht, sowohl für Arbeitgeber, als auch für Arbeitnehmer mit sich brachte,
wurde durch das Verbot der Altersdiskriminierung in weiten Teilen relativiert.

Es spricht daher vieles dafür, dass das Alter und seine Bedeutung im Recht
künftig zunehmen wird. Dies gilt im Besonderen vor dem Hintergrund des Antidiskriminierungsrechts.

Welche weiteren Entwicklungen hier möglicherweise zu erwarten sind, zeigt
ein jüngerer Beschluss des Europäischen Parlaments zur Geschlechterdiskriminierung, die gewissermaßen als Muster europäischer Antidiskriminierungspolitik angesehen werden kann. Nach dem Beschluss des Europäischen Parlaments
sollen geschlechterbezogene Klischees in der Fernsehwerbung, sowie bei Spiel-
zeugen, in Schulbüchern, Computerspielen, Videos und dem Internet künftig
nicht mehr zulässig sein.[1594] Nach Ansicht des Parlaments müssen „traditionelle
Geschlechterrollen in Frage in Frage gestellt werden (...), wenn die Gleichstellung der Geschlechter erreicht werden soll."

Betrachtet man die vergangene Entwicklung des europäischen Antidiskriminierungsrechts so ist nicht ausgeschlossen, dass vergleichbare Forderungen auch
für das Merkmal des Alters gestellt werden. So sehr der Abbau von Stereotypen
wegen bestimmter persönlicher Merkmale auch zu begrüßen ist, so werden derartige Entwicklungen und Vorhaben auf erhebliche praktische Durchführungs-
probleme stoßen. Es gilt daher zu erwarten, dass die juristische Auseinandersets-
zung mit Fragen des Alters künftig weiter zunehmen wird.

1594 FAZ v. 5. September 2008 Nr. 208, S. 15.

9. Kapitel Anhang

Übersicht Lebensalter im Recht[1595]

Alterstufe	Rechtliche Konsequenzen
Ab Zeugung	Erbfähigkeit nach § 1923 Abs. 2 BGB
Ab Vollendung der Geburt	Beginn der Rechts- und Parteifähigkeit, §§ 1 BGB, 50 ZPO; Allgemeiner Beginn der Grundrechtsfähigkeit; Anspruch auf persönlichen Umgang mit den Eltern, § 1684 BGB; Anspruch auf Unterhalt, § 1612a BGB.
1. - 6. Lebensjahr	Geschäfts- und Schuldunfähigkeit, §§ 104 BGB, 19 StGB, nach weiteren Altersstufen differenzierend zunehmende Möglichkeit der Beschäftigung, vgl. § 6 JArbSchG. 3. Lebensjahr: Anspruch auf Besuch eines Kindergartens (§ 24 Abs. 1 SGB VIII).
Ab Vollendung des Lebensjahres:	
6	Beginn der Schulpflicht, vgl. § 64 nds. SchulG; Schulgesetze der Länder; Möglichkeit des Besuchs öffentlicher Filmveranstaltungen, § 6 Abs. 1 JÖSchG.
7	Beschränkte Geschäftsfähigkeit (§§ 106 ff. BGB) und bedingte Deliktsfähigkeit (§§ 828 ff. BGB) für unerlaubte Handlungen nach bürgerlichem Recht; Höchstalter für Kinder zur Mitnahme auf Mofas, § 4 FahrerlaubnisVO.
8	Ende der Pflicht mit Fahrrädern Gehwege zu nutzen (§ 2 Abs. 5 StVO).
10	Anhörungsrecht zum Bekenntniswechsel (§§ 2 Abs. 3, 3 Abs. 2 RelKErzG).
12	Zustimmungserfordernis zum Bekenntniswechsel, § 5 S. 2 RelKErzG. Maximale Dauer der Gültigkeit des Kinderreisepasses, § 5 Abs. 2 PassG; Anspruch auf Kinderpflegekrankengeld endet, §45 Abs. 1 SGB V.
13	Lockerung des Verbots der Kinderarbeit, § 5 Abs. 3 JArbSchG; zulässige Beschäftigung für Kinder, § 2 Abs. 2 KinderarbeitsschutzVO.
14	Bedingte strafrechtliche Verantwortlichkeit (§§ 1, 3 JGG, § 19 StGB); eingeschränkte ordnungswidrigkeitenrechtliche Verantwortlichkeit nach § 12 OWiG; Ende des Status als Kind iSd (§ 7 Abs. 1 SGB VIII); Selbstentscheidungsrecht zum Bekenntniswechsel, § 5 RelKErzG; § 1746 Abs. 1 BGB: Einwilligung des Kindes zur Annahme als Kind; Antragsberechtigung des Mündels auf Entlassung des Jugendamtes oder Vereins als Vormund (§1887 Abs. 2 BGB); persönliche Anhörung im Personensorgeverfahren (§ 50b Abs.

1595 Veränderte Übersicht nach *Brockhaus*, Bd. 1: A-ANAT, S.624 (Stand: 2006); vgl. auch die Übersicht bei *Ramm*, Jugendrecht, S. 13; sowie *Fahse*, in: Soergel, Bürgerliches Gesetzbuch, § 2 Rn. 7 ff.; ohne Anspruch auf Vollständigkeit. Ein Gutachten von *Büsges* aus dem Jahr 1990 für das Bundesministerium für Jugend, Familie, Frauen und Gesundheit hat für Altersgrenzen ab dem 50. Lebensjahr allein 339 bundesrechtliche Regelungen ausgemacht, zitiert nach *Igl*, Zur Problematik der Altersgrenzen aus juristischer Perspektive, Zeitschrift für Gerontologie und Geriatrie Bd. 33 (2000), S. I/57 (I/58).

	2 FGG); Verfahrensfähigkeit in Unterbringungssachen (§ 70a FGG); Beschwerdefähigkeit des Kindes oder Mündels in Vormundschaftssachen (§ 59 Abs. 3 FGG); Antragsberechtigung zur Erteilung eines Führungszeugnisses (§ 30 Abs. 1 BZRG).
15	Regelmäßiges Ende der Grundschulpflicht und Beginn der Berufsschulpflicht; Recht, selbstständig Sozialleistungen zu beantragen und zu empfangen, § 36 Abs. 1 SGB I; Mindestalter für das Führen eines Kraftfahrzeugs (§ 10 Abs. 3 FahrerlaubnisVO).
16	Mindestalter für die Beschäftigung Jugendlicher (§ 94 Abs. 1 SeemG); Selbstständige Begründung o. Aufhebung des Wohnsitzes (§ 8 Abs. 2 BGB); Beschränkte Geschäftsfähigkeit (§§ 2229 Abs. 1, 2247 BGB), beschränkte Ehefähigkeit (§ 1303 BGB), Beginn der Eidesfähigkeit (§§ 393, 455 ZPO, 60 StPO), Mindestalter für bestimmte Fahrerlaubnis (§ 10 FahrerlaubnisVO); Mindestalter für die Erteilung einer Fluglizenz für bestimmte Luftfahrzeuge (§ 4 Abs. 1 Nr. 1 LuftVG iVm § 23 LuftVZO); Pflicht zum Personalausweisbesitz (§ 1 PersonalausweisG); Prozessfähigkeit in eigenen Sachen vor dem Sozialgericht (§ 71 Abs. 2 SGG); Eidesmündigkeit (§§ 391, 393, 455 Abs. 2 ZPO); Mindestalter für die Erteilung eines Jugend-Jagdscheins (§§ 16 Abs. 1, 17 Abs. 1 BJagdG; Ende des beschränkten Aufenthalts in Gaststätten, Ende der beschränkten Abgabe von alkoholischen Getränken zum eigenen Genuss, Ende des allg. Verbots öffentliche Tanzveranstaltungen zu besuchen (§§ 3, 5 Abs. 1 JöSchG); Zulässigkeit der Beschäftigung Jugendlicher während der Nachtruhezeit (§ 14 Abs. 2 JArbSchG); Zeugeneid (§§ 393 ZPO, 60 StPO); Wahlrecht zu Kommunalwahlen (§ 34 Abs. 1 Nr. 1 NGO); Wahlrecht zu Sozialwahlen (§ 50 Abs. 1 SGB-IV).
17	Zulässigkeit der Beschäftigung Jugendlicher in Bäckereien ab 4 Uhr (§ 14 Abs. 3 JArbSchG); Wehrpflichtableistung mit Zustimmung des gesetzlichen Vertreters (§ 5 Abs. 1 WehrpflG); Mindestalter für die Einstellung als Unteroffizieranwärter (§ 11 Abs. 1 SoldatenlaufbahnVO); Begleitetes Fahren aufgrund Prüfbescheinigung (§§ 6e StVG, 48a FeV).
18	Eintritt der Volljährigkeit (§ 2 BGB), volle Geschäfts- und Testierfähigkeit (§§ 2247 Abs. 4, 2275 Abs. 1 BGB), sowie volle Deliktsfähigkeit nach bürgerlichem Recht, volle Schuldfähigkeit nach Strafrecht (mit der Möglichkeit, Jugendstrafrecht anzuwenden, §§ 828 Abs. 2, 1, 105, 106 JGG), Eintritt der Prozessfähigkeit (§§ 51, 52 ZPO, 62 VwGO, 71 Abs. 1 SGG, 58 FGO); Strafantragsberechtigung, § 77 Abs. 3 StGB; Ehefähigkeit (§ 1 Abs. 1 EheG); aktives und passives Wahlrecht zum Betriebsrat (§§ 7, 8 BetrVG), aktives und passives Wahlrecht zum deutschen Bundestag (Art. 38 Abs. 2 GG) und weiterer Volksvertretung (§§ 34, 35 NGO); Pflicht zur Übernahme kommunaler Ehrenämter (§ 23 NGO); Mindestalter für die Erteilung einer Waffenbesitzkarte und eines Munitionserwerbsscheins (§ 30 Abs. 1 WaffG); Ende der Eigenschaft als Jugendlicher (§§ 2 JöSchG, 2 Abs. 2 JArbSchG, 8 Abs. 2 SeemG); Beginn des Status als junger Volljähriger, § 7 Abs. 1 SGB VIII; regelmäßiges Ende der Berufsschulpflicht; Wehrpflichtbeginn, Art.12a GG, § 1 WehrpflG; Fähigkeit zum Vormund bestellt zu werden (§§ 1781 BGB); Fähigkeit Zeuge bei einer Beurkundung zu sein (§ 26 Abs. 2 BeurkG).
19	Mindestalter einer Fahrerlaubnis beschränkt auf Krankenkraftwagen (§ 48 Abs. 4 FahrerlaubnisVO).

20	Anspruch auf Versorgung mit Empfängnisverhütenden Mitteln (§ 24a Abs. 2 SGB V).
21	Volle strafrechtliche Verantwortlichkeit als Erwachsener (§ 1, 105 ff. JGG); Mindestalter für den Umgang mit Sprengstoff (§ 8 Abs. 1 SprengstG); Mindestalter für Entwicklungshelfer (§ 1 Abs. 1 EhfG); Bestrafung sexuellen Missbrauchs von Personen unter 16 Jahren (§ 182 Abs. 2 StGB); Ablauf des Beratungsanspruchs bei Geltendmachung von Unterhaltsansprüchen (§ 18 Abs. 4 SGB VIII); regelmäßiges Ende Erziehungshilfe für junge Volljährige (§ 45 Abs. 1 SGB VIII).
23	Mindestalter für die Erlangung der Fahrlehrererlaubnis, § 2 FahrlehrerG; Sonderregelungen für den Grundwehrdienst, § 5 WehrpflG.
24	Mindestalter für die amtliche Anerkennung als Sachverständiger o. Prüfer für den KfZ-Verkehr, § 2 Abs. 1 KfSachvG; Mindestalter für die Mitgliedschaft im Meisterprüfungsausschuss und Ende des Jugendstrafvollzugs, §§ 48 Abs. 1 HandwO, 92 Abs. 2 JGG (beides Sollvorschriften).
25	Mindestalter für Adoptionen (§ 1743) und das Schöffenamt (§ 33 Nr. 1 GVG), sowie Fähigkeit ehrenamtlicher Richter zu sein (§ 20 S. 2 VwGO; 17 FGO; 33 GVG; 16 SGG); Mindestalter für die Berufung als Arbeitsrichter (§ 21 Abs. 1 ArbGG); Mindestalter für die Berufung als Sozialrichter (§ 16 Abs. 1 SGG); Ende des passiven Wahlrechts als betrieblicher Jugendvertreter (§ 61 Abs. 2 BetrVG); Mindestalter für die Erteilung der Fahrschulerlaubnis (§ 11 Abs. 1 FahrlehrerG); Mindestaltersgrenze für die Erstattungsfähigkeit von Kosten einer künstlichen Befruchtung in der gesetzlichen Krankenversicherung (§ 27 a Abs. 3 SGB V).
27	Mindestalter für die Ernennung zum Beamten auf Lebenszeit (§ 6 Abs. 1 BRRG, § 9 Abs. 1 BBG; Ende des Status als junger Mensch, § 7 Abs. 1 SGB VIII; Ende der Möglichkeit der Ableistung eines freiwilligen sozialen Jahres, § 2 Abs. 1 Nr. 4 JFDG.
30	Fähigkeit, Handelsrichter zu sein (§ 109 Abs. 1 Nr. 2 GVG); Mindestalter für die öffentliche Bestellung als Sachverständiger; Altersgrenze für Ausbildungsförderung (§ 10 Abs. 3 BaFöG).
35	Mindestalter für die Berufung zum Bundesrichter (§ 125 Abs. 2 GVG, § 15 Abs. 3 VwGG, §§ 42 Abs. 2, 43 Abs. 2 ArbGG, §§ 38 Abs. 2, 47 SGG, 14 Abs. 2 FGO); Mindestalter zur Wahl als Bundesdatenschutzbeauftragter (§ 22 Abs. 1 BDSG); Wählbarkeit zum Wehrbeauftragten (§ 14 Abs. 1 Gesetz über den Wehrbeauftragten).
40	Passives Wahlrecht zum Bundespräsidenten, Art. 54 Abs. 1 GG; Wählbarkeit zum Mitglied des Bundesverfassungsgerichts (§ 3 Abs. 1 BVerfGG); Höchstaltergrenze für Offiziere in stahlgetriebenen Kampfflugzeugen (§ 45 Abs. 2 SoldatenG); Höchstaltersgrenze für die Erstattungsfähigkeit von Kosten einer künstlichen Befruchtung für Frauen in der gesetzlichen Krankenversicherung (§ 27 a Abs. 3 SGB V).
41	Höchstaltersgrenzen für Berufssoldaten (differenzierend nach Dienstgrad und Verwendung, § 45 SoldatenG), weitere Stufen: 53. Lebensjahr (Berufsunteroffiziere, Leutnante, Oberleutnante, Hauptleute); 55. Lebensjahr für Majore; 57. Lebensjahr für Oberstleutnante; 59. Lebensjahr für Oberste bzw. 61 Lebensjahr.
45	Regelmäßiges Ende der Wehrpflicht, § 3 Abs. 3 WehrpflG.

50	Anspruch von Nachtarbeitnehmern auf arbeitsmedizinische Untersuchung, § 6 Abs. 3 ArbZG; Beginn der Berücksichtigung des Lebensalters bei der Bezugsdauer von Arbeitslosengeld, § 127 Abs. 2 SGB III; Höchstaltersgrenze für die Erstattungsfähigkeit von Kosten einer künstlichen Befruchtung für Männern in der gesetzlichen Krankenversicherung (§ 27 a Abs. 3 SGB V).
55	Möglichkeit des Gewährung von Alterszeit nach dem Altersteilzeitgesetz, § 2 Abs. 1 Nr. 1 AltTZG.
58	Ausnahme vom Kündigungsschutz für Schwerbehinderte, § 20 Abs. 1 SchwbG
56	Höchstaltersgrenze für Beamte im Flugverkehrskontrolldienst (§§ 2, 2 a Gesetz zur Übernahme der Beamten und Arbeitnehmer der Bundesanstalt für Flugsicherung)
60	Früheste Möglichkeit der Inanspruchnahme einer Altersrente für Frauen, Schwerbehinderte, für langjährig unter Tage beschäftigte Bergleute und wegen Arbeitslosigkeit oder nach Altersteilzeitarbeit; Höchstaltergrenze für die erstmalige Bestellung zum Notar, § 6 Abs. 1 BNotO; Altersgrenze für Polizeivollzugsbeamte, Berufssoldaten, Bundespolizeioffiziere (§§ 5 Abs. 1 BpolBG, 45 SoldatenG, 50 Abs. 2 BGSG). Ende der Wehrpflicht im Spannungs- und Verteidigungsfall, § 3 Abs. 5 WehrpflG. Altersgrenze für die Erteilung der Fahrerlaubnis zur Fahrgastbeförderung nach § 48 Abs. 7 FeV.
62	Früheste Möglichkeit der Inanspruchnahme einer Altersrente für langjährige Versicherte (§ 36 SGB VI); Höchstaltersgrenze für die Bestellung zum Sachverständigen (§ 3 Abs. 2 MustersachverständigenO des DIHT); Regelaltersgrenze des Ruhestandes für Polizeivollzugsbeamte, § 5 Abs. 1 BPolBG.
65	Anspruch auf Regelaltersrente, § 35 Nr. 1 SGB VI; regelmäßige Altersgrenze für Beamte, §§ 5, 6, 25 Abs. 1 BRRG, § 41 Abs. 1 BBG (Eintritt in den Ruhestand schon ab 63 Jahren möglich); Landesbeamte in Niedersachsen, §§ 51 Abs. 1, 201 NBG; Höchstaltergrenze für Richter (§ 48 Abs. 1 DRiG, § 3 Abs. 1 NRiG, § 5 Abs. 1 NStaatsGHG), für Bezirksschornsteinfeger (§ 8 SchfG), Ende des passiven Wahlrechts für Bürgermeister in Niedersachsen (§ 61 NGO)
68	Höchstaltergrenze für gewählte Verfassungsrichter, § 4 Abs. 3 BVerfGG, Höchstaltergrenze für Vertragsärzte (§ 95 SGB V), für Prüfingenieure für Baustatik (§ 5 Nds. PÜZ-AnerkennungsVO), für Bürgermeister in Niedersachsen (§ 61 b NGO)
70	Höchstaltergrenze für das Schöffenamt (§§ 31, 33 Abs. 2 Nr. 3 GVG), Höchstaltersgrenze für die Mitgliedschaft im Justizprüfungsamt Niedersachsen (§ 1 Abs. 2 Nr. 3 NJAVO), Höchstaltersgrenze für Hebammen und Entbindungspfleger (§ 29 Hebammengesetz), für Notare (§ 48a BNotO)

Bibliographie

Adomeit, Klaus, „Diskriminierung – Inflation eines Begriffs", in: NJW 2002, S. 1622-1623.

Adomeit, Klaus, „Schutz gegen Diskriminierung – eine neue Runde", in: NJW 2003, S. 1162.

Adomeit, Klaus/ *Mohr*, Jochen, „Benachteiligung von Bewerbern (Beschäftigten) nach dem AGG als Anspruchsgrundlage für Entschädigung und Schadensersatz", in: NZA 2007, S. 179-184.

Adomeit, Klaus/ *Mohr*, Jochen, Kommentar zum Allgemeinen Gleichbehandlungsgesetz, Stuttgart 2007.

Alber, Siegbert, „Die Selbstbindung der europäischen Organe an die Europäische Charta der Grundrechte", in: EuGRZ 2001, S. 349-353.

Althoff, Nina, Die Bekämpfung von Diskriminierungen aus Gründen der Rasse und der ethnischen Herkunft in der Europäischen Gemeinschaft ausgehend von Art. 13 EG, Jur. Diss. Universität Frankfurt a.M. 2005; Frankfurt a.M. 2006.

Amrhein, Ludwig, „Der entstrukturierte Lebenslauf? Zur Vision einer »altersintegrierten« Gesellschaft", in: ZSR 2004, S. 147-169; zit. Amrhein, Der entstrukturierte Lebenslauf.

Anderheiden, Michael (Hrsg.), Globalisierung als Problem von Gerechtigkeit und Steuerungsfähigkeit des Rechts, Stuttgart 2001.

Annuß, Georg, „Das Verbot der Altersdiskriminierung als unmittelbar geltendes Recht", in: BB 2006, S. 325-327.

Annuß, Gregor, „Das Allgemeine Gleichbehandlungsgesetz im Arbeitsrecht", in: BB 2006, S. 1629-1636.

Annuß, Georg/ *Thüsing*, Gregor, Teilzeit- und Befristungsgesetz, Kommentar, 2. Auflage, Frankfurt a.M. 2006.

Aristoteles, Die Nikomachische Ethik, übersetzt von Olof Gigon, 2. Auflage, München 1991.

Armbrüster, Christian, „Antidiskriminierungsgesetz – Ein neuer Anlauf", in: ZRP 2005, S. 41-44.

Armbrüster, Christian, „Sanktionen wegen Diskriminierung", in: KritV 2005, S. 41-51.

Armbrüster, Christian, „Kontrahierungszwang im Allgemeinen Gleichbehandlungsgesetz?", in: NJW 2007, S. 1494-1498.

Arnold, Manfred/ *Gräfl*, Edith/ *Imping*, Andreas/ *Lehnen*, Annabel/ *Rambach*, Peter H. M./ *Spinner*, Günter/ *Vossen*, Reinhard, Teilzeit- und Befristungsgesetz, Kommentar zum TzBfG mit Gestaltungshinweisen und Beispielen für die Praxis, 2. Auflage, Freiburg 2007, zit. *Bearbeiter*, in: Arnold/ Gräfl/ u.a., TzBfG.

Ascheid, Reiner/ *Preis*, Ulrich/ *Schmidt*, Ingrid, Kündigungsrecht – Großkommentar zum gesamten Recht der Beendigung von Arbeitsverhältnissen, 3. Auflage, München 2007.

Asscher-Vonk, Irene/ *Schlachter*, Monika, „Verbot der Diskriminierung wegen Alters in den Niederlanden und Deutschland", in: RIW 2005, S. 503-511.

Aust, Andreas, „Der Amsterdamer Vertrag: »Vertrag der sozialen Balance«? Sozial- und Beschäftigungspolitik in der Regierungskonferenz 1996/1997", in: ZSR 1997, S. 748-776.

Bach, Albrecht, „Direkte Wirkungen von EG-Richtlinien", in: JZ 1990, S. 1108-1116.

Bachmann, Gregor, „Kontrahierungspflichten im privaten Bankrecht", in: ZBB 2006, S. 257-269.

Bader, Peter, „Sachgrundlose Befristung mit älteren Arbeitnehmerinnen und Arbeitnehmern neu geregelt (§ 14 III TzBfG)", in: NZA 2007, S. 713-717.

Badura, Peter, „Arbeit als Beruf (Art. 12 Abs. 1 GG)", in: Festschrift für Wilhelm Herschel zum 85. Geburtstag, München 1982, S. 21-35.

Baer, Susanne, „Recht gegen Fremdenfeindlichkeit und andere Ausgrenzungen", in: ZRP 2001, S. 500-504.

Baer, Susanne, »"Ende der Privatautonomie" oder grundrechtlich fundierte Rechtsetzung«, in: ZRP 2002, S. 290-294.

Bahnsen, Volker, „Altersgrenzen im Arbeitsrecht", in: NJW 2008, S. 407-410.

Baltes, Paul B., „The Aging Mind: Potential and Limits", in: The Gerontologist Bd. 33 (1993), S. 580-594.

Baltes, Paul B./ *Mittelstraß*, Jürgen/ *Staudinger*, Ursula M. (Hrsg.), Alter und Altern: ein interdisziplinärer Studientext zur Gerontologie, Berlin 1994.

Baltes, Margret/ *Montada*, Leo (Hrsg.), Produktives Leben im Alter, Frankfurt a.M. 1996.

Baltes, Paul B., „Alter(n) als Balanceakt: Im Schnittpunkt von Fortschritt und Würde", in: Die Zukunft des Alterns, S. 15-34; München 2007.

Bartels, Ernst, „Standortsicherung mit gesunden, leistungsfähigen und motivierten Mitarbeitern", in: NZA 2008 (Beil. Heft 1), S. 38-47.

Battis, Ulrich/ *Deutelmoser*, Anna, „Qualifizierung der Altersgrenze, insbesondere im Beamtenrecht", in: RdA 1994, S. 264-268.

Baudisch, Annette, „Altern im Lichte der Evolution", in: Zukunft des Alterns, S. 79-100; München 2007.

Bauer, Jobst-Hubertus, „Europäische Antidiskriminierungsrichtlinien und ihr Einfluss auf das deutsche Arbeitsrecht", in: NJW 2001, S. 2672-2677.

Bauer, Jobst-Hubertus, „Befristete Arbeitsverträge unter neuen Vorzeichen", in: BB 2001, S. 2473-2477.

Bauer, Jobst-Hubertus, „Sachgrundlose Befristung nach den „Hartz-Gesetzen", in: NZA 2003, S. 30-32.

Bauer, Jobst-Hubertus, „Ein Stück aus dem Tollhaus: Altersbefristung und der EuGH", in: NZA 2005, S. 800-803.

Bauer, Jobst-Hubertus/ *Thüsing*, Gregor/ *Schunder*, Achim, „Das Allgemeine Gleichbehandlungsgesetz – Alter Wein in neuen Schläuchen?", in: NZA 2006, S. 774-778.

Bauer, Jobst-Hubertus/ *Preis*, Ulrich/ *Schunder*, Achim, »„Errata" des Gesetzgebers – Erste Korrektur des Allgemeinen Gleichbehandlungsgesetzes«, in: NZA 2006, S. 1261-1263.

Bauer, Jobst-Hubertus/ *Krieger*, Steffen, „Das Orakel von Luxemburg: Altersgrenzen für Arbeitsverhältnisse zulässig – oder doch nicht?", in: NJW 2007, S. 3672-3675.

Bauer, Jobst-Hubertus/ *Krieger*, Steffen, „Verkehrte Welt: Gleichmäßige Verteilung von Kündigungen über alle Altersgruppen als unzulässige Altersdiskriminierung", in: NZA 2007, S. 674-676.

Bauer, Jobst-Hubertus/ *Göpfert*, Burkard/ *Krieger*, Steffen, Allgemeines Gleichbehandlungsgesetz: Kommentar, 2. Auflage München 2008.

Bauer, Jobst-Hubertus, „Befristete Verträge mit älteren Arbeitnehmern ab 1.5.2007 – oder der neue § 14 III TzBfG", in: NZA 2007, S. 544-545.

Bauer, Jobst-Hubertus/ *Arnold*, Christian, „Verbot der Altersdiskriminierung – Die Bartsch-Entscheidung des EuGH und ihre Folgen", in: NJW 2008, S. 3377-3383.

Bäuerle, Michael, Vertragsfreiheit und Grundgesetz, Normativität und Faktizität individueller Vertragsfreiheit in verfassungsrechtlicher Perspektive, 1. Auflage, Baden-Baden 2001; zit. Bäuerle, Vertragsfreiheit und Grundgesetz.

Bauschke, Hans-Joachim, AGG – Allgemeines Gleichbehandlungsgesetz im öffentlichen Dienst, Kommentar, Köln 2007.

Bayreuther, Frank, „Die Neufassung des § 14 Abs. 3 TzBfG – diesmal europarechtskonform?", in: BB 2007, S. 1113-1115.

Bayreuther, Frank, „Altersgrenzen nach der Palacios-Entscheidung des EuGH", in: DB 2007, S. 2425-2427.

Bayreuther, Frank, „Drittbezogene und hypothetische Diskriminierungen", in: NZA 2008, S. 986-990.

Becker, Gary S., The economics of discrimination, Second Edition, Chicago 1971.

Becker, Horst, Die Älteren – Zur Lebenssituation der 55- bis 70jährigen, Bonn 1991.

Becker, Ulrich, „Zur verfassungsrechtlichen Stellung der Vertragsärzte am Beispiel der zulassungsbezogenen Altersgrenzen", in: NZS 1999, S. 521-530.

Becker, Ulrich, „Die alternde Gesellschaft – Recht im Wandel", in: JZ 2004, S. 929-938.

Behl, Christian/ ***Hartl***, F. Ulrich, „Molekulare Mechanismen des Alterns", in: Die Zukunft des Alterns, S. 101-136; München 2007.

Behl, Christian/ ***Moosmann***, Bernd, „Molekulare Mechanismen des Alterns – Über das Altern der Zellen und den Einfluss von oxidativem Stress auf den Alternsprozess", in: Staudinger/ Häfner (Hrsg.), Was ist Alter(n)?, Berlin, Heidelberg 2008, S. 9-32; zit. ***Behl***/ ***Moosmann***, Molekulare Mechanismen des Alterns.

Beitzke, Günther, „Mündigkeit und Minderjährigenschutz", in: AcP 172 (1972), S. 240-265.

Bell, Mark, „The New Article 13 EC Treaty: A Sound Basis for European Anti-Discrimination Law?", in: MJ 1999, S. 5-23; zit. ***Bell***, The New Article 13 EC Treaty.

Bell, Mark, Anti-Discrimination Law and the European Union, Oxford, New York 2002.

Bellmann, Lutz/ ***Hilpert***, Markus/ ***Kistler***, Ernst/ ***Wahse***, Jürgen, „Herausforderungen des demografischen Wandels für den Arbeitsmarkt und die Betriebe", in: Mitteilungen aus der Arbeitsmarkt- und Berufsforschung, Heft 2 (2003), S. 133-149.

Benecke, Martina, „Kündigungen zwischen Kündigungsschutz und Diskriminierungsschutz", in: AuR 2007, S. 229-234.

Berger-Delhey, Ulf, „Alle Tiere sind gleich, aber einige Tiere sind gleicher als andere", in: ZTR 2001, S. 162-164.

Bertelsmann, Klaus, „Altersgrenze 65, EuGH und AGG", in: AiB 2007, S. 689-695.

Bertelsmann, Klaus, „Kündigungen nach Altersgruppen und das AGG", in: AuR 2007, S. 369-373.

Beseler, Lothar/ ***Georgiou***, Christina, Allgemeines Gleichbehandlungsgesetz – Handbuch für die betriebliche Praxis, Münster 2009.

Bezzenberger, Tilmann, „Ethnische Diskriminierung, Gleichheit und Sittenordnung im bürgerlichen Recht", in: AcP 196 (1996), S. 395-436.

Bieback, Karl-Jürgen, „Altersdiskriminierung: Grundsätzliche Strukturen und sozialrechtliche Probleme", in: ZSR 2006, S. 75-99.

Bieback, Karl Jürgen, Altersdiskriminierung: Grundsätzliche Strukturen und sozialrechtliche Probleme", in: Rust/ Lange/ Pfannkuche (Hrsg.), Altersdiskriminierung und Beschäftigung, Loccumer Protokolle 04/06, Rehburg 2006, S. 87-102.

Bieritz-Harder, Renate, „Teilhabe am Arbeitsleben zwischen SGB IX, Diskriminierungsschutz und Arbeitsmarktreformen", in: ZSR 2005 (Sonderheft), S. 37-56.

Biester, Frauke, „Auswirkungen des Allgemeinen Gleichbehandlungsgesetzes auf die betriebliche Praxis", in: Juris Praxis Report 2006, Sonderausgabe zum Allgemeinen Gleichbehandlungsgesetz, S. 4-19.

Birg, Herwig, „Dynamik der demographischen Alterung, Bevölkerungs-schrumpfung und Zuwanderung in Deutschland", in: Aus Politik und Zeitgeschichte 2003, S. 6-17; zit. *Birg*, Dynamik der demographischen Alterung.

Birg, Herwig, Die demographische Zeitenwende, Der Bevölkerungsrückgang in Deutschland und Europa, 3. Auflage, München 2003; zit. *Birg*, Die demo-graphische Zeitenwende.

Birg, Herwig, Das demographisch-ökonomische Paradoxon, Nordrhein-Westfälische Akademie der Wissenschaften, Vorträge I 10, Paderborn 2004.

Birk, Axel, „Die Befristung von Altersteilzeitverträgen auf einen vorgezogenen Ruhestand", in: NZA 2007, S. 244-249.

Bissels, Alexander/ *Lützeler*, Martin, „Rechtsprechungsübersicht zum AGG", in: BB 2008, 666-671.

Bissels, Alexander/ *Lützeler*, Martin, „Aktuelle Entwicklung der Rechtspre-chung zum AGG (Teil 1)", in: BB 2009, S. 774-782.

Bleckmann, Albert, Grundgesetz und Völkerrecht, Ein Studienbuch, Berlin 1975.

Bleckmann, Albert, „Probleme der Auslegung europäischer Richtlinien", in: ZGR 1992, S. 364-375.

Bleckmann, Albert, Europarecht – das Recht der Europäischen Union und der Europäischen Gemeinschaften, 6. Auflage, Köln, Berlin, Bonn, München 1997.

Bleckmann, Albert, Staatsrecht II – Die Grundrechte, 4. Auflage, Köln, Berlin, Bonn, München 1997; zit. *Bleckmann*, Staatsrecht II.

Bleckmann, Albert, Völkerrecht, 1. Auflage, Baden-Baden 2001.

Boecken, Winfried, „Die Altersgrenze von 68 Jahren für Vertragsärzte aus EG-rechtlicher Sicht", in: NZS 2005, S. 393-400.

Boemke, Burkhard, „Privatautonomie im Arbeitsvertragsrecht", in: NZA 1992, S. 532-538.

Boemke, Burkhard/ *Danko*, Franz-Ludwig, AGG im Arbeitsrecht, Berlin 2007.

Boerner, Dietmar, Altersgrenzen für die Beendigung von Arbeitsverhältnissen in Tarifverträgen und Betriebsvereinbarungen, Pfaffenweiler 1992.

v. Bogdandy, Armin, „Grundrechtsgemeinschaft als Integrationsziel? Grund-rechte und das Wesen der Europäischen Union", in: JZ 2001, S. 157-171.

Böhme, Günther, „Zur Theorie einer Universität des 3. Lebensalters", in: KritV 2004, S. 219-225.

Börsch-Supan, Axel, „Aging population", in: Economic Policy Vol. 6 (1) 1991, S. 103-139.

Bös, Gunther, „Gestaltung des demografischen Wandels durch zukunftsorien-tierte Personalpolitik", in: NZA 2008 (Beil. Heft 1), S. 29-33.

Bötticher, Eduard, „Der Anspruch auf Gleichbehandlung im Arbeitsrecht", in: RdA 1953, S. 161-169.

Braun, Johann, „Forum: Übrigens – Deutschland wird wieder totalitär", in: JuS 2002, S. 424-425.

Braun, Stefan, „Der Diskussionsentwurf eines zivilrechtlichen Antidiskriminierungsgesetzes", in: AnwBl. 2002, S. 569-572.

Braun, Stefan, „Antidiskriminierung bis zur Diskriminierung", in: ZTR 2005, S. 244-248.

Britz, Gabriele, „Diskriminierungsschutz und Privatautonomie: Drei Erklärungsversuche zu einer außergewöhnlichen Debatte", in: VVDStRL 64 (2005): Der Sozialstaat in Deutschland und Europa, S. 355- 402, Berlin 2005.

Brock, Martin/ ***Windeln***, Norbert, „Befristung, Gleichbehandlung, Altersdiskriminierung/»Mangold/Helm«", in: EWiR 2005, S. 869-870.

Bryde, Brun-Otto, „Artikel 12 Grundgesetz –Freiheit des Berufs und Grundrecht der Arbeit", in: NJW 1984, S. 2177-2184.

Budde, Robert, „Auswirkungen des Allgemeinen Gleichbehandlungsgesetzes auf Vertriebspartner", in: BB 2007, S. 731-736; zit. *Budde*, Auswirkungen des AGG auf Vertriebspartner.

Buchner, Herbert, „Die Wiederentdeckung der Älteren in den Unternehmen – Demografische Herausforderungen", in: NZA 2008 (Beil. Heft 1), S. 47-51.

Burkiczak, Christian M., „Grundrechtsbindung der Tarifvertragsparteien oder Relevanz grundrechtlicher Schutzpflichten – Erfurter Einerlei?", in: RdA 2007, S. 17-22.

Busch, Sebastian, „Ziel verfehlt – Weshalb das AGG keine Umsetzung des europarechtlich vorgegebenen Mindestschutzes darstellt", in: AiB 2006, S. 467-470.

Busche, , Jan, Privatautonomie und Kontrahierungszwang, Tübingen 1999.

Butler, Robert N., „Age-ism: Another form of bigotry", in: The Gerontologist Bd. 9 (1969), S. 243-246.

Buttler, Günter, Bevölkerungsrückgang in der Bundesrepublik – Ausmaß und Konsequenzen, Köln 1979.

Bydlinski, Franz, „Kontrahierungsanspruch und Anwendung des allgemeinen Zivilrechts", in: JZ 1980, S. 378-385.

Bydlinski, Franz, „Zu den dogmatischen Grundfragen des Kontrahierungszwanges", in: AcP 180 (1980), S. 1-46.

Calliess, Christian, Subsidiaritäts- und Solidaritätsprinzip in der Europäischen Union, 1. Auflage 1996.

Calliess, Christian/ *Ruffert*, Matthias (Hrsg.), EUV/ EGV, Das Verfassungsrecht der Europäischen Union mit Europäischer Grundrechtecharta; Kommentar, 3. Auflage, München 2007.

Canaris, Claus-Wilhelm, „Der EuGH als zukünftige privatrechtliche Superrevisionsinstanz?", Editorial, EuZW 1994, S. 417; zit. Canaris, Der EuGH als Superrevisionsinstanz.

Cirkel, Johannes, „Gleichheitsrechte im Gemeinschaftsrecht", in: NJW 1998, S. 3332-3333.

Cisch, Theodor/ *Böhm*, Verena, „Das Allgemeine Gleichbehandlungsgesetz und die betriebliche Altersversorgung in Deutschland", in: BB 2007, S. 602-610.

Claßen, Christiane, Nichtumsetzung von Gemeinschaftsrichtlinien – Von der unmittelbaren Wirkung bis zum Schadensersatzanspruch, Berlin 1999.

Clemens, Wolfgang, „Stichwort: Alter", in: ZfE 2001, S. 489-511.

Coester-Waltjen, Dagmar, „Zielsetzung und Effektivität eines Antidiskriminierungsgesetzes", in: ZRP 1982, S. 217-222.

Colneric, Ninon, „Antidiskriminierung – quo vadis? – Europäisches Recht", in: NZA 2008 (Beil. Heft 2), S. 66-73.

Costa, Paul T./ *McCrae* Robert R., „Concurrent Validation after 20 years : The implications of personality stability for its assessment", in: Shock (Hrsg.), Normal human Aging: The Baltimore longitudinal study of aging, Washington 1984, S. 105-128.

Cumming, Elaine/ *Henry*, William E., Growing old – the process of disengagement, New York 1961.

Daig, Hans-Wolfram, „Zur Rechtsvergleichung und Methodenlehre im Europäischen Gemeinschaftsrecht", in: Festschrift für Konrad Zweigert, S. 395-415, Tübingen 1981.

Dau, Dirk H./ *Düwell*, Franz Josef/ *Haines*, Hartmut, Rehabilitation und Teilhabe behinderter Menschen, Lehr- und Praxiskommentar (SGB IX), 2. Auflage, Baden-Baden 2009.

Däubler, Wolfgang, „Seniorität im Arbeitsrecht", in: Arbeit und Recht, Festschrift für Albert Gnade zum 65. Geburtstag, S. 95-110, Köln 1992.

Däubler, Wolfgang/ *Bertzbach*, Martin, Allgemeines Gleichbehandlungsgesetz, Handkommentar, 2. Auflage, Baden-Baden 2008.

Däubler, Wolfgang/ *Kittner*, Michael/ *Klebe*, Thomas, BetrVG, Betriebsverfassungsgesetz mit Wahlordnung und EBR-Gesetz, 11. Auflage, Frankfurt a.M. 2008.

Danner, David B./ *Schröder*, H.C., „Biologie des Alterns", in: Baltes, Paul B./ Mittelstrass, Jürgen/ Staudinger, Ursula M. (Hrsg.), „Biologie des Alterns (Ontogenese und Evolution)", in: Baltes/ Mittelstraß/ Staudinger, Alter und Altern: ein interdisziplinärer Studientext, Berlin 1994, S. 95-123.

De Beauvoir, Simone, Das Alter, Hamburg 1977.

Denninger, Erhard, Kommentar zum Grundgesetz für die Bundesrepublik Deutschland, Bd. 1, 3. Auflage, Neuwied 2001.

Dieball, Heike, „Gleichstellung der Geschlechter im Erwerbsleben – neue Vorgaben des EG-Vertrages", in: EuR 2000, S. 274-284.

Dieterich, Thomas/ *Müller-Glöge*, Rudi/ *Preis*, Ulrich/ *Schaub*, Günter, Erfurter Kommentar zum Arbeitsrecht, 7. Auflage, München 2007.

Diller, Martin/ *Krieger*, Steffen/ *Arnold*, Christian, „Kündigungsschutzgesetz plus Allgemeines Gleichbehandlungsgesetz – sind Arbeitnehmer in Zukunft doppelt vor Kündigungen geschützt", in: NZA 2006, S. 887-892.

Diller, Martin/ *Kern*, Jan/ *Zeh*, Ricarda, „AGG-Archiv: Die Schlussbilanz", in: NZA 2009, S. 1386-1391.

Dinkel, Reiner H., „Was ist demographische Alterung? Der Beitrag der Veränderungen der demographischen Parameter zur demographischen Alterung in den alten Bundesländern seit 1950", in: Staudinger/ Häfner (Hrsg.), Was ist Alter(n)?, Berlin, Heidelberg 2008, S. 97-117.

Dittmann-Kohli, Freya, Das persönliche Sinnsystem, Göttingen 1995.

Dittmann-Kohli, Freya/ *van der Heijden*, B., „Leistungsfähigkeit älterer Arbeitnehmer – interne und externe Einflussfaktoren", in: Zeitschrift für Gerontologie und Geriatrie, Bd. 29 (1996), S. 323-327.

Düwell, Franz Josef, „Das AGG – Ein neuer Versuch zur Umsetzung der Antidiskriminierungsrichtlinien in das Arbeitsrecht", in: Juris Praxis Report 2006, Sonderausgabe zum Allgemeinen Gleichbehandlungsgesetz, S. 1-4.

Domröse, Ronny, „Krankheitsbedingte Kündigung als Verstoß gegen das Verbot der Diskriminierung wegen einer Behinderung in Beschäftigung und Beruf? – Besprechung von EuGH, Urt. v. 11.7.2006 – Rs. C-13/05 Chacón Navas", in: NZA 2006, S. 1320-1325.

Dreier, Horst (Hrsg.), Grundgesetz: Kommentar, Bd. 1: Präambel, Art. 1-19, 2. Auflage; Tübingen 2004; Bd. 2: Art. 20-83, 2. Auflage, Tübingen 2006; zit. Dreier-*Bearbeiter*, GG.

Ehlers, Dirk, „Die Europäische Menschenrechtskonvention", in: Jura 2000, S. 372-383.

Ehlers. Dirk, „Die Grundfreiheiten des europäischen Gemeinschaftsrechts (Teil I)", Jura 2001, S. 266-275.

Ehlers, Dirk (Hrsg.), Europäische Grundrechte und Grundfreiheiten, 2. Auflage, Berlin 2005.

Ehmer, Josef, Sozialgeschichte des Alters, 1. Auflage, Frankfurt a.M. 1990.

Ehmer, Josef/ *Gutschner*, Peter (Hrsg.), Das Alter im Spiel der Generationen, Historische und sozialwissenschaftliche Beiträge, Wien, Köln, Weimar 2000.

Ehmer, Josef, Bevölkerungsgeschichte und Historische Demographie 1800-2000, München 2004.

Ehmer, Josef, „Das Alter in Geschichte und Geschichtswissenschaft", in: Staudinger/ Hüfner (Hrsg.), Was ist Alter(n)?, Berlin, Heidelberg 2008, S. 149-172.

Ehrich, Christian, „Fragerecht des Arbeitgebers bei Einstellungen und Folgen der Falschbeantwortung", in: DB 2000, S. 421-427.

Ehricke, Ulrich, „Die richtlinienkonforme Auslegung nationalen Rechts vor Ende der Umsetzungsfrist einer Richtlinie", in: EuZW 1999, S. 553-559.

Eichenhofer, Eberhard, „Umsetzung europäischer Antidiskriminierungsrichtlinien in deutsches Sozialrecht", in: NZA 2004 (Sonderbeilage Heft 22), S. 26-31.

Eichhorst, Werner, „Institutionelle Rahmenbedingungen für die Beschäftigung Älterer in Deutschland: Reformen zur Verlängerung des Erwerbslebens", in: Rust/ Lange/ Pfannkuche (Hrsg.), Altersdiskriminierung und Beschäftigung, Loccumer Protokolle 04/06, Rehburg 2006, S. 55-86.

Eichhorst, Werner, „Beschäftigung Älterer in Deutschland: Der unvollständige Paradigmenwechsel", in: ZSR 2006, S. 101-123.

Eisenschmid, Norbert, „Allgemeines Gleichbehandlungsgesetz (AGG)", in: Juris Praxis Report 2006, Sonderausgabe zum Allgemeinen Gleichbehandlungsgesetz, S. 19-24.

Eitner, Siegfried, Der alternde Mensch am Arbeitsplatz, 1. Auflage, Berlin 1975.

Enderlein, Wolfgang, „Die Reichweite des Arbeitnehmerschutzes im Fall des auflösend bedingten Arbeitsvertrages", in: RdA 1998, S. 90-105.

Engeler, Helmut, „Der Entwurf eines Gesetzes über die Annahme als Kind", in: FamRZ 1975, S. 125-138.

Epping, Volker, Grundrechte, 4. Auflage, Berlin 2010.

Epstein, Richard A., Forbidden Grounds, The Case Against Employment Discrimination Laws, Harvard 1992, zit. *Epstein,* Forbidden Grounds.

Erichsen, Hans-Uwe, „Das Grundrecht der Berufsfreiheit", in: Jura 1980, S. 551-560.

Erichsen, Hans-Uwe, „Das Apotheken-Urteil des Bundesverfassungsgerichts", in: Jura 1985, S. 66-75.

Etzel, Gerhard (Gesamtredaktion), Gemeinschaftskommentar zum Kündigungsschutzgesetz und zu sonstigen kündigungsschutzrechtlichen Vorschriften, 9. Auflage, Neuwied 2009.

Fastrich, Lorenz, „Gleichbehandlung und Gleichstellung", RdA 2000, S. 65-81.

Fastenrath, Ulrich, „Nationales Recht und Europarecht", in: FAZ Nr. 32 v. 08. Februar 2010, S. 6.

Fenske, Antje, Das Verbot der Altersdiskriminierung im US-amerikanischen Arbeitsrecht, Berlin 1998.

Feudner, Bernd W., „Vertragsfreiheit für Altersgrenzen", in: BB 1999, S. 314-319.

Fink, Udo, „Der Schutz menschlichen Lebens im Grundgesetz – zugleich ein Beitrag zum Verhältnis des Lebensrechts zur Menschenwürdegarantie", in: Jura 2000, S. 210-216; zit. *Fink*, Der Schutz menschlichen Lebens im Grundgesetz.

Fitting, Karl, Betriebsverfassungsgesetz, Handkommentar, 25. Auflage, München 2010.

Flessner, Melanie J., Ältere Menschen, demographische Alterung und Recht, Das Recht der Vereinigten Staaten als Beispiel, 1. Auflage, Baden-Baden 1996.

Flynn, Leo, „The implications of Article 13 EC – After Amsterdam, will some forms of discrimination be more equal than others?", in: CMLR 1999, S. 1127-1152; zit. *Flynn*, The implications of Article 13 EC.

Franzen, Martin, Privatrechtsangleichung durch die Europäische Gemeinschaft, Berlin 1999.

Freckmann, Anke, „Betriebsbedingte Kündigungen und AGG – was ist noch möglich?", in: BB 2007, S. 1049-1054.

Fredman, Sandra, Discrimination Law, Oxford 2002.

Frerichs, Frerich, „Diskriminierung älterer Arbeitnehmer/innen in der Erwerbsarbeit", in: Rust/ Lange/ Pfannkuche, Altersdiskriminierung und Beschäftigung, Loccumer Protokolle 04/ 06; Rehburg 2006, S. 31-51.

Friauf, Karl Heinrich, Grundrechtsprobleme bei der Durchführung von Maßnahmen zur Gleichberechtigung. Rechtsgutachten erstattet im Auftrag des Bundesministers des Inneren, Bonn 1981.

Friauf, Karl Heinrich/ *Höfling*, Wolfram (Hrsg.), Berliner Kommentar zum Grundgesetz, Berlin 2000.

Fritsch, Stephan, „Gleichbehandlung als Aufgabe von Arbeitgeber und Betriebsrat nach § 75 Abs. 1 BetrVG", in: BB 1992, S. 701-707.

Fromme, Karl, „Die Altersgrenze bei den Richtern der obersten Gerichtshöfe des Bundes", in Festschrift für Wolfgang Zeidler, Band 1, Berlin 1987, S. 219-243.

Frowein, Jochen/ *Peukert*, Wolfgang, Europäische Menschenrechtskonvention, EMRK-Kommentar, 3. Auflage, Kehl am Rhein 2009.

Fürstenberg, Friedrich, „Normative Aspekte moderner Berufswirklichkeit", in: Ryffel/ Schwartländer (Hrsg.), Das Recht des Menschen auf Arbeit, 1. Auflage, Kehl am Rhein 1983.

Gaier, Reihard/ *Wendtland*, Holger, Allgemeines Gleichbehandlungsgesetz, AGG – Eine Einführung in das Zivilrecht, München 2006.

Gantzckow, Silke, Die Beendigung der Erwerbstätigkeit durch gesetzliche und kollektivvertragliche Altersgrenzen im deutschen und angloamerikanischen Recht, Berlin 1999.

Gaul, Björn/ *Koehler*, Lisa-Marie, „Urteil löst Kettenreaktion aus", in: Personalmagazin 2010, S. 66-68.

Gay, Vivienne, „The Transposition of the new European Anti-Discrimination Directives into English employment law", in: NZA 2004 (Sonderbeilage Heft 22), S. 31-47.

Gernhuber, Joachim, „Elterliche Gewalt heute – Eine grundsätzliche Betrachtung", in: FamRZ 1962, S. 89-96.

Giesen, Richard, „Die »alternde Arbeitswelt« vor arbeits- und sozialrechtlichen Herausforderungen", in: NZA 2008, S. 905-911.

Gitter, Wolfgang/ *Boerner*, Dietmar, „Altersgrenzen in Tarifverträgen", in: RdA 1990, S. 129-138.

Goose, Peter Ernst, „Der internationale Pakt über bürgerliche und politische Rechte", in: NJW 1974, S. 1305-1310.

Göckenjan, Gerd, „Altersbilder und die Regulierung der Generationenbeziehungen. Einige Systematische Überlegungen.", in: Ehmer/ Gutschner, Das Alter im Spiel der Generationen, Wie, Köln, Weimar 2000, S. 93-108.

Görres-Gesellschaft (Hrsg.), Staatslexikon: Recht · Wirtschaft · Gesellschaft, Band 1: Abendland – Deutsche Partei, 7. Auflage, Freiburg 1985.

Gosepath, Stefan, Gleiche Gerechtigkeit – Grundlagen eines liberalen Egalitarismus, 1. Auflage, Frankfurt a.M. 2004.

Grabenwarter, Christoph, Europäische Menschenrechtskonvention, 4. Auflage, München 2009.

Grabitz, Eberhard, „Der Grundsatz der Verhältnismäßigkeit in der Rechtsprechung des Bundesverfassungsgerichts", in: AöR 98 (1973), S. 568-616; zit. Grabitz, Der Grundsatz der Verhältnismäßigkeit.

Grabitz, Eberhard/ *Hilf*, Meinhard, Das Recht der Europäischen Union, EUV/ EGV, Kommentar, Band I: EUV/ EGV, München, Stand: 40. Ergänzungslieferung Oktober 2009; zit. *Bearbeiter*, in: Grabitz/ Hilf, EUV/EGV.

Grimm, Dieter (Hrsg.), Wachsende Staatsaufgaben – Sinkende Steuerungsfähigkeit des Rechts, Baden-Baden 1990.

Grobys, Marcel, „Die Beweislast im Anti-Diskriminierungsprozess", NZA 2006, S. 898-904.

Grobys, Marcel, „Einstellung von Arbeitnehmern im Licht des AGG", in: NJW-Spezial 2007, S. 81-82.

Groß-Bölting, Markus Maria, Altersgrenzen im Wahlrecht: Entwicklung und systematische Bedeutung im deutschen Verfassungsrecht, Köln 1993; zit. *Groß-Bölting*, Altersgrenzen im Wahlrecht.

Gundel, Jörg, „Die Rechtfertigung von faktisch diskriminierenden Eingriffen in die Grundfreiheiten des EGV", in: Jura 2001, S. 79-85.

Gundel, Jörg, „Neue Grenzlinien für die Direktwirkung nicht umgesetzter EG-Richtlinien unter Privaten – Zur Unanwendbarkeit rechtswidriger nationaler Verbotsgesetze im Konflikt unter Privaten", in: EuZW 2001, S. 143-149.

Hadeler, Indra, „Die Revision der Gleichbehandlungsrichtlinie 76/207/EWG – Umsetzungsbedarf für das deutsche Arbeitsrecht", in: NZA 2003, S. 77-81.

Hailbronner, Kay, „Die Antidiskriminierungsrichtlinien der EU", in: ZAR 2001, S. 254-259.

Hamacher, Anno/ *Ulrich*, Christoph, „Die Kündigung von Arbeitsverhältnissen nach Inkrafttreten und Änderung des AGG", in: NZA 2007, S. 657-663.

Hanau, Peter, „Zwangspensionierung des Arbeitnehmers mit 65?", in: RdA 1976, S. 24-31.

Hanau, Peter, „Das Allgemeine Gleichbehandlungsgesetz (arbeitsrechtlicher Teil) zwischen Bagatellisierung und Dramatisierung", in: ZIP 2006, S. 2189-2201.

Hanau, Peter, „Neues vom Alter im Arbeitsverhältnis", in: ZIP 2007, S. 2381-2389.

Hanau, Peter, „Die Europäische Grundrechtecharta – Schein und Wirklichkeit im Arbeitsrecht", in: NZA 2010, S. 1-6.

Häberle, Peter, „Altern und Alter des Menschen als Verfassungsproblem", in: Wege und Verfahren des Verfassungslebens, Festschrift für Peter Lerche zum 65. Geburtstag, S. 189-211, München 1993.

Hareven, Tamara K., „Familie, Lebenslauf und Sozialgeschichte", in: Ehmer/ Hareven/ Wall, Historische Familienforschung – Ergebnisse und Kontroversen, Michael Mitterauer zum 60. Geburtstag, Frankfurt a.M. 1997, S. 17-37.

Hartitsch, Winnie, Die unmittelbare Wirkung von Richtlinien in dreipoligen Rechtsbeziehungen, Frankfurt a.M. 2003.

Hauschka, Christoph E., „Grundprobleme der Privatrechtsfortbildung durch die Europäische Wirtschaftsgemeinschaft", in: JZ 1990, S. 521-532.

Hebel, Johann Peter, Age Discrimination in Employment – Das Problem der Diskriminierung älterer Arbeitnehmer im US-amerikanischen Recht, Frankfurt a.M. 1992.

Hege, Hans, Das Grundrecht der Berufsfreiheit im Sozialstaat, Berlin 1977.

Hein, Susanne, „Antidiskriminierung – quo vadis? – Ein Überblick zum italienischen Arbeitsrecht", in: NZA 2008 (Beil. Heft 2), S. 82-91.

Heinze, Meinhard, „Die betriebsverfassungsrechtlichen Aufgaben des Konkursverwalters", in: NJW 1980, S. 145-153.

Henry, William E., „The theory of intrinsic disengagement", in: Hansen, Age with a future: proceedings of the 6. International Congress of Gerontology Copenhagen 1963, S. 415-418.

Henssler, Martin/ *Tillmanns*, Kerstin, „Altersdiskriminierung in Tarifverträgen", in: Festschrift für Rolf Birk zum siebzigsten Geburtstag, S. 179-196, Tübingen 2008.

Hermes, Georg, „Grundrechtsschutz durch Privatrecht auf neuer Grundlage? Das BVerfG zu Schutzpflicht und mittelbarer Drittwirkung der Berufsfreiheit", in: NJW 1990, S. 1764-1768.

Hilf, Meinhard/ *Pache*, Erhard, „Der Vertrag von Amsterdam", in: NJW 1998, S. 705-713.

Hillgruber, Christian, Der Schutz des Menschen vor sich selbst, München 1992.

Himmelreich, Klaus/ *Hentschel*, Peter, Fahrverbot Führerscheinentzug, Band II: Verwaltungsrecht, 7. Auflage, Düsseldorf 1992.

Hirche, Kurt, Die Alten kommen – Überlegungen beim Älterwerden, Hamburg 1984.

Hoffmann-Riem, Wolfgang, „Kohärenz der Anwendung europäischer und nationaler Grundrechte", in: EuGRZ 2002, S. 473-483.

Höffe, Otfried, „Bilder des Alters und des Alterns im Wandel", in: Staudinger/ Häfner (Was ist Alter(n)?, Berlin, Heidelberg 2008, S. 189-197.

Höfling, Wolfram, „Alter und Altersgrenzen im (Hochschul-)Recht – eine Problemskizze", in: Dienst an der Hochschule, Festschrift für Dieter Leuze zum 70. Geburtstag, Berlin 2003, S. 263-273.

Högenauer, Nikolaus, Die europäischen Richtlinien gegen Diskriminierungen im Arbeitsrecht, Analyse, Umsetzung und Auswirkung der Richtlinien 2000/43/EG und 2000/78/EG im deutschen Arbeitsrecht, Hamburg 2002.

Hohm, Karl-Heinz, »Grundrechtsträgerschaft und „Grundrechtsmündigkeit" Minderjähriger am Beispiel öffentlicher Heimerziehung«, in: NJW 1986, S. 3107-3115.

Hömig, Dieter (Hrsg.), Grundgesetz für die Bundesrepublik Deutschland, 9. Auflage, Baden-Baden 2010.

Holwe, Joachim/ *Kerschbaumer*, Judith, „Alter – Kein Freibrief für Diskriminierungen", in: AiB 2006, S. 198-203.

Holzapfel, Klaus J. (Hrsg.), Kürschners Volkshandbuch, 16. Wahlperiode, 104. Auflage, Rheinbreitbach 2006.

Hromadka, Wolfgang, „Alter 65: Befristung oder Bedingung", in: NJW 1994, S. 911-912.

Hromadka, Wolfgang/ *Maschmann*, Frank, Arbeitsrecht Band I Individualarbeitsrecht, 4. Auflage, Berlin, Heidelberg, New York 2008.

Hümmerich, Klaus, Arbeitsrecht – Vertragsgestaltung, Prozessführung, 6. Auflage, Baden-Baden 2007.

Hüttenbrink, Jost, „Erreichen und Hinausschieben der Altersgrenze nach §§ 31, 32 LBG NW - Einführung und Übersicht über die neuen beamtenrechtlichen Altersgrenzenregelungen des LBG NW vom 27. 4. 2009", in: KommJur 2010, S. 245-250.

Hufen, Friedhelm, „Grundrechtsschutz der Leistungserbringer und privaten Versicherer in Zeiten der Gesundheitsreform", NJW 2004, S. 14-18.

Hug, Heiner, Die Alten kommen – Auf dem Sprung zur Macht, 3. Auflage, Zürich 1993.

Hurrelmann, Klaus, Lebensphase Jugend, Eine Einführung in die sozialwissenschaftliche Jugendforschung, 9. Auflage, Weinheim u. München 2007.

Husmann, Manfred, „ Auswirkungen des neuen Anti-Diskriminierungsrechts auf das Sozialrecht", in: NZA 2008 (Beil. Heft 2), S. 94-102.

Igl, Gerhard, „Recht und Alter – ein diffuses Verhältnis", in: Festschrift für Werner Thieme zum 70. Geburtstag, Köln/ Berlin/ Bonn/ München 1993.

Igl, Georg, „Zur Problematik der Altersgrenzen aus juristischer Perspektive", in: Zeitschrift für Gerontologie und Geriatrie Bd. 33 (2000), S. I/57-I/70.

Ipsen, Hans Peter, Europäisches Gemeinschaftsrecht, Tübingen 1972.

Ipsen, Jörn, »„Stufentheorie" und Übermaßverbot – Zur Dogmatik des Art. 12 GG«, in: JuS 1990, S. 634-638.

Isensee, Josef, Die typisierende Verwaltung, Gesetzesvollzug im Massenverfahren am Beispiel der typisierenden Betrachtungsweise des Steuerrechts, Berlin 1976; zit. Isensee, die typisierende Verwaltung.

Isensee, Josef/ *Kirchhof*, Paul (Hrsg.), Handbuch des Staatsrechts der Bundesrepublik Deutschland, Band V: Allgemeine Grundrechtslehren, Heidelberg 1992; Band VII,: Freiheitsrechte, 3. Auflage, Heidelberg 2009.

Jagow, Joachim/ *Burmann*, Michael/, *Heß*, Rainer, Straßenverkehrsrecht, 21. Auflage, München 2010.

Jarass, Hans D., EU-Grundrechte, München 2005.

Jarass, Hans D./ *Pieroth*, Bodo, Grundgesetz für die Bundesrepublik Deutschland: Kommentar, 11. Auflage, München 2010.

Jarass, Hans D./ *Beljin*, Saša, „Unmittelbare Anwendung des EG-Rechts und EG-rechtskonforme Auslegung", in: JZ 2003, S. 768-777.

Jellinek, Georg, System der Subjektiven öffentlichen Rechte, 2. Auflage, Tübingen 1905.

Jestaedt, Matthias, „Diskriminierungsschutz und Privatautonomie", in: VVDStRL 64 (2005): Der Sozialstaat in Deutschland und Europa, S. 298-354, Berlin 2005.

Jochum, Georg, „Der neue Art. 13 EGV oder „political correctness" auf europäisch?", in: ZRP 1999, S. 279-281.

Joecks, Wolfgang/ *Miebach*, Klaus, Münchener Kommentar zum Strafgesetzbuch, Band 4: §§ 263–358 StGB, §§ 1–8, 105, 106 JGG, 1. Auflage, München 2006; zit. MüKo-StGB/*Bearbeiter*.

Junker, Abbo/ *Aldea*, Oliver, „Augenmaß im Europäischen Arbeitsrecht – Die Urteile Adeneler und Navas", in: EuZW 2007, S 13-17.

Kainer, Friedemann, „Grundfreiheiten und staatliche Schutzpflichten - EuGH, NJW 1998, 1931", in: JuS 2000, S. 431-436.

Kania, Thomas/ *Merten*, Sonja, „Auswahl und Einstellung von Arbeitnehmern unter Geltung des AGG", in: ZIP 2007, S. 8-15.

Kast, Matthias/ *Herrmann*, Rajko, „Altersdiskriminierung und erleichterte Befristung gemäß § 14 Abs. 3 TzBfG: ein Praxistest", in: BB 2007, S. 1841-1846.

Kaufmann, Franz Xaver, Die Überalterung – Ursachen, Verlauf, wirtschaftliche und soziale Auswirkungen des demographischen Alterungsprozesses, Zürich 1960.

Kaufmann, Franz-Xaver, „Was meint Alter? Was bewirkt demographisches Altern? Soziologische Perspektiven.", in: Staudinger/ Hüfner (Hrsg.), Was ist Alter(n)?, Berlin, Heidelberg 2008, S. 119-138.

Kehlen, Detlef, Europäische Antidiskriminierung und kirchliches Selbstbestimmungsrecht : zur Auslegung von Art. 13 EG und Art. 4 der Richtlinie 2000/78/EG, Frankfurt a.M. 2003.

Kempen, Otto Ernst/ *Zachert*, Ulrich (Hrsg.), Tarifvertragsgesetz, 4. Auflage, Frankfurt a.M. 2006.

Kerwer, Christof, „Finger weg von der befristeten Einstellung älterer Arbeitnehmer?", in: NZA 2002, S. 1316-1321.

Kiesel, Helmut, „Das Alter in der Literatur", in: Staudinger/ Häfner (Hrsg.), Was ist Alter(n)?, Berlin, Heidelberg 2008, S. 173-188.

Kilian, Wolfgang, „Kontrahierungszwang und Zivilrechtssystem", in: AcP 180 (1980), S. 47-83.

Kimmel, Adolf/ *Kimmel*, Christiane, Verfassungen der EU-Mitgliedstaaten, Textausgabe, 6. Auflage, München 2005.

Kirchner, Hildebert/ *Butz* Cornelie, Abkürzungsverzeichnis der Rechtssprache, 6. Auflage, Berlin 2007.

Kischel, Uwe, „Zur Dogmatik des Gleichheitssatzes in der europäischen Union", in: EuGRZ 1997, S. 1-11.

Klein, Eckart, „Grundrechtliche Schutzpflichten des Staates", in: NJW 1986, S. 1633-1640.

Klemm, Bernd, „Altersabstandsklauseln in Versorgungszusagen vorerst weiterhin zulässig", BB-Kommentar zu EuGH, Rs. C-427/06; Bartsch, in: BB 2008, S. 2355-2356.

Klie, Thomas, „Rechtsfragen", in: Oswald/ Lehr/ Sieber/ Kornhuber (Hrsg.), Gerontologie, 3. Auflage, Stuttgart 2006, S. 306-311.

Knothe, Hans-Georg, Die Geschäftsfähigkeit der Minderjährigen in geschichtlicher Entwicklung, Köln 1980.

Koberski, Wolfgang, „Befristete Arbeitsverträge älterer Arbeitnehmer im Einklang mit Gemeinschaftsrecht", in: NZA 2005, S. 79-84.

Kocher, Eva, „Vom Diskriminierungsverbot zum „Mainstreaming" – Anforderungen an eine Gleichstellungspolitik für die Privatwirtschaft", in: RdA 2002, S. 167-173.

Kocher, Eva, „Neujustierung des Verhältnisses zwischen EuGH und nationalen Arbeitsgerichten – oder ein Ausrutscher? – Zugleich Besprechung des Urteils EuGH v. 16.10.2007 – Rs. C-411/05 – Palacios de la Villa", in: RdA 2008, S. 238-241.

Kock, Martin, Anmerkung zu EuGH Rs. 13/05, Urteil v. 11. Juli 2006, Navas, ZIP 2006, S. 1550-1554.

Koenigs, Folkmar, „Unbegrenzte Prüfungsbefugnis des EuGH? – Zugleich Anmerkung zu EuGH vom 22.11.2005 (Verbot der Altersdiskriminierung), in: DB 2006, S. 49-50.

Köhler, Helga, Wissenschaftliche Bildung im Alter - ein Beitrag zur Emanzipation der Frau? - eine qualitative empirische Studie -, Berlin 2004.

Kohli, Martin/ *Künemund*, Harald, Nachberufliche Tätigkeitsfelder – Konzepte, Forschungslage, Empirie, Schriftenreihe des Bundesministeriums für Familie, Senioren, Frauen und Jugend, Stuttgart, Berlin, Köln 1997.

Kohli, Martin, „Altersgrenzen als gesellschaftliches Regulativ individueller Lebenslaufgestaltung: ein Anachronismus?", in: Zeitschrift für Gerontologie und Geriatrie Bd. 33 (2000), S. I/15-/-23.

Kohli, Martin, „Arbeit im Lebenslauf: Alte und neue Paradoxien", in: Kocka/ Offe (Hrsg.) Geschichte und Zukunft der Arbeit, Frankfurt a.M. 2000, S. 362-382.

Kohli, Martin, „Der institutionalisierte Lebenslauf: ein Blick zurück und nach vorn", in: Allmendiger (Hrsg.), Entstaatlichung und Soziale Sicherheit, Verhandlungen des 31. Kongresses der Deutschen Gesellschaft für Soziologie in Leipzig 2002, Teil 1, S. 525-545, Opladen 2003.

Kokott, Juliane, „Gleichheitssatz und Diskriminierungsverbote in der Rechtsprechung des Bundesverfassungsgerichts", in: Festschrift 50 Jahre Bundesverfassungsgericht, Bd. 2, S. 127-162, Tübingen 2001.

König, Doris, „Das Verbot der Altersdiskriminierung – Ein Diskriminierungsverbot zweiter Klasse?, in: Europa und seine Verfassung – Festschrift für Manfred Zuleeg, 2. Auflage 2007.

Körner, Marita, „Europäisches Verbot der Altersdiskriminierung in Beschäftigung und Beruf", in: NZA 2005, S. 1395-1398.

Körner, Marita, „Diskriminierung von älteren Arbeitnehmern – Abhilfe durch das AGG?", in: NZA 2008, S. 497-504.

Korioth, Stefan, „Europäische und nationale Identität: Integration durch Verfassungsrecht?", in: VVDStRL 62 (2003), S. 117-152.

Korte, Miguel Tamayo, „Altern – ein Risiko für die Autonomie?", in: FPR 2004, S. 643-648.

Korthaus, Hannah, Das neue Antidiskriminierungsrecht, Die Richtlinien 2000/43/EG und 2000/78/EG und die Auswirkungen auf das deutsche Arbeitsrecht, 1. Auflage, Köln/ Mainz 2006.

Kossens, Michael/ *von der Heide*, Dirk/ *Maaß*, Michael, SGB IX, Rehabilitation und Teilhabe behinderter Menschen mit Behindertengleichstellungsgesetz, 3. Auflage, München 2009.

Kramer, Undine, „Ageismus – Zur sprachlichen Diskriminierung des Alters", in: Fiehler/ Thimm, Sprache und Kommunikation im Alter, S. 257-277, Rudolfzell 2003.

Krause, Helmut, „Antidiskriminierungsrecht und Kundenpräferenzen", in: Gegen den Strich, Festschrift für Klaus Adomeit, 2008, S. 375-393.

Krause, Helmut, „Case C-54/07, Centrum voor gelijkheid van kansen en voor racismebestrijfing v. Firma Feryn NV, [2008] ECR I-5187", in: CMLR 2010, S.917-931.

Kreuzer, Christine, „Die unmittelbare Anwendbarkeit völkerrechtlicher Verträge", in: JA 1998, S. 731-735.

Krugmann, Michael, „Gleichheit, Willkür und Evidenz", in JuS 1998, S. 7-13.

Kruse, Andreas/ *Lehr*, Ursula, „Psychologische Aspekte des Alterns", in: Späth/ Lehr, Altern als Chance und Herausforderung Band 1: Aktives Altern, München 1990, S. 80-96.

Kruse, Andreas, „Alterspolitik und Gesundheit", in: Bundesgesundheitsblatt 2006, S. 513-522.

Kühling, Jürgen, „Vorwirkungen von EG-Richtlinien bei der Anwendung nationalen Rechts – Interpretationsfreiheit für Judikative und Exekutive?", in: DVBl. 2006, S 857-866.

Kuras, Gerhard, „Verbot der Diskriminierung wegen des Alters", in: RdA 2003 (Sonderbeilage Heft 5), S. 11-21.

Lammers, Rudolf, Der ältere Arbeiter im Industriebetrieb – Ein Beitrag zur Erforschung seiner Arbeits- und Beschäftigungssituation in der Bundesrepublik Deutschland, Münster 1968.

Langenfeld, Christine, Die Gleichbehandlung von Mann und Frau im Europäischen Gemeinschaftsrecht, 1. Auflage, Baden-Baden 1990.

Larenz, Karl, Methodenlehre der Rechtswissenschaft, 5. Auflage, Berlin, Heidelberg 1983.

Laslett, Peter, Das Dritte Alter – Historische Soziologie des Alterns, München 1995.

Laux, Helga, „Altersgrenzen im Arbeitsrecht", in: NZA 1991, S. 967-972.

Laux, Helga/ *Schlachter*, Monika, Teilzeit- und Befristungsgesetz, Kommentar, 2. Auflage, München 2011.

Le Friant, Martine, „Rechtstechniken im Kampf gegen die Diskriminierungen: Die Lage in Frankreich", in: AuR 2003, S. 51-56.

Le Friant, Martine, „Das Prinzip der Nichtdiskriminierung im französischen Recht: Zum Stand der Debatte", in: NZA 2004 (Sonderbeilage Heft 22), S. 49-59.

Lecheler, Helmut, „Verfassungsrechtlich zulässige Einschränkungen der Grundrechtsausübung von Beamten – BVerwGE 84, 292 und 287", in: JuS 1992, S. 473-476.

Lecheler, Helmut, „Die Fortentwicklung des Rechts der Europäischen Union durch den Amsterdam-Vertrag", in: JuS 1998, S. 392-397.

Leder, Tobias, Das Diskriminierungsverbot wegen einer Behinderung, Berlin 2006.

Lehmann, Friedrich-Wilhelm, „Zur altersbedingten Beendigung von Arbeitsverhältnissen – zugleich eine Rückbesinnung auf das Individualvertragsrecht", in: NJW 1994, S. 3054-3057.

Lehr, Ursula, „Der veränderte Lebenszyklus – Die biologische Uhr läuft konträr zur sozialen Uhr", in: Kayser/ Uepping (Hrsg.), Kompetenz der Erfahrung – Personalmanagement im Zeichen des demographischen Wandels, Neuwied, Kriftel, Berlin 1997, S. 67-67.

Lehr, Ursula, Psychologie des Alterns, 10. Auflage, Wiebelsheim 2003.

Lehr, Ursula, „Demographischer Wandel", in: Oswald/ Lehr/ Sieber/ Kornhuber (Hrsg.), Gerontologie, 3. Auflage, Stuttgart 2006, S. 159-164.

Lembke, Mark, „Die sachgrundlose Befristung von Arbeitsverträgen in der Praxis", in: NJW 2006, S. 325-332.

Lenz, Carl Otto/ *Borchardt*, Klaus-Dieter (Hrsg.), EU- und EG-Vertrag, Kommentar zu dem Vertrag über die Europäische Union und zu dem Vertrag zur Gründung der Europäischen Gemeinschaft, 4. Auflage, Köln/ Basel/ Genf/ München/ Wien, 2006; Rechtsstand: Mai 2006.

Lenz, Carl Otto/ *Borchardt*, Klaus-Dieter (Hrsg.), EU-Verträge, Kommentar nach dem Vertrag von Lissabon, 5. Auflage, Köln/ Basel/ Genf/ München/ Wien, 2010; Rechtsstand: Dezember 2009.

Leuchten, Alexius, „Der Einfluss der EG-Richtlinien zur Gleichbehandlung auf das deutsche Arbeitsrecht", in: NZA 2002, S. 1254-1261.

Liebscher, Doris, „Antidiskriminierungskultur? In Deutschland unerwünscht!", in: STREIT 2005, S. 100-111.

Lindenberger, Ulman, „Was ist kognitives Altern? Begriffsbestimmung und Forschungstrends", in: Staudinger/ Häfner (Hrsg.), Was ist Alter(n)?, Berlin, Heidelberg 2008, S. 69-82.

Lingscheid, Anja, Antidiskriminierung im Arbeitsrecht, Neue Entwicklungen im Gemeinschaftsrecht auf Grund der Richtlinien 2000/43/EG und 2000/78/EG und ihre Einfügung in das deutsche Gleichbehandlungsrecht, Köln/ Berlin 2003/ 2004.

Lingscheid, Anja, „Diskriminierung wegen einer Behinderung – auch bei „bloß" behindertem Kind", BB 2008, S. 1963-1964.

Lingemann, Stefan/ *Gotham*, Meike, „AGG – Benachteiligungen wegen des Alters in kollektivrechtlichen Regelungen", in: NZA 2007, S. 663-670.

Link, Lara, „Anmerkung zu EuGH, Urteil vom 19. 1. 2010 - C-555/07 – Kücükdeveci", in: NJW 2010, S. 430-431.

Linnenkohl, Karl/ *Rauschenberg*, Hans-Jürgen/ *Schmidt*, Rolf, „Flexibilisierung (Verkürzung) der Lebens-arbeitszeit: Arbeitnehmerstatus und „Zwangs-pensionierung" im Zusammenhang mit Vorruhestandsregelungen", in: BB 1984, S. 603-608.

Linsenmaier, Wolfgang, „Das Verbot der Diskriminierung wegen des Alters", in: RdA 2003 (Sonderbeilage Heft 5), S. 22-22.

Lipp, Volker, „Anmerkung zu BGH, Beschluss v. 17.3.2003 – XII ZB 2/03", in: FamRZ 2003, S. 756.

Liu, Shih-Hao, Arbeitsrechtliche Diskriminierung durch Arbeitnehmer, Frankfurt a.M. 2002.

Locke, John, Two Treaties on Government, London 1689, A critical edition with an introduction and apparatus criticus by Peter Laslett, Second Edition, Cambridge 1967.

Löwisch, Manfred, "Die Neuregelung des Volljährigkeitsalters", in: NJW 1975, S. 15-18.

Löwisch, Manfred/ *Caspers*, Georg/ *Neumann*, Daniela, Beschäftigung und demographischer Wandel, Beschäftigung älterer Arbeitnehmerinnen und Arbeitnehmer als Gegenstand von Arbeits- und Sozialrecht, 1. Auflage, Baden-Baden 2003.

Löwisch, Manfred, „Kündigen unter dem AGG", in: BB 2006, S. 2189-2191.

Löwisch, Manfred/ *Rieble*, Volker, Tarifvertragsgesetz, 2. Auflage 2004

Lüderitz, Martin, Altersdiskriminierung durch Altersgrenzen, Auswirkungen der Antidiskriminierungs-richtlinie 2000/78/EG auf das deutsche Arbeitsrecht, Frankfurt a.M. 2005.

Lutter, Marcus, „Anwendbarkeit der Altersbestimmungen des AGG auf Organpersonen", in: BB 2007, S. 725-731.

Mahlmann, Matthias, „Gleichheitsschutz und Privatautonomie – Probleme und Perspektiven der Umsetzung der Richtlinie 2000/43/EG gegen Diskriminierungen aufgrund von Rasse und ethnischer Herkunft", in: ZEuS 2002, S. 407-425.

Mahlmann, Matthias, Elemente einer ethischen Grundrechtstheorie, Baden-Baden 2008.

Maier-Reimer, Georg, „Das Allgemeine Gleichbehandlungsgesetz im Zivilrechtsverkehr", in: NJW 2006, S. 2577-2583.

Mangoldt v., Hermann/ *Klein*, Friedrich/ *Starck*, Christian, Kommentar zum Grundgesetz, Bd. 1: Präambel, Art. 1-19, 6. Auflage; München 2010; Bd. 2: Art. 20-82, 6. Auflage, München 2010; zit. *Bearbeiter*, in: v. Mangoldt/ Klein/ Starck, GG.

Mann, Thomas, Altersdiskriminierung durch gesetzliche Höchstaltersgrenzen – Zur Verfassungswidrigkeit berufsbeendender Altersgrenzen –, Rechtsgutachten, erstattet der Senioren Union der CDU, Göttingen 2006.

Mann, Thomas, „Gesetzliche Höchstaltersgrenzen und Verfassungsrecht – Ansätze zu einer verfassungsrechtlichen Neubestimmung", in: Grote/ Härtel/ u.a. (Hrsg.), Die Ordnung der Freiheit, Festschrift für Christian Starck zum siebzigsten Geburtstag, Tübingen 2007, S. 319-334.

Maunz, Theodor/ *Dürig*, Günter, Grundgesetz Kommentar, Bd. I: Art. 1-5, Stand: Dezember 2007; Bd. II: Art. 6-16a, Stand: Juni 2006, Bd. III: Art. 17-27, Stand: Juni 2007, Bd. IV: Art. 28-69, Stand: Mai 2008, München; zit. *Bearbeiter*, in: Maunz/ Dürig, GG.

Maurer, Raimond, „Welche Sicherheit und Rendite bietet die kapitalgedeckte Alterssicherung? – Zu Möglichkeiten der Risikoabschätzung", in: KritV 2004, S. 318-324.

Mayer, Franz, „Der Vertrag von Lissabon im Überblick", in: JuS 2010, S. 189-195.

Mayer-Maly, Theo, „Die Grundlagen der Aufstellung von Altersgrenzen durch das Recht", in: FamRZ 1970, S. 617-621.

Mayer, Christian/ *Schürnbrand*, Jan, „Einheitlich oder gespalten? – Zur Auslegung nationalen Rechts bei überschießender Umsetzung von Richtlinien", in: JZ 2004, S. 545-552.

Meinel, Gernod/ *Heyn*, Judith/ *Herms*, Sascha, Allgemeines Gleichbehandlungsgesetz, Kommentar, München 2007; zit. Meinel/ Heyn/ Herms, AGG.

Merker, Helga Margarete, Generations-Gegensätze, Eine empirische Erkundungsstudie über die Einstellung Erwachsener zur Jugend, Darmstadt 1973.

Meyer, Michael, Das Diskriminierungsverbot des Gemeinschaftsrechts als Grundsatznorm und Gleichheitsrecht, Frankfurt a.M. 2002.

Meyer, Jürgen (Hrsg.), Charta der Grundrechte der Europäischen Union, 3. Auflage, Baden-Baden 2011.

Meyer-Ladewig, Jens, Europäische Menschenrechtskonvention, Handkommentar, 2. Auflage Baden-Baden 2006.

Möckel, Stefan, „Der Gleichheitsgrundsatz – Vorschlag für eine dogmatische Weiterentwicklung", in: DVBl. 2003, S. 488-496.

Mörsdorf, Oliver, „Diskriminierung jüngerer Arbeitnehmer, Unanwendbarkeit von § 622 II 2 BGB wegen Verstoßes gegen das Unionsrecht", in: NJW 2010, S. 1046-1049.

Mohr, Jochen, Schutz vor Diskriminierungen im Europäischen Arbeitsrecht, Die Rahmenrichtlinie 2000/78/EG vom 27. November 2000 – Religion, Weltanschauung, Behinderung, Alter oder sexuelle Ausrichtung –, Berlin 2002.

Möllers, Thomas M. J., „Doppelte Rechtsfortbildung contra legem?", in: Europarecht 1998, S. 20-46; zit. *Möllers*, Doppelte Rechtsfortbildung contra legem?

Montagu, Ashley, Zum Kind reifen, Stuttgart 1991.

Müller, Knut, „Anmerkung zu BAG, Urteil vom 26.05.2009 - 1 AZR 198/08", in: ArbRAktuell 2009, S. 21.

Müller-Glöge, Rudi/ *Preis*, Ulrich/ *Schmidt*, Ingrid (Hrsg.), Erfurter Kommentar zum Arbeitsrecht, 8. Auflage, München 2008.

Münch, Ingo v., „Die Zeit im Recht", in: NJW 2000, S. 1-7.

Naegele, Gerhard, Zwischen Arbeit und Rente – Gesellschaftliche Chancen und Risiken älterer Arbeitnehmer, Augsburg 1992.

Naegele, Gerhard, „Verrentungspolitik und Herausforderungen des demographischen Wandels in der Arbeitswelt", in: v. Cranach/ Schneider/ Ulich/ Winkler (Hrsg.), Ältere Menschen im Unternehmen. Chancen, Risiken, Modelle, Bern 2004, S. 189-219.

Neck, Reinhard, Altern und Alterssicherung aus wissenschaftlicher Sicht, Frankfurt a.M. 2003.

Neufeld, Tobias, „BB-Kommentar zu ArbG Bielefeld, Urteil v. 25.4.2007 – 6 Ca 2886/06", in: BB 2007, S. 1963-1964.

Neugarten, Bernice Levin, Age or need?: public policies for older people, Beverly Hills 1982.

Neumann, Volker, „Der verfassungsrechtliche Begriff der Behinderung", in: NVwZ 2003, S. 897-900.

Neuner, Jörg, „Diskriminierungsschutz durch Privatrecht", in: JZ 2003, S. 57-66.

Nickel, Rainer, Gleichheit und Differenz in der vielfältigen Republik – Plädoyer für ein erweitertes Antidiskriminierungsrecht, 1. Auflage, Baden-Baden 1998.

Nickel, Rainer, „Handlungsaufträge zur Bekämpfung von ethnischen Diskriminierungen in der neuen Gleichbehandlungsrichtlinie 2000/43/EG", in: NJW 2001, S. 2668-2672.

Nicolai, Andrea, „Anmerkung zu EuGH-Urteil vom 22.11.2005 – C-144/04; Mangold/Helm", in: DB 2005, S. 2641-2642.

Nipperdey, Hans Carl, Kontrahierungszwang und diktierter Vertrag, Jena 1920.

Nobis, Frank, „Strafobergrenze durch hohes Alter – Zugleich Besprechung des Urteils des 4. Strafsenats des BGH vom 27.4.2006 (4 StR 572/05)", in: NStZ 2006, S. 489-492.

Nolting-Hauff, Wilhelm, Gebote zum Schutz Minderjähriger und ihre Verwirklichung im Verwaltungsrecht, Frankfurt a.m. 1998.

Nupnau, Jens, „Anmerkung zu ArbG Osnabrück, Urteil v. 5.2.2007 – 3 Ca 677/06", in: DB 2007, S. 1202-1204.

Nussberger, Angelika, „Altergrenzen als Problem des Verfassungsrechts", in: JZ 2002, S. 524-532.

Oberwetter, Christian, „Ein Jahr AGG – erste Erfahrungen mit der Rechtsprechung", in: BB 2007, S. 1847-1849.

O`Cinneide, Colm, Diskriminierung aus Gründen des Alters und Europäische Rechtsvorschriften, Belgien 2005.

Oelkers, Felix, „Altersdiskriminierung bei Sozialplänen", in NJW 2008, S. 614-617.

Ohlendorf, Bernd/ *Schreier*, Michael, „AGG-konformes Einstellungsverfahren – Handlungsanleitung und Praxistipps", in: BB 2008, S. 2458-2465.

Oppermann, Thomas, „Vom Nizza-Vertrag 2001 zum Europäischen Verfassungskonvent 2002/2003", in: DVBl. 2003, S. 1-10.

Oppermann, Thomas, Europarecht, 3. Auflage, München 2005.

Oppermann, Thomas, Europarecht, 4. Auflage, München 2009.

Opitz, Hanne, Biographie-Arbeit im Alter. Würzburg 1998.

Oswald, Wolf D., „Sind Alter und Altern messbar?", in: Zeitschrift für Gerontologie und Geriatrie Bd. 33 (2000), S. I/8-I/14.

Otto, Hansjörg, Personale Freiheit und soziale Bindung – Zur Kontrolle und Gewährleistung personal motivierten Verhaltens im Privatrecht, München 1978; zit. Otto, Personale Freiheit.

Pache, Eckhard/ *Rösch*, Franziska, „Europäischer Grundrechtsschutz nach Lissabon – die Rolle der EMRK und der Grundrechtecharta in der EU", in: EuZW 2008, S. 519-522.

Palandt, Otto, Bürgerliches Gesetzbuch, 70. Auflage, München 2011.

Pasero, Ursula/ *Backes*, Gertrud M./ *Schroeter*, Klaus R., Altern in Gesellschaft, Ageing – Diversity – Inclusion, 1. Auflage, Wiesbaden 2007.

Paulus, Christoph G./ *Zenker*, Wolfgang, „Grenzen der Privatautonomie", in: JuS 2001, S. 1-9.

Peter, Edgar, „Unfreiwilliger Ruhestand – Probleme der Diskriminierung älterer Beschäftigter", in: ArbuR 1993, S. 383-389.

Peterson, Peter G., „Gray Dawn: The Global Aging Crisis", in: Foreign Affairs 1999, S. 42-55.

Pfarr, Heide M., „Mittelbare Diskriminierung von Frauen", in: NZA 1986, S. 585-589.

Pfister, Christian, Bevölkerungsgeschichte und Historische Demographie 1500-1800, 2. Auflage, München 2007.

Pick, Peter, „Funktionseinschränkungen im Alter und bei Pflegebedürftigkeit", in: FPR 2004, S. 653-659.

Picker, Eduard, „Antidiskriminierungsgesetz – Der Anfang vom Ende der Privatautonomie?", in: JZ 2002, S. 880-882.

Picker, Eduard, „Antidiskriminierung im Zivil- und Arbeitsrecht", in: ZfA 2005, S. 167-188.

Pieroth, Bodo/ *Schlink*, Bernhard, Grundrechte, Staatsrecht II, 26. Auflage, Heidelberg 2010.

Pitschas, Rainer, Berufsfreiheit und Berufslenkung, Berlin 1981.

Plötscher, Stefan, Der Begriff der Diskriminierung im Europäischen Gemeinschaftsrecht, Zugleich ein Beitrag zur einheitlichen Dogmatik der Grundfreiheiten des EG-Vertrags, Berlin 2003.

Pohlmann, Stefan, „Gesellschaftliche Konsequenzen internationaler Abkommen zur Alterspolitik", in: KritV 2004, S. 260-276.

Pohlmann, Stefan, Das Alter im Spiegel der Gesellschaft, 1. Auflage, Idstein 2004.

Polloczek, Tobias, Altersdiskriminierung im Lichte des Europarechts, 1. Auflage, Baden-Baden 2008.

Posser, Herbert/ Wolff, *Heinrich* Amadeus, Beck`scher Onlinekommentar VwGO, München, Stand: 1. Oktober 2010; zit. *Bearbeiter*, in: BeckOK VwGO.

Prahl, Hans- Werner/ *Schroeter*, Klaus R., Soziologie des Alterns, Paderborn 1996.

Preis, Ulrich, Arbeitsrecht, Praxis-Lehrbuch zum Individualarbeitsrecht, 3. Auflage, Köln 2009.

Preis, Ulrich, „Verbot der Altersdiskriminierung als Gemeinschaftsgrundrecht – Der Fall „Mangold und die Folgen", in: NZA 2006, S. 401-410.

Preis, Ulrich, „Diskriminierungsschutz zwischen EuGH und AGG (Teil I)", in: ZESAR 2007, S. 249-256.

Preis, Ulrich, Diskriminierungsschutz zwischen EuGH und AGG (Teil II), in: ZESAR 2007, S. 308-315.

Preis, Ulrich, „Ein modernisiertes Arbeits- und Sozialrecht für eine alternde Gesellschaft", in: NZA 2008, S. 922-926.

Preis, Ulrich/ *Temming*, Felipe, „Altersdiskriminierung im Betriebsrentenrecht: Die Abstandsklausel ist angezählt", in: NZA 2008, S. 1209-1216.

Preis, Ulrich/ *Temming*, Felipe, „Der EuGH, das BVerfG und der Gesetzgeber – Lehren aus Mangold II", in: NZA 2010, S. 185-197.

Prütting, Hanns, „Beweisrecht und Beweislast im arbeitsrechtlichen Diskriminierungsprozess", in: Oetker/ Preis/ Rieble (Hrsg.), 50 Jahre Bundesarbeitsgericht, München 2004, S. 1311-1327.

Ramm, Thilo, „Das Recht auf Arbeit", in: Ropohl (Hrsg.), Arbeit im Wandel. Technische Entwicklung, Beschäftigung und Arbeitsorganisation, Berlin 1985.

Ramm, Thilo, Jugendrecht, München 1990.

Rauscher, Thomas/ *Wax*, Peter/ *Wenzel*, Joachim (Hrsg.), Münchener Kommentar zur Zivilprozessordnung mit Gerichtsverfassungsgesetz und Nebengesetzen, Band 3: §§ 946–1086, EGZPO, GVG, EGGVG Internationales Zivilprozessrecht, 3. Auflage München 2008; zit. MüKo-ZPO/ *Bearbeiter.*

Redeker, Konrad/ *Karpenstein*, Ulrich, „Über Nutzen und Notwendigkeiten, Gesetze zu begründen", in NJW 2001, S. 2825-2831.

Rehbinder, Manfred, Einführung in die Rechtssoziologie, Frankfurt a.M. 1971.

Rehbinder, Manfred, Rechtssoziologie, 6. Auflage, München 2007.

Reich, Norbert, Anmerkung zu EuGH, Rs. C-144/04, *Mangold*, EuZW 2006, S. 20-22.

Reichhold, Herrmann, „Sozialgerechtigkeit versus Vertragsgerechtigkeit – arbeitsrechtliche Erfahrungen mit Diskriminierungsregeln", in: JZ 2004, S. 384-393.

Reichhold, Hermann, „Diskriminierungsschutz und Verfassungsrecht", in: ZfA 2006, S. 257-271.

Reinhard, Barbara, „Der Stille „Erfolg" des AGG", in: Arbeit und Arbeitsrecht 2010, S. 78-81.

Reiserer, Kerstin, „Das Aus für Altersgrenzen von 65 Jahren im Arbeitsverhältnis", in: BB 1994, S. 69-71.

Rengier, Bernhard, „Betriebliche Altersversorgung und Allgemeines Gleichbehandlungsgesetz", in: NZA 2006, S- 1251-1257.

Richardi, Reinhard/ *Wlotzke*, Otfried, Münchener Handbuch zum Arbeitsrecht, Band 1 Individualarbeitsrecht I, 3. Auflage, München 2009; zit. MünchArbR/ *Bearbeiter.*

Richardi, Reinhard, „Neues und Altes – Ein Ariadnefaden durch das Labyrinth des Allgemeinen Gleichbehandlungsgesetzes", in: NZA 2006, S. 881-887.

Richter, Ronald/ *Schmidt*, Bettina/ *Klatt*, Michael/ *Doering-Striening*, Gudrun (Hrsg.), Seniorenrecht in der anwaltlichen Praxis, 1. Auflage, Baden-Baden 2006.

Richter, Tobias/ *Bouchouaf*, Ssoufian, „Das Verbot der Altersdiskriminierung als allgemeiner Grundsatz des Gemeinschaftsrechts – der Beginn eines umfassenden europäischen Antidiskriminierungsrechts?", in: NVwZ 2006, S.538-541.

Rieble, Volker/ *Zedler*, Alexander, „Altersdiskriminierung in Tarifverträgen", in: ZfA 2006, S. 273-303.

Rixen, Stephan, „Rettung für den altersdiskriminierten Vertragsarzt durch den EuGH?", in: ZESAR 2007, S. 345-353.

Robbers, Gerhard, „Partielle Handlungsfähigkeit Minderjähriger im öffentlichen Recht", in: DVBl. 1987, S. 709-718.

Röbke, Marc, „Anm. zu EuGH, Urteil v. 12. Januar 2010 – Rs. C-229/08 – Wolf", EuZW 2010, S. 145.

Roell, Monika, „Grundrechtsmündigkeit – eine überflüssige Konstruktion", in: RdJB 1986, S. 381-387.

Roellecke, Gerd, „Altersgrenzen in Berufungsverfahren", in: VBlBW 1995, S. 1-2.

Röthel, Anne, Normkonkretisierung im Privatrecht, Tübingen 2004.

Rolfs, Christian, Teilzeit- und Befristungsgesetz, Kommentar, München 2002.

Rolfs, Christian/ *Giesen*, Richard/ *Kreikebohm*, Ralf/ *Uelsding*, Peter (Hrsg.), Beck`scher Onlinekommentar Arbeitsrecht, Edition 6, München, Stand: 2010; zit. *Bearbeiter*, in: Rolfs/ Giesen/ Kreikebohm/ Uelsding.

Rombach, Annett „Age Concern Germany: Zur gemeinschaftsrechtlichen (Un-)Zulässigkeit von Altershöchstgrenzen im öffentlichen Dienst", in: NVwZ 2010, S. 102-104.

Rosenmayr, Leopold, Schöpferisches Altern, 2. Auflage, Wien 2007.

Rossi, Matthias, „Das Diskriminierungsverbot nach Art. 12 EGV", in: EuR 2000, S. 197-217.

Roth, Wolfgang, Die Grundrechte Minderjähriger im Spannungsfeld selbständiger Grundrechtsausübung, elterlichen Erziehungsrechts und staatlicher Grundrechtsbindung, Berlin 2003.

Rothermund, Klaus/ *Wentura*, Dirk/ *Brandstädter*, Jochen, „Selbstwertschützende Verschiebungen in der Semantik des Begriffs »alt« im höheren Erwachsenenalter", in: Sprache und Kognition Bd. 14 (1995), S. 52-63.

Rudinger, Georg/ *Kleinemas*, Uwe, „BOLSA: Die Bonner Gerontologische Längsschnittstudie", in: Oswald/ Lehr/ Sieber/ Kornhuber (Hrsg.), Gerontologie, 3. Auflage, Stuttgart 2006, S. 125-130.

Ruffert, Matthias, Vorrang der Verfassung und Eigenständigkeit des Privatrechts – Eine verfassungsrechtliche Untersuchung zur Privatrechtswirkung des Grundgesetzes, Tübingen 2001.

Ruppert, Stefan, „Die Segmentierung des menschlichen Lebenslaufs am Beispiel der Rechtsprechung des Bundesverfassungsgerichts zu Altersgrenzen", in: Rust/ Lange/ Pfannkuche, Altersdiskriminierung und Beschäftigung, Loccumer Protokolle 04/06, Rehburg 2006, S. 17-29.

Rust, Ursula/ *Lange*, Joachim/*Pfannkuche*, Henning (Hrsg.), Altersdiskriminierung und Beschäftigung – Loccumer Protokolle 04/06, Rehburg 2006.

Rudolf, Beate/ *Mahlmann*, Matthias (Hrsg.), Gleichbehandlungsrecht, Handbuch, 1. Auflage, Baden-Baden 2007.

Rust, Ursula/ *Falke*, Josef/ *Bertelsmann*, Klaus, AGG: Allgemeines Gleichbehandlungsgesetz mit weiterführenden Vorschriften, Kommentar, Berlin
2007.

Rühl, Wolfgang/ *Viethen*, Hans Peter/ *Schmid*, Matthias, Allgemeines Gleichbehandlungsgesetz (AGG), München 2007.

Sachs, Michael, „Die Merkmale verfassungsgesetzlicher Unterscheidungsverbote in Deutschland vom Ende des Alten Reiches bis zum Grundgesetz", in:
Der Staat 23 (1984), S. 549-576.

Sachs, Michael (Hrsg.), Grundgesetz, Kommentar, 5. Auflage, München 2009.

Säcker, Franz Jürgen/ *Rixecker*, Roland (Hrsg.), Münchener Kommentar zum
Bürgerlichen Gesetzbuch, Band 1: Allgemeiner Teil, 1. Halbband: §§ 1-
240, ProstG, 5. Auflage, München 2006.

Sagan, Adam, „Die Sanktion diskriminierender Kündigungen nach dem Allgemeinen Gleichbehandlungsgesetz", in: NZA 2006, S. 1257-1260.

Sagan, Adam, „BB-Kommentar zu EuGH, Urteil vom 18. Juni 2009 – C-88/08
– David Hütter gegen Technische Universität Graz", in: BB 2009, S.
1814-1815.

Salthouse, Timothy A., „Effects of age and skill in typing", in:
Lawton/Salthouse, Essential papers on the psychology of aging, New
York 1998.

Sandmann, Bernd, „Alter und Leistung: Fördern und Fordern", in NZA 2008
(Beilage zu Heft 1), S. 17-24.

Sannwald, Rüdiger, „Die Reform des Grundgesetzes", in: NJW 1994, S. 3313-
3320.

Schachtschabel, Dietrich O./ *Maksiuk*, Tatjana, „Biologisch-genetische Alternstheorien", in: Oswald/ Lehr/ Sieber/ Kornhuber (Hrsg.), Gerontologie, 3. Auflage, Stuttgart 2006, S. 20-26.

Schaub, Günter, Arbeitsrechts-Handbuch, Systematische Darstellung und Nach-
schlagewerk für die Praxis, 13. Auflage, München 2009.

Schiefer, Bernd/ *Köster*, Hans-Wilhelm/ *Korte*, Walter, „Befristung von Arbeitsverträgen – Die neue Altersbefristung nach § 14 Abs. 3 TzBfG", in:
DB 2007, S. 1081-1086.

Schiek, Dagmar, Differenzierende Gerechtigkeit, Diskriminierungsschutz und Vertragsrecht, 1. Auflage, Baden-Baden 2000.

Schiek, Dagmar, »Diskriminierung wegen „Rasse" oder „ethnischer Herkunft" – Probleme der Umsetzung der RL 2000/43/EG im Arbeitsrecht«, in: AuR 2003, S. 44-51.

Schiek, Dagmar, „Gleichbehandlungsrichtlinien der EU – Umsetzung im deutschen Arbeitsrecht", in: NZA 2004, S. 873-884.

Schiek, Dagmar, Europäisches Arbeitsrecht, 3. Auflage, Baden-Baden 2007.

Schiek, Dagmar/ *Ossietzky* v., Carl, „Grundsätzliche Bedeutung der gemeinschaftsrechtlichen Diskriminierungsverbote nach der Entscheidung Mangold", in: AuR 2006, S. 145-150.

Schiek, Dagmar/ *Kocher*, Eva (Hrsg.), Allgemeines Gleichbehandlungsgesetz (AGG), Ein Kommentar aus europäischer Perspektive, Regensburg 2007.

Schimany, Peter, Die Alterung der Gesellschaft – Ursachen und Folgen des demographischen Umbruchs, Frankfurt/ New York 2003.

Schirrmacher, Frank, Das Methusalem-Komplott, München 2004.

Schlachter, Monika, „Probleme der mittelbaren Benachteiligung im Anwendungsbereich des Art. 119 EGV", in: NZA 1995, S. 393-398.

Schlachter, Monika, „Altersgrenzen angesichts des gemeinschaftlichen Verbots der Altersdiskriminierung", in: Altersgrenzen und Altersicherung im Arbeitsrecht – Gedenkschrift für Wolfgang Blomeyer, S. 355-373, München 2003.

Schlachter, Monika, „Gemeinschaftsrechtliche Grenzen der Altersbefristung", in: RdA 2004, S. 352-358.

Schleusener, Axel Aino, „Europarechts- und Grundrechtswidrigkeit von § 622 II 2 BGB", in: NZA 2007, S. 358-361.

Schleusener, Axel Aino/ *Suckow*, Jens/ *Voigt*, Burkhard, AGG: Kommentar zum Allgemeinen Gleichbehandlungsgesetz, 2. Auflage, Neuwied 2008.

Schlotböller, Dirk, Diskriminierung – eine kritische Analyse der Arten, Ursachen und Handlungsansätze, 1. Auflage, Berlin 2008.

Schlüter, Wilfried/ *Belling*, Detlev W., „Die Zulässigkeit von Altergrenzen im Arbeitsverhältnis", in: NZA 1988, S. 297-304.

Schmähl, Winfried/ *Ulrich*, Volker (Hrsg.), Soziale Sicherungssysteme und demographische Herausforderungen, Tübingen 2001.

Schmidt, Marlene/ *Senne*, Daniela, „Das gemeinschaftsrechtliche Verbot der Altersdiskriminierung und seine Bedeutung für das deutsche Arbeitsrecht", in: RdA 2002, S. 80-89.

Schmidt, Marlene, Das Arbeitsrecht der Europäischen Gemeinschaft, 2. Auflage, Baden-Baden 2009.

Schmidt, Marlene, „Das Verbot der Diskriminierung wegen des Alters in Beschäftigung und Beruf", in: KritV 2004, S. 244-254.

Schmidt, Ludwig, Einkommenssteuergesetz, Kommentar, 29. Auflage, München 2010.

Schmidt-Bleibtreu, Bruno/ *Hofmann*, Hans/ *Brockmeyer*, Hans Bernhard, Kommentar zum Grundgesetz: GG, 12. Auflage, Köln 2011.

Schmidt-Futterer, Wolfgang, „Kündigungsschutz für Mieter im hohen Alter", in: NJW 1971, S. 731-736.

Schmitt, Eric, „Altersbilder", in: Oswald/ Lehr/ Sieber/ Kornhuber (Hrsg.), Gerontologie, 3. Auflage, Stuttgart 2006, S. 43-46.

Schmoeckel, Mathias/ *Rückert*, Joachim/ *Zimmermann*, Rainer (Hrsg.), Historisch-kritischer Kommentar zum BGB, Band I: Allgemeiner Teil, §§ 1-240, Tübingen 2003; zit. HKK/ Bearbeiter.

Schoch, Friedrich/ *Schmidt-Aßmann*, Eberhard/ *Pietzner*, Rainer, Verwaltungsgerichtsordnung, Kommentar, Band I, München, Stand: März 2008; zit. *Bearbeiter*, in: Schoch/Schmidt-Aßmann/Pietzner, Verwaltungsgerichtsordnung.

Schönholzer, Gertrud, Der Übergang vom Erwerbsleben in den Ruhestand – Betrachtung der Lösungsmöglichkeiten aus betriebswirtschaftlicher und sozialwissenschaftlicher Sicht, Diessenhofen 1979.

Schoreit, Armin, „Absolutes Strafverfahrenshindernis und absolutes U-Haftverbot bei begrenzter Lebenserwartung des Angeklagten? - Bedeutung, Auswirkungen und Wirksamkeit des Beschlusses des Verfassungsgerichtshofs des Landes Berlin auf die im Verfahren gegen Erich Honecker eingelegte Verfassungsbeschwerde", in: NJW 1993, S. 881-886.

Schrader, Peter/ *Schubert*, Jens M., Das neue AGG – Das Gleichbehandlungsrecht in der anwaltlichen Praxis, 1. Auflage, Baden-Baden 2006.

Schrader, Peter/ *Straube*, Gunnar, „Die Anhebung der Regelaltersrente", in: NJW 2008, S. 1025-1028.

Schröder, Ulrich, Altersbedingte Kündigungen und Altersgrenzen im Individualarbeitsrecht – Zur Zulässigkeit einer „Zwangspensionierung" mit 65 Jahren, Berlin 1984.

Schulze-Fielitz, Helmuth, Theorie und Praxis parlamentarischer Gesetzgebung, Berlin 1988.

Schwab, Dieter, „Gedanken zur Reform des Minderjährigenrechts und des Mündigkeitsalters", in: JZ 1970, S. 745-753.

Schwab, Dieter, „Mündigkeit und Minderjährigenschutz", in: AcP 172 (1972), S. 266-290.

Schwarze, Jürgen (Hrsg.), EU-Kommentar, 1. Auflage, Baden-Baden 2000; zit. *Bearbeiter*, in: Schwarze, EU-Kommentar.

Schwarze, Jürgen (Hrsg.), EU-Kommentar, 2. Auflage, Baden-Baden 2009; zit. *Bearbeiter*, in: Schwarze, EU-Kommentar 2009.

Schweitzer, Michael/ *Hummer*, Waldemar/ *Obwexer*, Walter, Europarecht: Das Recht der Europäischen Union, 7. Auflage, Wien 2007.

Senne, Daniela, Auswirkungen des europäischen Verbots der Altersdiskriminierung auf das deutsche Arbeitsrecht, Berlin 2006.

Sievers, Jochen, TzBfG, Kommentar zum Teilzeit- und Befristungsgesetz, 3. Auflage, Köln 2010.

Simitis, Spiros, „Altersdiskriminierung – die verdrängte Benachteiligung", in: NJW 1994, S. 1453-1454.

Simitis, Spiros, „Die Altersgrenzen – ein spät entdecktes Problem", in: RdA 1994, S. 257-263.

Simitis, Spiros, „Alter und gesellschaftliche Teilhabe – für ein anderes Alterskonzept", in: KritV 2004, S. 233-243.

Sodan, Helge, „Verfassungsrechtsprechung im Wandel – am Beispiel der Berufsfreiheit", in: NJW 2003, S. 257-260.

Soergel, Hans Theodor, Bürgerliches Gesetzbuch mit Einführungsgesetz und Nebengesetzen, Band 1, Allgemeiner Teil, §§ 1-103; 13. Auflage, Stuttgart, Berlin, Köln, Mainz, Stand: Frühjahr 2000.

Sonnenberger, Hans Jürgen, „Recht und Gerechtigkeit", Jura 2000, S. 561-564.

Speer, Benedikt, „Die Europäische Union als Wertegemeinschaft – Wert- und rechtskonformes Verhalten als konditionierendes Element der Mitgliedschaft –", in: DÖV 2001, S. 980-988

Speitkamp, Winfried, Jugend in der Neuzeit – Deutschland vom 16. bis zum 20. Jahrhundert, Göttingen 1998.

Spranger, Matthias, „Wen schützt Art. 3 III 2 GG?", in: DVBl. 1998, S. 1058-1062.

Sprenger, Markus, Das arbeitsrechtliche Verbot der Altersdiskriminierung nach der Richtlinie 2000/78/EG, Konstanz 2006.

Sprenger, Markus, „Aktuelle Tendenzen des EuGH im Diskriminierungsrecht – Rechtsprechung oder Rechtsfortbildung", in: BB 2008, S. 2405-2409.

Sproß, Cornelia, „Altersdiskriminierung und Beschäftigung in Europa: Stand der sozial- und arbeitsrechtlichen Debatte", in: Loccumer Protokolle, S. 115-123.

Stagner, Ross, „Aging in Industry", in: Birren/ Schaie (Hrsg.), Handbook of the Psychology of Aging, 2nd Edition, New York 1985, S. 789-817.

Stahlhacke, Eugen, "Die Begrenzung von Arbeitsverhältnissen durch Festlegung einer Altersgrenze", in: DB 1989, S. 2329-2333.

Stalder, Patricia, Antidiskriminierungsmaßnahmen der Europäischen Gemeinschaft nach Art. 13 EG-Vertrag – unter besonderer Berücksichtigung der Rassismusbekämpfung und des Minderheitenschutzes –, Bonn 2001.

Statistisches Bundesamt, Statistisches Jahrbuch 2006: Für die Bundesrepublik Deutschland, Wiesbaden 2006.

Statistisches Bundesamt, Statistisches Jahrbuch 2008: Für die Bundesrepublik Deutschland, Wiesbaden 2008.

Statistisches Bundesamt, 11. Koordinierte Bevölkerungsvorausberechnung – Annahmen und Ergebnisse, Wiesbaden 2006.

Staudinger, Julius v., Kommentar zum Bürgerlichen Gesetzbuch mit Einführungsgesetz und Nebengesetzen, Einleitung zum BGB, Buch 1: Allgemeiner Teil, §§ 1-14 VerschG, Berlin 2004; Buch 1: Allgemeiner Teil, §§ 134-163 BGB, Berlin 2003; Buch 4: Familienrecht, §§ 1741-1772 (Adoption), Berlin 2007; zit. Staudinger/ *Bearbeiter*.

Staudinger, Ursula M., „Psychologische Produktivität und Selbstentfaltung im Alter", in: Baltes/ Montada, Produktives Leben im Alter, S. 344-374, Frankfurt a.M. 1996; abrufbar unter: http://www.hr-schmitz.de/alterego/ 0ProdAlt.pdf#page=352.

Staudinger, Ursula M., „Das Alter(n): Gestalterische Verantwortung für den Einzelnen und die Gesellschaft", in: Aus Politik und Zeitgeschichte 2003, S. 35-42.

Staudinger, Ursula M./ *Baumert*, Jürgen, „Bildung und Lernen jenseits der 50: Plastizität und Realität", in: Zukunft des Alterns, S. 240-257; München 2007.

Staudinger, Ursula M., „Was ist das Alter(n) der Persönlichkeit Eine Antwort aus verhaltenswissenschaftlicher Sicht", in: Staudinger/ Hüfner (Hrsg.), Was ist Alter(n)?, Berlin, Heidelberg 2008, S. 83-94.

Steen, B./ *Djurfeldt*, H., „The gerontological and geriatric population studies in Gothenburg, Sweden", in: Zeitschrift für Gerontologie, Bd. 26 (1993), S. 163-169.

Steinau-Steinrück, Robert v./ *Schneider*, Volker/ *Wagner*, Tobias, „Der Entwurf eines Antidiskriminierungsgesetzes: Ein Beitrag zur Kultur der Antidiskriminierung?", in: NZA 2005, S. 28-32.

Steiner, Udo, „Das Deutsche Arbeitsrecht im Kraftfeld von Grundgesetz und Europäischem Gemeinschaftsrecht", in: NZA 2008, S. 73-77.

Steinmeyer, Heinz-Dietrich, „ Kollektivrechtliche Altersbegrenzungsregelungen ab 1. Januar 1992", in: RdA 1992, S. 6-12; zit. *Steinmeyer*, Kollektivrechtliche Altersbegrenzungsregelungen.

Steinmeyer, Heinz-Dietrich, „Der Vertrag von Amsterdam und seine Bedeutung für das Arbeits- und Sozialrecht", in: RdA 2001, S. 10-21.

Stolleis, Michael, „Geschichtlichkeit und soziale Relativität des Alters", in: Die Zukunft des Alterns, S. 258-278; München 2007.

Stowasser, Joseph Maria/ *Petschenig*, Michael/ *Skutsch*, Franz, Lateinisch-deutsches Schulwörterbuch, Wien 1998.

Straka, Gerald A./ *Fabian*, Thomas/ *Will*, Jörg (Hrsg.), Aktive Mediennutzung im Alter – Modelle und Erfahrungen aus der Medienarbeit mit älteren Menschen, Heidelberg 1990.

Streinz, Rudolf (Hrsg.), EUV/ EGV, Vertrag über die Europäische Union und Vertrag zur Gründung der Europäischen Gemeinschaft, München 2003.

Streinz, Rudolf, Europarecht, 9. Auflage, München 2011.

Streinz, Rudolf, „Der Fall Mangold – eine „kopernikanische Wende im Europarecht"?, in: RdA 2007, S. 165-169.

Szczekalla, Peter, „Anmerkung zu EuGH, Rs. C-249/96, Grant", in: EuZW 1998, S. 215-216.

Tartler, Rudolf, Das Alter in der modernen Gesellschaft, Stuttgart 1961.

Taschner, Hans Claudius, „Zur Fortentwicklung des in der Europäischen Union angeglichenen Privatrechts durch die Gerichte der Mitgliedstaaten", in: Der Schadensersatz und seine Deckung, Festschrift für Erich Steffen zum 65. Geburtstag, Berlin, New York 1995, S. 479-487.

Taupitz, Jochen, „Empfehlen sich zivilrechtliche Regelungen zur Absicherung der Patientenautonomie am Ende des Lebens?", Gutachten A für den 63. Deutschen Juristentag, München 2000.

Temming, Felipe, „Der Fall Palacios: Kehrtwende im Recht der Altersdiskriminierung?", in: NZA 2007, S. 1193-1200.

Temming, Felipe, Altersdiskriminierung im Arbeitsleben – Eine rechtsmethodische Analyse, Köln 2008.

Tennstedt, Florian, „Berufsanforderungen und flexible Altergrenzen", in: Volkholz/ Elsner/ Geissler/ Kriescher-Fauchs/ Thoma, Analyse des Gesundheitssystems, S. 115-126; Frankfurt a.M. 1974.

Tesch-Römer, C./ *Wurm*, S., „Lebenssituation älter werdender und alter Menschen in Deutschland", in: Bundesgesundheitsblatt 2006, S. 499-505.

Tettinger, Peter J., „Rechtsprechungslinien des Bundesverfassungsgerichts zu Höchstaltersgrenzen als berufsbezogene Regelungen", in: DVBl. 2005, S. 1397-1404.

Tettinger, Peter J./ *Stern*, Klaus (Hrsg.), Kölner Gemeinschaftskommentar zur Europäischen Grundrechte-Charta, München 2006.

Tews, Hans Peter, Soziologie des Alterns, 3. Auflage, Heidelberg 1979.

Tews, Hans-Peter, „Neue und alte Aspekte des Strukturwandels des Alters", in: Naegele/ Tews /Hrsg.), Lebenslagen im Strukturwandel des Alters, 15-42.

Tews, Hans Peter, Altersbilder, Über Wandel und Beeinflussung von Vorstellungen vom und Einstellungen zum Alter, 2. Auflage, Köln 1995.

Tews, Peter/ *Klie*, Thomas/ *Schütz*, Rudolf M. (Hrsg.), Altern und Politik, Melsungen 1996.

Thau, Jens Thomas/ *Pusch*, Tobias, Arbeitsrecht in den USA, 1. Auflage, München 1998.

Thiele, Alexander, Europäisches Prozessrecht, München 2007.

Thomae, Hans/ *Lehr*, Ursula, Berufliche Leistungsfähigkeit im mittleren und höheren Erwachsenenalter, Göttingen 1973.

Thüsing, Gregor, „Der Fortschritt des Diskriminierungsschutzes im Europäischen Arbeitsrecht", in: ZfA 2001, S. 397-418.

Thüsing, Gregor, „Der Fortschritt des Diskriminierungsschutzes im Europäischen Arbeitsrecht - Anmerkungen zu den Richtlinien 2000/43/EG und 2000/78/EG –", in: ZfA 2001, S. 397-418.

Thüsing, Gregor, „Die Entwicklung des US-amerikanischen Arbeitsrechts in den Jahren 1999 und 2000", in: NZA 2001, S. 939-946.

Thüsing, Gregor/ *Lambrich*, Thomas, „Umsetzungsdefizite in § 14 TzBfG?", in: BB 2002, S. 829-832.

Thüsing, Gregor/ *Lambrich*, Thomas, „Das Fragerecht des Arbeitgebers – aktuelle Probleme zu einem klassischen Thema", in: BB 2002, S. 1146-1153.

Thüsing, Gregor, „Gedanken zur Effizienz arbeitsrechtlicher Diskriminierungsverbote", in: RdA 2003, S. 257-264.

Thüsing, Gregor, „Vom Kopftuch als Angriff auf die Vertragsfreiheit", in: NJW 2003, S. 405-407.

Thüsing, Gregor, „Richtlinienkonforme Auslegung und unmittelbare Geltung von EG-Richtlinien im Antidiskriminierungsrecht", in: NJW 2003, S. 3441-3445.

Thüsing, Gregor, „Das Arbeitsrecht der Zukunft? – Die deutsche Umsetzung der Anti-Diskriminierungsrichtlinien im internationalen Vergleich", in: NZA 2004, Sonderbeilage zu Heft 22, S. 3-16.

Thüsing, Gregor, „Nicht alles muss nach Luxemburg – Altersbefristung auf dem Prüfstand des EuGH", BB 2005, Heft 35, S. I Die Erste Seite.

Thüsing, Gregor, „Europarechtlicher Gleichbehandlungsgrundsatz als Bindung des Arbeitgebers", in: ZIP 2005, S. 2149-2151.

Thüsing, Gregor/ *Wege*, Donat, „Behinderung und Krankheit bei Einstellung und Entlassung", in: NZA 2006, S. 136-139.

Thüsing, Gregor, Arbeitsrechtlicher Diskriminierungsschutz: das neue allgemeine Gleichbehandlungsgesetz und andere arbeitsrechtliche Benachteiligungsverbote, München 2007.

Thüsing, Gregor, „Blick in das europäische und ausländische Arbeitsrecht", in: RdA 2008, S. 51-56.

Thum, Rainer, „AGG und betriebliche Altersversorgung – Anpassungsbedarf für Versorgungsordnungen", in: BB 2008, S. 2291-2296.

Triepel, Heinrich, „Das preußische Gesetz über die Einführung einer Altersgrenze", in: AöR 40 (1921), S. 349-377.

Uepping, Heinz, „Die Leistung der Erfahrung – Altersorientierte Personalentwicklung", in: Kayser/ Uepping (Hrsg.), Kompetenz der Erfahrung – Personalmanagement im Zeichen des demographischen Wandels, Neuwied, Kriftel, Berlin 1997, S. 166-185.

Umbach, Dieter C./ *Clemens*, Thomas, Grundgesetz: Mitarbeiterkommentar und Handbuch, Bd. 1, Art. 1-37 GG, Heidelberg 2002.

Ukrow, Jörg, „Die Fortentwicklung des Rechts der Europäischen Union durch den Vertrag von Amsterdam", in: ZEuS 1998, S. 141-181.

Vaupel, James W./ *v. Kistowski*, Kristin G., „Die Plastizität menschlicher Lebenserwartung und ihre Konsequenzen", in: Die Zukunft des Alterns, S. 51-78, München 2007.

Villiger, Mark E., Handbuch der Europäischen Menschenrechtskonvention (EMRK), 2. Auflage, Zürich 1999.

Vollstädt, Oliver, Die Beendigung von Arbeitsverhältnissen durch Vereinbarung einer Altersgrenze, Köln 1997.

Von der Groeben, Hans/ *Schwarze*, Jürgen (Hrsg.), Kommentar zum Vertrag über die Europäische Union und zur Gründung der Europäischen Gemeinschaft, Bd. 1: Art. 1-53 EUV, Art. 1 – 80 EGV, 6. Auflage, Baden-Baden 2003; zit. *Bearbeiter*, in: von der Groeben/ Schwarze, EUV/ EGV.

Von Koppenfels, Katharina, „Das Ende der Vertragsfreiheit? – Erkenntnisse aus dem (vorläufig) gescheiterten zivilrechtlichen Anti-Diskriminierungsgesetzes für die Umsetzung der Richtlinien 2000/43/EG und 2000/78/EG , in: WM 2002, S. 1489-1496.

Waas, Bernd, „Die neue EG-Richtlinie zum Verbot der Diskriminierung aus rassischen oder ethischen Gründen im Arbeitsverhältnis", in: ZIP 2000, S. 2151-2155.

Waas, Bernd, „Europarechtliche Schranken für die Befristung von Arbeitsverträgen mit älteren Arbeitnehmern? - § 14 III TzBfG aus der Sicht des Generalanwalts", in: EuZW 2005, S. 583-587.

Waas, Bernd, „Die Beschäftigungssituation älterer Arbeitnehmer als Herausforderung für den arbeitsrechtlichen Gesetzgeber", in: ZRP 2006, S. 118-121.

Waas, Bernd, „Überlegungen zur Fortentwicklung des deutschen Arbeitsrechts – Diskussion im Inland, Anstöße aus dem Ausland", in: RdA 2007, S. 76-83.

Waas, Bernd, „Zur Bewertung von Altersgrenzen nach europäischem Recht", in: EuZW 2007, S. 359-362.

Wagner, Joachim, „Aufstand der Alten", in: Die Zeit Nr. 10 vom 26. Februar 2009, S. 8.

Wahl, H.W./ *Kruse*, A., „Psychologische Gerontologie im deutschsprachigen Raum 1988-1998: Einführung, kognitive Entwicklung im Alter (Teil I)", in: Zeitschrift für Gerontologie und Geriatrie Bd. 32 (1999), S. 179-192.

Waltermann, Raimund, „Altersgrenzen in Kollektivverträgen", in: RdA 1993, S. 209-218.

Waltermann, Raimund, Berufsfreiheit im Alter, Verfassungsrechtliche und arbeitsrechtliche Schranken tarifvertraglicher Altersgrenzenregelungen, Berlin 1989.

Waltermann, Raimund, „Wieder Altersgrenze 65?", in: NZA 1994, S. 822-830.

Waltermann, Raimund, „Wie sollte der Übergang vom Erwerbsleben in den Ruhestand rechtlich gestaltet werden?", in: NJW 1998, S. 2488-2494.

Waltermann, Raimund, „Übergang vom Erwerbsleben in den Ruhestand und arbeitsrechtliche Altersgrenzen", in: Altersgrenzen und Altersicherung im Arbeitsrecht – Gedenkschrift für Wolfgang Blomeyer, München 2003.

Waltermann, Raimund, „Verbot der Altersdiskriminierung – Richtlinie und Umsetzung", in: NZA 2005, S.1265-1270.

Waltermann, Raimund, „Altersdiskriminierung", in: ZfA 2006, S. 305-326.

Waltermann, Raimund, „Alternde Arbeitswelt – Welche arbeits- und sozialrechtlichen Regelungen empfehlen sich?", in: NJW 2008, S. 2529-2536.

Waltermann, Raimund, „Bemerkungen zu den Rechtssachen Mangold und Palacios de la Villa", in Festschrift für Rolf Birk zum siebzigsten Geburtstag, S. 915-928, Tübingen 2008.

Wank, Rolf, „Diskriminierung in Europa – Die Umsetzung der europäischen Antidiskriminierungsrichtlinien aus deutscher Sicht", in: NZA 2004 (Sonderbeilage Heft 22), S. 16-26.

Wank, Rolf, „Methodische Bemerkungen zu einigen neueren EuGH-Urteilen zum Arbeitsrecht", in: Festschrift für Rolf Birk zum siebzigsten Geburtstag, S. 929-955, Tübingen 2008.

Weber, Claus, „Das Verbot altersbedingter Diskriminierung nach der Richtlinie 2000(78/EG – eine neue arbeitsrechtliche Dimension", in: AuR 2002, S. 401-405.

Weber, Max, Wirtschaft und Gesellschaft, 5. Auflage, Tübingen 1972.

Weiß, Wolfgang, „Zur Wirkung von Richtlinien vor Ablauf der Umsetzungsfrist", in: DVBl. 1998, S. 568-575.

Weiß, Wolfgang, „Öffentliche Monopole, kommunaler Anschluss- und Benutzungszwang und Art. 12 GG", in: VerwArch. 90 (1999), S. 415-441.

Wendeling-Schröder, Ulrike, „Der Prüfungsmaßstab bei Altersdiskriminierungen", in: NZA 2007, S. 1399-1405.

Weth, Stephan/ *Kerver*, Christof, „Der Einfluss des Europäischen Rechts auf das nationale Arbeitsrecht", in: JuS 2000, S. 425-431.

Wiebe, Inge, Ältere Arbeitnehmer im Betrieb: Ein Report, Frankfurt a.M. 1974.

Wiedemann, Herbert, Die Gleichbehandlungsgebote im Arbeitsrecht, Tübingen 2001.

Wiedemann, Herbert/ *Thüsing*, Gregor, „Der Schutz älterer Arbeitnehmer und die Umsetzung der Richtlinie 2000/78/EG", in: NZA 2002, S. 1234-1242.

Wiedemann, Herbert/ *Thüsing*, Gregor, „Fragen zu einem Entwurf eines zivilrechtlichen Anti-Diskriminierungsgesetzes", in: DB 2002, S. 463-470.

Wiedemann, Herbert (Hrsg.), Tarifvertragsgesetz mit Durchführungs- und Nebenvorschriften, Kommentar,7. Auflage, München 2007.

Wieland, Joachim, „Der EuGH im Spannungsverhältnis zwischen Rechtsanwendung und Rechtsgestaltung", in: NJW 2009, 1841-1845.

Willemsen, Heinz Josef/ *Hohenstatt*, Klaus-Stefan/ *Schweibert*, Ulrike/ *Seibt*, Christoph H., Umstrukturierung und Übertragung von Unternehmen – Arbeitsrechtliches Handbuch –, 3. Auflage, München 2008.

Willemsen, Heinz Josef/ *Schweibert*, Ulrike, „Schutz der Beschäftigten im Allgemeinen Gleichbehandlungsgesetz", in: NJW 2006, S. 2583-2592.

Willemsen, Heinz Josef/ *Sagan*, Adam, „Europarichter stellen BGB ins Belieben deutscher Gerichte", in: FAZ Nr. 22 v. 17. Januar 2010, S. 23.

Willkoszewski, Harald, Die verdrängte Generation: politische Parteien und die alternde Gesellschaft in Deutschland, Marburg 2003.

Windel, Peter A., „Der Beweis diskriminierender Benachteiligungen", in: RdA 2007, S. 1-8.

Wisskirchen, Gerlind, „Der Umgang mit dem Allgemeinen Gleichbehandlungsgesetz – Ein „Kochbuch" für Arbeitgeber", in: DB 2006, S. 1491-1499.

Wisskirchen, Gerlind/ *Bissels*, Alexander, „Das Fragerecht des Arbeitgebers bei Einstellung unter Berücksichtigung des AGG", in: NZA 2007, S. 169-174.

Wisskirchen, Gerlind, Das Allgemeine Gleichbehandlungsgesetz: Auswirkungen auf die Praxis, 3. Auflage, Frechen 2007.

Wolff, Hans J./ *Bachof*, Otto/ *Stober*, Rolf/ *Kluth*, Winfried, Verwaltungsrecht I, Ein Studienbuch, 12. Auflage, München 2007.

Wulff, Otto, „Altersentwicklung und ihre gesellschafts- sowie rechtspolitische Bewertung", in: Festschrift für Heinrich Wilhelm Kruse zum 70. Geburtstag, Köln 2001, S. 119-131.

Wulff, Otto, „Innovationsfähigkeit – Herausforderungen einer alternden Gesellschaft", in: Festschrift für Jochen F. Kirchhoff zum 75. Geburtstag, Köln 2002, S. 145-164.

Wüst, Henning, Allgemeines Gleichbehandlungsgesetz (AGG) im Arbeitsrecht, Münster 2006.

Yi, Zeng/ *George*, Linda, "Family Dynamics of 63 Million (in 1990) to more than 330 Million (in 2050) Elders in China", 2000, abrufbar unter: http://www.demographic-research.org/volumes/vol2/5/html/default.htm.

Zacher, H. F., „Sozialrecht", in: Baltes/ Mittestraß (Hrsg.), Zukunft des Alterns und gesellschaftliche Entwicklung. Berlin 1992, S. 305-329.

Zedler, Marc, „Urteilsanmerkung zu EuGH, Rs.C-17/05, *Cadman*", in: NJW 2007, S. 49-50.

Zemann, Peter, Alter(n) im Sozialstaat und die Mikropolitik der Pflege, Regensburg 2000.

Zippelius, Reinhold/ *Würtenberger*, Thomas, Deutsches Staatsrecht, 32. Auflage, München 2008.

Zöll, Oliver/ *Sehr*, Sonja, „Das Diskriminierungsmerkmal Alter", in: PERSO-NALmagazin 2009, S. 72-73.

Zöllner, Wolfgang, „Altersgrenzen beim Arbeitsverhältnis jetzt und nach Einführung eines Verbots der Altersdiskriminierung", in: Altersgrenzen und Altersicherung im Arbeitsrecht – Gedenkschrift für Wolfgang Blomeyer, München 2003.

Zuleeg, Manfred, „Der Schutz sozialer Rechte in der Rechtsordnung der Europäischen Gemeinschaft", in: EuGRZ 1992, S. 329-334.

Zwahr, Annette (red. Leitung), Brockhaus Enzyklopädie, Bd. 1: A-ANAT, 21. Auflage, Leipzig, Mannheim 2006.

Zwanziger, Betram, „Struktur, Probleme und Entwicklung des Alterszeitrechts – ein Überblick", in: RdA 2005, S. 226-241.

Soweit Onlinebeiträge des World Wide Web angegeben wurden, wurden die entsprechenden Seiten zuletzt am 2. Januar 2011 besucht.